木村 汎

プーチン

人間的考察

藤原書店

まえがき

もしロシアの大統領、ウラジーミル・プーチンのご機嫌が麗しければ、ウクライナの和平は可能になるだろう
——ペトロ・ポロシェンコ(1)

プーチンは、一体何を欲しているのか
——『タイム』(2)

プーチンは、政治的スフィンクスである
——リリヤ・シェフツォーワ(3)

「ウクライナ危機」の鍵を握る男

ウクライナ情勢にかんして、ロシアのプーチン大統領の独り勝ちがつづいている。二〇一五年二月、ウクライナ東部での停戦を話し合う会合がベラルーシの首都ミンスクで開かれた。参加者は、アンゲラ・メルケル独首相、フランソワ・オランド仏大統領、ペトロ・ポロシェンコ・ウクライナ大統領、そしてウラジーミル・プーチンの四人。ウクライナ危機にかんする基本的な立場から言えば、あきらかに前三者vsプーチン、すなわち三対一の対抗図式が成り立つはずだった。ところが、現実は異なった。ウクライナではたして和平が成立するか——これは、ひとえにロシア大統領の胸先三寸に懸っていた。つまり、ドイツ、フランス、そして当該ウクライナの三首脳が束になってかかっても、プーチン一人の発言力の大きさに到底敵わないのである。

ウクライナの運命を預かる直接の当事者、ポロシェンコ大統領は、このような事情を他の誰にも増して痛感させられ、承知している人物だった。彼は、この現実を冗談とも皮肉ともつかぬ言葉で次のように表現し

た。「もしプーチン大統領のご機嫌が麗しければ、ウクライナの和平は可能になるだろう」。逆に、プーチンの機嫌が斜めならば、他の三首脳――そしてかれらの背後にいるバラク・オバマ米大統領――が、たとえいくら真剣に試みようとも、ウクライナに平和はもたらされない。

実際、プーチン大統領の決断次第でウクライナ危機は明日にでも解決するだろう。例えば、クリミア併合を撤回する。少なくとも、ロシア‐ウクライナ間の国境閉鎖に合意する。そうすると、食料、重火器、兵員などの支援を失ったウクライナの親ロシア派武装集団は、たちまちにしてウクライナ東部で政府軍にたいする軍事行動を遂行しえなくなるからである。

幸い、二月十二日、右の四首脳は遂にウクライナ東部をめぐる停戦に合意した。だが、案の定、プーチン大統領が望む内容や条件付きの合意だった。たとえばクリミア半島については言及されていなかったので、ロシアによる半島併合は既成事実化された感が否めない。また、合意は十五日以後、発効とされたために、親ロシア派武装集団はそれまでの時間をフルに活用して、デバリツェボを自己の実効支配地域に収めた。デバリツェボは、ウクライナ東部の二大地域、ルガンスクとドネツクを結ぶ戦略上の要衝である。

ルガンスク、ドネツクの二州は、今後ウクライナ中央政府によって特別な地位が付与されることになる。そうなれば、モスクワは二州を「トロイの木馬」よろしく尖兵として用い、キエフ政府の内外政策にたいして存分に影響力を行使するに違いない。ウクライナが欧州連合（ＥＵ）や北大西洋条約機構（ＮＡＴＯ）に加盟することなど、決して許そうとしないだろう。プーチン大統領は、誠に端倪《たんげい》すべからざる軍事・外交政策の巧者――。ミンスク合意は、このことを証明するさらなる一例になった。

そもそも、二〇一三年十一月以来の「ウクライナ危機」自体が、プーチンによって造り出された産物だった。ここまで言うのは、たしかに行き過ぎかもしれない。だが、少なくとも一四年三月のクリミア併合は、プーチン個人の英断なしにはおそらくあり得なかっただろう。国連加盟の独立主権国家、ウクライナの領土を、武力の行使もしくは脅しを加えることによってロシア連邦へと一方的に編入する。これは、第二次大戦後の国際場裡における「領土不拡大」の原則にたいする重大な侵犯行為に他ならなかった。

当然、米・欧・日からなる先進七カ国（G7）は、ロシアを主要八カ国（G8）から事実上追放するばかりか、対ロ制裁を数次にわたって科してきている。結果として、冷戦後の国際政治における最大の地殻変動が発生した。すなわち、一方における米・欧・日、他方におけるロシアとのあいだに「ミニ冷戦」、もしくは「冷たい平和（cold peace）」と名づける状況が招来された。そして、このような状態を造り出した張本人を一人に限って挙げよといわれるならば、それはプーチン――。こう答えて、まず間違いないだろう。

プーチノロジーの必要

実は、「ウクライナ危機」の発生以前の時期から、ロシアのプーチン大統領こそは現在の「国際政治で最も大きな影響力をもつ人間」――こうみなす見方が、ほぼ定説になりかけていた。たとえば、『タイム』、『ニューズウィーク』、『フォーブス』、『フォーリン・ポリシー』など世界の主要誌は、プーチンをまさにそのような人物とみなした。彼を「今年の人《パーソン・オブ・ザ・イヤー》」に選んで特集を組むことも、頻繁になった。つまり、プーチンは、オバマ米大統領や習近平・中国国家主席に比べはるかに大きな影響力をもつ指導者とみなされているのだ。国内総生産（GDP）からみると、米国（第一位）、中国（第二位）、日本（第三位）に比べ、ロシア（第八位）は、はるかに後塵を拝しているにもかかわらず、指導者個人としてはこのような評価なのである。

そして実際、今日、世界のどこで何事が起ころうと、人々は決まって次の問いを発する。はたしてプーチン大統領はどう動くのだろうか？　たとえば、シリア情勢が緊迫の度を深めるとき。米国がキューバとの国交正常化を決意するとき。北朝鮮が張成沢《チャンソンテク》を粛清し、対中関係を冷却化させたかのように見えるとき。われわれは、プーチン大統領の出方を固唾をのんで見守る。たとえば、『タイム』、『ロスアンジェルス・タイムズ』、『ザ・アトランティク』、『フォーリン・アフェアーズ』、『ザ・インデペンデント』紙は、二〇一四年春以来今日にいたるまで、期せずしてまったく同一の三つの英単語からなる見出しを掲げるようになった。"What Putin Wants?"（プーチンは、一体、何を欲しているのか）"。

想い起こすならば、十五年前、プーチンがエリツィン元大統領によって後継者に指名されたとき、人々は同じく三つの英単語からなる問いを提起したものだった。"Mr. Putin, Who?"（プーチンって、一体、誰）"。以来、われわれが提起する問いは、基本的には変わっていない。いや、事実上十五年間におよぶ統治ですっかり実力をつけたプーチン大統領にたいする世間の関心は、増大する一方と評してよい。全世界はロシア大統領が発する片言隻句に注目し、その一挙手一投足に刮目《かつもく》し、よって彼の心中にあるものを推し量ろうと懸命になる。

そのような指導者、ウラジーミル・ウラジーミロビッチ・プーチン（六十二歳）とは、一体どのような人物なのか？　彼は何をたくらみ、何を仕出かそうとしているのか。現代の国際政治にいささかでも関心を抱く者すべてにとって、プーチノロジー（プーチン学）は避けて通ることのできない設問。こういって、過言でなかろう。本書は、この問いにたいするささやかな挑戦の試みである。読者諸兄姉が忌憚のない批判を加えてくださるならば、われわれは謎に満ちた「政治的スフィンクス」（リリヤ・シェフツォーワ、現在ブルッキングス研究所客員研究員）、プーチンの実像解明に一歩でも近づくことが可能になろう。

プーチン

目次

まえがき　I

はじめに　体　制　15

序　章　方　法　41

第1章　住　宅　71

第10章　贅　沢　393

第11章　家　族　433

第12章　マッチョ　467

第13章 転換 503

おわりに 549

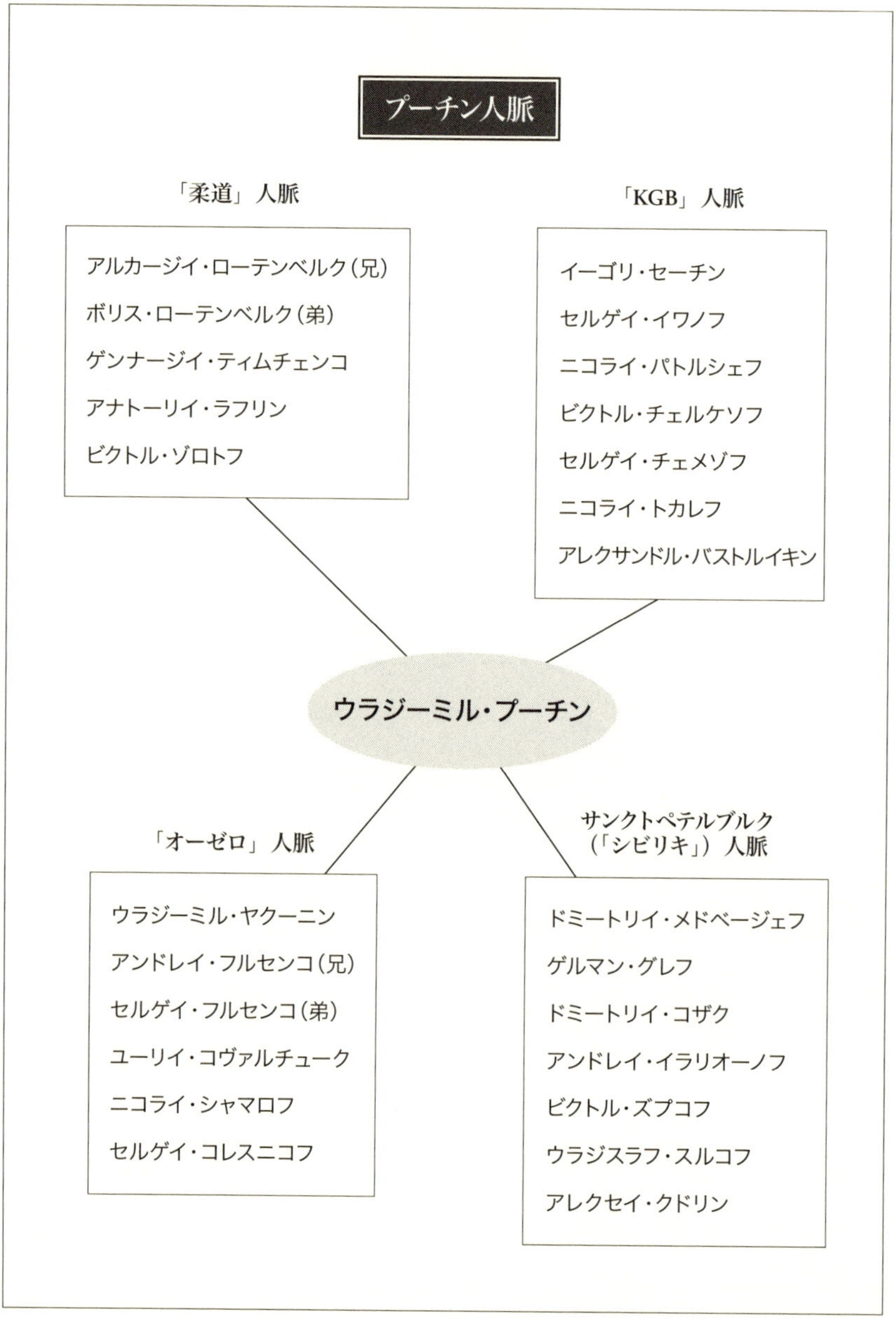
プーチン人脈
「柔道」人脈
アルカージイ・ローテンベルク（兄）
ボリス・ローテンベルク（弟）
ゲンナージイ・ティムチェンコ
アナトーリイ・ラフリン
ビクトル・ゾロトフ
「KGB」人脈
イーゴリ・セーチン
セルゲイ・イワノフ
ニコライ・パトルシェフ
ビクトル・チェルケソフ
セルゲイ・チェメゾフ
ニコライ・トカレフ
アレクサンドル・バストルイキン
ウラジーミル・プーチン
「オーゼロ」人脈
ウラジーミル・ヤクーニン
アンドレイ・フルセンコ（兄）
セルゲイ・フルセンコ（弟）
ユーリイ・コヴァルチューク
ニコライ・シャマロフ
セルゲイ・コレスニコフ
サンクトペテルブルク（「シビリキ」）人脈
ドミートリイ・メドベージェフ
ゲルマン・グレフ
ドミートリイ・コザク
アンドレイ・イラリオーノフ
ビクトル・ズブコフ
ウラジスラフ・スルコフ
アレクセイ・クドリン

プーチン

人間的考察

はじめに

体　制

国章（双頭の鷲）

国旗（三色旗）

ボリースは、操典や要務令に明記してあって、隊の人々をはじめ彼自身も心得ている階級序列や規律のほかに、また別な、より本質的な階級秩序があることを目の当たりにした。

――レフ・トルストイ『戦争と平和』(1)

もしプーチン体制にかんして掘り下げて知りたいと思うなら、迷うことなく書店に赴き、マリオ・プーヅォの著作で見つかるもの全てを購入し、自宅に持ち帰って、読むことを勧める。

――ゲリイ・カスパロフ(2)

プーチンは、ロシアを城に変えつつある。だがこの御伽話の宮殿には出口がない。

――ウラジーミル・パストゥホフ(3)

三要素からなるハイブリッド

「プーチノクラシー（プーチン統治）」とは、一体なにか？　私は、この問題から本書をはじめたいと思う。この問いにたいしては、まず、一刀両断するかのような単純明解な説明法がある。たとえば、それは準権威主義な体制である。プーチン下のロシアでは、たしかに憲法があり、曲がりなりにも選挙もおこなわれ、不十分とはいえ出版の自由もある。したがって、プーチノクラシーは、スターリン下に存在していたような独裁制ではない。だからといって、民主主義的な諸原則が充分な程度に遵守され、保証され、機能しているわけではない。それゆえに、現プーチノクラシーはせいぜい準権威主義的な体制としかいいえない、と。私もその通りだと思う。だがこれは、主としてもっぱら政治的側面からみたプーチン主義の特徴と評さねばならない。

　経済的な観点からいうと、プーチノクラシーは一種の国家資本主義にほかならない。こう説く者もいる。エネルギー資源など、プーチンが「戦略基幹産業」とみなす諸部門を再国有化して、国家権力の厳重な管理下におく。民間諸企業にたいしてすら許認可権の行使などを通じて、上からの指導をおこなう。プーチン自身は、「ロシア式株式会社」の社長であり、[4] ドミートリイ・メドベージェフ現首相はその番頭にほかならない、と。だが、プーチノクラシーを国家資本主義体制と説く見方は経済的側面の特徴に注目しており、かならずしも十全な捉え方とはいえないだろう。

　政治と経済を合体させて説明する方法もある。「プーチノクラシー」＝《イコール》「余剰利益・分配体制《レント・シェアリング・システム》」と定義する見方である。主としてエネルギー資源を売却することによって得た莫大な「レント」を一部のエリートが独占するシステムで、プーチンはそのような体制の総支配人にほかならない、と。説得力に富む見解であり、私も大いに共感をおぼえ、じっさいこの見方に従って多くの論文も書いてきた。

「プーチノクラシー」の説明法としては、次に、複数要素のハイブリッド（複合体）とみる見方があるだろう。政治体制としては、家父長的専制、官僚的権威主義、自由民主主義の三要素。経済的には、統制経済、市場経済、地下経済の三要素。外交上は、欧米諸国にたいする協調と反発の二要素。「ふつう容易に両立するはずがない」このような諸要因を同時的に併存させている体制。これこそが、プーチノクラシーの特徴にほかならない、と。

このような見方をいいかえるならば、プーチノクラシーには複数の異なる発展段階が同時存在している。ロシアの国章、国歌、国旗がこのことを象徴的にしめしているといえよう。ソビエト時代の国章は、労働者のシンボルの「槌」と、農民のシンボルの「鎌」を組み合わせ、さらに共産主義の勝利を象徴する「赤い星」を配していた。だがソ連邦の崩壊後そのような国章は廃止され、現ロシアの国章は帝政期《ツァーリズム》の「双頭の鷲」へと復帰している。他方、現ロシアの国歌は、依然としてソビエト期と同一の旋律《メロディー》にとどまっている（尤も、スターリンにたいする讃美の部分が含まれていた歌詞は、新しいものへと変えられたが）。現ロシアの国旗は、「槌」「鎌」「赤い星」のコンビネーションから成っていたソビエト期の赤旗を廃止し、まったく新しい白青赤の三色旗になった。

このように現ロシアでは、国章は帝政期、国歌の旋律はソビエト期、国旗は新生ロシアのそれが用いられている。たんなる偶然かもしれないが、これは、プーチン期ロシアがまさにハイブリッドな存在であることを見事に象徴してはいないだろうか。つまり、プーチノクラシーは、十九世紀（帝政期）、二十世紀（ソビエト期）、二十一世紀（現代）の三つの時代を混在させている。さらに大胆にいいかえるならば、近代以前（pre-modern）、近代（modern）、近代以後（post-modern）の三つを同時存在させている、と。

互いに矛盾し合う諸要素が、まるでスキ焼風の「ごった煮」[9]のように混在している。このようにのべることは、しかし、はたして適当な説明法といえるのだろうか。もとより、現実のプーチノクラシーはけっして単一要因に絞って説明しうるような単純な代物ではない。これはたしかであろう。とはいえ、つねに三要因によって説明するのはやや煩瑣過ぎる。せめて二つくらいの要因に絞れないものか。このような要望に応えるかのごとく、たとえば英国のロシア政治の専門家、リチャード・サクワ（ケント大学教授）は説く。プーチン政治は権威主義と民主主義の二要素から構成されている、[10]と。反論しえない尤も至極な説明法ではあるが、やや平板で物足りないとの感想を抱く。

二重構造論

そういうわけで、私は、アリョーナ・レーデネバらが示唆する二重構造論を採用したいと思う。レーデネバ（ロンドンのユニバーシティー・カレッジ教授）は、以下のように説く。プーチノクラシーは、「公式的《フォーマル》」と「非公式的《インフォーマル》」の二つの統治《ガバナンス》から構成されている。前者は、憲法、法律、条例など「制度」上の取り決めによって運営される局面。後者は、明示的には書かれていない「ゲームのルール」、黙約、人間的なネットワーク（いわゆる「コネ」）などによって運営される局面。

まず、改めて断っておくべきことがある。それは、ほとんどの統治システムがフォーマル、インフォーマルな二側面から成り立ちかつ運営されているために、存在するのは程度の差に過ぎないようにも思われる点である。だからといって、しかしながら、次の点を看過してはならない。[11] その程度の差が重要であるうえに、現ロシアではその程度が実に際立って大きいことを。これらのことについては後に詳しくのべることにして、ここでは、次の事実を確認しておこう。「インフォーマルもしくは個人的《パーソナル》な関係を、フォーマルもしくは法律で明記されたものに比べてより一層重要とみなす[12]」のは、帝政期に遡るロシアの伝統であること。しかもそれは、上から全てを規制しようともくろんだソビエト期においてすら当てはまったことである。

旧ソビエト体制下では、生産手段が国有化され、すべての生産活動が国営（ならびに公営）企業によっておこなわれねばならないというのが、建前のはずだった。だが同時に、ソビエト市民はたとえばダーチャ（別荘）の敷地内の家庭菜園で個人的副業経営に従事し、野菜や果樹の栽培をおこなうことが許されていた。なぜか？ 非能率のソフホーズ（国営農場）やコルホーズ（集団農場）から収穫される農作物に頼っているだけでは、ソビエト国民は到底飢えを満たしえなかったからである。つまり、フォーマルな社会主義農業の成立や存続を蔭で支えていたのが、実はインフォーマルな個人的副業経済だった。両者は、いわば持ちつ持たれつの関係を保っていた。

また、社会主義的経済を支えていた存在としての「トルカチ」の活躍を忘れてはならない。社会主義的計画経済は、上から与えられた指令によって運営されることをモットーにした。ところが、すべてが計画通り順調に運ぶとはかぎらない。時には供給されるはずの原材料が工場に届かなかったり、部品が故障したりすることが起こる。それにもかかわらず、工場長は期限内に製品を仕上げ、納品することが義務づけられていた。こういう訳で暗躍することになったのが、「トルカチ」と呼ばれる便利屋の存在だった。「トルカチ」とは、原料や部品を闇で調達する仕事にたずさわっている人間や彼がおこなうサービス活動を指す。ソビエト当局は、そのような人間や仕事の存在を黙認していた。というのも、「トルカチ」がいわば潤滑油として機能することによって、ソビエト計画指令経済のモットーがまがりなりに、いやおそらくはじめて維持可能なものになったからである。

右の諸例からも明らかなように、ソビエト体制は二種類の経済から成り立っていた。一は(公)の経済であり、他は英語で次のような修飾語をつけて呼ばれるインフォーマルな経済だった。すなわち、第二《セカンド》、並行《パラレル》、影《シャドー》、地下《アンダーグラウンド》、闇《ブラック》、反《カウンター》の経済。ソ連時代においてこの第二カテゴリーの経済が国内総生産に占める割合は、荒っぽく見積って約一五〜二五%にさえのぼると推定された。

インフォーマルな(闇)経済は、フォーマルな(公)経済では満たされない需要を代わって充足させる代替的、補充的な便法だった。さらにいうならば、正規の計画指令経済を成りたたしめ、作動させるための安全弁であり、必要悪だった。これら二つのタイプの経済は互いに他を必要とし単に共棲するばかりか、共存共栄すら目指す関係にあった。フォーマルとインフォーマルな経済は、譬えていうと太陽と月、光と影の関係に立っていた。

ソビエト・システムとプーチン・システムは、ともにフォーマルな側面とインフォーマルな側面をもつ。だが他方、両システムのあいだには、大きな差異が生まれている。それは何か？　ソビエト体制は、もちろん共産主義（もしくは社会主義）イデオロギーに忠実たらんとした。だが、思想上の要請《ゾルレン》に依存するだけでは統治はむずかしく、止むなく現実《ザイン》に妥協せねばならないケースが多々生まれた。ただしそのばあいでも、その妥協は止むを得ない一時的、便宜的な方便とみなされ、状況さえ許せば本来の主義主張に戻ることを前提としていた。あくまで「一歩前進、二歩後退」（レーニン）の考えにもとづく戦術的な譲歩と観念されていた。

いいかえれば、フォーマルな建前こそが飽くまで原則なのであり、インフォーマルな形での適用は例外に過ぎないとみなされていた。

プーチノクラシー

ところがプーチノクラシーには、この種のイデオロギー的制約はもはやまったく存在しない。そのために、ソビエト期に比べてフォーマルな部分がいちじるしく後退し、その代わりにインフォーマルな部分が遠慮なく前面に出て、大手を振って歩くようになった。経済分野を例にとって、そのような事情をもう少し詳しく説明してみよう。

新生ロシアでは、計画指令型のいわゆる「社会主義」経済が放棄され、崩壊したが、それに代って作動すべき市場経済が未だ形成されず、充分機能するにいたっていない。結果として、インフォーマルな経済的手法が幅を利かせる状況が出来《しゅったい》している。一体なぜ、このような事態になったのか？　おそらく次のような具体的事由が指摘されるだろう。

（1）ソビエト期においては私的な取引行為とみなされて非難される危険があったためにためらいがちにおずおずとおこなわれていた活動が、今や一転して「市場経済」の実践という大義名分さえ獲得して、おおっぴらにおこなわれるようになったこと。（2）すでに「社会主義」経済体制下に闇経済を受容する心理的な土壌が生まれており、ロシア人のあいだで正規の法律や商業のモラルなど無視しても一向に差し支えないのだという雰囲気が存在していたこと。（3）本来の市場経済についてのロシア人の誤解が、生活困窮によってさらに拍車を駆けられたこと。つまり、「どのようなやり方であれカネ儲けすればよいのが資本主義」、あるいは「地獄の沙汰もカネ次第」との拝金主義の価値観が、ロシア社会に横行するようになったこと。（4）市場化へ向けての経済改革の困難、そしてその長期化が、闇経済を跋扈させても致し方ないという諦観気分を造り出していること。（5）軍人、警官、関税係官らの威信や給料が低下して、かれらの監督・取り締り機能がいちじるしく低下していること。

以上を一言で要約すると、次のようにいえるかもしれない。「社会主義」体制下のソビエト時代、人々は生存するための止むをえない手立てとして「袖の下」、コネ、その他の非合法的な類いの行為に訴えることを余儀なくされた。ところが今日のロシアで、もはや人々は単にサバイバル（生存）のためばかりでなく、他人よりも一層多くの富を獲得しようとする貪欲、その他の利己的な動機にもとづいて、贈収賄、その他の不法行為に手を染めている、と。

現ロシアではインフォーマルな側面がフォーマルな側面に比べ増加し、他国でないまでの大きな役割を演じるようになった——。このことは、どうやら否定しえない事実のようである。その根本的な理由は、一体何なのか。本来目指すべき制度化が十分な程度にまで進捗していないから、インフォーマルな活動が止むなくそれを代行しているのだ。このような弁解がなされがちである。だが、フォーマルな制度はインフォーマルな活動に依存している限り、何時まで経っても一人前の働きをなしえないだろう。つまり、非公式な活動は、たしかに公式的なガバナンスを補助する機能をもつかもしれない。しかしだからといって、次の側面を看過してはならないだろう。つまり、インフォーマルな諸活動が頑強に自己主張をおこない、居坐ろうとする。そのために、フォーマルなガバナンスの順調な発展が阻まれがちであること[13]。

書かれていることより書かれていないこと

プーチノクラシーは、公式、非公式の二側面からなる統治である――。このようにとらえる見方からいうと、では、プーチノクラシーは一体どのような具体的特性を帯びるというのか？　次に、このことを説明したい。私は、以下にのべる六点がその重要な特徴だと考える。

プーチノクラシーの特徴の第一は、文字で記されていることと並んで、文字で書かれていないことが重要な役割を演じること。つまり、憲法、その他の法律文書などの紙《ペーパー》に公式に規定されていることと並んで、非公式の黙約やゲームのルールが大きな機能を果すこと。いや、時としては紙に文字で書かれていないことのほうが、はるかに肝要であること。

制度が現実と乖離している。つまり、憲法に書かれていることよりも、書かれていない現実の力関係のほうがはるかに重要な役割を演じる――。このことをしめすものとして、いわゆる「タンデム（双頭）政権」期の四年間（二〇〇八―一二年）におけるメドベージェフとプーチンとの関係にまさる好例はないだろう。ロシア憲法の定めるところによれば、大統領（メドベージェフ）のほうが首相（プーチン）に比べて、はるかに大きな権限をあたえられているはずである。ところが、現実の力関係は違った。メドベージェフにとりプーチンは十三歳上の兄貴分であるばかりか、それまで常に上司ポストを占めてきた人物だった。したがって、タンデム政権の四年間でも事実上この上下関係がつづいた。つまり、メドベージェフ大統領は紙（ロシア憲法）のうえでこそ上司のポストを占めていたものの、事実上はプーチン首相の部下の立場に甘んじなければならなかった。前者は、後者の承認なしにはほとんど何事もなしえなかった。そして挙げ句の果てに、プーチン首相が命じるままにメドベージェフ大統領は大人しく公職交換に応じて、首相ポストへの降格に同意せざるをえなかった。

プーチノクラシーでは、ことほど左様に憲法その他の法律に記されている文言よりも、記されていない事実のほうがはるかに大事――。このことを、オリガ・クルイシタノフスカヤは次のように説明する。同女史は、ロシア科学アカデミー付属社会科学研究所のエリート研究センター長の地位にある人物。女史は、まずのべる。

「(プーチン・システムの)ゲームのルールは、どこにも書き記されていない。(したがって、同システムの)アウトサイダーにとって、それはまるで判じもののように映るだろう。だがそのインサイダーにとっては、至極明解なルールなのである。密教的な規範が、エリートたちのすべての活動分野をいささかの例外もないまでに規制している。しかも、そのようなルールは、誰かがそれを敢えて侵犯しようとするばあいになって、はじめてその存在が明らかになる仕組みになっている(14)」。

カフカ『城』の世界

クルイシタノフスカヤによれば、プーチノクラシーでのインサイダーとアウトサイダーの区別について理解する最も良い方法があるという。それは、フランツ・カフカの小説『城』を読むことである。女史は記す。「この(プーチン)システム内に加わることになった新参者は、カフカの『城』の主人公、測量士K同様の感想を抱くにちがいない。Kは、物理的は〝城〟のなかに入ったものの、何時まで経ってもけっして〝城〟の住人にはなれないからである。新参者は隠された意味をみずから解読し、文字の形では記されていないルールが一体何であるかを理解せねばならない。彼がもしこのことに成功すれば、彼はこのグループ内にとどまることができる。だが、彼の直観力が充分でなく、行間に記されていることを読みとることに成功しなければ、彼はこのグループから排除される」[15]。

女史は、このようにプーチン・システムをカフカが『城』で描こうとした状況に譬える。私にはこれ以外ベターな方法はないと思われるまでに、これは適切な説明法のように思われる。まず、カフカの小説（ドイツ語）の題名からして示唆的ではないか。というのも、〝城〟をあらわすドイツ語「シュロス」（Schloß）は、「閉じる」という意味の動詞「シュリーセン」（Schließen）に由来しているからである。名詞形では、「閉じるもの」から「錠」や「鍵」をあらわし、ついで「城館」や「宮殿」の意味になる[16]。つまり、ドイツ語の〝城〟は、自己の利益を防衛するために他所者や異端者のアクセスを拒否するという組織原理で守られた閉鎖的な共同体を意味している[17]。ちなみに、ロシア語のクレムリンも、同様に「城塞」を意味する。

カフカが描いた〝城〟には、城の住民（「インサイダー」）間でのみ通用する生き方のうえでの様々な約束や習慣の複合体が存在する。それは、城に所属する者が遵守せねばならない「掟《おきて》」だといってよい。「掟」というと、マフィアもしくはやくざの言葉のように響くので、現代風に暗黙の「ゲームのルール」といいかえてもよいかもしれない。ともあれ、これらの「掟」に従わなければ、城に居住することすらままならない。城の住民にとっては自明の「掟」に、Kは合理的思考という道を通って近づこうとしたために、物理的には城の領内に入りはしたものの、実際にはいつまで経っても〝城〟への所属が許可されなかった。「他所者」状態にとどまらねばならなかった[18]。

逆に、インサイダーとなった住民は〝城〟の「掟」に従っているかぎりは報償を貰うことすら期待できる一方、それに背くと罰を覚悟せねばならない。書かれた明文のルールに違反したばあいは規定に従い処罰を受けるが、口頭命令に背いたばあい、では一体どのような罰が下されるのか。忠誠心が疑われ、〝城〟すなわち所属チームから追放されることすら覚悟せねばならない。したがって前者よりも後者のケースのほうが、一層重い処罰になる。多くのロシア人は、このように受けとめ、このことを承知している。(19)

プーチン＝ゴッドファーザー

プーチノクラシーを支配している原理を説明するためには、何もことさらカフカが生涯のテーマとした自己疎外、その他の深遠もしくは高邁な思想や哲学を引き合いに出す必要はない。マフィアの首領《ドン》と彼のファミリーを描いたマリオ・プーヅォ作『ゴッドファーザー』を紐解くだけで十分――。このように大胆な意見すら存在する。たとえば、本章冒頭のエピグラムに掲げたゲリイ・カスパロフ（ロシア出身の元世界チェス・チャンピオン）の見解は、その典型といえる。プーチンとそのファミリーをドン・ヴィトー・コルレオーネとそのファミリーに比べるのは、たしかに極端かつ乱暴な見方だろう。だが同時に、両者間に多くの共通点が見出されることは、間違いない事実であるように思われる。

たとえば、コルレオーネはアメリカの法律よりも、グループの掟を重視する。これは、プーチンがロシアの憲法や法律よりも、己が設定する「ゲームのルール」のほうを尊重しがちな点に、そっくり似かよっているではないか。プーヅォは『ゴッドファーザー』のなかで、父コルレオーネの行動原理を、息子マイケルをして、次のように代弁させている。「彼（コルレオーネ）は、われわれが住んでいる社会のルールを受け入れない。（中略）ほかの人間が定めたルールに従って生きることを拒否する。（中略）社会の法的な機構よりもはるかに秀れていると彼がみなすみずからの倫理の掟に従って行動する」[20]。

プーチンは、十六歳の少年だったときにＫＧＢ（ソ連国家委員会、すなわち秘密警察）で働く決意を固め、その理由を『第一人者から』（公式伝記）のなかで次のように説明した。「全軍をもってしても不可能なことが、文字通りひとりの人間の力によってなしとげられる。ひとりのスパイが数千の人間の運命を決める」[21]からである、と。もとよりプーチンによるこのような説明に反論を加えることはできる。というのも、このようなことは、かならずしもチェキスト（ＫＧＢの前身、チェー・カーに務める人間から、一般にロシアの秘密警察要員を指す言葉）にならなくとも、軍の最高司令官、大統領、首相といった最高指導者になることによっても可能になるかもしれないからである。それにもかかわらず、プーチンはチェキストになる道を選んだ。なぜか。プーチンが「世界を陰の部分から支配する」[22]（傍点は引用者）やり方を好む人物であることにも由来しているのかもしれない。

地位よりもコネ

プーチノクラシーの第二の特徴は、第一のつづきである。すなわち、法律で定められた位階制度よりも現実の力関係がはるかに重要なこと。譬えていうと、椅子（「制度」）そのものよりも、はたして椅子に誰が坐っているか（「人間」）のほうがはるかに大事なこと[23]。さらにいいかえれば、公式の地位やポストに比べ非公式な力やコネのほうが大きな役割を演じること。

ロシア社会で生きてゆくため肝要なものは、次のように表現される。「君が一体何を持っているかでなく、君は誰と知り合いであるのか」。個人の能力よりも、実力者とのつながりのほうが一層大事なのである。端的にいうと、カネよりもコネ。「一〇〇ルーブル持とうとするよりも一〇〇人の知り合いをつくれ[24]」。オレグ・

カルーギン（元KGB大佐、現在米国在住）によれば、「今日のロシアには省庁間を分つ壁というものはなく、友人のみが存在する。法律もなく、個人的な関係だけが存在する」[25]。

一般にコネもしくは縁故と訳されているロシア語"блат"は、実に定義しにくい用語である。[26] 元来ポーランド語で「知り合いのために保護を与える人」、もしくはヘブライ語で「自分と同一のサークルに属する親密で近しい人」に由来する言葉だという。[27] ロシア語でいうと、「君は私を助け、私は君を助ける（ты-мне, я-тебе）」という相互扶助の関係[28]、すなわち「恩恵をインフォーマルな形で交換し合う」[29] 関係を指す。

ソ連崩壊後に"コネ"の役割は減少するどころか、増々もって重要な機能をはたすようになった。というのも、エリツィンの統治はエリツィンと「ファミリー」、プーチノクラシーはプーチンを中心とする「ファミリー」によるインフォーマルなガバナンスにほかならないからである。たしかに、新生ロシアではエリツィン大統領によっていったん命令計画経済から市場経済への移行が宣言された。だが、プーチン大統領によって「戦略基幹産業」とみなされた石油、ガス関連企業の多くは、再び国営化形態へと戻された。現在プーチノミックスは、さきにもふれたように「国家資本主義」もしくは「特許権資本主義」と名づけられる類いのものだといってよい。そのような経済体制下で民間企業は、何十という許認可を得る必要性に迫られ、コネや「袖の下」を用いねばまったく埒があかない。現ロシアでは、経済活動に限らず何事をなすのであれ、そうなのである。

プーチン・「ファミリー」の正式メンバーならいざ知らず、とりわけそのアウトサイダーは現金や贈り物の入場券を支払うことなしには、プーチン体制という名の"城"の中へ接近を試みることさえ適わない。帝政時代やソビエト期から変わったのは、たんに恩恵にたいする謝礼の内容や規模に過ぎないといってすら間違いないだろう。かつての「袖の下」は、チョコレートの小箱、花束、劇場の切符など当時、入手困難だったとはいえ、価格にすると些少で微笑ましい類いの物品だった。ところが今日、賄賂の主要形態としては現金《キャッシュ》そのものが堂々とまかり通るようになった。[30] つまり、ソビエト時代の〝コネ〟は、プーチン時代にすっかり「商業化」され、「金銭化」されているのだ。しかも、平均賄賂額は年々値上り傾向をしめし、一件あたり一〇〇〇ドル、すなわちロシア公務員の平均月額サラリーを超える額だという。[31]

プーヅォの『ゴッドファーザー』で息子のマイケルはヴィトー・コルレオーネについてのべる。「ぼくのおやじは、政治的なコネや権力というものが、一〇の部隊にも匹敵することを心得ていた唯一の男だった」[32]（傍点—引用者）。この言葉は、プーチンとその「ファミリー」についてもそっくりそのまま当てはまるといって差し支えないだろう。

プーチン・チーム

プーチノクラシーの第三の特色は、それが非公式の内部集団《インナー・グループ》によって支えられ、運営されている点にある。プーチン自身が、「他所者《よそもの》」と区別して、「身内」と呼ぶ人々である。[33] そのような人々から構成されるグループを、「プーチン・チーム」もしくは「プーチン集団」[34] と名づけることができるだろう。「チーム」とは、リーダーが経歴などを変えるごとに自分もその後を追って同様に移動する、比較的少人数のグループを指す。「ファミリー」、「一味」、「閥」に近いニュアンスの用語である。[35]

ここで、ワシーリイ・ゾーリンの指摘を紹介しておこう。ゾーリンは、ロシア、ウクライナ、ベラルーシの三人の大統領を採り上げ、主としてかれらの「個人的特質」に注目する比較研究をおこない、モスクワ国立大学から準博士号《カンディダート》を取得した。その論文中で、ロシアの大統領、プーチンについては、現文脈に関係する次のような興味深い見解を展開している。つまり一言でいうと、まさに「帰属（аффилиация）」意識こそが、プーチノクラシーの鍵を握る中核概念なのである、[36]と。“аффилиация”は、本稿筆者が使っている古い露英辞典には未だ掲載されていないが、明らかに「帰属、所属、連携、加盟」を意味する英語“affiliation”をロシア語化した言葉である。

要するに、ゾーリンは次のことを強調しているわけである。プーチノクラシーは、個々の人間の価値や能力それ自体をほとんど重要視しない。というのも、人間は一人ではほとんど無力であり、大概のばあい大したことをなしえないからである。当該人間が、その代わりに、一体どのような集団に「帰属」しているかに注目する。彼（または彼女）は、みずからを強力な組織に「帰属」させてはじめて力を発揮し、何事かを成しとげる。ゾーリンは記す。このようにして「プーチンは、彼の許へ次から次へと押し寄せてくる大量の幹部志願の〝ペテルブルクっ子〟の中から、同一の考えをもつ仲間だけを選んで己の回りにおき、チームを形成しようともくろんだ」[37]。このような意味で——ゾーリンは結論する——、プーチンは「組織人間《オルガニゼーション・マン》」[38]以外の何者でもない、と。

プーチンがプーチン・チームの形成をもくろみ、実行に移していることは、同チームの番頭役のひとり、メドベージェフの次の言葉からも明らかといえよう。二〇〇八年プーチンによってタンデム政権の次期大統領に指名されたとき、メドベージェフは得意気に語った。「ウラジーミル・プーチンと一緒にペテルブルクから（モスクワへ）やってきた一群の人々、すなわちチームがある。私はこのチームの一員である。私がかれらから離れることなど夢にも考えられない」[39]（傍点は引用者）。プーチンもまた、メドベージェフがプーチン・チームの一員であることを認め、かつ当然視している。たとえば己の公式伝記、『第一人者から』の中で、プーチンは語る。「ディーマ（メドベージェフの愛称）は、われわれのチームで働くことが気に入っているようだ」[40]（傍点は引用者）。

では、メドベージェフ以外に、一体誰が「プーチン・チーム」の具体的メンバーなのか？　まさにインフォーマルなグループであるがゆえに、その成員を特定することはむずかしい。「プーチン・チーム」に属する人々の全員が、かならずしもクレムリンや「ホワイトハウス」で枢要な官職に就いているとは限らない。このようにして、たとえばボリス・マゾーは、『ペテルブルク人vsモスクワ人、あるいは誰がプーチンの側近なのか』（二〇〇三年）と題する自著のなかで、ひとつの興味ある仮説を提出する。すなわち、プーチンの誕生日（十一月七日）のパーティーに招待される人間がすなわち「プーチン・チーム」を構成するインナー・グループのメンバーであると推測して、大きくは間違っていないのではないか[41]、と。

ともあれ、プーチンの側近中の側近を、「プーチンのお友だち」（друзья Путина/ *Friend of Putin*; 頭文字をとって今後はＦＯＰ[42]）と名づけることにしよう。では、ＦＯＰは一体どのようにして選ばれるのか。ほかならぬプーチン本人がメンバーを決定する。これが、その答えである。というのも、何よりもプーチン自身のお眼鏡に適わなければ、プーチン・チームのインナー・サークルへの入場券獲得はむずかしいからである。おそらくチェキストとしての彼自身の経歴や訓練が関係しているのだろう、プーチンはＦＯＰの選択作業にかんしてはことのほか慎重な人間のようである。〈他人を容易に信用してはならぬ〉。これこそが、おそらくプーチンの処世訓なのだろう。逆に、いったん己のグループ内に入った者はチームの規則を明白に侵犯しないかぎり、滅多なことではチームから追放しようとしない[43]。ひとつには、もし簡単に罷免してしまうと、猜疑心の強い彼にはなかなか後任として信頼に値する適当な人材が見つからない。また、罷免された者が憤激の余りグループ内の機密を外部に洩らしたり、プーチン政権に反逆をくわだてたりする惧れなきにしもあらずだからだろう。このような点でも、プーチン・チームは、プーヅォが『ゴッドファーザー』で描いたマフィアの世界と似かよっている。

忠誠至上主義

公式のガバナンス、非公式のガバナンスは、それぞれを支配する原理、ルール、評価基準などを異にする。フォーマルなガバナンスは、能力主義にもとづく競争原理を強調する。他方、インフォーマルなガバナンスは、所属チームにたいする「帰属」意識、とりわけそのボスにたいする忠節を重んずる。このようにして、後者のガバナンスの要素を色濃くもつプーチノクラシーの第四の特徴は、忠誠心重視といってよいだろう。

そもそもプーチン自身は、なぜエリツィン前大統領によって後継者に選ばれたのだろうか。この問いに一言で答えるならば、プーチンの忠誠心が前大統領の琴線に触れたからだといって、差し支えなかろう。能力という観点に立つならば、エフゲーニイ・プリマコフ元首相やユーリイ・ルシコフ・モスクワ市長のほうが、プーチンに比べて少なくとも当時はるかに適格者だっただろう。だが、かれらはまさに「ヘビー級」の実力者であったがゆえに、エリツィンおよび同「ファミリー」の目には自分たちをおびやかす可能性を秘めているかのように映った。このような懸念が払拭し切れないプリマコフやルシコフらに比べて、すくなくとも当時のプーチンは「政治的野心も財政的基盤も欠如しており」[44]、エリツィンや「ファミリー」の目にまったくの安全牌であるかのように映った。プーチンのほうも、自分がそのように見られていることを百も承知で、そのような印象を極力壊さないよう巧妙に振る舞った。

　プーチン自身もまた、二〇〇八年に己のタンデム政権のパートナー選びにさいして、忠誠心こそを最重要条件とみなした。実力者ではあるが野心家でもあるセルゲイ・イワノフではなく、自分のいうがままになる忠臣メドベージェフを選んだからである。そして四年後に、じっさい何が起こったのか。期待に違わずメドベージェフは抵抗の意志を一切しめすことなく、大統領ポストをプーチンへ「大政奉還」することに素直に応じた。まさに忠誠心こそが、「プーチン・チーム」の最重要評価基準。メドベージェフは、身をもってこのことを実証してみせたのだった。

　非公式ネットワークのボスもしくはパトロンは、では、一体どのようにして仲間や部下の忠誠心を確保しようとするのか？　これが、次の重要な問いになる。答えは、比較的簡単である。思想や能力よりも専ら忠誠が唯一にして最高の評価基準であることを周知徹底し、かつ実践することである。つまり、まず、己と同一グループに属するインサイダー、すなわち「身内」のなかから部下を選ぶようつとめること。シェフツォーワは、次のようにすら極論する。「プーチンは、己のチームのメンバーを選ぶにさいして、職務上の勤勉性、イデオロギーもしくは政治的な観点から見て彼（または彼女）が一体どのグループに属するかといったことなど、ほとんど考慮に入れようとしない。（その代わりに）たんに自分が知っている人間を選ぶ」[45]（傍点は引用者）。プーチン・システムの内部にいる或る者は、レーデネバ教授とのインタビューで、このことにかんし次のように語った。『身内』ネットワーク形成の鍵《キー》は、それが閉ざされたものであること、とりわけ人間をリクルートする方法にある。たとえばプーチン・チームのメンバーになる関門を突破することはひじょうにむずかしい。プーチンは、己が長期間にわたって知り合いになった者だけを信用するからである。だが他方、いったんネットワークの中に入り込んでしまうと、地位はそのあとかなり安泰になる」[46]。じっさい、「ウラジーミル・プーチンは、エリツィンとは異なって、これまで唯ひとりとして『身内』の人間を解雇したことはない。彼は、何にもまして個人的な忠節を高く評価する」[47]。

忠誠心こそは、プーチノクラシーの中核概念である[48]――。もしそうだとするならば、プーチノクラシーの実態を知るためには、プーヅォ著『ゴッドファーザー』のページを再び開くだけで充分なのかもしれない。同書のなかで、主人公のドン・コルレオーネはうそぶく。「友情がすべてなんだ。友情に比べれば、才能になんて屁のようなもんだ。いいか、友情とは家族みたいなもので、国家よりも大切なものなんだ」[49]。コルレオーネが「友情」というとき、それがボスにたいする無条件の献身、すなわち忠義とほとんど同義語であることは、改めて説明するまでもないだろう。

忠誠心こそが、プーチノクラシーの最重要概念である――。このことは、かつて「プーチン・チーム」の中核を占めていた人物の発言によって見事に裏づけられる。アンドレイ・イラリオーノフの証言である。イラリオーノフは、プーチン政権の初期に経済顧問をつとめていたが、次第にプーチンとは「走らせる路線」が異なっていることを痛感させられるにいたって辞表を提出する羽目になった人物。そのようなイラリオーノフが二〇〇九年に米国下院の聴聞委員会でおこなった証言中の次のくだりは、プーチン・チーム――イラリオーノフは、会社《コーポレーション》と名づける――の実体、とりわけその中核概念としての忠誠至上主義の重要性を実に巧くまとめたもののように思われるので、少々長くなるが引用する。

「この会社のメンバーたちは、次の点を共有している点に特徴がある。すなわち、自分が帰属する組織にたいする強い忠誠意識に他ならない。とりわけどのような状況下でも相互に支援し合って“**omerta**”(口を割らない掟を意味するやくざ用語）を遵守すること。この会社は、秘密警察や情報機関の伝統、階層制、掟、慣習を保持している。会社のメンバーたちは、現在の指導部にたいして高度の服従、構成員の相互間にたいして強い忠誠心をしめす。そして、これらの規範の強制的な実施を促すフォーマル、インフォーマルな手段も保持している。このような行動規範を侵犯する者は、最も厳しい形での処罰を覚悟せねばならない[50]」。

ベルトゥーシカ

その政策決定《ディシジョン・メーキング》の方法がユニークであること。これをもって、プーチノクラシーの五番目の特徴とみなしうるだろう。現ロシアは大統領制を採用しているので、法律上プーチン大統領が最大かつ最終の政策決定者である。加えて、プーチンは現実にも最強の実力を備えた人物。つまり、フォーマル、インフォーマルどちらの観点からいっても、プーチンこそは最高の政策決定者である。このことは、今さら改めてのべるまでもないであろう。そこで検討すべきは、むしろ次の問いになる。すなわち、では、そのようなプーチン大統領に向かいその政策決定に必要な情報を一体誰がインプットしているのか？

レーデネバ教授のインタビューに応じたロシア人のひとりは、右の重要な問いに次のように答える。「プーチンは、情報を『身内』のなかから受けようとする。彼は、どうやらその他の人間を一切信用しない様子なのである。（だから結局のところ）情報の伝達は〝シロビキ（ＫＧＢなど治安関係省庁の勤務者）〟を通じてのみおこなわれる。〝シロビキ〟はいたるところから情報を集めてくる[51]」。では、関連してプーチンに情報を最も確実にインプットする方法とは、一体何か？　同大統領に直接面会して情報を伝えることがベストにちがいない。ところが、希望しさえすれば誰でもプーチン大統領に面会できるとは限らない。このようにして、プーチン大統領へのアクセス、すなわちアポイントメントを決める立場にいる人間こそが、大きな権力を握ることになる。そしてまさにそのような理由から、大統領補佐官時代のイーゴリ・セーチンがクレムリン内で「側近中の側近」と呼ばれるまでの実力者にのしあがっていったのだった。このことについては、のちに詳しくふれる。

右にのべたこととの関連で、ここでは是非とも「ベルトゥーシカ」について一言ふれる必要がある。ベルトゥーシカ（вертушка）とは、「電話のダイヤルを回す」を意味するロシア語の動詞「ベルテッチ（вертеть）」に由来する。そこから転じて、一般の市内電話回線とは別系統である高官専用の直通自動電話を意味するスラングになった。[52] つまり、ソビエト期に政治指導者と直属の部下のあいだの限られた閉鎖的な電話ネットワーク――KGBなどの治安機関がコントロールしていた――を意味した。

プーチン期になると、卓上電話から携帯電話、「ベルトゥ」（ダイヤモンドをちりばめたものが多い！）へと機器が変わっただけで、その基本的なアイディアはまったく変わらず、同一である。つまり、たとえばプーチン大統領の携帯電話番号を教えてもらった者は、それ以後は同大統領にまずアポイントメントを取ったうえで、その後クレムリンへ出掛けて大統領に面会するといった手間ひまが不要になる。大統領秘書や交換手の仲介を一切飛び越して、「ベルトゥ」を用い、他の誰にも聴かれる心配もなく、プーチン大統領との会話が可能になる。[53] プーチノクラシーでは、公式のポストや紹介状、申請書、その他の書類《ペーパー》に一体どのようなことが書かれているかということよりも、「ベルトゥ」に代表される口頭でのコミュニケーション・ネットワークを持っているかということのほうが、はるかに重要なのである。

では、そのようなホットラインを通じてプーチン大統領と結ばれている人々は、現在、およそ何人くらいいるのだろうか。ことの性質上その数字は秘密にされており、明らかではないが、レーデネバ教授はおそらく四〜五十人くらいではないかと推測する。(54) ちなみに、これは、プーチンが大統領就任した年の誕生日に招待した二十一名よりも多い数である。おそらく、自身の身内でなくとも、国家非常時のさいにどうしても職務上連絡する必要がある者や部下の電話番号を含めなければならないからだろう。たとえばロシア共産党委員長のゲンナージイ・ジュガーノフらが、それに該当する。(55)

準独裁体制

プーチノクラシーの第六番目の特性は、何か？　これまでの記述から賢明な読者にはおそらく充分察しがつくかもしれない。それにもかかわらず、その重要性のゆえに改めて言及する必要があろう。

その他の諸特徴と同様に、この特色もプーチノクラシーが主としてインフォーマルなシステムであることに由来する。インフォーマルな「ゲームのルール」は、何度も繰り返すように、かならずしも文章の形で誰の目にも分る形で明示されているとは限らない。となると、はたしてそれが何であるか——このことを決定する人間を必要とする。いいかえるならば、「ゲームのルール」それ自体よりも、それを決める人物のほうがより重要な役割を演じる。このことを、シェフツォーワ女史は端的にのべる。「プーチン体制は、特定の（fixed）ゲームのルールでなく、フィクサー（fixer）を必要とする」。(56) このような調停者が複数存在するようでは、部下や国民一般は混乱をきたしてしまう。一体どの人物の意見に耳を傾けてよいのか分からなくなるからである。したがって、裁定者はその発言が最終的な権威をもつ、唯一人の人間でなければならない。となると、「ゲームのルール」なるものも実は明確に定められたものではなく、プーチノクラシーのボスであるプーチンがその時々決めることがすなわち「ゲームのルール」になる。このことを、プーチン大統領に接近を許されている数少ないジャーナリストの一人、アンドレイ・コレスニコフは次のように記す。「この第一人者（＝プーチン）は、一体何が、そしてそれがどの程度まで許されるかを直観的に決定する。（そのような意味で）プーチンは物差し、もしくは温度計にほかならない(57)」。

エフィゲニイ・ミンチェンコを中心とする研究グループは、二〇一二年五月に名実ともにクレムリンに返り咲いたプーチン政権についての見方を、一三年一～二月に発表した。そのいわゆる「ミンチェンコ報告」は、まず次のような分析をおこなう。「（現）ロシア権力は、派閥やグループから成る混合体《コングロマリット》である。かれらは、資源《リソース》をめぐって熾烈な競争を展開する。そして、このようなシステムでウラジーミル・プーチンがになっている役割は、調停者のそれなのである」。同レポートはこうのべたあとで、結論する。「プーチンは影響力をもつ調停者なのであって、事態が揉めるばあいは少なくとも当分のあいだ彼の言葉が決定的な重みをもつことになる(58)」（傍点は引用者）。このような意味で、プーチンは「**primus inter pares**（同輩中の首席）」以上の存在になるのだ、と。

かつてのスターリンは、このような要請もしくは諸事情にもとづいて、結局独裁者になった。今日プーチンがになっている最終的な調停者としての役割や機能は、スターリンのそれらと基本的には異なっていない。だとするならば、プーチンの権限がスターリンのそれに近くなっていっても、少しもおかしくない。このような意味で、プーチンを「准独裁者」とみなすことすら可能だろう。グレプ・パブロフスキイはいう。パブロフスキイは、長年クレムリンのスポークスマン役をつとめていたが、現在では下野し、独立系の政治評論家に転じている人物。「プーチンの意志は、法律を超えた超法規的権威をもつ(59)」、と。これをもって、「プーチノクラシー」のたんなる六番目の特徴であるとみなすだけでは、おそらく不充分であろう。まさにその「核心《ハート》」（シェフツォーワ）[60]を成す要因と評すべきだろう。

もしそうだとするならば、われわれにとって何が次の課題となるか。おのずから明らかといえよう。プーチノクラシーの諸構成要素のなかでこのように重要な役割を演じるプーチンとは、そもそもどのようなタイプの人間なのか？ そして、そのような人物の解明、分析をおこなうために、ロシア・ウオッチャーたちは一体どのようなアプローチを試みるべきなのか？ これらの問いに立ち向かう必要である。われわれもまた、章を改めてこの作業に取り組まねばならない。

序　章
方　法

プーチン大統領の公式伝記『第一人者から』のサイン入り本を自慢げにしめす女性校長（2006.8.15 筆者撮影）

政治を真正面から問題にして来た思想家は、古来必ず人間あるいは人間性の問題を政治的な考察の前提においた。（中略）政治学は究極において「人間学」である。

——丸山眞男[1]

ロシア政治では、個人的なファクターが西側に比べ圧倒的に大きな意味をもつ。

——アレクサンデル・ラール[2]

プーチンなしに、今日、ロシアもない。

——ビャチェスラフ・ヴォロジン[3]

ロシア式伝統

プーチノクラシーを研究するためには、一体どうすればよいのか？　種々様々なやり方が可能かつ有効だろう。私もまた、このことを認めることにやぶさかでない。それどころか、次のようにさえ考える。ありとあらゆる多角的なアプローチを駆使することによって初めて、複雑多岐な相貌をもち、ダイナミックな変化をとげるプーチノクラシーの実態に迫ることができる、と。ただし、私が本書で採るのは、そのようなアプローチのひとつである。つまり、プーチノクラシーの主人公であり実行者であるプーチン、しかもその人間的側面にもっぱら注目し、焦点を当てようとする試みである。そのような私のやり方に、敢えて名称をつけようとするならば、それは「プーチノロジー（プーチン学）」といえよう。

もとより、これは〈言うは易しくて行うに難い〉方法論である。ひとつには、プーチンの心理の内部――本人自身ですらシカと分からない――に立ち入らねばならないからである。だが、むずかしいということは、そのようなアプローチを断念する口実とはならない。不充分な結果に終ることを覚悟しつつも、私は敢えて「プーチノロジー」方式を推し進めてみたい。ほとんどの読者にとっては改めて説くまでもないことかもしれないが、このような人間学的アプローチの重要性を念のために強調することから、本章をはじめよう。

まず、一般論。どの国（や社会）であれ、歴史、政治、経済などの営為はすべて人間によっておこなわれる。したがって、それらの研究は、活動主体である人物の検討からはじめるのが当然。このことは、ロシア政治についても当てはまる。ところが、あまりにもそれが自明なので、ついその点に格別の注意を払わなくなりがちである。私がいわんとするところを簡潔かつ明確に指摘した言葉を一、二、引用して、この自明の理を強調しておこう。

米国のジャーナリスト兼斯学のウオルター・リップマンは、百年前に政治と人間との関係についてのべた。「人間に言及することなく政治について語ることは、……まさしくわれわれの政治的思考における最も重大な誤りとなる」[4]。ポール・ニッツエ元国防次官は、米ソ冷戦期に長年にわたりソ連相手の軍縮・軍備管理交渉で米国側代表をつとめた人物である。そのような彼は、自分の仕事がロシア人の研究から始まり、ロシア人の研究に終ることを、一言に要約してのべた。「私のテーマ（主題）は、ロシア人である」、と。

このように、政治は結局のところ人間がおこなうものであるが、その人間は個人であることもあり、複数、すなわち一握りのエリートであることもあり、広く一般大衆であることもある。ところがロシアでは、特定個人、すなわち政治の最高指導者がはたす役割が、われわれが想像しがちな程度をはるかに越えて大きい。彼（もしくは彼女—以下同じ）の権力は、ほとんど万能《オールマイティー》にすら近い。それは、おそらくロシアの地理的、歴史的な背景に関連しているのかもしれない。広大無辺の国土を内外の敵から守るために、絶大な権力をもつ指導者が必要視されがちだったからである。背景事由が一体何であるにしろ、右にのべた特徴は、帝政期、ソビエト期、そしてポスト・ソビエト期を通じてほぼ一貫している。

じっさい、ロシアの歴代政治指導者は、法律制度によって拘束されることなく、ほとんど自由自在とさえ評してよいくらい独裁的もしくは準権威主義的な統治法を実践してきている。この点でほとんど唯一人の例外もない。こういってすら過言でなかろう。故ロバート・タッカー教授（プリンストン大学、ロシア政治専攻）がかってのべた言葉は、おそらく今日なお当てはまるといわねばならない。教授は記した。ニコライ・ツルゲーネフが十九世紀初めに書いた書物『ロシアとロシア人』のなかで記した言葉は、その後のロシアでも通用する。つまり、「主権者の気まぐれにたいし何らかのやり方で制約を加えようとする階級、身分、伝統的な制度。このようなものがどのような国でも常に存在したし、現在も存在する。たとえ一見したところ無制限の権力によって統治されているようにみえる国においても、そうだといえる。〔ところが〕ロシアとなると、この種の制約や制限というものが何ひとつ存在しないのだ」[5]。

別の言葉でいうと、ロシアではいまだに政治の「制度化（institutionalization）」と名づけられるものが進行していない。つまり、一体誰が最高指導者の座に坐ろうとも、彼が従わねばならぬフォーマルなルールといったものが確立するにいたっていない。さらに思い切っていうならば、仮にそのような制度や法が規定されていたり存在していたりしても、現実のロシアではそれらを尊重しようとする精神がまったく希薄なのである。つまり、ロシアでは憲法、法律、法令が一向に遵守されず、立法、行政、司法のあいだでの「チェックス・アンド・バランセズ」原則がほとんど機能せず、言論、報道、出版の自由がまだ確立していない。したがって、「はじめに　体制」でふれた問いが再びここでも提起される必要が生じる。つまりロシアでは、「人間」優位の伝統が根強いために「制度」が機能しないのか。それとも、「制度」が未だ脆弱な状態にあるために、止むなく「人間」が突出することになるのか。答えはおそらく両方が正しく、両者は一枚の銅貨の裏表の関係にすらあるのだろう。

権力の個人化

仮にその理由が何だろうと、最近の例でいうならばエリツィン元大統領も、プーチン現大統領も、立法機関や国民一般の意向を無視し、自身の気まぐれにもとづく準独裁的な統治を強行して、一向に恥じるところが見られない。しかも、有権者の側も、かれらが選出したはずの議会も、右のような事態にたいして強く抗議したり、阻止したりしようとする気配をしめそうとしない。不可思議千万である。一例をあげよう。エリツィン大統領はついにみずからの心身の脆弱傾向を渋々ながら認めるにいたったとき、己の後継者を探す努力を他の誰とも相談することなく単独でおこなった。同大統領は、ビクトル・チェルノムイルジン首相の後任として、まずセルゲイ・キリエンコを選んだが、非力で失望した。次いで、プリマコフを選んでみたが、彼の政策や野心が気に喰わなかった。次のセルゲイ・ステパーシンも非力で、気に入らなかった。このようにしてエリツィンは、わずか一年半足らずの間に四人もの首相の首をすげかえた。ようやく最後に、エリツィン「ファミリー」の身柄や財産の保護を確約し、おそらくその約束を忠実に実行するかのように思われたプーチンを、エリツィン大統領は己の後継者にすえることに決めたのだった。

プーチンによる後継者——但し、四年間だけに限っての——選択の仕方も、エリツィンのそれとまったく同様だった。二〇〇八年に次の大統領ポストに坐る人間を、プーチンは、一切他の誰にも相談することなく自分ひとりの判断で決めたからである。つまり、ドミートリイ・メドベージェフを選んだ。己に忠実無比のメドベージェフならば、四年後に自分への「大政奉還」に応じてくれることが確実視されたからだった。案の定、四年後にメドベージェフを首相に降格させ、みずからが大統領に返り咲くと告げたとき、メドベージェフは一言の不平も洩らさなかった。プーチン-メドベージェフ間の明らかな公職ポストのたらいまわし——。流石にロシア国民の一部は抗議の集会やデモをおこなったものの、実際的な効果を生じるにはいたらなかった。

このようにしてロシアでは、プーチン個人による権威主義的、もしくは準独裁的な政治が過去十五年間にもわたってつづいている。おそらく、少なくとも二〇一八年まではそのような状態がつづくのだろう。このようにして、シェフツォーワ女史は、プーチノクラシーを「個人化された権力システム」[6]と定義する。フィオナ・ヒル（米ブルッキングス研究所米欧センター長）も、ほぼ同様に「超個人化された政治システム」[7]と名づける。別の専門家たちは、「人間主義」[8]、「人治主義」、「手動統治」[9]などと呼ぶ。いずれも、「プーチノクラシー」が制度よりも人間を重視しがちな体制であることに注目した呼称といえよう。

アレクサンデル・ラール（ドイツの独ロ・フォーラム調査部長）は、米欧のロシア・ウオッチャーのなかでロシアに好意的な論評をおこなう数少ない専門家の一人である。だが、そのようなラールですらプーチノクラシーのこのような局面にかんしては、流石に批判的にみている。「ロシア政治では、個人的な要素が西側に比べて圧倒的に大きな役割を演じる。ロシアの大統領は、自分が適当と考えるやり方での統治法が可能なのである。西側諸国と異なって、彼は議会、憲法裁判所、彼が属する政党の承諾を得る必要などまったくない」[10]。このようにして、ラールは結論する。「プーチンは現代における帝政君主《ツァーリ》なのである。彼は、ロシア国家の理念を形成し、じっさい安全保障機関、外交政策、国家予算、ロシア経済（などのすべて）を指揮する」[11]。プーチン大統領の側近自身が、これら欧米諸国のクレムリン・ウオッチャーの見解を率直に肯定している。たとえば、大統領府副長官のビャチェスラフ・ヴォロジンは、二〇一四年十月開催のヴァルダイ会議宛ての演説で明言した。「プーチンなしに、今日、ロシアもない」[12]、と。ピーター・ルトランド（米ウェズリアン大学教授、ロシア政治専攻）は、右のヴォロジン発言についてコメントして記した。「この発言は、たしかに一見するところ馬鹿げている。とはいえ、それは、ロシア政治システムが一個人（プーチン）の役割に異常なまでに大きく依存している事実をじつに適確にとらえている」[13]。ロシアの評論家、アレクサンドル・モロゾフも、二〇一五年一月時点で発表した「ロシアはとことんプーチンに固執する」と題するエッセイでのべた。「今や、ロシアの将来は、ひとえにプーチンひとりに懸っている——すなわち、プーチンのムード、プーチンの個人的な健康状態、そしてプーチンが結局クレムリンから去るか、それとも死去するか否かに[14]」。

パーソナリティー

プーチノクラシーは、プーチンの「個人化された権力システム」である。シェフツォーワに倣ってこう理解するならば、プーチン個人の人間的ファクターの理解が是非とも必要不可欠になってくる。これが、本章冒頭でのべたように、私の基本的な立場でもある。つまり、プーチノクラシーの研究は、「プーチノロジー」が、その中心にならざるをえない。すなわち、主人公であるウラジーミル・プーチンの「心理、習慣、管理スタイル[15]」の探求である。尤もそれだからといって、このことを強調するあまり、プーチノクラシーがあたかもプーチンの個人的特質だけから決まってくるかのように考えてはならない。

プーチノクラシーは、複数の諸要因から形成される。そしてそれは、ほとんど無限とさえいってよいくらいの数多くのファクターが複雑にからみ合って、ダイナミックに相互作用を及ぼし合い、その総決算として立ち現れる。それは、多変数からなる多元方程式にもたとえられるであろう。それがたとえいかに強力かつ最重要の変数であるにしても、プーチン個人はそのようなプーチノクラシーを構成するワン・ノブ・ゼムのファクターに過ぎない。したがって、プーチノクラシーなる複雑な構成物を、けっしてプーチンのパーソナリティーという唯ひとつの要因に還元してはならない。もしそうすれば、複雑な生き物をまるで単一細胞から形成されているかのように取り扱うことにも似た間違いを犯すだろう。それは、喫煙者のすべてが肺癌をわずらうとみなすにも似た単一要因還元主義の過ちであろう。[16]

さらにいうならば、プーチンの「パーソナリティー」と一括されるものも、実は複数の成分から成りたっている。しかも、それらの成分は時や状況の転換に伴ってダイナミックな変貌をとげる。そもそも「パーソナリティー」なる概念自体が「とらえどころのない[17]」「あいまいな[18]」コンセプトなのである。英語のパーソナリティー、フランス語のペルソナリテ、ドイツ語のペルゾーンリヒカイトは、いずれもラテン語のペルソナを起源としている。[19]「パーソナリティー」の定義は学者の数と同じくらい多いといわれ、少なくとも五〇種類を超える。[20]日本語の訳語としても、個性、人格、人間性などが当てられ、定訳すらない状況である。尤も本書では、かならずしも厳密な定義にこだわることなく、次のようなごく常識的な定義に従う。

「パーソナリティー」とは、個人の特徴であって、その個人を独自のものとするような「生得的」、および「獲得的」な心的属性の全体である。[21]「生得的」属性というのは、体質、気質など先天的な要素にもとづく特性であり、「獲得的」属性というのは、幼時の生活体験を通じて形成され、ある程度変化する部分を指す。このようにパーソナリティーは、遺伝的要素により決定される側面と、外界との交渉により形成される側面との両要素を含んでいる。右の定義は依然としてあまりにも難解なので、さらに思い切って次のように言い換えてみよう。「パーソナリティー」とは、人間の気質、心理、性格、態度、能力、技巧、喜怒哀楽などの感情の束ないし総体である、と。

信条体系

パーソナリティーと区別される、もうひとつ重要な概念がある。「信条体系《ビリーフ・システム》」である。信条体系も、パーソナリティー同様、実に定義しにくい言葉である。「政策決定者が、正しいものと信じている――但し、シカとは実証できない――諸命題[22]」を指す。やや大ざっぱにいうと、イデオロギー、世界観、政治的信条とほぼ同義語であると考えてよいかもしれない。逆に一寸むずかしい言葉を用いると、アメリカのランド研究所のナサン・ライツやアレクサンダー・ジョージらが提唱した「オペレーショナル・コード（作戦典範）」を指す。ともあれ、政治家はそのような信条体系というプリズムもしくは指針を通じて己を取り巻く内外環境を認識し、みずからの政策をつくる。[23]

では、パーソナリティーと信条体系とのあいだの関係は？　両者の関係はかならずしも一様ではない。『政治的人間の心理と行動』（一九六九年）の著者、フレッド・グリーンステイン（プリンストン大学教授）がのべるように、「パーソナリティー構造」と「信条体系」をイコール（符号）で結んではならない。[24] なぜならば、二人の人間が仮に似たようなパーソナリティーの持ち主だからといって、かれらの政治的な信条までもが同一とは限らないからである。逆に、似たような政治的信条を抱いているからといって、そのような人々を同一のパーソナリティーの持ち主だと早合点してはならない。

もう少し具体的に説明しよう。たとえば権威主義的傾向が強いパーソナリティーの持ち主のなかにも、様々な政治的信条の人々がいるだろう。右翼ファシスト的な信念の人間もいるだろうし、ラジカルな左翼思想の者もいるだろう。また、非権威主義的なパーソナリティーの持ち主のあいだでも、同様に様々な政治的信条の人々がいるだろう。リベラルもしくは左翼的な思想の者はもちろんのこと、保守的な右翼思想の信奉者もいるにちがいない。要するに、パーソナリティーと信条体系は互いに区別されるべき二つの別物なのであって、両者間にはかならずしも「一対一の相関関係[25]」が成立するわけではない。

このように、まず「パーソナリティー」が即「信条体系」でないことを指摘したあとで、次に強調すべきことがある。それは「パーソナリティー」や「信条体系」＝《イコール》「政治行動」とみなしてはならぬことである。(26)改めていうまでもなく、「信条」、すなわち荒っぽくいって己の信念、思想、イデオロギーは、政治家たちにとって本来最も重要な核心的なものであるはずである。かれらはまず大抵のばあい、己の信条を実現しようと欲して政治家になる道を志す。かれらはまた、主として自己の信条の違いによって保守主義者、穏健改革論者、ラジカルな革命主義者……などと色づけされる。そして、政治的信条を同じくする同志たちと一緒になって、政治集団、すなわち政党を結成する。政治の世界では唯一人の力でほとんど何事もなしえないからである。

状況

このように、政治家たちにとり信条こそが自己の存在理由《レゾン・デートル》であり、最も重要なメルクマールのはずである。それにもかかわらず、かれらはその現実の行動においてかならずしも己の信念をストレートに表明したり、貫徹したりするとは限らない。仮にそうしたいと欲しても、それが適うわけではない。なぜか。ひとつには、「状況」と呼ばれる壁がかれらの前に立ちはだかるからである。

いかなる政治家であれ、彼は時空を超越した存在ではありえない。彼はけっして真空状態のなかで決定をくだしたり、行動したりするわけではない。譬えていうと、真白なキャンバスのうえに自由自在に絵を描く幸運に恵まれているわけではない。キャンバスは予めあたえられている。枠がはめられた所与のサイズで、すでに下地さえ塗られているケースすら珍しくない。この比喩からも分るように、政治家の政策決定や行動様式は、彼を取り巻く外部要因によって制約される。

外部要因とは、一言でいうと「状況」である。「環境」と呼びかえてもよい。「環境」は二分される[27]。一は、「直接環境」。政治家にたいして影響をあたえる存在として、誰もが容易に認めるもの。二は、「間接環境」。誰もさほど注意を払わないものの、現実にはやはり一定の効果をおよぼしているもの。

「環境」は、やや別の観点から次のように二分類をされるばあいもある。ひとつは、「一般的環境」。人間が生活している社会、国家、時期などに由来し、どの人間にたいしてもほぼ等しく影響するもの。もうひとつは、「個別的環境」。人間は、彼がおかれた特殊な環境、遭遇した異なる体験にもとづいて、彼独自の反応をしめすからである。グリーンステイン教授は右のような二分類をおこなったあとで、この区別の重要性を強調する[28]。いわく。「伝記作家は、たえず次のことを確定せねばならない」。「彼の主人公のある行為は歴史的な成り行きの結果だったのか」。それとも、「その行為は主人公の個人的なものによって説明される必要があるのか」（傍点は引用者）。

政治指導者の「パーソナリティー」や「信条体系」は、「状況」という枠組みもしくは壁にぶつかるために、オリジナルな形ですんなりと実現されるケースはむしろ稀だとすらいってよい。いいかえれば、政治家の「信条」は、程度の差こそあれかならず「状況」と衝突し、それとの葛藤を余儀なくされ、結果としてその程度如何にかかわらず修正が余儀なくされる。こう覚悟すべきである。この側面については、改めて念を押すまでもなく誰しもが納得する事柄であると思われるので、これ以上説明しない。むしろその代わりにここで紙幅を割く必要があるのは、もうひとつの側面にかんしてだろう。つまり、「状況」の壁の厚さを力説するあまり、次のように考えてしまうのも間違っていることである。「状況」は難攻不落の城である。ゆえに、それに挑むのはまるで「蟷螂《とうろう》が斧をふるう」に似た愚かな営為で、失敗が当然。このように思い込んで、己の「信条」の貫徹を最初から断念したり、そのための自身の努力を怠けたりする口実にする。

歴史における個人の役割

右にのべた一種の弁解論は、次のことを暗黙の前提にしている。同一「状況」下では、どのような「パーソナリティー」や「信条」の持ち主であれ、その努力は大同小異になり、結果は大きく変わらない、と。だが、このような前提はかならずしも正しくない。というのも、そのような見方は、「パーソナリティー」、「信条」の多様性や強靭性を過少評価しがちだからである。もしそういった見方を徹底させるならば、一体どのような結果を導くだろうか。極端にいって、選挙制度が意味をもたなくなるであろう。[29] なぜならば、選挙とは特定の人間を他の人間に比べ相対的により適格者と判断する行為にほかならないからである。また、「パーソナリティー」、「信条」要因における個人差を検討したり、研究したりすることそれ自体が、最初から無駄な営為ということになりかねない。[30]

さらにいうと、右の弁解論は、「状況」の性質や機能を一面的に一律なものとして理解する誤りも犯している。まず、「状況」は、「パーソナリティー」や「信条」同様に、けっして固定的もしくは不動のものであるとは限らない。それは、ダイナミックな存在であり、絶え間なく変化する。一般的にいうと、「状況」が流動的であるか否か、安定しているか否か——このことによって「パーソナリティー」が演じる役割は、随分変わってくる。「状況」が流動的だったり不安定だったりするばあい、「パーソナリティー」がはたす機能はふつう大きくなる。また、「状況」がつねに「パーソナリティー」や「信条体系」にたいしてネガティブな方向に作用するとみなしてはならない。つまり、それらを制限したり、抑圧したりする機能ばかりを持つ、と。「状況」の役割は、そのような否定的な機能だけに尽きるのではない。「状況」は人間の個性や信条を伸ばすポジティブないし創造的な方向に働く側面ももち、この点を看過すると間違いを犯す(31)。

次に、「パーソナリティー」の違いも大きな役割をはたす。いいかえれば、「状況」がすべての人間にたいして均一のやり方や程度で作用するとはかぎらない。たとえば、大きな権限をゆだねられている者。「状況」の変化を戦略的に利用しようと心掛けている者。またそのようなことに適した技能《スキル》の持ち主。――これらの指導者は、そうでない者たちに比べて、たとえ同一「状況」におかれたとしても、「状況」が己を制約するマイナスの程度をより少なくすることに成功するだろう。そればかりか、そのような「パーソナリティー」の持ち主は、逆に己にプラスをもたらす方向へと「状況」を積極的に利用、操作、転化させることすら可能にするかもしれない(32)。

以上要するに、人間と「状況」とのあいだに発生する関係を複雑かつダイナミックなものとして捉えることが、肝要なのである。くどいようであるが、具体例を引いて、もう少し説明してみたい。

「状況」のほうが圧倒的な力をもち、人間の営為など何ほどの役割もはたさない――。たしかに、このようなケースは存在する。大規模な自然災害の発生のばあいなどは、そうだろう。だがそのような天災のばあいですら、災禍に際して人間がとる適切な行動、その他によって、けっして小さくない差異が生まれるだろう。たとえば前もっての準備、ことにあたっての臨機応変の才覚、災害や事件後の応急処置などによってである。また、有事かつ緊急事態が起こったあとに政治指導者がとる行動様式は、基本的にはほとんど同一の対策や措置かもしれない。たとえば、核攻撃を報らせる警報装置の作動がそうだろう。だが、そのような状況下ですら、たとえば米国大統領ポストに一体誰が坐っているかによって、対応に若干の差異が生じてくるのではなかろうか。たとえばJ・F・ケネディか、リンドン・ジョンソンかによってである。わずかな差のゆえに大きな違いが生まれる――これは、とりわけ結果結果の政治の世界では重要な意味をもつ[33]。

歴史に「if」は、禁物かもしれない。とはいえ、たとえば最近のロシア史で次の問いを提起し、右にのべたような基本問題をしばし思案してみることは、けっして無駄な作業でないだろう。一九一七年における二月革命の発生は、たしかに客観的な必然だったのかもしれない。では、十月革命はどうだったのか？ レーニンという個人の確固たる意志、指導力、そして戦術なしにも、やはり十月革命は発生したのだろうか[34]。仮に起こっていたとしても、もしレーニンがいなかったとしたら革命はやや違った経過を辿り、異なった結果すら招来していたのではなかろうか。もしこれらの問いが提起に値するばあい、レーニンの「パーソナリティー」や「信条」が十月革命の発生や経緯におよぼした影響は甚大とみなさざるをえなくなろう。シドニー・フックは『歴史の英雄』と題する自著で、右にのべたような意味でレーニンを「事件をつくる人間（events making man）[35]」とさえみなす。

ジョージ・ブレスラウアー教授（カリフォルニア大学バークレー本校、ロシア政治専攻）も、「歴史における個人の役割」（プレハーノフ）を力説する。レーニンほどではないにしろ、ゴルバチョフやエリツィンが現代ロシア史で果した役割の大きさを、教授は強調する。「次のように仮定してみよう。ゴルバチョフとエリツィンがいなかった。かれらの代わりに、それ以外の人物がロシア政治のトップの座を占めていた、と。そのばあい、次のようにいえるのではなかろうか。一九八五〜九三年にかけてロシアで起こったことはおそらく大いに異なった形をとっていた可能性がある、と[36]」。

「状況万能主義」の誤り

右にのべてきたことを要約して、以下のようにまとめても差し支えないだろう。政治指導者たちが、仮にどのように異なる「パーソナリティー」や「信条」の持ち主であるにせよ、かれらにたいして「状況」は同一の影響をおよぼし、その結果は大同小異である。このような結論を下すのは早合点であり、事実にもマッチしない。むしろ、次のように考えるべきではないか。幼少期から成人にいたるまでのあいだに時間を経て形成されてきた各個人の「パーソナリティー」や「信条」は、たとえかれらが同一の「状況」に遭遇しても、かならずしも均一の反応をしめすとは限らない。逆に、「パーソナリティー」や「信条」の観点からは大きく異なる者たちが、結局のところ大同小異の振る舞いをしめすことも珍しくない。このようにして、「パーソナリティー」、「信条」、「状況」——主としてこれら三大要因のあいだの火花が散るように激しい衝突や葛藤を含む相互作用の複雑な動態を、先見をまじえることなく冷静に眺めることこそが、肝要になる[37]、と。

心理学者クルト・レヴィンの次の図式は、おそらくこのことをしめしたものなのだろう。

$$B=f\ (P.E.)$$

Bは行動様式（*Behavior*）、Pはパーソナリティー（*Personality*）、Eは環境（*Environment*）の略号。すなわち、パーソナリティー（P）が環境（E）に立ち向かう。そして、これら両者の相克の結果として行動（B）が決定されてくる[38]、と。

——以上長々とのべたことから分ってくる重要な結論は、しごく単純といわねばならない。すなわち、「状況万能主義」は、類似の「歴史的必然論」と同様に、人間がおこなう営為の自律性を過少評価しがちな過ちを犯す。したがって、あらゆる決定論を排除しつつ、政治や歴史において人間とりわけ指導者がはたす役割を決して過大にも過小にも評価しないように心掛ける――。これこそが、「パーソナリティー」研究の何よりの要諦になる。この鉄則を守ろうと試みるかぎり、「パーソナリティー」アプローチの意義は充分存在する、と。

「プーチンって、誰?」

政治家プーチンにたいして人間としての観点から関心を寄せる――これこそが、本書の主要テーマである。一般論として「パーソナリティー」研究が難事業であることは、すでに十分にふれた。ここでは、とりわけプーチンという人物の探究が様々な障害にぶつかることを、次にさらに強調する必要があろう。[39] まず、資料上の制約が想像以上に大きい。プーチンは、KGB出身のチェキストである。そのことも大いに手伝って、プーチンについての個人情報は固く秘密のベールに閉ざされている。まるで国家機密事項扱いといってすら誇張でない。

おそらく読者は、次のことを憶えているにちがいない。エリツィン大統領が己の後継者としてプーチンを選んだ一九九九年末のことである。全世界のクレムリン・ウオッチャーたちのあいだで「プーチンって、一体誰?」[40] との問いが飛び交った。エリツィンによるプーチン指名がほとんどの者にとって予想外であり、かつプーチンが当時まったく無名の人間だったからだった。ロシア内外で刊行されたどの人物事典をひもといてみても、〝プーチン〟の項目を見つけることができなかった。本書の著者、私もそうだった。手元に所有していたモスクワ刊の三種の人名事典（それぞれ七〇〇～八〇〇頁の大部のもの）のいずれにおいても、〝プーチン〟の項目を見出しえなかった。このような事情のために、当時ロシア専門家たちは苦し紛れに次のようなレッテルを貼って、とりあえずお茶を濁そうとした。プーチンは、「どこから来たのかまったく分らない男」、「顔のない人間」、「白紙のペーパー」[41]、「ブラック・ボックス（中身の分らない箱）」、などなど。ロイ・メドベージェフにいたっては、プーチンを論じた自著にずばり『プーチンの謎』（二〇〇〇年）とのタイトルを冠した。[42]

プーチンが、「謎の人物」とみなされるひとつの理由は、プーチンが自分について多くを語りたがらない事実にもとづく。二〇一三年に離婚するまで、少なくとも形のうえで三十年近くもプーチン夫人だったリュドミーラは、夫のそのような一面を次のように語る。「ボロージャ（プーチンの名前、ウラジーミルの愛称）は、自分自身について、何か情報を進んであたえようとするタイプの人間ではありません」[43]。幼馴染みのセルゲイ・ロルドゥーギンも、プーチンのそのような性向を証明するエピソードを紹介している。「彼が腕を折ったときも、プーチンはそのことについて一切語ろうとはしなかった」[44]。

自分自身について一切語らない。プーチンのこの傾向はひょっとして生まれつきのものかもしれないが、彼が受けたＫＧＢの特殊訓練によってさらに助長されたとみなして、差し支えないだろう。『プーチンの謎』でロイ・メドベージェフは、「諜報員＝《イコール》寡黙が生業《なりわい》」[45]と書いている。ロイ・メドベージェフは、かつてソビエト時代には反体制知識人として少なくとも外部世界では大いに麗名を馳せたものの、プーチン政権下ではすっかり大人しくなるばかりか、体制擁護派にすら転じた評論家である。それはともかくとして、同書でロイ・メドベージェフは記した。「プロフェッショナルな諜報員は、虚栄心が強い人間であってはならない。彼は自分の名が知られることをけっして欲してはならない。彼の業績はひじょうにしばしば匿名かつ秘密裡に保たれる。彼の本名はひじょうに長いあいだ秘密とされ、様々な偽名によって隠される。（中略）個人的な謙虚さ――これが、諜報員を守る楯になる」[46]。

『第一人者から』の信憑性

もとより、右に引用したリュドミーラ前夫人、ロルドゥーギンの話をわれわれが一〇〇％真実であるかのごとく真に受ける必要はまったくない。なぜならば、私はこれらの証言すべてを、プーチンの公式伝記『第一人者から』（二〇〇〇年刊行）のなかから引用しているからである。ちなみに、私は二〇〇六年八月、プーチン少年が通った小・中学校を訪問した折、面会に応じてくれた女性校長はガラス張りの書架から『第一人者から』を恭《うやうや》しく取り出し、自慢げに見せてくれた。表紙の次の白いページには、プーチン大統領直筆のサインがペンで記されていた。そのことによって、私が改めて確認しえたことがある。それは、『第一人者から』が、プーチン大統領直々のお墨付きを得た公式伝記であり、われわれもまた同書を良きにつけ悪しきにつけそのようなものとして取り扱うべきことだった。

『第一人者から』は、エリツィンがプーチンを後継大統領に指名したあと、プーチンの当選を確実にするための選挙キャンペーン用パンフレットとして急遽、編集され、刊行された。政商ボリス・ベレゾフスキイによって著名なロシア人ジャーナリスト三人が動員され、プーチン候補とのあいだで約四時間つづくインタビューを、計六回おこなった。かれら三人は、プーチンの妻、二人の娘、そしてプーチンの幼馴染み、小・中学校時代の恩師たちとの面談もおこなった。『第一人者から』は、これらのインタビューとプーチン自身のモノローグから成り立っている。二〇〇〇年の刊行当時、プーチンについての情報は圧倒的に不足していた。そのこともあって、マス・メディアその他は本書に一斉に飛びつき、同書に書かれていることをまるで丸写しするかのごとく、争って引用するようになった。それから、早や十五年の時間が経過した。ところが、クレムリン当局がその後プーチン自身にかんする情報を一切放出しない秘密主義体制をとっている事情も手伝って、この公式伝記は依然としてプーチン個人についての主要な情報源の機能を果しつづけている。

『第一人者から』の筆者全員は、有力紙につとめる優秀なジャーナリストだった。すなわち、ナタリア・ゲヴォルクヤン、アンドレイ・コレスニコフ、ナタリア・チマコフである。ちなみに、かれら三人のその後の身の振り方は興味深い。同チームのリーダー格であったゲヴォルクヤン女史は、当時、有力紙『コメルサント』のパリ駐在特派員だったが、このプーチン伝を執筆する任務のためにわざわざモスクワへ呼び戻された。彼女が、「レポーター中のレポーター」とみなされるベテラン記者だったからだろう。この仕事を終えたあと、彼女はパリに戻り、プーチン大統領による第一回目の欧州公式訪問をカバーした。[47] ところがその記事の内容がかならずしもプーチン礼讃一辺倒のトーンで書かれていなかったために、プーチンの不興を招いたらしい。そのことと関係しているのか、彼女は『コメルサント』紙を退職することになり、現在はパリで暮らしている。プーチン政権によって裏切り者扱いされているといえなくもない。コレスニコフは、依然としてプーチンに接近が許されている数少ないロシア人ジャーナリストのひとりとして有名である。チマコフ女史は、現在、メドベージェフ首相の報道官を勤めている。

ともあれ、その他の資料や情報が乏しいことも手伝って、プーチン研究者のほとんど全員が今日でも依然として『第一人者から』をしきりに引用する。マーシャ・ゲッセンのようにプーチン政権反対の立場を鮮明にしているロシア・ウオッチャーですら、その例外でない。私もまた、本書で『第一人者から』を度々、引用する。だが呉々も注意すべきは、この公式伝記が大別すると次のごとき三種類の情報から成りたっていることである。(1)誰にも隠しようのない客観的な事実。(2)外部に発表して差し支えないと判断されたがゆえに、公表されることになった情報。(3)かならずしも正確とはいえないどころか、間違った事実やディスインフォーメーション(虚偽情報)。(1)や(2)は引用して差し支えないが、(3)を引用する過ちを犯してはならない。

『第一人者から』にかんして、注意を喚起したいことが、もうひとつある。それを、敢えて(4)番目の「情報(?)」とみなしてよいかもしれない。つまり、同書にまったく書かれていない情報が実に多いことである。いや、肝心なことにかんしてあまりにも多くの重要な情報が記されていない事実に気づき、われわれは改めて驚く必要があろう。端的にいうと、プーチンにとり都合の悪いことは一切記されていないからだ。たとえば、彼がチェキストとして派遣されていた東独ドレスデンで、プーチンが一体どのような任務を遂行していたのか。秘密のKGB業務だったがゆえに、今日でも明かすと当然のごとく種々の支障がでてくるとの配慮からであろう、『第一人者から』は彼の任務について一言も触れていない。プーチンがペテルブルク市役所時代に係わった「食糧スキャンダル」その他の汚職の疑いのある諸行為についても、ほぼ同様である。もとより、当時まったく無名だったプーチンを大統領に当選させることを主な狙いとして大急ぎで編集され、刊行された類いの出版物である『第一人者から』に、もともと多くを求めるべきではない。おそらくこの種の弁明がなされるだろう。

この弁解を受け入れるばあいでも、次の点は依然として肝要である。『第一人者から』が右にのべたように恣意的な内容から構成されている事実から判断して、同書を引用する際には細心の注意を払うこと。たえず状況証拠や傍証と照らし合わせたり、セカンド・オピニオンをチェックしたりすることなしに、本書の記述をそのまま引用することは厳に禁物。このように心得るべきだろう。仮にそのことを別にしても、『第一人者から』の出版（二〇〇〇年）からすでに十五年が過ぎた。それにもかかわらず、プーチンにかんする基礎的な情報を得るために、われわれが依然として『第一人者から』に依拠せねばならないことは、誠に残念な現実である。なぜ、そうなのか？　ひとつには、クレムリン当局の情報操作が実に巧妙で、プーチン個人にかんしては本書に記された以上の情報がその後ほとんど供出されていないという事情があげられる。しかし、それればかりではない。われわれの側におけるプーチン個人をめぐる情報の収集努力がけっして充分でなく、そのためにクレムリン当局の操作に見事に乗じられる結果を招いている。このことも、併せ反省すべきだろう。

「顔のない男」に見せかける

一九九九年、プーチンがエリツィンによって後継大統領に指名されたとき、さきにもふれたように、「プーチンって、誰？」という質問が全世界を駆けめぐったが、結局、満足できるような回答があたえられず、苦しまぎれに（？）プーチンは「顔のない男」と説明されるにとどまった。その後、十五年経った。ところがもし標題にこだわるとする限り、二〇一二年に刊行されたゲッセンの書物は未だに「顔のない男」[48]と題されている始末なのである。商業目的の表題かもしれないが、この事実はプーチン研究がその間望むように進んでいないことを象徴していないだろうか。

プーチンが「顔のない男」のように見えるのは、たしかに彼が生来どちらかといえば無口な人間だからかもしれないが、何よりもKGBの厳しい訓練を受けたチェキストであることにもとづくといえよう。これらの事由に加えて、私個人は、プーチンの意識的な意図、戦術、演出に因るところが実に大きいと考える。説明しよう。

はじめて大統領に立候補することになった二〇〇〇年初め、プーチンは己の政治綱領を発表することすら拒否した。およそ選挙に打って出ようとする政治家は、当選後に自分が一体何をおこなうのか。つまり、公約――俗に「マニフェスト（政権公約）」と呼ばれる――を明らかにすることが当然の義務でもあり、またそれが当落を左右する最重要項目のひとつになるケースすら多い。ところが、である。「大統領選勝利後、真っ先に何をするのか？」新聞記者からこうたずねられたときに、プーチン候補は無愛想に答えた。「私は、しゃべりません（Не скажу）」[49]。その理由は簡単だった。もしプーチンがマニフェストの類いのものを公表すれば、かならずそのどこかの部分にケチをつけられるのがオチである。ロシア社会のいずれかの層の不満や反感を買い、批判や攻撃にさらされることすら必定だろう。

「マニフェスト」を発表しないばかりではなかった。己にとり初めての大統領選挙キャンペーンの全期間中、プーチン候補は、他の対立候補者たちとのあいだで公開テレビ討論をおこなうことを一切拒否した。なぜか。そもそもプーチンは、エリツィン前大統領のお墨付きを得ている最有力候補にほかならない。だとすれば、公開討論会のディベートでプーチンが勝って当たり前。もし万一負けるならば、プーチンは大恥をかくことにもなりかねない。おそらく彼はこのように計算したのかもしれなかった。序ながら、二回目の大統領選（二〇〇四年）でも、プーチンは他の候補者たちとの公開討論を拒否した。このときの拒否理由は、一回目の事由とは異なっていた。現職大統領の自分は他の候補たちと比べるとおよそ格というものが違う。したがって、対等な立場で討論するのはかならずしも適当でない——。こういった驕《おご》った考えにもとづいていた。その事由には若干違いがあったとはいえ、いずれのばあいでもプーチンがおよそ民主主義的な選挙を実施する気持がない点は共通し、一貫している。

プーチンが大統領選挙のたびごとに格別マニフェストも公表せず、公開討論にも応じないことにした理由のひとつとして、現文脈で私が指摘したいのは次のような彼独特の計算があるのではないかとの嫌疑である。つまり、選挙に臨む候補者は己の主義主張や立場を明らかにしないほうが、そうすることに比べてある種のメリットを確実に入手できる。プーチンは、ひょっとするとこのように踏んでいるのではないか。というのも、そうしないばあい、ロシアの有権者たちはプーチン候補に向かって各人各様の願望を投影して、いわば理想のプーチン像を形成することが可能になるからである。

当時、高齢かつ病弱なエリツィン前大統領は諸悪の根源とみなされかけていた。ロシアには、〈新しい箒はきれいに掃ける〉との俚諺がある。[50] 若く元気なプーチンは、エリツィンのアンチテーゼとして、まさにそのような「新しい箒」になりうる。つまり、プーチンが大統領に就きさえすれば、ロシアでは万事が一挙に好転するのではないか。このように自分勝手な想像で、有権者たちはプーチンにたいする期待感をふくらませはじめた。そのような状況下では、プーチンは自分が黙っておりさえすれば、ロシア国民間のこの種の希望的観測を思う存分吸いこんだプーチン像が形成される。それにもかかわらず、もしプーチンが己の選挙公約についてこと細かに語りはじめたならば、どうだろう。期待される指導者像はたちまちのうちに損《そこ》なわれ、凋《しぼ》んでしまう危険すらなきにしもあらずでなかろうか。

要するに、プーチンは、己が「すべての者にすべてをあたえる」[51]、いわゆる「誰でも人間（Everybody's Man）」[52]——

このようなイメージを振り撒くことを通じて入手できるメリットについて、客観的な計算を冷静におこなったうえで、みずからをして「ブラック・ボックス」もしくは「政治的スフィンクス」[53]のような存在に敢えてとどまろうと計算したのではなかろうか。ややうがち過ぎかもしれないが、これが私の推測である。

プーチンは反射鏡

じっさい、プーチンは己の政治的立場を明らかにしないことでしばしば批判される。明確なイデオロギーを持たない人間とすら非難される。だが、(元エリツィン大統領アドバイザーの一人だった)ゲオールギイ・サターロフは、まさにそれこそが「プーチン流政治スタイルであり、かつ彼の戦術なのである」[54]と喝破する。クルィシタノフスカヤ女史も、同様の見方をおこなう。[55]譬えていうと、「プーチンは赤色でもなければ、さりとて青色でもない。無色《カラーレス》なのである」。ロシアの有権者や国民が思うがままの色を付けることができるように、プーチンは己の立場を「無色」に見せかけようと意図的に試みているのである。こうのべたあと、女史はつけ加える。「プーチンが、多くのロシア人に好かれる理由は、まさにその点にある」。

独立系の世論調査機関「レバダ・センター」の創設者である社会学者、故ユーリイ・レバダは、右のようなプーチンの戦略を見事に要約して、「今日のウラジーミル・プーチンは、鏡である」[56]とのべた。すなわち、「彼は、すべてのロシア人――共産主義者であれ、民主主義者であれ――が、それを見たいと願っているものを自分のなかに見出すことができるような存在であろうと努めている」[57]。シェフツォーワ女史も、ほぼ同様の見方を披歴する。プーチンは「すべての者が望む人間」の役割を演じようとしている、と。もうひとりの評論家が、次のようにいっているのもおそらくほぼ同じようなことを言おうとしているだろう。[58]プーチンは「ホワイト・ボード（白板）のようなものである」。「そこに、ジャーナリスト、市民たちは、ロシア国家の過去の指導者たちに欠けていた資質を書き込もうとしているのだ」。

右のような見方にしたがうと、「プーチンって、一体誰？」――この問いにたいする答えは最初から見出されるはずがなかったともいいえよう。なぜならば、プーチンとは、「可塑性に富んだ鋳型《いがた》のテンプレート」(59)であることを、意図的に目指している人物にほかならないからである。このような見方を突きつめる結果として、ロシア専門家のなかには次のような極論をのべる者すら出現する。すなわち、「プーチンは、（実在の）政治家ではなく、バーチャル（架空）の存在といえるのではないか」。あるいは、「ＰＲキャンペーンの推進者たちによって考え出され、造り出された政治的伝説なのである」(60)、と。これは、たしかにやや極端な見方である。だが、部分的には一抹の真実を含んでいる鋭い指摘であるようにも思われる。

本書のアプローチ

プーチンは、「顔のない男」であるばかりか、極言すれば「バーチャルな存在」――。もしそうだとすれば、そのような表向き用の顔ではなく、彼の本当の顔を捉えるためには、一体どうすればよいのだろうか？　われわれは、いよいよこの困難な課題に取り組まなければならない。そのようなわれわれの前にたちはだかるのは、繰り返すようであるが情報管制という障壁にほかならない。プーチン大統領の誕生以来今日までの十五年間において情報管制はさらに進み、事態は一層悪化している。このようにさえ評さねばならない。

分かりやすい一例をあげるならば、プーチンの家庭についての情報である。二〇〇〇年刊行の『第一人者から』では、リュドミーラ前夫人は比較的率直に語っていた。たとえば、青年プーチンが一体どのように彼女にプロポーズしたかについて。その後生まれた二人の娘についても、同様だった。だがその後、二〇一三年六月に離婚会見で姿を見せるまでのあいだ、リュドミーラ夫人の動向については外部のわれわればかりでなく、ロシア国民にもまったく知らされなくなった。同様に秘密のカーテンの向こうに閉ざされているのは、プーチンの二人の娘についての消息である。彼女らは二〇一五年現在、それぞれ二十九、二十八歳に達しているはず。ところが、かれらははたして未婚なのか、既婚なのか。一体どこに住んでいるのか。何をしているのか。

ロシアの最高指導者およびその家族のプライベートな生活は、本人たちの安全保障《セキュリティー》にかんするので、国家機密扱いにせねばならない。このような名目で、有権者兼被治者であるロシア国民には一切知らしめない。そのことについては、ある程度までは合点がいく。だが、さはさりながら、次のような事情とはあまりにも対照的と評さざるをえないのではないか。つまり、ロシアの市民たちは、他方において朝から晩まで知りたくもない類いの情報の洪水を浴びせかけられている事実である。プーチン大統領は〇〇月〇〇日、〇〇地方の軍司令部を訪問し、将校たちを激励した。同大統領は〇〇地方でカーレースに飛び入り参加し、若者たちに負けない健康ぶりを誇示した……等々。

要するに、体制維持にとり都合の良いことはこれでもかこれでもかと過大なまでに報道する一方、それに役立たないことや都合の悪いことは一切国民有権者に伝えない。このような一種の情報操作キャンペーンによって、「プーチノクラシー」の主人公にたいし「パーソナリティー」からおこなうアプローチは、関門にぶつかる。では、本書の筆者である私は一体どのようなやり方でこの難関を突破しようともくろむのか?

プーチノクラシーの主要な特性に適合したアプローチを採用すべしというのが、私の考え方である。「は

じめに　体制」でのべたように、プーチノクラシーの際立った特徴は、それがインフォーマルに形成されたプーチン・チームによって運営されている点にある。そのチームは、プーチンが己の血縁、地縁、学閥、職歴、趣味、別荘……等々を通じて形成してきた人脈からなる。そして、そのようなインフォーマルな人的ネットワークの総元締め（「ゴッドファーザー」）が、プーチンその人にほかならない。

ちなみに、プーチンがＫＧＢ出身者であることは、彼がこのようなネットワーク造りに熱心かつ成功している事実とまったく無関係ではあるまい。というのも、チェキストは、特定建物のなかで机に向かっているだけではその本務をまっとうしえない類いの職業だからである。つまり、共産党、軍部、外務省、その他諸官庁、青年、労働組合、婦人団体等々あらゆる諸組織のなかへ積極的に入り込んでゆき、人的ネットワーク――さらにいうならば、「インフォーマント（情報提供者）」や「エージェント（諜報員）」――を組織し、構築し、拡大することが、チェキストに与えられた本来の任務であり仕事である。このような理由からも、私が本書で注目することのひとつは、プーチンの人的ネットワーク、より具体的にいうと「プーチン閥」や「プーチンのお友だち」と呼ばれる人々を調べ、かれらのプーチンとの関わり合いを追究することである。

また、プーチンの研究、すなわち「プーチノロジー」のためには、当然、彼がクレムリンの大統領府に到達するまでに歩んだ諸地域、所属し、関係した諸組織の跡を辿ってみることが、必要不可欠の作業になろう。具体的にいうと、たとえば次のような地域や組織である。まず、プーチンが生まれ育ったレニングラード（現サンクト・ペテルブルク）市。次いで、彼が在籍し学んだレニングラード国立大学。就職先のＫＧＢ。チェキストとしての海外派遣先、東独のドレスデン。ドレスデンから帰国後の就職先だったペテルブルク市役所。モスクワへ移動してポストを得て働いた大統領府……などなど。

これらの地域や職場でプーチンは、たとえばどのような人々と出遭い、交際し、かれらの影響を受けて、己の人生観や政治的信条を形成していったのか？　また、一体どのような「状況」に遭遇し、彼はそれらに対処しようとしたのか？　その軌跡を追体験することによってはじめて、謎に包まれた「ブラック・ボックス」、プーチンの実像に、われわれは一歩なりとも近づくことが可能になるだろう。

第1章
住　宅

プーチン少年が育った共同住宅
（2006.8.15 筆者撮影）

羊が狼を食べることもある。

――（「窮鼠猫を噛む」に当たるロシアの諺）[1]

かれら反対派の者たちは、コンドームのようなものを胸に着けて行進している。

――プーチン[2]

人間というものは、危害を加えられると信じていた者から恩恵を受けると、ふつう受けているばあい以上に恩義を感じるものである。

――マキャベリ[3]

出自

バスコフ横丁《ペレウーロク》。サンクト・ペテルブルク市のメインストリート、ネフスキー大通り《プロスペクト》から、歩いて約二分の距離にある。ペレウーロクとは、ふつう街路と街路をつなぐ横丁もしくは路地を指すロシア語である。たとえばモスクワの旧日本大使館は、長いあいだカラーシヌィ横丁《ペレウーロク》にあった。

ところが、そのような「横丁《ペレウーロク》」概念を抱いて日本人がペテルブルクのバスコフ横丁を訪れると、少々驚かされるにちがいない。バスコフ横丁は、われわれの横丁感覚からは想像しえないくらい道幅の広い大きな通りだからである。モスクワのカラーシヌィ横丁に比べてもそうだといえる。バスコフ横丁は少なくとも今日綺麗に舗装され、通りの両側にはシックなれんが色で統一された五〜六階建てのビルが並んでいる。格別の掲示こそなされていないものの、ここはペテルブルクで特別の横丁だからだろう。

「バスコフ横丁No. 21」――この建物表示がなされている六階建ての共同住宅《コムナルカ》の五階の一部屋に、かつて一人の少年が両親とともに住んでいた。その少年の名前は、ウラジーミル・プーチン。後の四十七歳のときにロシア連邦の第二代大統領の地位に就き、六十二歳の今日にいたるまで日本の四十五倍の国土をもつロシアに君臨している指導者である。

〈プーチンは、ロシア内外政策の最高または最終の決定者である〉。こう断言すると、何事につけ厳密な専門家からはなにがしかの但し書きが必要と注意されるかもしれない。たとえばプーチンはけっして独裁者なのではなく、むしろ数々の利害の調停者に過ぎない、などと。だが、本書では論旨を単純化するために、右の命題を率直に受け入れ、それを前提にして論を進めることにしよう。そのばあいわれわれにとり最重要課題となるのは、現ロシアで「ナンバー1」であるばかりか、「世界で最も大きい影響力をもつ政治家」のひとりとしてのプーチンとは、一体どのような人物なのか、つまりプーチンがもつ特性の研究である。

ボボ・ローは、のべる。ローは、世界で最も優秀なクレムリン・ウオッチャーのひとり。オーストラリアの在モスクワ大使館勤務を経て、現在、英王立国際問題研究所（チャタム・ハウス）でアソシエイト・フェローとして、ロシア外交、中ロ関係の研究をつづけている。「人間は、歴史的、文化的、職業上の環境の産物である」[4]。プーチンのばあいも、その政治権力や政策へのアプローチがしめしているのは、「彼が種々様々な自己の体験から影響をうけながら、みずから（の考え方）を形成してきている」[5]ことである、と。このようなローの見方やアプローチに私も基本的には賛成し、本書ではほぼ同じ立場にたって自分なりのプーチン観を記してゆくことにしたい。まず、プーチンの出自や経歴をごく簡単に紹介することから、話をはじめよう。それらは、ローが指摘するように、プーチンの思想や外交行動の特質に重要なかかわり合いをもつ。私自身もそう考えるからである。

レニングラード封鎖

ウラジーミル・ウラジミーロビッチ・プーチンは、一九五二年十月七日、レニングラード（現サンクト・ペテルブルク——以下、たんにペテルブルクと略す）に生まれた[6]。第二次世界大戦中、そしてプーチンが生まれた直後のレニングラードは、一体どのよう状態にあったのか？

レニングラードは、第二次大戦末期の約九〇〇日間、ヒトラー率いるナチ・ドイツ軍の「封鎖《ブロカーダ》」下におかれた。正確にいうと、一九四一年九月八日からはじまって四四年一月二十七日までの八七二日間である。とくに猖獗《しょうけつ》を極めたのは、四一年十二月から四二年二月末までの三カ月間だった。この期間中、レニングラード市民は空爆その他の軍事的攻撃に苦しめられたばかりではなく、「水なし、明かりなし、暖房なし」の窮乏生活を余儀なくされた。なかでもかれらが苦しめられたのは、食糧難だった。レニングラードの街からは猫や犬の姿は消え、人々は馬の皮を噛じることができれば未だ運がよいほうだった。人々は家具から膠《にかわ》をはずし水に浸したり、煮たりしがんだりして空腹をしのごうとした。親子兄弟など肉親間ですら食べ物をめぐる争いが昂じて、殺人におよぶケースすら珍しくなかった。

イギリスの歴史家、マイケル・ジョーンズが書いた『レニングラード封鎖——飢餓と非情都市　一九四一―四二』（二〇〇八年）[7]。この作品を目を伏せることなく、読みつづけうる勇気のある読者はおそらく一人もいないだろう。当時のレニングラードでは、野獣化して餓鬼道に堕《お》ち、人肉を喰《く》らうという地獄絵が現実に発生した。著者はそのような「カニバリズム」[8]の実例を、これでもかこれでもかと紹介しているからである。ジョーンズは末尾部分で記す。人間を襲ったこのような悲惨な極言状況、すなわち「レニングラード封鎖の恐怖を、われわれが完全に理解することは決してないだろう[9]」、と。

「封鎖」によって死に追いやられたレニングラード市民の確かな数は、明らかではない。混乱期の戦時下にあったという事情のほかに、ソビエト当局がその政治的意図から過少もしくは過大に発表しがちだったからである。少なく見積って六三万、通常は七五万人[10]、多く見積って一二〇万人という数字すら指摘されている[11]。仮に前者にしたがうにしても、当時のレニングラード人口は二五〇万人だったので、住民の四人に一人が命を落した勘定になる。信じうべからざる悲劇。こうのべる以外、評する言葉が見当たらない。

生存第一主義

たとえ他人や肉親から食べ物を奪いさえしても、サバイバル（生存）することだけが至上命令。極端にいうと、これが約九〇〇日間封鎖下におかれたレニングラード市民たちの多くに共通する思いであり、人生哲学にもなった。米国ブルッキング研究所の二人の上級研究員、フィオナ・ヒルとクリフォード・ガディは、近著『ミスター・プーチン』（二〇一三年）のなかで、このような人生観を「生存志向メンタリティ[12]」と名づける。

プーチン一家。かれらもまた、レニングラード封鎖の犠牲者だった。こうみなして間違いなかろう。プーチン自身は、たしかに大祖国戦争（ロシア人は第二次世界大戦をこのように呼ぶ）が終了した後の一九五二年に生を受けた人物ではある。とはいえ、彼もまた、両親や兄がこうむった苛酷な戦争体験と無縁ではなかった。なぜならば、次のように想像してもあながち見当ちがいでないからである。つまり、レニングラード包囲戦の最中にプーチン少年の両親や兄が生死の境をさまよった苛酷な体験は、プーチンにとっても或る程度までトラウマ（心的外傷）になって引き継がれた。そして、かれらの記憶を通じて、プーチン少年もまた或る程度まではヒル&ガディが名づける「生存志向メンタリティ」の持ち主になった、と。

一見余談のようにみえて、この関連で実は重要な話がある。それは、プーチン自身が後に類似の経験をすることになったことである。一九九一年末のソ連邦崩壊によって惹き起されたロシア経済の大混乱期にペテルブルク市役所の対外関係委員会議長だったプーチンは、飢餓寸前の市民たちに食糧を供給せねばならない立場に遭遇したからである（このことについては、第五章「市役所」で詳述する）。

プーチンの公式伝記、『第一人者から』のインタビュアーの一人、ゲヴォルクヤン女史は、興味深いプーチン論を展開している。(13) 同書の出版から十三年が経過し、彼女がパリに移住した後のことだった。女史はのべる。何か積極的な目標を抱いて、その達成に己の生涯を捧げている政治家。プーチンを、まるでこのような人間であるかのように想像するのは、かならずしも適当な見方ではない。というのも、ゲヴォルクヤンによれば、プーチンは何よりも自分（および家族）のサバイバル（生存）やセキュリティー（安全）を優先順位の第一位におこうとするタイプの人物だからである、と。これは、少なくとも私にとって実に興味深い洞察のように思われる。本書全体における私の仮説、いやひょっとするとその最終結論になるかもしれない重要な命題《テーゼ》にほかならない。つまり、プーチンの生涯は〝サバイバル〟衝動が一本の赤い糸になって貫いている。やや大胆な見方かもしれないが、こういってさえ差し支えないのではなかろうか。私は今後の少なくとも数章でこのテーゼを裏づけてゆく予定である。ここではその予告編として、このような私の仮説を裏づける一、二の例を紹介しておこう。

たとえば、プーチンが柔道を習いはじめた動機。それは、背が低く身体が脆弱な少年が「通り」での腕白同士間の闘いにサバイバルするための苦肉の策だった。こういえないだろうか。また、プーチンがＫＧＢ入りを志願したのも、ほぼ同様の動機にもとづいていたのではなかろうか。すなわち、みずからを強力な組織に帰属させ、その〝屋根〟下に身をおくことによって己を保護する。ところが案に相違して、東独勤務中にベルリンの壁の崩壊、帰国直後には八月クーデター未遂事件が発生した。その衝撃ならびに失望の余り、プーチンは早計にもＫＧＢへ辞表を提出してしまった。だが幸い、再就職先のペテルブルグ市役所やモスクワの大統領府は、プーチンを庇護する大きな保護施設《シェルター》を提供してくれた。彼はそのような〝屋根〟のボスに絶対無比の忠誠を誓い、その代わりに己を確実に守ってくれる保障を入手することができた……等々。以上の諸例は、ヒル&ガディ、そしてゲヴォルクヤン女史が説く「プーチン=サバイバリスト」説が基本的には正しいことを示唆する。

ついでに、第二次大戦の終結直後の時期がひょっとしてプーチンにあたえたかもしれない、もうひとつの影響についてのべておこう。第二次世界大戦の終結時に、ヨーロッパのみならずソ連の西部地域では小児まひが大流行した。これは、間違いのない有名な事実である。このとき、ひょっとするとプーチン少年もまた小児まひに感染したのではないか。そして、そのことがプーチンに何らかの影響をあたえているのではないか。[14]こう憶測する大胆な仮説である。

プーチンが、たとえば二〇〇〇年五月七日の大統領就任式で赤じゅうたんの上を歩いたときの光景は、さぞかし誰の目にもまだ焼きついていることだろう。このときプーチンがしめしたやや不自然、もしくはぎこちない行進の姿は、観客に忘れがたい強い印象をあたえた。というのも、彼は左手ばかりを振って行進し、右手をまったく動かそうとしなかったからである。また、米国の運動生理学の専門家たちは、プーチンが柔道をおこなっているときのビデオを繰り返し注意深く観察し、チェックした。その結果、かれらはどうもプーチンの右手の指の使い方が他の柔道家とは少し違うようだとの報告をおこなっている。[15]さらに、プーチンには知る人ぞ知るもうひとつ奇妙な習慣がある。それは、プーチンが普通の人間と違い、いつも右手のほうに腕時計をはめて左手を自由にさせている事実である。

——以上のような諸事例から、ブレンダ・L・コナーズ博士（米国ロード・アイランド州・ニューポートの海軍大学校に勤務）は、次のように大胆きわまる推測さえおこなうにいたった。[16]プーチンは幼いときに小児まひをわずらい、乳児のおりにハイハイの動作ができず、爬虫類のような形で動いていたのではないか、と。

家庭環境

ここで、プーチン一家のメンバーをごく簡単に紹介しておこう。プーチンの祖父、スピリドン・プーチンは、レーニンの別荘付きコックだった。レーニンの死後は、レーニン夫人のクループスカヤのためにも料理をつくった。スターリンのコックとしても働いた。が、フルシチョフによるスターリン批判との関連で、このことはひょっとしてデリケートな話題になるのかもしれない。というのも、プーチンの祖父とスターリンとの関係にかんして、それ以上詳しく語っているロシア語の文献は存在しないからである。

プーチンの父、ウラジーミル・スピリードノビッチ・プーチンは、ペテルブルクで一九一一年に生まれた。鉄道車両製造工場の機械工として働き[17]、模範的な共産党員であり、かつチェキストだった。四二年にレニングラードが独軍によって封鎖されたとき、KGBの前身である内務人民委員部の破壊工作隊に所属していた。同年冬、独軍が投げた手榴弾で重傷を負い、残りの人生を片足びっこを引いて過ごさねばならない羽目になった。プーチンの母、マリア・イヴァノブナ・プーチナは、トヴェーリ州で一九一一年に生まれた。彼女は、十七歳のときに同い歳のプーチンの父と結婚した。マリアは、約九〇〇日間に及んだレニングラード包囲戦のさなかにほとんど餓死せんばかりに身体を衰弱させた。一度「死体と見間違えられて、死体置き場に並べられるという屈辱的な経験に甘んじたことすらあった[18]」。

かれらの長男オレグは、出生とともに死亡した。次男のビクトルはレニングラード封鎖の最中、疎開先でジフテリアにかかって、わずか五歳で死亡した[19]。兄が二人とも死亡したために、プーチンが生まれたとき彼は一家にとり唯一の子供として両親、とりわけ母親マリアの溺愛の対象となった。彼女にとり、プーチンは四十一歳のときに授かった男の子だった。ソビエト時代、そのように高齢の女性が出産することはごく稀だった。[20] 母親のマリアは、夫に内緒でプーチンに洗礼をさずけ、[21] プーチンは母からもらった十字架をその後一度も外したことがないと語っている。[22]

母マリアは、雑役婦だった。清掃員、パン屋の配達、夜警など、低所得の仕事を転々としながら家計を助けた。[23] プーチン少年が貧しい家庭に生まれ育った事実は、次の意味でも記憶に値するだろう。そのような家庭の子弟は、往々にして貧しく、弱いことを好まない。と同時に、他人に依存することも忌避する。自身が強くなることを望むばかりか、自分が属するグループ、集団（たとえば、ＫＧＢ、ペテルブルク市役所、ロシア国家）が強い存在であることを欲する。プーチンに明らかにみられるこのような傾向のひとつの背景事由は、ある程度まで彼の出自に求められうるかもしれない。

プーチン養子説

プーチンが二〇〇〇年にはじめて大統領選挙に立候補したとき、「プーチン養子説[24]」の噂が取り沙汰された。ユーリイ・フェリシチンスキイとウラジーミル・プリブロフスキイが共著の二冊、すなわち『コーポレーション――プーチン大統領時代におけるロシアとＫＧＢ』（二〇〇八年）、『刺客たちの時代――ウラジーミル・プーチンの上昇に次ぐ上昇』（同年）で、詳しく紹介している噂話である。[25] フェリシチンスキイは、モスクワ生まれのロシア人。米国へ移住し、二十三歳のときにラトガス大学で歴史学博士を取得した。現在は著述業に従事している。プリブロフスキイは、モスクワ国立大学出身の歴史家で、モスクワでシンクタンク「パノラマ情報調査センター」総裁をつとめている。
かれら二人の書物によると、[26]プーチンを実際生んだ女性はヴェーラ・ニコラエブナ（一九二六年生まれ）であるという。彼女はウラル地方の工科大学で学んでいたときに、ひとりの青年（プラトン・プリバロフ）と知り合い、恋仲になった。彼女は、その青年が実は家族持ちの既婚者である事実を隠していたことに愛想をつかし、彼とは別れることにした。だがそのとき、ヴェーラ（二十四歳）はすでに胎内にプーチンを身籠っていた。ヴェーラは、同大学卒業後タシケントでボランティア活動に従事しているときに、グルジア人のゲオールギイ・オセパシビリと知り合い、彼と正式に結婚した。オセパシビリは、ヴェーラの連れ子、ボーバ（ウラジーミルの愛称）と同居することを好まなかったために、ボーバは九歳になったときに養子に出されることになった。この養子縁組の話は、オセパシビリの妹がボーバの実母であるヴェーラには前もって知らせることなく内緒の形で進めた。そのために、ヴェーラがその縁組を察知したときには時すでに遅し、もはや自分の手に取り戻す術《すべ》は残されていなかった。[27]
ボーバの養父母になったのは、サンクト・ペテルブルク在住のウラジーミル・スピリードノビッチ・プーチン、マリア・イヴァノブナ・プーチナ夫妻であった。養父母すなわち現在プーチンの実父母と信じられている二人は、ボロージャ（ウラジーミルの別の愛称）の生年月日を一九五〇年生まれから一九五二年生まれへと変更し、一年生として小学校へ入学させた。[28]かれらは、プーチンのグルジア生まれの事実を教師にも同級生にもひた隠しにすることにした。
——以上のような「プーチン＝養子」説の信憑性を強めようとして、フェリシチンスキイ＆プリブロフスキイは、次のような補強証拠を提供する。グルジアでボロージャ少年が通っていた小学校の同級生たち数人による証言である。[29] 他方、ペテルブルクでは「小学一年生になる以前のプーチン少年に会ったことがある」と証言する者は、未だ誰一人として現れていない。そのことのために、プーチンの公式伝記『第一人者から』の共著者のひとり、ゲヴォルクヤン女史は、もう少しのところで「プーチン＝養子」説を信じそうになったという。[30] というのも、彼女は、同書執筆の依頼をうけた折、当然のごとく小学校に入る以前のプーチン少年を知っている者たちとのインタビューが必要と考えた。ところが、その該当者を唯一人として探し当てえなかったので、「なぜかしら?」と不審に思った。だからといって他方、彼女にはそのような「養子」説のほうが正しいことを確信する手立てを摑みえなかった。ましてやプーチンが大統領になって以後は、この種の噂の真偽を詮索しようとする試みは、ゲヴォルクヤン女史ばかりでなく、他の誰にたいしても許されない行為になった。

じっさい、たとえばプーチンが大統領候補になった二〇〇〇年一月、KGBの主要後継組織、ロシア連邦保安庁（FSB）は、「プーチン＝養子」説の噂を打消す作業に懸命になった。FSBは、グルジア在住のヴェーラ・ニコラエブナの住居を急襲し、彼女が実の息子と称するボロージャの若き日の写真など一切合財の資料を押収した、ヴェーラ自身にたいしては、今後息子について一切口外してはならぬとの警告をあたえた。[31] では、FSBをはじめとするロシア治安当局は、なぜこのようにまで「プーチン＝養子」説の噂話に神経を尖らせ、それを根絶することに躍起になるのか? 実は孤児だったことがまるでプーチン少年のKGB志願の主要動機だったように勘ぐられるのは、本人にとってもKGBにとってもけっして望ましいことではない――。これが、その答えのようである。少なくともフェリシチンスキイ&プリブロフスキイがあたえようとしている理由である。かれらの説明を聞こう。[32]

ロシアでチェキストになっている者の身元を調べてみると、興味ある事実に気づく。孤児や養子など恵まれない境遇にあった者が実に多いことである。では、そのような素性の者たちは、なぜＫＧＢ勤務を志願しがちなのか。孤児や貰い子のなかには、実の両親によっていわば裏切られ、捨てられ、傷ついた者が少なくない。つまり、両親の愛情や家族の温かさを経験することなく育った者たちである。そのようなかれらは、ＫＧＢに入ることによってはじめて一種のグループへの帰属意識を獲得し、己の居場所を見出し、安堵感すらおぼえるのではなかろうか。だとすれば、ＫＧＢはかれらにとって「擬似家族」のような役割を演じるとさえいえなくもない。

ひょっとすると、プーチン少年もまた、ＫＧＢ組織がはたすこのような心理的な代償機能を直観的に感じとって、「ボリショイ・ドーム」（ＫＧＢレニングラード支部の建物）の扉を叩いたのかもしれなかった。だが、ＫＧＢをはじめとするロシア当局は懸念する。将来ロシア大統領の地位にまで上りつめるプーチン少年のＫＧＢ志願動機がこのように低い（?）レベルで説明されることは望ましくない。いや、同少年のＫＧＢ志願は、元来はるかに崇高な動機にもとづいておこなわれた。たとえば、ロシアを国の内外でもっと強力な存在にしたてあげたいという愛国心に燃えて、ＫＧＢ参加を希望した。おそらくＫＧＢの幹部たちはこう思わせたいのかもしれない。少なくともフェリシチンスキイ&プリブロフスキイは、このように推測する。

窮鼠《きゅうそ》猫を噛む

ここで、プーチン一家が親子三人で暮らしていたバスコフ横丁の住いに話を戻したい。かれらの住宅は、ロシアで「コムナルカ」と呼ばれる典型的な共同住宅のひとつだった（図1[33]、図2[34]参照）。その住宅は広さが二〇平方メートル[35]。台所は共同でお湯は出ず、トイレも共用だった。浴室はなく、銭湯《バーニャ》に通わねばならなかった。ウラジーミル少年（愛称ボーバ、ボロージャ、ボロートカ、ボフカ）の主な遊び場は、そのようなアパートの廊下や踊り場、中庭、そして街頭だった。

ボロージャ少年は、たとえばアパートの玄関や階段の踊り場の隅に空いた壁穴のなかに棲むネズミを棒で突っつき、いじめて遊んだ。追いつめられ、どこにも逃げ場がなくなったネズミは、絶望のあまり最後の勇気をふるって敵に向かって突如として全力で跳躍を試みる。プーチン自身が『第一人者から』で語る。「玄関口にネズミたちが棲んでいた。私は友だちと一緒に、しょっちゅうネズミたちを棒で追い回していた。あるとき巨大なネズミを見つけ、私は廊下を追いかけ隅にまで追い詰めた。ネズミはどこへも逃げようがなかった。ネズミはくるりと向きを変えると、何と私めがけてとびかかってきたのだ[36]」。

プーチン少年は、日本語でいう〈窮鼠、猫を嚙む[37]〉、ロシア語では〈羊が狼を食べることもある〉の諺をみずから体験し、脳裡に刻み込む羽目になったわけである[38]。この体験がプーチンにあたえた意味や教訓は、けっして小さくない。少なくとも本書筆者には、そう思われてならない。以下、その理由をのべることにしたい。

まず、プーチンは、確信した。闘いをはじめる以上はけっして途中で中断することなく、最後まで徹底的に闘う必要がある。なぜならば、敵は最後の力をふりしぼって全力で闘いを挑んでくるにちがいないからである、と。たとえば一九九九年九月二十四日の記者会見で、プーチン（当時、首相）は、チェチェン共和国の首都グローズヌイにたいする空爆を正当化してのべた。「われわれは、たとえどこに隠れようとテロリストたちを追いかける。かれらを便所に追い詰めて、肥溜めにぶち込んでやる[39]」。これは、プーチンが口にした

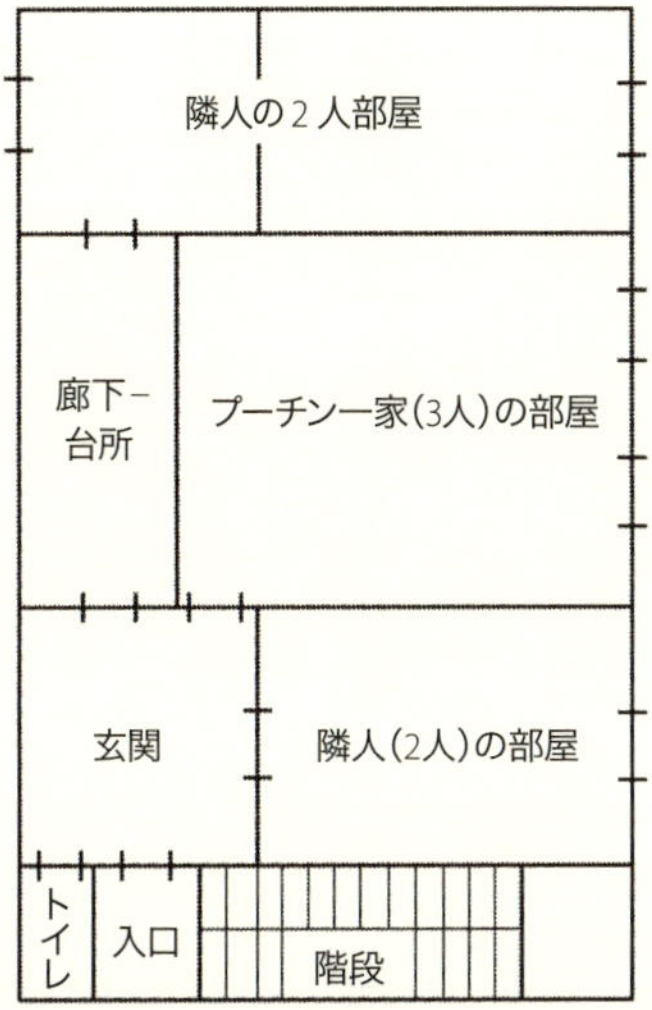

図１　プーチン一家が住んでいた階のフロアー

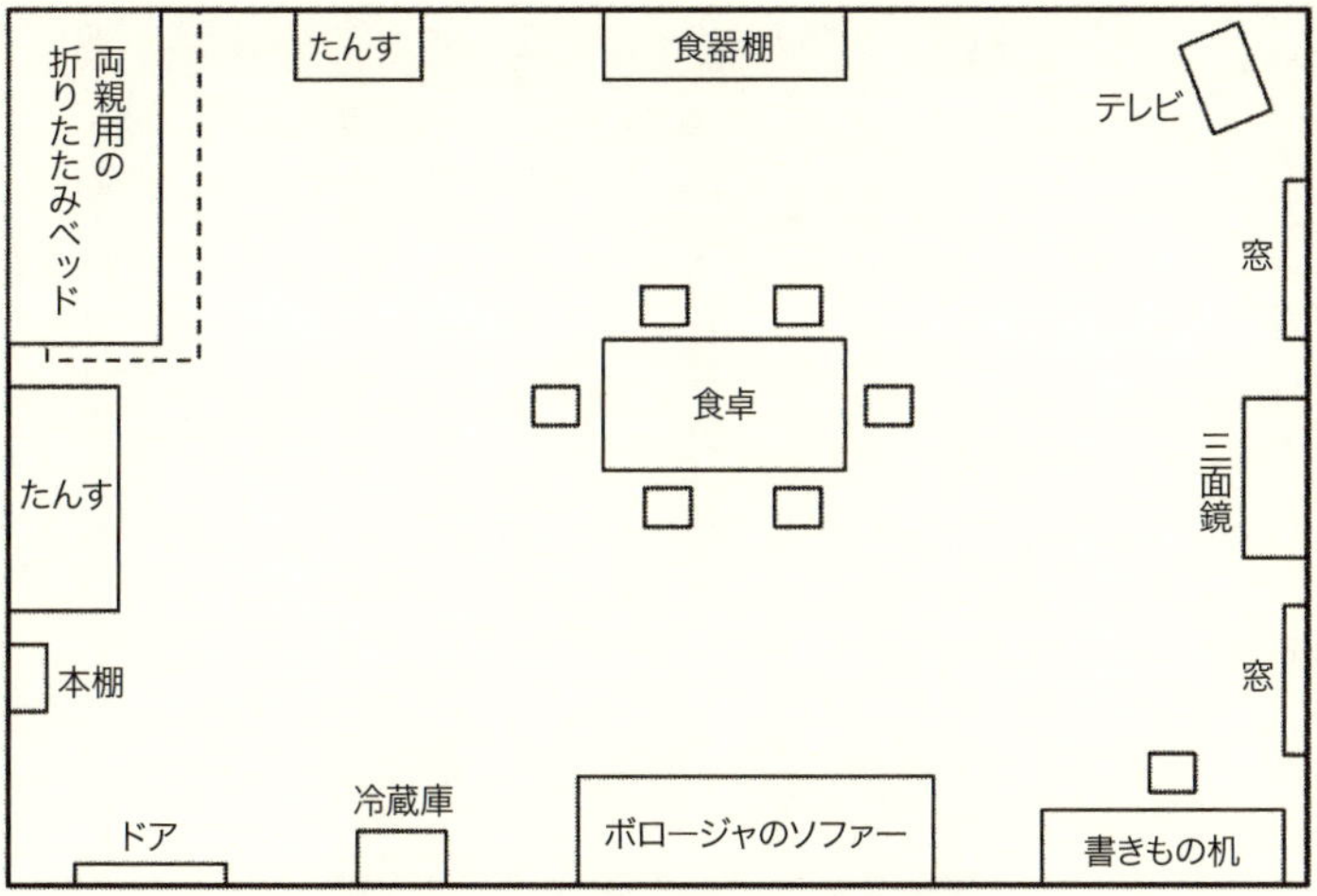

図２　プーチン一家の共同住宅の部屋

最も有名な言葉として、その後頻繁に引用されることになった。二〇〇六年二月七日に連邦保安庁でおこなった演説では、プーチン大統領はテロリストをずばりネズミにたとえた。「われわれの主要任務は、テロリストたちが隠れているすべての穴を探しあて、そのなかの必要な地点で効果的な打撃を加え、かれらを穴に隠れているネズミのように殲滅《せんめつ》することにある」(40)（傍点は引用者）。

ちなみに、チェチェン共和国のラムザン・カディロフ大統領も、チェチェン武装勢力の指導者、ドク・ウマロフ（二〇一四年死亡）を「ネズミである」(41)とみなした。プーチン崇拝者のカディロフは、プーチンの比喩を意図的に真似ているのかもしれない。二〇一〇年三月末にモスクワで地下鉄連続自爆事件が発生したときも、プーチン首相（当時）は似たような言い回しを用いた。「共犯者らを下水道の底から引きずり出して、殲滅してやる」(42)。

たしかに、二〇一一年七月の労働者との会合でプーチン首相は、次のような修正発言をおこなった。つまり、彼が九九年におこない一躍有名になった右の「雪隠《せっちん》詰め」発言を後悔し、ひょっとすると訂正したいかのように響く言葉だった。「このとき（私は）アスタナから帰洛したばかりで心が動揺しており、それゆえについおこなった失言だった」(43)、と。だがこれは、たんなる一時しのぎの弁解に過ぎなかった。というのもプーチンは、その後も依然として類似の発言を繰り返しているからである。それればかりではない。プーチンは、まさにこの名言（?）によって一躍有名になり、ひいては大統領へのスターダムに駆けのぼるきっかけをつくりさえした。このようにさえいってよいだろう。たとえばプリブロフスキイはのべる。「〃テロリストの雪隠詰め〃発言こそが、プーチンの大統領当選を確実にした理由のひとつである。このことを、ほかならぬプーチン本人は熟知している」(44)はずである、と。

さらに重要と思われることがある。それは、プーチンがチェチェン系テロリストたちにたいしてみずからの発言どおりのことを、忠実に実行に移している事実である。この点にかんするかぎり、プーチンは言行一致の政治家と評することができる。たとえば、まず二〇〇二年十月にモスクワの劇場、次いで〇四年九月には北オセチア共和国東部ベスランの学校がチェチェン系過激派グループによって占拠されたときが、まさにそうだった。これらいずれのばあいにおいても、プーチン大統領は占拠中の武装勢力との話し合いを頭から拒否した。その代わりに、ロシア内務省の特殊部隊をしてそれぞれ劇場、学校へ突入させ、犯人グループを「雪隠詰め」にする形で殲滅した。もとより、そのような全滅作戦の代償は実に大きいものについた。過激派グループはもちろんのこと、劇場占拠事件では一二九名、学校人質事件では三八六名の何の罪もない人質市民の貴重な生命が失われたからである。(45) 後者のケースでは、犠牲者の約半数、一八六名はいたいけな学校児童だった。

下品な語呂合わせ

話を、プーチンが用いる言葉に戻す。すでに引用した「便所」「肥溜め」「穴」「下水道」は、プーチンが公開の席上で下品な用語や比喩を頻発させる人物であることをしめしている。エリツィン元ロシア大統領によれば、それらは「たとえどのような状況においても大国の指導者が決して口に出してはならぬ(46)」類いの言葉だった。だが、プーチンは一国の指導者にとってタブーのボキャブラリーを平気で口にしてはばからない人間、しかもその常習犯なのである。プーチンが実際用いたそのような卑猥な用語例を、次に紹介してみよう。

二〇〇二年、モスクワ劇場事件の鎮圧直後にブリュッセルを訪問したプーチン大統領は、フランス『ル・モンド』紙とのインタビュー中、仏記者による歯に衣を着せない質問に出会い、激昂した。仏記者は、さきにふれたようにモスクワの劇場を占拠したイスラム系過激派グループにたいして、プーチン大統領がとった殲滅作戦の適否を問題視したのだった。すなわち、このとき同大統領が情容赦なく毒ガス使用を含む強行突破作戦に訴えたために、無辜のロシア人市民の生命が多数失われる結果になった。このことにたいする大統領の責任を、仏記者は糾弾したのである。このとき、プーチン大統領は、痛いところを衝かれた興奮のあまりか、けっして公人が用いてはならぬ次のような卑猥な罵り言葉を口にした。

大統領は、まず「では、君はイスラム武装勢力側に同情するのか」とたずね、次いで彼の素性がうかがわれる野卑な用語を連発した。「君がもし急進的な考えに執着するイスラム教徒になり、割礼を受ける用意があるのならば、私は君をモスクワへ招待しよう。われわれ（ロシア）には、その分野の専門家がいる。あなたが手術を受けて、そこに何も生えないようにすることを私はお勧めしたい」[47]。一国の最高指導者がこのような下品な表現を公開の場で口にすることは、厳に禁物といえよう。翌日の『ニューヨーク・タイムズ』紙は、流石にロシア大統領の言葉を忠実に全訳することをためらった。代わりに控え目な要約を掲載するにとどめた[48]。だが、ロシア語に堪能な全世界のクレムリン・ウオッチャーたちは、このときプーチン大統領が実際に用いた文言の卑猥なことを知って一斉に眉をひそめたのである[49]。

プーチン大統領が二〇〇六年十月にのべたジョークは、おそらく最も品が悪いものだったと評さねばならない。それが冗談であることを割引くばあいですら、公人がけっして口にしてはならない猥褻極まる表現だったからである。モスクワ訪問中のイスラエルのエフド・オルメルト首相とともに臨んだ公《おおやけ》の記者会見席上で、同大統領がおこなった発言である。このとき、イスラエルの首相から同国のモシェ・カツァブ大統領（六十歳）が「強姦《レイプ》、セクハラ、その他の性行為の強要」の疑惑で訴追されたことを耳にしたとき、プーチン大統領は、思わず口を滑らせた。イスラエル大統領が元気旺盛なことを賞讃しようとする意図でなされた率直もしくは正直至極なコメントだった。こう評しえぬこともないが、プーチンの根底に潜む女性観が投影された発言になった。「彼は、十人もの女性をレイプしたのだって。何と精力的な男性だろう。私は彼が羨ましい」[50]。クレムリン報道官のドミートリイ・ペスコフは慌てた。結局、彼は実に苦しい釈明をおこなう羽目になった。自分のボスが「このように発言した」ことは、間違いない事実である。だがそれは、飽くまで「ジョークに過ぎず、いかなる意味においてもプーチン大統領がレイプを歓迎していると解釈されるべきではない」[51]、と。

次の例は、フランス大統領のニコラ・サルコジに向かってプーチン首相（当時）がのべた発言である。二〇〇八年八月、ロシア–グルジア「五日間戦争」が勃発した。このとき、両国間の和平を図るために、サルコジ大統領は大慌てでモスクワへ駆けつけた。そのような仏大統領に向かって、プーチンは、グルジアこそが南オセチアに軍事攻撃を先に仕掛けたのだとまくしたてたのはまだよしとしても、グルジア大統領のミヘイル・サアカシェビリにたいする怒りを表明しようとするあまり、次のような禁句を用いた。「ミヘイル・サアカシェビリ大統領のきんたまを縛って吊るし上げてやる」[52]。

ヴァルダイ会議でも

ヴァルダイ会議は、世界の錚々たるクレムリン・ウオッチャー、一流の国際政治学者を年に一度ロシアへ招待して行われる有名な会議である。かれらにとっては、プーチン大統領（もしくは首相）を迎えて、かなり思い切った質疑をおこなえる貴重な機会である。二〇一一年十一月に開かれたそのようなヴァルダイ会議の夕食会で、プーチン首相（当時）はロシア人だけに分る品の悪い語呂合わせをおこなった。カナダからの参加者のひとりが、次のような質問をおこなったときのことである。プーチンが翌年五月にクレムリンに復帰したあと、「プーチン2.0」の新大統領は、「プーチン1.0」の旧大統領からどのように変わってくるのだろうか。プーチンは、ロシア語の隠語を知らない者には尤も至極に聞こえる模範回答をおこなった。「御列席の皆さま方と同じく、ウラジーミル・ウラジーミロビッチ・プーチンは結局のところ唯一人しかいません。（それを）〝二つの部分に分ける〟ことなどおよそ不可能でありましょう」[53]。

「二つの部分に分ける」というロシア語は〝**раздвоятся**〟である。だから、ロシア語を知らない者は、プーチン首相がごく当たり前のことをのべていると受けとったにちがいない。ところが、その場に同席していたロシア人たちはドッと笑った。なぜならば、かれらには、このときプーチン首相が右のロシア語と発音がほとんど同一の〝**раз-два-яйца**（二つの睾丸）〟との語呂合わせをおこなっていることが、一目瞭然だったからである[54]。

さらにいうならば、ほとんどのロシア人は、フルマーノフの傑作『チャパーエフ物語』を読んだり、同名の映画を観たりしているからである。ちなみに、プーチン首相も、もちろんそうだった。じじつ、二〇一四年四月のTV市民対話で「大統領閣下が最もお好きな映画は何ですか？」との質問をうけたとき、プーチン大統領は即座に「もちろん、『チャパーエフ物語』だ」と答えた[55]。ワシーリイ・チャパーエフは、ボリシェビキ革命後の内戦期に貧農出身ながら赤軍の指導者になった実在の英雄である。白軍攻撃のさいみずからが率いる軍隊を「二手に分ける」戦略を、無学な兵士たちに分かりやすく説明しようとして右の語呂合わせを用いた。このことは、ロシア人ならば誰でも知っている。

一般的にいうと、プーチンは、同世代ロシア人のあいだで受けることを狙って自分の発言のなかに、しばしばこの種の駄洒落を織り込もうとする。彼は、意識的に「農民の言葉《ムジーク》」(56)やことわざを用いようとする。そうすると、ロシアの大衆はまるで雲の上の指導者が自分たち下々の者のレベルにまで降りてきてくれて、「身内の人間」(57)であるかのような親近感を抱く。プーチンは、このテクニックがもつ抜群の効果を熟知しているがゆえに、この類いの語呂合わせを頻繁におこなうのだろう。ヴァルダイ会議は、たしかに全世界から著名な政治家や知識人たちが集まる晴れの舞台である。が、その質疑応答のおりにおそらくプーチンの日頃の癖がついぽろりと出たのだろう。幸い、米欧諸国からのほとんどの列席者たちは、ロシア大統領がこのように品の悪い言葉遊びをおこなっている事実にまったく気づかなかった。だが、同席のロシア人たちは一瞬爆笑したあと、隣席の米欧参加者たちに向かってそのジョークの理由をひそひそと説明することに熱心になった。(58)

白いリボンやプッシー

二〇一一年十二月末から一二年にかけてモスクワ、その他の各地でプーチン主導政権にたいする抗議運動が巻き起こった。そのような反対勢力の集会・デモの参加者たちは、結束のシンボルとして「白いリボン」を胸の折り返しにつけたことで一躍全世界に知られるようになった。ロシアで「白」は雪や冬を表わすと同時に、誠《まこと》や公正を象徴するカラー(色)なのである。(59)ところが、反対諸勢力をまるで蛇蝎のように嫌うプーチン首相には、かれらが胸につけている白いリボンが、当然のごとく気に入らなかった。同首相は、一一年十二月におこなった恒例の「ロシア国民との直接・公開テレビ対話」プログラムで、早速この白いリボンを槍玉にあげて揶揄《やゆ》した。かれら反対勢力の者たちは、胸に「コンドーム」のようなものを着けて行進しているようだ[60]、と。

白いリボン＝《イコール》コンドーム。プーチンを除き「およそ他の誰一人としてこのような連想をおこないえないのではないか」。ダニエル・トレイズマン教授（カリフォルニア大学ロスアンジェルス分校、ロシア政治担当）は、こうコメントする。ビクトル・ダヴィドフ（ロシアの作家兼ジャーナリスト）も、同様に批判した[61]。プーチン首相によってなされたこの比喩は、たんに首相の「趣味の悪さ[62]」を暴露しているばかりではない。加えて、政治的に「重大な誤り[63]」だった。というのも、次回のデモから反対諸勢力はプーチン発言を逆手にとって、早速「プーチンの名前を記した大型コンドーム型の風船を揚げて行進するようになったからである[64]」。

二〇一二年になるとプーチン大統領は、「プッシー・ライオット」の名称が猥褻であることを執拗なまでに話題にとりあげて、からかおうとした。まず、「プッシー・ライオット」が何であるかから説明しよう。

「プッシー・ライオット」は、ロシア女性からなるパンク・グループの名称である。彼女らのうちの三人が、一二年二月二十一日モスクワの大聖堂で歌った歌詞のなかに「マリア様、プーチンを追い出して」の一句が含まれていたために、早速、大騒動へと発展した。ロシア検察当局は「宗教対立を煽《あお》るフーリガン（ならず者）行為」の廉《かど》で三人を逮捕し、彼女らに懲役二年の実刑判決を課した。これは、プーチン政権による「表現の自由」を侵犯する行為以外の何物でもない。ロシア内外でこのような批判の嵐が巻き起こった。たとえばロシアでも有名なマドンナ、スティング、オノ・ヨーコらのアーティストたちは、三人の釈放要求運動を展開したが、効を奏しなかった。米欧諸国の政治首脳たちがロシアにおける人権侵害などを理由にして一四年二月開催のソチ冬季五輪に欠席の気配をしめすにいたって初めて、プーチン政権は渋々彼女らの釈放に応じた。

ここでの文脈で私が問題にするのは、プーチン政権がプッシー・ライオットの三人に加えた弾圧行為の是非ではない。同グループの呼称がもつ猥褻な意味を、こともあろうにロシア大統領の地位にあるプーチンが繰り返し執拗に指摘しようとした――。こちらの事実のほうである。そのことによって、同大統領自身が卑猥な言葉に異常なまでに関心を寄せる人間であることを露呈してしまった。

まず、プーチン大統領は、二〇一二年九月六日放送の英語放送局「ロシア・トゥデイ」に出演したとき、キャスターのケビン・オーウェンに向かい、英語の「プッシー」がロシア語では何を意味するか知っているかと問うた。「プッシー（pussy）」は小猫を意味するが、実はそれに当たるロシア語“пизда”は女性性器を意味するからである。その条《くだ》りを忠実に引用してみよう。

（プーチン）「あなたは、このグループ〝プッシー・ライオット〟の前半部分をロシア語に翻訳できますか？　それはあまりにも猥褻な言葉でしょう？　そうです、そのためにあなたはロシア語へ訳せず、英語によっても口に出すことができないでしょう」

（オーウェン）「私は〝小猫〟を意味すると思いましたが……」

（プーチン）「（いや）あなたはその意味を完全に理解しておられる。私は、そのことを知っていますよ。知らんぷりする必要はありません。彼女ら三人の女性は、あなた方にたいし彼女らのバンドの名称を口に出して恥ずかしいことを言わせようとしているのです。これはきわめて卑猥なことではありませんか」(65)

イギリス人相手のインタビューでは埒《らち》が明かないとは思ったのか、約一カ月後におこなったロシア「独立テレビ」（ＮＴＶ）のドキュメンタリー・プログラムで、プーチン大統領は、ロシア人インタビュアーであるヴァジム・タクメーネフ相手にこの問題を再び蒸し返した。そのやりとりを次に忠実に再現してみよう。

(プーチン)「あなたは、(プッシー・ライオットの)グループの名称が何とロシア語に翻訳されるのか、知っていますか?」

(タクメーネフ)「はい、私は知っています」

(プーチン)「それを口に出して言えますか?」

(タクメーネフ)「いいえ、口に出しては言えません」

(プーチン)「(では、)あなたはTV視聴者の面前で外国語を知らない人々のためにその言葉の意味を説明できますか?」

(タクメーネフ)「あなたを前にして、私は到底そのようなことはできかねます(参りました)[66]」

プーチン大統領は、もとより次のように言い訳できるかもしれない。インタビュアーから提起された「プッシー・ライオット」グループにたいするプーチン政権による厳罰処置にたいする追及をはぐらかすのが、プログラム出演の主目的だった。そのために、同グループがみずからにつけている呼称の猥褻な意味へわざと注意を逸らそうとする政治的意図を抱いて、この冗談半分のやりとりをおこなったのだ、と。しかしもしそうであるのならば、おそらく何か別の方法がありそうなものではないか。それにもかかわらず、プーチン大統領は「プッシー」のロシア語訳に必要以上にこだわった。このことは、ほかならぬ彼自身の興味や関心がけっして上品な類いのものでないことをしめしているといわざるをえないだろう。

「アナル的比喩」

以上紹介した諸例から判断して、思い切って次のような仮説を立てることすら可能かもしれない。つまり、プーチン大統領は、「アナル（肛門）的比喩」を好む人間である、と。「アナル的比喩」とは、ネオ・フロイト派に属するアルフレッド・アドラーらの精神分析学者が名づけた概念である。

たとえば、元米大統領リチャード・ニクソンは、間違いなく「アナル的比喩」を頻発する政治家だった[67]。ブルース・マズリッシュの見解である。マズリッシュは、マサチューセッツ工科大学（ＭＩＴ）の教授で、精神分析の手法を用いて優れたニクソン伝を書いた。マズリッシュ教授によれば、ニクソン大統領は多くの人々が聞いている公開の席上ですら、「四つの穴あけ（下品な）言葉」を用いる性癖があったという[68]。部下にたいして唯たんに「早く決断せよ」と一言いえばそれで十分用が足りるばあいにでも、大統領は次のような表現を用いた。「将軍、この問題であなたがくそをするか、トイレから出てくるかを決めるときがきているのだよ」[69]（傍点は引用者）。序でながら、プーチンはニクソンとのあいだで共通点が少なくない。たとえば、ペテルブルク出身のプーチンはモスクワにたいして、西海岸出身のニクソンが東海岸にたいして抱くと似かよった劣等感を抱いている。そして、トイレ関連の下品な比喩を好む点でも、両人は軌を一にしているようにみうけられる。

プーチン大統領は、街頭の俗語《スラング》や野卑な四つ文字を盛んに連発する。それがまったくの冗談のつもりなのか、真意なのか。この問いを別にして、間違いないことがある。プーチン大統領の側近や部下たちのあいだで、奇妙な傾向が発生中である事実である。かれらは、ひょっとすると次のように誤解したのかもしれなかった。つまり、かれらにとって絶対無比の存在である上司、プーチンがそのように俗っぽい言葉遣いや譬え話をするのだから、自分たちもロシア社会のタブーや抑制から少々解放されてしかるべきではないか。いや、それればかりではない。エリートぶらず気取らない御大将に見倣って同じようにしゃべるならば、自分たちもひょっとしてプーチンの庶民的な人気の恩恵にあずかりうるかもしれない。少なくとも上司プーチンに気に入られる一手立てになるかもしれない、と。その動機は様々だったかもしれないが、プーチンの側近や部下たちのあいだで、己の発言中に俗語卑語の類いを混ぜることがタブーでなくなるばかりか、むしろ流行《はやり》とさえなった。

たとえばドミートリイ・メドベージェフが、その好例だった。メドベージェフは両親とも大学教授というインテリの家庭に生まれた典型的なぼんぼん育ちだった。ところがそのようなメドベージェフですら、「プーチンの身体上の癖をしきりに真似るようになった」[70]ばかりではない。彼は、何と「己の公式の演説のなかに俗語や隠語を故意に混ぜるという（プーチン流の）しゃべり方すら模倣しはじめた」[71]。

プーチン式人事

ここで、プーチン少年のネズミ体験に話を戻す。共同住宅の踊り場にできた壁の穴に巣食っていたネズミいじめで「窮鼠猫を嚙む」を経験したことは、後年のプーチン式人事スタイルにも影響をあたえた。こうのべると、私はきっと短絡的思考と批判されるにちがいない。幼児や少年だった時期の体験がかならずしも人間の後年の思考・行動様式に影響を及ぼすとは限らないからである。[72] たしかに、これら二つのあいだの因果関係をあまり強調することは、禁物だろう。あくまでも成年に達してからの行動様式それ自体、それにたいする影響要因との複雑なダイナミックス――。これらの分析が必要不可欠なこと、改めていうまでもない。

とはいえ、プーチンの人事政策には、彼のネズミ体験からの教訓が生かされている。おそらく偶然の一致に過ぎないのだろうが、私にはそのような思いが捨て切れないのである。というのも、プーチン式人事が次のような特徴をもつことそれ自体は、間違いない事実だからである。気に入らない部下を排除するときにも、かれらを直ちに罷免しようとしない。まず、かれらの馘《くび》を斬るチャンスの到来を辛抱強く待つ。しかも、ポジションを完全には剝奪しない。むしろ、かれらの地位を徐々に降格させてゆく。その間に、代替ポストすら用意してやる。こういう慎重かつ複雑な手続きや方法を講ずることによって、降格された者がプーチンに恨みをいだくあまりに、反旗をひるがえす気持にならないように細心の注意をはらう。

このようなプーチン式降格法には、ひょっとするとプーチンが少年時代に経験した〈窮鼠猫を噛む〉の教訓が作用しているのではないか。私は、このように考えたくなるのである。それは、おそらく考え過ぎであり、無理なこじつけは厳に慎むべきだろう。それにもかかわらず、幼年時のネズミいじめから得た教えを思わせる特徴が、プーチン式人事には存在する。すくなくともこう記すことだけは、許されるのではなかろうか。私にそのように思わせるような実例を、二、三挙げてみよう。

たとえば、ヤーコブレフを徐々にお役御免にしていった手法――。これこそは、その典型とみなせる事例ではないだろうか。ウラジーミル・ヤーコブレフ（ペテルブルク市元第一副市長）は、のちにのべるようにプーチンの天敵だった。彼は、プーチンの恩師であり、恩人でもあるアナトーリイ・サプチャクを、一九九六年六月の選挙でペテルブルク市長の地位から事実上追い落として、みずから市長――その後、知事と改称――ポストに就いた人物だからである。『第一人者から』のなかでプーチンは、ヤーコブレフを、「〈裏切り者の〉

ユダ[73]」とさえ呼んではばからない。（尤も、当選後のヤーコブレフも負けてはいない。プーチンのことを「阿呆野郎[74]」と呼んだ）。

ペテルブルク市長選から四年後の二〇〇〇年、プーチンは大統領ポストに昇りつめることによって、ヤーコブレフにたいして報復する絶好のチャンスをつかんだ。ところが、プーチンは余人とは異なっていた。なぜならば、ヤーコブレフをかならずしも直ちに失脚させようとはしなかったからである。その代わりに、まるで真綿で首を絞めるかのようにヤーコブレフの力をじわじわと弱めていくやり方を採用した。はたしてどちらのほうがより残酷な手法なのか。おそらく見る者によって答えは違ってくるだろう。

プーチンは、まずヤーコブレフに連邦副首相のポストをあたえた（〇三年六月）。それは、当時のロシアではたとえ誰がそれに就いても、成功がおぼつかない社会問題（住宅建設・運輸などの公共サービス）を担当するポジションだった。次いで、ヤーコブレフを大統領全権代表のひとりに任命した（〇四年三月）。彼の担当地域すなわち南方連邦管区は、チェチェン共和国をはじめ北コーカサスという実に厄介な地域を含んでいる。そのために、この人事はヤーコブレフを事実上「南方へ流刑」に処することを意味した。次いで、彼を地域発展相に任じた（〇四年九月）。そして、ようやくフラトコフ内閣の総辞職時に伴って、ヤーコブレフをすべてのポストから完全に解任することにしたのだった（〇六年九月）。プーチン自身の大統領就任時から数えると、このときまでに何と六年以上の歳月を費していた。

プーチンによるヤーコブレフ降格法は、プーチンがいかに慎重居士であるかを物語ると同時に、彼が実に執念深い人間であり、かつひとつの決定や行動にいかに長い時間をかけるかをしめしている。ロシアの政治ジャーナリスト、スベトラーナ・ババエワが、プーチン式決定法《ディシジョン・メーキング》一般の特色としてのべた、次の言葉を想起させる。プーチンは「ずっとあとの時間になってから決定をくだすので、そのときには彼のアドバイザーたちですら、かれらがかつて彼に向かってそのようにすべしと進言したことすらすっかり忘れてしまい、気づかないくらいなのである」[75]。

エフゲーニイ・ナズドラチェンコ沿海地方知事のケースも、ほぼ同様だった[76]。ナズドラチェンコは汚職まみれであるばかりか、モスクワ中央にたいする反抗的な姿勢を一向に隠そうとしない悪名高い政治家だった。プーチン大統領は二〇〇一年二月、そのような彼にたいして辞職を迫る一方、実に用心深く振る舞った。ナズドラチェンコに向かい、まず利権のうまみのある国家漁業委員会の長、次いで安全保障会議の副書記のポストを提供した。彼が暫くのあいだこれらのポストをつとめた後になってはじめて、プーチンはナズドラチェンコを完全に罷免することにしたのである。

アナトーリイ・クワシニン軍参謀総長の降格のばあいも、プーチン大統領は同様に慎重な手続きを踏んだ。同大統領は盟友のセルゲイ・イワノフを、初めての「文官」国防相としてロシア軍に送り込んだ。タカ派のクワシニン参謀総長は、案の定プーチンやイワノフら政治首脳が望むようなロシア軍の大胆な改革に反対し、激しく抵抗する姿勢をしめした。ところが〇四年六月、チェチェン武装勢力がイングーシ共和国の首都ナズラニの治安施設を襲撃したことで、イングーシ側に九十二名もの死者が出るという大事件が起こった。この不祥事の責任をとらせる形で、プーチン大統領はクワシニン参謀総長ら軍幹部を罷免した。だがこのときもプーチンは、クワシニンを一挙に完全失脚させる手法を採らなかった。その代わりに、まずシベリア連邦管区の大統領全権代表に任命してクワシニンの面子《めんつ》を救い、彼がプーチン大統領にたいしてけっして怨恨感情《ルサンチマン》をいだかないようにするための配慮をおさおさ怠らなかったのである。

マキャベリの教えを実践

プーチンは、彼が不満に感じたり、過ちを犯したりする部下たちを、なぜ直ちに馘《くび》にする方法を選ばないのか？　その主要理由は、少年時代の〈窮鼠猫を嚙む〉経験から汲み上げた教訓にもとづく。こういってしまえば話は至極簡単だが、それはさきにも注意したようにあまりにも短絡過ぎる説明法だろう。

たとえばアナトーリイ・チュバイスは、すでに紹介済みのナズドラチェンコのケースを例にとり上げて、右の問いにたいして自分なりの解答を試みる。チュバイスはエリツィン政権期の大統領府長官で、現在は「ロスナノ・テクノロジー（ロスナノ）」社長をつとめている人物。いわく。「これは、われわれの大統領（プーチン）がエリート間に新しい〝ゲームのルール〟をしめそうとしているように思える。（中略）ルールに従いゲームをおこなうおうとする者にたいしては、みずからの陣営の一員として処遇し、かれらを咎めようとはしない。ナズドラチェンコも、結局のところは沿海州知事ポストから自発的に辞任することに同意した。他方、ルールに従ってゲームをおこなおうとしない者にたいしては、プーチンは法律に従って厳罰で臨もうとする[77]」。チュバイスによるこの解説は、基本的に正しい。私も同意する。但し敢えていうならば、やや綺麗ごとの感が拭えない説明法である。

一体誰からであれ、彼が現在占めているポストを取り上げることが、いかにむずかしい作業なのか。また、人間の深層心理がいかに複雑なものであるか。プーチンはこのようなことを十分承知しているばかりか、独自の哲学さえ持っている人物のように見受けられる。プーチン自身、次のように語っている[78]。「人間の馘を斬る。これは、最も深刻な問題である。時には人間をほうきで掃き出すようなことも必要だろう。だが、ことはそれほど簡単ではない。多くのばあい、しばしば複雑な政治闘争を発生させる結果すら導きかねないからである」[79]。

私の見方によれば、プーチンはマキャベリが『君主論』でのべた次の有名な金言をおそらく肝に銘じ、実践しているリーダーであるように思われてならない。「人間というものは、危害を加えられると信じていた者から恩恵を受けると、ふつう受けているばあい以上に恩義を感じるものである」[80]。プーチンの元柔道教師だったアナトーリイ・ラフリンは、このような見方を裏づける発言をおこなっている。英国のクレムリン・ウオッチャー、アンドルー・ジャックに向かい、ラフリンは次のように語った。たしかに「プーチンのサークルのなかには、そのポストに適していない人々が存在する。プーチン自身は、もちろん、そのような人間の欠陥を十分承知している。ただし、かれらの欠陥を念頭におきさえするならば、かれらを操縦することが可能になる。他方、かれらを完全に馘にしてしまえば、一体どのくらいの損失が生まれるのか。このことを正確に知る術《すべ》すらなくなるだろう」[81]。

プーチンは容易に部下の馘を斬らない。その理由は、実はもっとプラクティカルな点に求められるのではないか[82]。ヒル&ガディの見方である。これまた実に真相をうがった説明法であるように、私には思われる。少なくともすでにのべた他の説明法を補完する貴重な見方である。是非とも紹介に値しよう。

ヒル&ガディによれば、プーチン政権は、財政的、物質的な見地からいえばひじょうに裕福であり、豊かであるとさえ評してよい。ところが人的資源という観点からみると、同政権は見かけ以上に貧しく、お粗末と評さねばならない。というのも、プーチンの側近や部下たちは、後に詳しく説明するように、主としてKGB人脈やペテルブルク閥から形成されている。とくにKGBを中心とする「シロビキ」、すなわち軍、警察、治安関係者たちは本来ひじょうに猜疑心が強く、外部の者を容易に己の仲間内へ引き入れようとしない。そのために、プーチン政権ではいわゆるエリートの更新や補充が順調かつ活発におこないえないという弊害が生まれる。端的にいえば、人材の交代(もしくは循環)をスムーズに遂行する制度的メカニズムを欠いているのだ。

具体的にいいかえるならば、エリートに新しく加わる者は、往々にしてプーチンと個人的なコネをもっている者か、すでに内部に入っている人間の子弟や縁故者たちに限られがちとなる。実はこういった採用の人事と「一枚の銅貨の表裏」の関係をなすのが、更迭の人事なのである。つまり、いったんプーチン政権の内部サークル(「チーム」)に入った人々は、よほどの失態や反逆の罪を犯さないかぎり、まず馘を斬られることはない。罷免すると、同政権がその代わりの者を探し出すのは容易でないからである。結果として、「プーチノクラシー」は信賞必罰の原則やメソッドを貫徹することがむずかしくなり、人事の停滞を避け難い。

脅し

他方、己の人事政策に従おうとしない少数の者たちにたいして、プーチンは徹底的ないじめを加えることを躊躇しない。たとえば右に紹介したような漸進的な降格人事法に同意しない者が生まれるばあい、プーチンはそのような人間にたいしてサバイバルのチャンスすらあたえない。なぜならば、かれらはプーチノクラシーの人事ルールの根本に敢えて刃向かう反逆者にほかならない。かれらを放置しておくと、システムの掟が機能しなくなる危険すらなきにしもあらずだからである。そのような不届き千万な造反者の実例としては、ミハイル・カシヤーノフ元首相を挙げることができるだろう。カシヤーノフは(エリツィン)「ファミリー」

の中心的人物で、エリツィンが大統領ポストをプーチンに譲ったときもカシヤーノフ首相だけは罷免しないよう念を押したと伝えられる重鎮だった。プーチンはその約束を守り、大統領に就任後しばらくのあいだ「エリツィン期からの置き土産」[83]、もしくは遺産のひとりとしてのカシヤーノフを首相として用いつづけた。

ところが、である。二〇〇三年十月、ホドルコフスキイ逮捕という大事件が発生した。このとき、カシヤーノフは不満を表明した。このような重大決定について、首相ポストについている自分が前もって何も知らされていず、まるで聾桟敷におかれているようだ、と。プーチン大統領の側も、もうそろそろエリツィン前大統領との約束にこだわらなくてもよい潮時が来ていると判断したのだろう。一期目の大統領任期が終了する直前に、カシヤーノフを首相ポストから解任した。その代わりの新首相として、プーチン大統領はミハイル・フラトコフを登用した。フラトコフは忠実無比で「〝党〟(=プーチン)の命令を黙々と実行する用意がある三流の人物[84]」。一言でいうと、典型的な「テクニカルな」首相だった。つまり名義上は首相であるものの、現実にはプーチン大統領の言いなりになる技術官僚に過ぎなかった。[85]

ここで問題にしたいのは、プーチン大統領によるカシヤーノフ罷免の是非ではなく、カシヤーノフのその後の処遇にかんしてである。同大統領は、このときも他のケース同様にカシヤーノフに向かって二、三の代替ポストを提案してみた。たとえば国家安全保障会議の書記、国営銀行の取締役などである。大抵の者ならば、プーチンの提案イコールもはや選択の余地のない事実上の命令と受けとったことだろう。ところがこのとき、カシヤーノフは大統領によるオファーすべてを己にとり役不足であるとみなすかのように受け取り拒否した。この予期しない反応に出会ったとき、大統領はカシヤーノフに向かってゾッとするような捨て台詞《ぜりふ》をのべたと伝えられる。「もし将来君が税金のことなどで何かトラブルに遭遇して、個人的な手助けが必要になったときには、私に会いにきてくれたまえ」[86]。

プーチン大統領による右の言葉は、改めて解説を加えるまでもなく、忠告の形をとった脅し以外の何物でもなかった。つまり、自分に手向かう者はかならずや脱税などの容疑をかけられ、トラブルを抱える境遇に直面する。そのときになって初めて頭を下げ私の助けを乞うても、時すでに遅し。このように単純なことが、どうして分らないのか。じっさい、在任中のカシヤーノフには「二％のミーシャ（ミハイルの愛称）」との綽名が奉られていた[87]。交渉契約高の二％の賄賂を要求するダーティな人物との噂にほかならない。したがって、そのようなカシヤーノフは首相ポストを離れたあと、遡及的に汚職や脱税容疑の訴えに直面することが、ほとんど確実視されたのである。

案の定、首相退職後のカシヤーノフは、プーチン大統領が警告したように、およそ何事を試みようとも税務当局によって脱税その他の嫌疑でいじめられる羽目になった。それればかりではない。カシヤーノフはテレビや大新聞界から完全に干されるばかりか、ロシア社会から事実上「ペルソナ・ノングラータ（好ましくない人物）」との烙印を捺される人物にさえなった[88]。今日、カシヤーノフがプーチン政権打倒を唱える運動の急先鋒に立つ指導者のひとりになったのも、彼にはもはやそれ以外の選択肢が残されていないからだろう。

ルール違反者は厳罰

プーチンは、いったん自分のチーム内に加わった者をけっして簡単に馘にしたり、敵に売り渡したりしない。だが、もちろん、例外はある。チュバイス流の分類にしたがえば、「インフォーマルな〝ゲームのルール〟」を破ったり、それに敢えて挑戦したりする者にたいするばあいが、そうである。そのような向こう見ずな人間の具体例としては、プーチン統治の初期に次のようなケースが相次いだ。プーチン流〝ゲームのルール〟の厳しさについて未だよく知らず、それを過少評価してその遵守を怠ったオリガルヒ（新興寡占財閥）のケースが、その好例である。

プーチンは二〇〇〇年ロシア大統領に初めて就任した日から数えて未だ二カ月も経たない七月二十八日、主要なオリガルヒやロシア大企業のリーダーたち計二十一名をクレムリンに呼びつけた。この席上でプーチン大統領は、今後自分とビッグ・ビジネスとのあいだの関係を律する〝ゲームのルール〟が以下のようなものである旨、口頭で伝えた。①エリツィン前政権期におこなわれた民営化のどさくさ紛れに一部のオリガルヒが「濡れ手で粟」のごとく入手した不正な利益を、プーチン政権はもはや咎めだてたり、吐き出させたりするようなことはしない。②だが他方、オリガルヒは今後政治活動を厳に慎み、プーチン政権にたいして忠誠を励み、協力にいそしまなければならない。

プーチンによってこのような〝ゲームのルール〟がしめされたにもかかわらず、そのことを重要視しないという過ちを犯したばかりか、それに挑戦するかのごとき言動すらしめした不届き千万な二、三のオリガルヒが存在した。己との黙約を守ろうとしない者をけっして許そうとしないプーチン大統領によって、かれらは遠慮会釈なく批判の俎《まないた》にのぼり、モスクワから事実上追放されたり、投獄されたりする羽目になった。たとえば次の三人が、そうだった。

ウラジーミル・グシンスキイは、そのようなオリガルヒの第一号の名誉をになった。グシンスキイは、「独立テレビ」（ＮＴＶ）、その他のメディアを所有し、一時は「メディア王」とさえ呼ばれた強力なオリガルヒだった。ところが、二〇〇〇年八月の原子力潜水艦「クルスク」号沈没のさいにプーチン大統領がしめした不手際を、己の傘下にあるメディアを用いて痛烈に批判した。そのようなグシンスキイは当然のごとく大統領の逆鱗にふれ、事実上海外追放の憂き目に遭った。ボリス・ベレゾフスキイも、ほぼ同様だった。ベレゾフスキイは、のちに詳しくのべるように、自動車販売などで成功し、一時は「(エリツィン)ファミリーの金庫番」と称される存在にまでのしあがった。だが、己の傘下にあった「公共テレビ」(ORT)などを用いてプーチン大統領のチェチェン政策などを批判したために、ロンドンへの亡命を余儀なくされ、二〇一三年にはみずから命を絶つ羽目にもなった。

〝ゲームのルール〟に違反した三人目は、ミハイル・ホドルコフスキイ。ホドルコフスキイは、石油民間大手「ユーコス」社のCEO(最高執行幹部)だった。おそらくそのために、「プーチノミックス」の基本的な考えであるエネルギー資源産業の再国有化政策の前途に横たわる障害物のひとりとみなされた。経済的事由に加えて、プーチン政権がユーコス社つぶしに乗り出したもうひとつの理由があった。それは、ホドルコフスキイがどうやら大変な政治的野心を抱いているように見受けられ、そのことにプーチン大統領が警戒心を抱いたことだった。ホドルコフスキイは、二〇〇三年十二月の下院選にさいして「ヤブロコ」、「右派勢力同盟」などの野党に献金をおこなった。加えて、ロシア共産党にたいして資金援助をおこなったとの噂すら流れた。これは、プーチン与党「統一ロシア」にたいする挑戦行為と解釈されかねない行為だった。ひょっとするとホドルコフスキイは、二〇〇四年もしくは二〇〇八年の大統領選へみずから出馬しようとたくらんでいるのではないか。右の献金は、まさにそのような意図と関連しているのではないか。プーチンはこういった疑念に駆られたのかもしれなかった。たしかに、一九六三年生まれのホドルコフスキイは、五二年生まれのプーチンに比べて十一歳も若い。万一彼のように巨満の富をもち、かつ若くエネルギッシュな人物が立候補を宣言するならば、〇八年の大統領選でプーチンが指名する後継者（実際はメドベージェフになった）は、はたして当選確実といえるのだろうか。プーチン陣営にこのような懸念が生まれても、あながち不思議ではなかった。

このような政治的な嫌疑にたいして、ホドルコフスキイは、野党への献金、大統領選への立候補がロシア憲法によってロシア市民に認められている正当な政治活動であると、次のように弁明した。「私は（プーチン）大統領との討論をよく憶えており、ビジネスが政治に参加すべきでないとの主張には同意する。しかしながら同時に、ロシア憲法によれば、私は、他の（ロシア）市民同様、一市民としての諸権利《シビル・ライツ》を保有しているはずである。個人的な財産権を保障する市民権まで放棄すべし。このような意見にたいしては、私は闘わざるをえない[89]」。グシンスキイ、ベレゾフスキイ同様、海外への出国を暗に示唆されたにもかかわらず、ホドルコフスキイは耳を傾けず、国内にとどまる道を選んだ。彼は、結局、十年間もの長きにわたって投獄される憂き目に遭った。二〇一三年末、プーチン大統領は、ソチ五輪を成功させるためにロシア国内での人権抑圧の嫌疑を薄める必要に迫られ、やむなくホドルコフスキイに恩赦をあたえる大統領令に署名した。

グシンスキイ、ベレゾフスキイ、ホドルコフスキイ。要するに、かれら三名は、プーチンが大統領に就任したときにオリガルヒに向かって言い渡した〈経済人は政治に関与してはならない〉との〝ゲームのルール〟に侵犯した者たちだった。かれら三人のオリガルヒは、西側の専門家によって「反抗オリガルヒ[90]」と名づけられる。かれらと異なり、アレクサンドル・リトビネンコはまったく別の部類に属する。すなわち「裏切者[91]」のカテゴリーである。リトビネンコは、ＫＧＢの後継組織であるロシア連邦保安庁（ＦＳＢ）の元大佐だった。モスクワでの公開記者会見の席上で、ベレゾフスキイの殺害を命じられたことに疑念を抱いた己の体験を暴露する行動に出た。

案の定、リトビネンコは直ちにFBSを馘になった。「明らかにプーチンによる個人的な命令[92]」によるものだった。じっさい、プーチンは『コメルサント』紙の女性記者エレーナ・トレーグボワに向かい、語った。「私は、FSB長官に就任するや直ちにリトビネンコを解雇し、彼が働いていた部署も解体した[93]」その理由は、FSBの部署が超法規的な殺人をおこなったからではなく、リトビネンコや彼の仲間がそのことを公にしたからにほかならなかった。プーチン長官は説明した。「FSBのオフィサーたちは、記者会見などおこなうべきではない。そのようなことは、かれらの本務ではないのだ。かれらは内部のスキャンダルを公開すべきではない[94]」。

リトビネンコは、辛うじてロンドンへ亡命したものの、何者かによってポロニウムを飲まされ、毒殺された。ポロニウムはロシア国家によって厳重に管理され、通常の殺し屋個人には入手不可能とされる類いの物質である。ロンドン警視庁は、リトビネンコがミレニアム・ホテルのバーでお茶を飲んだときに同席し、帰国したふたりのロシア人を有力な容疑者とみなして、プーチン政権に引き渡しを求めた。元FSB将校のアンドレイ・ルゴボイと元GRU（ロシア軍参謀本部情報総局）将校のドミートリイ・コフツンである。同政権は、その要請に応ぜず、ルゴボイは下院議員に選ばれ、不逮捕特権を得た。事件は、事実上迷宮入りとなる一方、ルゴボイは二〇一五年三月、プーチン大統領によってロシア議会にたいする貢献の理由で勲章を授けられた。

第2章
柔　道

（左）プーチン少年の柔道仲間　（右）プーチンが柔道に励んだジム
（ともに 2006.8.15 筆者撮影）

プーチンの武道好きは、ジャングルの掟にしたがって生活していた幼年時代に遡る。

——ドミートリイ・トラービン(1)

弱い者は打たれる。

——プーチン(2)

敵は、徹底的にやっつけねばならない。少しでも余力が残っていると、敵は力を回復し、将来、状況を逆転させるかもしれない。

——プーチン(3)

「ヒキワケ」の意味

二〇一二年三月一日。ロシア大統領選を三日後に控えた日のことである。ウラジーミル・プーチン候補（当時、首相）は、欧州、日本など先進諸国のマス・メディア代表者たちとの会談をおこなった。そのとき同候補は、若宮啓文『朝日新聞』主筆（当時）に向かい「ハジメ」「ヒキワケ」などの柔道用語を連発した。みずからが大統領に当選した暁には、日ロ間領土交渉に積極的に取り組もう——。プーチンは明らかにこのようなイメージを造り出そうとした。案の定、日本での反響は大きく、期待も高まった。だがこれらの言葉は、たんに日本人の気を引こうとするための掛け声やジェスチャー以外の何物でもなかった。

たとえば「ハジメ」については後にふれることにして、ここでは「ヒキワケ」について少し考えてみよう。まず、日ロ交渉関連で「ヒキワケ」なる用語を用いたのは、プーチンをもって嚆矢とするわけではない。私が記憶しているかぎり、ミハイル・ゴルバチョフ大統領も、「ヒキワケ《ニチョー》」という言葉を用いた。同大統領は、一九九一年四月東京への初公式訪問中に海部俊樹首相とのあいだで、何と六回（コーヒーブレイクで中断されるばあいは別会合がはじまるとみなすソ連側の計算法によれば八回）[4]にもおよぶセッションをもち、日ソ間の領土問題をめぐって大激論を展開した。それにもかかわらず、この問題については最終的な解決案に到達しえなかった。結局、両首脳が署名した「日ソ共同声明」は、両国の主張を折衷させた「玉虫色」[5]の表現でお茶を濁さざるをえなかった。このようにして、帰国後のソ連最高会議あて報告でゴルバチョフ大統領はのべた。みずからが東京で海部首相とのあいだでおこなった領土交渉は「ヒキワケ（боевая ничья）」にほかならなかった[6]、と。

「ヒキワケ」とは、試合や勝負ごとで勝敗がつかないまま終らせること。日ロ間の北方領土をめぐる紛争でいうと、プーチンの「ヒキワケ」は以下のように解釈される。第一に、同問題をめぐる交渉は何時までやっても埒が明かないので、しばらくのあいだ解決を棚上げしようとの提案なのかもしれない。だが、北方領土問題は、ソ連／ロシア側によって戦後七十年近くにもわたって事実上棚上げにされてきた。そのことを憶い出すまでもなく、さらなる延期論はもとより日本側にとり決して同意できない提案である。第二にそれは、紛争を「フィフティ・フィフティ」のやり方で解決することを示唆しているのかもしれない。そのばあい、では、一体何をもって「フィフティ・フィフティ」とみなすのか、という複雑かつむずかしい問いが生じる。仮に北方領土紛争を「フィフティ・フィフティ」方式で解決することにしたばあいでも、様々に異なる見解がありうるからである。そのような解釈を、理論的に整理してみると、以下のようになろう。

まず、サンフランシスコ講和条約に調印していないロシアにたいして日本は、南樺太、十八の島々からなる千島列島、そして北方四島の返還を要求できる理屈である。したがって、もし「フィフティ・フィフティ」の妥協に応じるばあいでも、日本側はどんなに少なく見積っても北方四島の返還を要求できるはず。このように説く見解がありうる。だがそのような主張は、サンフランシスコ講和条約にすでに署名済みの諸国にたいして日本が採った立場からみて、理論的な整合性を欠くことになろう。これらの諸国に向かって、日本は「南樺太と千島列島」を放棄したからである。そこで、日本側は右の要求を捨て、北方四島の返還のみに要求を限定することにする。そのばあいでも、「フィフティ・フィフティ」方式とは、はたして具体的にいってどのような解決法を意味するのか？　一体何に着目して「フィフティ・フィフティ」とみなすのか？　以下のように、様々な見解に分かれることになろう。

まず、四島全体の面積に着目して「フィフティ・フィフティ」の考えを適用するばあい、次の二つの立場によって日本が獲得する面積は異なってくる。①歯舞《はぼまい》・色丹《しこたん》の二島は、一九五六年の日ソ共同宣言で日本へ引き渡すことがすでに決定済みである。したがって以来係争地域になっているのは、国後《くなしり》・択捉《えとろふ》の二島だけ。このように考える日本側の主張にしたがうと、「フィフティ・フィフティ」とは国後・択捉両島の面積（合計して四六八二平方キロメートル）を二等分することを意味する。つまり、日ロそれぞれが二三四一平方キロ・メートルずつを受けとる。これは択捉島の七三・五％に当たるので、択捉島の約四分の三はロシア領になり、同島の二六・五％すなわち約四分の一が、国後島すべてとともに日本領になる。②ところがロシア側は、依然として北方四島全体が係争の地であると説くかもしれない。もしそのような主張を認めて全四島の面積を二分割するばあいには、択捉島の七九％がロシア領になり、同島の二一％が国後、色丹、歯舞とともに日本領として戻ってくる。

次に、島の数に着目して「フィフティ・フィフティ」の妥協法を適用するやり方がありえよう。このばあいも二つの考え方の違いによって、日本側が受けとる島の数は異なってくる。③歯舞・色丹の二島の帰属先はすでに日ソ共同宣言で解決済みであると説く立場からは、残りの二島が係争地地域になる。そのうちの一島、すなわち国後を日本領とし、択捉をロシア領にする。面積でいうと、日本は全四島のうち三七％、ロシアは六三％の面積を獲得することになろう。④それにたいして、北方四島全体が依然として係争地であるという立場からは、日本は歯舞・色丹の二島、ロシアは国後・択捉の二島を正式に己の手中に収める。面積でいうと、日本は四島全体のわずか七％、ロシアは九三％を獲得することになろう。

さて、プーチンが「ヒキワケ」というばあい、彼は右の四つのケースの一体どれを意味しているのか。日本側は躍起になってその答えを知りたがった。二〇一三年二月に安倍晋三首相の特使として訪ロした森喜朗元首相は、その典型だった。だが、プーチン大統領が考えているのは、袴田茂樹氏の解説をわずらわせるまでもなく、明らかだった。[7] すなわち、④である。日ロ間の領土問題は第二次世界大戦によって解決済みである。そうであるにもかかわらず、旧ソ連は「日ソ共同宣言」で日本国民にたいする特別の好意の表明として二島を引き渡すことに同意した。ロシア側がそこまで譲歩したのだから、今度は日本側が譲歩する番である。四島返還の要求を降ろして、二島返還で手を打つのがおよそ常識的な「ヒキワケ」というものであろう。これこそが、プーチンが提案する「ヒキワケ」論の具体的中身にほかならない。わざわざ森特使がモスクワに赴き、プーチンに問い質《ただ》すまでもないロシア側の回答だろう。

柔道好きは、日本贔屓か

のっけから北方領土をめぐる日ロ関係に筆がおよんでしまったが、本書は北方領土や日ロ関係の検討を主要課題にしているわけではない。現文脈でのべたいのは、むしろ次のことである。プーチンによる二〇一二年三月一日の「ヒキワケ」発言によって、「プーチンと柔道」との関係にかんして私個人が常日頃抱いている疑念が、さらに強まったこと。では、そのような疑問ないしは嫌疑とは、一体何か？　このことを是非とも説明せねばならない。

「自分は柔道の愛好家である」。プーチンは口を開けば、このことを喧伝して止まない。たとえば二〇〇〇年一月二十八日におこなわれた小渕恵三首相（当時）との電話会談が、その好例である。日本の首相は、プーチン首相がエリツィン前大統領によって後継者に指名されたことを祝って電話をかけたのである。このとき、プーチン首相は小渕氏との会話中で次の台詞《せりふ》を、二度にもわたって繰り返したという。「私は、柔道を二十年以上もやってきました。（そのように）日本の伝統、文化の深さを知る者としての私が、はたして日本を愛さないはずがありましょうか」[8]。日本人にたいして、およそこれ以上に見事な殺し文句はない。こう思わせる名台詞である。

しかしながら、プーチン首相の右の言葉を額面通りに受けとることは禁物といえよう。日本の武道愛好家＝《イコール》日本贔屓の人間。われわれがもし単純にこのように考えるならば、それはあまりにもナイーブな短絡思考と評さねばならない。たとえばロシア文学を愛読する者すべてが、ロシア政治に好意的な見方をするとは限らない。同様に、柔道ファンの全員がかならずしも日本贔屓とは限らない。さらに一歩進んで、はたしてプーチンは日本の柔道の真髄を正しく理解しているのか。本来柔道が教えようとしているスポーツマンシップ——たとえば「自他共栄」の精神——を実践中の人物といえるのか。少なくとも私には疑わしいように思われる。なぜそのような素朴な——いやひょっとすると根本的な——疑問を、私は提起するのか。以下、その理由を記す。

そもそもプーチンは、一体なぜ柔道をはじめるにいたったのか？ 私の結論を先に記すと、その動機は、かならずしも純真無垢な種類のものではなかった。彼は、少なくとも当初、主として己の劣等感を癒《いや》し、「通り」での闘いでサバイバルしようという動機に促されて、柔道を習いはじめたからである。

小・中学校時代のプーチン少年は、けっして真面目でも優秀な生徒でもなかった。遅刻がちで、成績も五段階評価（5が最高、1は事実上なし）でほとんどの課目が「3」、あるいはせいぜい「4」でしかなかった[9]。いわば中程度の成績である。さらにいうと、ウラジーミルは生意気な不良少年だった[10]。

ソ連時代、児童は、ふつう三年生（十歳）のときに「ピオネール」（十～十四歳の少年少女を対象とするソ連の子供組織、「青年共産主義同盟《コムソモール》」加盟の前段階の組織）に入る。だが、ヴェーラ・グレーヴィッチは、自著『将来の大統領についての回想』（二〇〇一年）で次のように記している。彼女は、プーチンの小・中学校時代の担当教師のひとりで、教え子のプーチンについて二冊の回想録を出版している。彼女のクラス（五年A組、十二歳）の四十六～四十七人の生徒のなかには、ピオネールに未だ入団が許されていない者が二～三名いた。ボロージャ（ウラジーミルの愛称）は、明らかにそのなかのひとりだった、[11]と。ボロージャがピオネールへ入り、同組織メンバーの象徴である赤のネッカチーフをつけることができたのは、ようやく六年生（十三歳）になったときだった。「どうして六年生になるまでピオネールに入団できなかったのか？」この問いにたいして、プーチンみずからが公式伝記『第一人者から』で率直に答えている。「私は不良だった。ピオネール団員でなかった。……私は、じっさい、チンピラやくざだった[12]」。プーチン少年がコムソモールに加盟したのも、同級生に比べ約二年遅れの八年生（十五歳）のときだった。

ジャングルの掟

プーチン少年は狭い「コムナルカ」内の自宅ではなく、共同住宅の中庭や街頭、すなわち「通り《ドヴォール》」で時間を過ごすことが多かった[13]。当時のペテルブルクの「通り」は、「ジャングルの掟」が支配する世界だった[14]。つまり、力をもっている者が即発言力を獲得して、幅を利かせ、縄張りを仕切り、支配する。逆に、弱い者は強くなる以外、生き残る術《すべ》は残されていない。そのような世界にあって、プーチン少年は、小手先の世渡り術の巧みさに頼るだけでは到底大きな顔をしえなかった。少年はロシア人として小柄（成人した現在でも一六八センチ・メートルくらい[15]）で、細身かつ脆弱ともいえる肉体の所有者だったからである。じっさい、プーチン少年は「通り」で肩身の狭い思いをするばかりか、いじめられる存在だった。

プーチン少年が格闘技に興味をしめすようになった理由は、おそらく右のような身体事情と関係していたと想像される。グレーヴィッチ教師にいたっては、断言しさえする。「ボロージャは、自分の身を守るために格闘技を学びはじめたのです[16]」。プーチン自身も格闘技に興味をもった理由を、『第一人者から』で率直に説明している。「中庭や学校で一番になるには、けんか好きだけでは十分でないことが明らかになった途端に、私はボクシングを習うことに決めた。だが、鼻を折ってしまったので、ボクシングをやめた[17]」。次いでプーチンはサンボ（柔道とレスリングを合わせたようなロシアの伝統的な格闘技）、そして柔道へとごく自然に関心を移していった[18]。プーチン少年が十三歳（六年生、一九六五年）のときのことだった。

小林和男氏（元NHKモスクワ支局長）とのインタビュー（二〇〇三年）で、プーチンは右に紹介した『第一人者から』での説明をさらに敷衍《ふえん》して、次のように語る。「私は子供の頃、『通り』で育ちました。『通り』には独自の厳しい掟《おきて》がありました。何か揉《も》め事が起きたときには摑《つか》み合いの喧嘩《けんか》です。そして、はっきり言えば、強いものが正しい、ということになるのです。その頃の私の周りの世界でいい顔をするために、私はいろいろな方法で体を鍛えようとしました。小柄でしたから……柔道に辿《たど》りついたわけです[19]」。柔道は、たとえ自身は非力であっても、相手側の力を逆利用して勝利することができる。おそらくこのことは、短身かつ必ずしも頑丈とはいえない身体条件の持ち主だったボロージャにとって柔道というスポーツがとりわけ魅力的に思えた主要事由だったにちがいない。じじつ、プーチンは小林氏に向かいひきつづき強調している。「(柔道では）相手を知っていれば、その知識を利用して自分の勝ちにつなげることができるのです。……相手の失敗を利用するだけでなく……相手の体重の慣性や相手の技の慣性を利用することもできます[20]」。

劣等感の克服法

少年時代のプーチンが柔道を習いはじめた動機は、柔道の精神を学ぶといったけっして高邁なものではなく、むしろ功利主義的な理由にもとづいていた。端的にいうと、プーチン少年は、己の身体上の劣等感を克服する手段として、柔道を学びはじめ、その習得に熱心となったのである。そこには、心理学者がいう「打ち勝ち補償」または「有効補償」の動機が、明らかに作用しているように思える。[21]「第1章　共同住宅」でプーチンの幼少期を扱ったとき、私はプーチンが小児まひの病にかかった経験をもつのではないかと疑う見解を紹介した。米『ビジネスウィーク』誌の元モスクワ支局長、ポール・スタロービンは、このような説に賛同する者のひとりである。彼は、プーチンと米国の第二十六代大統領、セオドア・ルーズベルトとのあいだに存在する類似性についても言及している。少々脱線することになるかもしれないが、スタロービンの仮説を私なりの資料等で補いつつ、紹介してみよう。

幼少期に病弱だった政治家は、洋の東西を問わず数限りなく存在する。また、かれらのなかには、そのような体質を克服しようと試みる強い克己心の持ち主が多い。この点にかんして、プーチンとルーズベルトのあいだに数々の共通点が見出される。たとえば幼少期に己の身体的な劣等感を克服しようとして格闘技を習いはじめたことで、両人は共通している。少年時代のルーズベルトは喘息病《ぜんそく》をわずらい、[22]長時間横になった姿勢でベッドに寝ていられないことに苦しんでいた。[23]ところが、彼はあるとき悟った。「自分は、生まれつき身体能力に恵まれていないのだから、トレーニングを積み重ねること以外にそれを補う術はない。こう考えて、私はボクシングを習いはじめた[24]」。自伝のなかで、ルーズベルトはつづける。「私の進歩は遅く、若干の見通しがえられるまでに二、三年もかかった。が、五〇セントが賭けられた或る試合で、私は何とチャンピオンになったのだ。尤もそれは、たった一回だけのことだったが。（それでも勇気づけられた）私は、ハーバード大学へ進学してからも拳闘とレスリングをつづけた[25]」。

また、プーチンとルーズベルトは、狩猟などアウトドア・スポーツにたいしてたんなる趣味以上の関心を寄せた点においても、共通している。ルーズベルトが生涯最も興味を抱いたことは、森や荒野でのハンティングだった。彼は、たとえば中央アフリカへのサファリ旅行を頻繁におこない、その獲物を剝製の標本にしてスミソニアン博物館などへ寄付した。プーチンもまた、「第12章　マッチョ」で詳しくのべるようにハンティングを含むアウトドア・スポーツの愛好者である。ルーズベルトは、アメリカ人として初のノーベル平和賞の栄誉に輝いた。日露戦争を終結させたポーツマス講和条約などの斡旋の功績が、その受賞理由だった。だが他方、彼は「棍棒外交」と綽名される武力の威嚇を背後に展開する積極外交を得意とした大統領としても有名だった。この点でも、プーチン大統領とのあいだに共通点が存在する。ルーズベルトが死去したとき、息子がその訃報の弔電に記した言葉はよく知られている。「年老いたライオンは死んだ[26]」。

そもそもプーチンは、なぜ柔道に興味を抱いたのか。そしてプーチンとルーズベルトとのあいだにはたして類似性が認められるのか、否か。——これらの問題を別にして、プーチンは、一九七三年（二十一歳）にサンボ、次いで七五年（二十三歳）に柔道のスポーツ・マスターになった。七六年（二十四歳）にはレニングラード市の柔道チャンピオン（もちろん、一三五ポンドのライト級カテゴリーではあったが）になった[27]。プーチンの両親は最初、プーチンが柔道に熱を入れることに賛成していなかった。ところが、やがて「柔道が役に立つことを理解するようになった[28]」（『第一人者から』でのプーチンの言葉、但し傍点は引用者）。

「通り」の教訓

「通りは、私にとって『大学』だった。そこから、私は教訓を学んだ[29]」。プーチンは、彼の伝記を執筆したロシアのジャーナリスト、オレグ・ブロツキイとのインタビューでこのように語っている。プーチンが自宅付近の通りで遊んでいた幼少期に「通り」という名の大学から学んだ教訓とは、では、具体的にいって何だったのか？ それは、次のようなことを内容とする至極単純なものだった。第一は、「力の強い者だけが勝ち残る」こと。第二は、何が何でも勝とうという意志が肝要であること。第三は、「闘うばあいは最後までとことん闘わねばならない」こと。

まず第一点にかんしては、プーチン自身がブロツキイに向かい、右の引用に引きつづいて語っている。ペテルブルクの街頭で私が学んだことは、何よりも「強くあらねばならないこと[30]」だった。プーチンがとりわけ第二点を心掛けていたことについて、彼の柔道コーチだったアナトーリイ・ラフリンは次のように証言している。「彼（プーチン）の勝とうとする意志は、人並みはずれて強かった[31]」。ラフリンはつづける。「ボロージャは身体的条件からいうと、決してレスラー・タイプでなく、その代わりにもっぱら彼は頭を使う選手だった。彼は種々様々な技を駆使したが、常に相手側が予期しない動作、とりわけそのスピードが彼の強さの秘密だった[32]」。ちなみに、プーチンが最も得意とする柔道の技は「出足払い」であると、本人自身が語っている[33]。瞬時に相手の足を蹴って倒す手法である。

「最後まで徹底して闘う」という第三ポイントにかんしては、ブロッキイとのインタビューでプーチンは次のように語る[34]。「攻撃にたいしては直ちに応える用意を常に備えておく必要がある。すなわち、即座にだ。（中略）しかも、最後まで闘うことが肝要である」[35]。ちなみにこれは、かつてナサン・レイテス（米国ランド・コーポレーション上級研究員）が有名な著書『（ソ連共産党）政治局のオペレーショナル・コード（作戦典範）』のなかで、ボリシェビキが守るべき鉄則のひとつとして指摘した点を思い出させる。『典範』はのべる。「敵は徹底的にやっつけねばならない。なぜならば、少しでも余力が残っていると、敵は力を回復し、将来の闘争で状況を逆転させるかもしれないからだ」[36]。敵は、また、いったん攻撃の手を弛めるかのようにみせかけて、実は力を備え直して再び攻勢に転じる。したがって、敵にたいしては「最後までとことん徹底的に闘い」、敵にしっかと止めを刺す必要がある、と。

「ストリート・ファイター」（ドミートリイ・トレヴァン）[37]としての己の実体験から、プーチンは右のような三原則からなる闘争哲学をマスターした模様だった。別の言い方をすると、プーチンはこれらの原則をKGBに入る以前の段階ですでに会得済みだったのである。〈梅檀《せんだん》は双葉《ふたば》より芳《かんば》し〉。格別自慢するまでもなく、プーチン自身は語る。「これらは有名なルールであり、しばらく後になってKGBが私に教えようとしたことである。だが私は、少年時代のつかみ合いの喧嘩からすでにこれらのことを習得済みだった」[38]（傍点は引用者）。

プーチン流闘争史観との関連で、是非とも二つの類似語に存在するニュアンスの違いを紹介しておく必要があるかもしれない。それは、英語の二つの言葉、「サバイバー」（survivor）と「サバイバリスト」（survivalist）の差異についてである[39]。ヒル（英国人）＆ガディ（米国人）という英語のネイティブ・スピーカーによると、前者はパッシブ（受動的）、少なくともニュートラルな響きをもつ言葉だという。極端にいうと、本人自身が格別努力しなくても、人間はたんに幸運に恵まれることによってサバイバーになるケースすらあろう。それに対して、サバイバリストという英語には、アクティブ（能動的）な生活態度や努力によって初めて生残しうるというニュアンスが含まれている。すなわち、自分がおかれた境遇を唯たんに堪え忍び、運命に身をゆだねるのではない。己の生き残りの機会増大の方策を何とか考案し、それを実践に移そうと奮闘する。時としては己のハンディキャップを逆利用し、跳躍をとげるバネにしようとさえ積極的に試みるという意味である。

二つの英語のもつデリケートな語感をこのように区別をしたあと、ヒル&ガディは結論として、プーチンを紛れもなくサバイバーでなく、サバイバリストとみるべきと説く。たとえば、チェチェン系武装勢力のテロ活動にたいしプーチンが仮借なく遂行しようとしている闘いは、プーチンのサバイバリストとしての面目躍如たる好例といえる。つまり、プーチンは、世間で一般的に通用している社会正義の概念やヒューマニズムの感情を拒絶する。強くなければ、敵に乗じられ、敗北し、すべてを失ってしまう。したがって、どのような手段を用いようとも敵を倒し、みずからがサバイバルする。これこそが、唯一の掟である。プーチンは固くこう信じ込んでいる。われわれをしてこう思わせるプーチンの実際的な政策、行動、対処の具体例を、以下、二、三紹介しよう。

弱い者は打たれる

二〇〇二年十月にいわゆる「モスクワ劇場占拠事件」が発生したとき、プーチン大統領はチェチェン系占拠グループたちとの話し合いを一切拒絶し、武装したロシヤ内務省系特殊部隊に劇場の急襲を命じた。結果として、一二九名もの貴い人命が失われた。〇四年九月、北オセチア共和国東部ベスランの学校がチェチェン系過激派グループによって占拠されたときも、プーチン大統領は同様の対決姿勢をしめした。同大統領は、躊躇することなく特殊部隊に学校への突入を命じ、犯人グループを全滅させた。だが、その煽りを食って、三八六名の人質が犠牲に供せられた。これらいずれのばあいにも、プーチン大統領は、人質にされた児童を含む民間人の生命や安全を確保する配慮よりも、己の敵、すなわちチェチェン武装勢力にたいして「徹底的な闘い」を遂行する作戦の成功のほうを優先させた。こういって間違いなかろう。ベスランで武装勢力を鎮圧したあとプーチン大統領がのべた言葉は、一躍有名になった。「弱い者は打たれる」[40]。

ロシアの一高官は匿名を条件に、『ワシントン・ポスト』紙のモスクワ特派員（当時）、ピーター・ベーカーに向かい、プーチン流人生哲学のロジックを次のように説明した。「プーチンは、常に口癖のようにのべています。『人間は、ひとたび他人によって弱いとみなされると、即座に打たれ、そして敗北する』。これが、プーチンが己を強くみせるためにあらゆる手立てを講ずる主要事由なのです[41]」、と。その理屈が何であれ、「弱い者は打たれる」は、さきに紹介したプーチンが「通り」で体得した教訓を丁度裏返して簡潔に表わしたものといえよう。すなわち、「力の強い者だけが勝ちのこる」、闘うばあいには「最後まで徹底して闘わねばならぬ」という彼の人生観である。ともあれ、プーチンは「弱い者は必ず負ける」という己の政治的信念にもとづき、世論の反応を顧慮して譲歩する必要などまったく二義的なこととみなす（ユリア・ラトゥニナ[42]）。

ベスラン事件後、プーチンは彼流の闘争哲学をさらに次のように敷衍さえした。「もし世論にたいして少しでも譲歩すると、それはすなわち弱さの表明になる。いったん弱さをしめすと、社会は、サメが水中で傷ついた魚の血の匂いを嗅ぎつけたように、われわれを喰い尽くそうとするにちがいない[43]」。同学校人質事件の悲劇から一〇年以上も経った時点でも、プーチン（第三期）大統領は己の闘争史観をいささかも変えていないことを窺わせる発言をおこなう。たとえば二〇一三年十一月末、ソチで武道（柔道、剣道、空手など）の実技パフォーマンスを見学したあと、大統領は語った。「わが国ロシアでわれわれが高く評価し、尊敬するのは、一体どういう類いの人間なのか。常に最後まで闘って己の立場を貫く者だといえよう」[44]（傍点は引用者）。己のこのような信念を、いささかもぶれることなく実践している。この点にこそ、プーチンの真骨頂が求められる。

プーチンの政治哲学は、彼の少年期の体験にもとづいて形成された。われわれにこう思わせるのは、メルケル独首相が独連邦議会あて演説中で語った次の言葉である。二〇一三年末から一四年にかけていわゆる「ウクライナ危機」が勃発したときに、プーチン大統領がとった行動様式をみて、ドイツの宰相がのべたコメントは一躍有名になった。「現在、われわれは二十一世紀の世界に生きているはずである。それにもかかわらず、モスクワは十九世紀や二十世紀の方法を用いて、非合法的な振る舞いをおこなっている。つまり、法の支配ではなくジャングルの掟に従っているのだ」[45]（傍点は引用者）。

柔道 vs チェス

一四年の「ウクライナ危機」に話が及んだついでに、このとき片や米欧、片やロシアがしめした行動様式の違いに注目したロシア人や欧米のロシア専門家たちによる卓抜な評言を、五つばかり紹介しておくことにしよう。いずれもプーチンを柔道戦術に長けた人物とみる点で共通しており、現文脈とまったく無関係でない内容のように思われるからである。

まず第一は、セルゲイ・アレクサシェンコの発言。アレクサシェンコは、ロシア財務次官、ロシア中央銀行第一副頭取を経て、現在、高等経済大学マクロ経済研究所長をつとめる人物である。だが、プーチン政権に批判的な態度を隠さず、二〇一四年十月には自身が主宰してきたマクロ経済学雑誌の編集人を辞任せねばならない羽目に追い込まれた。(46) そのようなアレクサシェンコは、ウクライナ危機にさいしてロシアは「柔道型」、米欧諸国は「チェス型」の行動様式を採ったので、両者間の勝敗は最初から分り切っていたとの見方をしめした。(47) つまり、プーチンは柔道の戦法を採ってゲームに臨もうとするからである。柔道では、相手方が仕掛けているのを唯手を拱《こまね》いて待っているだけでは、到底勝ちを望みえない。相手側の行動を前もって予測し、隙を狙い、脆弱部分めがけて勇猛かつ大胆に攻撃を仕掛ける。できれば最初の一発で、勝負を決する。仮に一発で仕留めえないばあいでも、次は相手側による攻撃の順番と悠長に構え、待機の姿勢をとることなど、ゆめゆめ禁物。いささかでもチャンスが見出されるかぎり、当方から果敢な攻めを続行せねばならない。極端にいえばルールを無視してでも、相手が倒れるか、こちらが倒れるか。これこそが、闘いの本質。プーチンは、こう考える。

このようにして、闘いの少なくとも前半では、往々にしてロシアのほうが優勢に立つ。というのも、オバマ大統領や欧州連合（EU）の指導者たちは、このような危機の最中ですらチェスのルールにしたがって行動しようと試みるからである。すなわち、相手方（ロシア）がまずどのような駒を動かすかを慎重に見定めたあとになって、はじめて自分の駒を動かす。米欧諸国の対ロシア制裁が、第一次、第二次、第三次……と段階を踏んで小出しにおこなわれているのは、米国やEU諸国によるチェス型ルールにもとづく行動様式の好例といえよう。これでは、打つ手打つ手は後手後手へと回らざるをえない。米欧諸国がロシアによって不意打ちを喰らって、驚かされるのも、不思議はない。だが、チェスのプレイヤーは、長期的な戦略にもとづいてゲームを遂行する。一〇手も二〇手も先を読んで現在の一手を打つ。そのために、ゲーム後半になると次第に形勢を巻き返し、終了段階では結局勝利を収めているケースすら珍しくない。

次は、マイケル・マクフォール。マクフォールは二〇一二年一月から一四年二月まで米国の駐ロ大使をつとめた。現在では古巣のスタンフォード大学の教授（ロシア政治専攻）に戻っている。マクフォールも、プーチンが政治においてけっしてチェスでなく、柔道のタクティクスを用いる人物であると説いてやまない。いわく、「われわれは、プーチンをチェスのプレイヤーでなく、柔道のマスターとみなすことが肝要だろう。柔道は、畳《たたみ》のうえに何時間も立って、攻撃のチャンスが訪れる決定的な瞬間を待ち構えようとする」[48]。

第三番目の論者は、フョードル・ルキヤーノフ。米国の『フォーリン・アフェアーズ』のロシア版を目指す『グローバル・アフェアーズにおけるロシア』誌の編集長である。外交・防衛政策会議の議長も兼任している。ルキヤーノフも、アレクサシェンコ、マクフォール同様、プーチンが柔道から学んだ戦術や手法をウクライナ危機に際してのロシア外交の実践に応用していると説く。つまり、「自分よりも重い相手からの強力な攻撃を避ける一方、タイミングと慣性の力を用いて相手の重量を己に有利に転換するという能力[49]」の発揮にほかならない。

第四番目の論者は、レオン・アロン。アロンは、元ソ連人、米国移住後に浩瀚なエリツィン伝を出版したことで有名になった。現在、共和党寄りのシンクタンク「アメリカン・エンタプライズ研究所」のロシア研究部長をつとめている。そのようなアロンものべる[50]。「柔道では相手がバランスをくずすのを見計らって、猛然と飛びかかり、『一本、技あり』を手にする。プーチンがこのような柔道の戦法を己の政治技術へ応用し、用いていることは明らかといえよう」。こうのべるだけでなく、そのことからアロンはさらに重要な結論すら導き出している。それは、柔道家のプーチンは往々にして緒戦でこそ勝利を手にするものの、最終的にはチェス・ゲームに秀でた米欧には敵わない――こうのべたアレクサシェンコの見方と似かよった見解である。すなわち、「プーチンは素早く、大胆な動きを得意とする戦術家ではある」が、「かならずしも戦略に長《た》けた人物とはみなしえない」（傍点は引用者）。

米国の財界誌『フォーブス』の現モスクワ支局長、マーク・アドマニスも、右に紹介したすべての論者同様に、政治・外交におけるプーチンの行動様式が柔道型であることを力説する。[51]「プーチンは、敵の動きに反応することに秀でている。これは、彼の柔道体験と関連している。このことについては、かならず言及する必要がある」。こうのべたあとで、アドマニス記者は、アレクサシェンコやアロンと同じく、プーチンがそのような戦術に秀でる一方で、長期的戦略の遂行にはかならずしも優れていないことを、次のように示唆する。「ところが、プーチンはみずから長期的な計画を立てて、その実現を完成させるという仕事に秀でた人物とはみなしえないのだ」（傍点は引用者）。

「ハジメ！」

柔道関連の脱線を、もうひとつだけおこないたい。というのも、プーチンが二〇一二年三月一日に用いたもうひとつの柔道用語「ハジメ」について、私の考えをのべたいからである。プーチン首相は、若宮主筆（ともに当時）に向かってのべた。「私が大統領になったら、私たちは両国の外務省を招集し、（日本との平和条約交渉）〝ハジメ！〟の指示を出そう[52]」、と。この発言をおこなった三日後の三月四日に、プーチン候補は予想通りロシア大統領への当選をはたした。だが、クレムリンに復帰したプーチンが、右の公約（？）を実践したというニュースにわれわれが接することはなかった。われわれがようやくそれらしきものに接したのは、何とそれから一年以上も月日が経った一三年四月末のことだった。つまり、安倍晋三首相がモスクワを公式訪問した折に日ロ両首脳が調印した「日ロ共同声明」には、次のような一文が記されていた。「(日ロ)両首脳は、……平和条約問題の……解決策を作成……させるとの指示を、自国の外務省に共同で与えることで合意した」(第九項)。

「外務省に指示を出そう」。この他人任せの言葉に接して、多くの日本人は失望した。なぜか？ 第一は、既視観《デジャビュ》である。右にふれたように、すでに一年以上も前に『朝日新聞』主筆を通じてプーチン首相から同一の主旨を耳にしていたからである。第二に、自分が大統領ポストに返り咲いたら「外務省に〝ハジメ！〟の指示をだそう」といっていたにもかかわらず、プーチンが一年以上にもわたってその約束を履行しなかったからである。第三に、最も肝要なことがある。それは、プーチンがこのように重要なことをみずからが率先しておこなうとの固い決意を表明したわけではなかったことである。安倍首相が日本外務省にたいして指示を出すのならば、自分もそうしようと、共同作業へとトーンを下げている。

以上要するに注目すべきことは、プーチン大統領が平和条約交渉をまるで「他人事」(袴田茂樹[53])であるかのようにみなしている態度だった。戦後七十年近くにもおよぶ日ロ関係の長過ぎる空白に終止符を打つ平和条約。その内容や締結について決断する。これこそは、高度な政治的判断を要する外交案件であり、大統領という最高政治指導者に属する専権事項であると同時に、みずからが全力で取り組むべき最重要課題である。つまり、大統領みずからが主導し、全力を傾け、真っ向から四つに組むべき大問題である——。このようにいって、少しも過言ではない。少なくとも外務省の役人に「丸投げ」[54]して、それでことが済むような簡単な事案ではない。外務官僚にしてみれば、そのような重大事項の下準備をゆだねられようとも、最高首脳からそれに臨む基本方針なるものがしめされないかぎり、唯途方に暮れるのみで自分の方からは一歩たりとも動き出しえないであろう。

しかも、プーチン大統領によるこのような他人任せの態度は、「プーチン主義」が本来建前とする統治原則やスタイルに反している。その意味からも、大統領はたんに逃げ口上をのべているとしか思えない。というのも、「プーチノクラシー」は万事トップダウンの「垂直支配」をその基本理念としているばかりか、じっさいにも上御《かみご》一人《いちにん》たるプーチンがすべてを決定し実践する、いわゆる「手動統治《マニュアル》」[55]のはずだからである。たとえば同じ二〇一三年の夏にロシア極東地方が大洪水に見舞われたとき、プーチン大統領はみずから率先して陣頭指揮をおこなう姿勢をしめした。つまり、早速同地方に駆けつけ、極東開発計画の責任者、ビクトル・イシャーエフ極東発展相（兼極東連邦管区大統領全権代表）の解任を含む英断を下すなど、獅子奮迅の活躍ぶりを誇示した[56]。

これがプーチンに通常みられる仕事のスタイルであるにもかかわらず、こと日ロ平和条約にかんするかぎり「外務省から提出される提案待ち」。これは、プーチノクラシーの建前や実際からあまりに遠く隔たったものではないか。端的にいうと、かようなプーチン大統領の消極姿勢は、次のようなことをしめしているといえよう。そもそも大統領自身は、日本との平和条約交渉を推進しようとする積極的な意欲などまったく有していない。したがって、同交渉を推進しようとする日本側の要請を常にその場しのぎの口実を設けて何とか逃避し、先送りにしようともくろんでいる。

右のように推測されるプーチン大統領の意図や戦術は、その後の大統領や部下たちの言動によって、残念ながら裏書きされる結果になった。たとえば安倍−プーチン間の首脳会談は、本書脱稿前の現時点までにすでに一〇回もおこなわれている。ところが、安倍首相が平和条約問題をもちだすたびごとに、プーチン大統領は常に何らかの口実を設けて、この話題を次回の会談へ引き延ばそうと試みる。つまり、大統領は「本格的な議論は次回の会合で、云々」と順送りにする。もしくは、近く部下たちによる日本側担当者との会合で議論させようとの逃げ口上を繰り返す。たとえば「2プラス2」、外相会談、外務次官級協議などの場においてそうさせよう、と。ところが、たとえば「2プラス2」の会合がひらかれるや、セルゲイ・ラブロフ外相は防衛大臣たちも同席しているとの理由（口実）で、平和条約プロパーについての議論を回避しようとする。ロシア側の大統領や外交担当幹部がしめすこのようなきわめて消極的な姿勢や態度からは、残念ながら次のことが透けてみえるといわねばならない。つまり、ロシア側が日本側から欲しているのは経済、科学技術上の援助や協力だけなのであって、けっして平和条約交渉の推進ではないこと。平和条約、とりわけ領土問題は、日本から経済競力を引き出すための疑似餌として利用されているだけに過ぎないこと。

柔道仲間は大富豪に

ここで柔道プロパーに再び話を戻す。プーチンが柔道を通じて得たものは、一体何だったのか？　それは、かならずしも、たんに己の身体的な劣等感の克服だけに限らなかった。つまり、小柄な者でも相手の力を借りて勝利できるという闘いの技倆や自信ばかりではなかった。それに加えて、プーチンは思いがけない（？）余禄にもあずかることになった。それは、己の交友関係の幅を広げるという副産物にほかならない。柔道仲間との交遊関係のお蔭で、プーチン大統領自身はおそらく膨大な政治的、経済的利益にもあずかっているにちがいない。

アルカージイ・ローテンベルク（兄）・・	「ガスプロム」用パイプライン敷設を一手に引き受ける大富豪。
ボリス・ローテンベルク（弟）・・・・・	新オルガルヒの１人。
ゲンナージイ・ティムチェンコ・・・	石油販売会社「グンボル」の共同経営者。ガス会社「ノヴァテック」も所有。
アナトーリイ・ラフリン・・・・・・・・・	プーチンの柔道コーチ。
ビクトル・ゾロトフ・・・・・・・・・・・・・	プーチンのボディガードを経て、現在、内務省軍司令官。

図３　プーチンの「柔道」人脈

序ながら、プーチンの柔道コーチやスポーツ仲間にはユダヤ人が多く、おそらくそのことが「ユダヤ人についてプーチンが一度も否定的なニュアンスの発言をしたことがない一因なのではないか[57]」。東独ドレスデンのソ連領事館で同僚のひとりだったウラジーミル・ウソリツェフ（筆名）は、己の回想録のなかでこのように興味深い観察、もしくは問題提起をおこなっている。その理由を別として、プーチンがユダヤ人にたいして偏見を抱いていないのは、どうやらたしかなことのように思われる。たとえば、たとえ一時的な四年間だけだったとはいえ、ドミートリイ・メドベージェフにロシア大統領のポストを譲った。メドベージェフがユダヤ系との噂がもっぱらであるにもかかわらず[58]、プーチンはそうした[59]。プーチンはユダヤ人にたいして偏見をもっていないどころか、特別の同輩意識すら抱いているのではないかとすら推定される。たとえば、ロシア人とユダヤ人は、第二次大戦中におけるナチ・ドイツの犠牲者だったという点で共通点を有するからである[60]。

柔道を通じて「プーチンのお友だち（ＦＯＰ）」になった者のなかで最も有名な人物は、ローテンベルク兄弟といってよいだろう。兄のアルカージイはプーチンよりも一歳年上、弟のボリスは四歳年下である。兄弟は、サンクト・ペテルブルク市の同一のスポーツ・ジム「トルード（労働）」に通ってプーチンと知り合い、親しくなった。(61) プーチンが少年時代にローテンベルク兄弟と「（柔道の）畳の上でつちかった友情」(62)は、今日まで変わることなくつづいている。プーチンと彼の柔道トレーナーだったラフリンとの関係も、そうである。一般論として、『プーチンのお友だち――ロシアの新ビジネス・エリート』（二〇一一年）の著者イリーナ・モクロウソワはのべる。「（スポーツ）トレーナーと子供たちは、ボロージャにとって、まるで第二の家族のような存在になった」(63)。

モクロウソワ女史の右の言葉が最もよく当てはまるのが、とりわけローテンベルク兄弟なのである。英国の伝記作家、クリス・ハッチンズは、そう確信する。ハッチンズは、最近著『プーチン』（二〇一二年）で、次のようにすら記す。(64)「もしプーチンに最も近い人物を唯一人だけ挙げよ」とたずねられたら、ローテンベルク兄弟を挙げるのが適切な答えだろう、と。現在、ペテルブルクの有名な「やわら‐ネヴァ」柔道クラブの名誉館長はプーチンで、館長はアルカージイ・ローテンベルクがつとめている。「やわら」は改めていうまでもなく「柔」、すなわち柔道を意味する。序でながら、アルカージイはロシア柔道連盟副会長の役職のほか、モスクワのディナモ・アイス・ホッケー・クラブ会長でもある。

ローテンベルク兄弟は、プーチン同様、貧しい家庭に生まれた。だが今日では、アルカージイ、ボリスの二人とも、何と米財界誌『フォーブス』の億万長者リストに常時顔を出すロシアの大富豪へと華麗なる変身をとげている。とりわけ注目に値するのは、その上昇スピードである。兄アルカージイの資産は二〇一一年には一一億ドルだったが、一二年には三三億ドルへと三倍にも増えた。一三年には三四億ドル、世界で四一二番目（ロシアで第三一番目）の大金持になり、(65) 一四年には四〇億ドルになった。弟ボリスの資産は、一三年に一四億ドルで世界で一〇三一番目の富豪だったが、一四年には一七億ドルへと増えた。

プーチン・コネクション

ローテンベルク兄弟は、銀行、建築業を営むかたわら、パイプライン敷設にも進出した。そして、かれらのまさに富の源泉になったのは、「ガスプロム」社とのコネクションにほかならなかった。こういって、間違いない。「ガスプロム」はロシアの国家独占ガス企業体で、会長職はかつてドミートリイ・メドベージェフ、現在ではビクトル・ズプコフ元首相がつとめている。社長はアレクセイ・ミレル。かれら三人すべてが、後述する「ペテルブルク閥」の中核を成す「プーチンのお友だち」に他ならない。ローテンベルク兄弟は、そのようなガスプロム社に天然ガス運搬用のパイプを販売する権利をほとんど独占的に獲得している。それは、まるで「金《かね》の生《な》る木」を持っていることに等しいコネクションといえよう。

兄弟が経営する会社は、たとえば次のような巨大国家事業プロジェクトに用いるパイプの提供を一手に引き受けている。まず、「ノルド（北）・ストリーム」プロジェクト。これは、ロシア産の天然ガスをバルト海を経由して、ドイツなどヨーロッパ諸国へ運ぶ海底パイプライン・プロジェクトである。また、サハリン産のガスをハバロフスクを経てウラジオストクにいたるパイプラインの敷設。同プロジェクトは、ウラジオストクが二〇一二年秋開催のＡＰＥＣ（アジア太平洋経済協力会議）サミットの会場になったために、その重要性が一躍増大した。さらに、ソチへのパイプライン敷設プロジェクト。ソチは、一四年二月の冬季五輪の開催地だった。プーチン政権反対派リーダーの一人、故ボリス・ネムツォフによれば、ソチ五輪に投じられた予算全体のうち一五％、すなわち七四億ドル分の契約が、ローテンベルク兄弟が経営する会社とのあいだでおこなわれたという。[66] それだけでも、一〇年にカナダで開催された冬季五輪の総予算を上回る金額なのだから、[67] 驚くほかない。

右の諸例からも分るように、ローテンベルク兄弟傘下の企業は現ロシアの超大型目玉プロジェクトのパイプライン敷設権をほぼ独占している。その背後には、ローテンベルク兄弟とプーチン大統領とのコネが強力なバネとして働いている。こう推測して少しもおかしくないどころか、むしろ自然な見方というべきだろう。兄のアルカージイがのべた次の言葉が、あながち誇張でないゆえんである。二〇一二年に英紙『フィナンシャル・タイムズ』とのインタビュー中で、彼はプーチンにたいする感謝の念を次のように表わした。「私は彼（＝プーチン）に偉大な尊敬の念を抱いている。私は、彼を神がこの国（ロシア）へ遣わした人間とみなしている」。[68] 尤も、アルカージイは、そのようなプーチンとのコネのお蔭で自分が大富豪になったという世間の噂については、懸命に否定しているが。[69]

アンデルシュ・アスルンドは、ローテンベルク兄弟を名指しこそしないものの、かれらを念頭においていることが、明らかに分かる形で次のようにのべる。アスルンドは元来スウェーデン出身であるが、現在はワシントンＤＣに本拠をおくピーターソン国際経済研究所の上級フェロー（ロシア経済専攻）。ロシアで「金持になる最も手っとり早い方法は、何か。それは、（ロシア）国家もしくは国営企業からパイプラインもしくは道路敷設の契約を無競争、かつ価格を過大に上乗せするやり方で獲得することである」。[70] さらに、われわれは次のように勘繰ってさえ差し支えないかもしれない。ローテンベルク兄弟が経営する企業からは、プーチン大統領ならびに側近たちへ相当程度のキックバックが何らかの巧妙なやり方を通じて手渡されている、と。

ティムチェンコの躍進

プーチンのペテルブルク以来の知り合いで、柔道愛好家とみられるもうひとりの人物も、今日『フォーブス』誌に毎回登場するロシアの大富豪へと成長している。ゲンナージイ・ティムチェンコである。プーチンと同じく一九五二年生まれ。柔道を好み、「やわら—ネヴァ」クラブの創設者、兼大口寄付者のひとり。

ティムチェンコは、ソ連対外貿易省のレニングラード代表部につとめていたが、ソ連時代末に対外貿易が自由化されたことをいち早く利用して、レニングラード州のキリシ市で石油輸出企業「キリシ・ネフテヒム・エクスポルト（略称、「キネックス」）」社を創設した。[71] 一九九一年ソ連を襲った食糧危機のさい、キネックス社はレニングラード市から原油を海外へ輸出し、同市はそれと交換の形で市民の飢えを満たす食糧を受けとることになった。このバーター取引を担当したのは誰あろう、プーチンその人にほかならなかった。プーチンは、当時、レニングラード（のちのサンクト・ペテルブルク）市役所で対外関係委員会の議長をつとめていた。おそらくこのとき、ともに柔道を好むプーチンとティムチェンコとの関係がはじまったのだろうと推測される。

ティムチェンコは、一九九七年に元ＢＰ（ブリティッシュ・ペトロリアム）の石油トレーダーだったスウェーデン人のトルビョン・トルンクヴィストとともに、石油製品の貿易を手がける会社「グンボル（Gunvor）」を設立した。グンボルは、ロシアの国営石油企業「ロスネフチ」（現社長はプーチンの「側近中の側近」と目されるイーゴリ・セーチン）をはじめ、ロシア有数の原油関連企業の輸出を一手に請け負うことになった。ロシア石油輸出全体のなかでグンボル社が占めるシェアは何と三〇％にも拡大し、同社は「世界第三位のオイル・トレーダー」へと躍進した。[72]

ティムチェンコ個人は、民間天然ガスの最大手「ノヴァテク」も所有し、同社を「ガスプロム」のライバルへと育てつつある。じっさい、「ノヴァテク」社は、二〇一三年十二月、液化天然ガス（LNG）を海外へ輸出する免許権を、「ロスネフチ」とともに取得した。この種の免許はそれまでは天然ガス国家独占企業体である「ガスプロム」一社にたいしてしか認められなかった特権だったにもかかわらずである。つまり、かつては「ガスプロム」に独占させていたガスの輸出を、プーチン大統領は本来石油会社である「ロスネフチ」と「ノヴァテク」の両社にも取り扱わせることにしたのである。プーチンは、なぜこのようなことに踏み切ったのだろうか？　ガス分野に競争を持ち込んで、「ガスプロム」に活を入れようとする意図にもとづく。公式的にはこう説明されている。だがそのような表向きの大義名分の一方、次のような事由も充分考えられるだろう。すなわち、プーチン大統領に個人的にひじょうに親しいセーチンおよびティムチェンコの二人が、同大統領に強く働きかけた結果である、と。つまり、かれらは、従来ガスプロムのみにあたえられていた天然ガスの輸出独占権制度を撤廃し、今後は自分たち石油関連企業にも取り扱えるよう大統領に要望し、プーチンがその願いを諒承した。

右との関連で、ここでプーチンの資源戦略の特徴を指摘しておこう。同戦略は、第一に一体誰がロシアの資源を所有するかばかりでなく、第二に誰がその輸送をおこなうか――このことを、極度に重視する。そして、資源の輸送法という第二の点にかんしては、次のどちらかのやり方を採るべきだと、プーチンは考える。①資源の所有同様、その輸送を完全に国家の独占下におき、国営企業の手によっておこなう。②資源輸送を民間企業の手にゆだねはするものの、プーチン政権に近い「人間をその原油輸出企業のトップの座に据えてコントロールする」[73]ことを必要不可欠の条件にする。①のやり方のほうがすっきりしており、プーチン政権にとっても好ましいと思われがちであるが、かならずしもそうとは限らない。プーチン政権にとり、②も捨てがたい利点をもつ。というのも、民間企業からはキックバックが期待でき、もしそれが十分な額でないときには別の私企業へスイッチして、より多くのリベートを入手できるというプラス面があるからである。

徴集されたオリガルヒ

ティムチェンコ個人は、二〇一四年版の『フォーブス』誌によれば、一五三億ドルの資産を擁し、ロシアで六位（全世界では六一位）の大富豪にのしあがった。五年前はわずか四億ドルの資産しか持っていなかったので、信じられないスピードでの急成長ぶりと評さざるをえない。「魔法のような」（ジュリア・ヨッフェ[74]）成長ぶりである。

このような経済的大成功は、ひとえにプーチンとのコネにもとづく――。これが、少なくともロシア国内でティムチェンコの商売仇たちが囁いている風評である。もとより、ティムチェンコ自身はそのような噂話を躍起になって否定しようとしている。たとえば英経済紙『フィナンシャル・タイムズ』紙へ投稿した書簡、「グンボル、プーチン、そして私――ロシア石油ディーラーの真実」で、ティムチェンコは懸命になってそのように試みた。[75]また、英誌『エコノミスト』がティムチェンコのプーチンとのコネクションを当然視する記事を掲載したとき、彼は同紙に抗議文を送りつけた。[76]だが、かつてクレムリンのスポークスマンだったスタニスラフ・ベルコフスキイによれば、プーチン大統領は「グンボル」社の株式の七五％を所有する「秘密の投資者」だという。[77]もちろん、同大統領は、自身がティムチェンコが経営する「グンボル」社と関係していることを否定しているが[78]。

プーチンの柔道仲間が所有・経営する企業の驚異的な伸長スピードが、われわれに教えることがある。それは、ローテンベルク兄弟やティムチェンコが所有したり経営したりしている企業や会社が比較的無名であることをけっして軽くみてはならないこと。というのも、三人の経済的な成功や政治的な実力は、かれらの名義上の地位やポストをはるかに上回るものだからである[79]。そして、その成功の主因は、右に示唆したようにかれらが幼馴染みのプーチンと柔道を通じてつちかった人間関係にもとづいていること。かれらは、当然「忠誠オリガルヒ」以外の何者でもない。

厳密にいうと、ローテンベルク兄弟やティムチェンコは、その他の「忠誠オリガルヒ」とはややカテゴリーを異にする新興財閥とみなすべきかもしれない。「忠誠オリガルヒ」とは、エリツィン期に誕生した財閥ではあるが、「反抗オリガルヒ」とは異なり、プーチン大統領が二〇〇〇年五月二十八日にオリガルヒにしめした「ゲームのルール」を順守することによってサバイバルし、繁栄をつづけている財閥を指す。ロマン・アブラモビッチやオレグ・デリパスカが、その典型例である。それにたいして、ローテンベルク兄弟やティムチェンコは、まさにプーチン期になって初めて生まれた財閥なのである。最初からプーチン自身との密接なコネクションに助けられて誕生し、「プーチンによって徴集されたオリガルヒ[80]」なのである。かれら三人とプーチンとの関係は持ちつ持たれつの関係だといえよう。かれらは、ひとえにプーチンとの密接な関係で富豪の道をかけ上ることができた。と同時に、かれらは「プーチンの運び屋[81]」と綽名される役目をはたしていることを看過してはならない。

以上のような意味でローテンベルク兄弟、ティムチェンコは、プーチン大統領といわば一蓮托生の運命共同体を形成している。おそらくこの事実を十二分に承知しているからにちがいない。オバマ米政権は二〇一四年三月、かれら三人を米政府による対ロ制裁措置の対象にした。周知のごとく、プーチン政権がクリミア半島をロシアへと編入したことにたいして、オバマ政権が制裁を科したときのことである。かれら三人は、米国内の資産を凍結され、米国への渡航も禁止される羽目になった。さらに、かれらが二五〜五〇%の株式を所有している企業も、同時に制裁対象ブラックリストに載せられることになった。ところが、流石ティムチェンコは兵《つわもの》である。何と制裁が課せられる一日前にこのニュースを察知し、「グンボル」社の共同経営者のトルンクヴィストに己の持ち分の株式（四四%）を売却してしまった[82]！

ティムチェンコは、二〇一四年四月、「露中ビジネス協会」のロシア側代表に任用された[83]。この人事と、そのタイミングは意味深長といわねばならない。というのもティムチェンコは、さきにふれたようにガス民間会社「ノヴァテク」社のCEOも兼任し、ロシア産天然ガスの中国への輸出拡大に関心を寄せているからである。そのような彼が同協会のトップに任命されたことは、まったくの偶然なのだろうか。そのようには思えない。プーチン大統領による強硬なウクライナ政策のとばっちりをこうむって、米国による対ロ制裁の犠牲者になったティムチェンコ。この任命は、まず、そのことを遺憾にみなすロシア大統領の弁償行為のひとつだったのではないか。同時にさらに勘ぐるならば、対ロ制裁を科した米欧諸国に向けた〈欧米市場がなくてもアジア市場があるさ〉とのクレムリンによるメッセージ伝達も兼ねる人事だったのかもしれない。そのどちらにせよ、たんなるひとつの人事案件として見逃すわけにはいかない興味深い任命行為だった。

「やわら－ネヴァ」クラブ

かつてのプーチンの柔道仲間のなかには、実業界でなく政界へ進出し、見事成功した者も少なくない。その代表格は、ワシーリイ・シェスタコフだろう。シェスタコフは一九五三年生まれで、プーチンより一歳年下。レニングラードで柔道をはじめ、柔道とサンボのスポーツマスターになった。柔道七段のシェスタコフは、プーチンらと共著の形で二〇〇〇年に『ウラジーミル・プーチンと柔道を学ぼう』(84)を出版した。彼もまた「やわら－ネヴァ」クラブの創設者のひとりで、現在副会長をつとめている。国際サンボ連盟会長ポストも兼任するシェスタコフは、ロシアの国技であるサンボをオリンピックの正式種目に加えるべきとのキャンペーンを遂行している。プーチンがモスクワへ移動するに伴って、シェスタコフも中央政界への進出を試みた。最初は政党「統一」（のちに「統一ロシア」を結成）に属したが、現在では準与党の「公正ロシア」選出の下院議員をつとめている。

二〇一四年、シェスタコフの息子、イリア・シェスタコフは、プーチン大統領によってロシア漁業庁の新長官に任命された。イリアは、国有の天然ガス最大手「ガスプロム」を経て、農業省に入り三十三歳のときに農業次官へと抜擢されたばかりだった。それからわずか二年後に未だ三十五歳のイリアが、漁業庁長官の要職に就くことになったのである。コネを少々用いた人事案件ニュースには慣れっこになっているはずのモスクワっ子ですら、イリアのスピード出世ぶりには驚かされた。一般的にいって、ついぞこれまでそのようなスピード出世の例は皆無だったからである。加えて、イリアにはこれまで漁業分野での経歴が零《ゼロ》だった。「（イリアの）父親とプーチン大統領との交友関係が情実がらみの任命に結びついた」(85)あまりにも露骨な縁故人事。このような噂が飛び交ったのも宜《むべ》なるかなだった。

——以上のべてきたようなビジネスマンや政治家たちとの癒着、その他のかならずしも健全ならざる関係からみるかぎり、プーチンと柔道との関わりが一〇〇%純真無垢なスポーツ愛好精神にもとづくものとは評しがたくなる。少なくとも結果的には、功利主義的な機能をはたしている。このように要約せざるを得ない。そのことよりもさらに、はるかに重要な問題すら提起されるかもしれない。すなわち、プーチンははたして柔道、その他のスポーツが唱道する公正無私のスポーツマンシップを順守する人物なのか——。このような問いである。たとえば、『ニューヨーク・タイムズ』紙の論説委員のひとり、トーマス・フリードマンは、次のように記さざるをえなかった。プーチンによるクリミア半島のロシアへの合併劇をつぶさに観察したあとの感想としてである。「地政学的な意味で、プーチンはチェスのプレイヤーであるようには、到底私には思いえない。彼は、むしろホッケーを好む。しかもそれは、レフェリーなしのホッケー・ゲームなのである。プーチンはひじで押し分けて強引に入り込み、相手の足をすくい、クロスチェック（スティックを両手で握り、相手の顔や身体に交差するように押しつける反則行為）をおこなう」[86]。やや厳し過ぎる譬えのようであるが、著者フリードマンは、プーチンがかならずしもフェアなスポーツマンシップを誇りうる政治家でないことを、おそらく強調しようとしているのだろう。

柔道プロパーに話をしぼるならば、プーチンが柔道を通じて習得したものは、かならずしもその創始者、嘉納治五郎が説いた高邁な講道館精神であるとはみなしがたいようである。プーチンは己の公邸に嘉納の銅像を飾り[87]、嘉納が書いた「自他共栄」の掛け軸を掲げているという。また、常日頃「柔道は闘争心だけでなく、政治家や国家指導者に欠かせない類いの資質を涵養する」[88]と語ってやまない。だが、それはどうやら言葉のうえの綺麗事ではないのか。全日本柔道連盟は柔道マインド（MIND）として、次の四つを守ってこそ真の柔道家であると定義する。「礼儀」（*Manner*）、「自立」（*Independence*）、「高潔」（*Nobility*）、「品格」（*Dignity*）[(89)]。はたしてプーチンが、柔道を通じてこれらの「柔道マインド」を学んだ人物といえるのだろうか。これは、検討に値する問いといわねばならない。

第3章

KGB

“ボリショイ・ドーム”（2006.8.15 筆者撮影）

一度チェキストだった者は、常にチェキストである。

――ミヒャエル・シュテュルマー(1)

この仕事はきみの天職だ。きみにはスパイの血が流れている。この仕事を辞めるなんてことができるはずはない。それはもはやきみの身体の一部であり、髪の毛先にまで染みわたっている。

――ジェイソン・マシューズ(2)

プーチンは、近代的な衣装をまとったＫＧＢ大佐である。

――ピーター・ベーカー＆スーザン・グラサー(3)

KGBへの関心

柔道と並んで、プーチンにとりもうひとつ人生の転機になったものがある。KGBへの関心である。KGBは、ロシア語ではКГБ《カーゲーベー》、すなわちソ連国家保安委員会（秘密警察）の英語の略称である。十月革命後に設立された「反革命・サボタージュ取締り全ロシア非常委員会」（略称「チェー・カー」）を受けつぐ後継組織である。このような伝統に従い、KGBにつとめるKGB要員もチェキストと呼ばれる。端的にいえば、スパイである。

ソ連人のスパイが国際的に大活躍する有名な小説『盾と剣』がロシアで出版されたのは、一九六四年のことだった。この原作やそれをベースにしてつくられた映画に、当時十二歳（五年生）だったプーチン少年は夢中になった。プーチン自身が、自伝『第一人者から』でのべている言葉を引用しよう。「私の心はがっちりとつかまれてしまった。何よりも驚いたのは、全軍をもってしても不可能なことが、文字通りひとりの人間の力によってなしとげられることだった。ひとりのスパイが、数千の人間の運命を決める」(4)。

しかし、右の一文がプーチンがKGBを志願したすべての動機を語っていると解釈してはならない。それは、KGBにたいするあまりにもロマンチックな幻想ないし過大な期待に彩られているからである。とはいえ注意深く読み返してみると、やはりこの公式説明のなかに興味深い真実が含まれている。つまり、矮小《わいしょう》な自分のような者でも、もしKGBという強大な組織と一体化するならば、ひょっとするととてつもなく大きな仕事を仕出かすことができるようになるのではないか。プーチン少年はこう考えた。そして、これこそが、彼のKGB志願の動機のひとつになった。このようにも推測されるからである。

ともあれ、一九六八年、中学校の最終学年（九年生、十六歳）を迎えた或る日、プーチン少年は〝ボリショイ・ドーム〟の門を叩き、「KGBで働きたい」との希望を表明した。〝ボリショイ・ドーム〟の係官は、少年に向かい「まず大学に進学し、法律か外国語かを習得するように勧めた」。(5)

〝ボリショイ（大きな）・ドーム（家）〟とは、レニングラード市民によってつけられた綽名である。レニングラードKGB支部の建物が市随一の巨大な威容を誇るものだったので、市民たちは畏怖の念を込めてこう呼んだのである。ちなみに、〝ボリショイ・ドーム〟は、プーチン少年が住んでいた共同住宅と彼が柔道の練習にはげんだスポーツ・クラブとのほぼ中間地点に存在している。その建物の屋上からはレニングラード市内が一望できる。(6) 建築物それ自体が、まさに絶対的な権力を象徴する存在ではないか——。二〇〇六年に折角訪問したにもかかわらず、外部からしか〝ボリショイ・ドーム〟を眺めることしかできなかったとき、本書の筆者が抱いた感想が、そうだった。

プーチンは、なぜ、KGB勤務を欲したのだろうか？　これは、本章で私が検討したい問いの第一である。その答えとしてまず思いつくのは、父親がチェキストだったこと。『第一人者から』でプーチン自身が認めているように、プーチンの父はKGBの前身組織であるNKVD（ソ連内務人民委員部）の一員だった。(7)「大祖国戦争」中は破壊部隊に属し、負傷したあとは予備役になりKGB本部から給料を受けとっていた。ちなみに、このような事情は、プーチン一家が比較的裕福な暮らしを送っていた理由のひとつだった。(8) たしかにプーチン一家は、当時ロシアで未だ珍しかったテレビ、電話、別荘《ダーチャ》などを所有していた。洋の東西を問わず、息子が父親と同一もしくは類似の職業に就こうと考えたり、識らず識らずのうちにそうなったりするケースは実に多い。世襲制が採られているわけでもないのに、そうなのである。もちろん逆のケースも起こる。息子や娘が親の職業に反発したり、飽きを感じたりして、まったく別の職種へ進もうとする傾向である。したがって、プーチンのばあい、父親がＮＫＶＤの一員だったから本人もＫＧＢを志願したというのは、それだけではかならずしも説得力十分な説明法とはならないだろう。

「屋根」の役割

プーチンがＫＧＢへ就職を志した理由は、彼が柔道をはじめた動機と似かよっている。いや、まさにその延長線上にあるのではないか――。私個人は、思い切ってこのような仮説を提出してみたいと思う。プーチン少年が柔道に惹かれた理由については、すでに前章でふれた。先天的にかならずしも恵まれた身体条件を備えていない者であれ、柔道の技術習得に努力さえすれば、本来体力でまさっている相手すら倒すことができるという点である。つまりプーチンは、柔道を通じてみずからの小柄で脆弱な身体を補強し、劣等感を克服し、「通り」での弱肉強食のサバイバル競争に伍してゆく能力を身につけようと欲したのだった。

プーチンが自身の矮小性を補強する術として柔道の次に本能的に思いついたのは、強力なグループに参加し、その一員になることだった。もしそのような組織と一体化すれば、己の身体上ばかりでなくその他の劣等感を克服し、人生の苛酷なサバイバル競争に克ち抜くことすら可能になる。そのばあい、庇護をあたえてくれるシェルター役の「屋根《クルィシャ》」は大きければ大きいほどよい。〈寄らば大樹の陰〉。

当時のソ連でそのような意味での「屋根」候補のベストは、ソ連邦共産党がナンバー1、ＫＧＢがナンバー2だったろう。だがプーチンは、かつて不良少年だったために、ピオネール→コムソモール（青年共産主義同盟）→共産党という正規のエリート・コースを歩むには、仲間に比べてすでに数年の遅れをとっていた。であるならば、プーチン少年にとりＫＧＢ以外にベターな選択肢は存在しない。このような考えもしくは無意識の計算にしたがって、少年の足は自然に〝ボリショイ・ドーム〟へ向かった。――このように推測しても、大きくは間違っていないのではなかろうか。そして、もしこのような私の推測が当たっているとするならば、さらに次のようにみなすことすら可能になろう。プーチンは若いときから人生設計をしっかりおこない、それを実行に移す人間。けっして隅におけないしっかり者、との見方ないし感想である。

ロシアでは、本来「屋根」（крыша）を意味する言葉が転じて、「保護者」という意味でも用いられる。[9] プーチンは、〝ボリショイ・ドーム〟という名実ともに大きな「屋根」の下に身をおいて非力な己の存在ならびに能力を補強しようと欲したのだろう。やや先走ってプーチンのその後の経歴について語るならば、このような傾向はプーチンの人生に一貫して――まるで一本の赤い糸のように――見られるといってすら、差し支えないかもしれない。たとえば、ソ連崩壊後のプーチンにとっては、ペテルブルク市役所がこのような意味で「屋根」になった。モスクワへ移ってからは、クレムリンがプーチンの「屋根」になった。そして、庇護シェルターとしての「屋根」の下に宿ることになった者が従うべきルールは、一にも二にも忠誠心にほかならず、プーチンはつねに保護を受ける代わりに「屋根」が要求する掟を進んで受け入れ、忠実に履行する人物になった。

ともあれ、「まず大学を卒業するように」。〝ボリショイ・ドーム〟の係官からこう忠告されたプーチンは、その後まるで人間が変わったかのように猛勉強を開始し、一九七〇年（十八歳）のときに、「四十人に一人の狭き門」[10]といわれるレニングラード国立大学（以後、英語綴りの略字ＬＧＵ）の法学部に見事合格した。一体どうして、プーチン少年はこのような難関を突破できたのだろうか？　ひとつの説明法は、彼が中・高等学校の成績を犠牲にして、大学受験勉強一本槍に集中する戦術を採ったからだという。もうひとつの説明は、マーシャ・ゲッセン女史が示唆するもので、おそらくＫＧＢがプーチンのＬＧＵ合格を保障し、陰に陽に援助したからではないかという。[11]ゲッセンは、『顔のない男――ウラジーミル・プーチンのありそうにもない上昇』（二〇一二年）によって一躍有名になったユダヤ系ロシア人のジャーナリスト兼作家である。そのどちらの説が正しいか、私は判断する資料をもちあわせていない。

ロシアでは徴兵制が敷かれており、適齢（十八歳から二十七歳）の男子は軍隊の徴募に服する義務がある。ところが、主として都会育ちのエリート青年たちは、何とかかんとか理由をつくって兵役を逃れようとする。健康上の理由、大学での軍事教練コースの選択、その他の代替勤務などの口実を用いて忌避する。賄賂を使ってそうしようと試みる不届き者さえ、少なくない。これらの方法のうち一体どの手段に訴えたものか不明ではあるが、プーチン青年は兵役を免除された。そのためにＬＧＵに入学したとき、プーチンは未だ十八歳で、最年少学生のひとりだった。級友たちのなかには、徴兵の義務を終了した後になって同大学に入ってきた者が多かったからである。在学中プーチンは国際法を専攻し、「国際法における最恵国待遇の原則[12]」と題する論文を書いて、ＬＧＵを卒業した。

いつからチェキストに？

プーチンのＫＧＢ勤務にかんしては、謎が多い。少なくとも二つのことがよく判らない。そのひとつは、正確にいうと彼が一体いつＫＧＢに入ったのか？　勤務開始時期の確定である。

大学卒業（一九七五年、二十三歳）と同時にＫＧＢで働きはじめた。プーチンの自伝『第一人者から』はこのように記している。(13) だが、はたしてこのような公式説明を信用し、額面通りに受けとってよいものだろうか。みずからもチェキストだった二人のロシア人は、プーチン自身の説明を決して鵜呑みにしてはならないと警告する。ひとりは、東京でＫＧＢ要員として働いたあと、米国へ亡命したコンスタンチン・プレオブラジェンスキイ。もうひとりは、ワシントンＤＣでジャーナリストの肩書きで一時期暗躍したユーリイ・シヴェッツ元ＫＧＢ職員。(14) 彼も、現在米国に住んでいる。

かれら両人の意見を総合すると、プーチンはＬＧＵ在学中の最終の二年間（一九七三〜七五年）に、少なくとも「インフォーマント」としてＫＧＢ勤務をすでに開始していたにちがいないという。「インフォーマント（情報提供者）」とは、仲間の動向を探り、ＫＧＢに報告する要員のこと。大学時代のプーチンは金回りがよく、自動車を所有する唯一の大学生だった。尤も、その自動車は宝くじで当たったものだった（と説明していただけだったのかもしれない）が、彼はそれをかならずしも売却し換金化しようとはせずに、みずから保有しつづけていた。一九七〇年代のソ連で大学生が自家用車を所持し、運転する——これは、稀有のことだった。(15) 当時自動車は、一軒の別荘《ダーチャ》にも匹敵する高価な贅沢品だったからである。(16) また、プーチン一家は電話も持っていた。(17) これも、当時のソ連人の家庭できわめて珍しい部類に属することだった。さらに、一家は郊外に三部屋付きのダーチャ（別荘）も所有していた。(18)

見ず知らずの青年を、いきなり大学卒業と同時に正式職員として採用する——。ＫＧＢがこんな大胆なことをするとは、たしかに一寸考えにくい。というのも、ＫＧＢとはそもそも他人を疑ってかかることを本業とする組織ではないか。プーチン青年は、ＬＧＵでの最終学年近くの少なくとも二年間は「インフォーマント」として働いていた。おそらくその二年間は、チェキストとしての適格性や忠誠心をテストしようとするための見習いないしは徒弟期間だった。そして彼は、このインターン「試験」に見事合格した。だからこそ、プーチン青年は、LGU卒業と同時にKGB正式採用の通知を受けとることができた——。以上のように推測するのが、むしろ理に適っているように思われる。[19]

厳密にいうと、プーチンのKGB勤務の開始時をめぐる問題はまだ十分解明されず、謎のままにとどまっている。このことを念頭において次に進むならば、プーチンのKGBとの関係は、公式の略歴によると次のようになっている。一九七五年にKGBに正式採用され、四年半レニングラード市の〝ボリショイ・ドーム〟で勤務。そのあと、アンドロポフ名称赤旗諜報研究所（現在の対外諜報アカデミー）で訓練を受けるために、モスクワへ派遣され一年近くを過ごす。いったんレニングラードへ戻って、再び約四年半勤務。そのあと、東独ドレスデンのソ連領事館へ出向し、同じく四年半を過ごした（プーチンのドレスデン勤務については、次章で扱う）。

プーチンはKGBを辞めたのか？

プーチンのKGB勤務にかんしては、もうひとつよく分らない謎がある。それは、プーチンがKGBを辞めた時期である。さらにいうと、そもそもプーチンは本当にチェキストたることを止めたのか、否か？　この重大な問いが提起される。

プーチンは、KGBを「一九九一年八月二十日付で辞職した」ことになっている（『第一人者から』）。まず、公式伝記でおこなわれている本人自身の主張を聞こう。[20]八九年十一月にベルリンの壁がくずれ落ちたとき、プーチンはKGBによって東ドイツのドレスデンに派遣されていた。が、このような前代未聞の激動が発生したにもかかわらず、クレムリンもモスクワのKGB本部もプーチンら出先の職員たちにたいして一切説明の労すらとろうとしなかった。

途方に暮れたプーチンは九〇年一月、悄然たる思いを抱いて故郷ペテルブルクへ戻った。帰国後、追いかけるようにして九一年八月十九日、ソ連自体でクーデター未遂事件が起こった。しかもクーデターの首謀者である「非常事態委員会」メンバー八名の筆頭格は、驚くなかれKGBのトップ、ウラジーミル・クリュチコフ議長その人だった。仰天、動揺、失望したプーチンは、クーデター発生の翌日、すなわち「八月二十日」に、KGBを辞める旨認《したた》めた「辞表を提出した」(21)。クーデターが発生したとき、プーチンは現役のKGB中佐だったので、退役と同時に自動的に一階級昇進し、KGB予備役大佐になった。

KGBを辞職した後、三人の家族を抱えて今後どのようにして生計を立ててゆくべきか。このことについて思い悩んだプーチンは、タクシーの運転手にでもなろうと考えた。そのような悲愴な思いについて、プーチンはブロツキイとのインタビューで次のように語る。「率直にいうと、私は当時考えた。もしうまくゆくならば、タクシー運転手になろう。幸い東独から持ち帰った『ボルガ』(ロシアの国産車)がある。この自家用車でアルバイトをする。そうだ、タクシー運転手として働こう。というのも、私には次のようなことが良く分っていたからだ。もしクーデター派が勝利を収めたならば、私には働く場所などまったくなくなるだろう。だからといって大学に戻れやしないし、どこにも就職できない。(中略)私を苦しめたのは、はたしてどうすれば子供たちの将来を確保できるかの問題だった」(22)。

しかしながらゲッセン女史によれば、右のようなプーチンの説明は「完全な作り話《フィクション》」(23)だという。そのようにみなす理由として、女史は以下の諸点を挙げる(24)。

まず、KGB議長の地位にあるクリュチコフみずからが、たかがプーチン(中佐)レベルのチェキストたちから提出された辞職申請書にいちいち目を通したり、裁断をくだしたりするはずはなかろう。しかもまさに「八月二十日」当時は、同議長にとってはクーデターの成否が死活の関心事であり、当然のごとくその他のことにかまう余裕など一切なかった。

次に、プーチンの辞表提出の日時にかんして疑問が提出される。プーチンは、それは「八月二十日」だったかのように語っている。仮にプーチンが「八月二十日」に辞表を書いたこと自体は間違いない――。この事実を仮に認めるばあいであれ、彼がそれを実際に差し出したのは「八月二十日」以後、すなわちクーデター失敗が誰の目にも明らかになった以後のことだったのではなかろうか。いいかえれば、クーデターの帰趨が未だ不明だったあいだプーチンはクーデター派を支持していた。あるいは、クーデター派、反クーデター派のどちらに就くべきかにかんして、いわば洞が峠の立場をきめ込んでいた。だから、彼は認めた辞表をみずからの懐中に忍ばせてはいたものの、実際には提出していなかった。これが、ことの真相だったのではなかろうか。

また、このときプーチンははたして本当に辞表を書いたのか。このことすら、疑ってかかる必要があろう。プーチン本人は、もちろん自分が書いたばかりか、それをKGBへ預けたという。ところが、その辞表の現物はどこかにまぎれ込んでしまったのか、今日にいたるも未だ見つかっていない。とするならば、プーチン本人が辞表を書いたと単に主張しているに過ぎず、彼がじっさいKGB宛てに辞表を提出したという事実を客観的に証明する資料はどこにも存在しない。ましてや、プーチンの辞表がクリュチコフKGB議長もしくはその他の上司の手に確実に届き、かつそれが正式に受理された。このことを裏づける証拠は見つかっていない。

プーチンはスリーパー

さらに、より重要なことがあろう。それは、次のごとき厳然たる事実を一体どう解釈したらよいのか。この問いにたいする答えである。プーチンはその後、一九九八年七月から翌九九年八月までの二年間、連邦保安庁（FSB）長官に任命された。それを受けて、彼は〝ルビヤンカ〟（モスクワの旧KGB、現FSB本部所在地の俗称）に勤務した。これは、誰一人否定しえない客観的事実である。FSBは、改めてのべるまでもなく、KGBの主要後継組織である。一九九一年夏にKGBに辞表を提出したと主張する人間が、それから七年後の九八年夏には、その後継機関の最高責任者のポストを平然と引き受ける！

たしかに、FSBは新しく生まれ変わった組織なので、プーチンがそうしたとしても一向に構わないではないか。こう弁解できるかもしれない。とはいえ、自分はKGBにすっかり愛想を尽かし、この種の組織とは綺麗さっぱりと縁を切った人間である――。プーチン自身による主張や説明法は、FSBの長官に就任することによって、完全に帳消しにならないまでも、大いに説得力を減じることになりはしないか。しかもプーチン本人が、次のようにさえ宣言したという。九七年七月、FSB長官として登庁した初日、彼に挨拶しようと集まったFSB幹部たちに向かってのべた言葉である。「私は、生まれ故郷の家に戻りました」[25]。これをもって、プーチンが七年間は事実上たんなる〝スリーパー〟に過ぎなかったことを、みずから証明する台詞だとはみなせないだろうか。

最後に、次のような根本的な問いすら提起できるかもしれない。つまり、KGBからの辞職や離脱は、そもそも本人が一枚の辞表を提出することだけによって認められうる簡単な類いの事柄なのか。というのも、

〈一度スパイになった者は一生スパイ〉。このようなロシアの格言を引用して、右の問いにたいして否定的に答えるのが、どうやら多数説のようだからである。たとえば、ロシアから脱出して、現在ニューヨークで反体制運動家としての仕事をつづけているアレックス・ゴールドファーブは、記す。「KGBの人間は、ある種の道徳律を持っている。かれらは死ぬまで忠実であるように訓練され、裏切り行為は死をもって償うものだと信じている」[26]。ゲッセン女史も、同様の考え方をする[27]。というのも、彼女によれば、チェキストは仮にKGBから辞職することが可能だとしても、辞職後は少なくとも「予備役」としてとどまるはずだからである。

『プーチンと甦るロシア』の著者、ミヒャエル・シュテュルマー（ドイツのエアランゲン・ニュルンベルグ大学元教授）にいたっては、断言する。「一度チェキストだったものは、常にチェキストである」[28]。そして、ほかならぬプーチン自身も、一九九九年にロシア首相になった直後にのべた[29]。およそこの世の中に自分は「元チェキストだったと称するカテゴリーの人間は存在しない」[30]（傍点は引用者）、と。一度チェキストとなった者は生涯チェキストにとどまるという意味である。

フランスのKGB研究家、エレーヌ・ブランも、ほぼ同様の考え方に従ってのべる。KGB勤務は宗門に入ることに似ており、いったん組織内に入った者はけっしてこの〝城〟から出ることは許されない[31]、と。さらに、ブラン女史は次のエピソードを引いて、プーチンもその例外でないと主張する。「プーチンは、一九九九年十二月、ルビヤンカで開催された秘密警察『チェー・カー』の記念式典に出席した。そのとき誰かが乾杯しながら『チェー・カーに所属している者は起立！』と叫んだ。集まっていた人は、一人残らず立ち上がり直立不動になった。プーチンも皆と一緒に立ち上がった」[32]（傍点は引用者）。

このようにして、仮に一九九一年以後のプーチンは、たとえ現役バリバリのチェキストではなくなったにせよ、少なくとも〝スリーパー〟としてはKGBにとどまったと説く見方が有力になってくる。[33] たとえばリトビネンコが、そうである。リトビネンコは、まえにもふれたように、ロンドンで謎の死をとげたFSB元中佐である。彼自身が誰によって暗殺されたかの問いをここでは横に置いて、リトビネンコが生前のべていたというプーチン観を紹介しよう。リトビネンコは、プーチンが一九九一年八月にKGBへ辞表を提出したあとも実は〝スリーパー〟であったことを、[34]信じて疑わない。〝スリーパー（休眠工作員）〟とは、何か？ 現時点でこそ活動していないものの、将来の特命に備えてあたかも眠っているかのように見せかけている諜報員を指す。俗に〝もぐら〟と綽名される。ともに、地下の暗いところに潜んでいる点が共通しているからだろう。スリーパーといえども、エージェント（諜報員）であることに変わりはない。リトビネンコは、プーチンを少なくともそのようなスリーパーであるとみなしていた。

一九九八年七月にエリツィン大統領によってFSB長官に任命されるやいなや、プーチンは〝スリーパー〟の状態から現役チェキストへと立ち戻った。こう解釈しても、おかしくないだろう。このときプーチンは、黒海沿岸で休暇中のリュドミーラ夫人に電話をかけて、おそらく盗聴を意識してであろう、次のようにやや抽象的な表現を用いて己の昇進を伝達した。「（私は、今度）勤務を始めた場所に復帰することになったよ」[35]。生前のリトビネンコは、ゴールドファーブに向かい次のようにすら語っていたという。「いや、プーチンが情報機関から完全に離れたことはついぞ一度もなかった。彼はつねにKGBに対して忠実だった。（中略）懐かしい古巣に戻ると、彼は即座に、そして熱心に元の群れになじんでいった」[36]。リトビネンコはつづける。「プーチンがFSB長官に任命されると、KGBの将軍たちは埃《ほこり》のなかからプーチンのファイルを引き出してきて、彼をあっさり自分たちの仲間であると受け入れた。『いわば放蕩息子だ[37]』、と。

チェキストと政治家

はたしてプーチンは、一定期間（一九九一年から九八年の七年間）KGBを辞めていたのか、それとも辞めていなかったのか。この問題を別にして、次のことだけは確かな事実だといえよう。プーチンはみずから進んでチェキストになることを志願し、少なくとも十六年間はフルタイムでKGBに勤務した人物である。その意味で、プーチンは正真正銘のチェキストにほかならない。プーチン自身、この事実を隠していない。隠していないどころか、それが彼にとり貴重な体験であり、財産であるとすら、自慢気に語ってやまない。プーチンは、公式伝記『第一人者から』その他で、かつてヘンリー・キッシンジャーが彼に向かってのべた次の言葉を、しばしば引用する。「まともな人間はすべて情報機関からスタートしている。私もそうだった[38]」。尤も、キッシンジャーが自分もまたかつて情報活動に従事した経験があると語ったにせよ、それは厳密にいうとプーチンの任務とはかなり違った種類の仕事だった。米国に移民したキッシンジャーは第二次大戦中にドイツ語のネイティブ・スピーカーとして、一時米国政府のために働いた経験をもっただけだったからである。

そのような違いがあるにもかかわらず、プーチンは、キッシンジャーの言葉を引用することを一向に止めようとしない。大統領に初めて就任した二〇〇〇年末のテレビ・インタビューのなかでも、プーチンはまずキッシンジャーによる右のコメントを紹介したあとで、次にチェキストとしての仕事が己にあたえたプラスの影響を力説してのべた。「KGBの仕事は興味ぶかく、高度にプロフェッショナルな活動だった。それは、私にとって実に肯定的な役割をはたしてくれた[39]」。二〇〇一年十二月、プーチン大統領は公式訪米中にジョージ・

W・ブッシュJr.大統領がテキサス州に所有する農場《ラーンチ》に宿泊したさい、米大統領にたいする親近感を表明しようとするのあまり、次のようにさえのべた。「米国の現大統領は、ジョージ・H・W・ブッシュの息子である。つまり彼は、米国の元CIA長官をつとめたあと大統領になった人間の息子なのだ。だから、ブッシュと私はいわば家族のようなもので、(最初から) 互いに違和感などを抱くはずはなかった」[40]。

プーチンは、己を正真正銘のチェキストとみなしている。ではそれは、一体何を意味しているのか？ それは、まず彼が人間を「われわれの側に立っている者」と「そうでない者」の二つに分ける。そのうえに立って、次に、「われわれ」の結束を固める。「そうでない者」の反抗心を和らげて、せめて中立者の立場にする。中立者になれば、さらに潜在的な味方に転化させ、可能ならば「われわれ」のほうに近づけたり、リクルートさえしたりすることに熱心になる。このような作業を意味している。ちなみに、これらの仕事は政治家のそれと大きく変わらない。いや、同一とさえいってよい。その意味でも、チェキストとしてのプーチンの訓練や勤務は、政治家となって以後のプーチンに大いに役立つことになった。

もしチェキストと政治家の任務のあいだに何らかの違いがあるとするならば、それは次の点だろう。チェキストはもっぱら秘密裡のマン・ツウ・マンの関係で情報を得たり、リクルート作業に従事したりする。政治家は、それらの仕事に加えて、衆人環視の公開の場で大衆にアピールし、かれらを動かす必要がある。おそらくこの種の必要性からだろう、大統領になってからのプーチンは次のような努力を積極的におこなうようになった。公開テレビなどの対話集会に進んで出席する。また、たとえば企業城下町のピカリョボにヘリコプターで降り立って、労使間の交渉役を買って出る。アウトドアのスポーツマンとしてのパフォーマンスすらおこなう。これらはすべて、自分が心身ともに強靭な人物であることを演出して見せることを目的とすると同時に、大衆操作の効果を狙う言動でもあった。これらは、プーチンが受けたKGBの訓練に反するものだったと評するよりも、むしろその延長線上に位置する行為や戦術だったというべきだろう。

KGBの訓練

KGBは、プーチンに一体何をあたえたのか？　改めてこの問いを提起するならば、答えは、大別して次の二つといえるだろう。ひとつは、KGB独特の戦略的思考法。ふたつめは、仲間、いいかえればKGB人脈である。これら二点から判断するかぎり、プーチンが十六年間勤務しただけで、以後KGBとはぴたりと縁を切ったとは益々いえなくなってくるのである。それぞれについて、若干詳しく説明しよう。

KGBは、まずプーチンにチェキストとしての戦略思考法を叩き込んだ。もともとプーチンは他の誰から強制されたわけでもなく、みずから志願してKGBに加わった人間である。たまたま偶然の成り行きでチェキストになったり、他人によって強制的にリクルートされたりした者とは、事情を大いに異にする。プーチンは、一言でいうと確信犯なのである。したがって彼は、採用に感謝し、報いようとして、さぞかしKGBの教えや訓練を従順に学び、率先して受容し、熱心に吸収し、かつ積極的に実践しようと努力したにちがいなかろう。

次に、右のこととも関連して、プーチンがほぼ二十三歳から三十九歳という時期にチェキストだったことの重要性も指摘すべきかもしれない。これは、大概の者にとって人生において最も多感で、かつ基本的な思想形成がなされる時期に当たる。〈人間性は一体どのくらい可塑的なものであるか？〉このむずかしい問いと関連させて、次のようにたずねてもよいかもしれない。人間は青春期に形成した思想を、その後はたしてどの程度まで変えることができるのか、と。プーチンが「ＫＧＢを辞めるつもりだ」と語ったとき、ロルドゥーギンは次のように思ったという。ロルドゥーギンは、プーチンの幼馴染みで、長女マリアの名づけ親でもあり、プーチンを熟知している人間。「私は、原則的には彼の言葉を信じた。だが、はたして君のなかにある知識や情報からのがれることができるだろうか。君はこの組織で働かないことはできるが、ものの考え方や見解は残るものだ」[41]。エレーナ・ボンネル（故アンドレイ・サハロフ博士の夫人、二〇一一年死去）も、同様の考え方を披露した。「ＫＧＢは、一体誰であろうともその影響圏から離脱することを許さない。私はこう信じている。プーチンも物理的にはＫＧＢを辞めることはできたにしても、精神的、職業的にはＫＧＢの影響下からけっして逃れえないだろう」[42]。

ウラジーミル・ウソリツェフも、自身の回想録で記している。ウソリツェフは、プーチンが東独ドレスデン・在ソ連領事館内の同一オフィスで働いていたＫＧＢ仲間のひとり。帰国後、ペンネームを用いてプーチンを主人公として扱った回想録、『同僚』（モスクワ、二〇〇四年刊）を刊行した人物である。「プーチンの魂は、一度としてこの組織（ＫＧＢ）から離脱することはなかった」。さらに、ウソリツェフは、ＫＧＢの東独版である「シュタージ」（国家保安庁）に属するひとりの将校がのべた次のコメントも引用する。「プーチンの血管のなかには、ＫＧＢの血液が脈脈と流れている」[43]。

プーチン個人が独自に形成したものなのか、それともチェキストになったあとＫＧＢの手による特殊訓練で仕込まれたものなのか。そのいずれかは定かでないものの、プーチンの思想、信条体系、そして考え方は、まさに正統なＫＧＢ員としての戦略的思考に忠実に沿ったものだといえるだろう。シェフツォーワ女史も、喝破する。「ＫＧＢに勤務するということは職業でなく、思考方法[44]」の問題なのである、と。では、チェキスト流の世界観や思考法とは、具体的にいって一体どのような類いのものなのか？　このことが次に問題になる。

チェキストは、第一に、愛国主義者もしくは民族主義者であらねばならない。ロシアの「領土の一体性」を擁護し、「強い大国ロシア」の構築を願い、その実現に一身を捧げねばならない。かれらの圧倒的大多数は、ソ連邦の解体を痛恨事とみなす。その点で、ソ連崩壊を「二十世紀における地政学上の大惨事」[45]とみなしたプーチンに共感して止まない。かれらは、旧ソ連邦が「偉大な列強」だったことに誇りを抱く[46]。言いかえればかれらは、いまなお母国ロシアの「大国性」にたいする信仰を捨て切っていない。かつて帝政ロシアや旧ソ連邦が国際場裡で有していた威信、栄光、そして存在感を再興させる。このことを、かれらは己に課せられた崇高な責務であると考える。そのようなかれらにとり、母国ロシアの領土を拡張することは望ましいが、逆にそれを他国へ割譲することなどまさに論外の発想である。以上の意味で、チェキストは「大国主義者」にほかならず、プーチンはその例外でないどころか、その典型例である。プーチンは「ミニ・ソ連」再建を目指す「ユーラシア連合」の創設を唱道し、二〇一四年春にはウクライナ南部のクリミア自治共和国のロシアへの併合を強行した。これらは、プーチンのＫＧＢ思考からいって、格別驚くべきことではなかったにちがいない。

戦略的思考

チェキストは、第二に、リアリスト（現実主義者）である。その点では、かつて旧ソ連時代にエリートだった共産主義者と異なる。共産主義者は、或る意味で理想主義者だといえるだろう。マルクス・レーニン主義のレンズを通して森羅万象を眺め、〝ゾルレン〟(何をなすべきか)の観点にもとづいて政策を立て、その実現に努力する。そのような意味で、共産主義者たちは、アメリカの政治社会学者らによる指導者の分類や言葉を借用すると、「目標志向型」の「十字軍張りの改革運動家」であるといえよう。[47]

対照的にチェキストは、まず、現実世界の「力の相関関係」を冷静に観察し、みずからがおかれた状況を客観的に判断する。仮にそれが己にとって不利なものであっても、その冷厳な事実を直視する。次いで、そのような〝ザイン〟(在るもの)を前提とし、各々の時点と状況に照らして採るべきベストの行動様式を選択する。[48]したがって、かれらのなかには、「文脈志向型」のリアリストと名づけられる者が多い。[49]この関連で、『第一人者から』のなかのプーチンの言葉をひとつ紹介しておこう。すなわち、外国の「好きな政治家」のひとりとして、プーチンは、ルードビッヒ・エアハルト(アデナウアー後の西独首相)を挙げた。彼がその理由として指摘している点が、現在の文脈では興味深い。つまり、エアハルトが「きわめてプラグマティックな人間」[50]だから、プーチンは彼が好きなのだと説明している。

チェキストが叩き込まれる右のような思考法を、ここで仮にKGB流戦略思考と呼ぶことにしよう。はたして何と名づけようと、つぎのような諸点がその主要な構成要件である。現時点で目指すべき目標は、一体何か。それを成就できる可能性は、はたして存在するのか。逆に、もしその達成を妨げる障害物があるとすれば、それは何なのか。目的を達成する最適かつ利用可能な手段は、何なのか。これらの点について、冷徹な状況判断をおこなう。そして複数の回答もしくは選択肢があるばあいには、それらのあいだに優先順位をつける。以上のようなKGB式戦略思考を一言でのべると、目的と手段を峻別し、時々の状況に応じて臨機応変の処置を講ずることと要約してよいかもしれない。英チャタム・ハウスのロシア研究家のひとり、ジェームス・シェールものべる。「チェキストは、目的と手段との関係にかんして冷酷なまでに功利主義的なアプローチを採る」[51]、と。

もしKGBの基本的な戦略思考が右に説明したような具体的内容から構成されているとみなすならば、われわれが驚かざるをえないことがある。それは、KGBの思考法がアメリカのビジネス・スクールなどで教えられている経営学の戦略にあまりにも酷似している事実である。たとえば、米ピッツバーグ大学のウィリアム・R・キングとデービッド・I・クリーランドの二人の教授が、共著『戦略的計画と政策』のなかで説いている内容とそっくりといってよいまでに似かよっているのではないか。尤も、それにはとうぜん至極ともいえる種明かしがある。かれら二人が米国式経営学について書いたこの書物は、チェキストの教材に用いるためにわざわざロシア語に訳されているからである。それればかりではない。プーチンが一九九七年にサンクト・ペテルブルク鉱山大学に提出した準博士《カンディダート》(欧米諸国での修士号と博士号の中間に相当)論文の主要部分は、この翻訳本のアイディアをそのままコピーしたとすら噂されている[52]。

プーチン論文が盗作であるか否かの問題は第6章で詳しく検討することにして、ここでは次の点に注目することにしよう。チェキストたるプーチンの学位論文が、米国の経営学教科書と非常に似かよったことを力説している事実である。二人の米国人経営学者は、たとえばのべる。経営者たる者は、すべからく目標を「本当に重要なものと低レベルの短期的な関心」の二つに区別すべし。つまり、「恒常的な目的と、状況次第では適応し犠牲にさえして差し支えない目的」の二つを峻別すべし[53]。プーチン大統領がこれらのことを己の金科玉条にしていることは、それがラリー・キングとのインタビューで用いたプーチンの言葉と瓜二つであることからも明らかになる。二〇〇〇年九月CNNテレビでの同インタビューで大統領はのべた。「KGBの仕事を通じて、私は学んだ。第一義的なものと二義的なものを選別せねばならない、と」[54]。

チェキストのプーチンがアメリカの経営学者たちと考え方をほぼ同じくし、同一のことを強調する。一見これは奇異のように思われるが、かならずしも不思議なことではない。というのも、KGB流の戦略的思考と米国式経営学とのあいだには大いに通底するものがあるからである。そのことを知るためには、読者諸兄姉におかれては私が右にのべたKGB式戦略思考の特徴をもう一度読み直してくださることをお勧めしたい。そうすれば、KGB戦略思考のほとんど全てが米国式経営学が教えている要諦と同一、もしくはひじょうに似かよっていることに気づかれるであろう。ちなみに、おそらくそのような理由もあって、KGBを退職したロシア人チェキストのなかには、その後ビジネス分野に転じて大成功を収めた者が、現実に数多く存在する。結果として、冗談半分ながら次のようなコメントすら生まれているくらいなのである。「KGB(での訓練)は、MBA(経営学修士)(の取得)にすら勝る」、と[55]。

目的と手段

以上説明したことと関連して、もうひとつ念を押しておきたいことがある。それは、「プーチノクラシー」の目的と手段にかんしてである。前者は、一貫して変わらない。「強いロシア(したがって国家)の構築」である。これがプーチノクラシーの目標であることにかんしては、プーチン自身がつねに明言してやまない。彼が最初に大統領に当選する直前の一九九九年十二月二十八日に発表した有名な論文『世紀の境目にあるロシア』で、このゴールを明らかにして以来、そうである。

ところが他方、プーチンは次の点にかんしてはおそらく一度として明確にしたことはない。つまり、では

「強いロシアの構築」という目標を、一体どのようにして達成するのか？　はたしてその手立ては何なのか？　このことについて、プーチンはかたくななまでに沈黙を守っている。もしその手段について具体的に語りはじめると、その手法ややり方が批判にさらされることを危惧しているのかもしれない。あるいは、プーチン自身がひょっとして次のように考えているのかもしれない。手段は時々の状況次第で変わり、予め公約することに馴じまない性質のものである。前もって発表すれば、そのことによって徒《いたずら》に拘束され、他の選択肢を封じ込めてしまう惧れがある、と。

――以上のべてきたことから分ることを、念のために要約しておこう。プーチンは、第一に特定イデオロギーの信奉者でない。つまりプーチンは、わが道を〈千万人とはいえども吾往かん〉といった強い信念や哲学をもつタイプの人間ではない。このことを、イワン・クラステフは次のように強調する。[56] クラステフは、ブルガリアの著名な政治学者で、ブルガリア版『フォーリン・ポリシー』の編集長もつとめている人物である。「プーチノクラシーは、特定のイデオロギーを掲げようとしない体制」である。なぜ、そうなのか。その理由は、プーチンの深謀遠慮の戦略にもとづく。つまり、プーチノクラシーは、「特定の公式イデオロギーに執着しないことによって、反対派によって公約違反を非難されたり、揚げ足をとられたりする愚を回避しようとする」。また、そのことによって「サバイバルの能力やチャンスを増大させようと欲する」からである、と。

だからといって他方、けっして次のように誤解してはならない。プーチンがいかなる価値も重視しないニヒリストである、と。彼は、けっして価値相対主義者なのではない。プーチンといえども或る種の価値を重要視する。[57] たとえば、さきにもふれたように「強いロシアの構築」や「領土の保全」は、おそらくプーチンの政治哲学のなかで中核的な地位を占める鍵《キー》コンセプトだろう。だが、そのような究極的ゴールを達成するためには、可能なかぎりフレキシブルなやり方を採ることが肝要。これが、プーチンの基本的な考え方のようである。レーニンが説いた「一歩前進、二歩後退」に似かよった柔軟な思考法と評せるだろう。

プーチンは、性来の、そしておそらくKGB仕込みの訓練によってさらに強化された戦略的思考法のお蔭で、これまで数々の難局や危機を乗り超えてきた。たとえば、彼が東独ドレスデンの在ソ連総領事館に勤務していたときに発生したベルリンの壁の崩壊。ロシア帰国後早々の一九九一年八月に遭遇したクーデター未遂事件。同年十二月に起こったソ連邦の崩壊。グルジア、ウクライナ、その他のCIS諸国における「カラー革命」……等々。このような大事件、それらが随伴した「環境」や「状況」の激変にもかかわらず、プーチンはその度ごとに窮地からの脱出に成功し、サバイバルしてきた。

プーチンはラッキーな人間——。たしかにこのようにみなしてしまうことも、基本的には間違っていないかもしれない。だが同時に、次のように言えはしないか。「状況」が変化し、危機に見舞われる度ごとに、プーチンは特定のイデオロギーや「信条体系」にとらわれることなく、柔軟かつリアリスティックに行動した。まさにこれこそが、彼がパニックに陥ることなく、これまでサバイバルしえてきた主要事由である、と。たとえば彼は、チェキストの経歴をもちながらも、「民主的改革派」であるサプチャク市長下のペテルブルク市役所で活躍した。西側企業の資金をペテルブルク市へ導入してくるという「資本主義的な」仕事にさえ熱心に取り組んで、それなりの功績をあげた。これらは、プーチンがいわば「イデオロギー・フリー」とさえ評してよいKGB流戦略思考法をマスターしていたからこそ、彼が収めえた成果だったのではなかろうか。

尤も、このような臨機応変のフレキシビリティのゆえに、プーチンは一部の者によって政治的な機会主義者《オポチュニスト》、もしくは「カメレオン」[58]との綽名を奉られることすら、稀ではないのだが。

KGBの結束

プーチンが一体何時からKGBで勤めはじめ、何時KGBを辞めたのか、辞めなかったのか。さきに私がこだわりかつ検討を加えた、これらの問いにたいする回答如何に関係なく、何人といえども否定しえないことがある。それは、プーチンがどんなに少なく見積もっても約十六年間にわたってKGBに在籍し、KGBの正式職員だったという厳然たる事実。そして、プーチンが、この期間中に同じくKGBに勤務する多くの人間（先輩、同輩、後輩）と知り合ったこと。そしてかれらこそが、今日「プーチン人脈」の主要なメンバーを形成しているという事実である。そういうわけで、私が次に是非とも取り組まねばならない作業がある。それは、この事実を確認して、その主要な顔ぶれを読者に具体的に紹介することである。

KGBは、次のような特徴をもつ組織である。第一に、その本来の任務と性質からいって外部の者に固く閉ざされた秘密機関である。第二に、さきにもふれたように以下のような信条や思想を共有する人々の集まりである。たとえば、愛国心。関連して、「領土一体性」維持の重要性。祖国ロシアを内外の敵から守るために己の生命を捧げることを躊躇してはならないとの使命感……などなど。KGBとは、これらのことを徹底的に教え込まれ、かつ信じ込んでいるグループにほかならない。KGBの成員、すなわちチェキストたちは、これらの同一もしくは共通の思想にもとづく結束に加えて、第三に、「同じ釜の飯を食って」、同一の任務、課題、労苦にたずさわることによってつちかわれた連帯感を共有する。このようにして形成されたかれらの絆は、おそらく外部の者が想像しないまでに強固なレベルのものに違いない。

この点にかんしてゲンナージイ・グドコフの意見は興味深く、かつ傾聴に値する。というのも、グドコフは元KGB少佐の経歴の持ち主だからである。彼は、「公正ロシア」選出の議員を経て、現在は警備会社を経営している。物怖じしないその言動は注目を浴びる一方で、彼はプーチン政権によるいじめの対象にもなっている。それはさておき、グドコフは、KGBの内部にいた者でなければ知りえないような体験を率直に語ってくれる点で、われわれがそれを注意して取り扱うかぎり、貴重かつ有難い情報ソースである。そのようなグドコフはのべる。「チェキストたちは、機密情報源にたいするアクセス（接近）権をもっている。そのことがかれらをして同一のカースト（階級）に所属しているという連帯感を強化することに貢献する。チェキストたちは、自分たちのあいだだけでしか通じない言葉で会話する傾向がある。そのことによって、かれらはまるでフリー・メーソンの同一の館に住んでいるかのような共同体意識を共有するようになる」[59]。こういったチェキストたちが「プーチン大統領の周辺でいわば一つの同窓会グループを形成しているわけである」[60]。

じっさい、このあと具体的な名前をあげて詳しくのべるように、KGB関係者はプーチン政権の主要ポストに就いている。では、なぜそうなのか。「一体どうして閣下の側近にはチェキストたちが多いのでしょうか」とたずねられたとき、プーチンはまずその事実を率直に認め、その理由についても本音を語った。「たしかに、私はクレムリンにかれら（KGB仲間）を連れてきた。というのも、私は長年にわたってかれらと知り合っており、信用もしているからである。これは、かれらのイデオロギーとまったく関係ない。むしろ、かれらの職業上の能力ならびに（私との）個人的関係にもとづいている」[61]（傍点は引用者）。

その主要理由がはたして何であれ、プーチンは、チェキスト仲間を重用し、己の側近に取り立て、みずからの周囲を固めさせて、今日におよんでいる。かれらのほとんどは、プーチンが少なくとも十六年間つとめたKGBという組織――かれらは、時として「会社」または「わが社」と呼ぶ――の先輩、同輩、後輩たちなのである。かれらKGB閥は、プーチン人脈の最も枢要な部分を形成している。この厳然たる事実は、さきに提起した問い、すなわちプーチンがはたしてKGBをいったん辞職したか否かという問いを、もはやさして重要でない第二義的な問題にする。こういってさえ、差し支えないだろう。

「シロビキ」閥

プーチンは、まずKGBの先輩にたいしてはたんなる同業者としてでなく、先達として格別の敬意を払う。とりわけ次の二人にたいして、そうである。ひとりは、KGB議長からソ連共産党書記長になったユーリイ・アンドロポフ。プーチンは、アンドロポフをまるで己が目指すモデル像であるかのようにみなし、彼にたいする崇拝の念をいささかも隠そうとしない。[62] たとえば、首相に任命される直前の一九九九年七月、プーチンは赤の広場にあるアンドロポフの墓をわざわざ詣でて、花束を捧げた。大統領代行に指名されたあとの二〇〇〇年一月には、〝ルビヤンカ〟広場の旧KGB（現FSB）本部の建物内にアンドロポフ記念銘板（一九九一年八月のクーデター後に撤去されていた）を再設置した。[63]

プーチンが己の畏敬の念を隠そうとしないもうひとりの人物は、クリュチコフKGB元議長である。さきにふれたように、クリュチコフは一九九一年八月の未遂クーデター事件の首謀者のひとりにほかならなかった。それにもかかわらず、プーチンは、二〇〇〇年五月、自身の大統領就任式典へクリュチコフを正式招待して、全世界をアッと驚かした。[64] そもそもプーチンは、このクーデター勃発に反発するあまりにKGBを辞めたはずではなかったのか。そのことを思い出すと、彼の言動には整合性がなく、腑に落ちないとの感想を

イーゴリ・セーチン ………	「ロスネフチ」社長。プーチン腹心のナンバーワン。
セルゲイ・イワノフ ………	現在、大統領府長官。
ニコライ・パトルシェフ …	現在、ロシア安全保障会議書記。プーチンの片腕の１人。
ビクトル・チェルケソフ …	麻薬流通監督庁長官にまで昇りつめたが、パトルシェフ FSB 長官らとの派閥抗争に敗れた。
セルゲイ・チェメゾフ ……	プーチンの東独勤務時代のKGB仲間。ロシア兵器の対外輸出を独占する「ロステフノロギー」社長。
ニコライ・トカレフ ………	プーチンの東独勤務時代のKGB仲間。国営の石油パイプライン独占企業「トランスネフチ」社長。
アレクサンドル・バストルイキン・・	プーチンの大学の級友。連邦捜査委員会議長として、反プーチンの集会・デモの取り締まり担当。

図４　プーチンの「KGB」人脈

抱かざるをえない。だが、プーチン自身は、『第一人者から』でつぎのような弁明を試みた。「(たしかに)クリュチコフは共産主義の確信犯で、クーデター側にいた。それにもかかわらず、彼は実に立派な人間である。私は今日まで彼を大いに尊敬している[65]」。

ここで、どうしても「シロビキ(силовики)」というロシア語について説明せねばならなくなる。ロシア語の「シーラ」(сила; 力、暴力)に由来し、力を持つ強い者を意味する言葉である。治安関連の次のような「武力官庁(силовые ведомства)」と綽名されて諸機関にかつてつとめていたり、現在働いている人々を指す。具体的には、KGB、その後継組織である連邦保安庁(FSB)や対外諜報庁(SVR)、検察庁、軍部など。そのような「シロビキ」にたいしては、こなれない訳語とはいえ〝武闘派〟という邦訳が当てられることもある。

ロシアのエリートのなかでシロビキが占める比率は、プーチン政権の誕生とともに、ゴルバチョフ、エリツィン期に比べて飛躍的に増大した。このことは、クルィシタノフスカヤ女史の研究によって実証されている。一例をあげよう。プーチンが大統領に就任してまず第一におこなったことは、エリツィン期に拡大した地方自治体の権限を縮小し、中央集権化の原則を徹底化させることだった。その具体的方策として、プーチン新大統領はロシア連邦の八九（当時）の構成主体を七つの連邦管区に分け、それぞれの管区に大統領全権代表を配置し、地方自治体を監視させることにした。プーチン大統領によってこの種の大統領全権代表に任命された七名のうち、何と五人までもがシロビキ関係者だった。クルィシタノフスカヤの研究によれば、これら大統領直轄下の七つの連邦管区に勤務するスタッフの約七〇％までもがシロビキであるという。(66)

結果として、プーチン政権発足から未だ二年しか経っていない二〇〇二年の時点で、ロシア・エリートのなかでシロビキ関係者が占める割合は、何と二五・一％にものぼった。(67) これは、ゴルバチョフ期（一九八八年）の三・七％、エリツィン前半期（一九九三年）の一一・二％、同後半期（一九九七年）の一七・四％に比べて、極端なまでに増加した数字と評さねばならない。(68) 〇四年段階になるとその比率はやや下がったものの、それでも優に二四・七％を占めた。(69)

プーチンの側近に引き立てられる近道は、何か？　この問いにたいする答えは単純明解、次の二資格を併せもつことだといわれる。まず、ペテルブルク出身者であること。さらに望ましいことは、ＫＧＢ勤務経験をもつチェキストであること。では、これら二条件を満たす者がはたしているのか。存在するばあい、それは一体誰なのか。現実にこのような好運に恵まれた人間を、具体的に紹介する必要があろう。かれらの立身出世が一体どの程度まで、プーチンの上昇と密接に結びついているのか。これは、興味あるテーマだからである。

「ダース・ベーダー」

まず、イーゴリ・セーチン。レニングラード出身者である。LGUの文学部で「ロマンス語」(ポルトガル語、フランス語)を学び、モザンビークやアンゴラなどアフリカ諸国で軍事通訳として勤務した。ソ連/ロシアでは軍事通訳のような微妙な仕事はチェキストしかたずさわりえない。この慣例から推測して、セーチンをチェキストとみなして差し支えないだろう。(70) じっさい、セーチンは「シロビキの総師」(71) とのニックネームすら奉られている。(72)

セーチンは、一九〇〇年プーチンが、サプチャク市長を団長とするブラジルへの親善旅行をおこなったときに通訳をつとめ、未来の大統領と初めて知り合ったといわれる。(73) その後ペテルブルク市役所でプーチンの個人秘書として働き、プーチンのモスクワへの移動に伴いセーチンもモスクワへ移った。セーチンは、一九九八年、プーチンと同じくサンクト・ペテルブルク鉱山大学で準博士号《カンディダート》を取得した。その折の論文「ガスとガス製品の輸出のための投資プロジェクトの経済的評価」は、プーチンのエネルギー資源戦略に多大の影響をあたえたといわれている。(74)

プーチンが大統領に就任したあと、大統領補佐官になったセーチンの重要性は急増した。なぜか？　ひとつの理由は、彼が大統領府内でプーチン大統領とのアポイントメントを取り仕切る補佐官の仕事を担当していたからだった。セーチンが「ダー(イエス)」といえばプーチン大統領との面会が適《かな》い、「ニエット(ノー)」といえば面会が拒絶される。つまり、面会希望者たちからみると、彼は生殺与奪の権利を握る鍵の人物《キー・パーソン》なのだった。

セーチンは無骨でいかつい容貌の持ち主であり、そのことをみずから意識しているのか、表舞台に出ることを好まず、もっぱら黒衣《くろこ》に徹しようとしている。その点で、セーチンは「はじめに 体制」以来のべている「プーチノクラシー」の一大特徴である舞台裏政治を、みずから体現しているかのような人物だといえよう。じっさい、彼はクレムリンの「灰色の枢密卿」、あるいは「ダース・ベーダー」(ジョージ・ルーカス監督作の「スターウォーズ」シリーズに登場する「悪の帝国」の頭領)と綽名されている。セーチンがプーチンおよび彼のファミリーにどのくらい近いかをしめす一〜二のエピソードを紹介しよう。

ひとつめは、三十年にもわたってプーチン夫人だったリュドミーラが緊急事態発生の際に「いの一番」に頭に思い浮べる人間が、いつもセーチンだったこと。じっさい、同夫人が一九九四年に深刻な交通事故に遭ったとき彼女が救急車のなかからまず電話をかけたのは、セーチンにほかならなかった(75)。

ふたつめのエピソードについて語る前には、ロシア人の呼び方について一言説明しておく必要がある。ロシア人の呼称は、名前《イーミャ》、父称《オートチェストボ》、苗字《ファミーリヤ》の三つからなり、職場などでは最初の二つをつづけて呼ぶ。ところが、ロシアには名前と父称がまったく同一の人物がいるから、ことはややこしくなる。たとえば、プーチン側近のセーチンとシュヴァーロフ(現在第一副首相)が、その好例である。両人とも名前がイーゴリ、父称がイワノビッチと、まったく同一。そのために、じっさいプーチンが「イーゴリ・イワノビッチを呼べ」と命じたときに、秘書たちのあいだでは混乱が起こる。かれらは当初、念のために「どちらのイーゴリ・イワノビッチ様のことでしょうか?」との伺いをたてた。だがそのたびごとに、プーチンが「本物のほうだ!」と怒鳴り返すので、流石の秘書やすべての側近たちは、ついに理解するようになった。プーチンが呼びつけているのはイーゴリ・イワノビッチ・セーチンであり、けっしてイーゴリ・イワノビッチ・シュヴァーロフではない、と。後者は、かれらによってその後ひそかに何と「偽者」のイーゴリ・イワノビッチと綽名されるようになった。[76] このエピソードは、プーチンが第一副首相のシュヴァーロフよりも、セーチン補佐官のほうを重視し、必要としていることを物語る。

「最も重要な人物」

セーチンは、現ロシアの政界、経済界でプーチンに次ぐ、隠然たる実力の持ち主にほかならない。国際社会は遅まきながらこのことに気づき、この事実を認知するようになった。そのことをしめす世界の有力メディアの実例を一、二紹介しよう。たとえば米財界誌『フォーブス』は、二〇〇九年、「誰が世界で最も重要な人物なのか?」と題する特集を組んだ。ロシアからは、プーチン首相が世界で第三位の重要人物に選ばれた[77]が、驚くに値することではなかった。人々が驚いたのは、同リストがセーチンを世界第四二位の重要人物とみなしたことだった。というのも、同リストはメドベージェフをセーチンに比べて一位下の第四三位においたからである。[78] 当時メドベージェフはロシア大統領のポストを占めていたにもかかわらず、『フォーブス』誌は敢えてこのような順位にしたのだった。同誌がクレムリンの内部事情に実に精通していることを、物語る番付だったといえよう。米国の週刊誌『タイム』にいたっては、次のような炯眼(!?)ぶりを発揮して全世界を驚かしさえした。二〇一三年四月号の同誌は「世界で影響をもつ一〇〇人」のひとりとして、ロシアからは何とプーチンでなく、セーチンを選んだからである。[79]

二〇一二年にプーチンがクレムリンに返り咲いたとき、セーチンはクレムリン(大統領府)、「ホワイトハウス」(内閣)のどちらにおいてもポストがあたえられなかった。プーチン大統領は、タカ派ばかりからなる人事をおこなう。このような印象が生まれることを避けようとしたのかもしれなかった。あるいは、「シビリキ（市民派）」の代表格であるメドベージェフと「シロビキの総師」と目されるセーチン――。この二人はまったくそりが合わないので、メドベージェフ首相がセーチンを己の閣僚の一員に指名することを嫌がったのかもしれない。

一方、セーチンは「ロスネフチ」社長に再任された。ロスネフチは、ロシアの石油大手であるばかりではない、二〇一三年にはＴＮＫ（チュメニ石油会社）とＢＴ（ブリティシュ・ペトロリウム）からなる合弁企業を買収して、石油生産で世界最大級の企業へとのし上った。そのようなロスネフチのトップの座に坐ることによって、セーチンはロシアのエネルギー資源産業を自由自在に牛耳ることが可能になった。原油、ガスを主とするエネルギー資源は、ロシア連邦の輸出全体の約六五％、政府歳入の約五〇％を占める。そのような重要産業部門を己が欲するままに動かすことができるセーチンにとり、敢えてフォーマルな地位に就く必要など存在しない。ポストの名義よりも、その椅子の実体がより一層重要。本書冒頭以来のべている「プーチノクラシー」の真髄を理解していればこそ、セーチンはこのような選択をおこなったにちがいない。少なくともセーチン自身は、みずからが左遷されたなどと夢にも考えていないだろう。

セーチン社長率いるロスネフチは、本来、石油企業のはずである。何よりも同企業の名称すなわち「ロス（＝ロシア）ネフチ（＝石油）」が、そのことをしめしている。ところが二〇一三年十二月、同社は液化天然ガス（ＬＮＧ）の輸出免許権も獲得した。この種の権利は、ロシアでは従来、天然ガスの国家独占体である「ガスプロム」社に限って認められてきたにもかかわらずである。さらに、「ロスネフチ」は、「ガスプロム」が出資する「サハリン・エナジー」プロジェクトが運用するガスパイプラインの共同利用を求めて、サハリン州の仲裁裁判所に告訴する動きすらしめした。たしかにこれらは、「シェールガス革命」に対応しようとするプーチン政権の新しいエネルギー資源戦略、すなわちＬＮＧ輸出の自由化を促進しようとする目的に沿った措置なのかもしれない。だが同時に、「側近中の側近」と評されるセーチン「ロスネフチ」社長のプーチン大統領にたいする特別の関係なしにはおよそ考えられないことでもあった。というのも、カレン・ダヴィシャ（米国オハイオ州のマイアミ大学教授、ロシア政治専攻）がいうように、今日のロシアで「誰がどのような経済的な利益をうけるかを決めるのはプーチン唯一人であり、これ以上重要なルールはないからである」[80]。

米国の財界誌『フォーブス』のロシア語版は、二〇一三年十一月、ロシア人オリガルヒの前年度の所得にかんしてセーチンが第一位へ躍り出たと報じた。すなわち、セーチンは五〇〇〇万ドルの収入を得て、第二位の外国銀行頭取アンドレイ・コスチン（三五〇〇万ドル）、第三位のガスプロム会長ミレル（二五〇〇万ドル）のそれを上回った[81]。前年の一二年には、コスチンが三〇〇〇万ドルで第一位、セーチンとミレルがそれぞれ二五〇〇万ドルで第二位を占めていた[82]。ところが、一三年、コスチンとミレルの収入が一二年と比べるとほとんど横這いにとどまったのにたいして、セーチンのそれは何と二五〇〇万ドルから五〇〇〇万ドルへ倍増という驚異的な伸びを記録したのである。尤もセーチンは、一四年五月、『フォーブス』によってなされた右に紹介したような彼の資産評価が正確ではないとの訴訟を起こし、勝訴した模様である[83]。セーチンは、一四年四月オバマ米政権が追加発動したウクライナ関連の対ロ制裁の対象者になった。彼が社長をつとめるロスネフチ社は、同年八月、ロシア国外での資金調達が事実上不可能になったとして、プーチン政権にたいして「国民福祉基金」（二〇一四年十月現在八三二億ドル）の半額以上にも当たる四九〇億ドルの資金援助を求め[84]、おそらくその要請は適えられる模様である。

側近中の側近

「シロビキ」のなかで、セーチンに勝るとも劣らないほど重要なプーチン側近の地位を占めている人物がいる。セルゲイ・イワノフである。プーチンは『第一人者から』の中で「信頼する人物は誰か」とたずねられたとき、イワノフと答えている。(85)

イワノフは、一九五三年一月三十一日にレニングラードで生まれた。プーチンに比べてわずか四カ月若いだけである。実はこれが、イワノフにとって唯一かつ最大のハンディキャップないしはアキレス腱だといえよう。なぜならば、プーチンが彼にいったん大きな権力（たとえば、タンデム政権の大統領ポスト）をあたえると仮定するばあい、イワノフはもはやその権力を（メドベージェフのようには）簡単にプーチンへ二度と戻さないだろう――プーチンは、こう懸念するにちがいないからである。つまり、かれら両人は、生年月日にわずか四カ月の差しかないばかりか、共にKGB出身の「シロビキ」である。この二つの点で、プーチンとイワノフは一見友人であるかのように見えるものの、実はライバルの要素を秘めているのである。プーチンに比べ十三歳も若く、かつ「シビリキ（市民派）」であるがために到底ライバルにはなりえないドミートリイ・メドベージェフとは、これらの点で事情をまったく異にする。

イワノフは、LGUの文学部出身で、英語とスウェーデン語に堪能といわれる。彼は、プーチン同様、大学卒業と同時にKGBに加わり、約十八年間KGBで働いた。KGB解体後はその有力後継組織のひとつ、対外諜報庁（SVR）で勤務し、プーチンの後を忠実になぞるかのように出世街道を駆けのぼった。プーチンが連邦保安庁（FSB）長官だったときに、イワノフは同副長官をつとめた。プーチンがロシア安全保障会議の書記を辞して首相代行（ついで首相）に就くと、彼の後を継いでイワノフは安保会議書記になった。

プーチンが大統領に就任したあと、イワノフはロシア初の「シビリアン（文官）」出身の国防相になり、話題をさらった。その後、第一副首相に昇格し、もう一人の第一副首相、メドベージェフとのあいだで激しいプーチンの後継争いでデッドヒートを繰り広げたが、年少の「シビリキ」、メドベージェフに先を越され、二〇〇〇年にはいったん副首相へと降格された。プーチンがイワノフでなく、メドベージェフを一時大統領にした理由は、右にも示唆したとおり、いったんイワノフを大統領にしてしまうと、イワノフがもはやそのポストを手放そうとしないケースがあることを、プーチンが危惧したからだろう。だが、二〇一二年にプーチンがクレムリンに返り咲くと、プーチン大統領は今度はメドベージェフを首相として用いる一方で、イワノフを大統領府庁官に任命し、両者間のバランスをとる作戦を試みている。一四年三月にプーチン大統領がクリミア半島のロシアへの併合を強行したとき、それに抗議するオバマ米政権によってイワノフは、対ロ制裁の標的のひとりになった。

『第一人者から』で「連帯感をもつ人間は？」とたずねられたとき、プーチン大統領候補（当時）はイワノフの次に、ニコライ・パトルシェフの名前を挙げた。(86) パトルシェフは、レニングラード生まれで、レニングラード造船大学卒業後、プーチン同様、KGBのレニングラード支部に就職した。プーチンが首相に就任すると同時に連邦保安庁（FSB）長官に任命され、本書執筆時点ではロシア安全保障会議書記をつとめている。彼もまた、プーチンの「側近中の側近」とみなされている。おそらくプーチン大統領の意を受けてであろう、日本へもしばしば訪問している。一二年十月の来日時には、日中間の領土（尖閣）紛争にかんしてロシアは「日中いずれの立場にも肩入れすることはしない(87)」との重大発言をおこない、一躍注目を浴びた。前もってプーチン大統領と話し合い、彼の意を受けての発言にほかならなかった。

最後に、レニングラード出身者ではないものの、今日プーチン側近の座を占めている重要なシロビキ二名を是非とも紹介する必要があろう。そのうちのひとりは、セルゲイ・チェメゾフ。彼は、プーチンが東独ドレスデンの在ソ連領事館につとめていた時代のKGB仲間である。東独政府によってあてがわれた同一のアパート内に住み、同じ釜の飯を食った職場仲間だった。プーチンは、エネルギー資源産業と同様に、兵器輸出産業をロシアの「戦略基幹産業」とみなしている。ともに貴重な外貨収入の源《ソース》であると同時に、外交の重要手段としての効用もずば抜けて高いからだろう。そのために、プーチンは、ロシアの兵器輸出をまず「ロスオボロンエクスポルト」、次いでそれを中心にして結成された「ロステフノロギー」の手によってほぼ完全に独占的におこなわせることにした。そしてこれらの組織の総支配人として、常にチェメゾフを任命している。チェメゾフ、そして「ロステフノロギー」には汚職の噂が絶えないが、チェメゾフが馘《くび》にされることなどおよそ考えられない。ドレスデン以来の彼のプーチンとのコネは、実に強固なものだからである。チェメゾフもまた、一四年春以来、米国そしてEUが発動中のウクライナ関連の対ロ制裁の対象者になった。

もうひとりは、ニコライ・トカレフ。プーチンより二歳年長者。彼もまた、在東独ドレスデン・ソ連領事館でプーチンとともに働いていたチェキストである。トカレフは、現在国営の石油パイプライン独占企業「トランスネフチ」の社長をつとめている。同社の前社長、セミョーン・ヴァインシュトクは、ティムチェンコと折り合いが悪く、罷免された。ティムチェンコは前章で紹介したように、プーチンの柔道仲間で、今やプーチンを取り巻く主要オリガルヒのひとりである。そのようなヴァインシュトクの後任として、トカレフはプーチン大統領によって二〇〇七年に指名され、今日にいたるまで「トランスネフチ」社長をつとめている。[88]

ロシア版「太子党」

プーチンと彼の周囲に蝟集する側近たちは、インフォーマルな閉鎖集団を形成している。アウトサイダーにたいしては猜疑心や敵意を抱き、他所者《よそ》や異端者のプーチン軍団への参加を拒絶する。一方、すでに己の集団内に入っている者は互いに「連帯してかばい合う[89]」。そのことを通じて、自分たちの既得権益を独占的に確保、維持することをもくろんでいるのである。このような傾向は、容易に想像されるように縁故主義《ネポティズム》をはびこらせがちになる。エリート・ポストの補充も、もっぱら仲間もしくはその子弟たちのあいだでおこなおうとするからである。この種のいわば純粋培養方式人事によって、プーチノクラシーでは特権的な地位や利益の世襲制の発生が否めない。

マーシャル・ゴールドマンは、この点にかんして忌憚なく次のようにコメントする。ゴールドマンは、ハーバード大学のロシア・ユーラシア研究センターの元副所長を長らくつとめた人物（ロシア経済専攻）。「この種の身内贔屓は（ロシア）帝政時代にはあったかもしれないが、ソ連時代にはごく稀《まれ》だった[90]」。ところが、「プーチン側近の子供たちのベッドにふかふかした羽根ふとんを布《し》いてやるという点では、今日のロシアはソ連よりも中国に大いに似かよっている[91]」。たしかに、ゴールドマン教授が指摘するように、現プーチン下のロシアでは、中国の「太子党」（高級幹部の子弟）のロシア版と評して差し支えないようなエリート二世集団が出現しつつある。そのような事実を裏づける具体例を二、三挙げてみよう。

プーチンには二人の娘がいるものの、息子はいない。ところが、彼には、叔父の子供、すなわち従兄弟《いとこ》がいる。そのような従兄弟のひとり、イーゴリ・プーチンは、二〇一二年四月、「ロシア土地銀行」の重役取締役会議の長に任命された。[92]

さきに紹介したシロビキの典型的人物、セルゲイ・イワノフ大統領府長官（元連邦保安庁長官）には、二人の息子がいる。両人とも未だ若いうちから政府系銀行の幹部ポジションを得た。縁故主義の最たる例とのゴシップしきりである。つまり、長男アレクサンドルは、二十八歳のときに自動車事故を起こし、六十八歳のロシア人女性を死に至らしめたが、無罪放免になった。当時国防相だった父の威光が関係したともっぱらの噂だった。その後順調に出世階段を上り、一〇〇％国営の「対外経済銀行」の副頭取をつとめていたが、三十七歳のときにアラブ首長国連合で休暇中に溺死した。[93]次男セルゲイJr.は、何と二十五歳のときにガスプロム銀行の副頭取に任命された。セルゲイJr.はその後、ガスプロム傘下の保険会社で「銀行〝ロシア〟」が買収した「ソーガス」の社長を経て、現在ロシア第四位の国営銀行、「ロシア農業銀行」の監査会議長の地位に就いている。

シロビキのもうひとりの典型、パトルシェフ安全保障会議書記（元連邦保安庁長官）にも、二人の息子がいる。長男ドミートリイは、三十二歳のときにロシア農業銀行のCEOに任命され、現在は「外国貿易銀行」の副頭取。次男アンドレイは、セーチンが社長として率いる国営石油企業大手「ロスネフチ」の幹部である。

ミハイル・フラトコフ対外諜報庁長官（元首相）にも、二人の息子がいる。長男ピョートルは対外経済銀行の副頭取、[94]次男パーベルはロシア外務省の幹部である。ワレンチナ・マトビエンコ上院議長の息子セルゲイは、外国貿易銀行の不動産開発部の長を経て、現在「銀行〝サンクト・ペテルブルク〟」の副頭取。三十七歳のときにロシアで最年少の億万長者のひとりになった。

右の数例からも明らかになる、ひとつの傾向がある。それは、チェキストの経歴をもつ父親が、その特権を利用して、未だ三十歳代の己の息子たちを政府系銀行の幹部に押し込もうとする傾向である。一言でいえば、かれら父子はもっぱら安定志向で、変化を嫌う。

ウラジスラフ・イノゼムツェフ（高等経済大学教授、兼「脱産業化社会研究センター」長、プーチン政権反対の立場を隠さない学者のひとり）は、コメントする。右のような人事ひとつを例にとっても、プーチンの側近たちが現プーチン体制の変更はおろか、それを改革しようとする意図を欠いていることは、明らかといわねばならない。[95] 結果として、ロシア統治に「非専門化」(de-professionalization) や公務員の「商業化」(commercialization) 現象が進行中と評することができる、[96] と。そして、このようにして形成されつつある世襲エリート集団を、イノゼムツェフ教授は「新しい封建主義下における貴族たち[97]」と名づける。シェフツォーワ女史は「ネオ君主制の廷臣たち[98]」と名づける。そして、同じく反体制色を隠さないロシアのエコノミスト、アレクサシェンコは、結論する。「プーチン大統領下でこのような〝縁故資本主義〟がはびこっているかぎり、ロシア経済が国際的な経済力競争に勝ち抜いてゆけないのは当然であろう[99]」、と。

第4章
東　独

ドレスデン期のプーチン（左）（ウソリツェフ『同僚』から）

自分こそ、西側でのおいしい仕事にふさわしいと考えていました。ワシントン。パリ。ロンドン。しかし、あてがわれたのは、東ドイツの辺地ドレスデンだった。

――チャールズ・カミング[1]

プーチンのＫＧＢでの勤務先はいつも二流どころ、すなわちレニングラードやドレスデンだった。

――フィオナ・ヒル&クリフォード・ガディ[2]

一九八五~八六年頃に眠りに落ちた男が九二~九三年頃になって目を覚ましたとしたら、そのあいだにモスクワで発生した諸変化をまったく理解できなかっただろう。

――ジョージ・ブレスラウアー[3]

三流の派遣先

「アンゲリカ通り、No.4」。在東独ドレスデンKGB支部の住所である。[4] 東ドイツの秘密警察「シュタージ」のドレスデン支部と向き合う建物だった。三十三歳から三十七歳までの約四年半のあいだ、プーチンはこのオフィスで働いた。エルベ川沿いに位置するドレスデンは、ザクセン王国の首都として「北のフィレンツェ」と称され、栄耀栄華を極めた。だが、第二次世界大戦の終焉期に連合軍による空爆に遭い、バロック建造物の粋を誇った古都は一瞬にして瓦礫の山に転じた。戦後、いかにもドイツ人らしい執念によって復興努力が積み重ねられ、ドレスデンの重要な建築物は、今日、ほぼ完全に元通りの美しい形へと復元されている。

プーチンが赴任した一九八五年当時のドレスデンは、約五〇万人の人口を擁する東ドイツで第三番目に大きい都会だった。とはいえ、ベルリンに比べると明らかに二流と評さざるをえない街でしかなかった。プーチンらがそこで収集した情報や作成した報告は、駐東ベルリンのソ連大使館を経由してはじめてモスクワへ送られる仕組みになっていた。

ソ連時代の秘密警察KGBは、チェキストの外国派遣先を成績や専攻語学を参考にして決める。成績上位者は資本主義諸国、中位の者は発展途上国、最も出来の悪い者が社会主義陣営に属する同盟諸国へ派遣される慣わしだった。[5] 理由は、改めて説明するまでもないだろう。あまりにも現実的な判断基準に驚かされる。ともあれプーチンのばあい、ドイツ語専攻者という観点からは西独、オーストリア、スイス、東独のいずれかということになる。もちろん、プーチン個人は資本主義国（西ドイツもしくはオーストリア、スイス）への派遣を希望したにちがいなかった。ところが彼が実際送られたのは、東ドイツだった。さらに悪いことに、派遣先は首都ベルリンでなく、ドレスデンだった。自分の海外派遣先は、「三流」[6]の土地——。これは、プーチンにとり屈辱かつ幻滅以外の何物でもなかったろう[7]。

だが、プーチン青年にとり、ドレスデンはけっして文句をいえる筋合の派遣先でなかった。プーチンは、貧しい社会層の出身者で、専攻語学も英語やフランス語でなく、ドイツ語だった。しかもＫＧＢのなかにおいてすら、当時の彼は本流でなく「アウトサイダー」[8]であり、ＫＧＢという大海を泳ぐ一匹の小魚に過ぎなかったからである。ともあれ、プーチンの派遣先がドレスデンだったことから判断して、われわれは次のことを是非とも心に留めておく必要があろう。プーチンは、ＫＧＢのなかでも決してエリート街道を意気揚々と闊歩するチェキストでなかったという事実である。

チェキストの海外派遣先としては三流どころのドレスデン。このような土地で、はたしてプーチンは何をおこない、四年半をどのように過ごしたのか？　このことについて、プーチン自身はほとんど何も語っていない。公式伝記『第一人者から』においても、そうである。もとより、彼は機密を要する諜報活動や地下工作の任務に従事していた。これこそが、プーチン自身がドレスデンでの仕事や生活について多くを語らない主要事由にちがいない。加えて、彼はかならずしも特筆すべき格別重要な仕事にたずさわっておらず、彼のドレスデン勤務や滞在はさほど名誉なものでなかったばかりか、ハッピーなものでもなかった。このような事情も、プーチンがドレスデン時代について積極的に語ろうとしない理由なのかもしれない。ドレスデン時代のプーチンは釣りを楽しみ、極端にいえば飽食暖衣の生活を送っていた。『第一人者から』によれば、彼はビールばかり飲んで「一二キロも体重を増やし、八五キロになった」[9]。

同室チェキストの証言

ドレスデン時代のプーチンについて貧弱な資料しかない状態で、貴重な情報を提供してくれるソースがある。前章でもふれたウソリツェフによる『同僚』と題する書物（モスクワ、二〇〇四年刊、二七八頁）が、それである。タイトルの『同僚』は単数形で記されているので、そのことから判断するだけでも「同僚」がすなわち「プーチン」を指していることは、明らかである。事実また、そうである。さらにわれわれにとって有難いことには、ウソリツェフは同書のなかで、ドレスデンでのプーチンの勤務や生活についてばかりでなく、プーチンの性格やものの考え方にまで筆を及ぼしてくれている。

もとより、本書はプーチンが大統領の座にのぼった以後の二〇〇四年にモスクワで刊行されたロシア語の書物なので、プーチンを表立って批判するようなことは手控えている。だからといって、それはかならずしもプーチン礼讃一辺倒の文献なのではない。いやむしろ、かつて外地でオフィスを共用していた仲間がその後まるでシンデレラボーイのように大出世をとげたことにたいする著者の複雑な心情がうかがえる微妙な文章を含んでいる。ともあれ、プーチンの経歴空白部分、すなわちドレスデン時代を埋める貴重な情報源のひとつとみなしえよう。本書の内容を、以下やや詳しく紹介するゆえんである。

まず、ウソリツェフというペンネームを用いている著者は、一体どのような人物なのか。本名は、ウラジーミル・ゴルタノフもしくはウラジーミル・アルタモノフである。どの国であれ、元諜報部員が回想録を公刊するのは好ましくない。彼もまた、現在ではチェコ共和国へ移住している。ウソリツェフは、プーチンより五歳年長のチェキストで、ドレスデン勤務中の地位はプーチンと同じくKGB中佐だった。当時のソ連領事館やKGB支部へは常時五〜六人のチェキストが配属されていた。プーチンもウソリツェフも名前《イーミャ》がロシア人に多いウラジーミル（愛称はボロージャ）だったので、二人はこの「小さなゲットー」[10]のなかでは便宜上次のように呼び分けられていた。年少で小柄のプーチンは「若いボロージャ」もしくは「小さいボロージャ」、それにたいしてウソリツェフは「ひげのボロージャ」もしくはたんに「ボロージャ」、と。

二人のボロージャは一つのオフィス（部屋）をシェアし、一本の電話線を二股に分けて使っていた。[11]加えて、二人は東独政府から割り当てられた同一宿舎内に住んでいた。このような事情のために、かれらは朝から晩まで共に過ごす時間が多く、互いに隠しごとができない状況におかれていた。

当時のプーチンの表向きの肩書きは、ドレスデン、ライプチッヒ地区の「ソ独友好協会」の副会長だったが、実際にたずさわっていたのは次のような仕事だった。KGBとその東独カウンターパートである「シュタージ」（国家保安庁）とのあいだの連絡、東独内エージェント（諜報部員）のリクルート（勧誘）、政治機密情報《インテリジェンス》の収集。それぞれについて、もう少し具体的に説明しよう。

任務

まず、シュタージとのコンタクト。プーチンは、ロシア大統領に就いたあとでも、彼がドレスデン時代に知り合った元東独スパイたちと密接な関係や接触を保っている。ロシア国内のプーチン反対派や欧米メディアはこの点にこだわり、彼の批判材料のひとつにしている。[12]たとえばマティアス・ヴァルニッヒとの交流。ヴァルニッヒは、れっきとした元シュタージ員で、一九八〇年後半にドレスデンでプーチンとともに東独で働いていた仲間だった。東西ドイツの統一後、ドイツ政府の追及を回避するためにロシアへ逃れ、ドレスデン銀行のロシア部長へと見事な変身を遂げた。ペテルブルクやモスクワに同銀行の支店を開設する作業などで活躍し、「ノルド（北）・ストリーム」プロジェクトのドイツ側の推進者のひとりにもなった。

ヴァルニッヒは、現ロシアでドイツ財界を代表する最も有力かつ著名な人物である。こうみなして、差し支えなかろう。そして彼にそのような地位をもたらしたものは一体何かと問われるならば、それはヴァルニッヒがプーチン大統領とのあいだで長年にわたってつちかってきた個人的関係（つまり「コネ」）だといって、間違いない。じっさいヴァルニッヒは、プーチン一家との親密な関係を維持するための努力をいささかも惜しもうとしない人物だった。たとえばリュドミーラ夫人が自動車事故で負傷したとき、彼は、ドイツの病院で療養に専念するようアレンジしたばかりか、そのための全費用を負担した。また、無名（?）時代のプーチンにたいしてハンブルクへの「あご足つき講演招待旅行」を二度にわたって提供したのも、ドレスデン銀行、すなわち実際はヴァルニッヒ個人にほかならなかった。[13] そのようなヴァルニッヒは自分がプーチンと知り合ったのは、プーチンがペテルブルク市の第一副市長になったあとの一九九〇年代のことだった。こう主張してやまない。だが、プーチン反対派や欧米メディアは、ヴァルニッヒによるそのような弁明を一切信用していない。プーチン（KGB）とヴァルニッヒ（シュタージ）の関係はプーチンのドレスデン滞在時代に遡り、それが現在にいたる二人のあいだの密接な関係につながっている、と説く。[14] おそらく間違っていないだろう。

右の事実を裏書きする傍証がある。イレーヌ・ピーチの証言である。ピーチは、リュドミーラ夫人が心を許した殆んど唯一といってよいドイツ人女性である。彼女は、一九九六年当時モスクワのホテルに滞在中だったリュドミーラ夫人から一通のファクスを受けとった。そのファクス用紙から判断して、当時「（リュドミーラが）プーチンの東独時代の友人でドイツの大銀行の支配人らと同一のホテルに滞在していることが判った。

かれらは、プーチン一家がドレスデンで知り合い、今はモスクワに住んでいる人々である。その銀行の支配人はリュドミーラのリハビリ治療の旅行を組織した」[15]（傍点は引用者）。右は、ピーチが二〇〇一年にハンブルクで出版したドイツ語のメモワール（ロシア語訳は翌年にモスクワで刊行）のなかで記している事実である。この書物のタイトルは、『興味をそそる友情――私の女友達、リュドミーラ・プーチナ、彼女の家族、その他の同志たち』。プーチンが大統領に就任したあとの出版だったために、流石に具体的な人名は伏せられている。だが、クレムリノロジストにとり、右の文中の「ドイツの大銀行」がドレスデン銀行、その「支配人」がヴァルニッヒを指すことは、改めて説明を加えるまでもなく自明といわねばならない[16]。

別の機会に、右の事実をピーチはさらに確認した。あるとき、リュドミーラが「自分たちは、西独の人間よりも東独の人間と話をするほうが気楽に感じる」と語ったので、ピーチはなぜかとたずねた。すると、リュドミーラは、「わたしたちは同じシステムで育ちましたし、ボロージャにいたっては同じ〝会社〟で働いていたからです」[17]と説明した。「それは一体どういう意味？」とピーチがしらばくれて突っ込むと、リュドミーラはうっかり口をすべらしたという。「一九八〇年代ドレスデンで、ボロージャはＫＧＢ、マチアス（・ヴァルニッヒ）はシュタージの一員として、一緒に働いていた同僚だったのです」[18]。

ドレスデンでのプーチンにとり次の重要任務は、東独で「コンタクト」（接触）もしくは「エージェント」を発掘する仕事だった。これは、一般的にいって、海外駐在中のＫＧＢ要員たちにあたえられる最重要業務のひとつだったといえよう。プーチンは、当時ドレスデンの各大学に留学中の外国人学生のなかから情報を提供してくれそうな人間を「リクルート」する役目を担当した。プーチンが標的にしたのは、次の条件を満たす大学生だった。本国に帰ると、エリート・クラスの家庭に戻り、将来重要な役職につく可能性がある子弟たち。現在でこそたとえばドレスデン工科大学で勉学中の身ではあっても、母国に戻ったあと引続いて「インフォーマント」（情報提供者）として役立ちそうな者。ところが思いがけず、東ドイツ政府が突如崩壊し、東西ドイツは統一されることになった。そのために、プーチンがリクルートしていた学生たちの多くが当局によって逮捕されるばかりでなく、折角のネットワークが壊滅状態になる憂き目にすら遭遇した。一例を挙げると、レイナー・M。彼は、南米からの留学生で、プーチンがほとんど家族同様につき合っていた優秀かつ便利な「コンタクト」のひとりだったのだが、そのようなプーチンの努力は実を結ばなかった。

プーチンが担当した任務の第三は、西独駐留中の米軍動静を探ること。これもまた、東独勤務中のチェキストたちに課せられた重要な使命のひとつだった。この作業を遂行するためには、東独ばかりでなく、西独の市民すらをも「インフォーマント」としてフルに活用することが必要になる。というのも、プーチンらロシア人チェキストたちには、米国基地へのアクセスの道が閉ざされていたからだった。そこで、かれらは以下のように奇妙なロジックを用いて、西独市民に近づこうと試みた。もし米軍が西独の軍事基地を閉鎖するばあいには、おそらくそれと交換の形でロシア軍も己の基地を閉鎖し、撤退することになるだろう。だから、もし西独市民としてロシア軍の撤退を本心から欲するのならば、それを可能にする前提条件としての米軍基地の動静についての情報をロシア側に率先して提供すべき筋合ではないか、と。このような屁理屈、その他によって、結局二〇名くらいの西独市民がリクルートされたという。かれらにたいする報酬は約五〇マルクだった。

二度も昇進

プーチンは、東独市民を「インフォーマント」にする作業にかなりの程度成功した模様である。そのひとつの理由は、容易に信じられないことであるとはいえ、当時次のように考えた東独市民が数少なくなかったからだった。「社会主義の優等生」を任じる強権的なホーネッカー体制下の東ドイツに留まりつづけるよりも、いっそ思い切ってソ連へ移住する道を選んだほうが、自分にとって何らかの将来性が開ける可能性があるかもしれない。というのも、ソ連は急速に変わりつつある。何でもゴルバチョフという大改革者が現れ、ペレストロイカというスローガンを掲げて信じられないほどの斬新な政策を採りはじめたという。そのように激変しつつあるソ連に協力し、あわよくばソ連へ移住させてもらう。そのほうが、停滞する東独に住みつづけるよりもまだしも展望らしいものが得られるのではなかろうか。

以上のような勧誘方法がはたして十分な説得力をもったのか、否か。また、プーチン自身が、じっさいそのような理屈を用いたのか、否か。このことを別にして、ウソリツェフは記す。「新人のリクルートに奮闘努力せよ。この種の命令によって、われわれは恐ろしいまでの圧力をかけられていた。だが、この任務に成功するたびごとに、われわれが昇進するチャンスも増えた」。この関連で、プーチン自身が公式伝記『第一人者から』のなかで語っていることを思い起こすことは、プーチンなる人物や能力を知るうえで、われわれにとり極めて興味深く、かつ有意義なことだろう。すなわち、プーチンがこの種のリクルート作業の名手だったことである。この事実を裏書きすると解釈できる発言を、彼自身がおこなっている。いわく、「(東ドイツで)私は、二度も昇進した。それはひじょうに大きな昇進であり、私の上にはトップの管理職である上司がいるだけになった」[19]。

最後に、いわゆる「ライトビーム（光線）」作戦にたいするプーチンの関わり合いについても、是非一言する必要があろう。同作戦は、エーリッヒ・ホーネッカー国家評議会議長をはじめ東独の政治指導部それ自体にたいして、東独駐在のKGBが実施していた秘密の盗聴、監視、誘導などの工作活動を指す。たとえばホーネッカー議長がおこなったすべての演説は、KGBがマイクロフォンに仕掛けていた盗聴器によって即座にクレムリンへと伝達される仕組みになっていた。〈まず、味方から疑え〉をモットーとするチェキストにとり、これはとうぜん至極の仕事だった。

ドイツ民主共和国の国内情勢は、ソ連邦にとり死活の重要事項である。このことについては、改めてのべるまでもない。しかもホーネッカーは、時としてソ連側からみて完全には賛同しえない独自の言動をしめす政治家でもあった。たとえば一九八五年、四十年前の第二次世界終結時にドレスデン空爆に参加した英米諸国のパイロットたちを、同議長は、ドレスデンの修復・新装なったオペラ劇場「ゼンパ・オーパー」のこけら落とし式典に招待した。たしかに戦時中、英米諸国はソ連の同盟国だったかもしれない。だがその後、事態は完全なまでに変わったはずではないか。冷戦続行中の今日、東独はソ連陣営に属し、英米諸国と真っ向から敵対する関係にある。憤慨したクレムリン指導部は、増々疑いの目でホーネッカー政権を眺めるようになった。同政権が実は徐々にソ連離れをもくろんでいるのではないか。このような疑念すら抱いたのである[20]。

右のような意図をもつ「ライトビーム」作戦に、自分はまったく参加していなかった。『第一人者から』で、プーチンはこう主張する。だが、当時プーチンは在ドレスデン・ソ連領事館勤務のチェキストの一員であった。そのような彼だけが「ライトビーム」作戦から外されていた。こう考えるのは、あまりにも不自然である。じっさい、ウソリツェフもまた、プーチンが同作戦に関与していたと記している。『第一人者から』が飽くまで公式伝記に過ぎず、われわれがその記述を額面通り真に受けてはならない一例だといえよう。

プーチンのパーソナリティー

プーチンがドレスデンでどのような諜報活動に従事していたのか？ このことを知るために、ウソリツェフの書物は右に紹介したような貴重な情報を提供してくれている。だがそればかりではない。プーチンが一体どのようなパーソナリティーの持ち主であるのか？ この件についても、同書はかなりの紙幅を割いて説明している。もとより、それらの記述を全面的に信用するわけにはいかないが、参考になる点も少なくない。同書でウソリツェフは、職場の同僚であり、同一アパートの住人だったプーチンにかんして、自分の「目を通じて」得たり、抱いたりした感想を、かなり率直に記してくれているからである。

プーチンのパーソナリティーは、けっして単純なものではない。まず一言で要約すると、これがウソリツェフの一般的な結論のようである。そうのべたうえで、しかしながら、彼は自著の随処で大胆な判断もくだしている。尤も残念ながら、ウソリツェフはやや断定的な結論を記しているだけで、その判断根拠まで読者に納得ゆく形で詳細に記しているわけではない。『同僚』が飽くまで職場や住居をともにして得られた感想を断片的に記した回想録であり、本格的なプーチン論を目指した書物ではないからである。それはともかくとして、プーチンの人柄を気質、性格、生活態度などに分け、それぞれについてウソリツェフなりの見方を紹介してみよう。

人間の気質は、有名なヒポクラテスの分類に従うと、四種類に分けられる。胆汁質、粘液質、多血質、憂うつ質である。ウソリツェフによれば、プーチンの気質はこれら四タイプのどれに属するとも断定しえず、四類型のすべてが同時に混在する複合体であるという。[21] ウソリツェフの観察は、このようにやや常識的で物足りない。尤もそれは、プーチンの気質を単一タイプに決めつけがちな見方にたいする警告としては有益だろうが。次に、もし人間を楽観主義者《オプチミスト》と悲観主義者《ペシミスト》の二つに分類するばあい、ウソリツェフはプーチンを「間違いなく楽観主義者」に属するという。尤も、楽観主義者といっても、プーチンは若者たちに往々にして見られがちな能天気な楽観主義者なのではない。あくまで「四囲の状況を正しく評価したうえでの」「地に足をつけた」「大人」の楽天主義である。[22]

第三に、プーチンは個人主義者か、それとも集団主義者かと問われるならば、彼は個人主義者である。ウソリツェフは、こう答える。[23] 最後に、プーチンは理想主義者、現実主義者、どちらのタイプの人間なのか。こうたずねられれば、ウソリツェフは間違いなく現実主義者であるという。[24] プーチンは、ゴーゴリの『死せる魂』やニコライ・シチェドリンの諷刺小説をとくに好んで読んでいた。ウソリツェフは、こうも付け加えている。[25]

「小さいボロージャ」の気質や性格などについて右のような一般的論を語ったあとで、ウソリツェフはとくに次の二つの点でプーチンを秀れた人物であるとみなしている。一は、プーチンの自己制御《セルフコントロール》能力。ウソリツェフはいう。「プーチンは必要とあれば己の感情をけっして表わさないで、それを意志力で押え込む傾向をしめした」[26]。「自制心はスパイ心理の最も本質的な要素であり、政治家においても同様に重要な資質である」[27]。「ボロージャのこの種の能力は、最高レベルのものだった」[28]。この点にかんするウソリツェフの観察は、マリーナ・エンタルツェフのプーチン観にぴったり合致する。エンタルツェフ女史は、一九九一年から九六年にかけての約五年間ペテルブルク市役所の秘書としてプーチンのごく身近で働いていた女性である。エンタルツェフはのべた。「実際の彼（プーチン）はひじょうにエモーショナルな人間なのです。だが、必要とあらば、彼は自分の感情を隠すことができるのです[29]」。

二は、失敗から学ぶ能力。ウソリツェフによれば、プーチンは「物事が巧く運ばないばあいにも、けっして首吊り自殺をするためのロープを探すような愚かな行為に走ろうとしない[30]」タイプの人間である。その代わりに、彼は、「敗北から未来への教訓を引き出して、新しい段階に立ち向かおうとする[31]」。この点は、プーチンがドレスデンで経験せねばならなかったソ連「東欧圏」の解体など様々の挫折や試練などから、彼が立ち直った（？）経緯を考えるうえでも、大いに参考になる指摘のように思われる。

プーチンの能力や魅力

プーチンはその後ロシア大統領ポストに昇りつめ、今や誰一人彼にたいして批判めいた言辞をのべえない準独裁者である。ウソリツェフが、自著執筆当時このような立場にあったプーチンの長所を賞めそやしているのは当然といえよう。だが他方、ウソリツェフはかなり反骨心に富んだ人物であるようにも見受けられる。かつて海外でオフィスを共用していた五歳も若い「小さいボロージャ」。そのような人物が帰国後しばらくしてロシア政治のナンバー1の地位に就いた——。この事実にたいして、ウソリツェフは内心ひじょうに複雑な気持ちを抱いているにちがいない。そのような微妙な思いのゆえか、ウソリツェフは同書でプーチンが「実に要領のよい人物だった」など、忌憚ない感想も記している。そのような率直なコメントを、一、二紹介しよう。

ウソリツェフは、たとえばプーチンのドイツ語が完璧というのは「神話」であると主張する。たしかに「ボロージャはドイツ語を自由に話すことはできた。だが、若干の方言を話すことができるほどドイツ語を完全にマスターしていたというのは、メディアによってつくられた神話とみなすべきだろう」[32]。尤も、プーチン自身は「ドレスデンに赴任した当初はドイツ語を巧くしゃべれなかった」[33]事実を、正直に認め、告白さえしている。「(東独赴任から)二、三、四カ月が経ったあとに、私は(はじめて)自信を得た。(だから、人々は)理想をいえば、現地の職場では自信をもって勤務できるように前もって十分準備する必要があろう」[34]、と。

次に、ウソリツェフは、プーチンがロシアの最高政治権力者の地位に出世したのは飽くまで「偶然の産物」[35]だったとみなす彼の持論を、自著のなかで展開している。デリケートな話題なので、彼の言葉をそのまま紹介して読者諸賢にその微妙なニュアンスを感じとっていただくことにしよう。ウソリツェフによれば、プーチンの大統領就任は「人類史上初めてといってよいまでの事態の信じがたい展開の結果」[36]だった。「私はその善し悪しを判断しえないが、歴史上このようなことが起こった例は本当に稀である」[37]。「われわれはこれまでのロシア史上で数々の傑出した人物が出現するのをみてきた。かれらは一見ほとんど偶然誕生したかのようにみえても、実はそれなりの理由があったのだが……」[38]。ウソリツェフはこれ以上の筆を差し控え、プーチンのケース自体について一言もコメントしていない。だが、彼が言わんとするところは十分行間に表わされているように読みとれる。つまり、プーチン大統領の誕生はかならずしも必然的なことではなく、ひとえに「偶然の産物」に過ぎなかった。これこそが、ウソリツェフが言いたいことなのだろう。

では、プーチンは唯たんにラッキーなだけの人物だったのか？　プーチンの側に己が恵まれた僥倖を積極的に摑み、それを生かそうとする資質や努力はまったくなかったのか？　この問いにかんしては、ウソリツェフは「ダー（イエス）、それはあった」と答え、大胆に自分なりの仮説を提示する。つまり、それは、プーチンがエリツィン大統領にたいして持ち、かつ行使した個人的な魅力《チャーム》だった、と。いわく、「ボリス・ニコラエビッチ（・エリツィン）の周囲にうごめいていた潜在的な競争仲間のなかで、プーチンは次の一点にかんしては明らかに他の誰よりも上まわっていた。すなわち、彼独特の個性である。プーチンは、とりわけ世代を超えて他人を惹きつける不思議な魅力を持っていた。そのような魅力を駆使したプーチンにたいして、流石海千山千の世故に長《た》けたはずの初代大統領（＝エリツィン）ですらもころりと参ってしまったのだ」[39]。端的にいえば、プーチンは、類い稀な「人誑《たら》しの名人」である。私が「第8章　人誑し」の箇所で詳しく展開する予定のプーチンの才能について、ウソリツェフは十分気づいていたのである。

西側世界を知る

ドレスデン勤務は、プーチンの思想や人生観に一体にどのような影響をおよぼしたのか？　次に、この問題を考えてみよう。四年半におよぶ東独滞在は、その後のプーチンにとり少なくとも二つの意味で重要な役割をはたした。ひとつめは、プーチンがドイツ語に磨きをかけるとともに、ドイツ贔屓《びいき》になったこと。プーチンは、いわゆる「ゲルマニスト」（ドイツ語で飯を食う人間、ドイツ屋）といってよいだろう。彼がゲルマニストになったことは、大統領となったあと、ゲルハルト・シュレーダー・ドイツ首相（当時）とのあいだで兄弟にも近い親密な個人的関係をつくりあげることにも大いに貢献したように思われる[40]。プーチン大統領は、ドイツのメルケル首相とも頻繁に電話その他で話し合っている様子である。その理由は、元来東独出身の同首相がロシア語を自由に操ることにも求められるだろうが、ロシア大統領がドイツ語を流暢に話すことが両人間の意志疎通に貢献しているように思われる。

さらに重要なことがある。それは、プーチンがたんにドイツ語ができるドイツ屋になったのみならず、もっと深い意味での「ゲルマニスト」、すなわちドイツ的な思考や行動様式が顕著な人物になったことである。ドイツ随一のロシア通のラールにいたっては、二〇〇一年出版のプーチン伝にずばり『ウラジーミル・プーチン――クレムリンにおける〝ドイツ人〟』[41]との題名をつけたくらいだった。ドイツ人は、スラブ民族に比べて能率を重視し、実務能力にことのほか秀でた民族である――。このような一般論が、仮に当てはまるとしよう。そのばあい、プーチンは大いにドイツ人的な性格ないし側面をもつロシア人。このようにみるラールの見解は、正鵠を射たものといえるかもしれない。[42]じっさい、プーチン自身もあるとき語ったという。「私は二つの性格をもっており、そのうちのひとつはドイツ的性格である」[43]、と。

ドレスデンでの四年半の勤務がプーチンにあたえたにちがいない、もうひとつの影響がある。それは、若き日のプーチンがドレスデン滞在中に「限られた窓」を通してとはいえ、西側世界を垣間見る機会をもったことである。繰り返すようであるが、たしかにドレスデンは先進資本主義国の都市でなく、社会主義国、東ドイツの一地方都市に過ぎなかった。しかしそれでも、ソ連邦から一歩も出たことのないプーチンにとって、すべてが物珍しい外部世界の一部であることには変わりがなかった。西ベルリンからのテレビ放送は、「壁」を越えて東ベルリン、ドレスデンにまで届いており、チェキストとしてのプーチンにとりそれを観ることは職務上の義務でさえあった。プーチンは、「壁」越しにたんに西ベルリンを眺めるばかりでなく、外交特権を利用して西ベルリンの土地を踏むことすら可能だった。[44]

これらの経験を通じて、プーチン青年は、西側諸国の豊かな文明生活をまざまざと目の当たりにしたにちがいない。逆に、東側諸国における経済的な発展の遅れ、物質的な貧しさを、さぞかし厭というほど痛感させられたことだろう(45)。東ドイツでの物質生活の水準は、もちろんロシアでのそれに比べはるかに上だった。当時プーチン夫人だったリュドミーラはこのことを率直に認め、次のように語っている。「東ドイツの商品は豊富でした。西ドイツほどではありませんでしたが、おそらくすべてがロシアに比べて豊かでした(46)」。プーチン一家は、東独政府によってロシアのＫＧＢ職員とその家族に割り当てられた賄い付きの共同宿舎で暮らしていた。プーチンの給料は原則としてルーブルで支払われたが、その一部はドイツマルクや米ドルなどの外貨の形でも支給された。リュドミーラ夫人はのべる。ドレスデン在勤時代に「経済的に節約につとめて、貯めたお金で、わたしたちはロシア帰国後に国産車『ボルガ』を購入しました(47)」。

だからといって、しかし、けっして次のように誤解してはならない。つまり、プーチンが西側諸国における資本主義の強さや自由主義経済の長所を正しく学びとった、と。プーチンはＫＧＢ職員であるがゆえに、他のソ連人には許可されない次のような特権を有していたことは、たしかな事実である。たとえば当時一般のソ連人にたいして禁書だったソルジェニーツィン、サハロフら反体制知識人執筆の小説、その他の文書などに、プーチンらのチェキストたちは職務権限を利用し、アクセスすることができた。また、西側諸国へ出入りして諜報《インテリジェンス》活動に従事するとともに、自由主義世界や資本主義経済の「害毒」をみずから味わってみることすら許されていた。余談ながら、そのような諸特権を享受したがゆえに、チェキストのなかには、ソ連邦崩壊後、他人の目には一見信じがたい大転換をおこなう者が現れたのも、故なしとしなかった。たとえば、民主主義を標榜する人権活動家へと転向したり、企業経営に大成功し、新興財閥への転身をとげたりするなどである。後者の例は、ミハイル・プロホロフ、アレクサンドル・レベジェフなど、枚挙に暇がない。

そのような例外は存在するものの、一般的にいうと、チェキストたちによる欧米の民主主義や市場経済の理解の程度は、大概のばあい表面的、皮相なレベルにとどまるケースが多かった。最も普通にみられたのは、西側の諸制度のなかから己にとり都合の良い部分だけを採り入れ、逆に都合の悪い部分は「ロシアの民族、伝統、文化」になじまないなどとの理屈をつけて斬り捨てる。つまり、「選択的なつまみ喰い」の手法が多かった。自由主義の精神や市場経済の原理をそのルーツにまで遡って正確に理解し、それをロシアで実践しようとするオーソドックスあるいは殊勝な姿勢や態度などは、ほとんど見受けられなかった。

右にのべたことは、プーチンにかんしてもほぼそっくりそのまま当てはまる。KGB、とりわけモスクワでのアンドロポフ赤旗諜報研究所による訓練、ドレスデンでの勤務、ペテルブルクでの仕事――。これらを通じて、彼は徐々に西側世界についての己のイメージや考え方を形成していった。別の言い方をすれば、彼は、自己の人生観、世界観、己の信条体系の形成をけっして系統的、包括的なやり方にもとづいておこなったわけではなかった。その時々に自分がおかれた「状況」のなかでそれらを断片的、アトランダムに形成した。かならずしも計画的、組織的にではなく、いわば成り行きまかせの「つぎはぎだらけのパッチワーク方式で」[48]おこなったのだった。

ロシア国内での「精神改革」

ともあれ、ドレスデン勤務はこのようにしてプーチンに主として二方向で影響をあたえた、と要約できるだろう。一方において、プーチンはドイツ語に磨きをかけゲルマニストになると同時に、ソ連／ロシア以外の外部世界があることを身をもって実感した。一応これら二つを、ポジティブな経験とみなすことにしよう。

ところが他方、ドレスデン滞在はプーチンにネガティブな方向でも作用した。少なくとも以下の二点においてそうだった。一は、彼が国外にいて、ゴルバチョフの「ペレストロイカ」を身をもって体験しなかったこと。二は、東ドイツをはじめ東欧「衛星」諸国が次々に民衆反乱を起こし、体制崩壊を導く様子を、彼が目の当たりにしたこと。順次、説明しよう。

プーチンは、四年半にわたってドレスデンに滞在した。正確にいうと、一九八五年八月から九〇年一〜二月までの時期だった。これは、ちょうどゴルバチョフがソ連国内でペレストロイカ（立て直し）を唱え、かつその政策を——少なくとも部分的には——果敢に実施に移そうとした時期に当たった。ミハイル・ゴルバチョフは、八五年三月に政権の座につき、それから約六年後の一九九一年八月に発生したクーデター未遂事件を機に辞職した。丁度この期間中にプーチンは海外勤務を命じられ、ソ連国内に丁度居合わせなかったことになる。端的にいえば、プーチンは、ペレストロイカ、グラスノスチ、新思考によって惹き起された変革の嵐がロシア中を吹き荒れる様子を、ロシア国内に居て体験しなかった数少ない人間なのである。

その代わりに、プーチンは、ソ連国内におけるこれらの「実験」もしくは実践が隣接諸国におよぼしたインパクトのほうを自分の目で確認した。ペレストロイカの「行き過ぎ」（？）の結果、ベルリンの壁が壊れ、ソ連が東欧圏を一挙に喪ってしまう。プーチンは、この悲痛な体験を出先の東独で味わうことになったロシア人のひとりになった。このような皮肉な巡り合わせは、プーチンの人生観や思想形成にとりさぞかし甚大なる意味をおよぼしたにちがいない。私がそう考える理由について、言葉を足してやや詳しく説明することにしよう。

たとえば、グラスノスチ（情報公開）政策。ゴルバチョフが一九八〇年代後半に唱道したこの政策は、ロシア国内で一部知識人や若者たちによって熱狂的に迎えられた。サクワ教授の言葉を借りると、とりわけ「一九八八―八九年はロシアでグラスノスチが最高潮を迎えたルネッサンス期であった」[49]。このような大転換、そしてそれが惹き起した興奮は、当時国内にいたロシア人のあいだで語り草になって伝えられている。たとえばレオン・アロンの文章が、その典型といえよう。アロンは、八〇年代後半のソ連で発生した変化を「精神革命」[50]と名づけて、自著でその実態を以下のように紹介する。書物の主タイトルは『神殿へ至る道』、副題は「ロシア革命形成過程（一九八七〜九一年）の真実、思い出、アイディア、理念」[51]。そこで書かれていることは、おそらく米国移住前のアロン自身のソ連での実体験によって裏づけられているものだと想像される。

ゴルバチョフがはじめたペレストロイカやグラスノスチ政策のお蔭で、まず、ソビエト政権によって長らくの間禁書とされ、サミズダート（地下出版物）形式でしか読めなかった作品が、次々に陽の目をみることになった。たとえば次のような小説が、そうである。ミハイル・ブルガーコフの『巨匠とマルガリータ』、ボリス・パステルナークの『ドクトル・ジバゴ』。アレクサンドル・ソルジェニーツィンの『イワン・デニーソヴィチの一日』や『収容所群島』ですら、解禁になった。スターリン体制の悪を批判したことが明らかに分るグルジア映画、『懺悔』さえも、ソ連国民は観ることが可能になった。文藝作品分野での信じられないまでの自由化である。

グラスノスチの波に乗り、「新聞・雑誌ブーム」[52]が到来した。それは、一言でいって壮観としか評しようのない活況ぶりであった。主要な日刊紙、週刊誌、月刊誌は、軒並みにその販売部数を急増させた。ひょっとして桁数が間違っているのではないかとさえ疑わせるくらいの急伸ぶりだった。たとえば『論拠と事実』は二〇四五万部へと約一〇倍、『文学新聞』は一〇一三万部へと約二倍、『コムソモールスカヤ・プラウダ』

は一一四六万部へと二〇％近くも、従来の販売部数を増大させた。週刊誌『モスコフスキー・ノーボスチ』も二五万部へと増大し、発売日（毎水曜日）の朝になると、五時から新聞キオスクに人々が長蛇の列をつくるようになった。同紙のオフィスはモスクワ中央のプーシキン広場横にあり、その建物の前には掲載記事について議論しようとする人々が蝟集する風景が常時みられるようになった。

雑誌部門では、『アガニョーク（灯）』が見事な変身をとげ、発売部数を数十万部から何と三五〇万部へと増加させた。とりわけ人気を博したのは、同誌のコラム「読者からの手紙」欄だった。この場を用いて、読者たちほとんどあらゆるテーマをめぐって自由な討論をおこなうことができるようになったからである。同コラムへ送られてくる手紙の数は、年を追うごとに増加した。たとえば一九八六年には一万五三七二通だったが、八七年になると四万六一九通、八八年には一一万二八四二通になった。『アガニョーク』誌自体は闇市場で、定価に五〇ルーブルのプレミアム料金を上乗せしても飛ぶように売れるようになった。当時のソ連で定年退職者が毎月に受け取る年金額が八〇ルーブルだったことから判断して、同誌の人気のすさまじさがうかがえるだろう。

ペレストロイカの局外者

ソ連国内でこのようなペレストロイカ、グラスノスチの嵐が吹きまくっているときに、プーチンは一体どこで何をしていたのか。改めてこの問いを提起せねばならない。プーチンはまるで島流しに遭ったかのごとく、母国ソ連での激変をほとんど体験しえないエア・ポケット、ドイツ民主共和国で暮らしていた。つまり、ゴルバチョフが実施したペレストロイカをはじめとする諸「改革」によって自国ソ連でまさに「精神革命」

が発生中だったちょうどそのときに、プーチンは海外在勤中であり、物理的、地理的な観点からいってほとんど局外者の立場におかれていたのである。在東独・ソ連領事館のオフィスで、東ドイツの官製新聞を読むのを主要業務として、日々を過ごしていた。この「革命」の恩恵に良くも悪しくもさして浴さない、ペレストロイカ、グラスノスチの圏外に身をおいていた。この意味でプーチンは、まさにヒル＆ガディがいうように「アウトサイダー」[53]以外の何者でもなかった。

序でながら、このような観点からみて、プーチンとドミートリイ・メドベージェフとのあいだには大きな差異があった。メドベージェフにとっては、一九八五年から九〇年代はじめにかけての五年間は、丁度二十〜二十四歳で、レニングラード国立大学の学生および院生の時期に当たっていた。それは、多感かつ重要な思想形成期だった。メドベージェフは、ゴルバチョフがはじめたペレストロイカ、グラスノスチの恩恵を受け、まさにその息吹きを謳歌した世代に属する。こういって、差し支えなかろう。

このような体験の違いは、その後これら二人の指導者が採った政策の差異にも関係してくるのではないか。ヒル＆ガディは、そのように説く。つまり、二〇〇八年に大統領に就任したとき、メドベージェフはいわばゴルバチョフ流「ペレストロイカ」の新しいバージョンを採用しようとした。こう言えなくはなかろう。それとは対照的に、プーチンは明らかに「ゴルバチョフ主義」を真っ向から否定しないまでも、それを少なくとも大幅に修正しようと試みて、今日に至っている。クレムリン・ウオッチャーのなかには、プーチノクラシーとはゴルバチョフ主義の「アンチ・テーゼ」以外の何物でもないと断言する者すらいる。これはやや極端な見方かもしれない。だが、ゴルバチョフが唱道した[54]「ペレストロイカ」(*перестройка*) 路線にたいして、プーチンが唱えた改革路線を「ドストロイカ」(*достройка*) と名づける者がいて、不思議ではないのである。

当時ソ連ロシア国内で起こった諸変化を強調しようとして、ブレスラウアー教授は次のように卓抜な譬え話をおこなう。「モスクワにいる一人の男が一九八五、八六年頃に何らかの理由で眠りに落ちた。そして、彼は一九九二、九三年頃になって初めて目を覚ました。こう仮定しよう。するとその男は、自分が眠っていたあいだにモスクワで発生していた諸変化をまったく理解できなかったにちがいあるまい[55]」。実は同教授は、プーチンが登場する以前の時期にプーチンのことをまったく念頭におかずに、右の文章を書いた。それにもかかわらず、私にはブレスラウアー教授の譬え話がまさにプーチンにぴったりと当てはまるように思われてならないのである。つまり、アービングが『スケッチブック』で描いたリップ・バン・ウィンクル、もしくは日本のお伽話の浦島太郎が経験したような状況や心境――。これらに似たようなことが、四年半ドレスデンに滞在したあとロシアに帰国したプーチンにも或る程度まで当てはまるのではなかろうか。

体制崩壊を目撃

プーチンはペレストロイカ、グラスノスチ、新思考外交の完全なアウトサイダーだった。厳密には、しかしながら、このように断定するのはかならずしも正しくないだろう。少なくとも以下のべるような皮肉な意味で、そうとは断言しえないのである。というのも、プーチンは、彼がまさしく東ドイツに駐在していたがゆえに、ゴルバチョフ「改革」が惹き起した海外でのとばっちりをモロにこうむる羽目に遭ったからである。つまり、プーチンは、まず、ペレストロイカ、グラスノスチ、新思考外交などゴルバチョフが遂行した一連の行き過ぎ（?）によって東ヨーロッパに巻き起こった激変を、目の当たりにすることになった。結果として、プーチンはまるで追われるかのようにドレスデンを去り、ほうほうの体で故郷ペテルブルクへ帰国せねばならない羽目になった。このような意味で、プーチンはゴルバチョフがはじめた諸改革の影響を明らかにこうむった。そのことによって、プーチンの人生コースは少なくとも大きく変わってくることにもなった。これらをもって、ドレスデン滞在がプーチンの生活や人生観にあたえたネガティブなインパクトとみなすことができるかもしれない。この点についてもう少し説明して、本章を終えることにしよう。

東ドイツは、かつて「社会主義」の優等生を自認する国だった。それにもかかわらず一九八九年、あれよあれよというちに一連の出来事がまるで数珠繋ぎのように生起するのを止めえなかった。すなわち、「ベルリンの壁」の崩壊。ホーネッカー体制の瓦解。西独による東独の事実上の吸収・合併。それればかりでは済まなかった。東独政権の解体がひとつのきっかけとなって、東・中欧の「衛星国」はまるで将棋倒しのように次から次へと「社会主義」体制を終焉させ、ソ連支配の手からこぼれ落ちていった。当時在ドレスデン・ソ連領事館に勤務中のプーチンは、否が応でもこの歴史的な激変をみずからの目で目撃せねばならない窮地に追い込まれた。プーチンは、『第一人者から』のなかでインタビュアーの質問に答えて、次のように語っている。(56) まず、彼自身は「東ドイツでこのような突然変化が発生することを前もって到底予想しえなかった」。つまり、「東独の群集が国家保安省の建物を急襲し、その内部も破壊し尽くしたうえに」、「プーチンたちが勤務しているビルも取り囲みはじめる」といった事態である。

おそらく何十年間に一度起こるか、起こらないかのような国際政治上の大地殻変動。これは、当然、プーチンの人生観や政治にたいする考え方に決定的に重要な影響をおよぼしたにちがいない。思い切って大胆に要約すると、それはプーチンに以下の教訓をあたえたといえるだろう。

第一の教訓は、特定のイデオロギー、政治・経済体制、ましてや政治指導者を信用することが厳に禁物であること。[57] こういったものは、危機に直面するとアッという間に変質するばかりか、もろく崩壊してしまう。共産主義イデオロギー、それにもとづいて形成されていた東独型社会主義、そしてホーネッカー個人の運命が、このことを実証している。このようなイデオロギー、体制、指導者を東ドイツに押しつけ、支援していたのは、ほかならぬソ連邦のはずだった。ところが、それらが次々に崩壊してゆく事態が発生したにもかかわらず、クレムリン当局はそれを傍観するだけで、何ら有効な対応措置を講じる動きをしめさなかった。その不甲斐なさを、プーチン自身は『第一人者から』で次のように糾弾する。「ソ連邦（自身）が病んでいた。それは権力の麻痺という癒しがたい病だった」。[58] プーチンにとり最大のショックだったのは、ソ連が何らの救済策を打つこともなく、「すべてを手放して（東ドイツをはじめ東ヨーロッパから）立ち去ったことだった」。[59] プーチンは記す。私が何事にもまして悔しかったのは、その無為無策の結果として「ソ連がヨーロッパにおける地位を一挙に失ってしまったこと」だった。

革命嫌悪主義者へ

右のレッスンに関連してプーチンがほとんど必然的に引き出した第二の教訓は、以下のことだった。この世の中には、結局のところ、自分以外に頼るべきものは何もない。他人が造り出した思想、制度、そして何よりも他人それ自体を信用したり、ましてや結びついたり、依存したりするのは厳に禁物である。つまり、終生不変の忠誠など決して誓ってはならぬ。何人、そして何事にも深くコミットすることなく、むしろ可能なかぎりアウトサイダーの立場を保つ。どのような状況にあっても、抜け道だけは開けておく。変転自在の可能性を残しておく。このことが、無難、安全、そして肝要な処世訓なのである、[60] と。

プーチンは、では、何事にたいしても一切シニカルな態度を持し、消極的な姿勢を貫こうとするのか。逆にこう問われるならば、かならずしもそうだと断定し切れない。敢えて挙げるならば、たとえば「強力な国家」の構築は、プーチンにとって最も重要な概念であり存在である。なぜならば、「強力な国家」とは、プーチン流の定義によれば、特定のイデオロギー、制度、個人に依拠しないで、つまりそれらの変化によって影響をこうむらない類いの存在と観念されているからである。もしも東ドイツがそのようなタイプの国家を確立さえしていたならば、おそらくホーネッカー体制もあのように無様な形で脆く崩壊することはなかったろう。ソ連邦の解体についても、ほぼ同様のことがいえるにちがいない。これがプーチンの思いだったのだろう。

ともあれ、失意の傷を抱いて母国に帰国したプーチンは、今度は一九九一年十二月にソ連邦それ自体の解体を身をもって体験せねばならない羽目になった。彼自身が「二十世紀における地政学上の大惨事《カタストロフィー》」[61]と名づける事件にほかならない。このようにしてプーチンは、奇しくも東独とソ連邦における二つの体制の崩壊を目撃した数少ないロシア人になった。この個人的体験は、その後のプーチンに何らの影響もおよぼさなかったと想定するのは、プーチンをあまりにも鈍感な人間とみることになろう。いや、むしろそれは彼の思想形成上重要な転換点になった。このようにすら、われわれは解釈すべきであろう。

たとえば、プーチンはベルリンの壁、東独、ソ連邦の崩壊を見て、次のようなレッスンを汲みとったにちがいなかった。それをもって、プーチンがベルリンの壁の崩壊やホーネッカー体制の瓦解から学んだ第三の教訓とみなしてもよいだろう。つまり、物事を変えなければならないばあいでも、それを短時間で劇的におこなうのは望ましくない。つまり、物事は「革命的」なやり方でなく、是非とも「漸進的」な方法で変えてゆくべきだろう。プーチンを個人的に知る元クレムリン高官のひとりは、英『ガーディアン』紙のモスクワ特派員、シャウン・ウォーカーに向かって洩らしたという。「プーチンは保守的な人間です。ラジカルな決定をくだすことは、彼が好むスタイルではありません[62]」。

ここでちょっと脱線すると、右のような教えを学んだせいか、プーチンの仕事の進め方の特徴は実に慎重かつ辛抱強いそれであるように思われる。その点で、前任者エリツィン大統領が——少なくともその政権初期において——性急な態度をあらわにし、部下を叱咤激励し、国民を震いあがらせながら、スピーディに物事を進めてゆこうとした、それとは対照的なやり方といえる。プーチンは、ひとつの課題を解決するために、実に長い時間をかけて忍耐強く臨む。さきにふれた気に染まない部下の更迭法は、その一例といえよう。ロシアの政治ジャーナリストのスベトラーナ・ババエワは、プーチンのこのような習性について次のように記す。「プーチンが決定をくだすのは、ずっとあとの時間になってから、人々がすっかりそのことを忘れているときのことが多い[63]」、と。このような意味では、米国のロシア政治ウオッチャーのひとり、ダール・R・ハースプリング（カンサス州立大学教授）の言葉は、プーチンの執務スタイルについて的確な見方をしているといえるかもしれない。「プーチンは〝兎型〟でなく、〝亀型〟の人間である[64]」。

本来の文脈に戻る。サクワ教授は記す。「プーチンは、二つの体制（東独とソ連邦）が崩れていくのを目の当たりにして、まず革命一般にたいする恐怖感を抱き、次いでオレンジ革命にたいする己の嫌悪感を本物にした[65]」。これらの折のトラウマが原因となって、プーチンは「反革命主義者（*counter-revolutionary*）」とまでは名づけないにしても、少なくとも「革命嫌悪主義者（*anti-revolutionary*）[66]」（傍点はともに引用者）になった、と。そして、このような「下からの革命」にたいする恐怖感や嫌悪感にもとづいて、プーチンは固く決心するようになった。二〇〇〇年前後にグルジア、ウクライナなどで発生した「カラー革命」類似の事態が、自国ロシアで発生することをけっして許してはならない、と。じっさい、プーチン大統領は、二〇一四年十一月開催の安全保障会議の席上でのべた。「われわれは、一連のいわゆる〝カラー革命〟の波がもたらした悲劇的な結果を目の当たりにしている。(中略)われわれにとり、これは教訓であり、警告でもある。われわれは、ロシアでこのようなことがけっして起こらないようにするために必要なことすべてをおこなうことが義務づけられている」[67]。

以上すべてのことから、次のように結論すべきだろう。四年半にわたるドレスデン滞在がプーチンの政治哲学におよぼした影響は実に大きかった、と。

第5章
市役所

サプチャク市長とプーチン

リュドミーラ・ナルソワとクセニア・サプチャク

ペテルブルク市での五年間は、モスクワにおける大統領府での仕事に比べてさえ一層多くのものを私にあたえてくれた。

——プーチン(1)

プーチンこそは、みずからの私的利益を図るために公的な地位を利用した悪漢にほかならなかった。

——マリーナ・サリエ(2)

プーチンは、自分がビジネスマンたちをたやすく過度に信用しがちであることを反省した。

——アレクサンデル・ラール(3)

サンクト・ペテルブルク

サンクト・ペテルブルクは、ドイツ語で「聖ペテロの町」を意味する。ロシア人は、この街を拓いたピョートル大帝の英語綴りに従って、ペテルブルクを「ピーテル」という愛称で呼ぶ。[4] ピーテルに住んでいる人々は、「ピーテルツィ」と名づけられる。「ペテルブルクっ子」と訳してもよいかもしれない。東京生まれの人間を「江戸っ子」、京都育ちを「京都っ子」と呼ぶように。

東京に首都の座を譲ったあとも、京都こそは日本文化の中心と考えたがる京都人のように、ピーテルツィもことのほかモスクワにたいする対抗心が強い。次のような事情もこのことに影響をおよぼしているにちがいない。サンクト・ペテルブルク（以下、ペテルブルクと略称）は地理的にヨーロッパに近く、実際ピョートル大帝によって「ヨーロッパへの窓」として開かれた都邑だった。以来ロシアの奥座敷、モスクワに住いする人々に比べて、自分たちこそが、より一層西欧的で、より近代化志向だと考えがち。この点でも、京都人が伝統を大事にする一方、それだけでは世界の潮流に乗り遅れることを危惧してしばしば超モダンな発想をおこないがちな傾向に似かよっている。

ところが現実には、ペテルブルクはほとんどすべての分野でモスクワに敵わない。モスクワが圧倒的にナンバー1であり、ペテルブルクはナンバー2でしかないのだ。たとえば、経済力。プーチンがペテルブルク市役所対外経済委員会の議長をつとめていた一九九一〜九六年の時期を例にとって、両都市の経済力を比べてみよう。[5] ペテルブルクの域内総生産（GRP）はモスクワのわずか六〇％、国民一人あたりの所得はモスクワの三五％でしかなかった。逆に、ペテルブルクの失業率はモスクワに比べて二五％、外部への人口流出率は八六％も高かった。就業年齢層（男性）の自殺率も、モスクワに比べ七〇％も多かった。「ピーテルツィ」のモスクワにたいするライバル意識がたとえどのように高いものであるにせよ、ペテルブルクの経済的状態がこのような有様ではかれらは単に〈武士は食わねど高楊枝〉とうそぶいているわけにはゆかない。こうしてピーテルツィの心底には、ロシアの首都であるモスクワの住民にたいする拭いきれない劣等感が生まれる。

要するに、ピーテルツィには相互に矛盾する二側面が存在するのだ。一方において伝統重視、他方において進取の気性。一方においてモスクワにたいする優越感、他方において覆いがたいまでの劣等感。これら二つが同時存在する「分裂的パーソナリティー」現象がみられる。(6) プーチン個人のなかにもこのような傾向があると想定して、間違いなかろう。

プーチンは「ピーテルツィ」

それはともかく、プーチンは紛れもなく「ピーテルツィ」である。すなわち、彼はペテルブルクに生まれ、ペテルブルクで育ち、そこで学校教育（小・中、高、大学）を受け、そこで職に就いた。モスクワへ向かうまでの計四十三年間、彼はペテルブルクで暮らした。

何事につけ厳密を期したい者は、次のようにいうかもしれない。その四十三年のなかから、プーチンがペテルブルクを離れていた日数をさし引くべきである、と。たしかにプーチンは、その間モスクワで一年足らずの期間を過ごした。KGB就職者として、首都モスクワのアンドロポフ赤旗諜報研究所で特別の実習訓練を受けたからである。また、約四年半、海外で勤務していた。東独のドレスデン市に派遣され、同地のKGB支部で働いたからである。これら計五年半を差し引くにしても、プーチンは四十年に近い年月をペテルブルクで過ごしたことになる。本書執筆時点で、プーチン大統領は六十二歳。つまり、彼はこれまでの人生の約三分の二の時間をペテルブルクの空気を吸って生きた。

改めていうまでもなく、歴史において「if（もし……ならば）」の仮定は禁物である。とはいえ、ペテルブルク市役所でプーチンの上司だったアナトーリイ・サプチャク市長が、もしみずからの再選に成功していたとしたら、どうだったろう。おそらくプーチンのその後の運命は大きく変わっていたのではなかろうか。サプチャク市長の信任が厚く、彼の右腕として活躍中だったプーチンは、その後もペテルブルク市役所で働きつづけていたかもしれない。ついにはサプチャクの後継者として市長に就任することになり、ひょっとするとペテルブルク市から一歩も外へ出ることなく、みずからの人生を終える。いいかえれば、プーチンは首都モスクワへ移動したり、クレムリンで働いたりしなかった。したがってまた、ロシア大統領になるというチャンスにも巡り合わさなかった。結果として、ロシア、そして世界は今日のそれと大きく変わったものになった――。こう想像しても、おかしくなかったかもしれない。人生で偶然が演じる役割の大きさ、引いては運命の不思議さをつくづく痛感させられる。

右は、その後現実に起こったことをしばし忘れた、さして意味のない想像なのかもしれない。したがって、そのことについてはもうこれ以上問題にしないことにして、本章で私が検討したい課題は、こうである。もしわれわれがプーチンの思想や行動のルーツを真剣に知りたいと願うならば、ペテルブルク時代、すなわちプーチンがペテルブルクで過ごした約四十年間の分析が是非とも必要不可欠になる。たとえば、さきにふれたロシアの首都をモスクワに奪われて遺憾に思うピーテルツィの心境を、プーチン自身は一体どの程度まで共有しているのか。そのことのほかにも、プーチンが多感な青少年時代を送ったペテルブルク期の研究は、プーチノロジーを目指すわれわれにとって必須の作業だろう。

もとより、約四十年におよぶプーチンのペテルブルク滞在中に「プーチン主義」の土台がすべて形づくられたとみなすのは、言い過ぎだろう。プーチンがモスクワへ移り、ロシア連邦全体の総責任者となってから、彼が遂げた成長や変貌を軽視する過ちを冒すことになろう。だが他方、「ペテルブルク時代のプーチン」にふれることなくプーチニズム、プーチノクラシー、プーチノミックスについて語る――これもまた、大きな間違いになる。こう断言してすら差し支えない。ペテルブルクがプーチンのものの考え方や思想形成にあたえたであろう諸影響については、部分的とはいえすでに示唆したし、今後もまた本書の様々な箇所でふれることになるだろう。そういうわけで本章では、プーチンがドレスデンから帰国後に勤めたペテルブルク市役所での約五年間にわれわれの焦点を絞ることにする。そもそもチェキストとしてのプーチンが、一体どのようにして市役所にもぐり込むことができたのか？　彼はどのようにして、どのような職種の仕事にたずさわり、頭角を現すことになっていったのか？　役所で彼はどのような人脈を形成したのか？　同時に、市役所でどのような挫折を経験し、それらはその後のモスクワでの出世や経歴にどのような影響をあたえることになったのか？　主としてこれらの諸点を念頭において、プーチンのペテルブルク市役所時代を検討してみることにしよう。

チェキストと知りつつ採用

そもそもサプチャク市長は、なぜプーチンを己の部下として採用し、市役所内にポストをあたえることに決したのだろうか。サプチャクは、レニングラード市ソビエト執行委員会の議長だった。レニングラード（レーニンの町）とは、ボリシェビキ革命後のソビエト時代の呼称で、ソ連解体後の九一年九月からはサンクト・ペテルブルクへと呼び名は戻った。サプチャクの肩書きも、ペテルベルク市長へと変わった。周知のごとく、一九九一年八月にクーデター未遂事件が発生したとき、ボリス・エリツィンはモスクワ郊外から市内に入り、戦車のうえによじ登ってクーデター派の打倒を宣言し、指揮した。このときのいわばクーデター派vsエリツィン派との闘いで、サプチャクは迷うことなくエリツィン側にくみした。クーデター派は敗れ、サプチャクは以後民主改革派の旗手として令名を轟かせることになった。改革派内でエリツィンの有力後継候補者のひとりとみなされるまでの重要人物になった。

他方、プーチンは民主改革派にほど遠い距離にいる人間だった。少なくともそれまでの思想や経歴から判断して、そうみなされても致し方なかった。彼は、みずから志願してKGBに就職し、少なくとも大学卒業直後から数えるばあい十六年間もの長きにわたってチェキストとして働いてきた人間だった。当時のプーチンは、ドレスデンから帰国し、ペテルブルク国立大学副学長の対外関係補佐として働いていた。KGB関係者によってのみ占められるポストである。このことを知らぬ者は、ペテルブルグでおそらく一人もいなかったろう。[7] プーチンがチェキストであることを、もとよりサプチャク市長自身も十分承知していた。それにもかかわらず、市長はプーチンの面接に踏み切り、即座に彼の採用を決めた。そればかりでなく、同市長はプーチンを重宝し、みずからの片腕であるかのように厚遇した。じっさい、ほどなくプーチンを第一副市長に任命し、対外関係委員会の議長職も兼任させた。これらは、同市役所における文字通りナンバー2のポストにほかならなかった。

一方において、民主改革派の名声をほしいままにしていたサプチャク。他方におけるチェキスト出身者のプーチン。この二人の組合わせは通常ありえない、実に「奇妙なカップル」であるかのように映る。なぜ、このような不思議なコンビネーションが発生したのか？　これは、提起に値する問いである。

まず、公式的説明に耳を貸してみよう。プーチンの伝記『第一人者から』は、ペテルブルク市庁舎でおこなわれたサプチャク市長とプーチンとのあいだの面接の模様を、次のように記している。(8) サプチャク市長がプーチンにたいして、ほとんど即決の形で「月曜日から働きに来るように」と提案したとき、プーチンは市長に向かって正直に告白した。実は、自分は「KGB幹部」である、と。すると、サプチャク市長はしばらくのあいだ考えた（もしくは考える振りをした）あと、「それが一体何だ！」との言葉を発して、プーチン採用を考え直す気配を一切しめさなかった。

プーチンの公式伝記における右のくだりは、まったくの「作り話」(9)にほかならない。いいかえるならば、彼の公式伝記を書くためにプーチンにインタビューした者たちによってたずねられることが十分予想されえた質問にたいして、プーチンが前もって準備した「嘘」(10)である。ゲッセン女史はこのように説く。『第一人者から』の右に引用した部分を、ゲッセンが「作り話」もしくは「嘘」と断じたのは、とうぜん至極といえよう。というのも、プーチンがKGB要員であることは、少なくともペテルブルク大学関係者のあいだでは周知の事実だったからである。(11) そして、サプチャク市長自身もそのことを百も承知のうえでプーチンを面接し、彼を採用することを決めた。したがって、『第一人者から』の右のくだりは、サプチャク市長、プーチン、インタビュアーのすべての了解のもとになされた「お芝居」を、そのまま活字化にしたものに過ぎなかった。

プーチンは「より小さな悪」

プーチンは正真正銘のチェキストである。このことを熟知していたにもかかわらず、サプチャク市長は、では、なぜプーチンを雇うことに決めたか？　これは、興味ある問いだろう。

まず、この点についてサプチャク自身がのべた次の説明は、まったく説得性を欠いている。「第一に、彼(プーチン)はチェキストではなく、私の生徒である。第二に、彼はKGBで働いていたのではなくて、対外諜報活動に従事していた、つまり祖国に奉仕していた。(したがって、)彼には己の仕事を恥じる理由など一切ない[12]」。やや苦しい言い訳、いや白々しい弁明とすらいえよう。以下のようにのべるゲッセンらの説明法のほうが、はるかに強い説得力をもつ[13]。

サプチャクは、レニングラード国立大学教授から政治家に転進した人物だった。しかも、彼は民主派に属しており、種々様々な政敵に囲まれていた。これらの諸事情ゆえに、サプチャク市長は逆説的にさえ見える方策を講じねばならなかった。つまり、自分の周りに保守的な人物を配する必要である。加えて、己の安全を守るためには、KGBの助けすら借りねばならなかった。一言でいうと、〈毒をもって毒を制す[14]〉必要性である。

サプチャク市長が己の周囲にKGB関係の人間を配置せねばならないばあい、では、具体的にいって一体どのようなチェキストがサプチャクにとって「より少ない悪」になるのか。これが、次の問題になる。まず、KGB側が選定し派遣してくるような人間を、そのまま大人しく受入れるのは好ましくない。KGBの思う壺にはまる愚の骨頂だろう。それよりは、みずからの選択権をもっと積極的に行使すべきではないか。もしその人物がレニングラード国立大学時代の己の教え子であれば、言うことなし。いざというときには、ひょっとして自分を守ってくれるかもしれない。おそらくこのようなことを色々と思案した挙げ句の果てに、サプチャクはプーチンを選び、彼を採用することに決めたのだろう。以上すべての意味で、プーチンはサプチャクにとり一種の「妥協の産物」[15]以外の何物でもなかった。

サプチャク本人がプーチンを或る程度まで自発的に「選んだ」——。このように説く右の見解にたいしては強力な反論がなされ、その代わりに以下のような見方すら提出されている。つまり、プーチンは、まさしくサプチャクが選ばざるをえないような巧妙なやり方でKGBが予め準備し、同市長のもとへ送りこんできた人物にほかならない、と。たとえば、アンドルー・ジャックはこのようなうがった見方をする。ジャックは、英国の権威ある経済紙『フィナンシャル・タイムズ』のモスクワ支局長をつとめ、帰国後にバランスのとれたプーチン伝、『プーチンの内幕』(二〇〇四年刊)を書いた人物である。同書によると、プーチンは、KGBが前もって慎重に人選し、サプチャク市長に採用するよう仕向けた候補者にほかならなかった。[16]つまり、KGBのやり方はサプチャク市長の思惑を超える巧妙なもので、そのことを知らぬは市長ばかりなり。ジャックは、このようなことすら示唆している。

KGBのお目付役

右のようなジャックの見解を具体的に裏づけるかのようなエピソードを紹介しているのが、ゲッセンである。ゲッセンは、一九九一年にドイツへ亡命したセルゲイ・ベズルーコフが彼女とのインタビューで洩らした話を、自著で次のように披露する。[17]ベズルーコフによると、一九九〇年二月、KGBの高官のひとり、ユーリイ・ドロズドノフ少将がわざわざドレスデンまで出向いてきた。これは、プーチンが帰国後就くべき次の任務を、彼に直接伝えるための訪問にちがいなかった。そうでなければ、ドロズドノフのような高官がわざわざ東独まで足を延ばすはずはなかった。ドロズドノフ少将は、ＫＧＢで非合法の有能なスパイを数多く養成して鬼才と称された人物でもあったので、少なくともベズルーコフ自身はこのように解釈した。そして、プーチンが帰国後サプチャク市長下で働きはじめたとのニュースに接したとき、ベズルーコフは合点の手を打った。自分の推測がまさしく正解だったことを確認したからにほかならない。

このようなベズルーコフ情報を記しているゲッセンをもし信じるばあい、ＫＧＢは次のような筋書きを書いたことになろう。ＫＧＢは、サプチャク市長の内部に喰い込むエージェントが是非とも必要と考えた。なぜか。市長は、ロシアの民主改革派に属する有力な指導者であるばかりか、ポスト・エリツィン期の次期大統領の有力候補のひとりでさえあった。いいかえれば、ＫＧＢにとって要注意人物のひとりである。したがって、そのようなサプチャクの周辺には誰かを潜入させておくことが必要不可欠。このようにして、サプチャクを見張るエージェント役として、ＫＧＢはプーチンに白羽の矢を立てた。

ベズルーコフ＝ゲッセンは、さらに次のようにさえいう。プーチンが帰国後直ちに得た「(レニングラード国立) 大学副学長補佐のポストは一時的なつなぎの役目[18]」に過ぎなかった。さらにいうならば、次の最重要任務への移行をカムフラージュするための過渡期のポストだった、と。サプチャク市長とプーチンの結びつきは、ひとえにＫＧＢによる「陰謀」にもとづくと説く見解は、少なからぬ数のクレムリン・ウオッチャーたちによって支持されている。プーチンにかならずしも好意的な見方をするとはいえないヒル＆ガディはもちろんのこと[19]、ロシア一般に好意的なラールですら、そうだといえる[20]。

右に紹介したような「KGB陰謀説」が、一体どこまで信憑性をもつのか。残念ながら私は、その問いに答えるために必要十分な資料を未だ収集しえていない。ただし、少なくとも次のことだけはたしかな事実といえるのではなかろうか。つまり、プーチンは、KGBへ辞表を提出したあとも、予備役大佐としてKGBから給料を受け取っていた。ほかならぬプーチン自身が、『第一人者から』でこの事実を率直に認めている。「ペテルブルク市役所でつとめているあいだも、私(プーチン)はKGBから給与をもらいつづけていた。それは、市からもらう金額よりも多かった」[21]。もしそうだとすると、では、そのような金銭的報償にたいしてプーチン側からの見返りは一体何だったのか? プーチンは給料と引き換えの形でKGBのためになる、何らかの任務を遂行していた。より率直かつ具体的にいうならば、それはおそらくKGBへのサプチャク市長および市役所についての情報提供である。逆に、ペテルブルク市役所時代にプーチンはチェキストとしての仕事をまったくおこなっていなかった。このことを、証明することはむずかしい。

「灰色の枢機卿」

そのきっかけや本当の背後事由が何だったにせよ、ともかくプーチンはサプチャク市長によってペテルブルク市役所の職員として「採用」され、同市役所で働きはじめた。彼はたちまちのうちに頭角を現し、市長の「右腕」[22]とまで称されるようになった。ヴァレリイ・ムーヒンにいたっては、次のようにさえ証言する。ムーヒンは、法律専攻の元教授で、のちにプーチンと一緒に働くようになった人物である。「サプチャク氏は、プーチン氏からのインプットなしにはいかなる重要決定もくだそうとしなくなった」[23]。サプチャク市長とプーチンは、一体どのようにしてそのような緊密な関係をごく短期間のうちに築くようになったのか。これは、検討に値する興味ある問いといえよう。

サプチャクは、大学教授から転じて政治家になった人物。演説をさせたら天下一品だった。透徹した論理を華麗な修飾語を織り交ぜて展開する彼のスピーチは、聴衆を魅了して止やまなかった。だが残念ながら、サプチャクのスピーチは次のような諸特徴も帯びていた。昔ながらの大学での講義調。しゃべりっぱなしの一方通行。その内容にたいして、質疑や疑問の提出などを許さない見下ろした物の言い方。要するに、相互間の意思伝達を目的とするコミュニケーションとは評しがたい代物で、とうてい部下の共感や信服を克ちうる類いのものではなかった。加えて、サプチャク市長には困った傾向があった。彼が、日常のルーチン・ワークにさして興味をしめさなかったことである。その代わりに、彼が熱意をしめしたのは華やかな儀式やパーティーへの出席、なかんずく妻を伴って外国旅行に出かけることだった。

晴れの舞台でフットライトを浴びて主役を演じることを好む政治家は、是非ともその陰で地味な行政実務に従事し、彼を支える補佐官タイプの部下を必要とする。プーチンは、まさにそのような黒衣役に徹することを通じて、サプチャク市長にたいする忠誠心をしめすことになった。留守がちな市長に代わって、プーチンはペテルブルク市役所内で己の存在感を次第に増大させてゆくことに見事成功したのである。じっさい、プーチンはほどなく同市役所の「灰色の枢機卿[24]」と綽名されるまでに重要な役割を演じることになった。

プーチンが最初ペテルブルグ市役所に入ったとき、彼のポストはサプチャク市長の顧問という肩書きに過ぎなかった。だが彼は、一九九一年八月には対外関係委員会の議長、九二年初めからは同委員会議長も兼任する副市長、九四年三月からは第一副市長へと昇格した[25]。サプチャク市長下にはプーチンのほかに、二人の第一副市長がいた。ウラジーミル・ヤーコブレフとアレクセイ・クドリンである（しばらく後になって、ヴァレリイ・マルシェフも加わり、計四名になった)。ところが、サプチャク市長の外遊――彼はしばしばおこなった――中に市長代行役をつとめたのは、プーチンにほかならなかった。その意味で、プーチンは「第一副市長のなかでも筆頭格[26]」の扱いをうけていたことになる。

サプチャク市長が、外遊するさいには、プーチン第一副市長に文字通り白紙の委任状を手渡して出掛けることすら稀でなかった。プーチンは『第一人者から』のなかで、これをもって市長の己にたいする絶対的信頼をしめす証左だったといわんばかりに、自慢げに語る。「(サプチャク)市長は、外国訪問に出発する前に所定の仕事を終了しえなかったばあい、空白のペーパーを三枚用意した。その下部にあらかじめ自分のサインを記し、私(プーチン)にあとの必要なことを書き込むように命じて外国へ出かけて行った[27]」。

市役所でのプーチンの仕事は、次のような類いのものだった。ヤーコブレフ第一副市長が分かりやすくいうと市の伝統的な「古い」経済分野(すなわち、軍事産業)を受けもったのにたいして、プーチンは「新しい」タイプの経済を担当した[28]。「新しい」タイプの経済分野とは、民営化された諸領域でのビジネス活動、ロシアへの外国投資の呼び込み、欧米諸国の会社との合弁企業の立ち上げ……などなど。対外関係委員会議長兼第一副市長としてのプーチンは、数々の成果をあげた。たとえば、欧米資本主義諸国の企業や投資をペテルブルク市へ誘致してくる業務にかんしてである。彼の奮闘努力によって、コカコーラ、ジレット、パリ国立銀行など、世界的に有名なブランドネームをもつ有名諸企業が、ペテルブルク市へと進出してくるようになった[29]。

ボディー・ランゲージの学習

ロシアは、今後積極的に西側の諸企業を誘致し、海外からの投資導入に努力しなければならない。ペテルブルク市役所の幹部ばかりでなく、クレムリンの首脳たちもまたこう痛感したのだろう。かれらは、一九九一年、アラン・ピーズをロシアへ招聘した。[30] ピーズとは、一体どのような人物なのか？ オーストラリア人で、プーチンと同じく一九五二年の生まれ。父親を見習って生命保険会社の営業セールスマンを志した。早くも第一年目の二十一歳のときに年間一〇〇万ドル以上の契約をとることに成功し、業界最年少記録を樹立した。ピーズの顧客リストには、ＩＢＭ、マクドナルド、ＢＢＣ、マツダ、スズキなどの世界の超一流企業が名をつらねている。

人間のコミュニケーション（意思疎通）は、その約三五〜四五％だけが言葉を通じておこなわれ、残りの約六五〜五五％は言語以外の手段、たとえばボディー・ランゲージによって伝達される――。これこそは、ピーズがセールスの極意として信じている理論の根幹だった。[31] ボディー・ランゲージとは、直訳すると身体言語。すなわち、身振り、手振りなどの身体の動き《ジェスチャー》を交えておこなう意志伝達法を指す。たしかに、無声映画時代のチャールズ・チャップリン主演の映画などを観ると、人間は言葉を用いなくとも、身体の動き、その他の非言語手段を駆使することによって意思疎通が十分可能であることが判る。[32] 日本の俗謡もいう、〈人を殺すのに弓矢はいらぬ、糸屋の娘は眼で殺す〉。

セールス成功の秘密をボディー・ランゲージの駆使に求め、それを図解で説明したピーズの著作は、九週間以上にもわたってベストセラー第一位を独占する話題の書になった。同書は、ずばり主題が「ボディー・

ランゲージ」、副題は「人間のジェスチャーからその思想を読みとる方法」と名づけられていた。以来、ピーズ本人には「ミスター・ボディー・ランゲージ」のニックネームが奉られ、世界各地から講演依頼が殺到するようになった。

ピーズはロシア政府によっても公式招待をうけ、一九九一年、ロシア各地で講演会やセミナーの講師をつとめた。ペテルブルク市役所では、サプチャク市長、プーチン第一副市長を含む計七名の幹部にたいしてピーズ秘伝のボディー・ランゲージ法を教授した。このときの講演会での感想を、ピーズは後年次のように率直に語っている。「受講者の七名全員が拳銃を身に帯びており、粗野で、厳しい印象を与えた。私は内心すっかり怖くなり、興奮しないようにするのにひと苦労した(33)」。

ともあれ、ピーズは、かれら七名に向かい欧米諸国の商業セールスマンがどのようにして対話者を説得し、契約締結のゴールへと導いてゆくのかについて熱弁をふるい、その極意を伝授しようとした。一例をあげると、対話中次のようなジェスチャーや非言語表現法(声、アイコンタクト、動作など)を用いると相手方を説得するのに極めて有効であるとして、ピーズはのべた。「たとえば、対話者の眼をみつめる。できれば自分の頭を少し斜めに傾けて、時には相手の話に相槌を打つことも肝要だろう。両手の拳はけっして握りしめてはいけない。つねに開き気味の状態に保つ。時としては、両手の指を合わせ、尖塔の形をつくる。東洋の仏徒が分掌するようなポーズである。逆に、腕をふり回して雄弁をふるうのはかならずしも有効ではない(34)」。

ピーズが何よりも力説したのは、高飛車な態度をとったり、上から目線で相手を言いくるめようと試みたりしてはならぬこと。要するに「攻撃的《アグレッシィブ》なジェスチャーは、厳に禁物」。ピーズは、そのようなソビエト・スタイル(35)の例としてフルシチョフ第一書記の国連演説を挙げた。フルシチョフは自分の靴を脱ぎ、それで壇上の机を叩きながら、自説の正しさを力説しようとしたが、まったく逆効果に終った。ソビエトの最高指導者は野蛮人との印象を強化することに役立っただけだった。[36]

プーチンだけが実践

ピーズは、ペテルブルク市役所で催された右の会合に出席していたプーチンのことをよく憶えており、次のように語っている。「プーチンが入ってくると、部屋全体がシーンと静かになった。彼がKGB勤務者であることを、全員が承知していたからだろう。私にもそのことが直ぐ判った」[37]。「プーチンはひじょうに賢く、優秀な生徒」[38]。これが、ピーズの印象兼感想だった。プーチンは、ピーズが研修会で教えることを正しく理解したばかりでなく、以後みずから実践している稀な生徒である。というのも、その後のプーチンは己が伝えたいメッセージの約六〇〜八〇%をボディー・ランゲージの手法を用いて伝えようと努めている。伝道師であるピーズにはこのことがハッキリと判るからである。[39]

ピーズによれば、プーチンはたとえばジョージ・W・ブッシュJr.大統領にたいして、ピーズの教えを実行に移した。プーチン大統領は、二〇〇一年六月十六日、リュブリヤーナ（スロベニアの首都）でブッシュ大統領と初めて顔を合わせた。この初回の首脳会談の席上で、ロシア大統領は何と両手を尖塔の形で組み合わせたというのである。ブッシュ大統領といえば、それまでチェキスト出身のプーチンを毛嫌いするあまり、みずからの就任以来何と六カ月もの長きにわたってロシア大統領との面会を拒否しつづけていたことで有名な人物ではなかったか。ところが、である。米大統領は何と初対面のプーチン大統領によってたちまち籠絡されてしまったのだ。リュブリヤーナ会合の終了時にブッシュ大統領が次の台詞を吐いたことは、あまりにもよく知られている。「私は、この男（プーチン）の眼をじっと見た。（すると）彼が実にストレートで、信頼に足る人物であることが判った。私は、彼の魂を感じることができたのである」(40)。ピーズも、このエピソードを自慢げに語っている。無理からぬといえよう。

プーチンは、ピーズのレッスンを忠実に実践中である。こうに思わせる、もうひとつのエピソードを紹介しよう。日本外務省のOB、山本重信氏の報告である。山本氏は、かつて在ペテルブルク日本総領事館の総領事をつとめ、サプチャク市長やプーチン副市長と顔見知りの仲になった。ちなみにプーチンは、大統領になる以前の無名のペテルブルク副市長時代の一九九五年、日本外務省の客として日本に招待されているが、おそらく山本氏らの推薦によるものなのであろう。山本氏をはじめとする日本外務省の炯眼ぶりに感服せざるをえない(41)。東京空港で出迎えた外務省（正確にいえば、その外郭団体である「国際交流サービス協会」）のガイド役によって「日本ではどこに行きたいか」と訊かれたとき、プーチン副市長はすかさず「講道館」と答えたという。本論に戻ると、そのような山本氏は自身の回顧文のなかで書いている。「プーチン氏は小柄な体格で、短足の日本人には親しみ易く、御本人も合気道や柔道をしているためか、内心では日本人は親近感を持っていたのではなかろうか(42)」。まずこのような感想をのべたあと、山本氏は記す。「（プーチン氏は）童顔に含羞《がんしゅう》の表情を浮かべ、こちらの目を真っ直ぐに見て好意のこもった握手をしてくれる人であった(43)」（傍点は引用者）。

ちなみに、ピーズは、二〇一三年十一月にロシアを再訪問した。第一回目の訪ロ以来、四分の一世紀近くの時間が経過していた。その間にロシア社会に生じた大きな変化をみて、ピーズは惜しみない賞讃の言葉をのべた。だが一方、プーチン個人に見られる不変化の側面については次のように厳しいコメントをおこなうことをいささかも躊躇しなかった。プーチンは「ソビエトの顔(44)」をもちつづけており、それが紛れもなく「ミスター・プーチンの特徴[45]」になっている、と。

食糧スキャンダル

ペテルブルク市役所における五年間のプーチンの業務はかならずしも綺麗ごとばかりだったわけではない。物事には表と裏がある。あるいは、行き過ぎや弊害も生まれる。「職務上止むをえなかった」。たとえばこう弁解するだけではすまされない汚職行為に、プーチンが手を染めた嫌疑すら濃厚だったといわねばならない。そのようなスキャンダルや汚職の噂のなかから、ここではいわゆる食糧輸入をめぐるスキャンダル事件を採り上げ、以下説明することにしよう[46]。

エリツィン政権期にエゴール・ガイダル副首相（のちに第一首相）が音頭をとって推進した経済改革は、「ショック療法」と綽名される[47]。改革が、あまりにも性急かつ急進的なやり方で実施されたために、人々を仰天させたからである。経済理論の観点からは正しかったかもしれないが、ロシア国民大衆の側にはそのようなラジカルかつ急速な市場化を受け入れる気持の準備がまったくできていなかった。それにもかかわらず、突如上から紙一枚の指令で実行に移された経済改革策だった。その意味では、無謀きわまる試みだった。シェフツォーワ女史の比喩によれば、それは「実験室（ロシア）の社会学的、心理学的、政治学的な諸状況をいっさい考慮に入れることなく強行された実験だった[48]」。とりわけ価格の自由化政策によってルーブルの価値が一挙に下がり、当時のロシアはハイパー・インフレーションに見舞われた。経済は大混乱し、ロシア市民は物質的窮乏のどん底に投げ込まれ、飢餓にすら直面するようになった。

当時ロシアが直面した窮状について、辞職後しばらく経ってから出版した書物のなかで、ガイダル自身が次のように記している。「ロシアでは、ソ連邦崩壊前の時期から物質が欠乏していた。たとえば食肉、動物性、植物性の油脂、小麦粉、穀物類、野菜、果物、魚、砂糖、お茶、煙草……などなど。また、繊維製品、靴、子供用の衣服や教科書、建築用資材なども手に入らなかった」[49]。一九九〇年秋以降、ガイダルは登庁する車の窓から次のような光景を目撃した。「何百、何千といった数の人々が、食料品店の外で長蛇の行列をつくり、店舗の窓を叩き壊そうとさえしている」[50]。当時、ガイダルは極端な悲観論にさえ傾きかけた。「(われわれ指導者は)国を救うことはもはや不可能で、(たとえば)レニングラードでは反革命がはじまっているのではないかとの印象すらいだいた」[51]、と。

この未曾有の苦境を乗り越える一助として、モスクワの連邦政府は地方自治体にたいし思い切って大幅な自由裁量権をあたえることにした。たとえば、ロシアの天然資源を自由に販売し、得られた収入で海外から食糧を購入しても構わない。ペテルブルク市役所でこのような任務がまかせられたのは、対外関係委員会の議長をつとめる人物、すなわちプーチンだった。この作業を通じて、ペテルブルク市はロシアの原油、鉱物資源、木材、木綿、とりわけ非鉄金属を海外諸国に売却し、九二〇〇万ドル相当の外貨を入手したはずだった。ところが奇怪なことが起こった。その外貨分と引き換えに輸入されるべき肝心要の食糧が外国から市へ到着しなかったのである。結果として、ペテルブルク市民の飢えは癒されなかった。では、外貨収入は一体どこへ消えたのか。今日にいたるも、謎のままにとどまっている。

もとよりペテルブルク市議会は、この不正疑惑を調査するための委員会を立ち上げた。マリーナ・サリエ女史を長とする同委員会は、一九九二年、二十二頁からなる調査報告書を作成し、市議会に提出した[52]。同レポートは、プーチン第一副市長に職務執行上重大な不備もしくは疑惑があると結論し、彼の罷免を要求した[53]。

プーチンは、この食糧取引、その他の対外的交渉に際して受けとったリベートやキックバックを用いて、市内に個人マンションを購入した。メディアは、当時このような報道すらおこなった。だが、サプチャク市長は、サリエ報告書がおこなった勧告を無視し、プーチン第一副市長を罷免すべしとの要求も拒否した。そのことに不満を抱く市議会を解散する手立てにすら訴えようとした。だが、プーチンの個人的権力が増大するにつれて、プーチンにまつわるこの汚職スキャンダルは次第にうやむやとなってゆき、最後には雲散霧消してしまった。(54)

大統領就任直前に応じたインタビューで、ペテルブルク市役所時代に彼が遭遇した食糧スキャンダルを、プーチンは次のように軽くいなしたばかりか、その責任をむしろサリエ議員らに転嫁さえしようと試みた。「(このスキャンダルは) 私を馘《くび》にするようサプチャク市長に圧力をかけようとした議員たち(55)」の仕業だった、と。憤然としたサリエは、議員ポストを辞職した。以後の彼女は一時政治オルガナイザーとしてモスクワで活動した模様であるが、二〇〇〇年以後消息を絶ち、モスクワから車で十二時間もかかる寒村に住み、(56) 一二年三月二十一日に七十七歳で死去した。(57)

資源活用が重要

たしかに、「食糧スキャンダル」事件は、サプチャク市長による強引なまでのプーチン掩護射撃のお蔭でもみ消され、プーチンはことなきを得ることができた。しかしながら、この事件がプーチン個人におよぼした衝撃や影響は大きかった。(58) 同事件はプーチンのビジネスマンにたいする見方や態度を形成するのに測り知れないほど大きな役割を演じた。では、この「食糧スキャンダル」事件の経験は、一体どのような教訓をプーチンに与えたのだろうか？　以下、このことについて考えてみよう。

「食糧スキャンダル」事件を綿密に調査したサリエ議員によれば、プーチンこそは「みずからの私的利益を図るために公的な地位を利用した悪漢[59]」にほかならなかった。だが、ラールはプーチンを擁護する。ラールはすでに紹介したように、ドイツ切ってのロシア通であると同時に、プーチン政権にたいして批判的な態度を控えることで有名な親ロ派のロシア・ウオッチャー。案の定、ラールは、この「食糧スキャンダル」にかんしてもプーチンに好意的な見方をおこない、むしろプーチンを「騙《だま》したビジネスマンたち[60]」のほうが悪いとの責任転嫁すらおこなった。そうすることによって、ラールはわれわれの現文脈に関係する重要なポイントを提起する。つまり、米欧のビジネスマンたちを簡単に信用するのは、禁物――。これこそが、食糧スキャンダルの体験からプーチンが学んだレッスンにほかならなかった、と。ラールは書く。「プーチンは、食糧取引の失敗後、自分にはビジネスマンたちを『たやすく』『過度に信用する』傾向があることを大いに反省した[61]」。

〈ビジネスマンを容易に信用すべからず〉。プーチンが「食糧スキャンダル」事件から学んだ教訓は、これだけには止まらなかった。事件からプーチンが引きだした資源にかんするレッスンは、次の諸点だった。ヒル＆ガディはこう説いて、そのうえに立って大胆な仮説を提示しようとさえ試みる。[62]その骨子を、紹介する。

第一の教訓は、天然エネルギー資源の重要性を十分自覚すべきこと。ロシアは幸い、鉱物資源に恵まれた国である。したがって、もし食糧不足などの危機に遭遇するばあい、ロシアはみずからが潤沢に所有する資源と引き換えにする形で食糧など必要なものを入手することができる。そのような意味で、ロシアが持つ資源は、世界のどこでも通用する貴重な「外貨」なのである。だが、資源は唯所有しているだけでは、その真価を十二分に発揮しえない。たとえば民間企業の勝手な運営にゆだねるならば、折角の虎の子も無駄に売り渡されたり、消費されたりしてしまう惧れなきにしもあらず。右の第一から、第二の教訓が導かれる。すなわち、国家は天然エネルギー資源を単に所有するばかりでなく、それを直接管理することが望ましい。具体的にいうと、鉱物資源の所在を物理的にコントロールするばかりでなく、資源の採掘、移送、流通のルートを把握し、最終的な到着地まで見定めることが肝要である。

全体としては、次のような大胆な結論を導くことすら大きくは間違っていないかもしれない。プーチンがその後大統領に就任し、今日まで実施してきている「プーチノミックス」の中核部分、すなわちエネルギー資源に関する政策は、プーチンがペテルブルク市役所時代に遭遇した「食糧スキャンダル」の苦い経験にもとづくところが大きい、と。

市場経済について独特の理解

一般的にいってプーチンは、それまでも己の人生経験から数々の教訓を汲み取り、彼独特の考え方や行動指針を形づくってきた。たとえば少年時代からはじめた柔道を通じて、次のことを学んだ。みずからが身体的なハンディキャップをもつばあいにおいてすら、相手側の力を巧みに利用すれば勝利を収めうること。また、KGB教育を通じて、次の訓練も受けた。常に己と相手とのあいだにある「力の相関関係」をリアリスティックに測定し、それにもとづいて最も適切な行動をとることが肝要であること。また、ドレスデン勤務中には次のような経験も積んだ。情報を収集し、己のエージェントになりうる候補者を発見し、リクルートする技術の取得——。以上にプラスして、ペテルブルク市役所ではさらに貴重な経験が加わった。では、プーチンがペテルブルク市役所時代に得た教訓とは一体何だったのか？　「食糧スキャンダル」事件からプーチンがおそらく引きだしたであろう教訓自体についてはすでにのべた。それとの重複を厭わずに、視点を市役所勤務の五年間に拡大して、この問題を検討してみよう。

さきにもふれたように、一九九〇年代はじめにペテルブルクが食糧危機に直面したとき、プーチンは一九四一―四四年の独軍による「封鎖」の最中に彼の両親や兄が経験した食糧難に思いを馳せることもしばしばあったのではなかろうか。じっさい、初めて大統領に就任後におこなったある記者会見（二〇〇三年六月）で、プーチンはふだん滅多に言及しない自分の両親について語ったことがある。それは、次のような内容の話だった。彼の両親は「封鎖」のあとにも直面した食糧難に対処しようとして、ダーチャの家庭菜園でみずからが必死に働くばかりか、まだ幼かったプーチンにたいしても同様の労働を課した。「当時、私の両親は家庭菜園で朝から晩まで一生懸命に働いていた。そしてかれらは私にもそうするよう促した」[63]。

両親が巻き込まれ、そしてプーチン自身もまったく無関係だったとは言い切れなかったヒトラー・ドイツによる「封鎖」中ならびにその後につづく飢餓、そして自身が体験したペテルブルクの食糧難――。この体験からプーチンが汲みとった人生観は、単純明解なものだったといえよう。それは、一言でいうと自力救済の勧めである。この世の中には、自分を除いて恃《たの》みうるは何ひとつ、誰ひとり存在しない。いいかえれば、他人や他国を当てにし依存しようと考えるのは誤りであるばかりか、厳に禁物である。およそ他者の力を借りるようでは、真の独立を達成しえないからでもある。このことをロシアにあてはめると、ロシアの国家主権と独立を維持・確保するために、ロシアは唯たんに軍事力ばかりでなく、強力な軍事力を保障する物質的、経済的な基盤を備えることが必要不可欠事になる。

〈経済的土台（下部構造）を重視すべし〉。こう説く点で、プーチンはマルクス主義者であるといっても差し支えないだろう。大統領就任後の二〇〇六年五月におこなったロシアのマスメディア幹部たちとの会合で「（今回の閣下による）大統領教書講演のなかで最も重要な部分は何でしょうか」とたずねられたとき、プーチンはいとも簡単にこう答えた。「経済だ。経済がすべての基礎である。今日の世界で国家の力は、まず何よりも経済力で決まってくる。そのあとになってはじめて、社会状況、社会政策、防衛政策の諸問題が出てくる。これらすべてのものは、経済から派生するのだ。（中略）はじめにカール・マルクスありき。そのあとにフロイト、その他がつづくのである[64]」。

ペテルブルク市役所でのプーチンの役職は、第一副市長兼対外関係委員会議長だった。そのようなポジションのプーチンは、欧米諸国の実業家たちとのつき合いを通じて、どうやら彼独特の「資本主義」観を形成した様子である。それはまず、次のような考え方だった。この世の中では算盤をはじいて得か損かの観点から、物事を見る経済的な観点がひじょうに重要である[65]。プーチンの幼馴染み、ロルドゥーギンの観察はこのことを裏づけている。「ボロージャは、サプチャク市長のもとで働くようになってから、ずいぶん変わった[66]」。こうのべたあと、ロルドゥーギンは結論する。「彼（プーチン）は、プラグマチストになった[67]」。次に、先進資本主義体制を採る欧米諸国を見る独特の見方も身につけた模様である。すなわち、これら諸国を「ロシアの発展のための理想としてではなく、むしろ手段として[68]」眺める。さらにいうと、かれらの物質的な力をロシアの経済的発展に巧みに利用する術はないものか。自分の力でなく、相手の力を逆利用して相手を倒す柔道の極意にも通じる考え方とも言い換え得よう。

プーチンの市場経済それ自体についての認識について語るばあい、是非とも次のことを記しておく必要があろう。それは、彼の市場経済についての理解が結局のところ中途半端で、かつ自分勝手な程度や水準のものにとどまったことである。プーチンは、もちろん、ソビエト型の中央集権的計画経済がもはや時代遅れで、現代ではまったく機能しえないことを熟知していた。ところが他方、では、自由主義にもとづく市場経済が一体なぜ、かつどのような点で「社会主義」経済よりも秀れているのか。彼はこのことを進んで理解しようとはせずに、実際彼は十分な程度にまでは分っていなかった(69)。

ソビエト型経済が崩れたあとのペテルブルクで現出したのは、いわば「山賊的略奪方式(70)」の市場経済だった。つまり、プーチンが己の身辺で見聞した市場経済は、残念ながらかならずしも正真正銘の資本主義経済ではなかった。他人に先駆けて、抜け目なく立ち回る。もっぱら駆け引きを用いる。法規制すれすれの商行為をおこなう。いや、時としては法律の隙間をかいくぐるのも意に介することなく、貪欲なまでに利潤を飽くことなく追求する。このようなことすら自由に許されるのが、自由主義経済――。どうやらこのように浅薄ないしは間違った解釈にもとづいて、プーチンは市場経済をとらえがちだった。残念ながら、このような嫌疑が拭いがたい。いいかえるならば、次のように要約することも可能だろう。プーチンは、原則として「市場経済」の信奉者になる一方で、けっして「市場経済」下で働く諸力の正しい理解者とはならなかった。というのも、プーチンは、飽くまで国家が市場を管理すべしと考えるからである。丁度国家が政治を管理する必要があるという彼の持論と同一のロジックにもとづいている(71)。

安定化基金の功罪

他人や他国に依存するのは禁物。とりわけ経済分野において、そうである。プーチンによるこの基本的な考え方が如実にうかがわれる具体的な政策例をひとつ紹介しよう。それは、ロシアが欧米諸国にたいして負う借金を軽減させようとするプーチン＝クドリン・チームの努力である。たしかに、そのような努力が実を結んだのは、主としてプーチン政権が、ひとえに空前の国際的石油ブームと時期を同じくしたというラッキーな巡り合わせにもとづく。そのような側面を否定しえないにしても、もしプーチン政権側に是非ともそのようにせねばならぬという強い意図がなかったならば、たとえオイル・ブームの追い風に恵まれようとも、ロシアの借金は減少しなかったであろう。

それはともかくとして、プーチン政権はそもそもなぜそのような借金を減少させようともくろんだのか？　ソビエト末期ならびにソ連崩壊直後のロシアは、外国や国際的な経済機関に巨額の借金を負っていた。たとえば国際通貨基金（IMF）、世界銀行、そして先進欧米各国にたいしてである。そのために、ロシアは一九八〇年～九〇年代、西側諸国にたいする己の政治的な主張や要求の鉾先が心ならずもにぶってしまうケースを経験した。これは、望ましくない。一日も早くそうでない状態に復さねばならない。そうでないと、ロシア外交の独立など到底机上の空論にとどまってしまう。プーチンは、おそらくこう危惧したにちがいない。

幸いなことに、プーチンが大統領だった二〇〇〇年から〇八年の八年間は、原油の国際価格が右肩上がりに伸びる時期とぴったりと重なった。そのために、プーチン政権は、右に列挙したような西側主導下の国際経済機関にたいしてソ連／ロシアが長年にわたって負ってきた借金を、ほぼ完済するという経済的奇跡をなしとげることができた。このことだけに満足するに止まらず、プーチン大統領は、財政健全化政策を持論とするアレクセイ・クドリン財務相（当時）の意見を採用した。具体的にいうと、「安定化基金」や「国民福祉基金」などからなる外貨準備金制度をはじめたのである。[72] つまり、原油国際価格の上昇によってロシアが余分に入手するエネルギー関連の外貨収入をすべて費消してしまうのではなく、その一定額を基金の形で積み立て蓄積する。そのことによって、ロシアがたとえば一九九八年夏に見舞われたような金融危機に遭遇するときには、これらの基金をとりくずしてその損害を緩和する。これが、その目的だった。

そして、その狙いは見事功を奏した。二〇〇八年に米国発のリーマン・ショックがロシアに上陸したとき、ロシアがその被害を曲がりなりにも最小限に食い止めえたのは、まさにこれら外貨準備金制度のお蔭だったからである。このとき同基金がいわゆるショック・アブゾーバー（衝撃吸収装置）としての重要な役割を見事はたしたことを、プーチンはその後機会あるごとに自画自讃して止まない。たとえば彼のクレムリン復帰が決定したあとの二〇一二年四月十一日に下院宛てにおこなった演説で、プーチン首相（当時）はのべた。「二〇〇八―〇九年の（経済危機）の経験は、安定化基金や国民福祉基金といった安全弁のクッションをもつことの重要性を見事に実証した。貯金をすべて使い切ってしまうことはたやすい。というのも、カネはいくらあってもけっして十分ではないからだ。現代世界でこれらの基金を失うことは、危険きわまりない現実的な結果を導く[73]」。

プーチン首相は同じ演説のなかで、ロシアがギリシャの経済危機から教訓を汲み上げるべき必要があることを、次のように指摘した。「われわれは一体誰に援助を求めるのか？　たとえばギリシャは、ブリュッセル（「欧州連合」本部）に助けを求めた。ブリュッセルはギリシャにカネをあたえはしたが、それはもとより条件つきだった。ギリシャは一連の決定を受け入れざるをえず、そしてみずからの主権を失ってしまった[74]」。プーチン首相はつづける。「かれらは、われわれにたいしてもタフな条件をつけるにちがいない。二〇〇〇年にわれわれが一体どのような条件をつけられたことか。私は、今さら誰も驚かしたくないので、このことについて改めて語ろうとは思わない。ロシアは、特別なケースなのかもしれない。だが安定化基金なしには、われわれの危険度はひじょうに高いのだ」[75]。これらのプーチンの言葉や政策の背後には、経済的独立なしにロシアの政治的独立はありえないという彼の基本的な考え、いや信念が存在するといえよう。そしてこれをもって、プーチンがペテルブルク市役所時代に学んだ重要な教訓のひとつといえるかもしれない。

しかし、硬貨の表と裏同様に、何事にもほとんど常に、プラスとマイナスの両側面がある。外貨準備金制度についてすらこのことが或る程度まで当てはまることを、つけ加える必要があろう。つまり、安定化基金や国民福祉基金が存在していたお蔭で、ロシアは二〇〇八―〇九年の世界同時経済不況を辛うじて切り抜けることができた。おそらく、これはたしかだろう。ところがまさにそのことによって、ロシア経済その構造的な欠陥に徹底的なメスを入れ、自己改革をおこなう機会を失った。このことも、またたしかな事実だろう。

右にのべたことを証明する何よりの証拠がある。原油価格は、二〇一四年までにいったん〇八年夏以前の水準に復帰さえした。しかしながら、ロシアのGDP成長率は二度と元通りには回復しなかった事実である。たとえば、一三年は一・二%しか伸びなかった。なぜか。過大な資源依存体質のほかに、ロシア経済には数々の深刻な病弊が存在するからである。技術革新の遅れ、インフラストラクチャー（道路、鉄道、上下水道、電気・通信施設などの社会産業基盤）の不備、汚職の横行、資本の海外逃避は、その一例に過ぎない。つまり、二〇〇八―〇九年には、なまじ外貨準備金をとりくずすことによって、経済危機の最悪の局面を辛うじて切り抜けた。ところが、まさにそれが仇になって、指導部はロシア経済が必要としている構造改革へ大胆かつ勇敢に踏み込む決断を下すことに踏み切らなかったのだ。皮肉としか評しようがない。以上は、国民経済アカデミー学

長のウラジーミル・マウ博士ら「経済改革派」が、プーチン政権を批判する有力な論点のひとつになっている。(76)

再選キャンペーンでの敗北

最後に、プーチンのペテルブルク市役所勤務が五年で終了した事情について説明せねばならない。二、三のスキャンダル事件を一応別にすれば、ほとんど順風満帆といってよいペテルブルク時代に、なぜプーチンは幕を引かねばならなかったのか？　その理由は、単純である。彼のボスであり、しかもその人物の再選キャンペーンのためにプーチン自身が選挙対策本部長までつとめた当の候補、すなわちサプチャクが一九九六年六月の市長選で落選してしまったからであった。しかもサプチャクに取って代った新市長は、何とプーチン同様、サプチャク下で第一副市長をつとめていたヤーコブレフだった。このような結果を導いた市長選について、もう少し詳しく説明する必要があろう。

サプチャクは、さきにもふれたとおり、反共の立場を隠さない民主改革派の闘将だった。だがこれは、彼の思想や信条の次元でのことに過ぎなかった。サプチャクの実際の言動には、教授が学生に接するときにみられがちな傲慢な態度が抜け切れなかった。象牙の塔や権力の高みからのエリート主義もしくは権威主義の匂いが感じられることすら珍しくなかった。(77)　サプチャクは、要するに、「序章　人間」で説明した一つのタイプ、すなわち政治的にリベラルな「信条体系」と権威主義的「パーソナリティー」を併せもつ人物の典型例だったといえよう。おそらくそのようなコンビネーションにもとづく彼の言動が作用したのだろう、ペテルブルク市の有権者、市議会、そして彼のお膝元ないし牙城であるはずの市役所においてすら、サプチャク市長の人気はさほど高くなかった。いや、彼はそのような振る舞いや言動によって自身にたいする政敵や批判勢力の形成を助長させる雰囲気すらつくりだした。

一九九六年六月のペテルブルク市長選においてサプチャク現職市長の対抗馬として名乗りをあげたのは、ヤーコブレフ第一副市長だった。上司の対立候補として部下が立候補する。これは、ソビエト時代の「ノーメンクラツゥーラ（特権エリート階層）」の倫理コードからは到底あるまじき不遜な行為だった。ヤーコブレフは、一体なぜ、そのような大胆不敵な行動に出たのだろうか。この問いにたいしては、次のような説明法がなされている。[78] 有力説といえよう。

ロシアでは、九六年六月の大統領選が近づくにつれて、エリツィン大統領の心身の衰弱化が、外部世界にはひた隠しにしているものの、少なくとも「ファミリー」のあいだでも目にあまる程度のものとなった。「ファミリー」は、のちの第7章でのべるようにポスト・エリツィン期をゆだねる人物を探す動きをはじめた。そのような状況のなかで、エリツィン周辺に巣喰う「ファミリー」、とりわけその保守派の目には、サプチャク・ペテルブルク市長が危険な存在として映るようになった。保守派とは具体的にいうと、次の三人がその典型例だった。アレクサンドル・コルジャコフ大統領警備局長、オレグ・ソスコベッツ第一副首相、ミハイル・バルスコフ連邦保安庁（ＦＳＢ）長官。少なくともかれら三人は考えた。ペテルブルクは、モスクワに次ぐロシア第二の重要都市である。そのような地域が民主改革派の旗手、サプチャクの支配下におかれつづけることは、モスクワの保守派にとってもけっして好ましい状態ではない。しかも、もしサプチャクが市長再選に成功し、ペテルブルクで己の権力基盤をさらに固めるならば、どうであろう。彼はおそらく次のステップとしてロシア大統領選に立候補しようとする野心すら抱かないとも限らない。間違ってもそうならないように、サプチャク市長の野望や可能性をまだ萌芽のうちに摘みとっておくに越したことはない。

おそらくこのように考えたのであろう、コルジャコフ－ソスコベッツ－バルスコフの三人組《トロイカ》は、まずペテルブルク市長選でサプチャク再選を阻止することを必要不可欠とみなし、その課題遂行に全力を挙げることにした。では、対抗馬として一体誰をかつぎだすべきだろうか。プーチンやクドリンは、サプチャクに忠実過ぎるので、はじめから問題外である。消去法の結果、かれらはヤーコブレフ第一副市長に白羽の矢をたてた。他にもヤーコブレフ支持に回った有力政治家がいた。モスクワ市長のユーリイ・ルシコフである。ルシコフも、ポスト・エリツィン期のロシア大統領ポストを虎視眈々と狙っていた。自分が立候補するばあい、ひょっとするとペテルブルク市長のサプチャクは、ルシコフの野心達成の前途に立ちふさがる邪魔者のひとりになるかもしれない。ルシコフはこう懸念した。

プーチンは、このような厳しい状況下で現職市長サプチャクの選挙対策本部長をつとめることになった。ヤーコブレフ陣営にたいしてはモスクワ中央から潤沢な選挙資金が流れ込んできた。ところが、民主改革派のサプチャク陣営には期待したほどの寄付金が集まらなかった。プーチンは大企業へ日参したがさっぱり効果があがらないことに業を煮やして、中小企業を回ることにした。最終的には零細企業へとターゲットを絞って資金援助を乞うた。だが、プーチンはほとんど成功しなかった。ひとつには、肝心のサプチャク自身が大衆を見下ろすかのような態度を捨て切れず、寄付集めの会合にまめに姿を現す労すら惜しんだからだった。

案の定、ヤーコブレフはサプチャクを破って、当選を果した。ペテルブルク新市長に就任することに決まったとき、己の側近を通じてプーチンに副市長として残留しないかと打診してきたが、プーチンは拒否した。公式伝記『第一人者から』で、プーチンははっきりそう書いている。(79) ところが、ヤーコブレフ自身は、みずからがプーチンにたいしそのようなオファーをおこなったおぼえは一切ないとのべた。[80] 両人のうち、はたしてどちらが真実を語っているのか、藪の中である。もしヤーコブレフのほうが正しいばあい、プーチンは一体なぜそのような発言をしたのだろうか。自分の行政能力を高くみせかけようと欲したのか。それとも、サプチャク前市民にたいする己の忠誠心をことさら強調しようと欲したのか。

サプチャク再選キャンペーンにおいてプーチンが演じた役割については、不可解なことが二つある。ひとつは、プーチンの公式自伝『第一人者から』が、この選挙戦についてまったく紙幅を割いていないこと。〈敗軍の将は兵を語らず〉ということなのかもしれない。ふたつめは、この選挙戦の敗北から学んだにちがいない教訓についても、プーチンが一言もふれていないことである。したがって、これらの件については、われわれのほうで勝手に憶測する以外、方途が残されていない。ビジネスマンたちを動かし、ましてやかれらからカネを供出させるためには、かれらにたいし前もって恩義をあたえるだけではけっして十分ではない。かれらをして資金を出さざるをえないよう仕向ける効果的な挺子を、こちらがしっかり握っていることが、何よりも肝要——。これが、おそらくこの選挙戦の苦汁からプーチンが学んだ主な教訓だったのだろう。

市役所勤務の意義

ペテルブルク市役所勤務の五年間（一九九一〜九六）は、プーチンにとり東独のドレスデン勤務の四年半（一九八五〜九〇）に勝るとも劣らない重要な意味をもった。

まず、それまでのプーチンは物事を己の一存で決定するという経験をもたなかった。たとえば在東独・ドレスデンのソ連領事館勤務中プーチンはせいぜいナンバー2の身分でしかなかったために、完全な自由裁量権は認められていなかった。ところがペテルブルク市役所では、サプチャク市長によってプーチンにほとんどすべてのことが一任された。ということは、「今や、私（プーチン）自身が決定を下さねばならず[81]」、プーチンの権限が大きくなる一方、責任も重大になった。

しかも、プーチンは、第一副市長としてさきにのべたように「新しいタイプの経済分野」を担当した。プーチンがそのような職種に従事し、成果を挙げることを助けてくれるマニュアルなど一切存在しなかった。加えて、彼は対外関係委員会議長のポストを兼任しており、欧米諸国からの投資先を見つけてくるという前人未踏の職務もみずからこなさねばならなかった。このための手引書もあるはずはなかった。それにもかかわらず、プーチンは、何としても実績をあげねば面目がたたない立場に身をおいていた。これらの意味で、大統領になったときプーチンが述懐してのべた次の言葉は、かならずしも誇張とはみなしえないだろう。「ペテルブルク市での五年間は（のちの）モスクワにおける大統領府での仕事に比べてさえ一層多くのものを私にあたえてくれた[82]」。「その後大統領に就任してからの私しか知らない人々は、私がペテルブルクで（必死に）働いた（合計）七年間（原文どおり）のことをすっかり忘れている[83]」。

第6章

盗　作

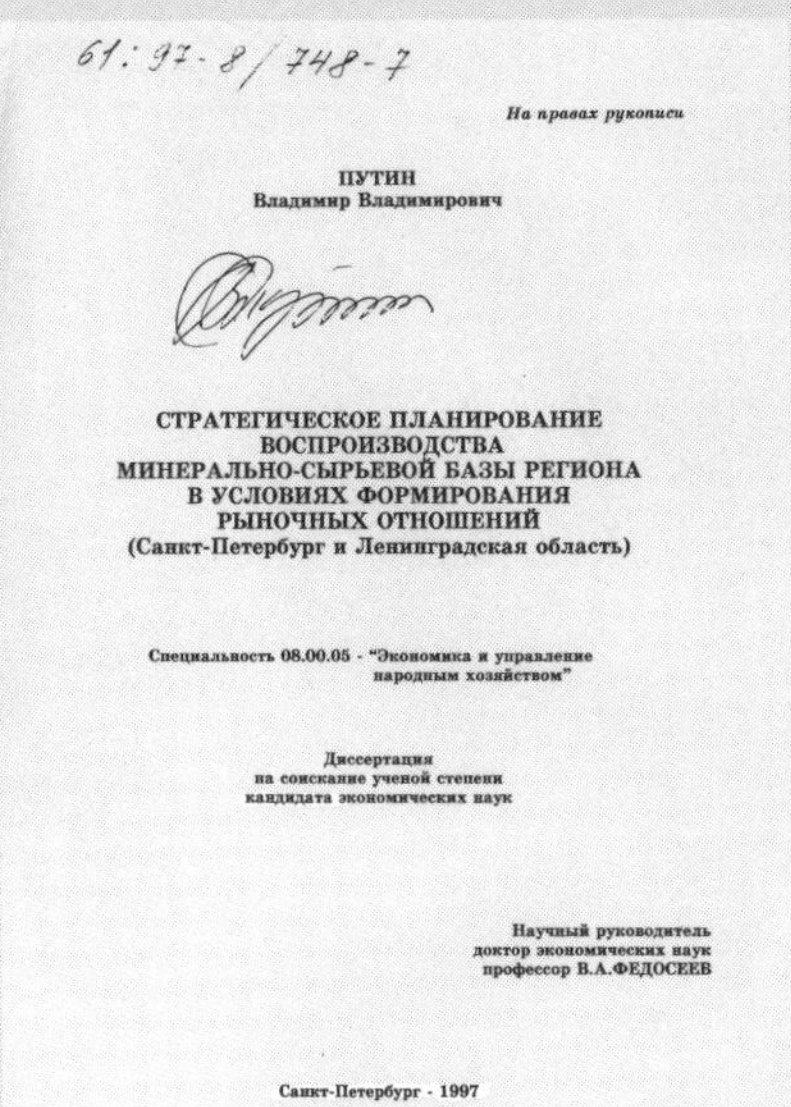

61: 97-8/748-7

На правах рукописи

ПУТИН
Владимир Владимирович

СТРАТЕГИЧЕСКОЕ ПЛАНИРОВАНИЕ
ВОСПРОИЗВОДСТВА
МИНЕРАЛЬНО-СЫРЬЕВОЙ БАЗЫ РЕГИОНА
В УСЛОВИЯХ ФОРМИРОВАНИЯ
РЫНОЧНЫХ ОТНОШЕНИЙ
(Санкт-Петербург и Ленинградская область)

Специальность 08.00.05 - "Экономика и управление
народным хозяйством"

Диссертация
на соискание ученой степени
кандидата экономических наук

Научный руководитель
доктор экономических наук
профессор В.А.ФЕДОСЕЕВ

Санкт-Петербург - 1997

プーチンの準博士論文（表紙）

盗作された米国経営学者の書物
（英語版の表紙）

彼が独力で論文を仕上げたことに、私はいささかの疑念も抱いていません。

——ウラジーミル・リトビネンコ(1)

ロシアでは、著名な政治家の学位取得など本気で信じる者はいませんよ。

——袴田茂樹(2)

私ですら、ロシア大統領になれるのかもしれませんね。

——ウィリアム・R・キング(3)

カンディダートの称号を受ける

いつの日か、「カンディダート（準博士）」の学位を獲得したい。できれば、母校のレニングラード国立大学（LGU）法学部に論文を提出することによって――。これは、プーチン青年が大学卒業以来一貫して抱いていた夢だった。じっさいペテルブルグに帰ったあと、プーチンはごく短いあいだだったとはいえ、学位論文の準備に取りかかった模様である。公式伝記『第一人者から』で、本人自身が次のように語る。「私は、レニングラード国立大学で論文を書きはじめた。指導教官としては、国際法の権威のひとり、ヴァレリイ・アブラモビッチ・ムーシン先生を考えた。私は、国際司法のテーマを選び、作業計画書をつくりはじめた[4]」。だが残念ながら、母校LGUから博士号を得たいというプーチンの希望は適わなかった。おそらく生計を立てるために就職したペテルブルク市役所の仕事が多忙をきわめたためであろう。十分理解でき、斟酌できる事情である。

ところが、驚くべきことが起こった。それは、このような繁忙かつ大変な激務のかたわら、プーチンがサンクト・ペテルブルク鉱山大学のパートタイムの院生になったらしいことだった。尤も、彼は同大学の講義やセミナーに一度も出席しなかったといわれているが。[5] さらに驚くべきことがある。それは、プーチンが一九九七年六月に同大学宛てに準博士論文を提出し、経済学の「カンディダート」称号を得たことだった。今度プーチンが選んだ分野は法律学でなく、経済学もしくは経営学であった。論文のタイトルは、「市場関係形成の状況下における地域の鉱物・原料資源的基礎の再生産の戦略的計画[6]」（二一八頁）。論文骨子は、二年後の九九年に「ロシア経済の発展戦略における鉱物資源（サンクト・ペテルブルクとレニングラード州）」（一一頁）

という表題《タイトル》で活字にさえなった(7)。

ロシアの「カンディダート」は、欧米学界での博士《ドクター》(Ph・D)よりはランクが低く、博士と修士《マスター》(M・A)のほぼ中間くらいに位置する学術称号である。たとえそのようなレベルのものであろうと、はたまたその提出先大学が一体どこであろうと、学位取得それ自体は実に慶賀すべき名誉なことにちがいない。とくに仕事に就きながらの取得であるので、おそらく睡眠の時間も削ってプーチン本人が刻苦精励した賜であろう。ふつうそのように考えられるにもかかわらず、プーチンの公式伝記『第一人者から』には、この学位取得の件についての記述が一言も見あたらない。つまり、同伝記の作製に協力したロシア人インタビュアー三名のうち誰一人として、この栄誉についてはプーチン大統領に向かい話題にすらしていないのである。摩訶不思議として、首をかしげざるをえない。これは、私ばかりでなくこの公式伝記を読む者の多くが長年のあいだ抱いていた疑問だった。

ところが、ついにその謎を解く瞬間が到来した。米国のロシア研究者たちが、プーチン氏が鉱山大学へ提出した準博士論文は盗作であるか、あるいは代作にちがいない——。このような嫌疑を、相次いで提出するようになったからである。

盗作の疑い

まず「盗作」との結論をくだしたのは、クリフォード・ガディとイーゴリ・ダンチェンコの両人である。ともに、当時ブルッキングス研究所(ワシントンDC)に席をおくロシア・ウオッチャーだった。ちなみにガディは、さきにふれたようにフィオナ・ヒルとともに名著『シベリアの呪い』(二〇〇二年)、『ミスター・プーチン』

（二〇一三年）の共著者としても知られている。現在最も脂が乗っているロシア経済学者のひとりである。私個人はダンチェンコとは面識はないが、その姓名から判断しておそらく旧ソ連からの移住者であろう。ダンチェンコによれば、プーチン大統領の「側近中の側近」とみなされるセーチン「ロスネフチ」社長も、すでにふれたようにプーチンにつづいて翌一九九八年に同じくサンクト・ペテルブルク鉱山大学から準博士号を取得した。セーチン論文のタイトルは、「ガスとガス製品の通過のための投資プロジェクトの経済的評価」。

ガディとダンチェンコの二人は、二〇〇六年三月二十五日付の『ワシントン・タイムズ』紙で、右のプーチン準博士論文（以下、論文）の重要部分が二人の米国人経営学者によって書かれ、ロシア語に翻訳された経営学の著作の内容を盗用したものと発表した。[8] 二人の米国人学者とは、さきにもちらりとふれたウィリアム・R・キングとデービッド・I・クリーランドで、ともに当時ピッツバーグ大学教授だった。かれらの書物『戦略的計画と政策』[9]（一九七八年刊、現在、絶版中）は、KGBでの内部教育用にロシア語に翻訳され、ソ連邦でプログレス出版所から一九八二年に刊行された。[10] プーチンがこの書物に目を通していることは、自身が論文の巻末につけた参考文献一覧表（計四七点）のなかで同書を挙げていることから明らかである。しかし問題は、彼がただそれだけで済ましていることである。

ガディによれば、プーチンの論文は、全体としては「ひじょうに貧弱なリサーチにもとづく内容と構成からなる二級品である」[11]。もし若干興味を惹く点があるとするならば、それは第二章だけだろう、という。[12] そして、ガディ博士がそう評価する第二章第一節の全二〇頁のうち何と一六頁までが、キング&クリーランドの著書からのほとんど丸写しなのである。それにもかかわらず、プーチン論文は、その部分を、一切引用符（クォーテーション）で囲むことも、さりとて脚注をつけて敬意を表すこともなく、そのまま自分の地の文章として書き写しているのだ。同論文がその箇所で掲載している六つの図表も、両教授が作成したものを一言も断ることなくそっくりそのまま転載している。改めていうまでもなく、このようなことは欧米や日本の学界ではけっして許されないことである。

名越健郎氏（当時、時事通信社モスクワ支局長）の手をわずらわして、私もプーチン論文（二一八頁）を入手した。なんでも全世界で四人目だったとのことである（その後は複製禁止処分になった！）。私は、米国人学者二人の著作の英語版も手元にもっている。そのロシア語版（チェキストたちの教育用に翻訳されたので、部内用の限定出版物だったとも考えられる）[13]は、残念ながら入手できなかった。ところが、ロシアの著名な週刊誌『コメルサント・ブラスチ』（二〇〇六・四・三号）が、プーチン論文と、キング&クリーランドの書物のロシア語訳の対照表をつくった。[14]私にこのことを教えてくれたのは、袴田茂樹氏（当時、青山学院大学教授）である。同教授は、ご親切にもわざわざ右の論文のコピーを私宛てにファクスしてくださった。そのお蔭で、プーチン論文と二人の米国人教授の著作（ロシア語版）の重要部分がまったく同一の文章であることを、私自身も確認しえたのである。

まる写しの主要部分

のちに大統領になるような人物が、外国人学者の著作を一切脚注をつけることなく引用する。学問上許されないそのようなルール違反をするとは、容易に信じがたい。こう考える人々のために、『コメルサント・ブラスチ』紙がつくった対照表の一部を翻訳して、残念ながらそれが事実であることを証明せねばならない。[15]プーチン論文の六四から六六頁、キング&クリーランドの著書（ロシア語訳）の四四から五一頁へかけての部分が、そうである。プーチン（または論文の代筆者たち）は、みずからが盗用していることを明らかに意識している。ところどころ表現の言い回しを微妙に変える作業をおこなって、まる写しとの印象を避けようとしている点からも、このことが判る。いじらしい努力とは表しうるものの、所詮小細工に過ぎない。米国人学者のアイディア、骨子、そして主な表現のほうは、一言一句変更せずに借用しているのだから。

これらの該当部分を便宜上四つの部分（1）、（2）、（3）、（4）に分けて、比較・検討してみよう。傍線（　）を引いた部分は、まったく同一のロシア語である。二重線（　）を引いた部分はごくわずかとはいえそっくりの表現を何とかして変えようとした努力の跡がうかがえる箇所である。

（1）

プーチンの準博士論文「市場関係形成の状況下における地域の鉱物・原料資源的基礎の再生産の戦略的計画」（一九九七年）	ウィリアム・R・キング&デービッド・I・クリーランド著『戦略的計画と政策』のロシア語訳（一九八二年）
計画のシステム。戦略的計画過程の結果は、計画のシステム、戦略的な決定、そしてそれが反映する資源分配のシステムである。	計画のシステム。戦略的計画過程の結果、その結論は、計画のドキュメント（いわゆる計画システム」）である。その計画のなかに、計画されている指標のすべてのものが、それ相応の時期の結末の反映をみいだすのである。

（2）両論文は、つづいて記す。

右にのべたことからいえるのは、計画のシステムは、以下の相互に関連する四つの計画の総体となる。

1. 近い将来における発展と戦略の基本方向。

2. 長期計画。生産量の変化、製品の品目、その質的な規模の転換、新製品の生産への移行を含む。

3. 基本的に現行の活動を含む生産の経験。それは、短期的な性格をもつ。利用中の技術やテクノロジーの完成化（モデル化）を目指すものでなければならない。

（ナンバリングの4．がなぜか欠落している。これはおそらくケアレスミステークだろう――木村）。特別の計画。これは、原理的に新しい技術やテクノロジーの創造、新しい種類の商品やサービスの生産にかんする企業、新しいタイプの生産インフラの創造、その他……といった、特別の目標を具現化し、実現化するための投資プログラムおよびプロジェクトである。

右にのべたことを念頭において、総合的な計画との関連で従属的な役割を演じる、相互に関連する四つの計画を分類することができる。

1. 近い将来における発展と戦略の基本方向。

2. 長期計画。それは、一年かかる通常の生産とサービスの完成の予測、組織によって実践されつつある新製品の生産への移行を含む。

3. 生産（短期の）計画。ふつう一～二年間実施され、基本的に現在の組織活動下にあるもの。

4. 特別の計画（プロジェクト）。これは、新しい設備、新しい種類の商品やサービスの精錬化、新しい市場への進出、新しいテクノロジーの導入、個々に分割された組織を統合する方法による組織構造のペレストロイカ、その他の工場との合体……等々。

この部分もまた、キング＆クリーランドの書物から引き写すか、巧みにつまみ食いした文章だと言わねばならない。ただし、ここでも盗用（もしくは代作）者は良心が咎めたのか、一カ所、表現を若干変えている。米国人学者の著作が「右にのべたことを念頭において」と書いていたのを、「右にのべたことからいえるのは」

という ロシア語表現へと変えた。

(3) プーチン論文の次のパラグラフも、キング&クリーランドからの借用にほかならない。

戦略的な計画の適応過程の原理的なシェーマは、次のユニットから成る。すなわち、戦略的目標の事前の説明、外部状況における否定的、肯定的要因の診断、計画（実現）の前提条件、戦略的目標の選択（精密化、細部の詰め、具体化）、選択肢の評価、戦略的計画システムの仕上げ、戦略の仕上げと選択。 計画過程の適応の性格は、次の点にある。計画の結果が、変貌しつつある状況に応じて操作の余地を残す程度に柔軟なものでなければならないこと。	計画の適応過程の原理的なモデルは、次のユニットから成る。すなわち、目標の事前の説明、外部環境の診断、計画の前提条件、組織の目標の選択、選択肢の評価、計画の仕上げ、戦略の仕上げ。 この過程の『適応』の性格は、次のことを意味する。計画のシステムをなす結果（結論）が、変貌しつつある状況において役に立つ程度に十分に柔軟なものでなければならないこと。

ここでも、次のような変更を試みている。たとえば、キング&クリーランドの著作の「モデル」を「シェーマ」へ、「外部環境」を「外部状況」へと。また、「この過程の『適応』の性格」から「この」ならびに二重括弧『』を排除して、たんに「過程の適応の性格」へと。また、「次のことを意味する」との表現を「次の点にある」へと変えた。さらに、「結果（結論）」から括弧と「結論」を省略し、「状況において」を「状況に応じて」へと変え、「十分に柔軟」から「十分に」を削除してたんに「柔軟」にした。

（4）プーチン論文の次の部分も、小見出しの「決定採択のサブ・システム」をはじめとして、キング＆クリーランドの書物から丸写ししている。

決定採択のサブ・システム。戦略的目標の過程と性格から、次の重要な特色が生じる。すなわち、選択された決定が、目標および戦略と分かちがたく密接に関連していること。戦略的計画のいかなる手続きも、その最も重要な局面として採択された決定にたいする整合的なアプローチを欠くシステムとはならないだろう。実際には、採択された計画の決定過程における主観性を避けて、それを絶対的に公式的、客観的かつ体系的な決定にするのはむずかしい。戦略的決定の公式的な分析において、可能かつ必要な範囲で主観主義的要素を排除するための手段となるのは、採択された決定のサブ・システムである。その際、主観的、質的な評価と公式的、量的な分析とのあいだの相互補完作用が働いて、情報が不足しそれが一義的でもないという複雑な状況下において正しい戦略的決定を採択する可能性を強化するのである。
決定採択のサブ・システム。右にのべた計画過程の叙述から、以下のことが明らかとなる。計画は、目標および戦略にかんする採択された決定と分かちがたく密接に関連していること。したがって、計画のいかなる手続きも、その最も重要な局面として採択された決定にたいする整合的なアプローチを欠くシステムとはならないだろう。もちろん、計画決定の採択過程は、完全に客観的かつ体系的な決定になってはならない。決定の公式的な分析において、指導者にとり客観的な判断や評価のための手段となるのは、採択された決定のサブ・システムである。そのような相互補完的な主観的評価と公式的な分析は、指導者が複雑な状況下において戦略的決定を採択する可能性を強化するのである。

ここでも、米国人学者の文章を、プーチン論文は、ごくわずかながら変更する工夫をこらした。すなわち、前者が「完全に客観的かつ体系的な決定になってはならない」と記しているのを、後者は「絶対的に公式的、客観的かつ体系的な決定にするのはむずかしい」とした。また、前者が「客観的な判断や評価のための手段」としているのを、「主観主義的要素を排除するための手段」という表現を変えた。さらに、前者がたんに「戦略的決定」と記している語句に、後者はわざわざ「正しい」という修飾語を付して「正しい戦略的決定」にした。

部下による代作?

剽窃が明らかになった二〇〇六年の時点で、米国人経営学者の二人はすでに八十歳台だったが、そろって健在だった。そのうちのひとり、クリーランド教授は、『コメルサント・ブラスチ』誌のインタビューに応じて語った。「私は二〇〇六年三月になって初めて、プーチン大統領が私たちの共著『戦略的計画と政策』から無断引用をおこなっている事実を知りました。私が承知しているかぎり、われわれの共著書の第二章がプーチン博士論文で使用されています。(中略)アメリカ、その他多くの諸国ではすでに出版済みの文献を原著者の許可なしに自分の学位論文のなかで広範囲にわたって用いたばあい、おそらくその学位取得者は学位授与に値しないことになるでしょう[16]」。

もうひとりのキング教授も同しくインタビューを受け、ユーモア(もしくは皮肉)たっぷりなコメントをおこなった。「私は、(このようなばあい)一体どなた様を訴えればよいのでしょうか?[17]」米国の一教授がまさかロシアの最高政治指導者であるプーチン大統領を被告に相手どって訴訟を起こすわけにもゆくまいという意味だった。同教授はさらに言葉を継ぐ。「(ひょっとすると)私(ごとき者で)も、ロシア大統領になれるのかもしれませんね[18]」。なにしろ、自分は大統領とそっくり同じ文章を書く人間なのだからという皮肉だった。尤もこのようにのべたあとで、同教授は突き放した。「もとより、私はモスクワなどに住みたいとは一切思いませんが[19]」。

プーチン論文の最重要部分は、米国人学者執筆の書物からの丸写し——。このことが証明されたばあいでも、プーチン大統領の責任が若干軽減ないし免除されるケースがある。それは、プーチン論文そのものが他の誰かによって代作されたケースである。尤も、そのばあい今度は本人自身が論文を書かないで、他人に代作させたという道義的、学術的責任がプーチンにたいして問われることになるだろうが。その点を一応別にして、米国の別のロシア研究者は「代作」説を唱える。たとえばハーレイ・バルザー(米ジョージ・タウン大学准教授)が、そうである[20]。バルザーが代作説を採る根拠は、以下のとおり。

プーチンが論文審査を受けた一九九七年六月、そして論文を修正して出版した九九年は、プーチン本人にとり生涯に他に例がないほど多忙なときだった。それは、まさにプーチンがペテルブルクからモスクワへ勤務先を移して、次のリストがしめすように、出世街道をフルスピードで駆けのぼっていった時期に当たったからだった。

一九九六年六月　プーチン、サプチャク市長の再選対策本部長として奮闘するものの、ボスのサプチャクは落選

　　　　八月　モスクワへ移り、ロシア連邦大統領府総務局次長のポストを得る

一九九七年三月　大統領府副長官兼管理局長に就任

六月　サンクト・ペテルブルク鉱山大学へ準博士号申請論文提出
一九九八年五月　大統領府第一副長官に昇進
七月　連邦保安庁長官に就任
一九九九年三月　安全保障会議書記も兼任
八月　首相に就任
十二月　大統領代行に就任

たしかに、一九九六年から九九年十二月までの三年半は、プーチンにとって多忙きわまる時期だった。ペテルブルクからぽっと出てきた一介の元副市長に過ぎない人間が、このように短期間で一体どうしてロシア連邦の最高政治指導者の地位にまで駆け上りえたのか？　これは、次章以下で検討するが、少なくとも唯ひとつ確実にいえることがある。それは、この三年半がプーチンにとり一瞬たりとも神経を休めえない闘いの時期だったこと。いいかえれば、そのような彼におよそ学術論文のための調査や執筆をおこなったり、その修正に応じて改訂版に取り組んだりする精神的、時間的余裕などまったくあろうはずがなかったこと。だとすると、バルザー教授の嫌疑は尤も至極なもののように思えてくる。すなわち、教授はほとんど確信をもって結論する。プーチン論文は、当時のプーチンの過密スケジュールから判断して、プーチン本人によって書かれたものとは到底考ええない。おそらく他の誰かによって代筆されたものにちがいない、と。

では、一体誰がプーチン論文の実際の執筆者なのか？　バルザーによれば、おそらくクドリンをキャップとし彼が組織した「クドリン・チーム」が、作業を担当したのではなかろうか。[21]アレクセイ・クドリンは、プーチン大統領とまったく同じ経歴を歩んだ八歳年少の後輩である。レニングラード国立大学経済学部を卒業後、ペテルブルク市役所に勤め、プーチンと知り合った。プーチン同様、サプチャク市長を補佐する三人の副市長のひとりだった。モスクワに移り、プーチン政権発足とともにロシア連邦財務相を約十一年間にわたってつとめた。いわばプーチンの懐刀とみなしてよい人物である。

クドリンはのちに詳しく述べるように実に友人想いで、かつ男気のある人物だった。プーチンはそのようなクドリンに生涯幾度も助けられている。そのようなクドリンが、プーチン論文執筆のためのチームを組織したことは想像にかたくない。同チームは、米国人教授の書物がロシア語に訳されていることをもっけの幸いとばかり、その一部分を借用することにした。チームの面々はいわばゴーストライターなので、原著者にたいして敬意をしめさねばならないという学界ルールを気にしなかったのだろう。盗用にたいする罪の意識も希薄になったのではなかろうか。

盗作もしくは代作の嫌疑がかけられたプーチン論文にかんして『コメルサント・ブラスチ』誌からコメントを求められた米国人学者のマーシャ・オルコットは、次のように答えた[22]。オルコットは中央アジア研究家で、当時カーネギー・センターの上級研究員をつとめていた。なによりもロシアと米国のあいだでは学位論文についての考え方に大きな違いがあるように思われる。米国では、政治家は自分が学者でもあるというポーズをとる必要などまったく感じない。これら二つの職業は、明確に分離されているからだ。したがって、アメリカ人であるオルコットには、ロシアの政治家や官僚たちが盗作もしくは代作までして学位を取得しようとする動機それ自体が理解しがたい。ひょっとすると、ロシアのほうがアメリカに比べてより一層学歴優先社会なのだろうか。あるいは、プーチン個人の劣等感や虚栄心は端《はた》が想像する以上に強く、KGBの経歴をアカデミックな学位によってさらに補強したいと欲したのかもしれない。つまり、己の能力以上に背伸びしてみせたいというプーチンの衝動、つまり彼が柔道を習おうとしたときと同じ動機が、ここにも現れたのかもしれなかった。

オルコット女史は、次のような冗談をのべて己のコメントを締めくくった。（プーチンを含めて）ロシア人は盗作するのなら、どうしてもっと周到かつ本格的におこなわないのか。たとえばプロフェッショナルな学者を雇って、どこからみても文句の出ようのない立派な大論文を書かせて一流大学に提出するとか。ところが、プーチン論文によって明らかになったのは、盗作の疑いがかけられるやたちまちそのネタ元が露見してしまう類いの実にお粗末な「切り貼り細工」[23]に過ぎなかった。これでは、まったくもって笑い話にもならない。

学長の擁護

もとより、プーチンに学位を授与した側は主張する。プーチン論文は準博士号に十分値する立派な内容のものであり、学位授与にかんしても何らの不正行為は認められなかった、と。たとえば、審査委員のひとりだったペテルブルク鉱山大学学長、ウラジーミル・リトビネンコは、論文が盗作でないかとの疑義を提起した『コメルサント・ブラスチ』誌とのインタビューで次のように反論した。

「私は、一等最初からウラジーミル・プーチン氏の論文に係わりました。同論文の第一草稿は、彼が『アカデミズムの世界の人間でなかった』ために批判を招いたので、われわれはやり直すように勧めました。数カ月後に、彼は批判を受け入れて完全にやり直した第二草稿を提出し、改訂版のデフェンス（論文防衛）に成功したのです」[24]。リトビネンコ学長はつづける。「彼（プーチン）が独力で論文を仕上げたことにかんして、私はいささかの疑いも抱いていません。当時彼は一介の官吏に過ぎませんでした。われわれには、そのような彼を特別扱いせねばならない何らの理由もありませんでした」[25]（傍点は引用者）。

右のように説くリトビネンコ学長の擁護論にたいしては、一、二の意地悪い再反論をおこなうことが可能かもしれない。まず、興味深い事実が明らかにされた。プーチンが最初に提出したバージョンが「学術的でない」との批判をうけて一度却下されたこと。そのあと修正版が「再度」提出され、改訂版が合格に値すると認められた事実である。

では、論文の一体どの部分がどのように改訂されたのだろうか。これは、著者（または代筆者）を除くと、誰一人知りえないことではある。だが、この点にかんしてガディ博士による発見ならびにコメントが注目に値する。ガディはのべる。「論文は全体としては良く書けておらず、退屈な代物と評さねばならない。だが、一部分はひじょうに興味深い。それは、戦略的計画についての箇所である」[26]（傍点は引用者）。ガディ博士自身は直接そうのべてはいないものの、その「興味深い箇所」がキング&クリーランドの著書『戦略的計画と政策』（傍点は引用者）から借用した部分であることは、明らかだろう。だとすると、次のように推論することが可能になる。つまり、プーチン論文は、第一草稿では使用していなかった米国教授の著作を第二稿で借用した。そして、そのことによって初めて己の論文を及第点へと高め得ることができた。このような推測である。

もうひとつ重要なことがある。それは、論文提出時のプーチンがかならずしも「一介の官吏」でなかったことである。この事実は、リトビネンコ学長にたいする反論のひとつになりうるかもしれない。じっさい、改訂版の論文を鉱山大学に提出したときのプーチンの地位は、クレムリンの大統領府副長官兼管理局長。つまり、けっして「一介の官吏」といって済ませられるような低いポジションではなかった。関連してもうひとつけ加えるべき事実がある。それは、リトビネンコ学長が少なくともペテルブルク地域では大きな政治的影響力をもつ、いわば学界と政界をつなぐブローカーのひとりであること。それればかりか、学長がプーチン個人とのあいだで特別な関係をもつ人物であること。たとえば二〇〇〇年、〇四年にプーチンがロシア大統領選に立候補したとき、ペテルブルクでプーチンのための選挙対策本部長をつとめた人物は、一体誰だったのか。リトビネンコ学長その人にほかならなかった。学長は、同本部をペテルブルク鉱山大学のキャンパス内に設置するまでに、プーチン支持の姿勢をいささかも隠そうとしなかった。[27] 二〇〇三年にプーチンの推薦を受けて彼の秘蔵っ子のワレンチナ・マトビエンコがペテルブルク知事に立候補したときも、リトビネンコ学長は彼女用の選挙対策本部を同じく鉱山大学のキャンパス内においた。リトビネンコ学長は今日、紛れもなくプーチン大統領の有力側近のひとりとみなされている。プーチンがペテルブルクで誕生日パーティーを開くときには、同学長はかならず招待を受ける。[28]

知的所有権

ここで、私は重要なことを指摘しなければならない。それは、ロシアではソ連時代から学位の売買がごく普通におこなわれているという信じがたい事実である。[29] さきほどから引用している二〇〇六年の『コメルサント・ブラスチ』誌で、ほかならぬロシア教育科学省付きの論文審査最高委員会のミハイル・キルピチニコフ委員長自身が、この事実を確認している。すなわち、同委員長によれば、ロシアの博士論文の約三分の一はカネで売買されたものか、盗作されたものか、そのいずれかであるという。[30] 二〇〇六年四月四日付の『モスクワ・タイムズ』によると、博士論文一本あたりの相場価格は、一〇〇〇〜七〇〇〇ドル。モスクワ国立大学の大学院に五年間留学したロシア通の袴田教授も私あてメールで、私のナイーブさやロシアの学界についての無知をたしなめるかのように次のように記した。「プーチンによる（学位論文）盗作問題は、ロシアではほとんど問題になりません。ロシアでは著名な政治家の学位取得など本気で信じる者はいず、本（プーチン）論文もプーチン自身が書いたとは誰一人思っていないからです[31]」。

現ロシアで学術論文の盗用の状況は、その後、どのような状態にあるのか？　一向に減少する気配をしめしていない。残念ながら、これがその答えのようである。二〇一三年九月五日付の『モスクワ・タイムズ』は、ロシア国立図書館がおこなった調査結果を、アレクサンドル・ヴィスリー館長のコメントを添えて紹介している[32]。同調査によると、二〇〇〇年以来十年ばかりの期間中にロシアで授与された「歴史学」分野での修士もしくは博士論文のなかで約一〇％が、他の論文からの剽窃《ひょうせつ》をおこなっていた。つまり、この期間中に同図書館に納入された一万四五〇〇件の「歴史学」関連論文のうち約一五〇〇本の論文が、その内容の七〇％以上にもわたって他の論文からの盗用をおこなっていた。

ヴィスリー館長は、取材したＲＩＡノーボスチ社の記者に向かって、調査結果が「目も当てられない惨状である」と語った。館長によると、「経済学」分野での盗作も「歴史学」分野でのそれとほぼ同様の高い数字をしめしているが、「自然科学」の諸分野では盗作の比率はぐっと低くなる。ただし右の数字はいずれも、同図書館へ提出済みの学位論文を相互に比較調査した結果、判明した事実に過ぎない。いいかえれば、それらの論文が他の書物や雑誌論文から明記することなく引用したケースは、最初から調査の範囲外になっている。というのも当該図書館には、その種の盗用にまで調査を拡大する人的余力がないからである。しかもノーボスチ社の記者は同館長とのインタビューを終えるにあたって、次の点にも読者の注意を喚起してわれわれをさらに驚かした。現ロシアの学界規則によると、修士号あるいは博士号が授与されたあと三年間が経過すると、たとえどのような理由にもとづくものであれ、授与された学位はもはや撤回されなくてよいことになっている。

ロシアの学位論文では盗作や代作が当たり前であり、仮にプーチン論文にかんしてそのような嫌疑がかけられるばあいでも、さほど目くじらをたてる必要はない。こう開き直るだけでは、しかし、済まされない二〜三の理由がある。これが、私が本章を設けた理由のひとつでもある。まず、プーチン自身が常日頃、自分こそは国立大学の法学部出身である事実を、力説して止まない人物であること。次に、プーチンこそは、ロシアで蔓延中の汚職や賄賂などいわゆる「法的虚無主義《ニヒリズム》」に真っ向から闘いを挑まねばならない立場の最高責任者であること。そしてクドリンは、プーチンの下で財務相兼副首相という要職をつとめていた人物であること。まさにこのような立場にあるプーチン、クドリンらが、プーチン論文の盗作もしくは代作の張本人だとしたら、どうだろう。そのこと自体が大変なスキャンダルといわねばならない悲しむべき事態ではないか。

ロシア連邦は、このような人々を政権トップに戴いている。もしそうだとするならば、はたしてロシアを知的所有権の尊重をうたうＷＴＯ（世界貿易機構）の正式メンバー資格に値する国とみなしうるのか。このような疑いすら提出されかねないだろう。ロシアの国営通信社「ＲＩＡノーボスチ」が二〇〇五年に報じたところによれば、ロシアにおける知的所有権の侵犯率は世界で最悪のレベルだという。すなわち、その侵犯率は米国で三〇％、ヨーロッパ諸国で三七％にたいして、ロシアでは八八％にものぼる。悪い順番で並べると、ベトナム―九二％、ウクライナ―九一％、中国―九〇％、ジンバブエ―九〇％の侵犯率。そして、ロシアはこれら四カ国につづいて、第五番目という栄誉(⁉)に輝いている。[33]

ロシアはWTOのメンバー国であるにもかかわらず、知的所有権の保護に十分意を尽くしていない。このような状況を手っとり早く知りたいと思うのならば、モスクワ市内の「ガルブーシカ」を訪れてみるがいい。「ガルブーシカ」は、現地の日本人によって「秋葉原のロシア版」と呼ばれている。百貨店クラスの巨大な建物に、各種DVDビデオの販売店が所狭しとばかりに軒を連ねている(ロシアでは、いったん貸し出すとビデオが戻ってくる可能性が少ないので、レンタル・ビデオ店は存在しない)。「ガルブーシカ」にたいしては、ロシア人がつけた「海賊版の天国」の綽名がその実体をよく表わしている。現在ニューヨークで封切られたばかりのハリウッド映画が早々とDVD化され、超安値で販売されているからである。

論文の内容

プーチンの準博士論文は、現実には一体誰によって執筆されたのか? この問題の検討はこれくらいで打ち切りにしよう。同論文に書かれ、主張されていることのほうがはるかに重要ともいえるからである。この論文の内容にかんしては、まず、次の三点がわれわれの注目を引く。

ひとつめは、いわゆる「プーチン」論文がプーチン自身の考えを正確に反映していること。さらに重要なことは、プーチンが大統領就任後に同論文中に書かれている内容を忠実に実行していることだろう。このような観点からいって、ガディ博士がプーチン大統領宛てに直接たずねた質問の巧妙さにはほとほと感嘆させられる。二〇〇五年九月はじめに開かれた「ヴァルダイ会議」の席上のことだった。同会議は世界の代表的なクレムリン・ウオッチャーたちを集めたロシア主催の会合で、プーチン大統領も演説をおこない、質疑応答に応じる。だが、出席者の全員に質問が許されるとは限らない。代表者に許される時間もごくわずかである。そのように得がたい貴重なチャンスを最大限有効に利用しようとして、ガディ博士は前もって練りに練った次のような質問を提起した。つまり、プーチン大統領の準博士論文が盗作もしくは代作であるかといった野暮な質問などをもはやおこなわなかった。それが盗作であることは、それを発見した当人のガディにとり自明であるうえに、そう問うたところでプーチン大統領が「はい、その通りです」と答えるはずはないからだった。

ガディ博士は、プーチン論文が盗作であることが既に自明の事実であることを前提にして、より実質的な質問をおこなった。「大統領閣下の準博士論文は、はたして（現）ロシアのエネルギー政策に影響をあたえているでしょうか？」この問いをうけて、プーチン大統領は「若干の関係がある」と肯定的に答えた。[34] 大統領自身が認めているくらいであるから、バルザー教授が解説を加えているように、[35] 次のように考えて構わないだろう。プーチン政権の内外政策は、プーチン大統領の名前で登録され授与された準博士論文のなかに記されている内容と矛盾しない。いや、矛盾しないどころか、基本的にはその内容に添って形成され、実施されてきているとすらみなしてよい、と。

「プーチン」論文の内容にかんして、興味深いことの第二は、おそらく次の点にある。プーチン大統領の側近は、主として二つのグループから形成されている。一は、「シロビキ（武闘派）」、二は「シビリキ（市民派）」である。両グループは、その主要な面々がプーチン大統領と同じくサンクト・ペテルブルク出身者からなる「サンクト派」という点では共通しているものの、思想傾向はほとんど正反対といってよい。前者は「武力」を重んじ、後者は「経済」を重視する――。これは今日、世界のクロムリノロジストたちのあいだでの通説的見解である。だが、このような見方は多分に誇張されているか、単純化されているように思われる。というのも、シロビキもシビリキも次の点にかんしては、まったく軌を一にしているからだ。[36]すなわち、ロシアが豊富に持つエネルギー資源を最大限に活用してロシアの国益を推進すべしとの考え方である。その意味で、かれらはともに「シリョビキ」（сырьевики; 原料資源派）と名づけてよいかもしれない。[37]さらにいうならば、両者はともに後述する「レント・シェアリング・システム」の推進者であり、かつ最大の恩恵者にほかならない。

プーチン論文で最も興味深いのは、おそらく三つめの点であろう。つまり、プーチンの準博士論文が、欧米や日本の学界におけるそれとはまったく異なる問題意識で執筆されていることである。日本や欧米で学術論文にとっての最重要関心は知的好奇心の追究であり、実務的な効用など最初から考慮の外におかれている。ましてや、学問や論文が国家に貢献するか否かは、二の次、三の次の関心である。ところが、この点にかんしては、ソ連／ロシアでは考え方が異なる。国益を擁護し、それを伸長・拡大させるためには、一体何をなすべきか。学術論文ですら、このような政策志向の観点で執筆されて一向におかしくない、いやむしろ、そのほうが望ましいくらいである。こういった風潮すら支配的である。したがって、さきほどから引用しているプーチン論文も、第一頁から最終頁にいたるまで政策志向の関心やトーンで貫かれている。こうのべて、少しも過言でなかろう。

では、プーチン論文のどの部分が、政権の座について以降プーチン大統領が採用中のエネルギー政策との関連で、注目すべきポイントなのか。私の個人的な主観が混入する見方となるかもしれないが、それは次の二点だといえよう。

（1）ロシアは、天然資源に恵まれた国。なかでもそのエネルギー資源は豊富で、世界一である。これら資源の潜在的な力を合理的かつ効果的に利用することは、ロシアの国益追求にとり不可避であるばかりか、最重要とみなすべき使命である。そうであるならば、（2）エネルギー資源の利用を民間企業の恣意にゆだねてしまうのは適当でなく、是非とも国家の管理下におかれるべきである。国家は資源を所有するばかりでなく、その採掘、運搬、販売の過程を把握し、その結果得られる収益の分配すらも監督することが望ましい。このような国家管理体制に違反する者にたいしては行政上、刑事上の責任を追及し、厳しい処分を課す必要もあろう。

右の二点は、プーチン政権が実行してきているエネルギー戦略の基本にほかならない。それらが、プーチン論文のなかに――萌芽的な形とはいえ――すでに見出される。そのような意味で、同論文はけっして無視ないしは軽視してはならない貴重な資料だといえよう。

ユーコスの国有化

以上のように要約されるような学位論文の骨子を、プーチン政権は実践に移している。このことを証明する具体例を、一、二紹介する。たとえばプーチン政権による「ユーコス」社の没収は、その典型といえよう。ユーコス社は、ミハイル・ホドルコフスキイがＣＥＯをつとめるロシア最大の民間石油会社だった。プーチン政権は、唯の一撃で同社を解体・没収して、国営企業へと吸収・合併した。その経過を簡単に説明する。

ホドルコフスキイは、ユダヤ系。青年共産主義同盟《コムソモール》で知り合った仲間たちを語らって、まず「メナテップ」銀行を設立した。一九九五年頃に民営化の波が到来したとき、いわゆる〝株式担保ローン〟方式による競売を利用して、石油会社「ユーコス」を格安価格で入手した。その後、欧米の企業経営方式も積極的に採り入れるなどして、またたく間にユーコス社を拡大・発展させた。[38]『フォーブス』（ロシア語版、二〇〇四年）によると、ホドルコフスキイはロシア第一位の億万長者になった。

プーチン大統領は、右に紹介済みの準博士論文のなかで示唆しているように、エネルギー産業は国家の管理下におかれるべきだと考える。そのような大統領にとって、ロシア石油業界全体で第二位の好成績を誇る民間企業ユーコス社の存在は目障り以外の何物でもなかった。しかもユーコス社は、米国の石油メジャーとの提携や合併を模索したり、中国との大型の商談を進めるなど、独立独歩の勝手な行動をとりはじめた。[39]これらの動きは、ロシアの最も貴重なエネルギー資源を、政府の許可を得ることなく外国企業の手に売り渡す危険すら内蔵していた。二〇〇三年四月、ユーコス社は、もうひとつの民間石油会社のシブネフチを吸収・合併する意図を発表した。もしこの合併が実現すれば、ロシアで第一位、世界で第四位の石油メジャー（新社長はホドルコフスキイ）が誕生することになる。そして、プーチンが「戦略基幹産業」とみなすロシア石油産業のトップに民間企業家が就任する。これは、プーチンの資源エネルギー政策の根幹を揺るがしかねない由々しき一大事ではないか。[40]

〇三年七月、プーチン政権の検察当局はプラトン・レベジェフを逮捕した。レベジェフは、ホドルコフスキイの盟友であり、ユーコス社の持ち株会社、メナテップ・グループの社長をつとめていた人物だった。レベジェフの逮捕は、次の槍玉がホドルコフスキイであることを匂わせることによって、彼に海外逃亡を勧める脅しだったのかもしれない。ホドルコフスキイは、しかしながら、そのようなシグナルを無視した。ドン・キホーテのような蛮勇をしめすことによって、結果的には政権側の陥穽にむざむざと落ちる愚を犯したといえよう。同年十月二十五日、自家用機で西シベリアのノボシビルスク空港に給油のために着陸したホドルコフスキイを待ちうけていたのは、迷彩服を着たＦＳＢ隊員たちにほかならなかった。(41)

ユーコス社いじめの経済的狙いは見事に達成された。まず、ユーコスのシブネフチとの合併計画は、ホドルコフスキイの逮捕とともに立ち消えになった。ユーコス自体は、ロシア政府が突きつけた法外な税金を納入しえなかったために、たちまち破産する羽目に追い込まれた。ユーコスの全石油生産の六割を占めていた子会社のユガンスクネフチガス社は、ロシア政府による差し押さえを喰らったあと、競売にかけられ、最終的には国営石油会社「ロスネフチ」の手へと移った。ロシアでそれまで第八位でしかなかったロスネフチは、ユーコスを買収・入手することによって生産量、埋蔵量、精製能力の諸点で第一位の石油会社の地位の座に坐ることになった。〇四年七月以来今日にいたるまで、ロスネフチの社長（ないし会長）職に就いているのは、ユーコス解体劇を画策したセーチンその人にほかならない。

サハリン２は目の上のたんこぶ

次の例は、「サハリン２」の乗っとり劇である。これもまた、プーチン論文で示唆されていたエネルギー戦略が見事に実行に移された模範例とすらみなしてよいだろう。二〇〇六年の七月から十二月の約半年間にかけてプーチン政権は「サハリン２」の乗っ取りをもくろみ、見事に成功した。その経緯、とりわけプーチン政権の手口は、以下のようなものだった。

「サハリン２」は、ロシアのサハリン州でおこなわれている石油・天然ガスの開発プロジェクトのひとつである。そのほかの「サハリン１」「サハリン３」……などと区別するために、「サハリン２」と名づけられている。具体的にいうと、サハリン北東部の沖合に広がる大陸棚に眠っている豊富な石油・天然ガスを掘り出して、サハリンを縦断して、同島南部のコルサコフ（日本時代の大泊《おおとまり》）まで運び、その近郊のプリゴロドノエの生産基地で液化天然ガス（ＬＮＧ）に転換して、日本、韓国、米国などの諸国へ出荷しようとする巨大プロジェクトである。

「サハリン２」の事業主体としてサハリン・エナジー社が創設され、当初は外国三社のみが出資して一〇〇％株主の座を独占した。すなわち、英蘭系メジャーのロイヤル・ダッチ・シェル（五五％）、日本の三井物産（二五％）、三菱商事（二〇％）が、括弧内に記した比率で出資した。いいかえれば、同プロジェクトはロシア資本を完全に排除していた。ロシア領土でロシア資源を発掘し、販売しようとするプロジェクトに、なぜロシアが参画しえなかったのか。理由は、実に単純だった。エリツィン期のロシアは、まず、その経済・財政能力がきわめて脆弱だった。次に、エネルギー資源を独力で開発する資本、科学技術、ノウハウをまったく持ち合わせていなかった。そのような諸事情のために、自国ロシアに折角眠っている石油や天然ガスであるにもかかわらず、それらを開発するためには先進資本主義諸国の力を借りてくる以外の術をもたなかった。

ところが、二〇〇〇年に大統領に就任したプーチンは、幸運に恵まれた。イラク・イランなどの中東諸国をめぐる政治的、軍事的危機、中国、インドなど資源需要国の経済的台頭、その他の事情によって、原油をはじめとしてエネルギー資源の国際価格が一気に高騰する時期に巡り合わせたからである。じっさい、プーチンがクレムリンの主《あるじ》になった二〇〇〇年秋に一バレルあたりわずか三三ドルに過ぎなかった原油価格は、その後右肩上がりの曲線を描いて上昇した。二〇〇八年の世界同時経済危機の発生直前の七月には、何と一四七ドルの高値すら記録した。

このような資源をめぐる需給関係の大変化によって、プーチン政権はまるで「棚から牡丹餅《ぼたもち》」の恩恵に浴し、外貨収入を急増させた。自国ロシアがエネルギー資源という「カネのなる木」を握っていることを実感したプーチン大統領の目には、「サハリン2」プロジェクトは増々許しがたい存在として映るようになった。同プロジェクトはロシア企業を全面的に排除し、もっぱら外資系三社のみが独占的にロシアの資源を採掘、運搬し、利用しようとしている。これは、プーチンが準博士論文で主張した持論を真っ向から否定する事態と評さねばならない。このようにしてプーチン大統領は、「サハリン2」プロジェクト、とりわけその事業体サハリン・エナジー社をまるで目の上のたんこぶのように敵視するようになった。同大統領の立場からすると、ロシアのガス国家独占企業体、ガスプロムは、とうぜん「サハリン2」プロジェクトに参画する権利を持ち、また実際是非とも参入せねばならない。

見事な乗っとり劇

ところが他方、「サハリン2」プロジェクトから外資系三社を即座かつ全面的に追い出すことは、ロシアにとってかならずしも得策ではない。なぜか？　残念ながら、ガスプロム社は同プロジェクトを単独で実行する能力をまだ持ち合わせていないからである。仮に資金力は整いつつあるにしても、サハリン・エナジー社に匹敵する世界一流の掘削技術、経営ノウハウ、販売ルートの開発、等々をみずからは備えていない。とくに致命的なことには、ロシア企業がＬＮＧについての技術的知識も、その運搬の体験も有していないことだった。いいかえれば、ロイヤル・ダッチ・シェル、三井物産、三菱商事の外国三社は、ロシアにとって当分の間いわば「金の卵を生む鶏」以外の何物でもない。したがって、その首を早まって締めてしまうのは愚の骨頂。ガスプロムが少なくとも右の諸能力をマスターするまでは、三社の協力や伝授が是非とも不可欠至極なのである。

では、外資系三社を排除することなく、なおかつガスプロムが「サハリン2」の主導権を握る――。そのように虫のよい要求を満たす方法は、はたして存在するのだろうか。〈求めよ、さらば与えられん〉。恰好の術が見つかった。ガスプロムが五〇％・プラス一株の多数株主になり、外資系三社の合計を五〇％・マイナス一株の少数株主とするというフォーミュラである。では、このフォーミュラを、一体どのようにすれば外資系三社に呑ませることが可能になるのだろうか。これが、次の課題になる。KGB出身のプーチン大統領にとって、これはかならずしもむずかしい作業ではなかった。〈まず攻撃したい人間を特定せよ。そのあと、彼（または彼女）に適当な罪状をみつけよ〉[42]。これがKGBの金言[43]だった。チェキストは、この教えどおりに実践すればよいからである。

かつてのユーコス社攻撃のばあいは、まずホドルコフスキイ社長が標的として特定された。彼を訴追する脱税、横領などの罪状は、そのあとになって考え出された。「サハリン2」攻略のやり方や手続きも、ほぼ同様だった。まず、サハリン・エナジー社をターゲットと定め、そのあとで同社の罪状を探す――この順序でよいのである。罪状をみつけるのは、それほどむずかしい作業ではない。これまたKGBの流儀にしたがうと、「口実は、それをみつけるか、発明すればよい[44]」からである。「サハリン2」のように複雑、多岐、長距離（延長約八〇〇キロ）にわたる巨大プロジェクトのばあい、何らかの欠陥をみつけてきて、それに難癖をつける作業は、さほどむずかしいことではない。このようにして「環境破壊」が、プロジェクト攻撃のための恰好の口実として選ばれた。同プロジェクトの天然ガス・パイプラインは、サハリン島を北から南へと横断するさいに無数といってよい数の丘陵や河川を含む複雑な地形を通過して敷設されることになるからである。

二〇〇六年十二月二十一日――。ガスプロム、ロイヤル・ダッチ・シェル、三井物産、三菱商事の首脳たちは、モスクワのクレムリンへと召集させられた。これら外資系の三社に加えて、今後はロシアのガスプロム社が右にのべた通りの比率で新しい株主になる。このことを確認する目的の儀式が、プーチン大統領主宰で遂行されたのである。このこと自体に、プーチン大統領が己の準博士論文でしめした基本哲学が見事にしめされていた。すなわち、エネルギー政策とはまさに国家、すなわちプーチン大統領自身が係わるべきものであるとの考えである。席上プーチン大統領は、終始上機嫌だったと伝えられる。宜《むべ》なるかな。じじつ、大統領は語った。「これは、ガスプロムが〝サハリン2〟の共同事業に参加するという決定にほかならない。われわれは、この決定に何ら異論はなく、大歓迎したい[45]」。

レント・シェアリング・システム

プーチンの準博士論文が直接、間接に提唱または示唆している諸点を総合もしくは延長すると、それは、ひとつのシステムを提案し、正当化していることになるだろう。米国の一部専門家たちが名づけている用語でいうと、「レント・シェアリング・システム」である。米国人学者が用いる三つの英単語が意味するものを説明しよう。

まず、「レント（rent、ロシア語ではрента）」とは、通常の市場競争で得られる以上の超過利益を指す[46]。たとえばみずからの土地、家屋、その他の不動産を所有・管理している地主や家主は、その地代や家賃から得られる収入で左団扇《ひだりうちわ》の楽な生活をおくることが可能になる。ギャングやマフィアも、額に汗し手に豆をつくる真面目な労働に従事することなく、所場代、みかじめ料などの不労所得を手に入れる。ほぼ同様に、エネルギー資源を所有・管理する者は、同資源を切り売りするだけで巨額の所得を入手するばかりでなく、同資源の国際価格が高騰するときには労せずして巨万の余剰収益にあずかる。

次に、「シェアリング（sharing）」とは、この種の余剰利益を一部の者だけが独占的に分配し合うこと。プーチノクラシーのばあいは、システムの頭領（プーチン）の周辺に群がるシロビキ、オリガルヒ、側近たちが、そのような者に当たる。ゴールドマン教授らによって「プーチンのお友だち」と名づけられる人々である。そして、「システム（system）」とは、このようなレント分配がインフォーマルな形であるとはいえ、それに容易に挑戦したり、ましてや突き崩したりしえないまでに強固な形で確立している体制を指す。

米国のガディ博士、その他の専門家たちが命名した「レント・シェアリング・システム」、あるいは短縮して「レント・システム」、もしくは「レント主義」[47]——。これが、プーチノクラシーもしくはプーチノミックスの経済的、政治的基盤になっている。ロシア人専門家たちですら、このことを少しずつ承認するようになってきた。たとえばラトゥニナ女史が次のように記すとき、彼女の脳裡にあるのは、まさに「レント・システム」[48]といってよいだろう。「（ロシア）国家を強力なものにするためには、石油とガスのすべての巨大な資産をプーチン大統領の友人の手中に集中する必要がある。それなしには、国家は強化されえない。クレムリンは、このことをすでに決定済みなのである」[49]（傍点は引用者）。

じっさい、プーチン政権下において再国有化されたエネルギー資源関連諸企業のトップの座は、以下のような「プーチンのお友だち」によって独占されている。たとえば、石油のロシア最大大手「ロスネフチ」の社長は、セーチン元大統領府副長官。天然ガスの国営独占企業体「ガスプロム」の会長はメドベージェフ前大統領、次いでズプコフ元首相であり、同社長はミレル。石油パイプライン運送を独占する国営独占企業体「トランスネフチ」の社長は、トカレフ。同社の子会社「トランスネフチ・プロダクツ」会長は、ウラジスラフ・スルコフ前大統領府副長官……といった具合である。いずれも、サンクト閥かKGB閥に属する人物である。そしていうまでもなく、プーチン大統領自身は「レント・システム」全体の総支配人、すなわち「レント・マネージャー」(50)にほかならない。

最後にプーチン論文のなかには、萌芽的な形とはいえもうひとつ注目すべきアイディアが、内包されていた。それは、エネルギー資源がロシアの内外政策の遂行に役立つ手段でもあるとの考え方である。プーチンが政権の座に坐ったあとになって、このような発想はプーチノミックス、いやプーチノクラシーの重要な構成要因として明確に宣言されるようになった。そのことをしめす発言例を、二、三指摘しよう。たとえば、プーチン政権が二〇〇三年八月二十八日に採択した『二〇二〇年までのロシア連邦のエネルギー戦略』は、次のように記した。(51) ロシアのエネルギー資源は、ロシアの経済発展の基礎であるとともに、「国内政策と外交政策の道具《インスツルメント》である」。同『戦略』はつづける。ロシアのエネルギー資源こそが「世界のエネルギー市場におけるロシアの役割」、ひいては「ロシアの地政学的な影響力をおおむね決定する」。したがって、ロシアはエネルギー分野で己が占める優位性を、ロシアの国益実現のために十二分に利用する必要がある、と。

プーチン大統領は、〇五年十二月二十四日にロシア安全保障会議あての演説で同趣旨をさらに敷衍した。(52)「わが国には、経済エネルギー市場においてますます顕著な地位を占めるために役立つ競争上の優位性、そして自然的、技術的な可能性が存在する」。こうのべたあとで、プーチンは次のように結論をくだした。「われわれは、このような地位を国際社会すべての利益のために活用しなければならない。だが、(そうすることによって) ゆめゆめわが (ロシアの) 国益それ自体を損なう結果を招いてはならない。グローバルなエネルギー市場で、われわれは一体どのような地位を占めているのか。われわれロシアの安寧は、現在においても未来においてもひとえにこの点の自覚にかかっている」。

エネルギー至上主義

——以上、私は、プーチン論文の主な内容を紹介し、つづけてプーチンが政権の座に就いて以来現実に履行してきているエネルギー関連の具体的な諸政策についても若干言及した。そのうえに立って、最後にこのようなプーチン政権のエネルギー戦略それ自体にたいして私個人が抱く基本的な疑問や批判点を三つばかりつけ加えて、本章を終えることにしたい。

ひとつめの批判は、プーチン論文が〝エネルギー至上主義〟とでも名づけるべき立場にたっている点である。ロシアがエネルギー資源に恵まれていることは、たしかだろう。したがって、ロシアの指導者層ばかりでなく国民一般もまた、自国のそのような長所を最大限に活用しようとする誘惑に駆られる。これは、ごく当然かつ自然なことなのかもしれない。かれらは、しかしながら、自覚し注意すべき諸点があろう。まず何よりもかような幸運が往々にして資源の存在や利用に過度に依存する安易な生活態度を導きがちな傾向である。というのも、そういった僥倖に恵まれた環境下の人間は、ややもすると〝オランダ病〟にかかりやすいからである。〝オランダ病〟は、たとえば次のような症候群を誘発しがちなのである。

①原材料切り売り体質に満足しがちな心理的雰囲気の醸成。②石油資源の取引は労働付加価値が低いにも

かかわらず生まれがちな労働軽視の思考。③資源小国日本が継続しておこなってきているような血のにじむサバイバル努力の忌避。④国際的競争力をもつ製造加工業を国内で振興させようとする努力の欠如。⑤経済改革のようなリスクを伴う荒療治を一日延ばしに先送りしようとする傾向。……等々。

もとより、プーチン大統領自身をはじめとするロシアの指導者たちは、〝オランダ病〟症候群《シンドローム》を伴いがちな〝エネルギー至上主義〟の危険について十分承知しているにちがいない。たとえばクドリン財務相は、二〇〇六年にのべた。「過去数年間、原油価格の上昇によってユーフォリア（陶酔感）が生まれた。だが、このユーフォリアはロシアが八年前に苦しんだ恐ろしい危機（一九九八年夏に発生した金融危機）に比べてさえ、より一層危険な現象なのである(53)」。

このようにしてロシアの指導エリートたちは、ロシア経済の「多角化」を目指す努力を怠ってはならないことを強調する。プーチン大統領自身、〇七年に明言した。「ロシア経済は、石油とガスに依存する従来のパターンを脱却し、付加価値の高い製造業、とりわけＩＴ産業への多角化を図る必要がある(54)」、と。だが問題は、〈言うは易く、行うは難《かた》し〉にある。経済・産業構造の多角化とは、一朝一夕でなしとげうるような簡単な作業や行程ではない。それは、粘り強い根気や忍耐心を重ねた長期間におよぶ努力の結果はじめて達成可能なのである。たとえば製造加工業の育成には、大変な手間ひまがかかる。かような業種での労働は、地味な努力の継続を苦手とするロシア人気質にかならずしも合致しないばかりか、元来ロシア人が得意とする仕事でもない。

加えて、ロシア経済をして多角化、とくにＩＴ産業への転換をむずかしくしている原因が、もう一つある。それは、プーチノミクスが事実上「国家資本主義」（あるいは統制経済政策）を実践している点である。結果として民間諸企業は、国家の厳しい監督・管理下におかれる一方、およそ純粋な競争などの市場原理が作動しにくい環境におかれている。そのような状況のもとで、企業はすべからくイノベーション（技術刷新）につとめ、たとえばＩＴ産業体質への転換を図るべし——こう号令されようとも、それはまるで馬の耳に念仏のように響くだけだろう。いや、極端にいうならば、プーチンならびに彼の側近たちは、ロシアの民間企業が率先してイノベーションの成果を採り入れると、側近たちが依拠する経済的、政治的基盤、すなわち「国家資本主義」、とりわけ「レント・シェアリング・システム」がつき崩されるかもしれない結果すら懸念する。というのは、経営的に成功を収めた私企業は、かれら政治エリートの指導・管理下からの離脱を欲するばかりか、不能率な国家企業のレゾン・デートル（存在理由）に疑問符すら投げかけるようになるだろうからである。[55] 要するに、〈ブレーキをかけつつアクセルを同時に踏む〉ように、どっちつかず、もしくは虫の良いプーチン政権の経済政策——これに心から賛同し、協力しようとする企業や技術者は、おそらく出現しにくいのである。

モノカルチャー思考

プーチン論文にたいする私のふたつめの批判点は、エネルギー資源政策の実践方法にかんしてである。プーチン政権はエネルギー産業部門にたいする国家管理の必要性を唱えてやまない。ところがこれは、時代の流れに逆行する政策と評さざるをえない。先進資本主義諸国では、エネルギー産業部門はすでに国家管理の手を離れて、ほぼ完全に民営化されている。時には国際化を遂げた多国籍企業によって運営されるようにすらなっている。市場原理を貫徹させてゆくと、経済活動は少なくとも部分的には国境の壁を突破するはずだからである。たとえばロイヤル・ダッチ・シェルが、その好例だろう。このような「グローバル化」の波が到来しているにもかかわらず、プーチンはエネルギー資源をロシアの「基幹産業」部門とみなして再国有化した。経済的効率の観点からみると、これは時の流れに竿差す行為ではなかろうか。アナクロニズム（時代錯誤）の「先祖返り（atavism）」とすら評さねばならない。国家の統制下におかれたロシアのエネルギー産業は、はたして世界の民間もしくは多国籍企業とのあいだでの熾烈な競争に耐えてゆけるのだろうか。

　プーチン大統領はじめ現ロシアの指導者といえども、およそそのようなことが可能であると信じているはずはなかろう。ところがその一方で、国営のエネルギー資源関連諸企業を己の側近、オリガルヒ、「FOP」の手から奪って民間の手に戻す、つまりエネルギー産業部門自由化などは、夢にも考えていないにちがいない。というのも、もしそのように踏み切るならば、労せず膨大な「レント」を入手できるという美味《おい》しいシステムをみずから崩壊させるにも似た愚行になりかねないからである。

　プーチン政権は、エネルギー資源を己の外交目的達成の手段として最大限に活用しようとしている。これが、同政権のエネルギー戦略にたいする私の三つめの批判点である。たしかに、現ロシアはソビエト期にもっていたほとんどの外交的手段を失った。共産主義イデオロギーはもはや世界の人々を惹きつける力をもたず、ロシア文化も往年の魅力に欠ける。核兵器は、使えない「最後の手立て《ウルチマ・ラティオ》」である。このようなときにおいて、エネルギー資源はたしかにロシアが所持しているおそらく唯一の強力な外交的な手立てなのかもしれない。そしてじっさい、二〇一三年末以来今日までつづいている「ウクライナ危機」ひとつを例にとっても、このことは明らかといえよう。プーチン現政権は、たとえば天然ガスの供給を停止したり、再開したり、またその販売価格を上下させたりすることによって、政治、外交上の譲歩を手に入れようとする。ウクライナに対してばかりでなく、ＥＵ諸国に対しても、そのような戦術を用いている。

だが一般的にいって、エネルギー資源分野でのロシアの強みは、次第に失われつつある。その主要事由は、次のとおり。まず、肝心要の西シベリアでの油田が枯渇しはじめた。他方、代替が期待される東シベリアやロシア極東、北極海などは、気候や技術の点で採掘が困難なうえに、米欧諸国の金融制裁なども作用して開発が思うように進まない。仮に採掘しても、はたして商業的に採算がとれるのか。疑問だろう。加えて、シェールガスやシェール石油など非在来型資源、その他の代替エネルギーの開発によって、たとえばＥＵはロシア産資源を以前ほどには必要としなくなりつつある。

かつてのソ連は軍事力（とりわけ核兵器）偏重の一元的パワーだった。米国との冷戦に事実上、敗れたのもそのことと無関係でなかった。ウクライナ危機を契機として現在発生中の米ロ間の対立を、仮に〝ミニ冷戦〟もしくは〝熱い平和《ホット・ピース》〟と名づけるばあい、この闘いでプーチン・ロシアはエネルギー資源を最大の外交手段にしようとしている。もしそうならば、ロシアは冷戦時代の誤りを繰り返すおそれが否めないだろう。それは、国力や外交の基盤を単一のものにおこうとする「モノカルチャー思考」[56]にもとづいているからである。現代の「戦争」や闘いは、その良し悪しを別にして「総力戦」ないしはいわゆる「ハイブリッド戦」の様相を強めつつある。他ならぬプーチン・ロシアが二〇一四年以来ウクライナにたいして遂行している事実上の戦争状態が、その好例である[57]。いいかえれば、たとえそれがいかに強力なものであれ、単一要因（精神力、軍事力、経済力など）に過度に依存する「一元主義的なパワー」は、最終的な勝利を収めえない。

逆手にとられる危険

ロシアがもし経済の多角化に成功せず、何時まで経っても資源依存型の一元的パワーにとどまるばあい、ロシアは重大かつ深刻な危険にさらされることすら覚悟せねばならない。それは、米国、その他の資源保有諸国がそのことを逆手にとる可能性である。そのような手段によって、プーチン政権を経済的のみならず、政治・外交的にも追い詰める作戦を敢行する可能性である。じっさい、米国は、サウジアラビアと語らってそのようなキャンペーンをはじめたようにも思われる。そのような嫌疑を抱かせるのは、二〇一四年下半期に発生中の国際原油価格の急落である。プーチン政権の命綱ともいうべき原油の値段は、同年六月の一バレルあたり一一五ドルをピークにして、急速に下落しはじめ、本書脱稿の一五年一月現在には五〇ドルすら割り込んでいる。

原油価格の国際的な暴落の原因は、もちろん、複数存在するかもしれない。たとえば世界経済が一般的に低迷し、先行き不安であること。とりわけ欧州や中国が経済成長を鈍化させ、需要や生産の拡大意欲をしめしていないこと。だがこれら客観的な事情に加えて、次のような人為的な要因も明らかに作用している様子である。つまり、米国、サウジアラビアなど一部の産油国が「結託」[58]して意図的に石油の増産に努め、国際的な原油安を招来しようともくろんでいるとの嫌疑である。もとより、そうすれば、已に商業的なマイナスを導く。だが、アメリカ、サウジアラビアはそれぞれの政敵たるロシア、イランを経済的、したがって政治・外交的に苦境に陥らせることのほうをより重要視する。[59] ――以上は、主としてロシア側による「陰謀論(パーベル・コーシキン)[60]」にもとづく説明法とはいえ、どうやら真相に近いように思われる。

ロシア連邦の二〇一四年度予算は、国際原油価格一バレルあたり約一〇〇ドルで均衡するように作成されている。(61)同価格が一ドル下がるごとに、ロシアの国庫収入は少なくとも約二〇億ドルの減少になる。一四年の六月から一五年一月に実際そうだったように、同価格が五〇ドル台にまで落ち込むと、それだけでロシアの国家予算は約一〇〇〇億ドルの減収になる。ロシアのGDP約二兆ドルの五％を失う。

もし米国やサウジアラビアによる「陰謀」が効を奏して原油価格が長期的に七〇〜六〇ドル台にまで落ちるならば、ロシアは「レジーム・チェンジ（政体変更）」の危機にさらされるだろう。このような見方さえ囁かれはじめた。(62)もちろん、これは極論である。ロシア国民の負荷耐久能力を過少評価している。ロシア人は、一九九八年の経済危機も、二〇〇八年の世界同時不況も結局乗り越えた。プーチン下の現ロシアは、五〇〇〇億ドルにもおよぶ「安定化基金」や「国民福祉基金」からなる経済的変動にたいするショック・アブゾーバー（緩衝器）としての外貨準備金制度も備えている。尤も、それは、二〇一四年末に原油安やロシア通貨ルーブルの急落によって一気に四〇〇〇億ドルへ減少したが。ソチ五輪の成功、クリミアの併合後、プーチン大統領の人気は、空前絶後の高さ（約八六％）を誇っている。

これらのことにもかかわらず、われわれはひとつの皮肉の発生に気づかざるをえないだろう。プーチンは、原油価格の国際的な高騰という僥倖に恵まれたラッキーな政治家だった。これまで「石油という武器」(63)を政治、外交上の目標を達成するために十二分な程度にまで活用してきた。ところがひょっとして、今や立場は逆転しつつあるとすらいえはしないか。つまり、米国、サウジアラビアなどの諸国が、かつてロシアが得意中の得意とした同一の手段を逆手に用い、そのことによって産油国のロシアが苦境に立たされる。どうやらそのような皮肉が現出しかけている様子なのである。

第7章
上　昇

ボリス・エリツィンとボリス・ベレゾフスキイ

プーチンは、目に見えざる手に導かれたかのようにモスクワへ向かった。
――マーシャ・ゲッセン(1)

プーチンのモスクワでの上昇は、ミステリーである。
――ヒル&ガディ(2)

「ファミリー」は、新しいレジームになってもかれらに現状維持を可能にする後継者を、必死になって探しはじめた。

――フランチェスカ・メロー(3)

ロケット並みの上昇

故郷ペテルブルクを離れ、首都モスクワを目指したプーチンは、その後幸運の風に恵まれた。大統領府に職を得たプーチンは、異例のスピードで出世階段を駆け登っていった。一九九六年八月にモスクワへ到着したプーチンは、わずか三年半後の二〇〇〇年三月にはロシア大統領に見事当選したからである。まるでロケットに飛び乗ったかのようなプーチンの急上昇！　一体なぜ、そのような「奇跡」が起こったのか？　この謎を追究し、その訳を探る。これが、本章ならびに次章の課題である。

そもそもプーチンは、どのようにしてモスクワで就職口を見つけえたのだろうか？　サプチャク市長が再選に敗れ、プーチンがペテルブルク市役所を辞めざるをえなくなったとき、プーチンのモスクワでの就職活動を助けたのは、クドリンだった。[4] ペテルブルク市役所でプーチンとともに第一副市長をつとめていた人物である。クドリンは、プーチンよりも一足先にモスクワの大統領府で管理総局長ポストに就くことに成功していた。チュバイス（当時、大統領府長官）の引き立てによってであった。チュバイスは、かつてレニングラード市でサプチャクが市ソビエト執行委議長だった時代に同副議長をつとめていた人物。つまり彼は、クドリン、プーチンらにとって大先輩筋にあたる。

クドリンは友情に厚く、男気《おとこぎ》のある人物だった。八歳年上のプーチンをモスクワへ招き、然るべきポストに就かせようと懸命に努力したからである。チュバイスがプーチンに最初当てがおうとしたのは、プーチン本人が期待したレベルよりも低い地位でしかなかった。プーチンにとり二度目のモスクワ訪問だったにもかかわらず、彼は職探しに再び失敗したわけである。クドリンは、そのようなプーチンを文字通り空港まで送って行く車のなかで、最後の努力を尽くすべきではないかと考え直した。途中で車を停めて、念のために今度はアレクセイ・ボリシャコフに電話をかけてみた。[5] ボリシャコフも、かつてレニングラード市議会執行委員会の第一副議長として働いた経歴の持ち主で、当時チュバイスの下で大統領府第一副長官をつとめていた。クドリンの依頼でボリシャコフは上司チュバイスの説得を試み、効を奏した。このような斡旋や経緯によって、プーチンは漸くにして大統領府内に総務局次長の職を得ることができたのだった。[6]

その後のプーチンは順風満帆、なんと三年半後にはエリツィン大統領の後継者に指名されるという信じられない幸運に恵まれた。プーチンは、彼よりも早くペテルブルクからモスクワへ移り大統領府につとめていた、チュバイス、ボリシャコフ、クドリンといったペテルブルク閥の全員をごぼう抜きにしたばかりではない。エリツィン大統領周辺に巣食っていた「ファミリー」を含む根っからのモスクワっ子たちをも差しおいて、クレムリン・トップの座へと駆け上がったのだった。

たしかにペテルブルクでプーチンは、サプチャク市長の目にとまり、またたく間にナンバー2の地位を占めるにいたった前歴の持ち主ではあった。つまり、プーチンは才能豊かであると同時に、如才なく実に抜け目なく立ち回る人物なのである。だが、モスクワはペテルブルクとは違う。ロシア連邦全体の首都であるうえに、ペテルブルク出身でペテルブルク国立大学卒のプーチンにとってコネも縁故もない異郷の土地であった。それにもかかわらず、プーチンはなんと三年半ばかりの短期間でロシア連邦政府トップの地位を占めたのである。念のためより正確にいうと、プーチンがモスクワの土地を踏んだのは、一九九六年八月。三年後の九九年八月にはエリツィン大統領によって首相代行、同年末には次期大統領候補に指名された。そして二〇〇〇年五月七日には、ロシア連邦大統領に就任した。その間、わずか三年九カ月。信じられないスピードでの上昇である。しかも、プーチンは革命やクーデターといった手荒な方法に一切訴えることなく、このような偉業をなし遂げたのだった。

プーチンは一体どのようにして、通常考ええないこのような不可能事を可能にしたのだろうか？ その「奇跡」の秘密は、奈辺にありや？ 実は、これはいかなるロシア研究者によっても満足ゆく解答が未だあたえられていない問いなのである。今日にいたるも「ミステリー」（ヒル＆ガディ）にとどまっている難問中の難問である。

何事につけても大胆かつ断定的に答えるロシア問題の評論家、ゲッセンですら、この質問にかんしては完全にお手上げのようである。じっさい、彼女の主著『顔のない男』は、わずかに次のように記すにとどめているにすぎない。現職のサプチャクを破って当選したヤーコブレフ新市長から、ペテルブルク市役所に残って自分を助けないかとのオファーを断ったあと、プーチンは「まるで目に見えざる手に導かれたかのようにモスクワへ向かった」。モスクワでの彼の就職は「秘密警察の意図の産物だったのか、それとも先見の明だったのか」[7]（傍点は引用者）。

混乱と困窮

首都モスクワでのプーチンのスピード出世を可能にした諸事由を数えあげて、それらを理論的に整理するならば、次の三つに大別されるだろう。第一は、当時のロシアの「状況」である。とりわけ、エリツィン大統領の心身が急速に衰弱しつつあったという深刻な事情が重要だろう。第二は、そのような事態を憂慮し、後継者探しに乗り出したエリツィン、「ファミリー」、オリガルヒ、シロビキら側近たちの思惑や動き。つまり、最終的にプーチンを「選んだ者」たちの側の要因である。そして第三は、「選ばれた側」、プーチンの要因である。つまり、そのような状況や動向を本能的に察して、少なくとも結果的にはそれらを見事に利用することに成功したプーチンの才覚と努力。プーチンの「パーソナリティー」を中心テーマとする本書では、当然これらのなかでも第三要因、すなわちプーチン個人の野心、それを実現するために彼が用いた権謀術数に、主な焦点を当てる。とはいえ、その作業（第8章）にとりかかる前にそのために必要な準備作業としても、本章では前二者の要因について、まず検討する。

まず、第一要因の「状況」からはじめよう。プーチンが首都モスクワへ出てきて大統領に就任するまでのロシアは、一体どのような状態にあったのか？　一言でいって、当時のロシアは、激動、無秩序《アナーキー》、混乱《カオス》の最中にあった。一九八五年のゴルバチョフ政権の誕生以来、ロシアの一般国民は、同政権が次から次へと矢継ぎ早に繰り出す数々の政策に翻弄され、疲労困憊状態にあった。ペレストロイカ（立て直し）、グラスノスチ（情報公開）、「新しい政治思考」などのスローガンのもとに打ち出された諸政策によってである。結果として東欧「衛星」圏はソ連の手から失われ、九一年八月にはロシアでクーデター未遂事件が発生し、十二月にはソ連邦自体の崩壊という「二十世紀における地政学上の大惨事(8)」（プーチン）すら経験する羽目になった。

続いて政権をになったボリス・エリツィンは、事態を収拾するどころか、却って悪化させる始末だった。多分ゴルバチョフにたいするライバル意識も手伝ったのであろう、エリツィンは少なくともその政権当初ゴルバチョフ以上の改革をおこなおうと試みた。たとえば経済分野では、物価の自由化、国有企業の民営化など急進的な政策を断行した。一般に「ショック療法」と綽名されるこれらの政策の結果として、一部の人間は、一夜にして巨万の富を手に入れることが可能になった。かれらの多くは「オリガルヒ」（新興寡占財閥）

と呼ばれる。他方、そのような恩恵にあずかりえなかった圧倒的大多数のロシア人は、物質的困窮のどん底へと落されることになった。老人や年金生活者たちが、なけなしの物品を片手に買い手を求めて、厳寒の街頭で立ち尽くす。このような姿が、モスクワはじめ各地方で日常茶飯事のように見られる光景になった。

ほとんどのロシア人は、貧富の格差拡大ばかりでなく、次のような社会的否定現象にも苦しめられることになった。たとえば、汚職の横行、犯罪の跋扈《ばっこ》、治安の悪化などである。ロシア社会は、自然界の弱肉強食の掟が支配するホッブズ的な世界を現出させた。これら諸悪の根源をただ一つだけ指摘せよといわれれば、ロシア人の誰しもが国家権力の脆弱化と答えるであろう。また、それは間違ってはいなかった。具体的にいうと、社会の秩序を維持し監督する諸機関（警察、軍隊、その他の治安機関）の弱体化、もしくは機能不全である。これこそが、とりわけ「一九九〇年代の泥沼(9)」もしくは「動乱の時代」を生み出した元凶にほかならなかった。エリツィン大統領は、また、ロシア議会と権力を張り合う必要上、地方自治体の行政首長を懐柔しようともくろんで、事実上、地方分権化を促進した。このことも手伝って、チェチェン共和国などはロシア連邦からの分離独立を要求する運動を活発化した。エリツィン政権は、軍事力を用いてそれらを鎮圧せねばならない必要性に直面した。

右のような状況下で、次期大統領選挙でのエリツィンの再選はけっして楽観視しえないとの予想すら囁かれるようになった。ひょっとすると、ロシア共産党が推薦する同党委員長のジュガーノフ候補の挑戦によって敗れ去ることになるかもしれない。もしジュガーノフが勝利するならば、ロシアは再び共産主義体制へ逆戻りする危険さえなきにしもあらず。そうなると、オリガルヒらはこれまでに得た不当利益すべてを吐き出すよう要求され、全財産を失う羽目におちいるかもしれない。少なくともこれまでどおりのうま味を味わうことは許されなくなるだろう。このような事態の到来を懸念したエリツィン側近の一部では、一九九六年六月予定の大統領選挙を延期すべきだと主張する者すら現れた。たとえばコルジャコフ大統領警備局長らは、そのような意図を隠そうとしなかった。

幽霊大統領

このようにして、ふつうは両立しえないはずの二グループが一時的な同盟関係を組むことになった。エリツィン政権下の若手改革派とオリガルヒの提携である。次期大統領選では是が非でもエリツィンの再選を勝ちとらねばならない。この一点にかんして、かれらは見解と利害を合致させたからだった。かれらは、エリツィンの再選目指してなりふりかまわない選挙キャンペーンを敢行した。まず、「ミスター民営化」の異名をとるチュバイス（前第一副首相）を選挙本部長に据える。タチヤーナ・ジヤチェンコを通じて、エリツィン大統領と密接な連絡を保つ。ジヤチェンコはエリツィン大統領の次女であり、エリツィン「ファミリー」の中核的な人物。米国から選挙キャンペーンのプロフェッショナルを雇うことすら躊躇しない。エリツィン再選を実現するためのスローガンとしては、「過去への逆行」（＝ジュガーノフ）か、それとも「改革の続行」（＝エリツィン）かを選ぶ。まるでこれら二つの選択肢しか存在しないかのような形で、ロシア有権者にたいして決断を迫る。結局、一九九六年六月十六日実施の第一次投票で、エリツィンは一位を占めた。だが三五・二八％に過ぎず、過半数には達しなかった。七月三日の第二次投票で、第一次投票で第三位だったアレクサンドル・レベジ退役中将をとり込むことによって、エリツィンは辛うじてジュガーノフを破ることができた。

再選をはたしたとはいえ、エリツィン大統領および「ファミリー」、側近たちの悩みが解消されたわけではなかった。大統領の高齢化と健康不安という二大難問が、依然として解決されることなくかれらの前に立ち塞がったからだった。大統領は、再選直前の一九九六年二月一日にすでに満六十五歳の誕生日を迎えていた。六十五歳は、たしかに日本人の感覚からすると、かならずしも老人扱いすべき年恰好ではなく、政治家として働き盛りとみなして差し支えない年齢なのかもしれない。だが、当時日本人男性の平均寿命が七十六・三六歳だったのにたいして、ロシア人のそれは二十歳近くも短い五十七・三歳だった。この点からいうとエリツィンはロシア人男性の平均寿命をすでに八歳近くも上まわる高齢者なのだった。

エリツィン大統領は、高齢化よりもはるかに深刻な問題に苦しめられていた。健康悪化である。大統領は、心臓疾患を含む数々の持病の持ち主であるばかりか、過度のアルコール摂取からくる肝臓や腎臓の障害、背骨や腰痛の後遺症などに悩まされていた。一九九二年頃からは腰痛、過労、不眠症などのために極度に風邪を引きやすくなっていた。九五年には虚血性心疾患で倒れ、モスクワ中央病院とモスクワ郊外のバルヴィハ療養所で二度（計五カ月間）にわたって加療を余儀なくされた。当時、大統領府は狭心症の発作と発表したが、心筋梗塞との疑いが濃厚だった。

実は、九六年夏の再選キャンペーンの最中ですら、エリツィンは心臓発作を起こして倒れた。正確にいうと、第一次と第二次投票のあいだの六月二十六日のことだった。但しこのときは、当然のごとく報道管制が厳重に敷かれていたために、ロシア有権者の圧倒的大多数はこの事実を知ることなく投票場に赴いた。エリツィン本人は、海外特派員やカメラマンが待ち構えているモスクワ市内の投票所には姿を現さず、バルヴィハ地区の特設投票所で投票を済ませた。再選後のエリツィン大統領は九六年十一月五日に心臓バイパス手術を受けた。十二月二十三日にはいったん職務に復帰したものの[10]、年明けの一月八日には肺炎をこじらせ、再びすべての公務を延期し、ひたすら治療に専念せねばならなかった。

再選後のエリツィン大統領はクレムリンにほとんど姿を現さず、登庁してもクレムリンで四〜五時間以上執務することが困難になった。ロシア国民の眼前からは完全に姿を消し、はたして生きているのやら死んでいるのやらシカと分らない最高指導者！　そのような大統領を、当時シェフツォーワ女史は「幽霊大統領《ファントム》」(11)と名づけさえした。再選されたものの、はたしてこのような状態でエリツィンは二期目の大統領任期四年をまっとうしうるのだろうか。「ファミリー」、側近、オリガルヒ、シロビキのあいだでこのような疑念が、次第に拡がりはじめた。

エリツィンの試行錯誤

右にのべたような「状況」に直面して、エリツィン周辺ではポスト・エリツィンに備える動きが密かに、あるいは公然と開始された。当然の動きだったといえよう。結果的にはプーチンがエリツィンの後継者として選ばれたとはいえ、もとより最初からプーチンが第一候補者とみなされたわけではまったくなかった。では、一体どのような過程を経て、プーチン一人へと絞られていったのだろうか？

理論的にいうと、後継者の選択は大別して二つの要因によって決まる。一は選ぶ側、二は選ばれる側の思惑や事情である。エリツィンの後継者を選ぶ側になったのは、具体的にいうとエリツィン大統領、そして「ファミリー（家族《セミヤー》）」、オリガルヒ、シロビキらの側近たちだった。もちろん、これは飽くまで理論的な分類に過ぎず、現実には同一の人物が複数グループに属していることもある。たとえば、エリツィンは「ファミリー」にも属し、ベレゾフスキイやアブラモビッチらは「ファミリー」にもオリガルヒにも属している。選ばれる側の候補者になった人間も、複数いた。具体的にいうと、チェルノムイルジン、キリエンコ、プリマコフ、ステパーシン、そしてプーチンだった。本章では選ぶ側のエリツィン、「ファミリー」、オリガルヒ、シロビキについて論じる。章を改めて第8章で、選ばれる側の最終かつ本命候補になったプーチンについて検討することにする。

まず、選ぶ側で最も重要な人物、エリツィン大統領は、一体どのような役割をはたしたのだろうか？　己の健康が日益しに悪化するにもかかわらず、エリツィンは当初、そして実に長らくのあいだ、みずからが大統領ポストから退く意志をしめそうとしなかった。そのような同大統領の凄まじいまでの権力欲は回りの者を呆れさせ、かつやきもきさせた。ところがついに辞職を決断したときには、すでに周囲の者たちによって外濠も内濠もすっかり埋められ、お膳立てが整えられていたのだろう、エリツィン大統領は格別迷うことなくプーチンを指名した。そのために、大統領の意中の候補者が最初からプーチン一人に絞られていたかのような印象をつくり出した。だがこれは、このあと直ぐ証明するように後知恵にもとづく間違いである。エリツィンがあたかも最初からプーチンに白羽の矢を立てたかのように説く者のひとりは、ティモシー・コールトンである。コールトンは、長年にわたってハーバード大学のユーラシア研究センター長をつとめたあと、現在、同大学の政治学部長（ロシア政治専攻）。彼は、大著『エリツィン――一つの生涯』で、エリツィンの著作『大統領のマラソン』の中から、次のくだりを引用する。[12]「私は感じるようになった。ロシアの社会には次のような資質をもつ新しいタイプの人間にたいする必要性が高まってきている、と。すなわち、聡明、民主的、革新的、しかも軍事的にも確固とした人間である。一年後に、そのような人間が現れた。私は、もちろん、プーチンについて語っている」[13]。

しかし、これは万事慎重なロシア・ウオッチャーであるはずのコールトン教授にしては珍しい綺麗事の引用であるように思われる。というのも、教授は、みずからのコメントを一切つけることなく、エリツィンの文章を引用するだけに止めているからである。そのことによって、教授が大統領の言葉をそのまま信じているかのような印象を読者にあたえる結果になっている。だが、改めていうまでもなく、エリツィン大統領の回想録は、その他の著作同様エリツィン本人が執筆したのではなく、ゴーストライターのワレンチン・ユマシェフが代筆した書物である。ユマシェフは、エリツィン「ファミリー」の中心人物のひとりで、エリツィンが大統領を辞職したあとの二〇〇一年にエリツィンの次女タチヤーナ・ジヤチェンコと——双方にとり三度目の——結婚をした。コールトン教授引用の右の一文も、プーチン現大統領がかならず目を通すにちがいないとユマシェフが予想して記した、綺麗事に近い後知恵の文章だろう。

加えて、当時心身ともに脆弱状態にあったエリツィンに、コールトン教授引用の右の一文がしめしているような理性的判断能力がはたして存在したのか。大いに疑問である。そもそもエリツィンにそのような判断力が備わっていたのならば、彼は、プーチンに辿りつくまでの一年五カ月間に、なぜ四人もの首相の首をすげ変えるという無駄な試行錯誤を繰り返したのか。説明がむずかしくなろう。すなわち、エリツィン大統領は、一九九八年三月、チェルノムイルジン首相を解任してキリエンコを任命した。ところが、同年九月にはプリマコフ、九九年五月にはステパーシン、そして、そのあと漸く同年八月になってプーチンを首相に指名した。何とわずか十七カ月のあいだに、四人もの首相、つまり次期大統領候補者を任命しては辞めさせるという試行錯誤を繰り返したのだった。

ハッチンズは、このようなエリツィンの迷いを次のように表現する。「エリツィンは、他の人間がまるでソックス（短い靴下）を変えるように気分を変えた。彼の後継者選びは、みじめな失敗を繰り返した。多くの候補者が試みられはしたものの、そのうちの誰一人として最終的な適格者として選ばれるにはいたらなかったからである」[14]。このような経緯にかんがみると、エリツィンがプーチンを己の眼鏡にぴったり適合した人物であるとの確信を抱き、プーチンを後継者に選んだ――。このように主張する、エリツィン（実はユマシェフ？）の説明、そしてそれを真に受けたかのように思われるコールトン教授流の見方は、結果を知ったあとの後知恵に過ぎず、説得力を欠く。むしろ、エリツィン自身は散々試行錯誤を繰り返した。その挙げ句の果てに到達した止むをえない一か八かの最後の選択肢。それが、プーチンだった。――こう考えるほうが、より自然な見方なのではなかろうか。

「ファミリー」の意図

高齢かつ病弱でなかなか決断ができない優柔不断なエリツィンに代って、「ファミリー」がプーチンを選んだ。したがって、このような見方が生まれて、少しもおかしくない。「ファミリー」側には、少なくとも、そう見られても仕方がない動機が充分存在する。「ファミリー」は、ポスト・エリツィン期になっても自分たちの資産、そして望むらくは政治権力すらをも死守する必要があると考えた。そして、そのようなことをかれらに保障できるのは、結局のところKGB関係者以外にはありえないとの結論に達した。とりわけ望ましいのは、KGBの最高ポスト、すなわちKGBの後継組織である連邦保安庁（FSB）か、対外諜報庁（SVR）の長官を経験した者である、と。イタリアの新聞記者、フランチェスカ・メローは、「ファミリー」が当時抱いた考えを、著書『アミコ（友人）、プーチン』（二〇一一年）のなかで次のように記す。「エリツィン期の鍵を握る人物、とりわけ〝ファミリー〟のメンバーたちは、新しいレジームになっても、かれらに現状維持を約束してくれるような後継者を必死になって探しはじめた[15]」。そして、かれらは次の合意に到達した。まず、現状維持という自分たちの目的を達成するための後継大統領としては、チェキスト関係者がベストである[16]。次に、KGB関係者のなかではプーチンが最適任者である。かれらにとり最も重要目的を達成するためには、プーチンにかんするその他の特性などは所詮、二次的な事柄として目をつぶる必要がある、と。元KGB中佐で現在法律学の教授をしているセルゲイ・プロトノフも、著書『プーチン——エリツィンの養子』(二〇一四年)で記している。「ベレゾフスキイとファミリーは、(当時)プーチンこそが〝帝国〟の後継者として理想的な候補であると確信した[17]」。

「ファミリー」は、エリツィン大統領に向かい、おそらく次のように説明して大統領の同意をとりつけたのであろう。(1)次期大統領は、是非ともKGBのトップを務めた者のなかから選ばれる必要がある。(2)その理由は、以下の三つのケースに備えねばならないからである。一は、次期大統領選挙で万一のケースであれロシア共産党が勝利を収め、政権の座に就くばあい。もしそういうケースになれば、ロシアの議会ビルに向かい戦車砲撃を実施した張本人のエリツィンは、投獄の運命すら覚悟せねばならなくなるだろう。二は、民主主義志向の強い人物が選ばれるケース。このばあいでも、エリツィンはチェチェン戦争を開始し、少数民族を大量虐殺した罪などで、ひょっとすると弾劾される窮地に立たされるかもしれない。第三に、一体誰が次期大統領になろうとも、次のような危険が存在する。エリツィン大統領や「ファミリー」は、ロシア経済を私物化し、「オリガルヒ」と結託して、汚職や賄賂に手を染めた廉で弾劾される。結果として「ファミリー」は、自己の財産や身分を維持することがもはや適わなくなる。ところが、である。もしKGBトップの地位を占めた経験者が次期大統領になれば、かれらの懸念や危惧は一切雲散霧消するだろう。なぜならば、そのような新大統領は以上のようなケースの出来《しゅったい》を断固阻止して、エリツィンおよび「ファミリー」を守ってくれると期待できるだろうからである。このようにして、クライスティア・フリーランド（『フィナンシャル・タイムズ』紙・元モスクワ支局長）も、メロー同様の推理をおこなう。すなわち、「プーチンは、ファミリーの手によって選ばれた候補者」になった。「プーチンにクレムリン（の権力）を手渡すことにしたエリツィンの動機は、露骨なまでに個人的で利己的な利害に根ざしていたのである」[18]。

当時、エリツィン大統領は、さきにのべたように健康を日増しに悪化させ、精神的にも弱気になりつつあった。そして、このような「状況」下にあった大統領は、右のように説く「ファミリー」の言うがままに行動した。このような可能性は、十分存在した。そして実際、エリツィン大統領は「ファミリー」の助言を採用し、それを忠実に行動に移したようである。たとえば大統領が一九九九年九月から一年間に大統領候補含みで首相に任命した三人は、すべてKGBトップの経験者だった。すなわち、プリマコフは、一九九一〜九六年にかけてKGBの後継組織のひとつ、SVRの長官をつとめていた人物だった。ステパーシンも、九四〜九五年にかけてFSB長官をつとめていた。二人のKGB関係者が試されたものの、かれらは、帯に短し襷《たすき》に長し。プリマコフは実力者だが野心があり過ぎ、ステパーシンは忠実だが実力を欠いた。結局、ふたりとも不合格とみなされた。その後になってはじめて、九八〜九九年にかけてFSB長官をつとめたプーチンが、首相に任命された。――このような経過からも、プーチンが一等最初からエリツィン後継者の第一候補だったとみなすのは、適当ではない。むしろ、その他の候補者たちを試みたあと、もうほとんど残りのカードがなくなりかけた状況下での最終ぎりぎりの候補者。それが、プーチンだった。このように考えるほうが、実態に近いように思われる。

このような見方を裏づけるかのような証言をしているのは、ジョージ・ソロスである。ソロスは、改めていうまでもなくハンガリー生まれのユダヤ系で、世界一、二といってよい大富豪。当時、ソ連邦崩壊後のロシアが民主化を目指し、市場経済体制へとスムーズに移行するのを、己が主宰する「ソロス財団」などを通じて支援しようともくろんでいた。それやこれやの理由でロシアに多大の関心を寄せていたソロスは、二〇〇〇年、次のようにのべた。「エリツィン〝ファミリー〟は、彼の後継者としてエリツィン退陣後にエリツィンおよび〝ファミリー〟の身柄ばかりでなく財産を保護してくれる類いの人物を探していた。そして、その適格候補者のひとりとして、ウラジーミル・プーチンが急浮上してきたのだった」[19]（傍点は引用者）。

プーチンは期待どおり？

じっさい、大統領代行に任命されたあとプーチンが真っ先におこなったことは、一体何だったか。ちょっと先走って今しばらくこのことを思い出してみよう。エリツィン前大統領、家族の身体ならびに資産の安全を保障する布告の発令にほかならなかった。つまり「ファミリー」がまさにプーチンに欲したところのものを、プーチンは忠実に履行し、かれらの願いを見事に適えたのだった。ところが、プーチンはけっして一筋縄でゆく人間ではない。というのも、返す刀でプーチンは「ファミリー」をクレムリンから追っ払ったからである。

プーチン新大統領は、まずジヤチェンコを大統領のアドバイザー役から罷免した。彼女は、エリツィン大統領の次女であることを良いことにして、クレムリン内に自由自在に出入し、事実上エリツィン大統領の私設秘書としての地位と権限をほしいままにしていた。今後も同様に振る舞うようでは、プーチンに目の上のたんこぶになる。プーチンは、同じく「ファミリー」の一員、パーベル・ボロジンも大統領府から解雇し、別のポジションに就けた。ボロジンは、もともとプーチンをモスクワへ呼び寄せようと試みてくれた恩人であり、かつプーチンがじっさい大統領府総務局次長のポストに就いたときに同部長をつとめていた上司だった。当時ボロジンにはジヤチェンコ同様、汚職の嫌疑や噂がつきまとっていたことは、たしかな事実だった。それにしても、プーチンは思い切った処置をとったことになる。ただし、プーチン新大統領は、「ファミリー」のなかでカシヤーノフ財務相だけは直ちにお役御免にしえなかった。というのも、さきにもふれたように、前大統領エリツィンが後継者のプーチンに向かい、カシヤーノフだけはそうしないよう特別に要請したからだった。とはいえ、プーチンは己の第一期目の大統領任期が終了するのすら待たずに、二〇〇四年二月、「ファミリー」最後のメンバー、カシヤーノフを首相（当時）ポストから解任して、世間を驚かした。プーチンは、前大統領の息のかかった人間を自分の周辺におくことを好まなかったのである。その動機は何であれ、自身の昇進を手助けしてくれた者ですら己の目的達成後に遠慮会釈なく斬り捨てるのは、プーチンに珍しくないやり方なのである。

話が後日談に及びかけたので時計の針を元に戻すと、ともあれ「ファミリー」はエリツィンの後継者としてプーチンを選ぶことにした。プーチンは、たんにエリツィンの後継者になるばかりか、望むらくは「スティルリッツの現代版」の役割すらはたして欲しい——。「ファミリー」メンバーのなかには、このように望む声さえなきにしもあらずだった。奇想天外のアイディアともいえるが、ロシアの当時の「状況」から考えて想像しえないことでもなかった。スティルリッツとは、誰か？　ロシアでは知らない者は一人もいない人物である、スパイ小説、『春の十七の瞬間《とき》』（ユリアン・セミョーノフ原作、一九七三年）[20]のスーパー主人公《ヒーロー》だからである。ヒトラーの親衛隊、SSのなかにもぐり込むことに成功したソ連の諜報部員で、祖国ロシアのために八面六臂の大活躍をする。同名のタイトルでテレビのシリーズにもなり、ロシア視聴者の眼を釘づけにした。何を隠そう、七三年から七五年の二年間モスクワで暮らしていた本書筆者の私も、紛れもなくそのうちのひとりだった。

政治評論家グレプ・パブロフスキイは、「ファミリー」の意図を次のように説明する。パブロフスキイは、長らくの間クレムリンの忠実なスポークスマン役を務めていた人物である。その意味でも、結局はプーチン支持の意図にもとづく発言とみなすべきかもしれない。「かれらは、ロシア国民がスティルリッツのような英雄を求めていることを知っており、しかもプーチンがそのようなスティルリッツになれる可能性があるとみなした。すなわち、TV人気番組のヒーローであり、第二次大戦中に（ナチ）ドイツのSS隊員に偽装したエージェントであり、ロシアの理想を具現化する人間だからである。かれらは、ウラジーミル・プーチンをそのようなスティルリッツへと変貌させるキャンペーンをはじめようとすらもくろんだ[21]」。

オリガルヒやコントーラの思惑

現状維持を切望する――。この点で、当時「ファミリー」に勝るとも劣らない態度をしめしたのが、オリガルヒたちであった。オリガルヒは、エリツィン「ファミリー」に献金し、そのことを通じて得たコネ、その他を通じて莫大な経済的利益を己の懐に収めていた。かれらは、当然のごとくそのような状態が半永久的につづくことを強く望む。この種の利己的な目的を達成するために、ロシアのオリガルヒはすでに一九九六年の大統領選挙でエリツィン再選に全力を尽くした。本来は互いに競争関係にあり仲が良くないにもかかわらず、オリガルヒたちはこのときばかりは一致団結し、協力したのである。ちなみに、そのように結束した主要七大財閥には「七大銀行衆」[22]という綽名が奉られた。ともあれ、現状維持を旨とするオリガルヒは、エリツィン大統領の健康悪化を目の当たりにするや、今度は同大統領の後釜探しに真剣になった。とうぜん至極の反応であり、動きであったといえよう。

エリツィンの後継者としてプーチンに白羽の矢を立てたのは、オリガルヒだけではなかった。「コントーラ」も、そうだった。「コントーラ（контора）」とは、もともと「支部」を意味するロシア語で、ＫＧＢ、その後継機関であるＦＳＢやＳＶＲを指す隠語にほかならない。では、オリガルヒと「コントーラ」との関係は、一体どうだったのか？　具体的にいうと、両者は、プーチンをエリツィンの後継者とすることにかんしてたんに同一の希望を抱いただけのことだったのか？　それとも、この同一目的を達成するために相互に意識的に協力し合ったのか？　二つの見方があるように思われる。ゲッセン女史は、前者の解釈をおこない、その根拠として次のようにのべたオリガルヒの代表的人物、ベレゾフスキイの言葉を引用している。当時「他の誰かがプーチンを選出することが正しいと考えて、われわれのゲームと併行して計略を進行中。このようなことを、私はまったく思いもつかなかった。『他の誰か』とは、ＦＢＳのことである」[23]（傍点は引用者）。

フェリシチンスキイ＆プリブロフスキイは後者の立場をとり、両者の関係をもう少し密接だったかのように捉えているようである。かれら二人の共著者は、オリガルヒと「コントーラ」が合体して形成した一種の非公式グループを、「組織《オーガナイゼーション》」もしくは「会社《コーポレーション》」と名づける。ちなみに、トレイズマン教授は、「シロビキ（silovik）」と「オリガルヒ（oligarch）」の二つの英語を合体させて、「シロバルヒ（silovarch）」という造語を発明した。[24] フェリシチンスキイ&プリブロフスキイの二人によれば、これら「組織」ないし「会社」は、自分たちの利益を守護する任務をプーチンに託すことにした。[25] 仮にもしこのような後者の説に従うならば、プーチンはこの「組織」ないし「会社」の雇われ社長ということになろう。したがって極言すれば、プーチンがもしそのような「組織」や「会社」の利害に合致しない大統領であると判断されるばあいには、プーチンは彼の背後に存在するオリガルヒや「コントーラ」によって馘にされかねない運命下におかれているともいえよう。

フェリシチンスキイ&プリブロフスキイが導き出す、プーチンの運命についてのこのように大胆な結論にまで、はたしてわれわれは賛同すべきなのだろうか。その後プーチンの個人的権力が強力かつ揺るぎないものになっていった現状にかんがみて、これら二人が説くほどもはやことは簡単とは言い切れず、この件については改めて別途議論する必要があるだろう。ここではその問題をいったん横において、そのように強力な「組織」または「会社」の立場にわれわれの身をおき、飽くまでかれらの利益存続の視点からプーチンを眺めることにしよう。[26] そのばあい、プーチンが大統領候補の最適者であるかのように映ったと説く、フェリシチンスキイ&プリブロフスキイの見解にはかなりの説得力があるように思われる。

当時、オリガルヒや「コントーラ」の目には、プーチンが二つの条件をクリアする人物であるかのように映った。まずチェキストであるべしとの第一条件を満足している。忠実無比の人間という第二条件にも合格している。つまり、プーチンは上司や雇い主に忠実で、個人的野心をもたない人物である。要するに、プーチンはかれらにとり都合のよい二条件をともに満たしている人間のように映ったのだった。しかし、「組織」や「会社」は間違いを犯した。プーチンは第一条件こそクリアしてはいたものの、第二条件を満たすような生易しい人間ではなかったからである。

自分を野心のない人物に見せかける――。これこそは、チェキストの心得書き第一条に掲げられている「パカズーハ（показуха; 見せかけ、偽装）」のテクニックではないか。じじつそれは、プーチンが得意中の得意とする戦術でもあった。たとえばオリガルヒの代表的人物、ベレゾフスキイはそのようなプーチンの作戦に見事に引っかかった犠牲者の典型といわねばならないだろう。また、エリツィン、「ファミリー」も、そうだった。他のオリガルヒも大なり小なり、そうだった。これらの人々は、プーチンを「他人の手のひらのなかで[27]」踊るだけで満足する、いわば操り人形タイプの人間だとみなした。フェリシチンスキイ&プリブロフスキイは記す。ベレゾフスキイを代表する「オリガルヒたちは自分たちこそがプーチンをあやつる手にほかならないと信じ込んでいた[28]」（傍点は引用者）。かれら二人は、引続いて記す。「だが、プーチンなる舵を操作する手は『コントーラ』であることが、判明した[29]」（傍点は引用者）。しかし、じっさいの「手」は、オリガルヒでも「コントーラ」でもなかった。プーチンという舵を操縦するのは、飽くまでもプーチン本人の手だったのである。この私の結論を説明する前に、しかしながら、フェリシチンスキイ&プリブロフスキイの見解をもう少し詳しく紹介する必要があるかもしれない。

ＫＧＢ陰謀説

実際には、一体誰がプーチンを大統領ポストへと押し上げた手だったのか？　ベレゾフスキイを筆頭とするオリガルヒだったのか、それとも「コントーラ」だったのか？　この問いにたいして、フェリシチンスキイ&プリブロフスキイは、「コントーラ」だったと、断言する。すなわち、ＫＧＢの二大後継組織である

FSBやSVRが形成する「コントーラ」こそが、プーチンをクレムリンの主《あるじ》に押し上げることに貢献した主要勢力だった、と。

もしわれわれがこのように説く両人の主張を正しいと認めるのならば、それは、しかしながら、一種の「KGB陰謀説」に加担することを意味しはしないか。私個人はこのような疑いを抱かざるをえない。というのも、フェリシチンスキイ&プリブロフスキイが発表している二冊の書物を読むかぎり、一般的にいって次のような指摘がことのほか目につき、そのことが私に違和感を抱かせるからである。ゲッセン著『顔のない男』を通読しても、同様の印象を禁じえない。つまり、これらの著者たちは、次の点で似かよっている。プーチンの経歴や人生の重要な節目節目では、ほとんど常にKGBが目を光らせているばかりではない。それらの転換点では、きまってKGBの思惑や意図が決定的な役割をはたした。——あたかもこのような思わせる叙述が多過ぎるとの感想を与えるのである。かれらの著作からそのように思われる二、三の例を紹介してみよう。

たとえばプーチン少年がKGB勤務の希望を表明して以来、レニングラードKGB支部は同少年に注目し、レニングラード国立大学（LGU）への入学すら幇助した疑いなきしにあらずである（ゲッセン）。さらにKGBは、LGU在学中のプーチン青年を同学内でのインフォーマントとして用い、見習い修業すらさせていた。このような疑いも濃厚である（同）。そして、プーチンはこの見習いテストに合格したがゆえに、卒業と同時にKGBに正式採用された。ドレスデンから帰国後のプーチンを、サプチャク市長のお目付け役としてペテルブルク市役所へ送り込んだのも、KGBだったとの疑いがかけられる（同）。同市長の落選後、「コントーラ」はプーチンをモスクワへ呼び寄せ、クレムリンで一定期間見習い修業をさせた。そのテストに合格したので、彼をエリツィン大統領の後継者にすることに決した。(フェリシチンスキイ&プリブロフスキイ)。大統領選挙戦中に、KGBは「プーチン養子説」の噂を封じ込める作戦を遂行し、プーチンをスキャンダルから守った(同)。

ゲッセン、フェリシチンスキイ&プリブロフスキイの著作の一部の叙述や主張を右のように意図的に抜き書きにして並べてみると、かれら三人は「KGB陰謀論」に近い見方の持ち主であるように思えてくる。もし探してみるならば、かれら三人以上に、プーチンの出世や経歴を「目に見えざる手」(ゲッセン)の陰謀に帰するクレムリン・ウオッチャーすら見つけうるかもしれない。

たしかに、「KGB陰謀説」は分かりやすく、俗耳に入りやすい。なによりも、「プーチノクラシー」を一本の赤い(黒い?)糸で単純明解に説明するという利点をもつからである。だが、まさにそのことが同時にこの「理論(?)」の重大な欠陥になりかねない。つまり、プーチンがその時々に直面した複雑な「状況」、KGB以外のアクター(行為者)たちが演じた役割、なかんずくプーチン自身の意図や努力。そして、これらの諸要因間の多岐にわたる複雑な相克や葛藤のダイナミックスを捨象して、すべてをKGBの思惑に帰してしまう。そのような単純な説明法になる危険を孕《はら》んでいる。

「KGB陰謀論」にしたがってプーチンの経歴を跡づけようとする方法は、たとえば次の点を納得ゆく形で説明することに成功していない恨みがある。すなわち、KGBによって目をつけられた若いチェキストたちが何もプーチン唯一人とは限らなかったこと。プーチンのような候補者は、当時のロシアにおそらく何百人と存在したにちがいない。そのような多数の者のなかから、なぜ、プーチンだけが特別に選ばれて重用され、最終的には大統領候補にまで絞られていったのか? このことの説明を怠っている。しかも、私がこの種の問いを提起して、とうぜん至極といってよい特別の理由がある。というのも、ＫＧＢは当初プーチン青年を前途有望なチェキスト候補とみなしていなかったからである。それが証拠に、たとえばプーチンの海外派遣先は、何度も繰り返すように東独ドレスデンという二流、三流の土地でしかなかった。その事実がしめしているように、プーチンはＫＧＢ内でかならずしもエリート・コースを歩んでいた人間ではなかった。いいかえれば、プーチンは自分自身の才覚と努力によって徐々に頭角を現していった人物なのである。このことは、「ＫＧＢ陰謀論」でプーチンの上昇のすべてを一貫して説明しようとする試みにたいして、強力な反証を提供するように思われる。

選んだ側の思惑

つまり、私の考えはこうである。プーチンの上昇には、たしかにＫＧＢによる推挙、助力、その他の陰謀めいた力も或る程度までは作用したことであろう。だが、けっしてそれが全てではなかった。それ以外の諸力も、大いに働いた。そして、そのような諸力のうちで最も重要な要因を敢えて唯ひとつ挙げよといわれるならば、私は躊躇なくプーチン本人というファクターを指摘したい。つまり、プーチンを最終的に大統領へと押し上げることに貢献した手は、一体何だったのか。こう直截に問われるならば、私は答える。それは、プーチン自身だった、と。では、彼はそのような目的を達成するために、一体どのような手練手管を弄したのか？　次章でこの重要な問題を検討する前に、そのようなプーチンの秘術に踊らされることになった側の事情や動きについてもう少し補足しておく必要があろう。

最終候補としてプーチンにゆきついた、「ファミリー」、オリガルヒ、「コントーラ」たちは、次のように考えた。基本的に自分たちの利益を守ることに役立つ。と同時に、自分たちにとり危険な存在にならない。これら二つの条件をクリアする人物ならば、その候補者は他の条件を少々欠如してもやむを得ないだろう。たとえばカリスマ性を欠き、少々退屈でさえある小物《スモール・フィシュ》であっても仕方がない。いや、むしろそのほうが望ましいくらいだろう。なぜならば、カラフルでカリスマ性をもつ人間は、往々にして独立志向や権力欲が強いからである。挙げ句の果てには、ひとり歩きをして独裁者へと変貌をとげる可能性すら否定しえない。

そのような独裁者型の指導者ほど迷惑千万かつ危険きわまる存在はない。改めてスターリンやフルシチョフの例を引くまでもなく、じっさい、独裁者の地位にのしあがった人間がまず必ずといってよいほどおこなうのは、邪魔になる者たちを除去し、粛清さえしようとする行為や作業だからである。本人を権力に就けることに助力した恩人ですら、除外される保障はない。いや、まさに過去の経緯《いきさつ》を熟知している者ほど目障り、ないしは目のうえのたんこぶ的存在になり、真っ先に血祭りにあげられる惧れさえあろう。ところが、プーチンにはそのような心配はおよそ無用だろう。というのも、フェリシチンスキイ&プリブロフスキイによれば、「プーチンはカリスマ性を欠如し、まったくパッとせず、退屈にさえ感じられる小男である。およそエゴというものが感じられず、権力欲、権力支配をエンジョイしようという意欲が希薄な人物であるかのように映った[30]」からである。したがって、これら二人の共著者は、結論した。「このようにしてプーチンこそは、ロシアの新興実業家や治安機関員たちの目にはかれらの利害にぴったり適合する理想的な次期大統領候補であるかのように映った[31]」。

しかしながら、である。かれら二人の著者たちは己が勝手に描いたそのようなプーチン像が少なくとも部分的には間違っていたことを思い知らされる羽目になった。プーチンが猫をかぶっていたのか？　それとも権力の増大その他の状況変化によって、プーチンが自信をつけて変貌を遂げたのか？　この問いについて、引続き本章の残りの部分と次章で検討することにしよう。

ベレゾフスキイの人生哲学

ここで、プーチンに目をつけた側の具体的な人物のひとりとして、ボリス・ベレゾフスキイに是非とも登場を願う必要があろう。というのも、ひとつには彼の言動を通じて、エリツィン後継問題にたいするプーチンの思惑や戦術を最もヴィヴィッドな形で浮彫りにすることが可能になるよう思われるからである。ベレゾフスキイは、すでにふれたように「ファミリー」の一員であるとともに、オリガルヒの一員でもある。おそらくプーチンをエリツィンの後継者にしようと東奔西走し、じっさい最も多くの汗をかいた人間――。こういって差し支えないだろう。尤も、呉々もわれわれには要注意で、心すべきことがある。それは、ベレゾフスキイは一般的にいって自慢家であるうえに、とりわけエリツィン後継者選びにかんして己がはたした役割を過大なまでに吹聴する傾向が顕著なことである。ベレゾフスキイの推挙がなければ、およそプーチンはエリツィンの後継者リスト上にのぼらなかった。また、彼のキャンペーンがなければ、プーチンが大統領になることはとうてい不可能だった……等々。だが、彼が自画自賛するほど重要な役割をベレゾフスキイはじっさい果したのだろうか。検討に値する。

自称キングメーカー気取りに振る舞ったベレゾフスキイ――。はたして彼は、一体どの程度までプーチンの大統領昇進に貢献したろうか？　この問いを解明するためには、ベレゾフスキイの出自や経歴を紹介することから話をはじめる必要があろう。ベレゾフスキイは、一九四六年生まれのユダヤ人。もともと数学教育を受けた学者兼エンジニアだったが、ゴルバチョフ時代末期に企業民営化が許されるようになったことを知るや、機を見るに敏なベレゾフスキイは研究所勤務時代につちかった自動車産業とのコネを利用して、一九八九年、自動車販売会社「ロゴヴァズ」を創設した。〝ロゴ〟は、数学者がモットーとするロジック、〝ヴァズ〟は「ボルガ自動車工場」のロシア語の頭文字である。[32] ベレゾフスキイは、イタリアのフィアット社などから安く仕入れた中古輸入車をロシア国内で高価で転売するなどの合法、非合法すれすれの行為によって、またたく間に巨万の富を築いた。[33] ベレゾフスキイは、わずかな投資や出費で大型企業を乗っ取る能力にかけては右に出る者がないくらい商才にたけた人物だった。彼がそのようなやり方で入手した企業部門は、乗用車、航空機、石油、アルミニウム、マスメディアなどの諸分野におよんだ。[34]

ベレゾフスキイの人生哲学は、単純明解だった。すなわち、カネ＝《イコール》権力。尤も、これは程度の差こそあれ、当時のロシアに誕生したほとんどすべてのオリガルヒたちに共通する考え方だった。たとえば、「ユーコス」社長だったホドルコフスキイは、当時、カネ＝《イコール》手段とみなす次のような発言をおこなっている。「（仲間のレオニード・ネブズリンと）私が到達した結論は、次のようなものだった。われわれは、われわれを幸福にするに十分なカネを個人的に持っている。その意味では、カネは何ら格別の役割を演じない。（だが）カネは、他のことのために用いられる有力な道具なのである。それは、軍隊にとっての弾薬に似た手段なのである。だから、それを絶えず補充する必要がある」[35]。

ベレゾフスキイの考え方は、ホドルコフスキイ、その他のオリガルヒのそれに共通すると同時に、どのオリガルヒに比べてもより一層徹底したものだった。ベレゾフスキイは、たとえば次のように率直に己の考えを語った。「私は、二種類の力《パワー》があると思う。すなわち、イデオロギーと資本である。（ところが）イデオロギーは死滅し力を失ってしまったので、今や資本こそが新しい力になる」[36]。「私の考え方によると、権力と資本は不可分である (power and capital are inseparable)」[37]。このようにして、ベレゾフスキイは結論した。カネの力を借りるならば政治権力が得られ、逆に政治権力を握るならばすなわち経済的利益が入手できる、と。

右にのべたことは、ソロスが当時抱いたベレゾフスキイ像にぴったり一致する。ソロスは、二〇〇〇年はじめにベレゾフスキイについて次のように記している。「ベレゾフスキイの世界観は、自分の利益の飽くなき追求という観点から事物を眺める——この一言に尽きていた。ベレゾフスキイにとり、ロシアの運命を自身のそれに従属させることなど御茶の子さいさいの事柄だった」[38]。

政商ベレゾフスキイ

右にのべたような人生哲学の持ち主、ベレゾフスキイは、ユマシェフを通じてエリツィン大統領に近づくことに成功した。ユマシェフは、『アガニョーク (灯)』誌の副編集長を経て、のちに同編集長にまで昇格した人物である。ユマシェフがゴーストライターとして執筆したエリツィン大統領の二冊目の回想録『大統領の手記』[39]の刊行に、ベレゾフスキイは多額の資金援助を申し出た。実際の印刷はフィンランドでおこなったものの、名義上はモスクワの『アガニョーク』社からの出版物の形にした。約二〇万ドルの印税をエリツィン個人のロンドン口座に払い込んだのを手はじめにして、追加の印税分が出るたびごとに (おそらくそれを口実にして)、ベレゾフスキイはわざわざクレムリンを訪れて、エリツィン大統領に直接小切手を手渡すことにした。(印税合計は、約三〇〇万ドルにも達したとみられる)[40]。この巧みなやり方を通じて、彼は大統領との面会を実現した[41]。

ベレゾフスキイは、このようにユマシェフの紹介を通じてエリツィンならびに「ファミリー」に接近し、やがて「ファミリーの金庫番」との異名をとるまでの存在にのし上がっていった。とくにエリツィンの次女タチヤーナにたいするベレゾフスキイの贈り物攻勢はすさまじいの一語に尽きた。一例を挙げるにとどめても、時価一万ドルのロシア国産小型ジープ「ニーヴァ」、それが故障すると約五万ドルのシボレー・ブラザーを彼女にプレゼントした[42]。ベレゾフスキイは、タチヤーナとの緊密な関係ゆえに「現代のラスプーチン[43]」との綽名を獲得した。

ベレゾフスキイは、一九九六年六〜七月にエリツィン大統領を再選させるキャンペーンの中心的な存在として活躍した。その論功行賞として、彼は第二期エリツィン政権下で政治ポストを獲得した。まず国家安全保障会議副書記、次いで独立国家共同体（CIS）執行書記の役職である。

ポスト・エリツィン期に一体誰がクレムリンの主《あるじ》になるか――これは、政商ベレゾフスキイにとってまさに死活問題以外の何物でもなかった。ベレゾフスキイの懸念は、とりわけ次の点にあった。このまま放置していると、プリマコフ（首相）‐ルシコフ（市長）連合が力を伸ばし、勝利を収めるかもしれない。もしプリマコフが大統領になると、彼はエリツィンがこれまでおこなったことをぶち壊しする惧れがある。そうなると、ベレゾフスキイはもはやエリツィン「ファミリー」の一員としての地位や特権を持続させることがむずかしくなろう。それればかりか、オリガルヒの筆頭格と目される彼は、これまでに入手した全ての利益を吐き出さねばならない羽目にすら陥るかもしれない。逆に、適当な人物を見つけ、彼を後継者にすることに成功するならば、己の権力をさらに伸長することすら可能になろう。このような懸念や思惑からベレゾフスキイは、ポスト・エリツィンを託せる候補者を熱心に物色しはじめた。その過程で彼は、自分がキング・メーカーであるかのように思い込み、すっかり舞い上がる言動すらしめした。

ベレゾフスキイもまた、一般論として、力でもってエリツィン政権にたいする反対諸勢力を押え込むためには、次期大統領はKGB関係者から選ばれる必要があると考えた。具体的な候補者として、ベレゾフスキイの目には次第にウラジーミル・プーチンが最適任者のように映るようになった。その理由は、一体何だったのか？　ベレゾフスキイが一方的にプーチンに惚れ込んだり、彼を利用しようと欲したりした。たしかに、このような側面もあったにちがいない。だが、かならずしもそれがすべてではなかった。いいかえれば、ベレゾフスキイをしてそのように思い込ませるように仕向けたプーチンによる巧みな誘導や動きも作用した。私は、このような思いを禁じえない。

ベレゾフスキイがプーチンに向かって次期大統領ポストを目指すように勧誘したとき、プーチンは、少なくとも最初のうちはそのオファーを固辞し、ほとんど受ける気配をしめそうとしなかった。野望はみずから求め、争ってまで実現するもの。このような人生観の持ち主であるベレゾフスキイの目には、そのように振る舞おうとしないプーチンの態度や言動があたかも謙譲の美徳以外の何物でもないように映った。たしかに、当時のプーチンが自信を欠いていたことは間違いない事実だったろう。だが他方、はたしてベレゾフスキイらの勧めが一体どの程度まで本気な類いのものなのか？　プーチンはいぶかり、己が決意を固めるまえに是非ともそのことを確かめねばならない。このような思いにも駆られていたにちがいない。また、関心がない振りをする「パカズーハ」戦術を駆使して自分の値段を釣り上げようとする無意識（?）の計算も働いていたにちがいない。

つまり、一方におけるベレゾフスキイ側による熱心な勧誘、他方におけるプーチン側の巧妙な焦《じ》らし作戦。

両者間での虚々実々の駆け引き――。これこそは、エリツィンの後継者を決めるドラマで最も興味を唆《そそ》られる一齣《こま》であった。と同時に、本書全体のテーマであるプーチンの本性を顕《あらわ》にしてくれる絶好のケース・スタディにもなるだろう。章を改めて詳述するゆえんである。

第8章

人誑《たら》し

エレーナ・トレーグボワの暴露本（表紙）

私は、人間関係の専門家なんだよ。

——プーチン(1)

プーチンは、鏡である。彼はすべてのロシア人が見たいと願っているものを彼のなかに見出すような存在であろうと努めている。

——ユーリイ・レバダ(2)

弁論が狙う説得は、言論を通して聴き手の心が或る状態に置かれることである。

——アリストテレス(3)

まるで手のひらを返すかのように冷酷無惨な処遇——。これが、プーチン政権成立後のベレゾフスキイを待ち受けていた運命だった。彼は、二〇〇〇年十一月、ほとんど全財産を没収され、事実上の国外追放処分を受けたからである。ベレゾフスキイはその後約十三年間近くロンドンで配所の月を眺めていたが、ついに二〇一三年三月二十三日みずからの命を絶った。このような苛酷な取り扱いを受けたにもかかわらず、ベレゾフスキイには、プーチンにかんし唯ひとつだけ心地好い記憶があった。そのことを想い出すと頬がゆるむ思い出である。彼が最初の妻、レナ・ベレゾフスカヤの誕生会を催したとき、自宅玄関に予期せぬ賓客が特大のバラの花束をもって姿を現したことに、ベレゾフスキイはいたく驚かされた。(4) 何とその訪問客は、プーチン・ロシア連邦保安庁（FBS）長官（当時）その人だったからである。

花束戦術

当時のロシアでは、二つの勢力が「じゅうたん下でのブルドックのような闘い」を展開中だった。片や、エリツィン－「ファミリー」－ベレゾフスキイ。片や、プリマコフ首相－ルシコフ市長－スクラートフ検事総長。これら二大グループ間での熾烈な権力闘争である。FSB長官のプーチンは、はたしてどちら側につくのか。これは、とうぜん注視の的になっていた。プーチンはベレゾフスキイ夫人エレーナ（愛称レナ）の誕生パーティーに出席することによって、ついに前者グループに就く立場を明らかにしたといえよう。前者こそが、最終的な「勝ち組」になるにちがいない。こう判断すればこその思い切った行動だった。

チェキスト、プーチンが必死になって考え抜き、到達したこのような判断や戦術——。それに比べると、もともと学者もしくはエンジニア出身者ベレゾフスキイの人間観は、大甘《おおあま》と評されても致し方ないセンチメンタルなものだった。というのも、彼はプーチンが持参したバラの花束ひとつによってたちまちめろめろの状態に化してしまったからだった。ベレゾフスキイは、じじつ、このときプーチンに向かって語った。「ボロージャ、私は大いに感動したよ。だが、君はどうして（己の）プリマコフとの関係を敢えてややこしくするようなことをするのだ？」[5]。プーチンは待っていましたとばかりに殺し文句を吐いて、ベレゾフスキイを一発で仕留めた。「そんなことはどうでもいいことだ。私はあなたの友人。このことを、私はしめしたいだけさ。とりわけ他の人々の面前で」[6]。

それからほどなくしてベレゾフスキイは、他ならぬ大統領に就任したプーチン自身の差し金によってロンドンへ亡命せねばならぬ憂き目に遭い、生涯二度と再びロシアの土を踏むことはなかった。ところがそのような非道な仕打ちを受けながらも、ベレゾフスキイは、プーチンが妻の誕生日パーティーで囁いた右の甘い言葉だけは生涯、忘れえなかった様子である。この件にかんして、ベレゾフスキイのアドバイザー役も務めていたゴールドファーブは、呆れながら次のように記している。「ベレゾフスキイは、ロンドン亡命中もあのときのプーチンの言葉にまったく偽りはなかったと信じつづけていた」[7]。お人好しのベレゾフスキイは、花束贈呈がプーチンの常套戦術であることに気づかなかったのである。ベレゾフスキイは、たとえば彼の妻レナの誕生パーティーの三日前にも、プーチンがまったく同様のことをおこなった事実を掌握していなかった。すなわち、ＫＧＢの最後の議長だったクリュチコフの誕生日に、プーチンは花束をもって議長宅を訪ねたばかりだった[8]。プーチンはまた、プリマコフの誕生日にも花束を抱えて彼をわざわざ訪問する労をいとわなかった[9]。

プーチンははたして花束贈呈の常用者なのか、否か。この問題よりもはるかに重要なことがあろう。それは、プーチンの人間観、そしてそれに由来する彼の処世術である。彼は、いかなる人間であれ、彼または彼女を絶対的に信頼できる存在とはみなさない。したがって、唯一人の者だけにみずからの運命を賭ける愚を避けるべしと考える。その代わり、つねに複数の人間に保険をかける。「状況」という名の天秤が未だ揺れ動いているときは、とりわけそうである。特定人物の去就によって己の態度を早まって決めてしまったり、みずからを縛ったりすることは、厳に禁物。権力闘争の勝負がついたときにはじめて、己の立場を決めてもけっして遅くはない。

プーチンはこのように慎重かつ計算高い人間なのであって、彼があたかも唯一人のボスに己のすべてを捧げる武骨な忠義者であるかのように誤解してはならない。彼が或る上司に忠誠を誓うかのようにみえるばあいでも、実は次のケースのどれかに該当する打算にもとづくぎりぎり決着の段階になっての決断なのである。その人物こそが最終的な勝ち組である。もしくは、彼に忠義を尽くすように見せかけることが、プーチン自身の信用を高め、少なくともしばらくのあいだプーチンに有利に作用する。このようにして本書筆者の私は、プーチンの類い稀なる忠誠心こそが、彼の出世の秘訣——このように説く通説を、突っ込みが足らないばかりか、浅薄でさえある見解とみなすのである。

虚々実々の交渉

話をベレゾフスキイに戻す。エリツィンの後継者としては、プーチンが最適任者である。この結論に達したベレゾフスキイは、プーチンの名前をまずユマシェフに向かって言及してみた。すると、ユマシェフは即座にコメントした。「彼はチェキストとしては位《くらい》が低い」(10)。たしかに、ユマシェフの指摘は正しかった。仮にプーチンが『第一人者から』で語っていることを額面通り信じるばあい、彼は一九九一年八月のクーデター未遂事件を機にKGBを辞職したことになっている。その辞任時にプーチンは中佐でしかなかったので、辞職によって自動的に一階級昇格したにしても、彼は（予備役）大佐の身分でしかなかった。ところがこのとき、ベレゾフスキイはユマシェフに反論したという。「いいかい、今や革命が進行中ですべてのことがごちゃごちゃになっている。そのようなときに君のような考えじゃだめなんだ[11]」。

ほどなくしてユマシェフもまた、プーチンをエリツィンの後継者ナンバーワン候補とみなすようになった。だが、念には念を入れるに越したことはない。まだ若干迷っていたユマシェフは、イーゴリ・マラシェンコを自宅に招き、彼の意見を訊いてみることにした。マラシェンコは、ロシアで民間テレビ局の第一号だった「NTV」創設者のひとり。エリツィン再選キャンペーンのマネージャーもつとめた人物だった。プーチンとも知り合いで、共にプライベートな夕食会へ招かれたこともある仲だった。だが、そのようなマラシェンコも、ユマシェフがプーチンを後継大統領として考慮中であることを聞いたとき、流石に吃驚して直ちにのべた。「貴君は、そもそもプーチンを信用できる人間だと考えているのか」。ユマシェフは答えた。「プーチンはサプチャク（サンクト・ペテルブルク元市長）を見捨てなかった。だから、彼はわれわれも決して見捨てないだろう[12]」。マラシェンコは呆れ返ると同時に、今さらのように思い知らされた。ユマシェフら「ファミリー」が、自分たちを守ってくれる忠誠そうな大統領候補者を必死で探していることを。

マラシェンコは一晩考えさせてくれるように頼み、翌日ユマシェフにわざわざ面会を求めたうえで自分の意見を率直にのべた。「私は、プーチン個人について余り詳しくないかもしれない。だが、ひとつだけ根本的に大事なことを知っている。それは、プーチンがKGBであること。そして、われわれはKGBをけっして信用してはならないこと。結論として言おう。私は、プーチンを信用できないのだ」[13]。

だがプーチンに目をつけた者たちのあいだでは、KGBの怖ろしさなど余り問題とはならなかった。いや、逆の考え方をする者すら多かった。すなわち、むしろチェキストだからこそ、プーチンはかれらを守ることができるのではないか、と。かれらは、飽くまでも自分たちに都合の良い希望的観測にもとづいて、ポスト・エリツィンの人選作業に従事していたのである。ベレゾフスキイにいたっては、彼がペテルブルク時代のプーチンに賄賂を提供しようとしたときに、プーチンがそれを受けとらなかったことに強く感銘を受け、プーチンこそはあるべき姿の清廉潔白なチェキストであるとすら信じ込んでいる始末だった[14]。

ともあれ、ベレゾフスキイは、次期大統領選に出馬するようプーチンを口説こうと考えて、みずからモスクワの連邦保安庁（FSB）本部にプーチン長官を訪ねた。FSBは、ソビエト時代のKGBを直接受けついだ主要後継組織であり、かつてKGBの本部だった建物をオフィスとして用いている。かつて初代長官だったフェリックス・ジェルジンスキーの銅像が設置されていた〝ルビヤンカ〟広場に面する悪名高いビルである。

同本部での二人の会見は数回おこなわれ、笑い話のような一、二のエピソードが伝えられている。たとえば、FSB長官のプーチンは、長官室に入ってきたベレゾフスキイに向かい、己の唇に指を当てて「しっ！」と、しばし沈黙するように目配せした。そのあと、ベレゾフスキイの手を引かんばかりにして長官執務室の裏口から脱出し、食事用の私室を横切り、さらに狭い廊下を通り抜け、窓のない控えの間へと案内した。するとベレゾフスキイは、眼前にエレベーターのドアがあることに気付いた。両人がエレベーターのなかにおさまってはじめて、プーチンFSB長官は沈黙を破った。「話をするのには、ここがいちばん安全な場所なんだよ」[15]。旧ＫＧＢ本部だった建物内ではすべての会話が自動的に傍受、録音される仕組みになっており、長官の執務室ですらその例外ではなかった。じっさい、歴代のＫＧＢ長官は全員が盗聴され、その少なからぬ数の者はスターリン、フルシチョフによって銃殺される憂き目にさえ遭った。

流石にこのような極端なケースはなくなったとはいえ、チェキストたちは異常なまでの警戒心を維持していた。かれらは重要な案件にかんしては〝ルビヤンカ〟の建物内ばかりでなく、ロシア国内のどこにおいてすら仲間と一切しゃべろうとしなかった。どうしてもそうせねばならないときには、なんとわざわざ隣国のフィンランドまで出掛けていった。これは、リュドミーラ夫人が唯一心を許した東独の女友達、イレーヌ・ピーチにうっかり洩らした秘密である。すなわち、プーチンがあまりにもしばしばフィンランドへ出張し、リュドミーラが留守を守っているケースが多いので、ピーチがその訳を訊ねたときにリュドミーラは答えた。「ボロージャは、同僚と何か重要なことを話し合わねばならなくなると、きまってフィンランドへ出張するんです。だって、ロシアではどこへ行っても盗聴される危険があり、安心して話ができないからですって」[16]。ロシアは、チェキストですらそれほどまでに用心深く振る舞わねばならない国なのか。それとも、プーチンがまさにチェキストだからこそ、それほどまでに警戒しようと心掛けたのか。おそらく両方なのであろう。

このような形で数回おこなわれたベレゾフスキイ－プーチン会談では、さらに滑稽なハプニングが起こった。あるときプーチンがエレベーター・シャフトのドア操作を間違えたために、両人ともにシャフト内に閉じ込められることになってしまったからだった。ＦＳＢ長官と元安全保障会議副書記は已むなく壁をドンドンと叩き、駆けつけた職員によってはじめて救出されるという茶番劇を演じた[17]。

ベレゾフスキイ、キングメーカー気取り

ベレゾフスキイは、一九九九年七月、モスクワとビアリッツとのあいだを飛行機で頻繁に往復した。[18] ビアリッツはフランス南西部のビスケー湾沿いの保養地で、当時プーチン一家がそこで休暇をとっていたからだった。自分こそがキングメーカーである。このことを「ファミリー」にたいして印象づけることを狙ったベレゾフスキイ流の一大デモンストレーションにほかならなかった。

ベレゾフスキイの勧誘にほだされて渋々（もしくは、渋々のように見せかけて）出馬に合意したプーチンは、モスクワでエリツィン大統領に面会することになった。その会見後に同大統領がベレゾフスキイに向かってのべた次のコメントは微妙で、二通りの解釈が可能である。「彼（プーチン）はOKだ。とはいえ、何分小さいなぁー」[19]（傍点は引用者）。「小さい」という言葉は躯が小さいという意味か、それともこれまでのポストが二流であり、人間の器も小粒であるという意味なのか。かならずしも定かでなかった。ともあれ、このときプーチンのほうは、エリツィン大統領に向かい神妙かつ理想的ともいえる答え方をおこなった。「私は、閣下が自分にお与え下さるポストがたとえ何であれ、そのポジションで懸命に働く所存でございます[20]」。

ともあれ、プーチンが合意したので、大統領選挙戦がはじまった。ベレゾフスキイは己の傘下にあるマス・メディアをフルに用いて、プーチン当選を目指すキャンペーンに全力を注いだ。当時ロシアで「メディア王」の綽名をほしいままにしていたのは、グシンスキイである。そのグシンスキイと比べてさえ、メディア界でのベレゾフスキイの力はまったく遜色ない類いやスケールのものだった。ベレゾフスキイが最盛期に事実上支配していたメディアは、たとえば次のような錚々たるテレビ、新聞、雑誌等を含んでいたからである。「ロ

シア公式テレビ」(ORT)、「TV―6」、『独立新聞』、『コメルサント』、『新イズベスチヤ』、『アガニョーク(灯)』、等々。大統領選挙用に大急ぎで出版されたプーチンの公式自伝『第一人者から』も、実はベレゾフスキイの肝入りで作成されたものだった。[21]

役者が一枚上手なのはどちら?

二〇〇〇年三月二十六日、プーチンは予想どおり大統領に当選、五月七日、クレムリン入りをはたした。それからまだ数カ月も経たないうちに早くも、プーチンとベレゾフスキイとの関係はぎくしゃくしはじめた。ひとつには、プーチンが大統領就任後直ちに打ち出した次の三つの政策がベレゾフスキイの気に入らないものだったからである。チェチェン武装勢力にたいする戦闘強化。地方の首長たちから権力を奪還する狙いでおこなわれた中央集権化。そして、プーチン政権にたいするオリガルヒの忠誠の強要。

しかも二〇〇〇年八月には、原子力潜水艦「クルスク」号沈没という大事件が発生した。このとき、プーチン大統領がしめした同事故にたいする対応姿勢を、ORTは厳しく批判した。[22] ORTは、ベレゾフスキイが四一%の株式を保有する半官半民のテレビ局だった。ベレゾフスキイはクレムリンに呼び出され、アレクサンドル・ヴォローシン大統領府長官から警告を受けた。「ORTを二週間以内に手放さなければ、グシンスキイと同じ運命(事実上の国外追放)を辿ることを覚悟するように」。[23] ヴォローシンの脅しはたんに口先だけのものではなかった。じっさい、ベレゾフスキイは、グシンスキイ同様、国外に移住しなければ詐欺その他の容疑で逮捕されるという危機に直面したからである。結局ベレゾフスキイには、ロンドンへ亡命する以外の選択肢が存在しなくなった。

ベレゾフスキイが株を所有していたすべての企業は事実上没収され、プーチン大統領の側近がトップをつとめる国営企業、あるいは大統領に忠誠を誓う「忠誠オリガルヒ」の手中へ移った。ベレゾフスキイは、とりわけORTを手放すことに最後まで抵抗した。ヴォローシンに依頼されて、そのようなベレゾフスキイを説得するために姿を現したのは、何と驚くなかれアブラモビッチだった。アブラモビッチは、そもそもベレゾフスキイによって見出され、彼のビジネス・パートナーにしてもらった当の人間にほかならなかった。さらに、ベレゾフスキイの推輓によってクレムリンへ出入することがはじめて可能になった人間ではなかったのか。だがそのようなアブラモビッチも、今やプーチン側につく「忠誠オリガルヒ」の代表格のひとりへと豹変していた。結果として、ベレゾフスキイとアブラモビッチの「役割は逆転」[24]したのである。アブラモビッチは、かつて己の盟友だったベレゾフスキイからテレビ局を取り上げる任務を、プーチンによって与えられたのだった。

ベレゾフスキイは右のような処置に遭遇して、初めて悟った。プーチンを大統領に推挙したことが、そもそも間違いの元だった。結果として、自分が熱心に支援し、大統領に当選させることに全力を尽くした当の本人によって、己が見事に裏切られるという醜態を招いた、と。尤も、このようなことは政治の世界ではけっして珍しいことではないと評さねばならないだろう。むしろ、ベレゾフスキイが犯した最大の誤りは、自分が応援する相手の選択を間違えたことに由来していた。プーチンは、己が権力の座にのぼるさいに力を貸してくれた者にたいして恩義を感じるつづけるような人間ではなかったからである。ベレゾフスキイが責めるべきは、プーチンではなく、自分自身、とりわけ人物を見る己の目の甘さだったろう。

政治的信条の同一性や人間的シンパシーによってではなく、己の目的達成のために役立つか、否か。つまり、自分以外の人間をまるで将棋の駒のようにみなす。そして役目をはたしたあと弊履のように駒を捨て去る。このような考えや手法にかんしては、実は、プーチンとベレゾフスキイはまったく軌を一にしている。したがって、プーチンが己の所期の目標を成就したあと、ベレゾフスキイと手を切ろうとした。このことについて、ベレゾフスキイがとやかく不満を唱える筋合ではなかった。おそらくベレゾフスキイ自身も、遅かれ早かれプーチン同様のことをおこなっていただろうからである。

ところが、このような「人間づかいの名人」[25]、ベレゾフスキイにも落とし穴があった。他人が自分と同じことを、しかも自分よりはるかに徹底したやり方や程度でおこなう。このことを、彼がついうっかり失念し、看過したことだった。つまり、ベレゾフスキイの資金力やメディアの力を借りて勝利したはずの人間が、その後彼の支援や庇護から離脱し、独り立ちしてゆくばかりか、まさにパトロンだったベレゾフスキイ本人を裏切ることにいささかも躊躇しない。このような最悪のケースを、ベレゾフスキイは計算に入れたり、予想したりしていなかった。甘いといえば甘い。一言でいえば、学者転じて実業家になったベレゾフスキイは、政治家としては未熟だった。彼がチェキストとしての訓練を受けたプーチンの前に幼児のように屈したのも、とうぜん至極だった。

財力vs権力の闘い

ベレゾフスキイとプーチンとのあいだには、もうひとつ大きな異同点がある。たしかに、富（資本）と力（政治権力）を不可分と捉える点では、ベレゾフスキイとプーチンの哲学は通底していた。しかし、では、これらのうちはたしてどちらを先に獲得すべきか？　この問いをめぐる答えにかんしては、両人間に違いが存在した。ベレゾフスキイはまず富を入手し、それを梃子にして次に政治権力を獲得する術を選んだ。ところが、プーチンは逆の順番を採った。プーチンの手法のほうが一枚上手《うわて》のやり方だと評さざるをえない。米国の政治学者ハロルド・ラスウェルは、その理由を次のように説明する。政治権力を得た者にとっては、他の価値の入手が比較的容易になる。ところが、富はその他の諸価値（たとえば、健康、尊敬、愛情、教育、開明、技能、情報など）と同様に、それを得たからといって、かならずしも政治権力を入手できるとは限らない。(26) 権力と富とのあいだに存在するこのような違いのゆえに、両者が争うばあいには物質的な富ではなく政治権力のほうが勝利を収めるケースが多くなるのである。

プーチン式アプローチのほうが、ベレゾフスキイのそれよりも賢明な方法。その後両人が辿った運命は、どうやらラスウェル説の正しさを実証した模様だった。プーチンは最高の政治権力を得たのみならず、そのことを通じて「ヨーロッパ一の大金持」（ベルコフスキイ国家戦略研究所所長(27)）にもなった。数え切れない数の豪華な別荘、車、その他の物質的富も手に入れた。他方、ベレゾフスキイは財力の入手にこそ成功したものの、政治権力の取得には失敗し、最終的には富すらも失う羽目になった。

クレムリンでおこなわれたベレゾフスキイとプーチン間の最終会談でプーチンがのべたと伝えられる台詞は、大統領選後の時期に発生した両人の力関係の変化を如実に物語って余りある。まるで作り話でないかと疑いたくなるほどよくできたエピソードであるので、是非とも紹介する必要があろう。ロシアの新大統領に就任したプーチンは、ベレゾフスキイに向かってのべた。「もともと君は、私に大統領になるように依頼した人間のひとりだった。（君の願いが適ったいま）、君は一体何が不満なのかね(28)」。次の言葉もまた、もし本当にプーチンがそういったのならば、ふるっている。大統領就任から約一年後の二〇〇一年七月十八日におこなった記者会見中で、ベレゾフスキイについてコメントを求められたとき、プーチンはとぼけ顔で語ったという。「ボリス・ベレゾフスキイ？　一体誰だっけ？」[29]。

ゴールドファーブは、アレクサンドル・リトビネンコの言葉を借りる形で次のようにのべる。「(プーチンが大統領選に勝利した) 二〇〇〇年四月にボリス (ベレゾフスキイ) が目の当たりにしたものは、プーチンがたんに変化したという生易しい言葉で表現されるような類いのものではなかった。それは、プーチンという人間の本性を再発見しただけのことだった」[30]。

以上、私は、ベレゾフスキイ側に立ち、彼の言い分を鵜呑みにして、話を進めてきた嫌いがあるかもしれない。つまり、プーチンがエリツィン大統領の後継者になることに、ベレゾフスキイは多大の貢献をした。たとえばこの前提それ自体にかんしては、何ら疑念も差しはさまないで、私は話を進めてきた。だが、はたしてそれでよかったのだろうか。コールトン教授によると、このようなベレゾフスキイの主張から疑ってかかる必要があろうという。教授は自著『エリツィン』のなかでのべる[31]。ベレゾフスキイはクレムリンのキングメーカーであり、そのようなベレゾフスキイがプーチンをエリツィン大統領に推挙したので、同大統領はプーチンを後継者に選ぶことにした――。このように説くベレゾフスキイの言葉を額面どおり信用すること自体が、間違いの元ではないか。むしろ事態は、逆だったのかもしれない。つまり、ひょっとすると、エリツィン大統領がプーチンを後継者に選ぶ意志をほのめかした。そのことを察知して、ベレゾフスキイは奔走しはじめたのかもしれなかった。このようにして、コールトン教授は次のようにさえいう。そもそもベレゾフスキイのような人物によって推薦を受けること自体、逆効果なのではなかったろうか。つまり極端にいうと、ベレゾフスキイによる推輓はいわば「死の接吻」[32]に等しかったろう、と。

ベレゾフスキイの死

ベレゾフスキイは、流謫《るたく》の配所、ロンドンから負け犬の遠吠えにも似たプーチン批判を繰り返していた。そのような姿を見て、ベレゾフスキイの支持者たちのなかには、かつてスターリンの独裁を国外から攻撃した「トロツキーの現代版」[33]とみなす者もいたが、役者がともに小者になっていることは誰の目にも明らかだった。それはともかくとして、ロンドン滞在中のベレゾフスキイはたとえば次のような言葉を記したポスターをかついで、彼が記者団の前に姿を現すこともあった。[34]「(そもそも)わしがおまえをこの世に生み出してやったのだから、わしがおまえを静かにさせてやる!」[35]。これは、ロシア文学の愛好者ならば誰でも知っているゴーゴリの名作『タラス・ブーリバ』のなかの有名な台詞にほかならない。すなわち、主人公のコサック隊長ブーリバは、味方を裏切った次男のアンドリーをみずから射殺するまえに、次のように叫んで己の行為を正当化しようとした。「わしがおまえをこの世に生み出してやったのだから、わしがおまえを殺してくれる!」[36]。ベレゾフスキイは、プーチンを大統領にしてやったのは自分なのだから、自分にはプーチン大統領を葬り去る権利があり、かつ自分がそうする積りであることとすら示唆したのである。

ロンドンでのベレゾフスキイは、アレクサンドル・リトビネンコに己のガードマン役をあたえるなどして、面倒をみていた。リトビネンコは、ベレゾフスキイ同様にプーチン体制に失望し、英国に亡命してきたFSBの元中佐だった。だが、ベレゾフスキイは、結局リトビネンコがポロニウムを飲まされ暗殺されるのを阻止しえなかった。加えて、ベレゾフスキイは、かつてロシアでビジネス・パートナーだったアブラモビッチとのあいだの資産分配をめぐる裁判にも敗訴し、事実上の破産状態にすら陥った。カネ=《イコール》権力と信じていたベレゾフスキイにとって、財力を失ったことはすなわち全てを失ったことを意味する[37]。己の最大の持ち駒をなくしたベレゾフスキイにとって今や「ゲームは終了した[38]」のである。二〇一三年三月二十三日、ベレゾフスキイは、ロンドン郊外の自宅浴室で遺体となっているところを発見された。

死の約二、三カ月前に、ベレゾフスキイは「自身の過去の過ちを認め、ロシアへの帰国許可を求める」書簡をプーチン大統領あてに送っていた。ペスコフ大統領報道官は、このような発表すらおこなった[39]。もしそれが事実だったというのならば、クレムリン当局はその手紙を公表すべきだろう。エフゲーニイ・キセリョフ（かつてベレゾフスキイが所有していた「TV—6」の社長も務めたこともある有名なジャーナリスト）らは、こう主張した[40]。だが、イワノフ大統領府長官は、「個人的な書簡はふつう公開に馴じまないもの[41]」と突っぱねて、公表を拒否した。

英警護当局は、ベレゾフスキイの死因は「首つりによる窒息死[42]」との発表をおこなったが、不審死の可能性もあるとみて捜査をつづけた。ともあれ、これが、梟雄の最後の姿だった。享年六十七歳。ベレゾフスキイは生涯二度結婚し、二人の前妻と愛人との間の計六人の子供を遺していた。

家父長的人間観

モスクワに移ってからのプーチンのスピード出世の謎は、何か？　この問いにたいして、私はまだ十分に答えていない。前章、そしてここまでの本章で検討を加えたのは、プーチンに目をつけた側の人々の思惑であった。つまり、エリツィン、「ファミリー」、オリガルヒ、「コントーラ」、そしてベレゾフスキイの動きだった。選んだ側の事由については記したものの、選ばれた側、すなわちプーチン本人については、私はまだほとんどふれていない。端的にいうと、プーチン本人の野心や努力にかんしてである。したがって、この点の解明のために、本章の残りの紙幅を用いねばならない。

プーチンのスピード出世の鍵は、ひとえに上司たちにたいする「忠誠心」に求められる。そして、プーチンがエリツィン大統領の後継者に選ばれた理由も、まさにこの点にある――。これこそが、大抵のクレムリン・ウオッチャーたちがのべる見方のようである。ステレオ・タイプの答えのように感じるものの、この通説的見解にたいして、私自身も原則としては異論を唱えない。

たしかに、忠誠心の強さは、プーチンの特性だろう。プーチン少年の柔道教師だったラフリンは、このことをことさら強調しようとして次のようなエピソードを披露する。ラフリンは、自身の柔道クラブの練習場を四年間に四度も変更せねばならない羽目になった。そのために、多くの子供や弟子たちがラフリンの指導から離れていった。ところが、ラフリンは強調する。「ボロージャは違った。彼はトロリー・バスを乗り継いでまで、かならず私の道場に姿を現してくれた(43)」。しかもレニングラード国立大学やＫＧＢへ所属するようになってからも、プーチンの態度は一向に変わらなかった。大学や警察のクラブから熱心な勧誘を受けたにもかかわらず、プーチンは相変わらずラフリンの道場へと通いつづけたからである。

プーチンの忠誠心に感動したラフリンは、次のようにさえのべている。「最善のレスラーは才能によってではなく、スポーツにたいする献身的な態度によって形成される。ボロージャはスポーツに身を捧げ、コーチに忠実そのものだった(44)」（傍点は引用者）。二〇〇〇年五月七日、すなわちプーチンが大統領に就任した晴れの日、ラフリンは生憎、スケジュールが重要な試合とかさなったために、就任式に列席することが適わなかった。ところが驚くなかれ、翌朝、彼がモスクワで滞在中のホテルに黒塗りの公用車が迎えにきた。ラフリンは、かつて彼の柔道の教え子のひとりだったボロージャ、すなわち今やロシア大統領に就任したプーチンと、クレムリン内で二人きりの昼食にあずかる光栄に浴したのである。(45)

クレムリンで勤務しはじめたプーチンは、エリツィン大統領（および彼の「ファミリー」）にたいして類い稀なる忠勤ぶりをしめした。これは、たしかな事実である。しかしながら同時に、われわれは次の当たり前のことに改めて気付く必要があろう。忠誠心は、かならずしもプーチンに限ってのトレードマークでないこと。さらに重要なこととして、プーチンが誰にたいしてであれ、特定の人物にたいして永遠に忠誠を誓う人間ではないこと。こういう訳で、われわれはプーチンの忠誠心についてもう少し突っ込んで検討する必要がある。

そもそもプーチンの忠誠心は、一体何に由来しているのか。プーチンは、一般的にいって家父長的な人間観の持ち主のようである。つまり彼は人間関係を、垂直的な上下関係で捉えがちな習性をもっている。これは、「家長（большок）」が万事において最高にして最終的な発言権をもつというロシアの伝統的な考え方の遺産なのかもしれない。そのように信じるプーチンの父親――KGBの前身、NKVD（内務人民委員部）に属していた――によってほどこされた家庭教育の結果に因るのかもしれない。彼自身がKGBで受けた教育や訓練は、そのような傾向にさらに拍車をかける方向に働いたにちがいない。

家父長的な人間観の持ち主であるプーチンにとって、サプチャク市長（十五歳年長）やエリツィン大統領（二十一歳年長）は「父親」のごとき存在ということになろう。ともに無名の自分を拾い上げ、重用してくれた恩人でもある。したがって、プーチンが上司、「父親」、保護者、すなわち「屋根」であるサプチャクやエリツィンにたいして絶対的な服従を誓い、忠誠を尽くそうとした。これは、プーチンにとり理屈を超えた当然かつ自然なことだった。逆に、部下たちが上司の自分にたいして忠義を尽くす。このことをプーチンはとうぜん至極と考えた。たとえばメドベージェフ（十三歳年少）の自分にたいする態度が、そうである。ほとんど無名の若造に過ぎなかったメドベージェフを引き立て、ロシア連邦大統領という名誉あるポストにつけてやった。これは、ひとえに自分の推輓の賜以外の何物でもない。だから、任期が終われば、自分に大統領ポストを「大政奉還」しても、当たり前。プーチンには、このような思いがあるに違いない。ともあれ、忠誠心こそは、プーチノクラシーの中核的コンセプトである。このことは、本書冒頭の「はじめに　体制」ですでに指摘したように、間違いない。

ワンマン支配

プーチンに色濃くみられる家父長的人間観――。これを裏返していうと、これは人間関係を対等なものと捉えていないことを意味する。「プーチノクラシー」を理解するためには、その主役を演じるプーチン自身の人間観がこのような類いのものであることを、まずもって念頭においておく必要がある。たとえば、「プーチノクラシー」が説く「権力の垂直支配」は、かような人間観が政治の世界に投影されたものといえるだろう。同種の人間観が、プーチンの政策決定《ディシジョン・メーキング》法にも反映している。プーチンは、重要決定をおこなう前には、できるだけ多くの人間の意見を徴しようとするが、それはほとんどのばあいそれはたんなるジェスチャーに過ぎない。結局は、自分が独りで決定をくだす。ワンマン決定スタイルは、たしかに多くの最高政治指導者に共通する手法なのかもしれない。とはいえ、プーチンのばあい、それは際立っている。一例をしめそう。

二〇一二年九月二十四日にプーチン首相（当時）が発表した「公職交換《スワップ》」は、ほとんどのロシア市民にとり「サプライズ」[46]「センセーション」[47]「ショック」[48]以外の何物でもなかった。プーチンとメドベージェフが、有権者であるロシア国民や議会にたいして一切事前に説明することなく、かれら二人のあいだだけの個人的な合意によって公的地位を交換することに決定したと通告したからだった。しかもこのような反応は、「タンデム」（双頭）政権を形成する両指導者の側近たちにも均しく当てはまった。この点が、ここで私が強調したいことである。たとえばプーチン首相（当時）の報道官、ペスコフですら、この発表が彼自身にとり「他の者にとってと同様に驚天動地のニュースだった」ことを認める次の発言をおこなった。[49]「私自身、この決定をそれが発表されたときに初めて知った。もしこのことを前もって知っていたと主張する人間がいたとしたら、彼（もしくは彼女）は明らかに嘘をついている」。

シュヴァーロフ第一副首相も、同決定が政権与党の「統一ロシア」党大会の開催直前に密室でなされたものにちがいないとコメントした。彼が記者団に向かって語った次の言葉は、プーチン、メドベージェフ批判とも解釈されかねないニュアンスすら含んでいた。「今回の決定は、タンデム体制の最も近い側近たちにとってさえも寝耳に水だった」[50]「われわれは事前に何も知らされていなかった。指導者たちは情報を共有しようとしないで、自分たちだけで事を決めた」[51]。現文脈で私がいいたいのは、次のことである。つまり、プーチンは、このときも、自身の家父長的な人間観から判断して、ごく当たり前のことをおこなったまでのことに過ぎなかった。なぜ、側近や部下たちが、そんなにいぶかるのか、プーチン自身は、そのこと自体を不思議に思ったにちがいない。というのも、プーチンの理屈は、次のようなものだろうからである。そもそもメドベージェフに一定期間大統領ポストを預ける決定をおこなったのは、ほかならぬ自分だった。そのポストを返還してもらう時期が到来したように思われるので、返してもらうことにした。唯それだけのことである。そのような己の決定について、なぜ他人に前もってわざわざ相談せねばならないのか。

絶好のチャンス到来

プーチンがモスクワでスピード出世をとげえた理由は、彼の類い稀なる忠誠心。とりわけ、最高権力者であるエリツィン大統領、そして彼を取り巻く「ファミリー」にたいするプーチンの献身的な忠義の姿勢ならびに行動だった——。これは、何度も繰り返すように、誰もが納得する通説的な見解である。だが、私は天の邪鬼なのだろうか、有力法とはいえやや安易なこの説明にいまひとつ飽き足らないものを感じる。思い切って、私自身の仮説を提出したい衝動に駆られる。それは、右の通説にかならずしも真っ向から挑戦するのではなく、それを補強する見方に過ぎないかもしれない。それはともかくとして、私は、まず次のように考える。忠誠心は、かならずしもプーチンひとりの専売特許品なのではない。ロシアの準独裁制もしくは権威主義体制下では、すべての者が上司に忠誠を誓うことが要請されている。それは、このような体制下で生きてゆくために必須な条件だからである。だが、上昇するための必要十分条件ではない。他人より抜きん出るためには、忠誠心にプラスしてアルファが必要になってくる。

では、プーチンのスピード出世を可能にした「プラス・アルファ」とは、一体何だったのか？　ひとつには、プーチンが稀に見るラッキーな「状況」に恵まれたことが挙げられるだろう。たとえば、さきに説明したようにエリツィン前大統領の健康が悪化し、「ファミリー」やオリガルヒたちが、次期大統領としてかれらを守るチェキスト関係者を探さざるをえなくなったという非常事態の発生である。そのために、元来チェキスト出身者で、ＦＳＢ長官もつとめたことのあるプーチンは、俄然有力な候補者の地位に躍り出た。だが、ふたつめのはるかに重要な要因として、私は次のことを指摘したい。すなわち、プーチン側にそのような僥倖を最大限に利用しようとする意志があり、かつプーチン個人がその術《すべ》に長けており、そしてじっさい彼がそれを十二分に駆使したことである。これら第二、第三の要因なしには、およそプーチンは大統領候補者にすらなりえなかっただろう。このことを、具体例を引いて説明しよう。

プーチンがモスクワへ出てきたとき、クレムリンで最初に得たポストは、大統領府の総務局次長職に過ぎなかった。ところが、半数後の九七年三月にクドリンが財務大臣に任命されたのを機にして、プーチンはクドリンの推薦を得て、彼の後釜に坐ることができた。すなわち、大統領府管理総局長のポストである。大統領の管理総局の権限は、エリツィン大統領（当時）が次から次へと出した布告や訓令によって拡大、強化され、「恐ろしい」（アンドレイ・コレスニコフ）[52]までの変貌をとげた。プーチンは、そのように強力になった機関、管理総局の長として、あらゆる情報を独占する立場に身をおくことになった。改めて言うまでもなく、とりわけ政治の世界では、情報がすべてといってさえ過言ではないくらいの重要性をもつ。

「知る」ということは、ほとんど「力を持つ」ことすら意味する。その意味で、プーチンはラッキーな巡り合わせに恵まれた。プーチンはたとえばオリガルヒと呼ばれている者たちの財政状態のみならず、かれら相互間の嫉妬、相克などを含むすべての情報を収得し、掌握するようになった。彼は、それらの情報を巧みに用いてオリガルヒたちを時には脅したり、時には便宜を図ったりして、自由自在にかれらを操作し、やがてはみずからがかれらのあいだでの「調停者」の役割を演ずるように仕向けさえした。次いで九八年七月、プーチンはロシア連邦保安庁（ＦＳＢ）の長官に就任した。ＦＳＢは、何度も繰り返すように、ＫＧＢの主要後継組織である。これは、プーチンにとり願ってもないポジションだった。というのも、今や彼はたんに情報ばかりでなく、強制的な執行権力も併せもつことになったからである。〈鬼に金棒〉。

キャスティング・ボートを握る

しかも、FSB長官に就任したとき、プーチンは、エリツィン大統領の健康悪化に伴い激化しつつあった政治権力闘争の真っ只中に身をおくことになった。そのような「状況」下で、FSB長官であるプーチンは次第に中立の立場をとりえなくなった。それは、彼にとり辛い「状況」であると同時に、己を最高値で売り込めるラッキーな境遇に身をおいていることを意味した。プーチンは、長いあいだ力の天秤皿が揺れ動く様を注意深く眺め、けっして早まって決断してはならないと心に固く戒めた。だが、ついに秤《はかり》の一方に己の分銅を投げ入れねばならない瞬間《とき》が訪れたと悟った様子だった。エリツィン大統領ならびに「ファミリー」側に就く決意を固めねばならぬ決定的瞬間の到来である。そう決めた以上、プーチンはFSB長官としての己の権限をフルに活用して対抗陣営の力を削ぐ役割を懸命に果そうとした。

具体的にいうと、プーチンは、反エリツィン陣営を構成する次のような主要人物を容赦なく叩く作業にたずさわった。すなわち、プリマコフ首相、ルシコフ・モスクワ市長、ユーリイ・スクラートフ検事総長らである。当時、プリマコフ首相は、自分こそが病気療養中のエリツィンに代るべき人物であり、したがってまた次期大統領の最有力後継者であると早合点した。彼は、ルシコフ市長と同盟関係を結んだ。かれら二人のうちのいずれかが次の大統領選に出馬して、エリツィン大統領が推す候補を打ち破ろう。こうもくろんで、両人は共闘をはかることにしたのだった。そのようなプリマコフ首相を、スクラートフ検事総長は応援する姿勢を隠さなかった。あまつさえかれらは、エリツィン「ファミリー」の汚職疑惑を追及する意図すら明らかにした。プーチンFSB長官は、このような反エリツィン連合に対抗して見せることが、エリツィン大統領およびファミリー」にたいする己の忠誠心を誇示してみせる最高のジェスチャーとして役立つと考えた。

一九九九年三月、公共テレビ（ＯＲＴ）は、突然何の予告もなしにひとつの盗撮ビデオをロシア全土に放映して、視聴者を驚かした。それは、何とスクラートフ検事総長が二人の売春婦とおぼしき裸の女性と戯れているシーンだった。しかも、プーチンＦＳＢ長官――当時、安全保障会議書記ポストも兼任するようになっていた――は、ビデオを科学的に鑑定した結果、映っている男性はスクラートフ総長にちがいないとみずから語った。[53] どうやら二人の女性はＦＳＢによって雇われた人間である嫌疑が、濃厚だった。もしそうだとするならば、プーチンは、標的に狙った人物がたとえどのような地位の者であれスキャンダルまみれにして失脚させるべしという「古典的なＫＧＢの手法」[54] に訴えたことになろう。じじつ、この一本のビデオ放映によって、スクラートフ検事総長はたちまちにして辞職へと追い込まれてしまった。結果として、エリツィン「ファミリー」は、同検事総長が指揮する汚職追及の手から逃れることが可能になった。エリツィンおよび「ファミリー」がプーチンの忠誠心と果敢な働きにいかに深謝したか、改めて記すまでもなかろう。

人間関係の専門家

プーチンが或る程度までラッキーな「状況」に巡り合わせたことは、たしかだろう。だが改めていうまでもなく、僥倖はそれを生かそうとする人間の意図や努力が伴ってはじめて現実のチャンスに転じる。したがって、プーチンのスピード出世を助けたものとして、忠誠心（第一要素）のほかにプーチンの幸運（第二要素）を指摘するだけでは、プーチンの出世を説明するための十分な答えとはならない。このようにして、われわれは、プーチン個人の側にプラス・アルファ（第三要因）がひそんでおり、かつ彼がそれを十二分に活用したとの考えに到達せざるをえない。では、その「プラス・アルファ」とは何か？　上司に気に入られる特別の資質、もしくはテクニック。端的にのべると、プーチンが類い稀なる「人誑《たら》し」の名人であること――。これこそが、私の推測するアルファである。いつものごとく、まず一般論から説明を始めたい。

チェキストとは、具体的にいって一体どんなことをする職業なのか？　ロルドゥーギンは、プーチンにこうたずねた。ロルドゥーギンは、プーチンよりも一歳年上のチェロ奏者。ペテルブルクで幼いときからプーチンと家族ぐるみでつき合い、プーチンに長女が生まれたとき彼女の名づけ親になった人物である。このようにプーチンに極めて親しいロルドゥーギンは、あるときプーチンに向かって率直に訊いた。「私はチェロの演奏で飯を食っている。では、君の職業は何なのだ？　私は君がスパイであることは知っているが、はたしてそれが一体何を意味するのか、よく知らない。君は誰なのだ？　君は何ができるのか？」。これは、実に際どい質問である。だが、幼馴染みから提出された問いであるために、プーチンといえども回答を逃げたり胡魔かしたりするわけにはゆかない。ところが、プーチンもさる者、この難問に一言でぴしゃりと答えた。

「私は、人間関係の専門家なんだよ（Я —специалист по общению с людьми）」[55]。

右は、多くのプーチン研究家たちが決って引用する公式伝記『第一人者から』中のプーチンの名台詞である。だが私の意見によれば、多くの研究家たちがロルドゥーギンとプーチンとのやりとりの引用をここでストップさせているのは、実に惜しい。折角、宝の山の入口に差しかかりながら、何ら手にすることなく下山することにも似かよっている。つまり、もう少し引用をつづける必要があろう。というのも、このあとロルドゥーギンがつづけてのべている次の箇所こそを、私個人は最重要とみなすからである。「じっさい、プーチンはプロ（のチェキスト）ならば、是非とも人間に精通している必要があると考えていた[56]」。まずこうのべたあと、ロルドゥーギンはひとつのエピソードを紹介する。そして、この逸話こそが、私にはとりわけ現文脈にとって実に興味深く、参考になる点であるように思われてならない。

ロルドゥーギンが最初の妻イリーナと離婚したことを知ったとき、彼に向かいプーチンはどきっとする発言をおこなった。「いずれそうなるだろうと、私は予見していたよ[57]」、と。ロルドゥーギンは、もちろん激しく反発した。「私は、プーチンのそのような見方に同意しえなかった。私とイリーナとの関係がどうなるか。このことが、(他人の)プーチンに最初から明らかだったって。そんなことは、およそ私に考えられもしない類いのことだった[58]」。いったんはこのように激昂してみたものの、しかしながら、ロルドゥーギンは考え直した様子である。というのも、なにしろプーチンは己を「じっさいプロとして人間学に通じているとみなす」人物ではないか。このようにして、ロルドゥーギンは付け加える。「(私は一時立腹したものの)それにもかかわらず、プーチンが自分は人間関係の専門家であるとのべた言葉が、私には大きな印象となって止まることになった[59]」。

交わり上手

ロルドゥーギンの夫婦仲を別にして、チェキストとは、プーチンによれば、「人間関係のプロフェッショナル」であるという。これは、一体何を意味しているのか？　これだけでは何のことかよく分らぬ謎のような言葉である。アングス・ロックスバフは、まずこうコメントしたあとで、彼なりの解釈をくだす。ロックスバフは、英国人ジャーナリスト。一九八〇年半ばのゴルバチョフ期にはイギリスの『サンデー・タイムズ』紙、一九九〇年代のエリツィン期にはＢＢＣ放送のモスクワ特派員をつとめた。ペスコフ大統領報道官に頼まれて、プーチン期のモスクワで三年間ロシア政府のPR活動を助けた経験の持ち主でもある。帰国後の二〇一二年、『実力者――ウラジーミル・プーチンとロシアのための闘い』を出版した。

そのようなロシア通のロックスバフは、「チェキスト＝《イコール》人間関係の専門家」とのプーチン流の定義に満足することなく、その意味をさらに一歩突っ込んで考えようとする。流石と評さねばならない。ロックスバフが右の自著のなかで記している彼の結論によれば、「人間関係のプロ」とは「人々とmingleするエクスパート」を指す。(60) 英語の"mingle"とは「人々と巧く接触し、交《まじ》わること」を意味する。こうのべたあとで、ロックスバフはほとんど断言せんばかりにのべる。プーチン自身は「チェキスト＝人間関係の専門家」の言葉に恥じない「優秀なKGBの交わり上手（a good KGB "mingler"）」(61) である、と。

ビクトル・タラーソフの見方も、ロックスバフのそれに近い。タラーソフはロシアの心理学者で、レニングラード（のちのペテルブルク）市議会のメンバーでもあった。彼は、自著『ウラジーミル・プーチンの心理学的肖像画』（二〇〇〇年）のなかで、次のように記している。「プーチンは、他の人間と〝親しくなる（дружить）〟術に秀でている。おそらく、この彼の特質は、彼の（チェキストとしての）職業上の訓練の賜《たまもの》だろう。それはともかくとして、彼は影響力をもつ人間を友人として持つことによって、これまで屢々己の危機を脱してきた」。(62)

右に紹介したロックスバフやタラーソフの見方に関連する、あるいはそれらを補強する興味深い証言がある。KGB勤務をはじめて間もなくプーチンは、さきにふれたようにモスクワのアンドロポフ赤旗諜報研究所で一年近くのあいだスパイになるための特別訓練を受けた。この研修期間中、プーチンたちは、一体どのようなことを叩きこまれたのだろうか。もとより、ことの本質上、これは外部のわれわれがけっしてうかがいえない秘中の秘に属する事柄である。とはいえ幸いなことに、プーチンの同期生たちによる一、二の証言が洩れ聞こえてきている。たとえば、アンドレイ・ピーメノフ（仮名）によると、同研究所でかれらが叩き込まれたことは、次の一言に尽きるという。良きチェキストになるには、「他人とのあいだで相互関係をつくること。すなわち、個人的な関係を形成する能力を養成して、人間に影響をおよぼすこと」[63]（傍点は引用者）。これこそが、必要不可欠の要請だった、と。プーチンのもう一人のKGB仲間、ヴァレリイ・ゴルベフは語る。「KGBでプーチンと一緒だったクラスでは、私たちは（デール・）カーネギー著『人を動かす』を教科書として一緒に読んで勉強しました」[64]。『人を動かす』の英語タイトルは、まさに『友を獲得し、人間に影響をあたえる方法（How to Win Friends and Influence People）』（傍点は引用者）なのである。

プーチン＝反射鏡

ロックスバフに話を戻すと、彼は、プーチンがいかに「交わり上手」であるかを証明する一例として、トレーグボワ女史が己の実体験にもとづいて記した感想を引用している。私もロックスバフ記者の例に倣って、トレーグボワがのべていることに注目することにしよう。

エレーナ・トレーグボワは、さきにも紹介したように一九九〇年代『コメルサント』紙のクレムリン担当記者だった。当時、FSB長官の地位を占めていたプーチンは、一九九八年十二月の或る日、自分とのインタビューを終えたトレーグボワ嬢を、寿司料理店での夕食へと誘った[65]。その食事中トレーグボワは、プーチンの巧みな人扱いぶりにほとほと感嘆させられた模様である。このデートから五年後にロシアで刊行した自著『クレムリン詮索者の物語』のなかで、彼女は記した。プーチンのコミュニケーション能力はほとんど天才的なレベルのものであり、大抵の人間ならばそれに容易に屈してしまうこと必定であろう、と。トレーグボワの書物からやや長くなるが現文脈にとり興味深い部分を、次に引用する。

「彼（＝プーチン）は、何と傑出したコミュニケーター（意思疎通者）であることか。私は心の底から感嘆せざるをえなかった。たしかにスパイにとり、話相手とコミュニケートするというのは通常業務に属する当然の作業なのかもしれない。さはさりながら、プーチンは実に巧みなやり方で、それを実践した。それは、もはや名人芸と評さざるをえない水準に達していた[66]」。トレーグボワは、とりわけプーチンが話し相手を説得する技術に実に巧みで、秀でていることを強調する。「イントネーションをつけてしゃべる。目力《めぢから》をこめる。その具体的な方法について、私は云々しない。だが、プーチンが会談中に私の意識下で次のように感じさせることに見事成功したことだけは、間違いなかった。つまり、彼と私があたかも同一グループに属し、同一利益を共有しているかのような気分にさせてしまうという技術だった。論理的な観点からいうと、そんなことはまったくありえないはずだった。プーチンと私は、絶対的に対立し合う立場にたっている二人であり、すべての事実がそのことを証明しているからである[67]」。

ちなみに、右のように説くトレーグボワ記者の言葉から私が思いつかざるをえないことがある。それは、プーチンがアメリカの有名な心理学者、カール・ロジャーズが提唱したコミュニケーション・メソッドを、それとは知らずに現実にマスターし、実践している人間ではないかとの感想である。ロジャーズ教授は読み切れないほど多くの浩瀚な著書を発表しているが、教授の中心的主張は結局のところ次の一点に尽きるように思われる。コミュニケーション法で最も重要なのは、「受容（acceptance）」と「共感（empathy）[68]」にほかならない、と。

それはともかく、トレーグボワは結論する。「要するに、プーチンは天才的な『反射鏡』ではないか。これが、私の感想である。というのも、彼は話し相手を鏡のようにそっくりコピーする。そして、相手方にたいしてその映像がまるで自分自身であるかのように見せかける技術にとりわけ秀でているからである」(69)（傍点は引用者）。トレーグボワが「反射鏡」という言葉を用いていることは、興味深い。故ユーリイ・レバダが「プーチン＝《イコール》鏡」説をとっていたことを、われわれに思い出させるからである。「序章　方法」ですでにふれたが、念のためにレバダの言葉をもう一度引用しておこう。「プーチンは鏡である。彼は、すべてのロシア人が〈見ることを願っている〉人物であろうと努めている」。

　もしわれわれがトレーグボワやレバダがのべていることに同意するならば、プーチンは、次の意味で誠に稀有な人物と評さなければならなくなるだろう。すなわち、コミュニケーションを成功させるための真髄であり、同時に最善のテクニックでもあるものを、たんに頭で理解している――そのような人間は多い――ばかりではなく、みずからそれを実践している。そのようなコミュニケーション法をマスターしている点だけからいっても、プーチンはまさしく「人間関係」のプロフェッショナルにほかならないと評して差し支えないであろう。

　たとえば、相手の眼を見つめて当方の思いを伝えるばかりでなく、相手をして己の眼を凝視するように仕向ける。端的にいって、アイ・コンタクトの技法。これこそは、ボディー・ランゲージの名将、ピーズの教えを再び引用するまでもなく、人間と人間のあいだの対話を成功させるための要諦であろう。問題は、これを実行するか否かであろう。プーチンがことのほかアイ・コンタクトに秀れた人物である。このことは、プーチンに接近が許されているロシアの数少ないジャーナリスト、アンドレイ・コレスニコフの二冊の書物の題《タイトル》からもうかがえるのではないか。それらは夫々『プーチンは私を見た（二〇〇五年）』[70]、『私はプーチンを見た（二〇〇五年）』[71]（傍点はともに引用者）と題されているのだ。コレスニコフが最近著につけたこれらの書名はたんなる偶然のことではなく、そこには深い意味が込められているようにすら、私には思われてならない。

人誑しの名人

トレーグボワが自著のなかで語っていることをもし私の言葉で大胆に要約することが許されるならば、プーチンは対話の名人、いや人誑《たら》しの名手といえるのではないか。これをもって、私は本書における重要仮説のひとつとしたい。

私個人の解釈法や用語が適切か否かを別にして、次のことだけは間違いない事実だろう。つまり、プーチンがこれまでしばしば海千山千の老練な政治家たちですらころりと参らせ、自分の味方につけることに成功してきたことである。ジョージ・H・W・ブッシュ（四十三代）米大統領は、その好例だろう。反ソ、反ロ主義の権化といってよい共和党の政治家、ブッシュJr.は、大統領就任後も長らくのあいだプーチンと一切面会しようとしなかった。ところが、ついに二〇〇〇年六月十六日、スロベニアのリュブリャーナでどうしても初会合をおこなわざるをえない羽目になった。まさにこのとき、プーチンはブッシュ大統領に「魔法をかけて」（ロックスバフ）[72]反ロの米大統領をたちまちのうちにめろめろにしてしまったのだった。では、プーチンは一体どのような手口を用いたのか？

ロシア大統領は、まず、幼いときに母マリアから貰った十字架を小道具として用いた。ソビエト期では「宗教は阿片」とみなすマルクス主義の考えにもとづき、ロシア正教を信仰することは事実上禁じられていた。

それにもかかわらず、プーチンの母はプーチン少年に洗礼を受けさせ、十字架をあたえた。以来プーチンは、その十字架を片刻も離さず身につけ、聖地イスラエルへ赴いたときには清めてもらいさえした。プーチンはブッシュ大統領に向かって、このエピソードを正直に語ってみせたのである。[73]

プーチン大統領は、この種の告白を巧みにおこなうことによって、ブッシュの警戒心を解き放った。ブッシュ大統領は、プーチンがごりごりの唯物史観にこり固まった共産主義者であり、加えて非人間的なチェキストの権化であると思い込んでいた。ところが、プーチンとて自分たちと変わらぬ人の子であるばかりか、敬虔なクリスチャンでさえある——。このことに気付いて、米大統領は少なからず驚かされたにちがいない。このとき以来、両人はブッシュの提案によって互いにファースト・ネーム・ベースで「ウラジーミル」、「ジョージ」と呼び合う仲になった。そして、ブッシュ大統領がこのとき感激のあまり口にした言葉は、その後人口に膾炙する一句となった。さきにも一度ふれたが、ここでも再び引用することにしよう。「私は、この男（＝プーチン）の眼をじっと見た。（すると）彼が実にストレートで信頼に足る人物であることが判った。私は彼の魂を感じることができたのである」。[74]このブッシュ発言をみずからも引用したあとにつづけて、しかしながら、ロックスバフは痛烈なコメントを記す。「ブッシュは、プーチンの釣針に見事に引っ掛ったわけだ」。[75]

最後に、ウソリツェフの証言も引いておこう。ウソリツェフ（ペンネーム）は、「第4章　東欧」で詳述したように、かつて在ドレスデンの駐東独ソ連領事館でプーチンとオフィスを共有していた人物である。彼はその後モスクワへ帰国後に出版した『同僚』のなかで、プーチンがロシアの最高政治指導者へと大出世をとげた理由について、次のように含蓄深い言葉を記している。これも二度目になるが、現文脈上どうしても欠かせない重要な指摘なので、再び引用することにしたい。「プーチンが権力の頂点に到達したのは、偶然の産物である。（中略）だが、ボリス・ニコラエビッチ（・エリツィン）の周囲にうごめいていた潜在的な競争仲間のなかで、プーチンは次の一点にかんしては明らかに他の誰をも上まわっていた。すなわち、彼は独特の個性の持ち主だった。プーチンはとりわけ世代を超えて他人を惹《ひ》きつける不思議な魅力を持っていた。そのような力を駆使したプーチンにたいして、海千山千の世故に長けたはずの初代大統領（＝エリツィン）ですらころりと参ってしまった」[76]。ウソリツェフはつづける。「より率直にいうと、プーチンは礼儀正しい振りをしながらも、その背後では恐ろしいまでのエネルギーが沸騰していることを、見事に隠しおおせる能力の持ち主だった。つまり、上司には極端なまでに忠実な印象をあたえるという能力である」[77]。

このようにして、ウソリツェフは結論する。右にのべたようなユニークな才能によって、東ドイツはドレスデンという僻地に滞在していたにもかかわらず、プーチンは首都モスクワのＫＧＢ本部にいるボスたちによって特別に目をかけられていた。こうのべたあとで、ウソリツェフは示唆する。おそらく同様の才覚によって、プーチンはついにエリツィン大統領や「ファミリー」たちのお眼鏡に見事適うことに成功したのだろう、と。

第9章
人　脈

プーチンの側近たち（左から2人目からS・イワノフ、メドベージェフ、ショイグら）

旧友一人は、新しい友人二人にまさる。

——ロシアの諺(1)

モスクワの地下鉄で足をふみつけている男にたずねる。「失礼ですが、KGBの方ですか？」 答えが「ノー」のばあいにたずねる。「ペテルブルクからの方ですか？」 再び「ノー」のばあいに、初めて抗議する。「では、なぜあなたは私の足をふんづけているのか」。

——ロシアの小話(2)

今日における〝ツァー〟は、己を特定かつ単一の派閥と同一化することを避け、その代わりに各大臣、オリガルヒ、治安関連組織の長たちを常に互いに競争させ、自分がバランサー役を演じようとする。

——ドナルド・ジェンセン(3)

ペテルブルク人脈

ペテルブルク市役所を辞めてモスクワへ移ったプーチンは、何と約三年九カ月後にはロシアの最高権力者のポストに就いた。本人を含めて、誰一人予想しえなかった事態の展開だった。この驚くべきスピード出世の理由がはたして何だったにせよ、少なくともひとつだけ明らかな結果を伴った。それがあまりにも急激な上昇だったために、プーチンが二〇〇〇年五月の大統領就任時に自身の権力基盤、とりわけ人的ベースを前もって準備する時間的余裕に恵まれなかったことだった。つまり、少なくともさし当たって当分のあいだはプーチンには、前エリツィン大統領の側近や部下たちを引きつづき用いる以外に適当な術《すべ》がなかった。ロシア語で「セミヤー（семья、家族）」、英語で「ファミリー」と綽名される集団の人々である。

「ファミリー」を、どのようにして自分自身の人脈へと取り替えていくか。これが、当然、プーチン新大統領にとり最重要課題になった。ペテルブルク出身者を登用し、活用する——。これこそが、主としてプーチンが採った解決法であった。ペテルブルクは、まえにもふれたようにプーチンが生まれ育ち、四十三歳になるまで暮らしていた土地である。その間に彼が知り合った友人、知人、同僚たちをモスクワへ呼び寄せ、要所要所へと配置する。これが、プーチンが実際におこなった人事だった。プーチンは、人脈形成の重要性を肝に銘じる一方、ＫＧＢの訓練、その他の経験によって〈他人を容易に信じてはならない〉ことを徹底的に教え込まれた人間でもある。このような哲学も手伝い、プーチンにあっては己の周辺を同郷の知人やかつての職場仲間によって固めがちな傾向が、歴代指導者たちの誰に較べてもより一層顕著なように思われる。ともあれ、このようにして形成されたプーチンのチームは、「プーチン閥」と名づけられる。はたして何と呼ばれようとも、それらの人々は、エリツィン期の「ファミリー」に匹敵し、事実上それに取って代ったインフォーマルなエリート・グループといえよう。かれらは、「新しいファミリー」とすら綽名される。(4) プーチン・チームを構成している人々を、主としてプーチンとの個人的な結びつきの観点から分類すると、次の三グループに大別できる。(1)趣味(柔道)や別荘(同一地域で共同購入)など、どちらかというと非政治的な要因を通じて、プーチンが知り合った人々。かれらのなかには、大統領とのコネを利用して主として実業界で成功しようとしている者が多い。(2)同一の大学(レニングラード国立大学)や職場(サンクト・ペテルブルク市役所)を通じて、プーチンと知己となった先輩、同僚、後輩たち。かれらは、「サンクト・ペテルブルク派閥」——略して、「サンクト閥」もしくは「ペテルブルク閥」——と呼ばれる。かれらは、専門分野に注目すると「エコノミスト」や「法曹家《ロイヤー》」の者が多い。(3)KGBという特殊な組織での訓練や勤務を通じて知り合い、KGBの哲学《フィロソフィー》も共有する人々。かれらは、チェキスト、もしくは「シロビキ」(武力省庁勤務者)と呼ばれる。

ちなみに、プーチンの周囲を固めるこのような「プーチンのお友だち」(FOP)たちが利益を独占するロシア版市場経済にたいしては「プーチンのお友だち資本主義(5)」、もしくは「お仲間資本主義(6)」の綽名が献上されている。

「プーチンのお友だち」——。この表現は、厳密にいうと正しくない。こう説く者がいる。なぜならば、KGB教育を徹底的に受けたプーチンには知人はいても、およそ「お友だち」と名づけられる者が存在するはずはないからである。プーチンには、おそらく心を許す友だちなど唯の一人もいないのではなかろうか。極論ともいえるこの見方にもし同調するばあい、チェキスト教育を叩き込まれたプーチンにとって、世の中には二種類の人間しか存在しないことになろう。一は、「エージェント」。すなわちKGBの手先。二は、「オブジェクト」。すなわちKGBの操作対象。前者が後者へ、後者が前者へと変貌をとげることはあるだろう。だが、かれらのいずれも、プーチンの友だちとはならない[7]。

それはともかく、プーチンが首都モスクワへ呼び寄せたペテルブルク関連の人々は、ひっくるめて「ペテルブルク人脈」と綽名されて、今ではプーチン政権の要職を独占せんばかりの多数を占めている。そのために、ペテルブルク－モスクワ間の列車は、一時あたかも通勤列車のようになった。毎月曜日の朝は、そのような列車から降り立つVIPを迎えるリムジンで、モスクワの「レニングラーツカヤ」駅前が大混雑をきたす風景すら生まれた。というのも、ペテルブルク出身者は週末をペテルブルクで家族とともに過ごし、月曜日の朝モスクワへとんぼ返りしてくるからだった。プーチン自身もペテルブルクを度々訪れ、コンスタンチン宮殿は同大統領のペテルブルク滞在中の事実上の公邸と化した。そのために一時、首都の機能——少なくとも一部——をペテルブルクへ移管すべしとの提案すら生まれたくらいだった[8]。プーチン周囲では、〈ペテルブルク出身者でなければ人にあらず〉と囁く、次のようなアネクドート（小話）すら生まれた。

モスクワのエレベーターのなかで見知らぬ者に会ったとき、まず発すべき質問は「あなたは、一体どちらから？」。もし答えが「ピーテルから」ならば、彼（または彼女）に敬意を表して、エレベーターから先に降りていただく必要がある。加えて、彼がKGB勤務の者であることが判明すると、他の乗客たちは彼に向かって一斉に最敬礼せねばならない。

この笑い話は、次のような落ちをつける。「では、プーチノクラシー全盛の今日、ペテルブルクにもKGBにも関係をもたない人間は、一体どうすれば出世する可能性が残されているのか？」答えは、「ドイツ語を習うこと」[9]。プーチンはドイツ語を得意とする「ゲルマニスト」なので、ドイツ語を学べばひょっとするとプーチン大統領に気に入ってもらえるかもしれない。こうアドバイスする、たわいない笑い話である。

アウトサイダーからインサイダーへ

ペテルブルクとの関連で、われわれはここでひとつ重大なことに気づき、検討さえ余儀なくされる。それは、プーチンの経歴ならびに思考におけるナンバー1やナンバー2の問題である。まず、彼の出身地ペテルブルクは、さきにもふれたように、ロシアでナンバー2の都市でしかない。首都モスクワがほとんどすべての分野でナンバー1の座を独占し、ペテルブルクはその後塵を拝している。プーチンの出身校であるレニングラード国立大学のステイタス（地位）や名声も、ナンバー1のモスクワ国立大学にはおよばず、ナンバー2に甘んじている[10]。

次に、プーチン自身の経歴をみてみよう。プーチンは、二〇〇〇年までの半世紀近い人生で、唯の一度としてナンバー1のポストに坐ったことがなかった。せいぜいよくて、ナンバー2だった。彼は、たとえばKGB所属の人間だった。ソビエト時代は何といっても、共産党こそがナンバー1の出世コースにほかならなかった（したがって、KGB長官に過ぎなかったアンドロポフがソ連共産党書記長の地位を射止めたとき、人々は驚いたものだった）。プーチンは、ソ連時代エリート・コースのナンバー1だった共産党員としての出世を諦め、それに次ぐナンバー2の道、KGBを選んだのだった。

しかもそのようなKGB内でも、プーチンは超エリート・コースを歩んでいたわけではなかった。たとえば彼の外国派遣先は、ソ連の主敵だった西側先進資本主義国でなく、社会主義同胞国の東ドイツに過ぎなかった。しかも首都ベルリンでなく、ドレスデンすなわち二流、三流の土地だった。在ドレスデンのソ連領事館内でのプーチンの肩書も総領事でなく、副領事のひとりに過ぎなかった。ベルリンの壁が崩れ、東ベルリン市民が領事館の建物に押し掛けたとき、プーチンは「自分は通訳に過ぎない」と応答して責任を回避しようと試みたのは、有名なエピソードである。(11)

彼が一九九一年にKGB中佐だったときにプーチンがKGBを辞職することに決意した理由のひとつとして、己がKGBにおいてすら所詮「小魚《スモール・フィッシュ》」に過ぎず、これ以上KGB勤務をつづけていても大して昇進できる見込みなしという自身の判断があったことは、否めない。また、KGB「辞職」後に働きはじめたペテルブルク市役所におけるプーチンのポストも、せいぜい「第一副市長」、すなわちナンバー2のそれでしかなかった。アナトーリイ・サプチャクが市長として、ナンバー1の座に君臨していたからである。

右に記したようにプーチンの出身地、出身大学、勤務先、経歴は、唯の一度としてナンバー1のそれではなかった。ほとんど常に二流どころのせいぜい良くてナンバー2のポストだった。このような経歴ないし立場は、では、プーチンの思考や言動に一体どのような影響をおよぼしたのだろうか? これは、断定的な結論を導けるような単純もしくは容易な問題ではない。とはいえ、右に指摘したような事柄は、プーチンにどちらかというと「アウトサイダー」として、物事を斜めからシニカルに眺めがちな性向を身につけさせることに、貢献したのではなかろうか。これは、ヒル&ガディが著書『ミスター・プーチン』で提起している仮説である。(12) 興味ある見方として、われわれも念頭においておく必要があろう。

以上のことをまずのべたあとで、次にもっと重要な課題がある。それは、プーチンの身分や環境に突如として発生した大転換である。長年のあいだずっと自分をせいぜいナンバー2でしかないと思い込んでいたプーチンは、或る日突如としてナンバー1の地位に就くことになった。改めていうまでもなくロシア連邦大統領のポジションは、ロシアにおけるナンバー1中のナンバー1のポストである。このことは、一体何を意味するのか。

まず、プーチンは今や「インサイダー」以外の何者でもない。つまり、プーチンは、アウトサイダー（局外者）の態度をとっていればそれでことが済むという気楽な（?）立場にいるのではない。彼は、れっきとしたインサイダー（当事者）なのである。[13] アウトサイダーからインサイダーへの立場の転換――。これは、プーチンをどのように変えたのか、それともさほど変えなかったのか。これこそは、ヒル＆ガディとともにわれわれロシア研究者が検討せねばならない肝要な問いであろう。この課題に取り組むために恰好の具体例を提供するケースがある。それは、かつての上司サプチャク元市長ならびにその家族にたいするプーチンの態度に生じた劇的（?）ともいえる変化であった。

サプチャク救出劇

さきにもふれたように、一九九六年のペテルブルク市長選でサプチャクが敗れたために、サプチャク、そして彼の選挙対策本部長役をつとめたプーチンは、それぞれがそれまでとは異なる人生を送らねばならない羽目になった。プーチンはペテルブルク市役所を辞職し、市役所で同僚だったクドリンの助けを得て、辛うじてモスクワの大統領府内に職を得た。その後のプーチンは、まるで〈禍福はあざなえる縄の如し〉の言葉を地でゆくかのように幸運に恵まれて、クレムリン内で順調な出世街道を邁進した。

ところが、まるでそのようなプーチンとは対照的に、その後のサプチャクはほとんど良いことには一切恵まれなかった。九一年八月のクーデター未遂事件の折クーデター派に就いた者たちが、モスクワ、その他で部分的に勢力を巻き返した。そのこととも関連して、サプチャク元市長は、在任中彼がおこなったと噂される公金横領、その他の汚職嫌疑で取り調べを受ける被告の立場へと追い込まれた。これらのことからくる心労がたたったのか、スクラートフ検事総長によって逮捕状が出される寸前の九七年十一月七日、サプチャクは心臓発作を起こして（もしくは、起した振りをして）、ペテルブルク市内の病院にかつぎ込まれる羽目になった。この病院には、幸い、サプチャク・ファミリーばかりでなくプーチンの知人でもあるユーリイ・シェフチェンコ医師（心臓外科専門）が勤務していた。

「恩師倒れる（?）」の報に接したときのプーチンの行動は、実に迅速かつ果敢なものだった。彼はモスクワからペテルブルクへ直行して、「劇的なサプチャク救出キャンペーン」[14]を陣頭に立って指揮したからである。つまり、サプチャク元市長を直ちに担架に乗せて退院させ、フィンランド航空の小型チャーター機を雇って（二万五〇〇〇～三万ドルかかった！）パリへ脱出させるという離れ技だった。公式自伝『第一人者から』では、そのような救出劇をみずからが演出したことをプーチンは否定している。当然だろう。ひとつには、プーチンはたんに恩師救援という純粋に人道主義的な見地や忠誠心だけにもとづいて、サプチャクのパリへの避難劇を幇助したわけではなかったからだった。もしサプチャクが裁判で追及されて有罪になるばあい、彼のナンバー2をつとめていたプーチンも連座をまぬがれない惧れが充分存在した。プーチンによるこの時の獅子奮迅の大活躍は、実は自分自身を守る行為でもあったのである。[15]

その動機がはたして何だったのかを別にして、確実に言えることがある。それは、およそプーチンの決断なしに、サプチャク元市長のパリへの脱出劇が可能になるはずがなかったことだった。故エリツィン大統領も自身の回顧録で、[16]またサプチャク夫人のリュドミーラ・ナルソワも或るインタビューのなかで、[17]この事実をはっきり認めている。サプチャク救出劇は一〇〇％プーチンの指示によって実行された、と。われわれ局外者もそのように判断する。もし仮にプーチンが、このとき大統領府管理局長兼副長官という重要ポストを占めていなかったならば、どうだったろう。サプチャクを逮捕する必要があると考えたスクラートフ検事総長を相手にして、はたしてプーチン以外の一体誰がこのような荒業もしくは大芝居を打ちえていただろうか。答えは、明らかにノーである。それはともかくとして、両人間の関係は逆転した。かつてはサプチャクがプーチンの保護者だったが、今やプーチンがサプチャクの「屋根」すなわちガード役をつとめることになったのだ（マリーナ・サリエ）。[18]

ちなみに、サプチャク前市長の脱出に協力を惜しまなかったシェフチェンコ医師は、事件から二年後の一九九九年七月、ロシア連邦保健相に任命された。この救出劇で彼が果した役割にたいする論功行賞にもとづくともっぱら噂された。だが、やがてシェフチェンコは保健相としての手腕に欠けるとの悪評にさらされることになる。たとえば二〇〇二年十月に発生した「モスクワ劇場占拠事件」では、治安部隊の突撃後にモスクワ市内の各病院へ運び込まれた人質患者たちにたいして適切な処置を講ずることを怠ったために、被害がさらに増大する結果を招いた。流石のプーチン大統領もそのような失態の責任者シェフチェンコをかばい切れなくなり、遂に〇四年に彼を罷免した。プーチン流情実人事が見事に失敗した例のひとつといえよう。[19]

サプチャク救出作戦から約二年たった九九年十二月末、プーチンはエリツィン大統領によって彼の正式な後継者に指名された。そのような人物たるプーチンの意に逆らう者は、もはやロシア中を探しても唯のひとりもいない状態が生まれたのである。プーチンの意思イコール命令とさえいって過言ではなくなった。サプチャク元ペテルブルク市長は、そのような絶対的権力者、プーチンのかつての上司に当たる人物にほかならない。同市長にたいする告訴は当然すべて取り下げられ、サプチャクは訴追その他を一切心配することなく、パリから堂々とロシアへ帰国した。

謎の急死

しかしながら、政治の世界には皮肉な展開がつきもの。このように評さなければならない突発事件が起こった。政治家としての晴れの再出発が期待された矢先の二〇〇〇年二月にサプチャク元市長を待ち受けていたものは、一体何だったのか。国内出張先で非業の死という人生の幕引きにほかならなかった。来たるべき大統領選におけるプーチン候補の勝利を厭がうえにも確実なものにする。この目的遂行のためにサプチャクは、かつて部下だったプーチンによって「突如」[20]、ロシアの飛び地カリーニングラード（旧ドイツのケーニヒスベルク）へ派遣された。サプチャク夫人のナルソワは、心臓病をわずらっている夫が、妻である自分の付き添いなしに旅行することに懸念を抱き、夫の出張に強く反対した。だが、公私多忙のために、彼女の同行は適わなかった。不幸にも、夫人の不吉な予感が的中し、彼女の危惧は現実のものになった。サプチャクが旅先で謎の死をとげたからである。六十二歳だった。

サプチャク市長の死因は、公的には「（四度目の）心臓発作にもとづくもの」と発表された。だが、ナルソワ夫人によれば、市長はたしかに心臓病を患ってはいたものの、それまで心臓発作を起こしたことは一度もなかった。[21] そのために、今日なお他殺ではないかとの疑念がくすぶっている。たとえば当時、次のような噂すら取沙汰された。同市長がホテル「ルーシ」で死亡した際、その部屋には「二人の人間」が同席していたばかりか、市長本人がバイアグラをアルコールとともに飲んだ形跡がある、と。より端的にいうと、サプチャク市長が二人のコールガールを自室に呼び、性的興奮剤のバイアグラを使用したとのゴシップだった[22]。もしこれが事実だとしたら、元ペテルブルク大学法学部教授で、謹厳実直、愛妻家としての名声の高いサプチャク元市長の名誉をいちじるしく失墜させるスキャンダルになろう。だからそれは、何者かによって仕組まれた偽装工作なのかもしれなかった。かつてスクラートフ検事総長が二人の売春婦らしき二人の女性と戯れている姿が、プーチン連邦保安庁長官の指示によってビデオに撮られ、結局、総長が失脚に追い込まれたときの手口に酷似していることも、気になる点だった。

事件から約七年後にアルカージイ・ワクスベルクという人物が、一冊の書物をフランスで出版した。ワクスベルクは、一九二二年生まれのユダヤ系ロシア人ジャーナリスト。長らくロシアの有名な『文学新聞』紙のパリ特派員をつとめ、かつ数多くの書物もあらわした信頼に値する作家とみなされている。サプチャクとも親交があった[23]。そのようなワクスベルクは、二〇〇七年、ロシアにおける政治的暗殺の歴史について記した書物、『毒の実験室——レーニンからプーチンまで[24]』を刊行した。フランス語で書き、数々の外国語に翻訳された同書のなかで、著者ワクスベルクは自説を展開した。サプチャク元ペテルブルク市長は出張先のカリーニングラードで殺害されたに違いない、と。

ホテル・ベッド横に置かれたサイド・テーブルの読書灯電球に、前もって致死量を含む毒物を塗布しておく。そのことを知らずに電灯をつけると、加熱された電球から放射される蒸気によって近くにいる人間は心臓発作を起こし、死にいたる。サプチャクが就寝前にベッドで暫らく読書する習慣をもっていたことは、よく知れわたっていた事実だった[25]。ワクスベルクによると、この手口はソ連時代に用いられた殺人のテクニックのひとつであるという。ワクスベルク自身は、同書刊行から数カ月しか経たない時期に不可解な「事故」に遭遇することになった。自宅ガレージの車が原因不明の爆破事故を起こしたからだった。彼の車は炎上して失われたものの、幸いワクスベルクはその車に乗り合わせていなかったために、辛うじて一命をとりとめた。[26] ワクスベルクは、二〇一一年に他界した。

犯人は誰？

サプチャク元市長の死因を単なる自然死とみる見方は、今日、同市長の支持派、反対派の別を問わず、むしろ少数派。こういってさえ、差し支えないかもしれない。プーチンですら、かつての彼のボスが殺害された可能性があることを示唆した。[27] もちろん、サプチャクの政敵、たとえばコルジャコフやソスコベッツによって、という意味においてである。[28] かれらは、しかしながら、みずからが支援したヤーコブレフをペテルブルク市長に当選させることに成功した後になって、わざわざ落選した側の候補者、サプチャクを暗殺する必要に迫られるだろうか。

このようにして、ワクスベルクは明瞭に記す。サプチャクを死にいたらしめた背後の人物は、「サプチャクの敵ではなく、いまや権力を手にした人間」[29]である、と。「敵」とは、このばあい具体的にはヤーコブレフを指す。ペテルブルク市長選でかつての上司サプチャクに敢えて挑戦し、彼を落選させた人物だからである。そのためにヤーコブレフは、プーチンによって「裏切り者のユダ」とさえ呼ばれた。ワクスベルクによれば、しかしながら、勝利者になったヤーコブレフ新市長が、敗者のサプチャクに刺客を差し向ける必要などまったく存在しない。ところが他方、「いまや権力を手にした人間」はどうか。大いに疑われる。そのような人物は、サプチャクを煙たく思い、できれば、そのような己の目の上のたんこぶ的存在をいっそ葬ってしまいたいという潜在的な願望にすら駆られるのではないだろうか。このように複雑な人間の深層心理について、ワクスベルク自身は次のように説明する。

サプチャクは、プーチンにとり生涯恩義を感じ、忠誠を誓うべき存在だったろう。東独ドレスデンから意気消沈して帰国したプーチンを拾い上げ、ペテルブルク市役所のナンバー2にまで登用し、プーチンに活躍の場を与えてくれた大恩人だからである。そのような恩人にたいして、おそらくプーチンは残りの生涯でいくら感謝してもし過ぎることはなかろう。ところが、ワクスベルクは説く。「政治における感謝とは、両刃の剣なのである」[30]、と。感謝の念は依存や気兼ねという形をとり、〝借り〟[31]という重い負担になって人間心理にのしかかってくる。人間は、極端なばあいそのような〝借り〟を帳消しにして、さっぱりしたいという欲求にすら駆られる。ワクスベルクは、ここで説得力のある実例を引く。すなわち、プーチンがベレゾフスキイにたいして実際にとった態度や行動である[32]。プーチンは、己の大統領への昇進を支援してくれた「恩人」ベレゾフスキイを、大統領就任後になるとまるで幣履のように斬り捨てて恥じるところがなかった。ひとつには、ベレゾフスキイが己の援助をいつまでもプーチンに思い出させて、然るべき論功行賞その他の見返りを要求しつづけるだろうことが、うっとおしく思われたからである。

かつてプーチンの上司だったサプチャクもまた、ベレゾフスキイに似かよった期待感をプーチンにたいし抱いていたのではなかろうか。想像にあまりある。というのも、まるでこのことを示唆するかのように、ワクスベルクは興味あるエピソードを披露しているからだ[33]。『文学新聞』パリ特派員だったワクスベルクは、当時パリへ逃亡中だったサプチャクに向かってお世辞半分に水を向ける問いを投げかけたことがあった。近い将来「フランス大使としての貴殿に再会することになるのではないでしょうか」。すると、驚くなかれサプチャクはニヤッと笑って答えた。「ええ、だがもう少し上のポストでしょうね！」（傍点は引用者）。それ以上ワクスベルクは何も記していないが、「もう少し上のポスト」とはロシア連邦の首相もしくは外相以外には考えられない。サプチャクがこの種の期待を抱きつづけるかぎり、プーチンにとって元上司の存在はもはや感謝の対象でなく、むしろ頭痛の種子へと変わりつつあった。こう想像しておかしくないのかもしれない。

しかも、サプチャクは、ベレゾフスキイなどのオリガルヒたちとは異なって、明確な政治的イデオロギーをもつ人間だっただけに、余計始末が悪い。彼はもともと民主改革派の旗手であり、プーチンとは明らかに「信条体系」を異にする政治家だった。かれら二人がペテルブルク市役所で地方行政にたずさわっている限りは、両人間に存在する政治的立場上の違いはさほど大きな問題にならなかった。だが、プーチンがひとたびロシア連邦の内政、外交、安全保障政策を担当するようになると、事情は変わってくる。己と正反対といってすらよい政治思想の持ち主でかつて上司だった人物が、自分の近くにうろうろしていることは、プーチンにとり決して愉快なことではなかったろう。サプチャクは目障り、いやワクスベルクの率直な表現を借りればプーチン政権に「刺さったトゲ」(34)のような存在のように思われるようになった。

このようにして、ワクスベルクは結論する。今や「トゲを引き抜くことが必須の条件になった」(35)。端的にいうと、「サプチャクに消えてもらう」(36)必要性である。ワクスベルクは付け加える。とはいっても、もとより、プーチン自身が直接命令をくだす必要などまったくなかった。FSB関係者その他が、いつものようにプーチン大統領代行の意を汲んで行動しさえすれば、それで十分なのであった。こうして、ワクスベルクによれば、「何者かが、プーチン大統領閣下に過度のストレスや罪悪感をかけさせてはならないとおもんぱかって、極端な対応策をとることになった」[37]。

サプチャク元市長の葬儀は、二〇〇〇年二月二十四日ペテルブルク市内で盛大に営まれた。プーチン（当時、大統領代行）はモスクワから駆けつけ、ナルソワ未亡人、そしてプーチンがゴッドファーザーであるとも噂された[38]故人の娘クセニアに終始つき添った。その姿は、各テレビ局を通じてロシア全土に放映された。プーチンは頬に涙がつたうのを止めようしなかった。この涙こそは、プーチンの上司にたいする忠誠心の発露以外の何物でもない。エリツィン「ファミリー」のなかには、こう解釈して感動する者すら少なくなかった[39]。ちなみに、プーチンが再び公開の席上で涙をみせるのは、ずっと後になってのことである。すなわち、一二年三月四日の大統領選で四年ぶりにメドベージェフに代ってクレムリンに返り咲くことが決まったとき、プーチンはマネージ広場近くの当選祝賀会会場で頬に涙が流れる姿を満天下に隠そうとしなかった。

クセニアの反逆

サプチャク元市長の死から十五年以上の歳月が流れた。市長の後に残された妻と娘は、その後プーチンの変貌にわが目を見張らざるをえなくなった。これが、本章で私が指摘したいポイントである。プーチンは、亡き市長の忠実な弟子として民主改革派の旗印を引き継ぐにちがいない。故市長の遺族や一部の部下のあいだでは、このような予想すら珍しくなかった。ところがそのような期待——希望的観測——は、ものの見事に裏切られた。というのも、改めていうまでもなく、大統領就任後のプーチンは準権威主義的な強権統治体制を敷き、今日までその姿勢を少しも変えようとしないどころか、日益しにそれを強化する姿勢すらしめしているからである。そのようなプーチン強硬路線にたいしては、故サプチャク市長の遺族たちですら次第に批判の気持を抱くようになった。とくに元市長の娘、若いクセニアのばあいは反発の気持を己の胸の内だけに止めておくことが、日増しにむずかしくなってきた模様である。

クセニアは、「ロシア版パリス・ヒルトン」[40]と綽名される華やかな存在だった。パリス・ヒルトンは新聞王ヒルトンの末裔《まつえい》のひとりで、しばしば米国のゴシップ界をにぎわす金髪女優である。同様に育ちの良さと天性の美貌に恵まれたクセニアは、ロシア国内のテレビやラジオの花形パーソナリティーとして活躍する一方、『プレイボーイ』誌のモデルとしても登場するなど、常に派手な話題にこと欠かない有名人セレブである。

二〇一一年九月のプーチンによる大統領復帰宣言、十二月の下院選の不正疑惑が契機になって、モスクワをはじめとしてロシア各地でプーチン反対諸勢力による抗議集会やデモが日常化するようになった。まさにそのような抗議運動の参加者のなかに、何とクセニアの姿が頻繁に見られるようになったのである。良家の娘がそれまでの贅沢な生活を虚栄と悟り、一転して革命運動に生き甲斐を見出す――。まるでこのようなパターンをなぞるかのような一八〇度の転身だった。だが、彼女の華麗な転向はかならずしもそのように浮ついた動機にもとづくものばかりではなかったようである。というのも、たとえばクセニアが次のようにのべるとき、それは実に正鵠を射たまともなプーチノクラシー批判のように響くからである。


「プーチンが造り出したシステムは、一人の人間が垂直的な支配をおこなおうと欲する。たしかにそれは、一時的には効果を発揮したかもしれない。安定やソーセージを得るためには自由を犠牲にすることも止むをえない。ロシア国民はこう考えたからだった。

だが、今やロシアには新しい世代が誕生し、自分の欲求や期待を臆することなく表明するようになった。クレムリン当局は、このことに気づいていない（あるいは、気づかない振りをしている）。このようにして、プーチノクラシーはほころびはじめ、じっさい解体しつつあると評さねばならない」[41]。

プーチンは、二〇一二年五月七日、ロシア大統領に返り咲いた。この大統領就任式の前日を選んで、プーチン反対諸勢力は大規模な抗議集会やデモを組織した。このデモに参加したかどで、ロシア捜査委員会が派遣した特殊部隊は、六月十一日の早朝、クセニアの自宅アパートを急襲した。同委員会は、プーチン大統領のお声がかりで設立されたロシア大統領の直属機関である。委員長は、アレクサンドル・バストルイキン。バストルイキンは、レニングラード国立大学法学部時代プーチンのクラスメートで、プーチンがペテルブルク対外委員会議長だったときに副議長をつとめた人物。紛れもなく「シロビキ」である。部隊は、クセニアがロシアの銀行を信用せずに手元においていた多額の現金も押収した。プーチン大統領は、己の体制に刃向かう者はたとえ恩師の娘であれ、そしてみずからがゴッドファーザーをつとめた当の女性であれ、けっして許さない。そのような厳しい姿勢を全世界あてに発信する象徴的な事件になった。

プーチン政権側によるこのような脅しが効き目を発揮したのか、それとも彼女の移り気な性格や行動様式がもたらした結果なのか、クセニアはまもなく、美男の俳優と結婚し、プーチン反対運動から若干距離をおくようになったようにも見受けられる[42]。再び国営テレビから出演依頼が舞い込むようになったクセニアは、少なくともマイアミやモルジブで休暇を過ごすセレブリティーの身分へ戻った[43]。

ナルソワの告発

サプチャク未亡人のリュドミーラ・ナルソワ議員にも、娘、クセニアと似かよった運命が待ち受けていた。彼女は、サプチャク元市長の死亡直後は動転したのか、夫の死因解釈にかくべつ異議を唱えることなく、検死報告書に同意のサインを記してしまった。[44] その見返りだろうか、彼女は上院議員のポストを得た。ナルソワはしばらくのあいだは「プーチン支持者の典型」として、一貫してプーチンの主張や立場を忠実に「擁護[45]」する議員として知られていた。

ところが、である。プーチン大統領は、二〇一二年五月七日にクレムリンに復帰するや否や、ロシアでの集会やデモの規制を強化する法案改正をはじめた。その作業日程は、次のように驚くべき性急な類いのものだった。六月五日—同法案、下院を通過。翌六日—同法案、上院で可決。八日—プーチン大統領、同法案に署名。九日—同法案、発効。このように性急な手続きは、たしかにそれだけでは未だ民主主義のルールを違犯する行為として非難しえないかもしれない。だが、逆に民意を代表する国会の熟慮や討議を十分尽くしたものとはいえない（ちなみに日本では、衆議院が審議に用いた時間の三分の二くらいの時間をかけて参議院が審議を尽くすのが、平均かつ適当な時間配分とみなされている）。ナルソワ議員はまさにこのスピード採決こそが問題であるとみなし、法案改正にたいして直ちに賛成投票を投じることを拒否した。拒否の理由を、彼女は次のように説明した。「なぜ、それほどまでに手続きを急ぐのだろうか。われわれ（上院議員たち）は、この法案のテキストすらまだ印刷された形では入手していない[46]」。案の定、ナルソワは、同年十月、上院議員のポストから解任されてしまった。

議員ポストを失った後の一二年十一月に応じたインタビューで、ナルソワはついにセンセーショナルな発言をおこなうようになった。約十三年前に起こった夫アナトーリイ・サプチャク市長の死因について深刻な疑念を投げかけたのである。みずからが独自の調査をおこなった結果、ナルソワは、公式ないしは巷間噂される「アルコールやバイアグラの使用」[47]による夫の心臓発作説には一切根拠がなく、自分はまったく納得していない。このような己の疑念を、率直に表明した。

ほぼ同じ時期におこなった別のインタビューで、ナルソワは己のプーチン観を忌憚なく披露することにすら躊躇しなかった。いわく。「プーチンはすっかり変わってしまった。残念ながら、これはたしかな事実である。その理由は、次の点に求められる。彼が実に質の低い側近たちによって取り囲まれ、かれらの影響下におかれていること。そして彼自身の考え方が、(私の夫サプチャクの忠告にもかかわらず) 成長を止めて、すっかり硬直化してしまったこと[48]」。

オーゼロ・グループ

プーチンがペテルブルクから連れてきた同輩たちは、本章冒頭でふれたように、通常「サンクト人脈」もしくは「ペテルブルク閥」と略称されている。では具体的にいうと、一体どのような人々がその中核を占めているのか。その主な顔ぶれを次に紹介することにしよう。

プーチンのサンクト人脈は、大きく分けて二種類からなる。ひとつは、「シロビキ」と呼ばれる人々。かれらについては、すでに「第3章　ＫＧＢ」のところで紹介したので、ここでは繰り返さない。ふたつめは、シロビキ以外の人々である。つまり、プーチンが、主としてペテルブルク市役所で勤務していた五年間に知り合った者たちを指す。かれらのうちで、まず紹介すべきは、いわゆる「オーゼロ」グループの面々だろう。ペテルブルク市から北東へ向かって約一時間半ほどドライブすると、カレリア地方のイストムスと名づけられる地域に到着する。フィンランド湾とラドガ湖に囲まれた地域である。ちなみに、さらにもう一時間二〇分くらい車を走らせると、ロシアとフィンランドとのあいだの国境線を越えてしまう。このイストムスに、プーチンは、一九九六年、七名の仲間と語らって別荘地を共同購入した。全員、プーチンがペテルブルク市役所付きの対外関係委員会の議長をつとめていた時期に知り合った人々だった。プーチン本人を含む共同出資者八人からなる協同別荘組合の名称は、「オーゼロ（ロシア語で「湖」の意）」と名づけられた。かれらは、少なくとも当時、ロシア政治・経済界ではまったく無名のアウトサイダーに過ぎなかった。湖畔のダーチャでサウナに入ったり、ウオッカで乾杯しあったりするとき、かれらはおそらくモスクワの政財界にたいする批判の言葉を散々口にし、酒の肴にしていたにちがいない。

ところがしばらくして、その仲間のひとりが、当時予想もしなかった大出世をとげることになった。改めていうまでもなく、ボロージャ（プーチン）である。そのために、残りの七人全員はその後プーチンによって思いがけず引き立てられ、陰に陽に便宜を計ってもらう恩恵に浴することになった。[49] たとえばウラジーミル・ヤクーニンはロシア鉄道の社長、アンドレイ・フルセンコはロシア連邦の教育・科学相を経て大統領補佐官、その弟のセルゲイ・フルセンコは「国民メディア・グループ」総裁に任命された。ユーリイ・コヴァルチューク、ニコライ・シャマロフらが「銀行〝ロシア〟」を創設したところ、ロシアの最高政治指導者であるプーチン大統領から直接、間接の支援を受けることになり、同銀行はまたたく間に急成長をとげた。かれらもまた、ロシアでオリガルヒと呼ばれる大金持ちになったのである。[50]「オーゼロ」グループのほとんど全員は、プーウラジーミル・ヤクーニン …「ロシア鉄道」社長。

アンドレイ・フルセンコ(兄)‥前ロシア連邦教育・科学相、現在、大統領補佐官。

セルゲイ・フルセンコ(弟) …「国民メディ・グループ」総裁。

ユーリイ・コヴァルチューク‥「銀行“ロシア”」総裁。

ニコライ・シャマロフ ……「銀行“ロシア”」幹部。

セルゲイ・コレスニコフ ….「銀行“ロシア”」元幹部。プーチン大統領用の豪華な「宮殿」建設告発し、現在、海外在住。

図5 プーチンの「オーゼロ」人脈

チン同様、その身分も思考もアウトサイダーからインサイダーへと大転換をとげたと評して良いだろう。

「オーゼロ」グループに属するこれらの人々のあいだの結束は、実に強固である。かれらは、プーチン大統領に面会したいと思うときにはプーチンの秘書の手を一切わずらわせることなく、クレムリン内のプーチンの部屋へ自由に出入りできる。いや、大統領オフィスまでわざわざ足を運ばなくても、電話一本さえかければ同大統領と充分話をつけることが可能になる。[51] 本書冒頭の（「はじめに 体制」）でふれたいわゆる「ベルトゥーシカ」と呼ばれるやり方を通じてである。

プーチンは、二〇〇〇年に大統領に就任すると、早速ロシアの天然ガス国家独占体「ガスプロム」にペテルブルク市役所以来の腹心たちを送り込んだ。ミレルを社長、そしてドミートリイ・メドベージェフを会長に就任させたのである。「オーゼロ」グループの面々がそのようなガスプロムとの関係を深めるようになったのは、ほとんどことの当然の成り行きだったといえよう。とりわけ「銀行〝ロシア〟」の幹部たちが、そうだった。同銀行は、ガスプロムの子会社を破格の安値で次々に買収し、傘下に収めていった。同銀行は、たとえば〇四年に「ガスプロム」の保険部門子会社「ソーガス」、〇六年に年金基金「ガ

スフォンド」、〇七年には金融部門会社「ガスプロム銀行」の買収に成功した。(52)

ちなみに、プーチンが二〇一四年三月にウクライナのクリミア半島を強引にロシア連邦へと併合したとき、オバマ大統領はロシア人数名に加えて、「企業」をひとつ選んで対ロ制裁措置を課すことにした。かれらの在米資産を凍結し、米国渡航を禁止するなどの措置である。このとき、では、一体どのロシア「企業」が米国による制裁対象に選ばれたのか？　「銀行〝ロシア〟」にほかならなかった。同銀行は、その保有資産額からみるかぎりロシアで第十七番目の一地方銀行に過ぎない。とはいえ、同銀行の幹部たちは、プーチン大統領と別荘地を共有する「オーゼロ・グループ」に属し、「プーチンのお友だち」の代表格にほかならない。かれらは「プーチン大統領の金庫番(53)」とすら綽名される、プーチン政権と密接に癒着した存在なのである。

米政府はこれらの事実を適格に把握していればこそ、同銀行を対ロ制裁企業の第一号に指定したのだろう。プーチン大統領の次の言葉は、まさにこのことを裏書きしている。オバマ政権が同銀行を対ロ制裁の対象に選んだことを知ったとき、大統領はのべた。「私は、『銀行〝ロシア〟』に個人口座をかならず開設しよう(54)」。大統領がそれまで同銀行に口座を保持していなかったとしたら、そのことのほうがむしろ驚きだったろう。個人口座の有無とは関係なく、プーチン大統領は同銀行から多額の献金を受けとっている。このことを疑うロシア人は皆無とすらいってよい。

メドベージェフ

「ペテルブルク閥」に属するメンバーのなかで、ＫＧＢ閥を除くと、「オーゼロ」グループにつづいて紹介すべきは、次のような人々であろう。かれらの多くはロイヤー（法曹家）もしくはエコノミスト（経済の専門家）

である。かれらにたいしては、ややこなれないロシア語とはいえ「シビリキ」(市民派)とのニックネームが献上されることもある。KGB出身のチェキストたちを中心する「シロビキ」(武闘派)との差を、ことさら強調せんがために造られたロシア語である。

「シビリキ」は、「シロビキ」とは少なくとも次の一点で異なる。かれらは、あくまで括弧つきではあるが、シロビキから区別する意味で「リベラル」とみなされる。かれらの多くは、こう考える。ロシアは、市場メカニズムにもとづく自由主義経済体制へと移行する道を模索すべきだろう。それ以外には、世界経済の進展に伍し、サバイバルしてゆく選択肢が存在しない模様だからである。だが、かれらは互いに結束したり、連帯したりすることが苦手であり、じっさいまたそうしようとしない。この点でも、「シロビキ」とは異なる。逆に、対立し、反目し合うことすら珍しくない。メドベージェフとクドリンとの確執はその好例である。[55] それはともかくとして、そのような人々を具体的に数名とりあげ、以下、紹介することにしよう。

ペテルブルク出身の「シビリキ」もしくは「リベラル」の典型的人物は、ドミートリイ・メドベージェフ。こういって差し支えなかろう。メドベージェフは、プーチンと同じくレニングラードで生まれ、レニングラード国立大学(――以下、LGU)法学部で学んだ。卒業後は大学院へ進み、同大学で講師として教壇に立つかたわら、アルバイトのような形でレニングラード(ペテルブルク)市役所でも働きはじめた。主として、プーチンが議長をつとめる対外関係委員会で勤務した。当時未だ二十代後半のメドベージェフは小さなデスクをあたえられただけだったので、訪問者のなかには彼をたんなる受付《レセプショニスト》と間違える者すら少なくなかった。[56]

サプチャク市長が再選に敗れたあと、メドベージェフもプーチンの後を追ってモスクワへ移り、トントン拍子の出世をとげた。プーチンが挑んだ二度の大統領選のさい、メドベージェフは選挙対策本部長をつとめた。もとより、エリツィン大統領の後継者というお墨付きをもつプーチンの当選は、当初から確実視されていた。それでもメドベージェフの苦労は少なくなく、したがって功績も大きかったと評しよう。プーチンが公式伝記『第一人者から』でインタビュアーの問いに答えて、自分が「連帯感をもつ人間」の名前を具体的に三名挙げたとき、彼が「シロビキ」関係者以外から選んだ唯ひとりの人物がメドベージェフだったのも、故なしとしない[57]。

プーチンは二期八年の大統領をつとめたあとロシア憲法の規定にしたがい、いったん大統領ポストを離れざるをえなくなった。プーチンが「タンデム（双頭）」を組んだ四年間（二〇〇八―一二年）に己のパートナーとして選んだのは、メドベージェフであった。たとえ一時的、さらにいうならばたんに名義的なものだったとはいえ、メドベージェフがプーチンの相棒としてロシア大統領に選ばれたのは、主として次のような理由からだった。

まず、メドベージェフがプーチンより十三歳も年下であること。いいかえれば、彼はプーチンの傀儡としてプーチンの思うがままに動く実に便利な後輩であること。そのこととも関連して、第二に、メドベージェフがつねにプーチンを兄事し、忠誠を誓う弟分としての姿勢を崩さないでいること。つまり、四年間の期限が終了すると、ほぼ確実に「大政奉還」に応じるだろうと予想できること。第三に、メドベージェフは、良くも悪しくも「シロビキ」と関わりをもたない典型的な「シビリキ」であること。ということは、すなわちメドベージェフが、プーチンに刃向かおうにもそのための適当かつ強力な権力基盤も手段も持ち合わしていないこと。

これらの諸事情から、メドベージェフはプーチンがまさに期待したとおりの行動をとった。つまり、大統領を一期四年つとめたあと、二期目への野心をしめすことなく、ボスのプーチンとの公職交換《スワップ》の提案にすんなりと応じた。すなわち、プーチンの大統領復帰宣言にたいして、彼は一言の不満も表明しなかった（より正確には、表明しえなかった）。そのように己に従順なメドベージェフにたいしてはおそらく幾分かの恩義を感じたのであろう、プーチン新大統領はメドベージェフをとりあえず首相に任命した。しかしだからといって、彼を長らく首相ポストにとどめおく気はないだろう。プーチン大統領は今後の成り行き次第では、メドベージェフ首相を馘にすることにいささかも躊躇しないだろう。つまり、誰かに経済不振などの責任をとらせねばならないばあいには、メドベージェフは、恰好の「スケープ・ゴート（贖罪の山羊）」として大いに役立つ。そのような貴重なカードとして兄貴分、プーチンにたいする彼の最後の貢献の役割が残されているのだ。

シビリキ

「ピーテルツイ」（ペテルブルクっ子）のなかで、メドベージェフ以外の有力な「シビリキ」は、誰なのか。そのような人々として、少なくとも次の五〜六人については是非ともふれる必要があろう。

まず、ゲルマン・グレフ。名前から容易に想像されるようにドイツ系のロシア人である。スターリンは、第二次大戦中、ソ連邦領内にすむドイツ系ロシア人たちがナチ・ドイツに協力する可能性を懸念した。そのような危惧が嵩じるあまり、かれらの多くを中央アジア地方などへ強制的に移住させた。グレフ一家もその例外とはならず、カザフスタンへの移住を余儀なくされた。このような事情でグレフ自身はカザフスタンで生まれたものの、ＬＧＵ法学部の大学院へ進学、ペテルブルク市役所勤務中にプーチンと知り合った。グレフは、プーチンのブレーン役をになうシンクタンク「戦略策定センター」の長をつとめ、プーチンの大統領

ドミートリイ・メドベージェフ・・	レニングラード国立大卒。2008-12 年にロシア大統領。現在、ロシア首相。
ゲルマン・グレフ …………	レニングラード国立大、大学院卒。経済発展・貿易相をつとめ、現在、ロシア貯蓄銀行総裁。
ドミートリイ・コザク ………	レニングラード国立大卒。現在、副首相。
アンドレイ・イラリオーノフ …	レニングラード国立大卒。プーチン大統領の経済顧問をつとめ、辞職。
ビクトル・ズプコフ …………	レニングラード農業大卒。ロシア連邦首相をつとめ、現在、第 1 副首相。
ウラジスラフ・スルコフ ……	プーチン、メドベージェフ政権のイデオローグ。現在、大統領補佐官。
アレクセイ・クドリン ………	レニングラード国立大卒。財務相をつとめ、現在、下野しているが、何時政権に復帰するか注目の的。

図 6　プーチンのサンクトペテルブルク人脈（とくに「シビリキ」）

当選後には経済発展・貿易相に就任した。もし「シビリキ」のなかでメドベージェフがロイヤーの代表格であるとみなすならば、グレフは間違いなくエコノミストの代表的人物といえよう。彼は、自由主義経済を信奉する「リベラル」派のひとりとみなされる。グレフは、二〇〇七年には大臣を罷めて、ロシア最大の銀行、「ロシア貯蓄銀行（ズベルバンク）」の総裁に就任した。クドリン財務相との対立が原因の降格ないし左遷人事とも噂される。一方、二〇一五年中には政府の仕事に復帰する可能性も囁かれている。

次は、ドミートリイ・コザク。ウクライナ出身。彼も、LGU法学部卒のロイヤー。プーチンから数えて六年後輩、メドベージェフにとっては七年の先輩にあたる。ペテルブルク市の法律委員会議長、副市長などを歴任して、プーチン第一副市長の片腕をつとめた。プーチンのモスクワ移動に伴い、コザクも首都へ出た。プーチン大統領は最初コザクをロシア検事総長に任命しようとしたが、エリツィン「ファミリー」が現職のウラジーミル・ウスチーノフの続投を欲したために果しえなかった。コザクは、大統領府第一副長官などの要職を歴任したあと、一時期、南部連邦管区大統領全権代表になって転出した。その後副首相のひとりとして、二〇〇四年二月開催のソチ冬季五輪を担当し、同五輪終了直後には同年三月ロシアへ併合されたウクライナ南部のクリミア自治共和国の開発担当国家委員会の長に任命された。そのためにコザクは、オバマ米政権によってウクライナ関連の対ロ制裁対象者のひとりに指名された。コザクは、プーチン大統領がその時々に重点をおくメガ・プロジェクトを担当、もしくは後始末する「便利屋[58]」のような存在とみなされている。

第三番目のシビリキは、アンドレイ・イラリオーノフ。彼もまたレニングラード生まれで、LGU経済学部を卒業した。夫人はアメリカ人で、イラリオーノフ自身も流暢な英語をあやつる[59]。かつてエリツィン政権下でガイダル副首相（のちに首相代行）は、「ショック療法」と綽名される急進的な経済改革路線を追及した。このときイラリオーノフは、ガイダルを支援したエコノミスト・グループのひとりだった。イラリオーノフは、プーチン政権初期には大統領経済顧問をつとめ、かつてのガイダル同様の急進的な経済改革を推進しようと試みた。

ところが、ほかならぬプーチン大統領自身が経済改革の推進に次第に熱意を失ってゆくばかりか、代って一種の「国家資本主義」路線を追求するようになった。イラリオーノフは、そのような路線変更を最初のうちは歯に衣着せぬ言葉で批判し、何とか修正させようと試みた。だが、プーチン大統領によってそのような自分の意見が一向に採用されないことに、次第に不満をつのらせるようになった。イラリオーノフの批判の言辞は次第に激烈になってゆくと同時に、彼はまずG8のプーチンの個人的シェルパ、次いで大統領経済顧問のポストをみずから願い出て、辞任せねばならない状況へと追い込まれた。

第四番目は、ビクトル・ズプコフ。一九四一年生まれなので、五二年生まれのプーチンに比べて彼ははるかに年長者である。レニングラード農業大学経済学部を卒業したあと、ペテルブルク市役所につとめ、プーチンが同市庁の対外関係委員会の長をしているときに、副委員長（農業担当）として彼を補佐した。彼は、ペテルブルク郊外の沿オーゼロ（湖）地域を管轄するペテルブルク市委員会の第一書記ポストを占めていた一九九六年に、プーチン、ヤクーニン、フルセンコ兄弟、ヴァルチュークらが同地域に共同で別荘地を取得するのを助けた。プーチン大統領が二〇〇〇年十一月に四十八歳の誕生日パーティーを内輪で催した折に招かれた「二十一人組」のひとり(60)。

ズプコフは、プーチン大統領によって、まずロシア連邦政府下の財務省付き「財政監査委員会《モニター》」の長、次いで同委員会が改組されて金融監視庁がつくられたときには同庁長官に任命された。二〇〇七年九月から八カ月足らずのあいだ、フラトコフのあとを受けてロシア連邦首相もつとめた。首相時代のズプコフは、そのポストゆえにメドベージェフ、セルゲイ・イワノフと並んで、プーチン大統領の後継者のひとりとみなされたこともあった。が、〇八年五月のプーチン、メドベージェフの二人からなる「タンデム」政権の発足とともに、ズプコフはボスのプーチンに大人しく首相の座を譲った。プーチンが大統領に返り咲いて以後は、たんに第一副首相のひとりに過ぎない。娘をアナトーリイ・セルジュコフ国防大臣に嫁がせたために、一時は強力な姻戚《いんせき》関係を築きあげたかのように噂された。が、このようなズプコフ副首相といえども、汚職まみれのセルジュコフの解任を阻止しえなかった。いや実は、女婿のセルジュコフが職場の女性幹部とねんごろな関係になったのを憤慨するのあまり、娘に代わってセルジュコフの汚職スキャンダルを内部告発した。このような噂すら囁かれている。真偽のほどは定かではない。いずれにせよ、ズプコフは常にプーチンの言いなりで絶対的な忠誠を誓う人物として知られている。

スルコフ

ここで、ペテルブルク出身者ではないものの、「シビリキ」の有力メンバーである人物をもうひとり、是非とも紹介せねばならないだろう。チェチェン共和国出身のウラジスラフ・スルコフである。尤も、はたしてスルコフを「シビリキ」のカテゴリーに入れて差し支えないのか。こう問う者がいて、少しも不思議ではない。というのも、スルコフは、「シロビキ」でないという意味でこそ「シビリキ」派に属する一方、だからといってリベラルな思想の持ち主とはけっしてみなしえないからである。たとえば、プーチン大統領を熱烈に支持する青年右翼団体「ナーシ（われら）」を事実上組織したのは、スルコフにほかならなかった。では、彼を一体どのような人物とみなすべきなのか。私は、スルコフをマキァベリストとみなすと、彼の一見矛盾するもろもろの言動にはじめて合点がゆくと考える。つまり、スルコフは、彼がその時々に仕えるボスの顔色をうかがいながら、その主要路線に合わせて己の主張を自由自在に変えてゆく人物。端的にいうならば、日和見主義者《オポチュニスト》もしくはカメレオンなのである。

スルコフの出自や経歴は、異色づくめである。彼は、一九六四年、チェチェン人の父とロシア人の母とのあいだに生まれ、幼年時代をチェチェン・イングーシ共和国で過ごした。[61] 兵役義務をはたしたあと、劇団の座長などをつとめた。ちなみに、この経験は、スルコフが政界に入ったあと、政治という名の「お芝居」の監督、演出者としてばかりでなく、陰の舞台裏での仕事に従事することにも才能を発揮することに役立っている。このように説く見方も存在する。じっさい、彼は「灰色の枢密卿」と綽名されることが多い。それはともかく、スルコフは政治家になってからも、匿名のペンネームを使ってベストセラー入りをする政治小説を発表するなど、いまだ文学青年気質が完全には抜け切っていない。別の言い方をすると、多彩な才能の持ち主なのである。

スルコフは、メナテップ銀行――有力オリガルヒのひとりだったホドルコフスキイが創設した――で働いたあと、暫らくしてから漸く大統領府入りをはたした。ところが、いったんクレムリンで働きはじめると、持ち前の柔軟で抜け目のない風見鶏ぶりを発揮し、またたくまに「灰色の枢機卿」と称される実力者にのしあがった。つまり彼は、エリツィン、プーチン、メドベージェフというまったくタイプの異なる三代の大統領の補佐官役という通常両立しがたい任務を見事にこなし、かれら夫々によって重用される存在になった。この点から判断しても、スルコフは類い稀なる異能の持ち主と評さざるをえない。

スルコフは、時々のボスの大統領が遂行しようと欲する政治・経済路線に巧みなキャッチフレーズをほどこし、それを正当化する文学的な才能にとりわけ長《た》けている。そのようなスルコフにたいしては、「スースロフの現代版」[62]とのニックネームすら献上されている。ミハイル・スースロフは、ソビエト政権末期の共産党中央委員会幹部会政治局員で、ブレジネフ共産党書記長のイデオローグ役をつとめたことで有名な人物である。スルコフは、たとえばプーチン大統領が意図するロシア独特の統治法、すなわち「プーチノロジー」を、「権力の垂直」支配、「主権民主主義」[63]などの概念を発明して正当化しようとした。タンデム政権下になると、メドベージェフ大統領（当時）が打ち出した「近代化」路線の「生みの親」[64]になるとともに、同大統領に代ってその内容を定義し、正当化し、外部に発信するという八面六臂の活躍を一人で演じた。

ところが、プーチンが再びクレムリンに正式に復帰することが明らかになった二〇一一年末頃から、流石のスルコフの影響力にも陰《かげ》りが生じはじめた。スルコフが当時現職大統領だったメドベージェフにたいしてあまりにも忠勤をはげんだことが、ひょっとするとプーチンの嫉妬ないしは疑惑を招いたのかもしれなかった。すなわち、スルコフはメドベージェフべったりの人物であるとの誤解である。その理由はともかく、一二年五月にプーチン第三期政権が発足するとともに、メドベージェフの首相ポストへの降格に伴って、スルコフもまたクレムリン（大統領府）を離れ、ホワイトハウス（首相府）へ移るように命じられた。

さらに一三年五月になると、スルコフは副首相兼官房長官のポストからも辞職せざるをえない羽目になった。その背後事由や経過は、こうである。メドベージェフ前大統領は任期中に「近代化」路線を熱心に推進しようとした。同路線の中核をなす看板プログラムは、モスクワ郊外のスコルコボに「（米国の）シリコン・バレーのロシア版」を創設しようとする提案だった。ところが、プーチンがクレムリンに返り咲くとともに、この「スコルコボＩＴセンター」プロジェクトは次第に影を薄くしはじめたばかりか、その予算をめぐって汚職の噂さえ囁かれるようになった。情勢は己に不利に展開しつつある。機を見るに敏なスルコフは、同プロジェクトをめぐるスキャンダルの責任をとるかのようにみずから辞表を提出して、首相府を去った。

不死鳥のごとく蘇生

しかしながら、チェチェン人の血をひくスルコフは実にしぶとい。いったんは引き下がったかのように見せかけたものの、けっして彼はそのまま大人しく野に下るような柔《やわ》な人間ではなかった。いや、そのことにもまして、われわれがここでも今いちど想起すべきは、プーチンの人事政策の要諦のひとつだろう。本書で何度も繰り返しているように、プーチンはいったん己の部下になった者を完全に馘にしてしまう愚を犯さない。〈窮鳥懐に入れば猟師も殺さず〉という温情心からそうしない。このように誤解してはならない。次のように現実主義者としての考え方にもとづいて、敢えてそうしないのだ。

まず一般的にいって、猜疑心に富むチェキスト、プーチンの周囲では、優秀かつ信頼に値する人材がつねに潤沢に得られるとは限らず、じっさい欠乏している。また、一度プーチン・チームに入り、インサイダーになった者を完全に野に放ってしまうと、内部の情報や手口が敵陣営に筒抜けになる惧れがある。逆に、少々欠陥を持つ人間であれ、そのことを念頭におきつつ用いると、かれらは恩情に感激し、懸命になって忠誠心や服従を誓うようになる。これらのメリットやデメリットを勘案した結果として編み出された彼なりの人事政策を、プーチンは実践中なのである。

じっさい、プーチン流人事を具体的に実証してみせるかのようなことが発生した。スルコフが不死鳥よろしくプーチン政権に復帰を遂げたからである。しかも、彼が辞表を提出してから未だ三カ月も経たない二〇一三年八月に、それが実現した。さらに驚くなかれ、今度スルコフが得たポジションはホワイトハウスでなく、クレムリン内の地位だった。すなわち、アブハジア、南オセチア担当の大統領補佐官ポストだった。プーチン大統領が人事問題にいかにデリケートに意を用いているかをしめす好例といえよう。一言、説明する必要がある。

アブハジアと南オセチアは、二〇〇八年夏の武力紛争以来、ロシアがグルジアから事実上奪って国家承認をあたえた領土である。だが、両地域は、ロシアを除くとわずか三カ国（ニカラグア、ベネズエラ、ナウル）が承認をあたえたに過ぎない中途半端な存在に止まっている。つまり、スルコフにまかされたのはひじょうに微妙でむずかしく、特殊な能力が必要とされ、彼の力倆が試されるポストなのであった。しかもそれは、「二流どころのポスト」[65]にほかならない。さらに端的にいうならば、スルコフがもはやロシアの内政プロパーにタッチさせてもらえないことも意味していた。[66]第三期プーチン政権の発足に当たり、内政担当の大統領府第一副長官にはすでに（スルコフに代って）ビャチェスラフ・ヴォロジンが任命済みだったからである。

利用価値が残っている

それにしても、プーチンはスルコフを復権させるに当たり、なぜ、スルコフの直前ポスト、首相府でなく、大統領府内へと戻したのだろうか？　この問いにたいしては、次の二点が指摘される。ひとつには、スルコフがチェチェン共和国にたいしてもつ特別のコネクションが考慮されたこと。同共和国出身者のスルコフは、チェチェン共和国のカディロフ大統領とのあいだにきわめて良好な関係を保っている。[67]スルコフは、ロシア連邦大統領のプーチン[68]、チェチェン共和国大統領のラムザン・カディロフのふたりを、臆面もなく「神がわれわれを助けるためにあたえ賜うた贈り物」とまで礼讃する。[69]カディロフ大統領のほうも負けてはいない、己の執務室にスルコフの肖像画を掲げているという。[70]ともに、そのことが世間に伝わることを意識した政治的デモンストレーション行為にほかならない。とはいえ、それ以外の選択肢もあるにもかかわらず、かれら二人は敢えてそうしている。このことの意味を過少評価してはならない。

二〇一四年二月ソチで主催した冬季五輪を成功裡に終了させ、己の政治的威信を内外に高揚させる――。これは、プーチン大統領が誰にも隠そうとしない重要な政治的課題だった。この任務遂行の前途におそらく立ちはだかるであろう最大の障害物は、テロリストたちによる五輪の妨害工作。少なくとも当時プーチン大統領はこう懸念した。チェチェン共和国の反政府武装勢力が北コーカサス地方に活動を拡大しつつあることは、間違いない事実だった。かれらはソチ五輪を妨害し、宿敵たるプーチン・ロシア連邦大統領の威信を失墜させようと躍起になっていたといってよい。じじつ、イスラム過激派のリーダー、ドク・ウマロフ（その後、死亡が確認）は、五輪へのテロ攻撃を実施するために「最大限の力」を用いるとの声明文すら公表していた。(71)この種の予告がなされるだけで、世界の国々のなかから、首脳の開会式への出席ばかりでなく、選手団のゲームへの派遣を尻込みする国が現れるかもしれない。そのような事態が万が一にも起こらないようにするために、ロシア大統領は可能なかぎりあらゆる種類の予防処置を講じなければならない。それには、是非ともカディロフ・チェチェン共和国大統領の協力が必要不可欠になる。ということはつまり、同大統領と良好な関係を保っているスルコフの尽力が必須になる(72)——。プーチン大統領が以上のように考えたとしても、少しもおかしくなかった。スルコフがソチ五輪を無事終了させるために暗躍したことは、想像にかたくない。スルコフは神出鬼没、どこにでも現れる便利な男である。また、最近の情報によれば、一四年二月のウクライナでの「マイダン革命」の最中、スルコフはヤヌコビッチ政権を援護して、反政府勢力の暴動防止に努力したと伝えられている。プーチンが二〇一四年三月十八日にクリミア半島をロシアに併合する約一カ月前に、スルコフが半島を訪れていた事実も、判明している。(73)

プーチン大統領がスルコフをクレムリンに戻したふたつめの理由は、ヴォロジン索制がその狙いだろう。(74)プーチンの人事政策の要諦のひとつは、何度も繰り返すように分割統治である。つまり、どの職場にもライバルとなる複数の人間を配置し、常にかれらをして互いに競争させる。そして、かれらのうえに聳えたつ最終調停者としてのプーチンの判断を拝がざるをえないように仕向ける。プーチンは己にとっての第三期政権もしくは「プーチン2.0」をはじめるにあたって、大統領府第一副長官をスルコフからヴォロジンへと替えた。だがヴォロジンがまかり間違っても調子に乗って羽目をはずさないよう歯止めをかける必要がある。用心深いプーチンは、おそらくこう考えて前第一副長官のスルコフをヴォロジンと同じ職場へと復帰させたのだろう。尤も、ヴォロジンの面子《メンツ》を考慮して、スルコフのポストを二義的なレベルに止めるよう留意した。とはいえ、スルコフを大統領府内に戻してヴォロジンのお目付け役に仕立てたことは、間違いない事実だった。ここでも、今さらながらプーチンの端倪すべからざる慎重かつ巧妙な人事政策の例を、目にあたりにする思いがする。

盟友クドリン

最後に、メドベージェフと並んで最重要の「シビリキ」を紹介する必要がある。アレクセイ・クドリンである。クドリンはラトビア生まれであるが、ＬＧＵ経済学部を卒業した。ペテルブルク市役所では三人の第一副市長のひとりとして、プーチンとともにサプチャク市長を助けた。

プーチンよりも八歳も年下であるにもかかわらず、むしろクドリンのほうがまるで兄貴分のようにプーチンを助けたり、世話を焼いたりするケースが多かった。たとえば、プーチンの準博士論文の執筆。プーチンは、「第6章　盗作」でのべたように一九九七年六月にサンクト・ペテルブルク鉱山大学へ論文を提出して経済学の学位を得た。が、その論文は多忙なプーチンに代ってクドリンおよび彼が集めたチーム（「クドリン・チーム」）が代筆したと推測されている。[75] また、サプチャク市長が再選に敗れ、プーチンもまたペテルブルク市役所を辞めざるをえなかったとき、プーチンのモスクワでの就職活動を手伝い、じっさいプーチンをロシア大統領府総務局次長に斡旋したのは、これまた「第7章　上昇」でふれたようにクドリンその人にほかならなかった。[76]

サネ・グスタフソン教授（米ジョージタウン大、ロシア政治専攻）は、近著でクドリンがとりわけ独立独歩であるばかりか、世話好きな人間であることを強調してやまない。[77] 彼は、たとえば先輩プーチンの助けを借りずに、自力でモスクワでの就職口を探した。それればかりでなく、先輩格のプーチンの職場まで見つけてくることに奔走した。二〇〇〇年にプーチンが大統領に当選して以来、クドリンは十一年間もの長きにわたって財務大臣をつとめた。プーチンとクドリンの両人が密接な関係にあることをことさら表現しようとして、同じく米国人のロシア専門家、ガディ博士は、プーチンとクドリンの苗字を結合して「プードリン」[78]なる用語さえ造り出した。〇七年以後のクドリン財相は、二〇一一年までの四年間副首相も兼務していた。

ロシアは、二〇〇八〜〇九年の世界同時不況によって他国にもまして深刻な経済的ダメージをこうむった。だが、この危機を辛うじて乗り切ることができたのは、ひとえにクドリン財務相が推進しようとした緊縮財政策のお蔭だったといえなくない。とくに効力を発揮したのは、すでにふれたように「外貨準備金」の制度だった。その要旨を繰り返すと、油価の国際的高騰によって獲得できたエネルギー関連の税収をすべて費消してしまうのは望ましくない。一九九八年夏にロシアが経験した経済危機の教訓から学んで、その一定額を基金の形で積み立て、油価下落などの不可測事態に備えることが望ましい。こう強くアドバイスするクドリン財相の考えを採り上げ、「外貨準備金」制度がつくられていたがゆえに、プーチン政権は〇八〜九年の世界経済危機を何とか最小限度の被害の程度にまで食い止めえたのだった。その意味でも、プーチン政権にたいするクドリン財相の貢献は測り知れないほど大きい。

ところが、である。よく知られているように、二〇一一年九月二十四日、プーチンは自分とメドベージェフのあいだで公職ポストの交換をおこない、己が大統領に復帰する代わりにメドベージェフを次期首相に任命すると発表した。訪問先の米国でこの報に接したクドリン財務相は、帰国後直ちに辞表を提出した。辞職の表向きの理由は、プーチン、メドベージェフ両指導者の経済政策を承服できないというものだった。つまり、両首脳は財政的な裏づけが十分存在しないにもかかわらず、次期大統領選でのプーチン候補の当選を確実にするために、国民各層にたいし経済的な大盤振る舞いを約束しようとしている。国防予算や軍人給与の大幅な増額が、その好例である。そのようなことを実施に移すならば、ロシア政府の財政基盤は危殆に瀕してしまい、とうてい財務大臣としての自分は責任を負いかねる。クドリンは、己の辞職理由をこう説明した。

だが、本当の理由が次の点にあったことは、ほとんど誰の目にも明らかだった。つまり、自分こそがプーチンによって次の首相に任命されるのが、当然――。クドリンはこう信じて疑わなかった。それにもかかわらず、プーチンはクドリンではなく、メドベージェフを次期首相に指名した。このことにたいする不満の爆発。まさにこれこそが、クドリンの辞表提出の真因だったにちがいない。

盟友クドリンによる職を辞してまでの猛抗議に直面したにもかかわらず、プーチンはクドリンでなくメドベージェフを首相にするという、己がいったん下した決定を変更しようとはしなかった。もとより、プーチンの心中を正確に読むことはむずかしい。だが二〇一一年九月時点に限っていうならば、プーチンはおそらく次のように考えたのであろう。大統領ポストを自分に「大政奉還」することにすんなりと合意してくれたメドベージェフにたいしては、恩義がある。また、そのような取引の実現に伴ううさん臭さをロシア国民向けに払拭する必要もある。それやこれやの理由で、とりあえずはメドベージェフに首相ポストをあたえるのが適当な人事なのではなかろうか。クドリンにたいしては、しばらくのちにほとぼりが醒めた頃を見計って首相ポストを提示すれば、実は自分こそが最初から本命だったことを知り、彼も機嫌を直すだろう、と。

次期首相候補か

クドリン、プーチンそれぞれの理由や動機を別にして、財務相兼副首相のポストを捨て去ったあとのクドリンは、どうやら踏ん切りがつき、その言動においても変貌をとげた様子だった。彼は、たとえば二〇一一年十二月以降「プーチン政権反対！」を声高に唱える街頭の集会やデモにすら姿を見せるようになった。クドリンは、「市民イニシアティブ委員会」の議長にも就任した。ロシアにおける市民の権利保護を促進しようとするＮＧＯ（非政府組織）である。彼は、次いで同委員会が組織した「全ロ市民フォーラム」の指導者役もつとめるようになった。そのかたわら、クドリンは母校であるサンクト・ペテルブルク国立大学の教壇にも立っている。

右のようなクドリンの行動を目撃するからといって、次のような早とちりをするのはおそらく間違っていよう。すなわち、ペテルブルク市役所でともに第一副市長として働いて以来のプーチン－クドリン間の盟友関係が、まるで完全にくずれ去ったかのように。たしかにかれら二人のあいだでは、ロシア経済の運営方法についての考え方は大きく隔っている。つまり、クドリンは市場経済への移行を唱える経済改革主義者である。それにたいして、プーチンは資源や軍事産業の国家管理を維持しようとする「国家資本主義」もしくは「統制経済」の信奉者にほかならない。

しかしながら、ロシア政治ではそのようなイデオロギー上の対立はさほど大きな役割を演じない。むしろ重要なのは、人間関係である。これこそは、「はじめに　体制」以来、私が本書で一貫して説いている最重要ポイントである。じっさい、プーチンは唯の一度としてクドリンを己の敵とみなしたことはない。彼は機会あるごとにクドリンの政権復帰を熱心に呼びかけている。しかも興味深いことがある。クドリンのほうも、プーチンと思想や政策を異にするようになったとはいえ、プーチン個人にたいする友情や忠誠心を減じているようにはまったく見えないことである。じっさい、最近のクドリンは一時的な（？）立腹を克服し、プーチン側が熱心におこなっている政権復帰要請にたいして部分的には応じる気配すらしめしはじめた。現ロシアでは在野に止まっているかぎり、国の政策決定にかんして何ら重要な役割をはたしえない。この当たり前のことを、クドリンは約三年間におよぶ己の在野生活を通じて骨身に沁みて痛感したのかもしれなかった。

クドリンは、二〇一三年十月、たとえば「戦略イニシアティブ機関」と名乗る新組織の議長に就くことに同意した。[79] また、十一月には、プーチン大統領が議長をつとめる諮問機関、「経済会議」の第一回目会合にも出席した。[80] 同会合には、シュヴァーロフ第一副首相、アントン・シルアノフ財務相、エリヴィラ・ナビウリナ・ロシア中央銀行総裁、タチヤーナ・ゴリコフ会計検査院議長らが出席していた。一方、クドリンが反目するメドベージェフ首相は招かれていなかった。その点で、意味深長な会合であった。これは、ひょっとするとプーチン大統領が将来メドベージェフ首相を罷免し、その代わりにクドリンを首相に任命する前兆なのかもしれない。このような憶測すら飛びかった。

おそらくこの種の風聞が流れること自体が、まさにプーチン大統領の狙いだったのだろう。そのことを示唆するひとつの証拠として、プーチンはことあるごとにクドリンを激賞して止まない。クドリンこそは「現世界で最良の財務大臣である」[81]と。プーチンによる高い評価は当然クドリンの耳に届き、彼のプーチン政権への復帰を促す。と同時に、それはメドベージェフ首相にに取って代る「予備役プレイヤー」[82]として、同首相たいする強力な牽制の機能を果す。このことまでも十分計算に入れたプーチン大統領が得意中の得意とする人事政策の面目躍如たる好例と評しえよう。

そして誰もいなくなった

ここで、過去十五年間における「ペテルブルク人脈」中の「シビリキ」の栄枯盛衰の歴史をまとめておこう。二〇〇〇年にプーチンが初めて政権の座についたとき、プーチン大統領は「リベラル」な法曹家やエコノミストらを争って重用するかのようなジェスチャーをしめした。しかし、プーチンはやがて己の軸足を「シロビキ」のほうへと移してゆく。プーチンは「シロビキ」の力を借りて、エネルギー産業の再国有化を企てた。たとえば、「シロビキ」の総師と目されるセーチンを用いて、「ユーコス」社のCEO、ホドルコフスキイを破産させて、同社を国有化することに成功した。たしかにプーチンはその後も、「シロビキ」と「シビリキ」のあいだでバランスをとることに意を尽くしているといえないこともない。セルゲイ・イワノフでなく、メドベージェフを大統領に就けたのも、そのようなバランス人事の一例といえるだろう。

だが、二〇一二年再び大統領に返り咲いて以後の「プーチン2.0」においては、プーチン周辺からめぼしい「シビリキ」の姿がほとんど消えてしまった。これは、誰もが認めざるをえない厳然たる事実といわねばならない。たとえば、グレフ、クドリンら「リベラル」なエコノミストたちは閣僚ポストを離脱させられたり、閑職に追いやられたりしている。ラジカルなエコノミストのイラリオーノフは、みずから辞表を提出する羽目に陥った。イラリオーノフほど「リベラル」ではない法曹家のドミートリイ・メドベージェフも、今やその運命は風前の灯といえなくない。仮にもしメドベージェフがほどなく首相ポストから罷免されるようにでもなるならば、どうであろう。「プーチン2.0」では、アガサ・クリスティー作ミステリーの標題《タイトル》が現出することになるのではなかろうか。「そして誰もいなくなった」。

第10章
贅　沢

「ローテンベルク宮殿」

プーチンは、ヨーロッパ随一の大金持である。

——スタニスラフ・ベルコフスキイ(1)

われわれには国産車を押しつけながら、プーチン自身はなぜベンツに乗っているのか！

——ウラジオストクでの街頭デモ（二〇〇八年）のプラカード(2)

自分は、ロシアでも英国でもなく、機内で暮らしている。

——ロマン・アブラモビッチ(3)

高級腕時計

現ロシアは、汚職天国。「袖の下」をつかませることなしには仕事が一向にはかどらないどころか、日常生活すら満足に営みえない。これは、当のロシア人自身が認める事実であって、ここで改めて詳述しない。[4]「トランスペアレンシー（透明度）・インターナショナル」（ＴＩと略称）の数字を引用するだけに止めよう。ＴＩは、世界各国における公的部門の汚職について独自の調査をおこない、毎年一回、「腐敗認知指数」を汚職の少ない順に並べて公表するＮＧＯ（本部・ベルリン）である。プーチン大統領も、メドベージェフ首相も、そのようなＴＩの評価を客観性のあるものとみなし、自国ロシアでの腐敗撲滅キャンペーンの一助にしている。そのようなＴＩのレポート（二〇一四年）[5]によれば、世界の一七五カ国中で最も清潔な国はデンマーク（三年連続で一位）で、最下位は北朝鮮（四年連続）。ロシアは一三六位、ナイジェリア、イラン、レバノン、キルギスタンと同位である（ここから、ロシアは「雪があるナイジェリア」[6]とも綽名される）。

したがって、現ロシアでは当然のごとく、汚職撲滅キャンペーンが、官民問わず推進されている。プーチン政権反対派のなかでこの運動に最も熱心なグループのひとつは、「パルナス」党といえよう。その主要リーダーのひとり、ボリス・ネムツォフは、エリツィン政権期に第一副首相を務め、一時はエリツィンの最も有力な後継者とすらみなされたこともある有力政治家。その後「右派勢力同盟」の代表者のひとりとなったが、議席を失って下野し、二〇一五年二月暗殺された。もうひとりのリーダー、ウラジーミル・ミロフは元エネルギー省次官で、現在はエネルギー政策研究所所長の肩書きをもつ。かれら二人は、カシヤーノフ元首相、元世界チェス・チャンピオンのカスパロフ、ウラジーミル・ルイシコフ（元「ヤブロコ」第一副議長）らとともに、

「ロシア共和党─人民自由党」(略称、パルナス)を立ち上げた。ただし、「パルナス」はロシア法務省によって政党としての登録が認められず、二〇一一年十二月におこなわれた下院選への参加は許可されなかった。

ともあれ、「パルナス」は、汚職追放に最も熱心な政党で、「無法と腐敗のないロシア」をその主要スローガンのひとつに掲げている。「パルナス」による反汚職キャンペーンの基本的な主張は、単純明解である。「魚は頭から腐る」(ロシアの諺)と説くからである。つまり、そもそもほかならぬプーチン政権を構成する最高指導者たちみずからが収賄に手を染めている。これでは、ロシア社会から贈収賄がなくなろうはずはない。したがって、まずもってかれらの収賄の実態を国民の目の前に暴露してみせる必要がある。そのことによって初めて、ロシアから汚職を追放することが可能になろう。

以上のような基本主張にもとづいて、ネムツォフ、ミロフら「パルナス」の幹部たちは、プーチン政権を構成するメンバーたちの腐敗ぶりを糾弾する小冊子を、ほとんど毎年のように発表している。『プーチン、総括、一〇年』(二〇一〇年)、『プーチン、汚職』(一一年)、『ガレー船の奴隷の生活』(一二年)、『プーチン、汚職(#2)』(一三年)、『亜熱帯での冬季五輪』(一三年)などが、それである。[7] これらのパンフレットのさわりの部分を一、二紹介してみよう。

プーチン、メドベージェフが公表している年間所得(二〇一一年度)は、それぞれ一二万ドル、一一万四〇〇〇ドルになっている。[8] バラク・オバマ米大統領の年収(約四〇万ドル)の約四分の一に過ぎない。だが、その数字自体を検証する手段があたえられていない以上、その信憑性は大いに疑問視される。当然のごとく、ネムツォフらの小冊子も疑う。そもそも日本円にして約一〇〇〇万円程度の収入によって、ロシアの大統領や首相ははたしてつぎに例示するような贅沢な生活を享受できるのだろうか。[9] 誰であろうと不審の念を抱く。

たとえば、かれら両人が着用しているのは、つねにイタリア製ないし英国製のスーツ[10]であり、ロシア国産品ではない。かれらが腕にしているのは、驚くほど豪華かつ高価な時計ばかり。たとえば、プーチン大統領。同大統領は左利きでもないのに、腕時計はなぜか右腕に着けている。第2章で問題にした小児まひの疑いが思い出される。ともあれ、大統領がはめているのは、時価六万ドル相当のパテック・フィリップ社（世界三大時計ブランドの筆頭格と称されるスイスの高級腕時計メーカー）の金時計。時価三万二〇〇〇ドル相当の時計ブレゲインデックス。時価二万〜三万ドル相当のA・ランゲ＆ゾーネ……等々。これらの腕時計を合計すると、優に一六万ドルにものぼる[11]。大統領が逆に安価なロシア製時計を身につけている姿を目にしたと報告する者は、未だ一人も現れていない。ロシアの大統領が愛用している右のような時計は、オバマ米大統領がはめている二〇〇ドルの腕時計、同じくジョージ・ブッシュ前大統領がはめている五〇ドルの〝TiMex〟に較べてあまりにも高価な類いの物品といえはしないか[12]。

ちなみに、プーチンの側近たちが腕にはめている時計も、そろいもそろってすべて外国製の高級品である。口の悪い者ならば、おそらく成金趣味と評するだろう。ともあれ、二〇〇九年時点でロシアのカメラマンたちが写した写真などが教えるところによると、次のような超高級品ばかりである。中央銀行第一副頭取（当時、現経済発展相）のアレクセイ・ウリュカエフは、七万八〇〇〇ドル。大統領府副長官（当時、現下院議長）のセルゲイ・ナルイシキンは、二万九七〇〇ドル。財務相（当時）のクドリンは、一万四九〇〇ドル。モスクワ第一副市長のウラジーミル・レーシンにいたっては、何と一〇〇万ドル相当の腕時計をはめている[13]。

公私の区別なし

プーチン大統領は、右に紹介したような高価な腕時計を身につけているばかりではない。しばしばそれらを安直にはずして偶然知り合った不特定のロシア国民にプレゼントして、話題をさらっている。たとえば二〇〇九年の首相時代、そのようなジェスチャーないしパフォーマンス(?)を、彼は少なくとも二度にわたっておこなった。まず、シベリアでは羊飼いの息子、次いで地方遊説旅行中に出遭った会合出席者のひとりに、高級腕時計ブランパン(時価一万五〇〇〇ドル相当)をあたえた。[14] 翌一〇年、新しく建設された水力発電所の開会式に出席したときに、プーチン首相は幸運を祈るおまじないとして、何か身につけているものを提出するよう求められた。すると、同首相はいとも気軽にみずからの腕時計をはずして、まだ固まっていないセメント台のなかへ埋め込むよう促した。同じくブランパンの高級品だった。[15]

プーチンのような身分や地位の者になると、ひょっとしてモノにたいする私的所有権の観念が希薄になるのではないか。冗談半分にそうとでも考えないと説明がつかない事件が、二〇一三年六月に発生した。ロバート・クラフト(米国実業界の大物で人気アメフト・チームのオーナー)が、プーチン大統領にダイヤ付きのリングの返還を求めたからだった。クラフトは、その時点から遡ること約八年前の〇五年にペテルブルクで開催されたパーティーで、ロシア大統領と面会する機会を得た。このとき、クラフトは止せばよいのに、大統領に向かい、身につけていた指輪をうっかり自分の手からはずして、自慢げに披露してみせた。それは、米国スーパーボウル記念のダイヤ付きリング(四・九四カラット、時価二五〇〇ドル相当)だった。右のような彼のジェスチャーが誤解(?)を導く素《もと》になった。プーチン大統領はダイヤの指輪を己の手にとって興味深く眺めたあと、もはやクラフトへ返還しようとはしなかった。その代わりに、大統領はリングを「自分のポケットに入れて会場からすたすたと立ち去ってしまったのだった」[16]。クラフトはあっけにとられ、その瞬間まったくなす術を知らなかった。

その後八年がたったが、指輪は二度とクラフトの手元へ戻ってこなかった。ついに意を決したクラフトは、自分の記念すべきリングがロシア大統領によって「盗まれた」[17]と公表した。慌てたプーチン大統領のスポークスマンは、指輪がクラフトからロシア大統領への贈り物のひとつとみなされて、クレムリン内で保管中であると回答した。クラフトも苦笑し、実は指輪が大統領への贈り物だったことを渋々認めさせられることになり、一件は落着した[18]。この事件を報じた米CNN放送は、次のようにユーモラスかつ皮肉に富むアドバイスをつけ加えて、プログラムを締めくくった。「次回ウラジーミル・プーチン氏を訪問する方はどなたであれ、貴重な宝石類は自宅で御保管になり、まかりまちがってもそれを持参し、プーチン大統領に向かって見せびらかさないようにアドバイス申し上げます」[19]。

アスルンド博士は、右のように「パルナス」グループの指導者たちがプーチン政権の幹部にたいして果敢に遂行中の汚職追及キャンペーンの趣旨に全面的に賛同する。博士は、すでに紹介済みのように、スウェーデン出身のロシア経済ウオッチャー。彼は、ネムツォフらが執筆した小冊子が貼る次のような表現やレッテルにも同意する。「プーチンは四〇〇〜五〇〇億ドルにもおよぶ国家財産を己の手中にくすねた」「世界史上最大の盗人」[20]である。

欧州一の大金持

ベルコフスキイにいたっては、プーチンが「ヨーロッパ一の大金持」であると主張してやまない。ベルコフスキイは、長年のあいだクレムリンの主要な旗振り役のひとりとして有名な人物だったが、最近では独立の立場へと転じた。それはともかく、彼はクレムリンのスポークスマンだった時期から一貫して、プーチンが「欧州随一の富豪である」との持論を公表してやまない。ベルコフスキイの試算によれば、プーチンは、次のような大企業の株を所有、ないしは事実上コントロールしている。たとえば、ロシア第四位の石油会社「スルグトネフチガス」の三七％（時価にして二〇〇億ドル）、天然ガス最大手「ガスプロム」の四・五％（時価にして一三〇億ドル）、柔道仲間、ティムチェンコが経営する石油販売会社「グンボル」の五〇％の株。その総資産額は、時価にして「四〇〇億ドル以上」にものぼる。これは、サウジアラビア国王の資産二一〇億ドルの約二倍にあたる。[21] プーチンは、これらの資産をスイスその他のタックスヘイブン（租税回避地）の秘密口座に隠しもっている。ベルコフスキイは、まず二〇〇六年出版のロシア語の自著のなかで、[22] 次いで〇七年ドイツの『ディ・ヴェルト』やイギリスの『ガーディアン』紙[23]とのインタビューで、これらの事実（？）を繰り返し指摘した。

〇八年二月の定例記者会見で欧米の新聞記者から「大統領閣下がヨーロッパ一のお金持であるとの報道は正しいのでしょうか？」とたずねられたとき、プーチン自身は半ば冗談半ば問題を完全に擦りかえて、次のように答えた。「その報道は正しい。私は、たんにヨーロッパばかりでなく、世界で最も豊かな人間である。なぜならば、ロシア国民がこの偉大な国ロシアのリーダーシップを私に二度にもわたって託してくれているからである。私はこれこそを、自分の最大の富の源泉とみなしている」[24]。

プーチン首相の贅沢な所持品、実際の収入、秘密預金口座をめぐってベルコフスキイらが流布させている以上のような噂の信憑性如何？　私個人は、この件にかんし、残念ながら最終判断をくだすに十分な証拠資料を持ち合わせていない。故ネムツォフらと主張を同じくする政権反対派の有力な一人、カスパロフも、プーチンの資産はベールに包まれ、その総額を特定することは極端にむずかしい、と率直に語っている[25]。故ネムツォフ、ミロフ、アスルンド、そして二〇一二年四月以降のベルコフスキイ。かれらは全員、明らかに反プーチンの立場を採る人々である。そのこともあって、かれらの主張を額面通りに受け取ることはやや軽率のそしりを免れないかもしれない。

だが他方、ベルコフスキイに限っていえば、その発言意図は大いに注目に値するばかりか、実に興味深い問題を提起している。したがって是非とも検討に値するように、私には思われる。まずベルコフスキイは、プーチンが「ヨーロッパ一の大金持」であるとの持論を、彼がプーチン政権の代弁者だったときからおこなっている。かつ、プーチン首相（次いで大統領）の報道官ペスコフはじめプーチン政権のメンバーたちが、このようにセンセーショナルなベルコフスキイ発言を無視するだけにとどめ、唯の一度として積極的に反駁しようと試みていない。これは、どうも不可思議である。なぜだろうか。その謎を解くひとつの鍵は、ベルコフスキイ自身がのべている次のような説明のなかにあるように思われる。

ベルコフスキイは、『ガーディアン』紙のルーク・ハーディング記者によるインタビュー中で、「プーチン＝欧州一の大富豪」とのべる自分の発言がひとえにつぎの動機にもとづくものだ、と率直に語る。西側社会では、ステレオタイプの間違ったプーチン・イメージが横行している。つまり、プーチンは「ネオ・ソビエト型イデオロギーにもとづく強権政治を強行しつつある恐ろしいチェキスト以外の何者でもない」、と。だが、「プーチノロジー」の実態を誤解に導くこのようなおぞましいプーチン像が固定化することは、ロシアにとって決して望ましいことではない。そのようなイメージは是非とも矯正する必要がある。そしてこれは、クレムリンのスポークスマンとしての自分の任務である。じっさいこう考えたベルコフスキイは、ハーディング英記者に向かい、ロシア人でありながらほとんど完璧といえる英語を用いて次のように説明したという[26]。

「プーチンという人物は、けっしてスターリン恐怖政治の主役をになった恐ろしいチェキストの現代版なのではない」。むしろ、「ポスト・ソビエトの産物である典型的なビジネスマンなのである」(傍点は引用者)。いいかえれば、「プーチンも彼の側近たちも、たんにカネ儲けだけに関心を持っている。かれらは、たんなる泥棒政治家(kleptocrats)に過ぎないのだ」。したがって、西側諸国の人々は、プーチンや側近たちを怖がる必要などまったくない——。この最後の結論こそが、当時クレムリンの忠実な代弁者役を演じていたベルコフスキイが、外部世界に向かって発信しようと欲したメッセージ、より正確にいえば「プーチノロジー」のPRだった。

チェキストはビジネスマン

右のように説くベルコフスキイの釈明を、われわれは額面通り信じるべきか、否か。この問題をいったん横におくばあいでも、ベルコフスキイはわれわれに向かって実に重要な問いを投げかけている。これが、私の感想である。つまり、「プーチノクラシー」の本質や実態は、一体何なのか? このような大問題を、彼は提起しようとしているからである。具体的にいいかえれば、「プーチノクラシー」とは、チェキストによる反米欧志向の強権的支配を目指しているのか？　それともそれは、元チェキスト転じて事実上ビジネスマンたちによる経済的な利益追求を主目的とする、つまり「レント・シェアリング・システム」の維持を志向しているに過ぎないのか？　さらに端的にいうと、プーチノクラシーを主としてになっているシロビキとは、武人型のタイプの人間なのか、それとも商人型の人間なのか？

英国のハロルド・ニコルソン卿が、外交を「武人（warrior）型」と「商人（mercantile keeper）」型の二種類に分けたことは、良く知られている。[27] この分類をここでの文脈に借用すると、現ロシアのシロビキたちは次の二タイプに分かたれるかもしれない。ひとつは、「武人」型。西側の「帝国主義」を壊滅すべき敵とみなし、それに対して断固たる闘いを挑む。米欧諸国に横行している物質万能主義の思考法を蔑視し、みずからは清貧の思想に甘んじ、汚職の誘惑などに決して屈しない禁欲生活を送る。ソビエト期のＫＧＢ要員たちは、このようにピュリタン的な言動を、少なくとも建前上はモットーとしていたはずだった。

ところが、プーチン期のシロビキはやや様子が異なり、もうひとつのタイプへと変貌をとげつつある。極端にいえば、「商人」型思考への転換である。かれらは、自分たちが物質的利益を追求することをかならずしも悪いこととはみなさない。みずから進んで国営企業幹部の地位に就き、「レント・シェアリング・システム」の恩恵にどっぷりとあずかろうとさえ欲する。己に差し出される賄賂をポケットに入れることにすら躊躇しようとしない。別荘、海外旅行、ヨットなど、西欧の実業家たちが顔負けするほどの豪華な生活スタイルすら満喫しようとする。子弟をオックスブリッジ、ハーバードなど欧米諸国の一流名門大学へ送り、帰国後はかれらのコネを用いて国立系諸銀行の安定した職場へ就職させ、自分同様の贅沢な生活を送らせせようと試みる。

ビクトル・チェルケソフは、右の二分類のうち前者タイプに属するチェキストだといえるかもしれない。彼は、一九五〇年、レニングラード生まれ。レニングラード国立大学法学部卒業後、KGBに入り、同ペテルブルク支部長時代、プーチンの上司だった。モスクワへ移ったプーチンはFSB長官になり、そのようなプーチン長官下でチェルケソフはFSB第一副長官をつとめた。次いで、旧KGBのもうひとつの後継組織で「第二のFSB」とも目される麻薬流通監督庁の長官に任命されるまでの出世をとげた。ここまでのチェルケソフは、絵に画いたようなプーチン閥の典型的人物だったと評してよい。なにしろ彼は、ペテルブルク閥とKGB閥の二つを兼ねそなえたサラブレッドだったのだから。ところが、運命はどこで悪戯をするか分からない。チェルケソフは二〇〇七年頃に顕著になったシロビキ・グループの内部抗争に巻き込まれ、パトルシェフFSB長官（当時）を頭とする派閥との闘いに敗れることになった。その結果、〇八年には兵器調達庁長官へと降格され、一〇年には同ポストからも解任される憂き目に遭った。

チェルケソフは、シロビキのなかで最終的には「負け組」になった人物とみなしえよう。そのことを考慮に入れると、彼の主張は若干割引いて聞かねばならない。それはともかくとして、チェルケソフは、〇七年パトルシェフとの闘いの過程で全世界をアッと驚かせる大胆な行動に打って出た。『コメルサント』紙上で公開状を発表するという、チェキストとしてあるまじき前代未聞のことをおこなったからだった。同公開状のなかで、チェルケソフは痛烈に批判した。[28] 現プーチン下でチェキストたちは、己に本来期待されるべき高潔な志操をすっかり堕落させており、誠に遺憾千万である。なぜならば、パトルシェフを含む現チェキスト幹部たちは、民間ビジネスと癒着し、己の懐を肥やすことばかりに躍起になっているからだ、と。チェルケソフは、結論としてのべた。「武人はすべからくビジネスに手を染めるのではなく、国を守る本務に精を出すべきである」[29]。したがって、「武人から商人への変貌をとげはじめたときに、チェキストはすでに内部崩壊への道を歩んでいる。こう批判せねばならない」[30]。

シロビキのビジネスマン化——。一四年間も続いている現プーチン体制下で進行中のこの現象を憂うる者は、現ロシアでチェルケソフひとりとは限らない。たとえばイノゼムツェフも、そうである。彼は、現プーチン政権下でチェキストたちがすっかり「商業化」[31]をとげつつある、と慨嘆して止まない。少なくともこの一点にかんしては、「ハト派」のイノゼムツェフも「タカ派」のチェルケソフも、軌を一にしていると評さざるをえない。イノゼムツェフは皮肉を込めて付け加える。「現ロシアは（かってのような）KGBの支配下にあるのではない。ロシアは（その意味で）幸運といえるかもしれない」[32]。

独立系の『ノーヴァヤ・ガゼータ』紙（週三回刊）の二人の記者も、現プーチン体制下で発生中のシロビキの変貌ぶりについて、チェルケソフやイノゼムツェフらと似たような指摘をおこなう。すなわち、アンドレイ・ソルダートフとイリーナ・ボロガンは、共著書『新しい貴族——治安国家ロシアの復活と継続するKGBの遺産』（二〇一〇年）のなかでのべる。「プーチンは、治安機関に勤務している何十人ものエージェントたちに広く門戸を開いて、ロシアの主要制度の各ポストへと登用、配備した。かれらがおそらく安定と秩序という大義の前衛役になってくれるように、期待したからにちがいない」[33]。まずこう書いたあとで、ソルダートフ&ボロガンはつづけて記す。「ところが、である。かれらはひとたび物質的な利益という美酒を味わうや、みずからのあいだでその利得を奪い合う集団へと変質しはじめたのである」[34]。つまり、今やチェキストたちは経済的利益に目がくらみ、すっかり「商業化」をとげつつあると説く。

豪邸

本章冒頭でふれたようにネムツォフらは、プーチン現政権下での贈収賄を糾弾するパンフレット類を毎年のごとく刊行してきている。なかでも二〇一二年の小冊子は、プーチン大統領をはじめとする最高指導者たちの奢侈な生活ぶりを槍玉にあげ、厳しく糾弾したために、実は出版が認められなかった。やむを得ず、ネムツォフらはインターネットを通じて配布することにした。[35]（現在では、反体制色の強い『ノーボエ・ブレーミヤ（新時代）』誌上で、その内容を読むことができる）。同小冊子のタイトルは、『ガレー船の奴隷の生活』。「宮殿、ヨット、自動車、航空機、その他の（豪華な）アクセサリー類[36]」との副題がつけられている。「ガレー船の奴隷」という言葉は、プーチン大統領自身が使った用語をあてこすったものにほかならない。プーチンは、二〇〇八年二月十四日、二期八年間の大統領任期が終了間近に迫った折にのべた。「私は、この八年間、まるでガレー船の奴隷のように働いた[37]」（傍点は引用者）。

実はその八年間、プーチンは、およそいかなる指導者もエンジョイしえない栄耀栄華、贅沢三昧、数々の諸特権に恵まれた生活を送ったはずではないか。それにもかかわらず、自分はまるで「ガレー船の奴隷」さながらにひたすら仕事にいそしむ日々を送った。このような不満をのべるのは、おこがましいにもほどがある。プーチン大統領の生活を、同時期のロシア一般庶民のそれと比べてみよ。かれらこそ奴隷のように働き、しかも何ら報いられることのない惨めな日々を送っているではないか——。これが、ネムツォフらが『ガレー船の奴隷の生活』で指摘したポイントだった。同小冊子は、具体的に次のような事実を指摘する。プーチン大統領は、たとえば二十カ所におよぶ豪邸を気の向くままに利用している。五十八機の航空機やヘリコプター、七〇〇台の自動車、四隻のヨット。これらの輸送手段は、いつ何時であれ大統領の命じるままに利用可能な状態で待機させられている。プーチン個人が享受しているこのような特権や資産――。その具体的な内容や程度を、同冊子ならびにそれ以外の資料も用いて、以下、もう少し詳しく紹介してみよう。

まず、〝公邸〟。プーチン大統領は、エリツィン前大統領から十二の公邸と別荘を受け継いだ。そのなかで主として利用しているのは、次の屋敷である。モスクワ郊外のノボ・オガリョーボにある大統領公邸。ペテルブルクのコンスタンチン宮殿。黒海沿岸ソチの公邸。ソチの公邸へは、二〇一四年二月開催の冬季五輪のさい安倍晋三首相が昼食に招かれた。そのほかにも、ロシア北西部のヴァルダイ湖畔に別荘があり、ビョルン・アゲインを招いて個人コンサートを催したことで一躍有名になった。ロシアの最高政治指導者は、帝政期以来、国内外ならびに世界にたいする威信誇示の目的のためにも、これほどまでに豪勢な建造物を必要とするのかもしれない。

プーチンは、普段どこで公務にたずさわっているのか？　本来ならばロシア大統領としてクレムリン内の大統領官邸で執務するのが筋だろう。首相としての四年間（二〇〇八～一二年）は、「ホワイトハウス」と呼ばれるモスクワ河畔の首相官邸で勤務するのが、同様に筋のはずだった。ところが、である。プーチンは、モスクワ市内を好まない。人口過密、交通渋滞、環境汚染が、その主要理由だという(38)。じっさい、彼は、モスクワでの会合の回数を必要最小限度に止めようと試みる。とりわけモスクワ郊外のノボ・オガリョーボの大統領公邸で仕事することを好む。大統領ポストをメドベージェフに譲った四年間は、本来ならばこの公邸もメドベージェフに明け渡すのが、「制度」上はルールのはずだったろう。ところがプーチン首相はそうしないで、そのまま大統領公邸に居坐った。そのために、メドベージェフ大統領は別の公邸を新たに建設せねばならなくなった。それはともかくとして、このようなプーチンの気まぐれによって迷惑をこうむるのは、彼の部下たちだといえよう。大統領府の側近、閣僚、官僚幹部たちは、執務中のモスクワの中心からノボ・オガリョーボへと駆けつけ参上せねばならないからである。しかもかれらは、プーチン大統領によってふつう少なくとも二〜三時間は待機させられる。本来寸秒を大事にせねばならぬ官僚のかれらにとって、これは大変な時間の浪費と評さねばならない。

序でながら、プーチンのこのような勝手気儘な執務時間や習慣も、一〇〇％マイナスとは限らない。そしてそのことが、郊外の公邸での彼の執務――深夜におよぶ――を正当化するひとつの理由になっていないこともない。というのも、実際モスクワ市内の昼間の交通渋滞はあまりにもひどいからである。ロシアは中央集権国家であるうえに、かつて存在していた都市部への移動制限が撤廃されたことにたいする反動、その他の理由によって、現モスクワは、誰もが訪れ、居住することを希望するナンバー1の大都市になった。それにもかかわらず、モスクワはそれに対応するインフラストラクチャーの整備が間に合わず、いちじるしく立ち遅れている首都である。道路――一般、高速の別を問わず――、バイパス、そして橋梁……等々がまったく未整備状態といって、過言でない。他方、マイカーなどによる交通量は激増する一方である。交通渋滞の手っとり早い一例をあげるならば、モスクワ市内のホテルからシェレメチェボ国際空港への送迎時間は、かつて一時間をみておけば十分だったが、今日では四時間の余裕を見込んで出発しても道中ひやひやすることしきりである。

「ミガルカ」

住いの次に、〝車〟についてのべる。ロシアでは大統領、首相、ロシア正教総司教の三人にたいして、特別の権利が認められている。公邸－勤務先のあいだを移動するときに、途中の道路を完全に閉鎖させて構わないとの特典である。クレムリンで執務するときには、プーチン大統領は午前十一時頃に登庁し、午後五～六時頃にクレムリンから帰宅する。そのために、ノボ・オガリョーボの公邸と約二五～三〇キロ離れたモスクワ中央のクレムリンのあいだの三つの主要道路は、約一時間半にわたって通行止めになる。一群の黒塗りの自動車がモスクワの街衢《がいく》を時速一六〇キロの猛スピードで疾風のように駆け抜けてゆく。車列の中心は、特注装甲車のメルセデス・リムジン、すなわちプーチン大統領の公用車にほかならない。大統領がノボ・オガリョーボの公邸から二十五分以内にクレムリンに到着するための交通遮断措置なのである。(39)

高級官僚幹部たちも右にならえとばかり、緊急時の救急車や消防車並みの通行特権を行使して、信号や交通規制を無視しようとする。かれらの公用車が点灯させるライトやサイレンは「青い回転灯《ミガルカ》」と呼ばれ、モスクワ市民間で嫌悪の的になっている。このようなフラッシュを明滅させてよい車輛の数は、最近、モスクワ市内では八六五台から五六八台へと減らされることになった。(40)尤も、そのルールが厳格に遵守されているとはいいがたいが。

ともあれ、唯でさえ頭痛の種であるモスクワの交通渋滞を、自分自身のクレムリン出勤がさらに悪化させる。プーチンはこのことを懸念し、それをもって郊外の公邸で仕事しがちな自分の執務習慣を正当化しようとしているかのようである。だが、実態は違う。プーチンは、夜型人間だからである。彼は「紅茶をすすりながら仕事し、午前二時以前に寝床に就くことはない」[41]。ちなみに、二〇一四年九月十日、森喜朗特使がクレムリンでプーチン大統領に安倍首相からの親書を手渡し、約三十五分間会談したのも、同日の深夜であった。[42] メルケル首相も、いつも待たされる。同大統領に面会してもらうには誰であれ、このくらいのことは予め覚悟せねばならない。英国のクレムリン・ウオッチャー、ベン・ジュダによれば、これはプーチンの次のような考え方の帰結であるともいう。「私は君を必要としていないにもかかわらず、君のほうは私を必要としている。それならば、君が待つのは当然だろう」。

起床は、どうか。プーチン大統領は、目覚まし時計をかけることなく、自然に目が醒めたときに起きることにしている。[43] 朝食は正午以後になる。その内容は、意外に単純なものである。フルーツジュース、カーシャ(オートミルに似たロシアの伝統的な食べ物)、ウズラの卵、オムレツ、コーヒー。ちなみに、食べ物の嗜好にかんして、プーチン大統領本人はロシア紙のインタビューで次のように語っている。一般的には「肉よりも魚が好き。肉ならば、仔羊の肉。野菜は何でも大好きで、とくにトマト、きゅうり、レタス。朝食としては、カーシャ(粥)、コテージ・チーズ、蜂蜜を好む」[44]。朝食後、二時間は公邸のプールで泳ぎ、ジムでトレーニング。これが、プーチン大統領の通常の日課である。[45] 彼が用いているフィットネス機具は、すべてアメリカ製である。

歴代のソビエト/ロシアの最高指導者たちの公用車は、国産の高級乗用車「ジル」のはずだった。ブレジネフ、ゴルバチョフ、エリツィンのばあい、そうだった。ところがプーチン政権下になると、プーチンをはじめとしてメドベージェフ、そして高級官僚たちはまるで競うかのように自国車から外車へ乗り替えた。己の公用車をドイツ製のメルセデス・ベンツやＢＭＷ製のリムジンへと替えた。[46] ちなみに、Ｇ８(主要八カ国)

首脳のなかで公用車として外車を用いたのは、ロシアの最高指導者、プーチン、メドベージェフの二人だけである。[47] 二〇一四年十一月北京開催のアジア太平洋経済協力会議（APEC）でも、安倍首相ら諸外国の首脳が中国側が提供する中国製の自動車に乗ったのにたいして、プーチン大統領だけはメルセデス・ベンツを用いたと伝えられる。

一方、プーチンは、口頭ではつねにロシアの自動車産業の保護と復興を声高に叫び、その政策をある程度までは実行に移そうとしている。たとえば二〇〇八年、プーチン首相（当時）は、ロシアへ輸入される外国製自動車、とりわけ中古車にたいする関税を一斉に引き上げる決定をくだした。そのために、日本などからの中古車の輸入で多くの者が生計をたてているロシア極東やシベリアの諸都市では、一斉に抗議の集会やデモが巻き起こった。かれらは主張した。「日本の中古車はロシア国産の新車よりもはるかに質が高い」[48]。たとえばウラジオストクでデモ隊が揚げたプラカードのなかには、プーチン首相を名指しで批判する過激な言葉すら記されていた。「われわれには国産車を押しつけながら、プーチン自身はなぜベンツに乗っているのか！」[49]。ただし、二〇一二年にWTO（世界貿易機関）に加盟したロシアにたいして、日本などが不公平是正を訴えつづけたために、クレムリンに復帰したプーチン大統領は、ようやく一四年一月になってロシア国内生産車にたいしても同額の税金を課することに同意した。

メルセデスからジルへ

「外車愛好、国産車蔑視」。己にむけられたこの種の批判を和らげる努力（ジェスチャー?）の一環として、〇九年、プーチン首相は、彼本人の自家用車としてはロシア製の「ラーダ・ニーヴァ」を購入した。同車をみずから運転して三〇〇メートルほど走らせてみせるデモンストレーションすらおこなった(50)。尤も、その「ニーヴァ」は車体こそ国産品だったものの、エンジンはドイツ製であることが、しばらくすると見事にバレてしまったが(51)。

プーチン首相は、一〇年八月に敢行したシベリア横断ドライブのさいには、それまで愛用していた運転者つきのメルセデス・ベンツの代わりに、国産車「ラーダ・カリーナ」を使うことにした。これもまた、首相みずからは国産車を愛用しているとのPRがその目的だった。ところが、そのばあいも彼の狙いは見事に裏目に出てしまった。このとき、三台のカリーナを含む大キャラバンの隊列を撮影していたアマチュア・ビデオ家たちによると、少なくとも一台のカリーナが見事故障し、索引トラックによって引かれてゆく運命に甘んじる羽目を招いたからである。

翌一一年、プーチン首相はラーダ車のショールームに姿を現し、モデルとして陳列中のラーダをみずから運転しようとした。ところがプーチン自身は、何とラーダ車を発進させることに失敗したのみならず、そのトランクを開くことさえなしえなかった。そのためにアウトバス社の二人の係官が慌てて同首相の許に駆けつけるという醜態をさらした。それでも、負けず嫌いのプーチン首相は、「ラーダ新型は実によい国産車である(52)」とのお世辞をのべることだけは忘れなかった。

クレムリンに復帰した一二年秋になると、プーチン大統領はみずからを含む官僚が「すべからく公用車としてロシア製エンジンを搭載した国産車を用いねばならない」と主張した。ただしそのために、たとえばロシアの「ジル」はその体質や装備を大幅に改善する必要がある。つまり、新型のジルは、オバマ米大統領が用いているキャディラックに比べてたんに見映えがよいばかりではなく、是非とも次のような技術的要件を備えねばならない。ドアは六つ。七・七リットルのエンジン（ロシア製）。二五リットルのガソリンで二〇〇キロ走り、最高二〇〇キロの速度を出すことすら可能。[53] このようなモデルを開発するためのプロジェクトにたいしては一億三〇〇〇万ドルを投じ、二〇一五年以降に生産開始予定。このように発表された。[54]

序ながら、メドベージェフ首相は、郊外の首相公邸からモスクワ河畔の「ホワイトハウス」への通勤を、天気のよい日には公用車でなくヘリコプターでおこなうことにした。同首相は、その理由を説明した。モスクワ市内の交通渋滞を回避して敏速に移動し、一般ドライバーたちにも迷惑をかけないようにする。このような配慮にもとづく決断である。ただし、その特製ヘリコプターはイタリア製であるという。[55] 首相はさらに付言した。プーチン大統領やその他の高級官僚たちのあいだでも、自分が採用したヘリコプター通勤方式が拡大することを期待する、と。[56] プーチン大統領も、クレムリン内にヘリポートが整備され次第、[57] 自身の通勤にロシア製のミル8型ヘリコプターの使用を考慮中と伝えられ、[58] 二〇一四年五月になってようやく実現の運びとなった。

だがその一方で、メドベージェフ大統領（当時）は舶来品尊重の癖を一向に改めようとしなかった。ロシア国民がそうだからなのかもしれない。たとえばスポーツ選手を激励したり、表彰するときには決まって国産車でなく、外車を賞品として与える。二〇〇八年十二月、ロシアのスポーツ選手たちを表彰する式典をおこなったときが、そうだった。メドベージェフ大統領は、五月のアイスホッケー男子選手権で優勝したロシア・チームの二十八名の選手（ならびに同チームの医師ら専門スタッフ）全員にたいして、ドイツの高級車、メルセデス・ベンツを一台ずつ（一台、約一五万ドル）贈呈した。[59] 一四年二月、同年のソチ冬季五輪でメダルを獲得したロシア代表選手にたいしても、メドベージェフ（今度は首相）は、同様にメルセデス・ベンツを贈った。

そのなかにはまだ運転免許証を持っていない十五〜十七歳の少女たちが含まれていたが、同首相は彼女らにはドライバー（運転手）をつけることすら約束した。(60)

別荘スキャンダル

次に、〝別荘〟に話を移す。二〇一〇年末に「プーチン宮殿」をめぐるスキャンダルが明るみにでて、内外で大騒ぎとなった。プーチンの取巻きの新興財閥たちが、完成後はプーチン個人に使ってもらうことを目的として建設中だった、超豪華別荘を巡るスキャンダルである。完成の暁には次のように度肝をぬく類いの別荘になる予定だった。まず、建設予定地は黒海沿岸の一等地。広さは七四ヘクタール。そこに、イタリア風のクリーム色の二階建てビルディングを建築する。玄関には、ロシアの国章、双頭の鷲を配する。別荘の内部および周辺には、ジム、水泳用プール、円形劇場、カジノ、教会、ヘリポート（三カ所）などの諸設備をそなえる。時価で計算して、総額一〇億ドル以上の敷地と別荘。

以上のことを暴露する公開書簡を、自分はメドベージェフ大統領（当時）宛てに送付した――。セルゲイ・コレスニコフが、二〇一〇年十二月末に、こう発表したのである。(61) しかも、コレスニコフは「銀行〝ロシア〟」の元幹部のひとりだった。(62) 同行は、さきにもふれたように「オーゼロ（湖）」グループによって設立され、プーチン大統領とのコネを巧みに利用して、またたく間にペテルブルクの一地方銀行からロシア有数の銀行へと急成長したことで知られる。同行が「ガスプロム」の保険部門子会社「ソーガス」を買収したとき、コレスニコフは同社の幹部になった。では、そのように何不自由なかったはずの人物、コレスニコフが一体なぜこのような告発に踏み切ったのだろうか。不可解千万である。まず、コレスニコフ本人の釈明を聴かねばならない。

コレスニコフによれば、彼自身を含む「銀行〝ロシア〟」の幹部たちは、プーチンを当初たんに「ボス（上司）」と呼んでいた。だが次第に、彼を「ツァーリ（帝政君主）」と呼ぶようになった。[63] それは、たんにニックネームにかんするジョークまがいのことだったかもしれない。ところが、幹部のひとり、シャマロフによって「おまえは、（プーチンの）奴隷に過ぎないのだ」といわれるにおよんで、流石のコレスニコフもショックを憶えたという。[64] コレスニコフは「銀行〝ロシア〟」とプーチン大統領との余りに緊密な癒着ぶりに次第に耐え切れないようになった。同銀行の幹部たちは、次のような手口を用いて銀行業務の拡大につとめ、みずからもロシアのオリガルヒの地位へのしあがろうともくろむ。つまり、もっぱらプーチンとの個人的なコネをフルに利用して、「銀行〝ロシア〟」の営業成績を上げる。大統領によってあたえられる有形無形の便宜にたいしては、法の抜け穴を巧みに利用して大統領へ謝礼を届ける。

この種の「献金方法」のからくりについて、コレスニコフは次のように証言する。[65]「ロシアでビジネスをおこなうには、保護者が絶対必要。万事、庇護者次第とのべて、過言でない。つまり、ロシア語でいう〝屋根《クルィシャ》〟である。〝屋根〟を多く持てば持つほど、ビジネスで成功する確率はそれだけ一層高くなる。こういう訳で、すべてのビジネスマンは贈り物攻勢に出て、保護を求める。もし万一大統領にプレゼントできるようになると、もうしめたもの。まるで背後に神がついているかのように、己も力強くオールマイティになれる」。コレスニコフはまずこう説明したあと、自分とプーチン大統領との間の献金メカニズムの手口について具体的に語った。「私はペトロメドと名づける会社を経営し、ドイツのジーメンス社からロシアへ医療器具を輸入する仕事に従事し、何と四〇％にも上る高利益をあげていた。その利益の一部を流用・横流しするために、ほとんど無数のトンネル会社を経由させて、結局はロスインベスト社に行き着くように工夫した。私自身は同社のわずか二％の株式しか所有せず、ウラジーミル・プーチンがその九四％までをも所有していた。同社の経営すべては、当然プーチンの意のままだった」。

「プーチン宮殿」と綽名される右の超豪華別荘は、まさしくこの種のプレゼントの一形態に過ぎなかった。したがって、宮殿建設のための莫大な費用はかならずしもかれらのポケット・マネーから捻出されたものではなかった。端的にいうと、それは「汚職、賄賂、盗み(66)」などによって得られた汚いカネ以外の何物でもなかった。このようにして、コレスニコフはついに自問自答するにいたった。「われわれは何年ものあいだあくせくと働いてきた。われわれの能力や知識、人生の一定の時間を仕事に捧げた――。（だが）一体何のために？　それは、（黒海）沿岸にこの種の別荘を建てるだけのためだったのか？　この別荘には一体、一年に何回、そして誰が訪れることになるのか。おそらくわずか数人の人間が、時たまそこに滞在するだけのことになるだろう。そのようなことは、私にとり侮辱以外の何物でもない。貴重な己の持ち時間、自分の知識、自身のエネルギー、そして人生の一部分を、はたしてこんなことのために捧げるだけで終ってしまってよいのだろうか！(67)」。

コレスニコフによる「大胆な(68)」な密告については、米国ジャーナリズムの一部では、賞讃する者もいない訳ではなかった。それは「個人的な危険(69)」を顧みずにおこなった「正義感(70)」の発露にほかならない、と。だが、それはあまりにも綺麗事の正当化に過ぎないとして、主として次のような見方がなされた。或る者は、プーチン派vsメドベージェフ派の「じゅうたん下の闘い」の一環なのではないかとみなした。コレスニコフが公開書簡を明らかにした二〇一〇年十二月には、すでに一二年春の大統領選へ向けて候補者選びの前哨戦がすではじまっていた。コレスニコフの告発は、メドベージェフ派の一部がプーチンの信用失墜をもくろんで放った毒矢との嫌疑が濃厚である。ややしたり顔に、このように説明する者が存在した。[71]

アレクセイ・ムーヒンは、やや異なった推測をおこなう。ムーヒンは、モスクワの「政治情報センター」所長の肩書きをもち、若干プーチン政権寄りの発言をおこなう評論家として知られている。そのようなムーヒンはのべた。「コレスニコフは、自責の念、もしくは道徳上、倫理上の動機にもとづいてこの大胆な告発行為に踏み切った。そのようなことは、まったく信じがたいと評さねばならない」[72]。「コレスニコフの行動は政治的な意味をもち、政治的な役割を演じた。このことに疑いの余地はないからである」[73]。まずこうのべたあと、ムーヒンは真犯人が国外にいることを示唆した。つまり、コレスニコフはロシア国内での反プーチン派によって使嗾《しそう》されたのではなくて、むしろ米欧諸国における反ロ勢力による反プーチン・キャンペーンの犠牲者になった可能性の方が高い[74]、と。ムーヒンは、たとえば次のような具体的推測すらおこなう。コレスニコフは、ロシアで得たカネを外国で引き出そうとした、もしくは換金しようとした。そのための手立てを講じている過程で、彼はたとえば外国の諜報機関によって己の弱みを握られる羽目に陥った。かれらに脅かされて、コレスニコフは不本意ながら右のような公開書簡を発表する結果になったのではないか。[75]

コレスニコフによる爆弾的な告発文発表の真相、とりわけその動機は、結局はっきりしないままうやむやに葬り去られることになった。二〇一一年春、「銀行〝ロシア〟」の幹部で「プーチン宮殿」の主たる建築者だったシャマロフが、同宮殿をアレクサンドル・ポノマレンコに突如売却してしまったからである。[76] このとき、シャマロフは単に次のように弁解しただけだった。スキャンダル沙汰に巻き込まれたこともあって「プーチン宮殿」の資金繰りに窮したので、三億五〇〇〇万ドルで手放すことにした[77]、と。ポノマレンコは、黒海沿岸のノボロシースク港付近の不動産などを支配下におく地元の億万長者のひとりである。時価一〇億ドルを下らないはずの別荘が完成前とはいえ、何と三億五〇〇〇万ドルという三分の一の値段で売却されたわけである。はたしてこの価格設定は適正なものだったのか。(78) また、なぜ、そのように急いで売りに出され、処分されてしまったのか。その答えは闇のなかに閉ざされ、おそらくこの事件を見る者の立場如何によってどのようにも変わってこよう。

ちなみに、翌一二年秋、ロシアの経済紙『ベードモスチ（報知）』は、英『デイリー・メール』紙の記事を転載する形で、別のニュースを伝えた。このことも付記しておく必要があろう。同年五月に大統領に復帰したプーチンは、スペインに二四〇〇万ドルで別荘を購入した、(79) と。

アブラモビッチの豪遊

上がこうだと、下も見倣う。ロシアの最高政治指導者たちが豪勢な公邸や別荘住いをするのを見て、側近やオリガルヒたちもまた国の内外で休暇を過ごしたり、子弟を教育させたりしようとして、贅沢な住居、その他の資産を買い漁る。ロシアは総人口一億四〇〇〇万人強のうち、わずか一一〇人の大富豪が三五％の国富を握っている。(80) かれらの大部分は、政府と密接なパイプをもつエネルギー資源関連企業の経営者である。その典型例で、かつオリガルヒのトップの座を占めている人物は、ロマン・アブラモビッチ。彼の豪華な生活は半端でなく、度肝を抜くスケールといえる。その実態は、紹介するに値する。

アブラモビッチは、一九六六年生まれ。二歳半で母、四歳で父を失い、天涯孤独の身になった。ところが、長じて二十歳台半ばに二十歳も年上の政商ベレゾフスキイと知り合い、彼によって商才を見出してもらったお蔭で、たちまちのうちにロシアの実業界で大成功を収めるようになった。如才のないアブラモビッチは、ベレゾフスキイの手口にならって、エリツィン「ファミリー」に近づき、彼もまたベレゾフスキイ同様に「ファミリーの金庫番（もしくは財布）」[81]と称せられる存在にのし上った。「ファミリー」にとり、ベレゾフスキイが「叔父」だとすると、アブラモビッチは「甥」のような存在になった[82]。たとえば、エリツィンの次女、タチヤーナは贈り物を受け取るのが大好きな人間である。そのような彼女にガルミッシュ・パルテンキルヘン（ドイツ）の別荘購入に際して大半の資金を提供したのは、アブラモビッチであると噂される[83]。

プーチン政権時代になると、エリツィン政権期のオリガルヒは、「反抗オリガルヒ」と「忠誠オリガルヒ」の二種類に分れた。グシンスキイ、ベレゾフスキイ、ホドルコフスキイらのユダヤ系財閥は「反抗オリガルヒ」になり、プーチン大統領によって事実上海外へ追放されたり、国内で投獄される憂き目を見た。その様子をみて恐れをなした同じくユダヤ系のアブラモビッチは、ベレゾフスキイと袂《たもと》を分かち、プーチン大統領にひたすら恭順の意を表する「忠誠オリガルヒ」（または「国家オリガルヒ」）[84]の代表格になった。アブラモビッチは、プーチン大統領に命じられると、ロシア極東の極寒かつ極貧の地域、チュクチ自治管区の知事にすら喜んで（?）就任した。

アブラモビッチは、もともと商才に長けたユダヤ系ロシア人だったが、プーチン大統領とのコネを巧妙かつ最大限に利用して、次々に資源関連の企業を入手し、やがてロシア最大の大富豪の地位を占めるにいたった。彼は、たとえば石油会社「シブネフチ（シベリア石油）」の事実上のオーナーである。アブラモビッチは、世界第三位のアルミニウム会社「ロシア・アルミニウム（略称「ルサル」）」の共同創業者でもある。アブラモビッチの資産はプーチン政権時代に一〇倍以上に増えたとみなしてよいだろう[85]。

毎春、世界の億万長者番付を発表することで有名な米国誌『フォーブス』にロシア人の名前が初めて出現したのは、一九九七年のことだった。このとき、ロシアのオリガルヒのなかではベレゾフスキイが第一位を占めた。ところがプーチン政権発足後の二〇〇一年にはベレゾフスキイが脱落し、同番付表にアブラモビッチが初めて名前を現した。〇四年版の同リストではロシアではホドルコフスキイが第一位、アブラモビッチが二位を占めた。〇五年版になるとホドルコフスキイが転落し、アブラモビッチがロシアでナンバー1の億万長者へと躍進し、〇五、〇六、〇七年と三年連続でその地位を保持した。

現文脈でのわれわれの関心は、アブラモビッチがこのようにして稼いだカネを一体どのように用いているか。とりわけ事業の拡大・維持以外の分野での贅沢な使用法にかんしてである。それは、すさまじいの一言に尽きる。彼は自己および家族の物質的な欲望や虚栄心を満たすために湯水のごとく費消しているからである。そのスケールは、他のオリガルヒの誰と比べても群を抜いている。一、二、実例をしめそう。

アブラモビッチは、たとえば豪邸を、ロンドン市内、同郊外、諸外国で次から次へと購入している。アブラモビッチがロンドン市内で真っ先に買った邸宅は、市内の中心部に位置するマンションだった。その「ロケーション」[86]は、何とハロッズ百貨店に徒歩で往復できる便利な距離に位置している。イリーナ（当時、アブラモビッチの二番目の妻）が、そのことを強く希望したからだった。[87]ちなみに、ロンドンは今や約三〇万人以上のロシア人が居住するばかりでなく、ロシアのオリガルヒやその家族が憧れ、訪れることを希望して止まない都会の筆頭になっている。そして、ロシアの新興成金、その妻、娘、ガールフレンドたちに最も人気あるスポットが、「ハロッズ」百貨店にほかならない。英国王室御用達の同デパートは、モスクワっ子のあいだで「一種の伝説《レジェンド》」[88]的存在になっており、各階に少なくとも一人ロシア語に堪能な店員を配置している。

アブラモビッチは、引きつづいてロンドン郊外でカウントリー・ハウスを買い入れた（二〇〇〇万ドル）。かつてヨルダンのフセイン王が所有していた館《やかた》で何もかもが桁外れといわねばならぬ。ロケーションは、サセックスとハンプシャーとの境界近くのファイニング・ヒル。敷地は一マイル×三分の一マイル四方の広さで、周囲の道路から内部の建物はまったく目に入らない。水泳プール、ボーリング場、体育館、サウナ・ルームなどが完備している。狩猟《ハンティング》好きのアブラモビッチは、二万羽の雷鳥と雉《きじ》を注文・購入して同敷地内に放った。[89] 時価四一五万ドルのまるでお城のような豪邸にたいして、地元の人々はアブラモビッチのファースト・ネームである〝ロマン〟をもじって、「ローマ帝国」とのニックネームを献上している。[90] 多忙な彼自身がかならずしも頻繁かつ長期間にわたって滞在するわけでもない、この邸宅の維持・管理だけのために、アブラモビッチは常時二十八名のスタッフを雇って待機させている。[91] また、常時ヘリコプター二機を飛び立てる態勢下におき、そのためのフルタイム・パイロットを四人雇っている。

コートダジュールはロシア通り

アブラモビッチは、イギリスばかりではなく、フランスやアメリカでも高価な不動産を買い漁っている。たとえば、二〇〇三年にコートダジュール（紺碧《こんぺき》海岸）の別荘を五五〇〇万ドルで入手した。ちなみに、風光明媚な南仏からイタリア国境までつづくカンヌ、ニース、モナコなどコートダジュール沿いの別荘や超高級マンションは、ロシアのオリガルヒたちによって続々と買い占められつつある。かれらが移動のさいに用いる黒塗りのリムジンの車列は、地元民たちの目にすっかりお馴じみの光景になり、もはや誰も格別驚かなくなった。夏場では「フランス語よりロシア語の会話のほうがよく聞こえてくる」といわれる。アブラモビッチは南フランスに三つの邸宅を所有しているが、そのうちの一つはかつてギリシャの造船王で、ジャクリーヌ・ケネディが再婚した相手、アリストートル・オナシスが所有していた物件だった。(92)

アブラモビッチは、ニューヨークでも超高級マンションを所有している。二〇一三年、セントラル・パーク沿いのイーストサイドで従来三区劃に仕切られていた六階のフロアー全体（九〇三平方メートル）を一括して買い取った。マンハッタンの五番街のマンションのなかでそれまでの最高値は、五四〇〇万ドルだった。アブラモビッチの購入価格、七五〇〇万ドルは記録を一挙に更新し、ニューヨーク中の不動産業界の話題をさらった。このマンションは、アブラモビッチと彼が現在交際中のガール・フレンド、ダリア（ダーシャ）・ジューコバが一緒にニューヨークを訪れるときに用いるものだという。

ちなみに、アブラモビッチは最初の妻（三歳年長のオリガ）と別れた後、ロシア航空「アエロフロート」の客室乗務員、イリーナと再婚した。彼女とのあいだで五人の子供を設けたあと、彼女とも別れた。離婚にさいしてアブラモビッチがイリーナに支払った慰謝料は三億ドルといわれ、トム・クルーズらハリウッドスターたちが払った額を越え、ギネスブックに登録されたとさえ伝えられている。その後、アブラモビッチは、ファッション・デザイナーのジューコバ嬢と事実婚の関係を継続中で、十六歳年下のジューコバとのあいだですでに二人の子供を設けている。

現代ロシア人が富の象徴の第一位に置くものは、一体何か？　日本人には容易に思いつかないことかもしれないが、ヨットである。序でながら、二位は住居などの資産、三位は自家用飛行機、四位は自家用車の順番になっている。(93)アブラモビッチのばあいも例外ではない。じっさい、彼はヨット狂として知られ、彼が所有する三〜四隻のヨットは世界で最も豪華なクラスに属する。たとえば、「ペロラス号」（一一六メートル）は、二機のヘリコプターのほかに潜水艇も搭載し、ミサイル探知システムも装備している。二十人のゲストをもてなすために、常時五名の幹部スタッフと四十一名の乗務員を雇っている。「ペロラス号」をたんにヨットと呼ぶのは適当でなく、むしろ豪華客船の部類に入れるべきかもしれない。じじつ、「海上に浮ぶ宮殿」とのニックネームが奉られている。アブラモビッチが現在所有する五隻のヨット船団全体は、「アブラモビッチ艦隊」と呼ばれる。

アブラモビッチは、航空機を数機所有している。ボーイング737型機（六六〇〇万ドルで購入）、ボーイング767型機（九〇〇〇万ドルで購入）など。彼は、たとえばロンドン－ニース間のばあい、ボーイング737で往復する。二人のパイロット、二人のスチュワーデスを雇っている。

ロシア国内はいうまでもなく、世界一流の高級住宅地や保養地に数え切れないほどの数の邸宅や別荘を構えるアブラモビッチ。では、彼が最も多くの時間を過ごすのは、一体どの国のどの場所なのか？　正解は、いずれの屋敷内でもなく、「乗物の中」。じじつ、彼は大半の時間を自家用ジェット機、ヘリコプター、ヨットのなかで過ごしている。インタビュー嫌いのアブラモビッチが珍しく応じた英国人ジャーナリストとの会見中で「あなたはロンドンや英国をまるで自国のようにみなしているのでしょうか」とたずねられたとき、アブラモビッチは答えた。「自分は飽くまでもロシア市民権の保持者であり、英国には商業ビザで出入国しているだけに過ぎない」。このような模範的な回答をまずおこなったあと、彼は巧まずしてユーモラスなコメントを付け加えた。実際には自分はロシアでも英国でもなく、ほとんどの時間を「飛行機のなかで過ごしている(94)」、と。

アブラモビッチによる自家用機の利用法にかんしては、文字通り腰を抜かされるエピソードがある。彼は、自分用一人分の夕食を届けさせるために、わざわざロンドンからバクー（石油大国、アゼルバイジャンの首都）まで一台の飛行機を飛ばしたからだった。二〇〇五年十月、バクーで石油関連施設を視察中の彼は、部下から「御夕食として何を準備しましょうか」と訊かれた。アブラモビッチは「寿司が良いな。しかも〝ノブ〟の寿司が」と答えた。〝ノブ（Nobu）〟は、ロンドンのハイド・パークで日本人シェフ、ノブ・マツヒサ氏が経営する有名な寿司レストラン。ミシュランの一ッ星にも輝いたこともある。アブラモビッチの部下は、一人前の寿司をまず〝ノブ〟からリムジンでヒースロー空港まで運ばせ、次いでボスの自家用機を用いてバクー滞在中のアブラモビッチに届け、無事夕食時に間に合わせることができた。このとき、英国紙は記した。「一二〇〇ポンドの寿司の運送のために結局四万ポンドがかかり、史上最も高価につくテイクアウトになった」[95]。

なぜ買い漁るのか？

アブラモビッチの名前が全世界に一躍轟きわたったたのは、彼が英国の名門サッカーチーム「チェルシー」を買収し、そのオーナーになると発表したときだった。このことと関連して、最後に検討すべき重要な問題がある。それは、アブラモビッチが、一体なぜ、欧米諸国の不動産、その他を傍目《はため》にはまったく理解しがたいまでの熱意とスケールで買い漁るのか。これは、ロシアの他の多くのオリガルヒにたいしても、大なり小なり当てはまる類いの問いだろう。

もとより、その動機は個人個人によって様々に異なるにちがいない。とはいえ、次の諸点は、オリガルヒばかりでなく、現ロシア人のほとんどに共通する事情や心理ではなかろうか。まず、本国ロシアでは欧米諸国で見出されるような高級な品質の住宅、その他の贅沢品や一般的な消費物資ですら容易に手に入らないために、それらにたいする憧れや渇望の気持が強いこと。また、ロシア人はこれまで長いあいだカネを使う機会を奪われていたために、今やショッピングの欲求や衝動が抑えないまでに高まっていること。さらに、現ロシア人には貯蓄精神が欠如していることも、付け加えてよいかもしれない。というのも、ゴルバチョフの登場以来疾風怒濤の「動乱期」を過ごしてきたかれらは、将来の生活設計や展望など容易に描き得ない状況におかれている。現在の一瞬さえ楽しければ、明日はどうなっても構わない。極端にいうと、かれらはこのような刹那的な心境にすら見舞われている。(96) 加えて、プーチン・ロシアが今後どうなるかについての懸念も強い。先行き不安に備えて、何らかの保険をかけねばとの気持になる。このような思いは、己がプーチン政権の与党側にいようと反対側にいようと、大きくは変わらない。いや、政権側に近くいる者ほど不可測事によって失うものが多いことを危惧するのかもしれない。

その理由が何であれ、現ロシア人は己が入手した収入をけっしてロシア国内で貯蓄したり、投資したりしようとはしない。いつ何時ホドルコフスキイらのように突然財産没収の憂き目に遭うか分からないからである。所得や利益を蓄えたり活用したりする術を、したがって国外に求めようとする。ちなみにいうと、最近世界のどこかで金融危機が発生するばあい、きまってその最大の被害者はロシア人というケースが珍しくない。二〇一三年三月のいわゆる「キプロス金融危機」は、その好例だった。

船が難破しそうだと直観的に悟ると、ネズミは船から真っ先に逃げ出す。が、ロシアのオリガルヒやプーチン側近の高官たちのばあいは、かれら自身が早まってロシアを恒久的に離れてしまうと、それは同時に国内で旨味《うまみ》にあずかるチャンスも失うことになりかねない。ベレゾフスキイやグシンスキイの例が、このことを実証済みである。したがって、かれらはロシアにしばらくのあいだ留まって、国内で己の特権的地位や混迷する情勢を利用して大いに稼ぎまくる。一方、本人以外の家族は海外に住まわせたり、教育を受けさせたりする。ロシア国内で入手した利益を海外諸国へ持ち出して、蓄財、投資、消費、子弟教育のために用いる。どうやらこれが、賢明かつベストなやり方のようである。

サバイバルのための保険

アブラモビッチに話を戻すと、彼は、まえに紹介したように貧しいユダヤ人孤児の出身だった。が、抜け目なく世渡りする才覚とそれを駆使する幸運に恵まれ、若くして巨万の富を入手した。彼の伝記作者によると、そのようなアブラモビッチが海外で不動産やサッカーチームを買い漁る動機は、おそらく他人が想像するほど単純でもなければ、単一のものでもない。まず、彼本人が原則としては質素な生活を好む人間であるという事実を忘れてはならないという。[97] では、そのような彼がなぜクレージーにさえ映る贅沢三昧のショッピングに狂奔するのか？　しかも、それをまるでこれ見よがしな形でおこなうのか？　この謎を解き明かす必要があろう。

アブラモッチは、子供（計七人）の将来の観点からみて、ロシアの教育を見限り、英国の学校教育をベストとみなしている。これは、どうやら間違いない事実のようである。[98] だが、それだけではない。さらに、子供たちを含むアブラモビッチ自身の安全保障にかんする配慮が、おそらく最重要動機なのであろう。つまり、アブラモビッチは次のように考えているにちがいない。彼がニュース種になるごとにアブラモビッチの名前は派手に喧伝され、世界中の人々の心中に深く刻みつけられる。たとえば、「チェルシー」の買収によってである。たしかに、アブラモビッチ本人がサッカー・ファンであり、おそらくそのことが或る程度までは「チェルシー」チーム買収の誘引になったことは、確かであろう。だが、それだからといって、それだけが巨額の資金をサッカー・チームに投じる動機になったとは考えにくい。むしろ本当の理由は、次の点に求められるだろう。つまり、「チェルシー」のオーナーになることによって、アブラモビッチはたんなるロシア・オリガルヒのひとりから、グローバルな著名人へと華麗なる変身をとげること。では、このような変貌は彼に一体何をあたえるのか?

アブラモビッチが将来何らかの事由で、プーチン大統領の不興を買うケースを想定してみよう。じっさい、アブラモビッチは本質的に政商であるので、プーチンの庇護や支援なしには一瞬たりとも己の繁栄をつづけえない。と同時に、プーチンも彼も生身の感情をもつ人間なので、何時なんどき些細な事由、その他で相対立するばかりか、両人間の良好な関係を損なうことなきにしもあらずだろう。そのようなばあい、敗れ去るのは当然プーチンでなく、アブラモビッチのほうである。極端なばあい、アブラモビッチは、かつてのグシンスキイやベレゾフスキイ同様に一夜にして全財産を失い、海外逃亡せねばならない羽目に陥るかもしれない。ところが今や、アブラモビッチは「チェルシー」のオーナーなのである。もしアブラモビッチが失脚するばあい、「チェルシー」は一体どうなるか。この質問がほぼ確実に提起され、世界は騒然となり、アブラモビッチの処遇や行方に関心を寄せること、必定だろう。アブラモビッチがたとえばイギリスへの亡命を要請すれば、英国政府も「チェルシー」のオーナーによってなされるそのような申請を無碍には却下することはむずかしくなるかもしれない。

アブラモビッチがこのように全世界の注目を集めることを予想して、流石のプーチンも、そう簡単にはアブラモビッチの馘を斬ったり、国外追放処分したりするなどの荒療治をおこないえなくなるだろう。これこそが、アブラモビッチが秘かに狙っていることであり、彼が「チェルシー」はじめ不動産その他を世界中で派手に購入しまくって、話題づくりに精を出している真因なのではなかろうか。もしこのような推測が当たっているとするならば、「チェルシー」の買収は、己のサバイバルを至上命令とみなすアブラモビッチにとって投資も兼ねた「お安い保険[99]」に過ぎなくなる。ロシア人コメンテーターたちはのべる。[100]「英国の高名なクラブ〝チェルシー〟の買収――。アブラモビッチにとって、これ以上ベターな防弾チョッキがおよそ考えうるだろうか」。「これに勝るPR手段はおよそありえない。もはやアブラモビッチはPR会社をもつ必要がなくなった。すべて〝チェルシー〟がやってくれるからだ」。「〝チェルシー〟は、歴史上最も安上がりの保険といえよう」……等々。要約すると、アブラモビッチの豪勢なショッピングは、そのほとんどがPR目的の政治的な動機にもとづく行為にほかならない。――以上が、ロシア国内で少なくとも口さがない者たちが囁いている「シニカルな解釈[101]」のひとつである。かなり説得力をもつ有力説として、われわれも同意せざるをえないように思われる。

子弟までもが

ロシアのオリガルヒばかりでなく、政府高官、とりわけかれらの子弟たちがエンジョイしているゴージャスな物質的生活をもう少し紹介して、本章を終えることにしよう。まず、モスクワ市長、セルゲイ・ソビャーニンならびにその家族。モスクワ市長にはもとより立派な公舎が提供され、家賃の支払いなど一切不要なはずである。それにもかかわらず、ソビャーニン市長は二人の娘それぞれに、別個の驚くべき豪勢なマンションを買いあたえている。

市長は、まず長女のアンナにたいしては二十五歳になったときの誕生祝いと称して、ペテルブルク市内の一等地に二〇四平方メートルの広さをもつマンションをプレゼントした。推定価格は、何と三五〇万ドル。ソビャーニン市長が公務員として過去十年間で得た収入の四倍以上にあたる額である。[102] 市長は一体どこからそのような経済的余裕を引き出してくることができたのか。ロシアの庶民は訝《いぶか》って、当然といえよう。

市長は次いで、未だ十六歳の未成年の次女、オリガにたいしてもモスクワの一等地のマンションを買いあたえた。広さは三〇八平方メートルで、時価五二七万ドルの物件。このマンションへ移り住んだオリガが近所づき合いをすることになったのは、何とプーチン政権を構成する次のようなセレブリティーであった。セルゲイ・イワノフ大統領府長官、フラトコフ前首相（現ＳＶＲ長官）、グレフ・ロシア貯蓄銀行総裁……などなど。[103] ちなみに、モスクワ市内には、プーチンの側近ＶＩＰたちが集中して住んでいるもうひとつの高級住宅地域がある。「モスクワ銀座」と呼ばれるトヴェルスカヤ通りの近くで、そのマンション価格は平均五〇〇万ドルと見積もられている。プーチンの柔道仲間で億万長者の「グンボル」社ＣＥＯ、ティムチェンコ、ロスネフチ社長のセーチンらが、その主な住人である。[104]

もう一例、紹介しよう。「ロシア鉄道」総裁、ヤクーニンの一家である。ヤクーニン自身、二人の息子、孫たちは、右のソビャーニン一家に負けないくらいの豪邸や別荘に住み、贅沢三昧の生活を送っている。

ヤクーニンは、レニングラード機械大学卒。ペテルブルク市役所につとめていたときにプーチンと知り合い、彼とともに別荘組合「オーゼロ」を設立し、その一員になった。二〇〇五年以来今日にいたるまで、九年間にわたって「ロシア鉄道」の総裁をつとめている。ロシア鉄道は、世界一、二の運行距離（約八万五五〇〇キロ）、世界一の職員数（約八八万人）を擁する、文字どおりロシア最大の国営企業である。ヤクーニンは大臣以上の権力をもち、プーチンの後継候補者のひとりとすら目されている。[105] 二〇一四年春、プーチン政権によるクリミア併合に対する制裁措置の一環として、ヤクーニン総裁は米国による制裁対象のひとりになった。そのようなヤクーニンにたいしてプーチン大統領は、彼のロシア鉄道総裁任期をさらに三年間延長することに合意した模様である。[106]

「一〇億万長者」(アレクセイ・ナヴァーリヌイ)[107] と名づけられるヤクーニンが、モスクワ郊外に所有しているマンションは豪華である。七〇ヘクタールの敷地に大理石の三階建て、五〇メートルの水泳プール、十五台分のガレージ、夫人の毛皮コート専用スペース、家事担当スタッフ用の住いを備えている。ヤクーニン本人がチェキストであるとの確証はないが、どうみても彼の「シロビキ」との関係は密接とみざるをえないと噂されている。ヤクーニンは、熱心なロシア正教徒として知られている。彼は、西欧世界にたいする不信感や嫌悪の感情を一向に隠そうとせず、たとえばロシアの学校教育で西欧諸国のテキストブックを使用することは絶対まかりならぬと公言してやまない。ところが実際には、そのような発言と矛盾する行動をしめしている。彼は、たとえば己の子供全員を欧米諸国に住まわせて、西欧流の教育を受けさせて、平然としているからである。ロシアのエリートに往々にしてみられがちな言行不一致の典型例といえよう。

たとえば長男のアンドレイ・ヤクーニンは、その家族とともにロンドンのマンション(時価七二〇万ドル相当)で暮している。二〇一四年二月の報道によると、三十九歳のアンドレイは英国に本社をおく医療福祉会社を買い取って、その経営に乗り出した。[108] アンドレイの子供、つまりヤクーニンの孫は、ロンドンの名門校ハロゲイト校に通学している。この少年が休暇にロシアへ一時帰国するさいにモスクワで滞在するのは、彼が七歳のときにロシア政府から支給された4LDKのマンション。さきに紹介したソビャーニンの次女オリガのマンションと同一の敷地内にある建物である。ヤクーニンの次男、ビクトルは、スイスのレマン湖畔に聳えたつデラックスなマンションに住み、その八歳の娘、すなわちヤクーニンの孫娘は同地のエリート・アカデミーに通学している。さらに厳密にいうならば、ビクトル一家が正式に住民登録をしているのはレマン湖畔の右の住居ではなく、ジュネーブの別の地所においてである。ジュネーブには、ティムチェンコもマンション（時価一七〇〇万ドル）を所有し、[109] 彼は、二人の娘を英国の学校に通わしている。[110] ロシアの石油巨大国営企業「ロスネフチ」のオフィスも、ジュネーブにおかれている。税金対策が、その理由だろう。

ヤクーニンの二世、三世についての右の情報は、主としてアレクセイ・ナヴァーリヌイの調査に依拠している。[111] ナヴァーリヌイが政権反対派のブロガーであることを考慮して話半分に聞くにしても、プーチンの側近とその家族たちがエンジョイして贅沢きわまる生活様式の一端をうかがい知るための有益な一資料には違いない。ちなみに、「クレムリンが最も恐れる事実上最大の政敵」[112] と綽名されているナヴァーリヌイは、二〇一四年十二月末、弟とともに詐欺・横領などで有罪判決を言い渡された。ヤクーニン自身は、二〇一五年一月、「他人が私のビジネスを覗き込んで、とやかく干渉がましいことを要求するのは堪えられない」とのべて、次のように警告した。「もしロシア政府が私の収入を公表するように命じるのならば、私は抗議のため鉄道総裁の職を辞して民間の会社へ移るだろう」[113]、と。もとより、たんなるジェスチャーの抗弁に過ぎない。

第11章
家　族

プーチンと前夫人リュドミーラ

プーチンと新恋人（？）カバエワ

汝の妻と物事を共有してはならない。これが、KGBの鉄則でした。

――リュドミーラ・プーチナ(1)

プーチン大統領が結婚しようとするまいと、それはもっぱら彼のプライベートな事柄であり、他人のわれわれが関知すべきことではない。

――ドミートリイ・ペスコフ(2)

リュドミーラ・プーチナは、プーチン(式専制)からみずからを解放した唯一のロシア人になった。

――ロシアの小話(3)

「内向性」型人間？

プーチンの基本的性格は、今日にいたるも謎にとどまっている。プーチンの人間的考察、すなわち「プーチノロジー（プーチン学）」は、だからきわめて困難な研究になる。[4] おそらく米国務長官時代にプーチンに接する機会が多かったにちがいないヒラリー・クリントンも、述懐する。「彼（＝プーチン）のパーソナリティーを読み解くのはひじょうにむずかしい作業である」。[5] このことを充分承知したうえで、ロシア内外の研究者やプーチンの知人たちによって今までのべられている二〜三の見方を紹介してみよう。

ロシアの心理学者、ビクトル・タラーソフは、フロイトと並ぶ心理学の巨匠カール・グスタフ・ユングの二分類法を用いて、プーチンの性格を分析しようと試みる。ユングは周知のように、人間の性格を「内向的」と「外向的」の二つの類型に区別した。内向的な人間は、内気、引っ込み思案。内なるものに興味をしめし、自分の世界に閉じこもりがちで、孤独を愛する。他人には無関心のはずであるにもかかわらず、他人がいると仕事がうまくできない。外の世界から自分を守ろうとして、己の考えを口に出して表明しようとしない。どちらかというと自信を欠き、仕事を引きうけるまえに責任がとれるかどうか思案する傾向が強い。それにたいして、外向的な人間は、開放的、社交的、行動的。自分以外の事象に興味をしめし、自分の気持も外部に向けて積極的に表現する。他者もまた己のように行動することを望み、他人に見られているときに仕事の能率がはかどる。[6] タラーソフは、さきにも紹介した『ウラジーミル・プーチンの心理的肖像画』と題する自著で、プーチンが右の二分類のうち、明らかに前者、すなわち内向的な性格の持ち主であるとみなした。[7]

プーチンは内向的な人間である——。たしかに、プーチンの身近にいる人々のなかで、こう証言する者は少なくない。たとえばオリガ・ボルコワ（ダニーロワ）が、そうである。彼女は、小・中学校でプーチン少年（ボロージャ）と八年間机を並べた同級生のひとりで、次のように語る。「ボロージャはソフトで控えめ、引っ込み思案な人間でした」[8]。だが、プーチンが少年時代にボルコワにあたえた印象が、はたしてプーチンの終生にわたる性格を正確に表わしたものだったのか。疑ってかかる必要があろう。当時のプーチンは、貧しい家庭の一人っ子で、身長も低く、学校の成績もすぐれず、劣等感に悩まされている少年だったからである。ボロージャの性格を右のように描写したあとに、ボルコワが付け加えている次の言葉のほうにこそ、われわれは注意を払うべきなのかもしれない。「（しかしながら、）ボロージャは鉄のように（強固な）性格の持ち主でした」[9]、と。

ミハイル・フローロフによる次の証言についても、似たような注意が必要かもしれない。フローロフは、プーチンがKGB勤務をはじめた直後にモスクワのアンドロポフ赤旗諜報研究所で特殊訓練をうけたときの指導教官のひとり。そのような立場のフローロフは、語る。「私の目には、彼（プーチン）は若干閉鎖的で、非社交的な人間[10]」であるように映った、と。尤も、このような観察を語ったあと、フローロフは、ひきつづいてのべる。「これは否定的であると同時に、肯定的な資質でもある」[11]。フローロフが「肯定的な資質」とのべるとき、明らかに「インテリジェンス勤務の人間として」という修飾句が省略されていることに注意する必要があろう。というのもフローロフは、もともと「スパイとして働くのにふさわしくない人間タイプ」を論じている文脈の箇所で、プーチンの資質にかんして右のように言及しているからである。ちなみに、フローロフによれば、つぎのようなタイプの人間はスパイ向きでないとして排斥される。「課題や決定を瞬時にくだす」のは良しとしても、「仲間と口論をはじめたり、神経をいらいらさせる気まずい雰囲気をつくりだしたりして、仲間がふつうに働くことを邪魔する」[12]タイプ。こう語ったあとで、フローロフはプーチンがそのようなタイプでなく、まさにスパイ向きの人間であるとのお墨付きをあたえているのである。

プーチンは、はたして生得の内向的人間なのか。この問いと関連して、プーチンは「無口な人間」なのか、否か。これは、検討に値する問いのように思われる。というのも、往々にして無口な者＝《イコール》内向的な人間とみなされがちだからである。だが、はたしてそのように決めてかかって構わないものだろうか。プーチンがもとよりゴルバチョフのような「おしゃべり」でないことは、たしかである。[13]だが無口な者のなかにも、厳密にいうと二種類のタイプが区別されるのではないか。ひとつは、何事につけ言葉数が少ない人間。もうひとつは、話題の違いなどによって言葉数の多寡が変わってくるタイプ。では、プーチンは一体どちらのタイプなのか。プーチン本人は、少なくとも青年時代、己を寡黙な人間であると思い込んでいたようである。たとえばリュドミーラ夫人に向かって結婚のプロポーズをおこなったとき、プーチンは自分が「無口で面白味がない人間」であることを前もって断り、「それでもよいか」とわざわざ念を押した。[14]

リュドミーラとのデート

ここで、われわれの「プーチノロジー」は、プーチンを最も身近な位置から眺めていたはずの人物に御登場を願うことにしよう。リュドミーラ・アレクサンドロブナ・プーチナである。彼女は、一九八三年七月にプーチンと結婚し、二〇一三年六月に離婚発表するまでの約三十年間にわたってプーチン夫人の地位——少なくとも形式上——にあった。

まず、そもそもプーチンは、どのようにして将来「ロシアのファースト・レディー」になる女性、リュドミーラに出遭ったのか？　このことから話をはじめる必要があろう。プーチンは、一九八〇年、二十七歳のとき幼馴染みの男性に誘われて、男女二組の「ダブル・デート」に出掛けた。彼がリュドミーラと知り合ったのは、このようにまったくの偶然のきっかけからだった。

リュドミーラは、プーチンの約五歳年下。一九五八年、ロシア連邦の飛び地、カリーニングラード（旧ドイツ領のケーニヒスベルク）に生まれた。カリーニングラードの専門学校を中退し、当時、国内線勤務の客室乗務員として働いていた。休暇を利用してのレニングラード（現サンクト・ペテルブルク）見物中に、プーチン青年との「ブラインド（第三者の紹介による前もって面識のない男女の）デート」に参加したのだった。

最初、リュドミーラ（愛称、リューダ）は、プーチンにたいしてさしたる興味も格別の感情も抱かなかった模様である。レニングラードでの休暇を最大限に有効利用しようと単純に考えて、三日連続でプーチンとのデートに応じたに過ぎなかった。プーチンがどの劇場の切符でも手に入れることができる人物、すなわちチェキストであることも、彼女にとって便利な存在だったのかもしれない[15]。だが、その後も勤務先の航空機を利用してレニングラードを訪れているうちに、リュドミーラはプーチンのもつ不思議な魅力に少しずつ惹かれはじめた様子だった。彼女は語る。「ボロージャにはわたしを惹きつける何かがありました[16]」。ところが、少なくとも当時のプーチン青年は、幼馴染みのボルコワがいうとおり、内気、臆病、かつ何事をなすにも慎重居士タイプの人間だったらしい。三年半——ロシア人の標準からいって異常に長い期間[17]——にもわたって、リュドミーラとの交際をだらだらと続けた。彼女にたいしてまったく煮え切らない優柔不断な態度で接し、何時まで経っても女性にとり最も肝心なことを告げようとしなかった。

ついにプーチンがプロポーズに踏み切ったときも、それがあまりにも自信のない婉曲的な言いまわしを用いてなされたので、リュドミーラは、てっきり彼が別れ話を切り出したものと誤解しかけたくらいだった。そのときのプーチンの言葉を、念のため再現しよう。「もう今では、君は私が一体どんな人間か分ったことだろう。私は原則としてあまり愉快な人間ではない。自己採点をすると、無口であるし、つっけんどんだし、時々他人を傷つける。要するに、人生の伴侶として女性が自分を賭けようと思うようなタイプの男性ではない。（だが）それでもよいのなら、プロポーズするよ」[18]（傍点は引用者）。

ともあれ、プーチンとリュドミーラは、一九八三年夏に慎ましい形のものとはいえ晴れて結婚式を挙げた。プーチンはそのとき三十一歳を超えており、やや晩婚といえなくなかろう。当時のロシアでは一般に男女とも早婚で、三十歳を超えてまだ未婚の男性は珍しかったからだった。一〇％以下だったと報告されている。[19]

ＫＧＢ式意志伝達法

プーチンは、リュドミーラと交際しはじめた当初、自分がチェキスト（ＫＧＢ要員）であることをひた隠しにしていた。勤め先はたんに「警察の犯罪捜査局」であると語り、つき合いはじめてから一年半もたって漸く「ＫＧＢの対外諜報部」で働いていると告げた。[20] プーチンの言動はとうぜん至極のことだったろう。結婚するかどうかすら決めかねている女性相手に、自分がＫＧＢ勤務の人間であることを早々と打ち明けるようでは、チェキストとして落第だったろうからである。だがリュドミーラを驚かせたのは、むしろそのときプーチンが用いた伝達法だった。プーチンは自分がチェキストであることをリュドミーラに向かって直接告げる方法をとらずに、彼女の女友達を通じて自然に分かるように仕向けたからだった。[21] 当然、リュドミーラは憤慨した。「ボロージャはなぜ私に向かって直《じか》に話そうとしないのか。私の気持を信じてくれようとしないプーチンにたいして私は腹を立てた」[22]。

プーチンの公式伝記『第一人者から』を読んでいて、この関連で読者が驚かされることが、もうひとつある。同書のインタビュアーたちに向かってリュドミーラが次のようにナイーブな（もしくはナイーブさを装った？）発言をおこなっていることである。ボロージャがＫＧＢ勤務員であると「告げられたとき、私にはＫＧＢと警察とは大して違いませんでした。（もちろん）その区別は、今でははっきりと分っていますが」[23]。

ソ連邦市民であるリュドミーラが、ＫＧＢが通常の警察と異なることを知らなかった！　これは、本書の筆者にとっては到底信じられない話である。私は、たとえば次のような経験の持ち主だからである。リュドミーラの出身地カリーニングラードへわざわざ出掛けて現地インタビューをおこなっていたとき、私の質問が大統領夫人とカリーニングラードとの関係に及ぶや、それまで私のすべての質問に快く答えてくれていた現地市民の口はたちまちにして貝のように固く閉じられてしまった。スターリン時代の悪夢など遠くなったかのように思える現代ロシアにおいても、それほど左様に一般ロシア人のあいだでの秘密警察、ＫＧＢイメージは未だ特殊なものである。しかも、リュドミーラの夫のプーチンは、当時すでにロシア大統領に就任していたばかりではない。チェキスト出身で、ＫＧＢの後継組織であるＦＳＢの前長官でもあった。そのような最高政治権力者の令夫人について、外国人に余計なことをぺちゃくちゃしゃべる。このことが露見したときの恐ろしさをカリーニングラード市民たちは、おそらく肝に銘じて知っており、警戒したのだろう。ＫＧＢについて語ることは、今なお禁句《タブー》といわねばならない。ロシア市民にとって、ＫＧＢと通常の警察とのあいだにはこのように天と地ほどの違いが存在する。

したがってリュドミーラ夫人がインタビュアーにたいして、「今では、ＫＧＢと警察の違いを（私は）はっきりと分っています」と語っているのは、とうぜん至極といえよう。だとすると、われわれは右のリュドミーラの言葉を次のように解釈すべきなのかもしれない。KGB勤務者のプーチンと結婚したことによって、自分の生活は他の女性のそれとはまったく異なったタイプのそれになってしまった。リュドミーラの言辞はたんにこのような感想をのべているばかりでなく、勘ぐるならば、さらに実に意味深長なことを示唆している。すなわち、彼女自身が、そのことをハッピーなことだったとはけっしてみなしていないこと。これは、同夫人が滅多におこなわないそれ以外のインタビューの行間からも察知することができる。かれら二人が離婚した今になって思えばいわゆる「後知恵」の類いかもしれないが、右の発言は、当時彼女がおこなったデリケートかつ精一杯の真情の吐露だったのかもしれない。

家庭でも秘密主義

自分の結婚相手は、KGB要員だった。そのことによってリュドミーラ夫人が抱いた最大の不満は、おそらく次の点だったにちがいない。チェキストは、家庭内においてすら厳格な秘密主義が要求されること。しかも彼女の夫プーチンは、他の誰にもましてこの原則を忠実に守ろうとするタイプの人間であること。ひょっとすると、これがかれらをしてついに離婚へといたらしめた原因のひとつだったのではないか。このような疑いすら、われわれに起こさせる。

己が知りえた情報上の秘密を厳守し、たとえ身内にすら洩らすべからず。これは、チェキストに要請される「オペレーショナル・コード（作戦典範）」のABCといえよう。他人の動向を秘かに探るために相手方をして口を割らせることこそが、諜報活動の要諦にほかならない。そのような訓練を受けているはずのスパイが、みずからの胸の内を進んでペラペラとしゃべったり、己が持つ情報を軽率に洩らしたりする。これでは、チェキスト本来の任務が遂行できるはずはない。ましてや、自分の欠陥や仲間うちの不和を表に出すのは愚の骨頂である。ロシア農村には古来、次のような戒めがあるという。「内輪の揉め事を明るみに出してはならない（Из избы не вынести сор）」[24]。プーチンは、この教えを忠実に守っているチェキストのようである。

たんに業務上の機密ばかりか、仕事内容についてすら妻（または夫）に一言も口外してはならぬ。プーチンは、このチェキストの教えも誰にもまして真面目に実行しようとした。だがそれは、夫婦のあいだであまりにも他人行儀ないしは非人間的な行為ではないか。リュドミーラ夫人は、そのような思いを次のように洩らしている。「汝《なんじ》の妻と物事を共有してはならない――これが、ＫＧＢの鉄則でした。過剰な率直さが不幸を導いた例は、これまで数かぎりなく多い。物事を知らなければ知らないほど、妻はよく眠るというわけです[25]」。「じっさい、プーチンの東独勤務が決まったときも、行く先がベルリンでなくドレスデンであることを、ボロージャは私に語ってくれませんでした[26]」。

家庭で仕事の話をするのは、一切厳禁――。これは、プーチンがチェキスト関係者であるか否かに関係なく、大統領になってからもプーチン式の流儀であり、プーチン家のルールNo.1のようである。リュドミーラ夫人は、インタビューのたびごとにこのような家父長主義的なやり方にたいする不満を示唆した。右の『第一人者から』以外に、本書筆者が知るかぎり、大統領夫人時代のリュドミーラは少なくとも二回、ロシア各紙の記者たちへのインタビューに応じている。たとえばそのうちのひとつである二〇〇五年六月一日のインタビューで、夫人は語った。「彼（プーチン）に仕事関連の計画にかんして質問する。これは、もちろん無駄なことでした。はじめから訊かないほうがマシなのです[27]」。約一年後におこなったもうひとつのインタビューでも、同夫人は大統領教書演説（二〇〇六年度）の準備作業に熱中していた折のプーチンを具体例に引いて、同様の不満の念を表明した。「彼（プーチン）は、この演説の執筆に長い時間をかけていました。（中略）演説前夜にもう一度目を通していたときに、もし私が机に近づいてのぞき見しただけでも、彼はきっと私の（そのような）行為をたしなめたことでしょう」[28]。結論として、同夫人はのべる。「仕事上の問題にかんして、彼は私には一切、話そうとしませんでした」[29]。

感情のコントロール

秘密主義に次いで、チェキストに要請される「オペレーショナル・コード」条項がある。それは、己の個人的感情を厳格なコントロール下におき、隠蔽する能力をマスターすること[30]。まえにもふれたように、リュドミーラにプロポーズしたとき、プーチン青年は自分が「無口な人間」であるとのべた。たしかに、青年時代のプーチンは自信を欠き、口数の少ない人間だったかもしれない。仮にそうだったことを認めるばあいでも、それはみずからが己を厳しくコントロールし、無口であるように努力していた——。プーチンが意識してそう試みていた側面を、われわれは看過してはならないだろう。リュドミーラ夫人は、そもそもプーチンを寡黙な人物などとはけっしてみなしていなかった。いわく、「私はボロージャが無口な人間であるとは思いません。彼は、自分が興味のあるテーマについて、彼にとって興味ある相手とはみずから進んでさえ大いに話します」[31]。つまり、プーチンは性来寡黙でも、冷血なタイプの人間なのでもない。通常の人間同様、熱い血が煮えたぎりさえしている。ただそうでないように見せかけている。それは、彼がひとえにＫＧＢの職務に忠実だからである。どうやらこれが、同夫人のいいたいポイントのようである。

リュドミーラ前夫人のほかにも、同様の観察をおこなっている者がいる。たとえば、プーチンのペテルブルク市役所時代に彼の秘書をつとめていたエンタルツェフ女史が、そうである。或るとき、プーチン家が飼っていた愛犬のマリシェが車にはねられ死亡するという事件が起こった。すっかり動転したリュドミーラ夫人が、プーチンのオフィスに電話をかけてきた。その伝言に接したとき、プーチンが何ら格別の表情をしめさないことに、女史は驚かされた。思わず「すでにどなたからかお聞きおよびのことだったのですか」と尋ねると、プーチンは静かに答えた。「いや、きみが最初だよ」[32]。このエピソードを紹介したあとエンタルツェフがつけ加えたコメントが、現文脈で実に興味深い。二度目になるが、敢えて引用しよう。「実際の彼（プーチン）は、ひじょうにエモーショナルな人間なのです。だが必要とあらば、彼は自分の感情を隠すことができるのです」[33]（傍点は引用者）。

次の例は、愛犬の死亡に比べてはるかに深刻な、リュドミーラ夫人自身の事故にかんしてである。すなわち、夫人は一九九三年にペテルブルク市内で自家用車を運転中に事故に遭い、もう少しで命を失いかねない経験をした。彼女は脊椎に重傷を負い、結局一カ月以上も入院して神経外科手術を受けるばかりか、ドイツの病院にも赴くなど数年にわたりリハビリにつとめねばならぬ深刻な事態に陥った。ところが、最初この事故ならびに入院の報せに接したときにおいても、プーチンは依然として公務優先の姿勢を貫いた。部下に必要な指示をあたえただけで、みずからは夫人が収用された病院へ駆けつけようとしなかったのである[34]。

右の二つの事例を引用したあと、英国人のピーター・トラスコットはつぎのような感想を記す。トラスコットは、オックスフォード大の博士号をもつ欧州会議元メンバーで、現在はロシア・安保問題の専門家。そのような彼は、出色のプーチン伝のひとつ『プーチンの進歩』（二〇〇四年）のなかで、重大な問いを提起した。チェキストとしての訓練を受けたプーチンは、どうやら通常の者がもつ喜怒哀楽の感情を欠如する冷酷無情人間と化してしまったのではないか、と。プーチンは大統領就任以来、今日にいたるまで数々の恐ろしい事件や悲劇に遭遇してきた。たとえば、第二次チェチェン戦争、原潜「クルスク号」の沈没、モスクワ劇場人質事件、ベスラン学校人質事件……などなど。そのような事件の度ごとにとるプーチン大統領の態度や対抗措置は、苛酷な厳罰一辺倒主義以外の何物でもない。いいかえれば、そこには当事者の人命を尊重し、他人の不幸をおもんぱかるというヒューマニズムの精神がすっぽりと欠落している。このことを証明するためには、おそらく無数に近い具体例をあげることができるだろうが、ここでは紙幅の関係もあり、わずか次の三例を引くだけにとどめる。

人命軽視

ひとつめの例は、ロシアの四大艦隊のひとつ、北海艦隊に属する原子力潜水艦「クルスク」号がムルマンスク港沖で沈没した事件である。二〇〇〇年八月十二日に同事件が発生したとき、プーチン大統領は黒海沿岸の別荘で夏期休暇の最中だった。同大統領は、すでに「全乗組員が死亡した」とのロシア海軍幹部の報告を真にうけて（あるいは真にうけた振りをして）、みずからは直ちに現場に駆けつけようとしなかった[35]（大統領が現地入りをしたのは、事故発生から一〇日後のことだった）。

そのようなプーチンの態度を、NTVやORTなどのテレビ局がこぞって批判したことは、さきにもふれた（「第1章」）。野党指導者の一人、ネムツォフもその例外でなく、次のように批判した。「プーチンの行動は、非道徳的である。部下の水夫たちがまさに生死の境をさまよっている最中に、ロシア軍最高司令官としての彼は、安閑として休暇をとりつづける権利などもたないはずである」[36]。プーチン大統領がもし機敏な行動をとり、とくにスウェーデン、ノルウェー、英国などからの援助の申し出を素直に受け入れていたならば、乗組員一一二名の全員、もしくは三日間生存していたと思われる約二十三名を救い出すことが可能だったかもしれない。何しろ水没地点はわずか水深一〇〇メートルの海底で、素潜りの世界記録保持者ならば到達可能な程度の深さだったのだから。ところが、事件後の九月八日、CNNテレビに出演中キャスターのラリー・キングに「クルスク」号は一体どうなったのと訊かれたとき、プーチン大統領があっけらかんと、わずか二語で答えた台詞はあまりにも有名なものになった。「あれは沈没したよ（Она утонула）[37]」。

もうひとつの例は、さきにもふれたモスクワ劇場人質事件の際の対応ぶりである。〇二年十月に同事件が発生したとき、プーチン大統領は劇場内に閉じ込められた人質市民たちにたいして、人道的な配慮をおこなおうとする姿勢を一切をしめさなかった。すなわち、犯人側であるチェチェン系過激派グループとの交渉を拒絶し、治安特殊部隊を劇場内に強行突入させ、かれらを撲滅させることだけに専念した。使用された特殊ガスはたんに犯人グループばかりでなく、人質一二九名の貴重な生命を奪った。三つめの例は、二〇〇四年九月発生のベスラン学校人質事件。このときも、同様の対処法によって一八六名の児童を含む三八六名の人命が失われた。

人間的感情《センチメント》の排除――。プーチン大統領に明らかにみられるこの個人的性格や行動様式は、彼がロシア政治の最高責任者であるという観点から判断して、ひょっとすると肯定的にも否定的にも評価される類いのものなのかもしれない。「危機発生時における冷静沈着」「厳しい自己規律」「センチメンタリズムの克服」。これらは、広大な国土からなるロシアに秩序と安定をもたらすために最高指導者にとり必要不可欠な要件なのかもしれない。だがそれは、同時に「生身の人間の心をまったく理解しようとしない冷酷無情」「地球よりも重い人命の軽視」の態度でもある。政治家として最も重要な資質としての人間愛がすっぽりと欠落している。こう批判して差し支えないだろう。

ソ連邦の崩壊について語ったプーチン大統領の次の言葉は、あまりによく知られている。まず、「ソ連邦の解体は、二十世紀における地政学上の大惨事である(38)」とのべた。これは、おそらく彼の本音の表明にちがいない。が、〈覆水盆に返らず〉。プーチンは愛国主義者であると同時に、現実主義者でもある。したがって、プーチンは次のようにも語った。「ソ連崩壊を惜しまない者には心《ハート》がない。だが、その復活を欲する者には頭《ブレイン》がない(39)」、と。そのようにのべる彼に向かって、次のように問いたい誘惑に駆られる者は少なくないだろう。では、はたしてプーチン自身に「頭《ブレイン》はあっても、心《ハート》はあるのか」、と。「しっかりしていなかったら、生きていられない。やさしくなれなかったら、生きている資格がない(40)」。レイモンド・チャンドラーの推理小説の主人公、フィリップ・マーロウがのべた有名な台詞である。プーチンはこの言葉の前半部分を実践するあまり、後半部分を軽視する政治家になってしまったのかもしれない。

夫婦不仲説

話を、リュドミーラとの結婚生活に戻す。二〇一二年三月四日の大統領選挙当日、プーチン候補は、リュドミーラ夫人を伴って投票所に姿を現した。世界のクレムリノロジストばかりでなく、口さがないゴシップマニアの雀たちはアッと驚いた。夫人の姿を見かけなくなってすでに久しくなっていたからだった。大統領選の行方を有利に運ぶためならば、それが一体何事であれ、はたまた何人あれ、利用せずにはおかない。そのような意図が丸見えのプーチン選挙対策本部によるキャンペーンの一環以外の何物でもなかった。だから、実に現金なものである。いったんプーチン候補の当確が判明するや、夫人はたちまちにして御役御免になった。プーチンはマネージ広場近くの祝賀会場に姿を現したが、そのとき彼が伴っていたのはもはやリュドミーラ夫人ではなかった。メドベージェフ首相候補だった。

プーチン大統領の妻であるファースト・レディーですらこのような扱いを受けるのだから、他は推して知るべし。たとえばプーチンの二人の娘たちは、大統領選挙キャンペーンの真最中ですらマスメディアに一切姿を現すことはなかった。これは、たとえばオバマ現米大統領が初当選、再選、いや民主党の大統領候補に選出されたときなどに決まっておこなうジェスチャーとは、あまりにも対照的なやり方だった。オバマ氏は、みずからの慶事を何よりもミッシェル夫人や家族たちとともに祝おうとするからである。その様子が全米のテレビによって報道されると、米国人有権者たちによって必ずや好感をもって迎えられる。このことの政治的効果も熟知し、かつ十分計算に入れている。

「リュドミーラ・プーチナは一体どこへ消えたのだろう?」「プーチンは夫人を尼僧院に隠しているのでは?」[41] このような質問が、二〇一二年のインターネット上でしきりに提起されるようになっていた。ところが一三年頃になると、ロシア人はもはやリュドミーラ夫人の動静や所在を話題にすらのぼらせなくなった。[42] その代わり、口さがないモスクワっ子たちは、次のようなジョーク(?)を流行《はや》らせるようになった。もしロシア国民がリュドミーラ夫人の姿を見たいと欲するのならば、まだ一度はチャンスがあるだろう。それは、二〇一八年三月に予定されている次期大統領選の投票日にほかならない、と。

二〇一三年一月六日。この日は、実はリュドミーラ夫人が五十五歳を迎えた誕生日だった。同時に、ロシア正教の暦によるとクリスマス・イブにも当たっていた。それにもかかわらず、プーチン次期大統領が自宅で同夫人の誕生日兼クリスマス・イブを祝った形跡はまったくなかった。というのも丁度その時刻に、プーチン首相がメドベージェフ大統領（ともに当時）とスキーに興じている姿が、テレビを通じてロシア全土に映し出されたからだった。また、同年三月、中国の習近平・国家主席が就任後初の外遊先としてのモスクワを訪問したさいにも、プーチンの傍らにリュドミーラ夫人の姿は見られなかった。他方、新国家主席に連れ添う彭麗媛《ポンリーユアン》夫人の姿はあらゆるメディアに映し出され、彼女は一躍国際的な脚光を浴びる存在になった。[43] 東洋人の習主席が夫人を同伴し、欧米文化に近いとさえ思われるロシアの大統領プーチンが晩餐パーティーにすら配偶者を伴うことなく唯ひとりで出席する。このように対照的な光景が現出したのだった。

一般論として、政治指導者の生活はプライベートな類いのものであっても、或る程度まで公的な色彩を帯びるのはやむを得ない。ところがプーチン大統領のばあいは、右に十分示唆したように、彼が海外での公式行事にファースト・レディーとしてのリュドミーラ夫人を同伴したり、共に外国訪問をしたりするケースは、すでに絶えて久しくなった。そのために、かれらは事実上、別居生活を送っている、あるいはすでに離婚しているとの噂が囁かれていた。たしかに男女の仲は、他人が容易にうかがい知れない複雑かつデリケートな機微に属する事柄ではある。とはいえ、プーチン大統領とリュドミーラ夫人のあいだの関係は、長期にわたってすっかり冷え切ったものになっていた。こう推測しても、おそらく大きくは間違いでなかったろう。夫人は、なんと二〇〇〇年代はじめにおこなったブロツキイとのインタビューで、人生観や生き方の点でかれら二人がすでに懸け離れた世界に住む人間であることを、次のように示唆していた。「私は、（プーチンと）異なった世界に住む人間です。私は、何をしゃべってよいのか、それともいけないのか——そのようなことを心配するよりも、常に物事を率直に話すことのほうを気楽と考えるタイプの人間なのです[44]」。

女性蔑視

「家長」が、万事において最終的な発言権を持つ。リチャード・パイプス（ハーバード大学名誉教授、ロシア史専攻）によると、これがロシアの農民家庭の伝統的な仕来たりだったという[45]。グリゴリー・ファイファーは、右のパイプス教授の言葉を引用したあとで提起する。彼は、著名なロシア通ジョージ・ファイファーとロシア人の母親とのあいだに生まれ、父親の後を継いでロシア専門のフリー・ジャーナリストとなり、「米国公共ラジオ」（ＮＰＲ）モスクワ特派員などをつとめている人物。ファイファーは最近著『ロシア人』（二〇一四年刊）で、プーチン大統領のリュドミーラ夫人にたいする態度は、まさにそのような家父長的なそれではなかったか、と記す[46]。ファイファーの指摘は、どうやら当たっている様子である。というのも、プーチンはロシア男性の多くが抱きがちな家父長的な人間観の持ち主であるばかりか、男女差別意識を強く残存させている人物のようにすら見受けられてならないからである。一例を引いて、この問題を検討してみよう。

二〇一四年六月、プーチン大統領はヒラリー・クリントン前米国務長官を名指して、次のように批判した。前国務長官は、プーチン大統領が同年三月ウクライナのクリミア自治共和国をロシアへ併合したとき、そのようなやり方は一九三〇年代に「同胞保護」を口実に用いてチェコ領内のズデーデン地方をドイツに併合したヒトラーの行動を憶い出させるとのべた[47]。プーチン大統領によるヒラリー批判は、この発言に対する反論の形をとっておこなわれたものだった。だがここで問題にしたいのは、プーチンとヒトラーにみられる類似点の有無という大問題ではなく、プーチン大統領の言葉のなかにどうやら女性蔑視、少なくとも男女差別のニュアンスが感じられるという点にかんしてである。つまり、ヒラリー・クリントンが女性であればこそ、プーチン大統領はヒラリー発言にことさら強く反発した。大統領発言の次のくだりは、このような嫌疑を証明しているように読みとれるからである。「女性とはまともに議論しないにかぎる。ミセス・クリントンの発言はけっして優雅なものとは評しかねる。人間が礼儀作法の一定の限界をこえるのはかれらの強さではなく、弱さをしめしている。尤も、女性にとって弱さは、けっして最も悪い資質でないかもしれないが」[48]。

プーチン大統領とヒラリー・クリントン（次期大統領選の有力候補のひとり?）は思想的立場も、人間としてのケミストリー（相性）も相容れないように思える。したがって、これ以上、かれらのあいだでの舌戦につきあうことを止めにして、ここではクリントン女史が自身の反論のなかで提起した一点だけに問題を絞ることにしよう。つまり、はたしてプーチン大統領は、「女性蔑視傾向の強い」（クリントン）[49]男性なのか、否か？この問いにたいして、三十年間にわたり同大統領の妻の座を占めていたリュドミーラは、おそらく「ダー（イエス）」と答えるのではなかろうか。夫プーチンが男女差別意識の強いロシア人男性であると、彼女は、たとえばすでに二〇〇〇年刊の『第一人者から』のなかで次のように断定していたからである。「彼（プーチン）は、女性をまじめに相手していないように思えます。どこかで見下し軽蔑しているような扱いをします」[50]。

リュドミーラ夫人は、別のインタビューのなかで、夫、プーチンが実に古風な女性観の持ち主であることをさらに直截な形で批判さえした。彼が、妻である自分にたいして思いやりを欠いていることにたいする不満を表明するやり方を通じ、彼女はそのように主張したのである。プーチン一家が東独のドレスデンに住みはじめたとき、リュドミーラは次女カーチャを身籠って、すでに七カ月の時期を迎えていた[51]。そのような状態にあるにもかかわらず、彼女は片手に長女マーシャを抱き、別の手には買物袋を抱えて、アパートの六階――エレベーターはなかった――へのぼってゆかねばならなかった。[52]見かねたアパートの隣人たちは、プーチンに向かって幾度となく呼びかけた。「ボロージャ、あなたは（奥さんを）もっと手伝うべきですよ」[53]。だが、この忠告はまったく効果を発揮しなかった。なぜならば、「ウラジーミル・ウラジミーロビッチ（・プーチン）の原則は、以下のようなものだったからである。家庭にあって女性はすべてのことを自分でなさねばならない。したがって彼は、家事にはけっして参加しなかった」[54]。

プーチンは、家庭でリュドミーラを殴りさえしていた。このような驚くべき情報すらある。「ラジオ・フリー・ヨーロッパ／ラジオ・リバティー」によると、ドレスデン滞在中のプーチンの動静を監視するために、西ドイツ政府は一人のバルト地域出身のドイツ人をプーチン一家の周辺に密かに送り込んでいた。「レンチェン」もしくは「レノチカ」というコードネームで呼ばれるこの若い女性は、ドイツ語とロシア語の二カ国語を自由自在にあやつり、元来通訳を生業《なりわい》としている人間だった。ともあれ、彼女はプーチン一家に巧みに近づき、遂にリュドミーラ夫人の信頼を獲ちとることに成功した。そのような彼女にリュドミーラ夫人が秘かに漏らしたところによると、プーチンはドレスデンで夫人以外の女性ともあいびきをしていたうえに、しばしば夫人を殴りつけることさえ珍しくなかった。[55]

プーチンは家計の点でも家父長的な思想の持ち主で、「財布の紐は夫が握るのが当然」と信じてうたがわなかった。たとえばドレスデン時代の彼は、給料袋を手を付けずにそっくりそのままリュドミーラ夫人に渡すことはなかった。同夫人は、インタビュアーのブロツキイに向かい次のように語っている。ドレスデン滞在から帰国したあとの「三カ月間、彼には給料が支払われず、おカネがまったくなくなったので、私は内心、大変不安になりました。ところが、実は彼には三カ月分まとめてすでに支払い済みだった。このことが随分あとになって、私に分かったのです」[56]。リュドミーラ夫人は、彼女に夫がクレジット・カードを自由に使わせようとしないことにも不満の念を隠さなかった。「まったく馬鹿げています。私は、けっしてライサ・ゴルバチョフのよう（な浪費家）にはならないのに」、と彼女は語った[57]。

美人記者に言い寄る

プーチンのリュドミーラ夫人以外との女性関係は、外部の者にとりほぼ完全なまでに接近《アクセス》不可能事といわねばならない。この点にかんしてKGBのガードを突きくずすことは、至難の技だろう。それにもかかわらず、一、二のゴシップがロシアのジャーナリズムを騒がせたことがあった。

そのうちのひとつは、エレーナ・トレーグボワが自著のなかで示唆しているものである。トレーグボワは、一九九〇年代、名門紙『コメルサント』に属し、クレムリンを担当していた花形記者のひとりだった。ゴールドファーブによると、「人目を惹かずにはおれない存在だった」[58]。というのも、彼女は「若く、長身（一八〇センチ・メートル）のブロンド美人であるばかりか、自由奔放で、自分の存在感を見せつける方法も心得ていて、スクープをとるためには己の魅力を利用することにいささかも躊躇しなかった」[59]からである。彼女は、プーチンによって誘惑されかけたことを暴露した[60]。

一九九八年十二月、当時FSB長官だったプーチンは、「第8章　人誑し」でもふれたように、トレーグボワとのインタビューを済ませたあと、彼女を夕食に誘った。着いた先はモスクワで当時まだ数少なかった寿司レストラン、〝いずみ〟だった。他の客は締め出されており、かれら二人だけの席が用意されていた。トレーグボワがそのことをいぶかると、プーチン長官はのべた。「私たちのためにテーブルを予約しただけだ。

私といえども、時としてふつうの人間になる権利があってもよいのではないか。興味ある女性、才能ある記者と食事をともにする権利くらいあるだろう。それとも、保安庁長官としての私には、そういう権利は一切許されてないというのだろうか[61]」。

食事中もインタビューをつづけようとした仕事熱心なエレーナ・トレーグボワ記者に向かい、プーチンはエレーナの愛称レーノチカを用いて「このような席で野暮な話は止めにしようよ[62]」と囁いた。「レーノチカ、君は、なぜ政治についてばかり話そうとするのだ。むしろ酒を飲もうじゃないか[63]」トレーグボワは正直いって、プーチン長官が一体何を意図しているのか、測りかねた。敏腕記者としての活躍中の彼女をFSBのインフォーマント（情報提供者）としてリクルートしたいと欲しているのか、それとも一人の若い女性として誘惑しようとしているのか。どうやら後者のようであった。というのも、長官は来たるべき新年の休暇を「ピーテル」で一緒に過ごそうと彼女を熱心にくどきつづけたからである[64]。

トレーグボワはその誘いを断り、以後プーチンからできるかぎり遠ざかるように努めた。その一方で、彼女は、二〇〇三年出版の自著『クレムリン詮索者の物語』のなかで右のエピソードを率直に暴露した。同書はたちまちベストセラーの一冊に躍り出たが、トレーグボワ自身は何やら身辺に危険を感じるようになった。たとえば〇四年には彼女のアパートの扉付近で爆弾が炸裂した。どうやら彼女が外出に際してタクシーを呼んだ電話が、テロリストに盗聴されていたらしかった。ところが、トレーグボワは化粧を直そうとして廊下の鏡の前で一瞬立ち止まったことが幸いして、彼女は難を逃れることができた。彼女はかろうじて一命をとりとめたものの[65]、それは当局による警告ないしは厭がらせだったのかもしれない。というのも、狙った人物の「アパートの扉に爆弾を仕掛け、爆発させる[66]」というのは、ロシア治安当局がプーチン大統領の意に沿うことを願っておこなう常套手段のひとつにほかならないからである。この事件のあと、彼女の外国での滞在期間は次第に長くなってゆき、ついに〇七年、三十三歳のときにトレーグボワはイギリスへ亡命した。(67)

不倫スキャンダル

ふたつ目のゴシップ。二〇〇八年は、リュドミーラにとり忘れがたい年になった。この年、「プーチン夫人、リュドミーラは公衆の面前から姿を消さねばならぬ(68)」羽目に陥ったからである。このような表現で事件の深刻性を伝えようとしたのは、セルゲイ・マルコフだった。マルコフは、政権与党「統一ロシア」選出の元議員。「政治調査研究所」副所長をつとめ、現在ではプレハーノフ経済大学副学長ポストを占めている。一貫して、プーチンの代弁者として有名な人物である。では、なぜリュドミーラはとりわけ公衆から身を隠さざるをえないことになったのか。プーチン大統領をめぐる不倫スキャンダル報道が、ロシア中を大騒動に巻き込んだからだった。(69)

こちらのほうが、トレーグボワ記者がプーチン長官によって誘惑されかけたというゴシップ——実は、本人自身が蒔いた——にくらべて、はるかに現実味のある事件になった。すなわち、〇八年四月十二日、ロシアの大衆紙『モスコフスキー・コレスポンデント』は、「プーチン大統領（当時、五十五歳）がリュドミーラ夫人（同、五十歳）と離婚し、妙齢の女性と近く再婚する」との記事を掲載した。御相手は、アリーナ・カバエワ（当時、二十四歳）で、プーチン大統領に比べ何と三十一歳も年下の女性だった。ウズベキスタンの首都タシュケント生まれ、身長一六七センチのピチピチした美人で、二〇〇四年開催のアテネ五輪での新体操（リズミック・ジムナスティックス）個人総合部門で金メダルを獲得。以来、政治やショー・ビジネスの世界で「打ち上げ花火」のように一直線で急上昇する大出世をとげ、ロシア社交界の花形セレブになった。[70] 〇八年にはプーチン大統領が党首をつとめる政権与党「統一ロシア」に所属する下院議員になり、プーチンのインナー（内部）・サークルの一員としてプーチンをソチに訪ねた。

もとより、右の不倫報道がなされたとき、プーチン大統領もカバエワ議員も「その報道には一片の真実も含まれていない」と、即座にその信憑性を否定した。[71]『モスコフスキー・コレスポンデント』は、アレクサンドル・レベジェフが資金を提供しているタブロイド版の新聞だった。序でながら、レベジェフは実に異色の人物なので、一言、紹介に値するだろう。レベジェフは、もともとＫＧＢ所属のチェキスト。ソビエト体制崩壊後、実業界に転じて大成功を収め、米財界誌『フォーブス』が毎春発表する世界の億万長者番付表にも顔を出すロシアの大富豪のひとりになった。現プーチン体制にたいする厳しい論調で知られる『ノーヴァヤ・ガゼータ』（週三回、約二万部発行）紙に、ミハイル・ゴルバチョフ元ソ連大統領とともに資金を提供していることでも、有名な人物。さらに、英国有数の『イーブニング・スタンダード』や『インデペンデント』紙を買収、所有している。そのようなレベジェフは、『モスコフスキー・コレスポンデント』紙がプーチン大統領について右のような不倫報道をおこなったことを知るや、直ちに同紙編集長を解任し、資金提供も中止した。そのために、同紙は即日、休刊へと追い込まれた。[72] レベジェフによるこのような機敏な処置によって、同事件は一件落着したかのようにみえた。だがその後、このスキャンダル報道に関連する二、三の出来事が起こった。

正式離婚

ひとつは、レベジェフを襲った災難である。レベジェフは、かつて『フォーブス』誌によって世界で三五八位にランクされたこともあるロシアの大富豪であったが[73]、最近、彼の財力はなぜか急速に傾きはじめた様子である。彼の事業不振が、はたしてどの程度までプーチン政権にたいする彼の批判的な姿勢と関係しているものなのか。これは、しかと判定しえない。その真因はともかくとして、二〇一一年には二一億ドル（ロシアで四五位）を誇っていた彼の資産は、一二年には一一億ドルへと半減し、世界の長者番付ランキング表で彼の地位は一〇七五位にまで転落した。レベジェフは一一年にロシアのテレビ出演中激昂のあまり、他のオリガルヒを殴りつけた廉で計一五〇時間の公共奉仕の義務を申し渡され、メディアを騒がせる事件も起こした[74]。

ふたつ目は、トーポリの負傷。セルゲイ・トーポリは、『コメルサント』、『セボードニヤ（今日）』、『イトーギ』など、ロシアの有名紙に寄稿するベテラン新聞記者。彼こそが、プーチンとカバエワにかんする右の記事を『モスコフスキー・コレスポンデント』紙上で発表した当の人物だった。この報道から三年たった二〇一一年春、トーポリ記者はモスクワ市内の自分のアパートから出たところで何者かに襲われる事件に遭遇した。脳震盪と打撲傷を負って病院へ運びこまれたものの、幸い一命をとりとめた[75]。これまた、ロシア治安当局による何らかの警告のシグナルだったのかもしれない。

三つめは、カバエワの出産。トーポリによる衝撃的な記事から一年後の二〇〇九年五月、カバエワは男児を産み、未婚の母になった。「男児の父親としてウラジーミル・プーチン首相（当時）以外の人物はとうてい考えられない」[76]。これが、ウクライナのウェブサイトや西側のウィキリークスに書き込まれた内容だった。カバエワは、インターネットで彼女と一緒に映っていた少年が実は自分の甥であると主張した[77]。カバエワは、一二年十一月にも女児を出産し、その父親もプーチンであると噂されている[78]。

プーチン大統領（当時、六十歳）が、カバエバ（二十九歳）と極秘裡に結婚式を挙げた――。二〇一三年九月、このような噂が流れた。当時、大統領が滞在中のヴァルダイ市内のイヴェルスキー修道院周辺地域は、厳重な交通遮断下におかれた。そのことから推察して、「すわ、プーチン大統領が修道院で結婚式！」との流言が飛び交ったのだった。反体制ブロガーとして有名なナヴァーリヌイも、自身のブログにそのような推察を匂わす記事を書き込んだために、約四〇万人の受信者がそのゴシップを信じた。だが、どうやらこれはたんなる風聞に過ぎなかった模様である。プーチン大統領報道官のペスコフは、『イズベスチヤ』紙とインタビューで答えた。「プーチン大統領は、現在、超多忙な時間を過ごしている。到底個人的な生活に割けるような暇などない。そのことを別にして、同大統領が結婚しようとすまいと、それはもっぱら彼のプライベートな事柄であり、他人のわれわれが関知すべきことではないだろう[79]」。

ついに二〇一三年六月六日、プーチン夫妻は、ロシアTVとのインタビューを受ける形をとって、かれらが離婚する旨の正式発表をおこなった。リュドミーラ夫人は語った。「（最近長いあいだ）私たちは会っていませんでした。そのことからいっても、私たちの結婚生活は事実上すでに終りを告げていたのです[80]」。一方、一四年二月にロシアが初めて自国で開催したソチ冬季五輪の際、カバエワは、女子テニス・プレイヤーのマリア・シャラポワ選手らとともに、聖火ランナーのひとりとして姿を現した[81]。同じく一四年の四月二日、ペスコフ報道官は、プーチン大統領とリュドミーラの離婚が「正式に完成し[82]」、リュドミーラの名前が「クレムリンの公式ウェブサイトから削除された」[83]と発表した。早速ロシアでは、次のようなジョーク（?）を人々が口にのせるようになった。リュドミーラは、「プーチン（式専制）からみずからを解放した唯一のロシア人になった」、と。

令嬢動静は国家機密

リュドミーラ・プーチナは、少なくとも名義上は約三十年間の長きにわたりプーチンの夫人であり、かつ十四年間にもわたってロシアのファースト・レディーだった。それにもかかわらず、彼女の動静は、長らくのあいだ秘密のベールにおおわれていた。同様にロシア国民に知らされていないのは、プーチンのその他の家族にかんする情報だといえよう。プーチンには、二人の娘がいる。ところが現在、かれらが一体どこに住んでおり、何をしているのか。このことはロシア国民にまったく知らされていない。かれらについての情報はまるで国家機密並みの扱い。こういってさえ過言でなかろう。

長女は一九八五年生まれで、プーチンの母の名をとってマリア（愛称、マーシャ）と名づけられた。[84]次女は一九八六年生まれ。リュドミーラの母の名をとって、カテリーナ（愛称、カーチャ）と名づけられた。[85]ともに、父親と同じくサンクト・ペテルブルク国立大学に入学し、長女は生物土壌学部、次女は東洋語学部で学んだ。[86]だがより正確にいうと、おそらく「セキュリティー（警備）」上の問題ゆえに、両人とも実際、大学へは通学しなかった。その代わりに、自宅に教官らを招いて授業を受けた。[87]日本語、日本史を専攻したカーチャは、姉もしくは友人、護衛同伴で少なくとも四〜五回ひそかに来日し、東京ディズニーランド、北海道、東京都内の観光地などを訪れたという。[88]

プーチンが大統領に当選して以後、二人の令嬢の動静についての報道はプッツリと途絶えた。ロシアでは、たとえば『プーチンの百科事典——家族、チーム、反対者、後継者たち——』（傍点は引用者）と題する五七〇頁からなる浩瀚な人名事典（二〇〇六年）が、出版されている。が、マーシャとカーチャにかんする記述はそれぞれ一頁にも満たない。しかも、大学へ入学したあと今日にいたるまでの最近の動静については一切言及されず、空白とされている。[89]

たしかに、ロシアの大統領（もしくは首相）の令嬢の所在や動静を公開することは、セキュリティーの視点からいってけっして望ましいことではない。とくに、父親のプーチンは、その強引かつ強硬な政治手法や苛酷きわまる弾圧政策のゆえに内外に数多くの敵をつくっている。たとえばチェチェン武装勢力、その他のテロリストたちは、プーチン大統領の生命を鵜の目鷹の目で狙っているにちがいない。さぞかし大統領から何らかの政治的譲歩を引き出そうとして、かれらはプーチンの夫人や令嬢たちを誘拐し、人質にとろうともくろんでいるにちがいない。じっさい、プーチンはペテルブルク市役所で対外委員会議長をつとめていたとき、組織犯罪グループの脅迫をうけ、二人の娘を一時ドイツに避難させたことすらあった。[90]

プーチン大統領は、娘たちの警護にかんして過剰なまでの神経を使う。KGB出身者としてとうぜん至極のことかもしれない。まだ大統領候補になる前の一九九九年六月にプーチンが私的な夕食会の席でのべた身辺警戒の要を力説する彼自身の言葉は、この関連で紹介に値するかもしれない。[91] 会食の最中にマラシェンコ（「NTV」テレビの創設者のひとり）の夫人が、ロンドン留学中の娘から電話を受けた。夫人は中座したことを弁解する意図もあって、娘との会話内容をテーブルの同席の者たちに披露した。「お食事中、ご免なさい。でも、娘が今無事にロンドン空港に着いたと連絡してきましたの。安心しましたわ。ただし、空港にお出迎えの車が未だ到着していず、心配したのですって。なんて、お馬鹿さんなんでしょう。さっさと気を利かしてタクシーでも拾って、寄宿舎まで自分で向かえばよかったのに」。すると、それまで寡黙だったプーチンが突然話しはじめて、一同を驚かした。「お聴きなさい。娘さんのほうが正しく、貴女のほうが間違っています。なぜって、それが本物のタクシーかどうか、分らないではありませんか」。

このように家族のセキュリティーにかんして細心の注意を払うべきだと考えるプーチンが、大統領就任以来、自分自身の娘たちの動静にかんして秘密主義に徹しているのは、ごく当たり前のことなのかもしれない。じっさい、二〇一〇年に或るインタビュー中で自分の娘たちの動静についてたずねられたとき、彼は次のように答えた。「残念ながら、われわれにはテロリズムと結びついた問題が、数多くある。したがって、われわれは、家族、そのメンバー、とりわけ子供、娘たちのセキュリティーの問題を真剣に考慮しなければならない。かれら二人は、ともに普通の生活をおこない、大学で学んでいる。かれらは現状に満足しており、友だちもいる。すべて順調だ。そのようなかれらをことさら世間に引きずり出す必要など、まったくないだろう。私はそう考える。何よりもかれら自身が、そのようなことを望んでいない」[92]。

セレブリティーの代償

ところが、プーチンの娘の動静にかんしてまさにこのような秘密主義が貫ぬかれているがゆえに、当局はたとえば次のような噂話の流布を逆に止めえなくなる。皮肉な結果といえるが、致し方がない代償ともいえよう。ともあれ、そのようなゴシップの例を一、二、紹介する。

次女カテリーナは二〇一〇年、韓国人男性と恋仲になり、韓国に住む予定との噂が流れた。相手の男性は、在モスクワ韓国大使館に駐在していた海軍武官の息子で、カテリーナとともに通っていたモスクワのインターナショナル・スクールで互いに知り合ったという。プーチン首相（当時）付きのペスコフ報道官は、この風評を否定した。(93) 翌一一年二月のTVインタビューでプーチン首相が、二人の娘の動静について質問を受けたとき、首相は、それぞれが生物学、日本語、日本史を勉強中であると答えるにとどめた。(94) 他方、『モスクワ・タイムズ』紙は、一二年四月に一ロシア人女性がブログでキャッチしたという、次のようなニュースを報道した。(95) それによると、ソウルからロシア語、ドイツ語、韓国語でブログを発信している女性がいる。このような三カ国を操るロシア人女性は数少ない事実から判断して、彼女はひょっとするとプーチン首相の令嬢、カテリーナなのではなかろうか。つまり、プーチン大統領の次女は、現在、韓国に住んでいるのではないか、と。

長女マリアについては、二〇一三年、次のようなニュースが流れた。プーチン大統領がオランダ訪問中に秘かにマリアと面会したとの報道である。オランダの一、二の新聞が伝えた。ペスコフ報道官は直ちに「まったくの虚偽情報(96)」であると否定したが、もしこの記事が事実だったとすると、当時、マリア（二十七歳）は次のような生活を送っていたことになる。オランダ人のボーイフレンド、ジョリット・ファーセン（三十三歳）とハーグ郊外のヴォールショテン村で、同棲中。ファーセンは、ハーグ大学で建築学を学んだあと、ロシア最大の天然ガス国営企業「ガスプロム」社で働いた。二〇一〇年、モスクワでロシア銀行家の護衛と口論になり、本人は殴られたものの、その訴訟で勝訴したことで一躍名前が知られることになった。プーチン大統領の極秘訪問について、オランダの新聞社からインタビューを申し込まれた村人たちは「他人のプライバシーを侵すべきではない」とのべて、コメントを断った。ただし、ひとりの村民は、たしかに村を訪問中のプーチンがスーパー・マーケットで護衛に守られている姿を見かけて、次の感想を抱いたと率直に語った。「彼（の身体）がまったく小さいことには、驚かされたよ」[97]。

二〇一四年七月、ウクライナ東部でマレーシア航空機ＭＨ17便の撃墜事件が発生した。死亡した乗客・乗員二九八名のうち、約三分の二までもがオランダ人だった。遺体がオランダのヒルフェルスムの軍施設に到着したとき、ヒルフェルスム市長は地元ラジオで語った。オランダ政府はプーチンの長女、マリアを「国外追放に処すべきである」、と。撃墜がウクライナ東部の親ロシア派武装集団の犯行で、その背後には陰に陽にロシアの支援があると見なしたからだろう。だが、同市長は、その後、ツイッターで「賢明な発言ではなかった。だが、やるせない気持ちにもとづくもので、理解して欲しい」と釈明した[98]。同市長の発言は取消されたものの、そのことによってプーチンの長女が実際オランダ在住だったことが全世界に知れ渡る結果になった。尤も、ウクライナ人抗議者たちが、かれらの豪華なアパートの外でピケを張ったとき、かれら二人は既にどこかへ立ち去っていたと伝えられる[99]。

マリアにもカーチャにも共通しているのは、ともに正式の結婚式を挙げたり、現住所を世間に知らせたりできないでいること。これは、プーチンの娘として生まれたかれらが支払わねばならない代償のひとつなのかもしれない。

ボディーガード

プーチンおよび家族の警護を、一体誰がおこなっているか。最後に、このことについて、一言説明を加えておく必要があるかもしれない。まさにことの性質上、これこそは国家機密に属する事柄であろう。したがって、外部の者には洩れ聞こえてくる断片的な情報をもとにして推測する以外の術はない。

プーチンの令嬢たちはさきにもふれたようにお忍びで日本のディズニーランドなどをしばしば訪れている。これは、たしかな事実である。ロシアのＶＩＰもしくはその家族が来日するばあい、その賓客がナンバー1の大統領の家族であるか、それともナンバー2の首相の子女であるかによって、たとえば日本の警備体制の取り扱いのランキングは当然変わってくる。プーチンが四年間メドベージェフに大統領ポストをまかせたあと、再びクレムリンに返り咲く決心をした理由のひとつとして、自身および娘たちのボディーガードの質や量にこのような違いが生じる事情も、おそらく多少は影響したことだろう。

ボディーガードといえば、逆にエリツィン時代に起こった行き過ぎのケースについて、まず紹介しておく必要があるかもしれない。というのも、プーチンはその例を反面教師として参考にしていると想像されるからである。ほかでもない、エリツィン大統領に仕えたコルジャコフ大統領警備局長が、その行き過ぎたケースだった。

コルジャコフは、〝ルビヤンカ〟のＫＧＢ第九局によってエリツィン大統領の身辺警護を命じられた人物だった。仕事熱心なコルジャコフは、エリツィン大統領に「昼夜の別なく二十四時間」[100]まるで影のように付き添うことを、自己の使命とみなした。じっさい、コルジャコフは、文字どおり『ボリス・エリツィン――夜明けから夕暮れまで』と題した自身の回想録で、己の献身的な執務ぶりを自慢気に語っている。[101]もとより、同書は、彼が一九九六年に大統領警備局長ポストから罷免された後に出版した一種の暴露本であるので、誇張気味のトーンや記述には要注意の文献ではある。他方、コルジャコフが長年上司として身近で仕えたエリツィン大統領の実像を窺い知るための貴重なエピソードが綴られており、同書は無視できない貴重な情報ソースでもある。

それはともかくとして、コルジャコフは己の献身的な姿勢によってエリツィン大統領の絶大な信頼を克ちとることになった。「貴方は、ロシアで最も影響力ある人物は誰だと思うか?」一九九五年一月当時このようにたずねた世論調査で、エリツィン大統領が第一位、チェルノムイルジン首相が第二位になったのは当然として、コルジャコフ警備局長（一九九一―九六）が第三位の座を占めたことすらあった。[102]そのようなことのために、コルジャコフはすっかりのぼせあがってしまい、じっさい増長した。たんに大統領警備局長に過ぎないという己の本来の身分や職務を忘れて、ロシア政治についてすら容喙しはじめた。すでに「第5章 市役所」で紹介したペテルブルク市長選でヤーコブレフ第一副市長を擁立し、サプチャク現職市長を落選させることを企画し、かつ実行に移したのは、その一例に過ぎない。コルジャコフは、みずからの影響力を過信して、まるでキングメーカー気取りで派手な政治的な動きを展開しさえしたために、ついにエリツィン大統領や「ファミリー」の不興を買い、最終的には罷免される憂き目になった。

プーチンのボディーガードに話を戻すと、プーチン大統領は実に手堅い人物を、己のボディーガード役として用いている。ビクトル・ゾロトフである。ゾロトフもまた、元はといえば〝ルビヤンカ〟すなわちKGBモスクワ本部から送り込まれてきた人物だった。当初、サプチャク・ペテルブルク市長のボディーガードをつとめた。[103]そのときにプーチンと知り合い、プーチンの柔道仲間になった。[104]一九九九年夏にプーチンがロシア連邦首相に任命されたのを機に、ゾロトフもモスクワへ移り、以後十五年間にもわたって、プーチンならびにクレムリンの警護にあたっている。ロシア連邦警備局長としてのゾロトフは、コルジャコフとは対照的に余計な政治的野心を抱かず、「プーチンにたいして最も献身的に尽くす人物」（『プーチン百貨辞典』[105]）として、知られている模様である。

ゾロトフは、二〇一四年五月、十九万人を擁する内務省軍の司令官に任命された。[106] 現ロシアでは、二〇一一年十二月以来顕著になった反プーチン諸勢力の集会やデモが未だ終息する気配をしめしていない。それらは放置しておくと、ロシアで「カラー革命」や「アラブの春」に似た民衆の暴動や反乱を起こす危険なきにしもあらず。[107] おそらくそのような万が一のケースに備えて、プーチン大統領はゾロトフをたんに大統領個人のためばかりでなく、クレムリン警備の総責任者として配置することに決したのであろう。だが、次のこともけっして忘れてはならない。〝ルビヤンカ〟から派遣された大統領警備局長は、大統領を保護すると同時に、大統領を監視することも、あたえられた任務であること。そしてこの点にかんするかぎり、コルジャコフとゾロトフのあいだに何らの違いもないこと。

第12章
マッチョ

上半身裸で魚釣り姿を誇示するプーチン

プーチンが裸の胸を見せたがるのは、一種異様ですね。

——オバマ大統領[1]

二〇〇〇年に、われわれは、プーチンに賛成票を投じて祈った。なにとぞプーチンがわれわれの主人になって、われわれのことをかまい、われわれを保護し、われわれに仕事を与え給え、と。

——ワシーリイ・ヤケメンコ[2]

神はプーチンをロシアの民に遣《つか》わした。ロシアの民は、どうすればプーチンを神のもとへ送り返せるか思案している。

——ロシアの小話

アウトドア派

プーチンは、身長一六八センチ（五フィート七インチ）[3]。ロシア人としては短軀である。おそらくそのような身体的なハンディキャップを補おうとして、彼は柔道をはじめたのだろう。柔道は相手の力を利用して、相手自身を倒す術に長けているからである。負けず嫌いのプーチンは、またたく間に柔道の有段者になった（「第2章　柔道」参照）。このことですっかり自信をつけたプーチンは、柔道以外のスポーツにも関心を抱き、次から次へとチャレンジするようになった。

その動機はともかくとして、じっさいプーチンの野外スポーツ好きは、半端でない。たとえば冬場は、スキー[4]、スケート[5]、アイスホッケー[6]（プーチンが最も好きなスポーツ）[7]に熱中する。夏は、水泳はいうまでもなく、大洋に乗り出して鯨を洋弓によって仕留め、森に入って野性のアムール虎を麻酔銃で眠らせる。小型潜水艇「ミール」に乗り込んで、世界最深のバイカル湖を四時間以上にもわたって潜航する。戦闘機に搭乗して大空に舞い上がるかと思うと、F1レーシングカーの試運転にも挑戦し二四〇キロの最高時速すら記録した。

プーチンの屋外スポーツ好きがすっかり有名になったので、米国の三大野外スポーツ誌のひとつ、『アウトドア・ライフ』が会見を申込んできた。同誌とおこなった二〇一一年五月のインタビューで、プーチン首相（当時）は得意満面に語った。自分は「ロシア地理学会」の会長をつとめている。ジャック・ロンドン、アーネスト・ヘミングウェイらの野生動物を扱った小説や冒険譚を愛読している。みずから釣りや狩猟などのアウトドア・スポーツを実践し、エンジョイしている……等々[8]。

スポーツは、いかなる社会においても実に重要な役割を演じる。こう信じ込んでいるらしいプーチンは、スポーツがおよぼす肯定的な影響について、次のように語る。「スポーツがどのくらい発達しているか。実はこのことによって、その国の発展の程度が分かる。社会がスポーツにどのくらい興味を抱いているか。このことによって、その社会の成熟度を測ることができる。なぜならば、およそスポーツなしには健康的な生活スタイルも、健全な国民もありえないからだ。そしてスポーツは、社会の団結ならびに発展に役立つ普遍的な手段でもある」[9]（傍点は引用者）。

シルベスター・スタローン、アーノルド・シュワルツェネッガー、ブルース・ウィリス。ハリウッド映画が産んだアクション・スターたちである。まるでかれらと競うかのように、プーチンは己の筋肉隆隆たる肉体を誇示しようとする。機会あるごとに上半身裸になって、ボディービルで鍛えあげた己の勇姿（?）を見せびらかそうとする。その点で、日本の作家、故三島由紀夫（自称、一六五センチ、実は一六三センチ）[10]と似かよっている。

尤も、ペスコフ大統領府報道官は次のように弁明したことがあった。自分のボスは、かならずしもみずから進んで意識的に裸の上半身を見せびらかしているわけではない、と。たとえば二〇一四年一月末の『コムソモールスカヤ・プラウダ』紙とのインタビューで、同報道官はのべた。「彼（＝プーチン大統領）がカメラに向かい、わざわざ上半身、裸になってポーズをとる。このように皆さんがお考えになるならば、それは間違いです。プーチンは、しばしば〝個人的な写真家や個人的なカメラマン〟を同行させています。大統領はごく自然に振る舞い、自分の好きなように生活しています。勤務中、休暇中もまったく自然体なのです。そのような姿（の大統領）の写真やビデオを是非公開するように、われわれの側から大統領にお願いしているくらいなのです。そのような写真や映像は公開されているものに比べて、はるかに数多くあります」[11]。

たしかにプーチン本人には、わざわざ上半身、裸の姿をカメラマンに写させたり、公開させたりする意図はまったくないのかもしれない。とはいえ、ペスコフ報道官による右の発言はかならずしも説得力のある適切なコメントでないばかりか、その本来の意図が裏目にさえ出ている。まず、側近たちの要請を受ける形で、プーチン大統領が己の上半身、裸のトルソーを公開することを渋々認めているとの説明は、はたして事実だろうか。疑問である。改めてのべるまでもなく、現ロシアでは何事であれプーチン大統領自身の許可なしに、他人が勝手におこなうことは、一切許されていないからである。また、側近たちは、同大統領が心中、望むことを察し、気転を利かし、かれらの側から大統領にお願いする形をとるよう期待されている。それやこれやの理由で、ペスコフ報道官の弁明はかならずしも説得的とはいえない。いや、そのようなことよりも、報道官の釈明からはっきり確認されたことがある。それは、プーチン大統領が常に「個人用の写真家やカメラマン」を随行させているという事実である。

誇示の理由

プーチンは、そもそもなぜこれほどまでに、己のボディー・ビルディングに関心をしめし、かつじっさいその作業に熱中しているのだろうか。複数の理由が考えられる。まず、プーチンには三島同様、体躯が貧弱なことにたいする劣等感が存在し、かつそれを克服しようとする欲求が強いこと。「第2章　柔道」ですでにふれたように、心理学者が「打ち勝ち補償」もしくは「有効補償」と名づける欲求である。そのような衝動は、プーチンが遭遇した種々の危機を通じて形成された彼の人生観によってさらに強化されたのかもしれない。いってみれば、結局頼むべきは己の精神力と並んで身体上の強靭性以外に何もないとの人生哲学である。

つぎに、ロシア民衆のあいだには「強い腕（твёрдая рука）」、「強い主人（крепкий хозяин）」、「強い指導者（сильный лидер）」を求めたがる願望があること。広大な領土を統治し、内外の敵から国民を守らなければならない指導者は、肉体的にも壮健である必要がある。すべからく国政を預かるリーダーは、このような要請には応えねばならない。これは、プーチンならずともロシアの指導者たちがすべて踏襲すべきとみなすロシア式伝統なのかもしれない。たとえば、プーチンの前任者、エリツィン大統領は長身で頑丈にみえる政治家だったが、それは外見上のことに過ぎなかった。実は、性来の飲酒好きも災いして、彼は数々の持病をかかえていた。それにもかかわらず、いやまさにそれだからこそ、エリツィン大統領は、たとえば自分がテニスの愛好者であることをことさら誇示しようとして、コートに姿を現し、その勇姿を屢々カメラマンに撮影させたのだろう。

自分はエリツィンとは違う。とりわけ晩年のエリツィンとはまったく対照的な、元気溌剌としたリーダーである。このようなイメージをロシア国民間に形成したいとの思いが、プーチンに強く存在したことは想像にかたくない。そして実際、この点にかんするかぎり、プーチンは大成功を収めた。というのも、ポスト・エリツィン期の大統領として、ロシアの大衆はまさに前任者のアンチ・テーゼとしての若く心身ともに強力な指導者を希求していたからである。

機を見るに敏感なプーチンは、このようなロシアと時代の要請を感じとり、己自身をそのように順応させ、かつみずからをそのようなリーダーであるかのように見せる演出をおこなった。そして、じっさい、少なくとも当時のロシア社会には独特の雰囲気が存在し、それこそが、当初まったく無名だったプーチンをして見事に大統領に当選させることに貢献する重要な要素になった。たとえばシェフツォーワ女史はこう指摘して、次のように記す。おそらく正鵠を射ているだろう。「プーチンは、ロシアがまさにそのような人間を必要とした時と場所に現れたピッタリの人物だった[12]」。

吾こそは、健康そのものの「国民的指導者[13]」である――。このようなイメージを、常日頃ロシアのエリートばかりでなく、国民大衆にしっかと植え付けておくことが肝要。さもなければ、プーチンは、エリツィン前大統領のように任期半ばにして大統領ポストから退かざるをえなくなる。あるいは、ニキータ・フルシチョフ第一書記のように、不本意ながら「健康上の理由」なる口実をつくられ失脚へと追い込まれるかもしれない。このような思いが、プーチンの心中では強迫観念に近いまでの水準に到達して、存在し、かつプーチン自身はこれらの轍を踏まないよう努力を懸命になっておこなっている。このことが未曽有の「プーチン礼讃癖[14]」を造り出している。この真実を、われわれはけっして見過ごしてはならないであろう。

虚栄心

ここで少し横道に逸れて、次のような問いを暫し検討してみたい。では、ロシアのすべての政治指導者が、プーチン同様に、己がスポーツに従事し、かつ丈夫で健康な人間であることを躍起になってしめそうとしているのか？　答えは、かならずしも「ダー（イエス）」ではない。たとえば、一時プーチンのサイドキック（相棒）と見なされたドミートリイ・メドベージェフ。

メドベージェフの身長は、約一六二センチ（五フィート四インチ[15]）で、プーチンよりもさらに低い[16]。一八五センチだったエリツィンとは比べものにならない短躯である。そのために、メドベージェフ大統領誕生の二〇〇八年五月当時、次のような小話《ジョーク》が囁かれたくらいだった。「(問い) ――ロシア政治における〝ナノテクノロジー〟とは何か? (答え) ――大統領の身長が次第に低くなってゆくこと」[17]。ちなみに、〈ジョークにも一抹の真理が含まれている〉というロシアの諺がある。このことは、とくに次のジョークにも当てはまる。「(問い) ――プーチンは、なぜ、メドベージェフを後継者に選んだのか? (答え) ――メドベージェフが自分よりも背が低いから」。

メドベージェフも大統領時代には、自分が或る種のスポーツを愛好していることをPRしていた。たとえば、水泳やヨガを実践している、と[18]。ところが首相へと降格されてしまったあと、もはやそのようなPR努力は一切必要なし。こう考え直したのだろうか、今ではそのような努力を一切おこなっていない。じっさい、二〇一三年十月の北京訪問中での記者会見でスポーツ分野での趣味についてたずねられたとき、メドベージェフ首相は実にさばさばとした面持ちでのべた。「かつては私もしばらくのあいだ重量挙げをやったり、ボートを漕いだりしたこともありました。しかし今では、そのどちらもやっていません」[19]。

話を、プーチン自身の動機に戻す。プーチンが屋外スポーツに精を出し、そのことをことさら誇示しようとする理由は、第一に己の身体的なハンディキャップに由来する劣等感の代償作用。第二にロシア国民間の「強い指導者」願望に応えようとする気持。すでに示唆したこれら二つの主要事由に加えて、第三にプーチンの生来的ともいえる見栄っぱりが作用しているにちがいない。彼は短身で有名な人物、じっさい彼は、たとえばトム・クルーズ、シルビオ・ベルルスコーニ、サルコジ、金正恩らと同様、靴底に敷革をしのばせて己の背を少しでも高くみせようとしている[20]。それに気づかぬふりをするのが、周囲の者のエチケットになっている。プーチンは何事につけ、身の程を知らぬまでに背伸びして、自分を他人に良くみせようとする性向が、ことのほか顕著である。端的にいって、虚栄心が強い。彼のそのような傾向をしめす一例を、紹介しよう。

二〇一〇年十二月モスクワで開催された慈善パーティーの席上、プーチン首相(当時)は次のようなパフォーマンスをおこない、並いるゲストたちの度肝を抜いた。同首相は、まず一九四〇年代のジャズ・スタンダートの「ブルーベリー・ヒル」の最初の部分をピアノで——ただし、辛うじての技倆で——弾き、次いでマイクロフォンを握り、英語——ただし、実にブロークンな英語——で歌ってみせた(21)。米国からの錚々たる芸能人たち、たとえばケビン・コスナー、シャロン・ストーン、ゴールディ・ホーン、ミッキー・ロークらが居並ぶ眼前でのパフォーマンスだった。かれらはエチケット上一応拍手こそしたものの、プーチン氏の自己顕似欲が想像以上のものであることを知って改めて驚かされたにちがいない。

五輪の政治利用

五輪、サッカーW杯などの国際的な大型スポーツ・イベントが、国威発揚、国民の愛国心昂揚のためにはたす役割——。プーチンは、このことを熟知している。すでに引用した二〇〇八年の彼の発言は、そのことを証明する。「スポーツは、社会の団結ならびに発展に役立つ普遍的な手段である」(22)。

プーチン大統領は、たとえば二〇一四年二月の冬季五輪をロシアのソチに招致しようとして涙ぐましいまでの努力を傾注した。とうぜん至極といえよう。そのような努力の一端を次に紹介する。同大統領は、まず、ロシアで冬季五輪を主宰する権利を得ようとして、たとえばジュアン・アントニオ・サマランチ、国際オリンピック委員会(IOC)名誉会長とのロシア・コネクションを最大限に利用しようとした。サマランチは、ソ連時代スペインの駐ソ大使としてモスクワに勤務していた折、ロシアのアンティーク（古美術品）に興味を抱き、その収集に熱心になった。帰国にあたり、大使は外交特権を利用して、その収集品をごっそり母国スペインへともち帰った。当時のソ連ではアンティークの国外持ち出しは厳禁されており、かつＫＧＢによって厳重にモニターされていたにもかかわらず、同大使は敢えてそうしたのである。プーチン大統領は、同氏のそのような過去の行為を改めて咎めだてる愚を犯そうとはしなかった。その代わりに、そのことを氏に向かって暗に示唆するだけにとどめた。その脅しによって、冬季五輪のロシアへの誘致を有利に運ぼうと画策したのである。(23)

ここまでは現文脈と格別関係しないエピソードかもしれないが、次の点は本論と直接関連する事柄といえるだろう。二〇〇七年七月にグアテマラで開催されたＩＯＣ総会の席上、一四年二月の冬季五輪をロシアの保養地ソチに招致するためのプレゼンテーションを、プーチン大統領自身が何と三カ国語を用いておこなった。ロシア語、英語、フランス語である。プーチンの英語は、週末に特別レッスンを受けていると伝えられているものの、けっして流暢といえる程度のものではなかろう。彼がフランス語を話すとは、聞いたことすらない。(24) だから、われわれの常識からすれば、プーチンは恐い者知らずか、もしくは桁はずれの強心臓の持ち主か、そのどちらかだろう。とはいえ、まさにそのようなことを敢えておこなう点にこそ、プーチンの真骨頂があり、われわれとしては感心する以外の術はない。

じっさい、ソチ冬季五輪は、たんにロシア国家ばかりでなく、プーチン大統領の個人的威信をロシア内外で高揚する絶好の機会になった。ロシア国家と自身の栄光を同一視するプーチンにとって、けっして見過ごしえない類いの国際的なページェントなのだった。ロンドン夏季五輪は一九〇億ドルの巨費を使ったことで物議をかもしたが、ソチ五輪関連予算は五一〇億ドルにまで膨れあがった。(25) 宜なるかなといわねばならない。

ソチ冬季五輪の開幕を三週間後に控えた一四年一月末、プーチン大統領は外国人記者から質問を受けた。「はたしてどのようにすれば、閣下は身体をそんなによい状態に保つことができるのでしょうか?」。待ってましたとばかりに、大統領は得意気に語った。「スポーツに従事することだ。私にとって、それ以外に魔法の錠剤などない。私は、毎日少しずつ運動するようにしている。昨日は夜中の一時半頃までスキーをやっていた。今朝も、まずジムで身体を動かしてきた。じっさい、私は毎日一〇〇〇メートルは泳ぐ。これは、何ら特別のことではない。だが、定期的にやることが大切。諺にも言うではないか。〝雌鶏は穀粒を一粒ずつついばむ〟、と」。(26)

プーチンのスポーツや冒険好きは、かならずしも外部の者に誇示するためのものではない。おそらく本人自身が根っからのスポーツ好きなのだろう。そのことを認めたうえで、人の悪いロシアのクレムリノロジストのなかには次のようなことを囁く者がいる。プーチンが可能なかぎり長期間にわたって大統領ポストに居座ろうとする訳は、もとより、けっして単一でなく、複数の理由にもとづいているにちがいない。が、そのうちのひとつとして、彼が華麗なアウトドア・ライフを好む人間であることを忘れてはならない。というのも、プーチンはそもそも大統領ポストを占めていればこそ、一般ロシア人には不可能かつ夢のように思えるゴージャスな探検や冒険を思う存分エンジョイすることがはじめて可能になるからだ。たとえば超音速戦闘機や深海潜水艦に乗ったり、トーポリ―M型ミサイルを試射したり、最新型のレーシング・カーを操縦したりする。これらは、世界の多くの男性、そして女性すらもが夢みて止まないロマンチックなアドベンチャーではないか。しかも、完全な護衛つきの安全な条件下で遂行するので、その成功が前もって一〇〇%保障されている。衆人環視のもと万雷の拍手喝采も浴びる。このようなことは、プーチンがオールマイティのロシア大統領であればこそ、許される特権中の特権にほかならない[27]。

右のような見方を紹介したあとで、次の事件があったことを記しても、かならずしも不謹慎な報告とはならないだろう。二〇一四年六月、北極海への飛行コースを準備・練習中だったヘリコプターが墜落し、十二名の人間が死亡する事故が発生した。同機は、近くムルマンスクへ釣りに訪れる予定のプーチン大統領のために予行演習をおこなっている最中に、この悲劇に遭遇したのだった[28]。ムルマンスク地方は、本章冒頭で紹介済みの二〇一一年の米誌『アウトドア・ライフ』とのインタビューで、プーチンが「私個人の順位表によれば、世界で最良の漁場[29]」と激賞した、まさに穴場のひとつにほかならなかった。

過ぎたるはなお及ばざるがごとし

二〇一四年十月七日に満六十二歳の誕生日を迎えたプーチン大統領は、健康上さしたる問題をもたず、実際の年齢より若く見える。クレムリンの主任医師であるセルゲイ・ミローノフ博士が二〇一三年に証言したように、これは、たしかなことのように思われる[30]。尤も、猜疑心の強いロシアのクレムリノロジストたちのなかには、次のような疑問を提出する者もいないわけではない。つまり、「主治医がわざわざインタビューに応じて、プーチン大統領の健康状態は〝良好〟と発表せざるをえなかった。このこと自体に問題があり、実際はその〝逆〟ということもありうるのではないか[31]」。そのように意地悪い見方を別にして、自分が実際の年齢から想像される以上に健康な人間である――。プーチン大統領は、機会あるごとにこのことを強調し、顕示する努力を怠らない。尤も、このような姿勢やＰＲ努力は、洋の東西を問わず政治指導者が怠ってはならない行為、いや習癖でさえあるのかもしれない。たとえば毛沢東も、一九六六年、七十五歳のときに衆人環視の中で揚子江を泳いで、己の健康ぶりを誇示しようとしたことが思い出される。

しかし他方、プーチンのばあいは、己のマッチョぶりを誇示する努力でやり過ぎる傾向をしめす[32]。どうやらこれまたたしかな事実として、われわれが認めざるをえないことのように思われる。その点でプーチンには、ベルジャーエフの指摘がぴったり当てはまるとえよう。ニコライ・ベルジャーエフは、十九世紀ロシアが生んだ優れた思想家。ロシア人一般について彼がのべた、次の言葉はよく知られている。すべからく「ロシア人は（ほどほどという）節度を知らず、極端から極端へと走りがちな国民である」[33]、と。じっさい、己のマッチョぶりを披露せんがためのプーチンのデモンストレーションが度が過ぎて、心ある人々の失笑を買うケースが頻発している。尤も、その責任は少なくとも、部分的には側近たちや部下たちに帰せられるのかもしれない。ボスであるプーチンの意を汲もうとするあまり、かれらはあまりにも過剰かつ見えすいた演出に狂奔し、その結果、かれらの涙ぐましい努力が往々にして逆効果を招いているからである。ともあれ、そのような滑稽な（?）行き過ぎの例を、以下、三つ四つ紹介してみよう。

一は、プーチンが、ロシア極東地方の森で野生の虎を眠らしたという美談の真相。二〇〇八年九月、プーチン首相（当時）は、アムール・タイガーを咄嗟の機転を利かして麻酔銃で撃ち、居合わせた国営テレビ・クルーの生命を救った。同首相は眠らせた虎にキスをしたが、虎そのものは麻酔が利き過ぎたせいかほどなく死亡してしまった。それはともかく、同首相による果敢な行動は、早速、複数のテレビを通じて全国向けに放映され、ロシア国民間にプーチンの「強い指導者」イメージを強化することに貢献した[34]。ところが事件後しばらく経つと、以下のことが判明したのである。すなわち、当日ハバロフスク動物園で飼われていた大人しい一匹の虎が姿を消した。飼育係があらかじめ麻酔をかけてその虎を動物園から放し、丁度ロシア首相の目にとまって撃たれるように仕組んだからだった。(35)

ふたつめの例は、ハーレー車の改造事件。プーチン首相は、二〇一〇年七月、みずからハーレー・ダヴィドソンにさっそうと跨《また》がり、五〇〇〇人規模のライダー集会に参加した。サングラス、手袋、ジーンズを黒色で統一し、バイク・パレードを先導した同首相の勇姿は、ロシア、ウクライナの各紙面を飾った。ところが、袴田茂樹教授は直ちにおかしいと考えた。(36) 同教授は、日本有数のクレムリン・ウオッチャーであると同時に、みずから「バイク野郎」であることを自負し、バイクにかんしては一家言をもつ人物である。袴田教授の専門的な知識に全面的に依拠すると、次の諸点がプーチン流演出の眼目だった。

重量四〇〇キログラムの世界の名器、ハーレー・ダヴィッドソンを乗りこなすのは、素人には土台無理な話である。「特別の訓練と慣れが必要(37)」とされる。とはいえ、多忙なプーチン首相に所詮そのようなことをおこなう時間などあろうはずはない。他方、もし万一同首相が転倒したばあいは、ロシアにとって測り知れない国家的な損失になる。そこで妥協案として思いついたのは、カナダの工場に特別にオーダーして、ハーレー車を次のように改造するという便法だった。まず、「自動車の運転さえできればどんな小娘でも操縦できる(38)」ようなオートマチック仕様に変えること。さらに、車の前半部こそ一輪にするものの、後半部分は二輪、すなわち計三輪の「トライク」型に改造すること。

同年七月二十六日付の『独立新聞』は、このように改造されたハーレー車の前半部だけを写した写真を掲載した。だが新聞全体を注意深く読みすすめてゆくならば、それが「トライク」型の改造車であることを必ずしも秘密にしている訳でない文章もつけ加えられていた。さらに、七月二十八日〜八月一日号の『論拠と事実』紙は、ハーレーの後輪二本をはっきりと映し出した写真を掲載し、「ハーレー乗りプーチン首相」の真相が一体どういうものだったかを明らかにしていた。(39)

逆効果

行き過ぎパフォーマンスの三つめの例は、「アムフォラ」(古代ローマ時代の両取手付きの壷)の「発見」事件。これほど明らかな「やらせ」は、他に例がなかった。二〇一一年夏、ロシアのマスメディアは、ウェット・スーツを着込んだプーチン首相が一個のアムフォラを抱えて得意満面で黒海の水面に浮び上ってきた勇姿を、写真つきで大々的に報道した。ところがほどなく、この壷はロシアの「アムフォラ」学者たちの手によって同首相が見つけやすい海底の場所を選んで予め沈めておいた代物であることが、判明した。(40) 記者団から質問攻めにあったペスコフ報道官は、自分が夏期休暇中をとっていた時期に起こった失態だったことを率直に認めた。

プーチン大統領自身も、舌鋒鋭いマーシャ・ゲッセン記者の詰問に出会い、次のことを正直に認めざるをえなかった。(41) ハバロフスク動物園から「逃げ出した」シベリア虎の事件同様に、アムフォラの発見も前もって準備された「やらせ」だった事実。尤も、負けん気の強い大統領は弁解した。(42) このような「やり過ぎ」演出によってこそ、はじめてシベリア虎の保護や古代の遺物にたいするロシア国民の関心が高まる効果が生まれるのだ、と。

このような「やらせ」の噂や嫌疑が流布しはじめたにもかかわらず、プーチンがアウトドア活動に精力的にいそしむマッチョなスポーツマン・タイプの指導者であるとのPR工作を、プーチン自身、とりわけ彼の側近たちは、一向に中止しようとしなかった。たとえば二〇一三年夏、ロシアの国営テレビは、プーチン大統領がシベリアの湖で何と重さ二一キロのカワカマスを釣り上げた勇姿を全国向けに放映した。カワカマスは淡水魚。「貪欲・大食・強奪の権化として、しばしばロシアの寓話、民話、諺に登場する」[43]。カジキマグロやサメと格闘したヘミングウェイ作『老人と海』の主人公のイメージさながらに、プーチン大統領が巨大な猛魚と雄々しく闘う勇姿を、ロシア国民向けに伝達することを狙ったPR活動の一環だったのだろう[44]。

だが、このばあいも、狙いが裏目にでた。というのも、熱心な一部ブロガーたちが次々に疑問を提起するようになったからである[45]。まず、「この映像は六年前の古いものではないか」との疑いが提出された。じっさい、カワカマスを自慢げにしめしているときにプーチン大統領が着用しているズボン、時計、サングラスの類いを注意深く調べてみると、同大統領が二〇〇七年の魚釣り旅行の際に身につけていたそれらとまったく同一の物品だった。次に、地元の漁師たちが巨大なカワカマスを網で捕え、プーチンのボートに入れた瞬間の場面すらをも、熱心なブロガーたちは録画していた。しかも、魚はペスコフ報道官が発表した二一キロでなく、せいぜい一〇～一一キロの重量のカワカマスだった[46]。だがこのときも、負けず嫌いのプーチン大統領は、一三年九月放映のTVインタビューで以下のような弁解をおこなった。「私はいつも同じ時計をはめている。服装も前回の旅行時のそれと似ているように見えるだけで、実は今回用にわざわざ買い求めた新品ばかりだったはず。第二に、カワカマスは二五〇～三〇〇グラムの小魚を呑み込んでいたために、全体の目方が重くなったのだと思う[47]」。

若くマッチョに見せようとして逆効果を招いたもうひとつのケースは、プーチン首相の整形手術だろう。ロシア男性の平均寿命は長らくのあいだ五十九歳に止まっていた。最近ようやく六十歳を少々超えた程度に伸びた。プーチン首相はまさに五十八歳になろうとする二〇一〇年十月、己をできるだけ若々しく精悍に見せかけようと欲したのであろう、己の顔面から皺をとる整形手術を受けた。[48] 逆効果だった。あろうことか、同首相の眼はロシア人が最も嫌うアジア（中国）人のように釣りあがった「狐眼[49]」のようになってしまったからである。

背中を痛める

〈過ぎたるはなお及ばざるがごとし〉。この格言が当てはまり、唯笑っているだけでは済まされない事件が、二〇一二年の夏から秋にかけてじっさいに起こった。プーチンが己のマッチョぶりを顕示しようとするあまり背中を痛め、一時的とはいえ公務を離れざるをえなくなる事態を招いたからである。当時六十歳だったプーチン大統領に初めて、健康不安説が囁かれることになった。これは重大事件だった。というのも、プーチノクラシーは、万能《オールマイティ》のプーチン個人がすべてを決定し、実践する「手動統治」を建前としているからである。プーチンの健康が常に完全な状態にあることを前提として成り立ち、それ以外のケースを最初から想定外とみなしている。したがって、プーチンの健康状態が完全でないことを報道すること自体、ロシアのメディアにとりタブー（禁忌）なのである。[50] 以上のような理由で、事件の経緯とその意味をやや詳しく紹介する必要があろう。

　プーチンは、二〇一二年五月、晴れて三度目の大統領ポスト就任をはたしたが、同年夏頃には背中を痛めてしばらくのあいだ公務を完全には遂行できない状態になった。これは、ペスコフ報道官も認めざるをえない厳然たる事実だった。同年九月初め、プーチン大統領はウラジオストクでアジア太平洋経済協力会議

（APEC）を主宰した。この段階で大統領はまだ右の後遺症に苦しんでおり、同会議の参加者たちは議長席にぎこちなく坐るプーチン大統領の姿を目撃したと証言している。じっさい、同年十月以降しばらくの期間中、同大統領の執務は変則的なものになった。大統領はモスクワ郊外の公邸で大半の仕事を処理し、モスクワ中心部のクレムリン内の役所にはほとんど登庁しなかった。また、外国訪問を含む数件の外交日程を中止、もしくは延期した。十月末にヴァルダイ会議がモスクワで開催された折も、プーチン大統領は会合に大幅に遅刻した。大統領が腰の痛みの治療を受けていたことが、その理由だった。[51]

プーチン大統領が背中を痛めた原因にかんしては、二つの説がある。第一説の公式見解はのべる。大統領は、柔道の練習中もしくは試合中に相手を投げた瞬間に、みずからの背中を痛めた。「このようなことはスポーツを愛好する者がしばしば経験することで、ことさら珍しいことでも騒ぎたてることでもない」。ペスコフ報道官は、このように説明した。[52] ベラルーシ大統領のアレクサンドル・ルカシェンコも、ロシア政府によってなされたこの公式発表とまったく同様の内容を繰り返した。[53]

第二説は、次のように説く。一二年九月、大統領がモーター付きハンググライダーに乗って、シベリア産の白い鶴の群れと一緒に飛行しようとした一大デモンストレーションが、まさに裏目に出た[54]、と。鶴の飛行速度についてゆくためには、グライダーはその通常スピードよりもはるかに速く飛ぶ必要がある。プーチン大統領は、白い鶴に似せようと白装束に身を固めたうえで、無謀にもこの試みにみずからチャレンジした。少なくとも最初のうちはアシスタントの手にまかせることなく、大統領みずからが操縦桿を握ったとさえ伝えられている。ちなみに、この企画に協力を惜しまなかったヤマル・ネネツ自治共和国の「統一ロシア」幹部、アレクサンドル・エルマコフは、約一年後の一三年八月、晴れて上院議員に選出される栄に浴した。[55]

このハングライダー飛行を含むプーチン大統領のパフォーマンスはすべて、テレビその他のメディアによってロシア全国民に華々しく伝えられることを、主な目的としていた。いいかえれば、大統領の晴れ姿を報道することは、ロシアのTV関係者やジャーナリストたちが真っ先に取り組むべき神聖なる義務以外の何物でもなかった。だが、いつもながらの「お殿様の道楽」やPR活動にいちいちつき合ってはいられない。こう考えて、この報道フィーバーに参加しようとしない不届き千万な者がいた。プーチン政権に批判的な見方を隠そうとしないマーシャ・ゲッセン記者が、その好例だった。案の定、彼女は早速お仕置きを受けることになった。このシベリア旅行という〝お祭り〟への同行を拒否した同記者は、月刊誌『ヴァクルーク・スベータ（光明のまわりに）』の編集長ポストから解任されてしまったからである。[56] 彼女は、その後ミュンヘンを本部とする「ラジオ・リバティー／ラジオ・フリー・ヨーロッパ」で一時期、働いたあと、結局ニューヨークへ移り、今ではフリーの評論家として活躍している。

「強い指導者」は時代遅れ

たしかに、二〇一二年十一月はじめになるとプーチン大統領は公務に復帰し、以後今日にいたるまで内外政策の日程を精力的にこなしている。そのために、同大統領の健康不安説は鎮静化した。いや、雲散霧消した。こう評してさえよいかもしれない。しかしながら、この機会にわれわれが考えるべき重要な問題があろう。己をマッチョなリーダーに見せかけようとするプーチンのデモンストレーションは、すでに示唆しているように、いささか度を過ぎているのではないか。仮にそのようなパーフォーマンスがこれまでは必要だったとしても、もうそろそろそのようなロシア的伝統は終りにしてよい時期に差しかかっているのではないか。

これは、たんにロシア国民ばかりでなく、スポーツ好きのロシア人ですらもが抱く率直な感想である。アレクサンドル・モロゾフ（モスクワの文化史研究所メディア調査センター長）も、このような感想を当然視するかのごとく、二〇一一年夏時点で次のようなコメントをおこなった。「この種のプーチンの曲芸とも称すべきPR活動は、プーチン政権初期でこそロシア国民の拍手喝采を浴びたかもしれない。だが今日では国民はまたかと飽き飽きして、彼のパフォーマンスを嘲笑の目で眺めさえしている」。(57)

モロゾフによる右のような観察を裏づけるような事件が、同年秋に起った。すなわち、一一年末にモスクワの五輪スタジアムで開催された総合格闘技大会で、ロシア人の選手が米国の選手を破ったときである。このとき、観客席の前列に陣取っていたプーチン首相は早速リングに駆けのぼり、マイクロフォンを奪ってロシア選手、フョードル・エメリヤネンコの勝利を祝う演説をはじめた。すると驚くなかれ、会場を埋めていた二万二〇〇〇人の観客のなかから、口笛とブーイングの声が巻き起こったのである。「プーチン、出て行け（Путин, уходи）！」の罵声すら明瞭に聞きとれた。(58) プーチンが公開の席上でブーイングを浴びた最初のケースになった。これは、格闘技好きのロシア人観客のあいだにおいてすら、スポーツ好きを喧伝して己の人気に繋げようとするプーチンの手法が、すでに食傷気味になっていることを示していた。たとえば、コンスタンチン・ソーニン（高等経済学院の副学長で、『ベドモスチ（報知）』のコラムニスト）は、このとき次のように語った。「プーチンはテレビに出演して、文化やスポーツについてあれやこれやと不必要なまでに御託宣を並べたり、御説教をしたりする。そのような彼のPRパフォーマンスは、最近の三年間で極限にまで達している。（そもそも内外政に専念すべきはずの）プーチン首相が、なぜ格闘技の会場にまで姿を現さなければならないのか」。(59)

右にのべたことと関連して、実ははるかに深刻かつ重要な問いが提起される。生身の人間に何時までも万能に近い絶大な権力をになわせつづけることの是非の問題である。とりわけそれがもたらす弊害や危険にかんしてである。じっさい現ロシアでは、ウラジーミル・プーチンという特定個人にあまりにも多くの権力が集中している。たしかにこれはロシアの伝統的な特殊事情に由来する要請なのかもしれない。また、本書で繰り返しのべている「プーチノクラシー」の特質、すなわち個人支配と関係しているのかもしれない。とはいえ、ロシアはそろそろワンマン支配の伝統から脱却すべき必要があるばかりか、実際またその段階に差しかかっているのではないか。つまり、政治の制度化を図る、たとえば集団指導体制の導入などを、真剣に模索するべき時期を迎えているのではないか。これは、本書が「はじめに　体制」以来一貫して提起している根本問題にも関係するので、以下、もう少し詳しく検討してみよう。

　ロシアを強力な国家へと再建する。たしかにこれは、プーチンを含む「シロビキ」ばかりでなく、多くのロシア国民によって支持され、共有されている一種の強い願望にちがいなかろう。われわれも、このことを理解するのにやぶさかではない。ひとつには、どの国であれ大概の指導者や国民は多かれ少なかれほぼ同様のことを希求しているだろうからである。そのことをはっきり意識したり、対外的に明言したりするか否かにかかわりなく、おそらくそうなのだろう。とくに現ロシア人の多くがこのような願いを抱いていることは、容易に想像できる。かれらは、一九八五年のゴルバチョフ政権成立以来の「動乱《スムータ》」期に、東欧におけるソ連圏の崩壊、ソ連邦自体の解体を経験した。今後も、北コーカサス地方などの「反乱」の程度や動向次第によっては、ロシア連邦自体をさらに縮小させたり、ひょっとすると崩壊させたりする危険性すらなきにしもあらず。したがって、「強い国家」の構築、そしてそのためには「強い指導者」の登場や存在が是非とも必要――。ロシア人が、ややもすればこのような考えを抱きがちな傾向は、分からないではない。

だが、われわれ外部の者がこのようなロシアの事情に同情を寄せるばあいですら、依然として一連の疑問が生じるのを止めがたい。では、その目的を成就するために現ロシアが採っている方法は、はたして最善といいうるものなのだろうか。つまり、「強い国家」は、「強い指導者」の手を仰ぐことによってしか達成されないものなのだろうか。いや、それ以外の術によっても充分成就しうるのではないか。もしロシアが採用しているやり方がかならずしも目的達成のベストの手法でないばかりか、適格性を欠くばあい、それは一体どういう結果を導くのだろうか。何時まで努力してみても一向にゴールに近づきえないばかりか、逆に目標から遠ざかる羽目にすら陥りかねないだろう。

ワンマン支配の落とし穴

はたしてプーチンがワンマン指導制を敷いていることが、現ロシアにとり適切かつ唯一の選択肢なのか、否か？　この問いを、さらに踏み込んで論じてみよう。一人のリーダーが全権を握る「単独主義」の体制、そしてそれが拠ってたつ「垂直支配」の統治原理は、たしかに、二、三のメリットをもつ。たとえば、それは指揮命令系統を効率化、迅速化することに役立つであろう。だが他方、それが種々の欠陥も伴うことも間違いない事実だろう。そのようなマイナスの具体例を、以下記してみよう。

まず、体制が特定個人の意向に依存し過ぎる結果として、その指導者の恣意や横暴を抑制するチェックス・アンド・バランセズのメカニズムが作動しにくくなる。また、ワンマン指導者宛てに下から上へあげられる情報が、えてして彼（または彼女―以下、同じ）の機嫌を損なわない類いのものに偏向しがちになる。本来すべての情報を吸い上げる地位にいるはずのトップ指導者が、ややもすると己にとって都合の良い情報ばかりに接し、事実上情報にかんする「裸の王様《ゴールイ・カローリ》」と化す皮肉すら招来されるだろう。二〇一四年後半に、ロシアが原油価格下落、ルーブル安、欧米の対ロ経済制裁という「三重苦」に遭遇したときも、プーチン大統領は「ロシア経済が安定するためには最悪二年はかかる」とのべ、嵐が過ぎ去るのを待つよう勧めるだけで、何ら具体的な対抗策を提示しようとしなかった。このとき、プーチン政権で長年、財務相をつとめたクドリンは、ロシアが二〇一五年にはさらなる深刻な危機に見舞われると警告する記者会見のなかで、次のような深刻な疑問を呈した。「彼（プーチン大統領）は、おそらく十分な情報を得ていないのではないか[60]」（傍点は引用者）、と。

さらに、すべての決定がトップダウン方式でおこなわれるために、側近や部下たちのあいだで進取の精神が欠如するようになり、みずから率先して積極的なイニシアティブをとろうとする意欲が衰えがちになる。ロシアの政治ジャーナリスト、ババエワは「孤独なピラミッド」と題する論文で、すでに二期目（二〇〇四～〇八）のプーチン政権期にこのような傾向がはじまっていたことを、次のように指摘した。正鵠を射た批判だった。「〝上層部〟にも〝底辺〟にも、みずからが監督したり参加したりしているとの意識が希薄である。かれらは、ナンバー1(プーチン)から下される指令を受けたあととなって、はじめて仕事にとりかかる。指令を受けたときでも、その決定過程に自分は参画していないので、仕事を熱心にやりとげようという気持には到底ならない[61]」。

ワンマン支配の欠陥は、「プーチノクラシー」の主人公がチェキスト出身であることによってさらに顕著なものになる。プーチンは、自分以外の人間を信用しようとしない。そのような性向は、たとえば次のような悪循環をもたらす。プーチンが他人を信頼しないために、「プーチノクラシー」は結局のところ彼一人がすべてを決定するばかりか、実践さえするいわゆる「手動統治」と化す。部下たちは、ババエワがいうように、政策決定に加えさせてもらっていないので、手抜きをして当然とばかり自発的かつ真剣に仕事に立ち向かおうとしない。結果として、プーチンは増々「手動統治」方式に訴えざるをえなくなる。明らかに悪循環である。

ユダヤ教のラビ（聖職者）、ベルル・ラザールが語る次のエピソードは、「手動統治」のプラス、マイナスの両側面を実に分かりやすい形で伝える好例になろう。[62] ラザールは、クレムリンでプーチン大統領に面会できる得がたいチャンスを得たとき、同大統領に向かって直訴した。知り合いのユダヤ人女性が近隣に住むロシア人たちによって人種的差別や迫害を受けているので、何とかして欲しい、と。ラザールが大統領との面会を終えて、クレムリンの出口に差しかかると、守衛は彼にしばらく待つように告げた。待つことしばし、間もなく姿を現した人物を見て、ラビは驚いた。何とモスクワ市長、ユーリイ・ルシコフその人だったからである。ラビが訴えたユダヤ人女性いじめの問題はたちどころに解消し、もはや二度と起こらなくなった。プーチン大統領みずからがルシコフ市長に直接電話をかけて、同市長をクレムリンへ呼びつけ、ラビの請願を適切に処理するよう命じたからだった。

このエピソードがしめしているように、たしかにプーチン式「手動統治」は、実に効率的な側面をもつ。だが、その恩恵に浴する者は、プーチンにたまたま直訴するチャンスを得た一握りの例外的な人間（このばあいはラザール）に限られる。また、より重要なこととして次の点が見すごされてはならない。ロシアの大統領もモスクワ市長もともにラザールの訴えを処理して、ポピュリズム（大衆迎合主義）にアピールしえた一方で、この一件以上に重要な内外政治の案件を処理する貴重な時間や労力を犠牲にしたという事実である。

心身脆弱化によって体制不全

右に紹介した例の延長線上にある重要な点を、最後に問題にせざるをえない。それは、ワンマン指導体制には何人も否定しえない重大な致命的な欠陥がひそんでいることである。より直截にいうならば、たとえどのように万能の指導者といえども、彼は所詮《しょせん》生身の人間であって、彼の身体や時間が有限であること。まず、人間は不老不死ではない。次に、彼の健康は加齢とともに衰え、肉体的な理由からいって内外の諸情勢の激動に絶えず目を配り、万事に適切な処置を講じるという政治家としての多忙きわまる激務に堪ええなくなる。かつては健康体であることを自慢して止まなかったエリツィン大統領ですら、その例外ではなかった。同大統領が受けることを余儀なくされた冠状動脈バイパス手術の直前にのべた次の言葉は、ほとんどの人間(したがってプーチン)にも等しく当てはまる真実とみなして、差し支えないだろう。「長いあいだ私は、不可能なものなど何もないという思いあがった考えを抱いていた。そうだ、絶対的にすべてのことができる。自分のやりたいことはなんだってできる、と。だが、そのような人間の万能感は突如として終りを迎えるものなのだ(63)」。

特定個人にあまりにも多くを依存する体制(プーチノクラシーは、その典型)は、その総括指導者(プーチン)にもし物理的、精神的な支障が生じるばあい、たちまちにして有効に機能しなくなる。というのも、プーチノクラシー下では、ほとんどの部下や官僚たちが、憲法、その他のフォーマルな法「制度」に従って仕事をしているのではない。もっぱらプーチンという「人間」がその時々にくだす命令に従い、ひとえに彼に個人的に気に入られることばかりをおもんぱかって職務を遂行しているからである。そのような上司、プーチンがもし心身を脆弱化させ、機能不全に陥るばあい、かれらはもはや真面目に仕事しようなどと思わなくなる。いや、それればかりではない。かれらが従うべきとされたインフォーマルな掟や「ゲームのルール」それ自体を、かれらはもはや守ろうとしなくなるだろう。かれらの言動の適否を最終的に判断する指揮官が機能せず、消滅しようとさえしているのだから。結果として、これまではオールマイティの権限をもつトップ指導者の下に統合し、機能してきたかのように見えた盤石の体制、すなわちプーチノクラシーは、一挙に不安定化し、機能停止状態に陥る。このような危険すら否定しえないだろう。

右は、「プーチノクラシー」のいわば当然の帰結とさえいわざるをえない。というのも、本書の冒頭から繰り返しのべているように、プーチノクラシーは「制度」よりも「人間」、したがって最高権力者のプーチンを重視し、ひとえに彼の意向次第によって動いてきたシステムだからである。じっさい、現大統領府副長官のヴォロジンは、すでに引用済みのように「ウラジーミル・プーチンなしに、今日ロシアもない」とのべた。ヴォロジンの言葉を至言とみなすばあい、それではもしそのようなプーチンにもしものことが生じるときには一体どうなるのか。システム自体が「カルタの城」のように一挙に崩壊する。これは皮肉でなく、むしろ理の当然とすらいわねばならなくなるだろう。

政治評論家のゲオールギイ・ボブトは、ロシアを一隻の船にたとえて、このことを真剣に心配する。「もし（プーチン）船長に万一のことが起こったばあい、一体どうするつもりなのか[64]」、と。ヒル＆ガディも、同様に警告する。「プーチンのパーソナリティーに過度に依存する現ロシアの体制には、深刻な欠陥が存在する。唯一人の指導者がロシア国民全体を人質にとっているという危険にほかならない[65]」。

任期はあっても、なきが如し

指導者たるべき能力を心身ともに喪失しているにもかかわらず、けっして自発的にはトップの座から降りようとしない。これもまた、ロシアの悪しき伝統ないしは宿痾のひとつと評さねばならない。というのも、帝政君主《ツァーリ》はもちろんのこと、ソ連共産党書記長ポストには任期という縛りが付けられていなかったからである。そのために、じっさいスターリンは三十年間、ブレジネフ書記長は十八年間もの長きにわたってソ連邦のトップの座から降りようとしなかった。

たしかに、新生ロシア憲法は明記していた。同一の人物はロシア大統領ポストを「ひきつづいて二期八年まで」しか占めてはならない、と。したがってプーチンは、四年間、首相ポストへと退いた。だが、その四年間ですら、プーチンは彼が傀儡に仕立てたメドベージェフ大統領を己の思うがままに操り、自分が事実上トップの座を占めているのと変わらない統治を実施した。そして、インターバルの四年間が経過するのをまるで待ちかねていたかのように大統領ポストへと早々と復帰した。しかもその間に、メドベージェフをしてロシア憲法を改正させ、今後ロシア大統領は「ひきつづいて二期十二年まで」そのポストに坐りうることにした。このようにして、二〇一二年五月にクレムリンに返り咲いたプーチンは、一八年の大統領選に立候補し、おそらく二〇二四年——プーチンはそのとき七十一歳になる！——まで、ロシア大統領ポストに止まるであろう。一四年十一月、タス通信とのインタビューで二〇一八年の次期大統領選に出馬するか否かと尋ねられたとき、プーチンは必ず出馬すると明言しなかった代わりに、辞退するとも語らなかった。正確には次のように答えた。「二〇一四年の時点で、一八年のことについて語るのは時期尚早である。私は一般的な状況、国内の見解、私自身の気持にしたがって決めるだろう[66]」。

いったんトップの座を占めると、死が訪れるまで最高指導者ポストに止まりつづける――。これこそが、ソビエト時代であろうと、はたまた新生ロシア期であろうと、ロシア式伝統のようである。じっさい、レーニン、スターリン、ブレジネフ、アンドロポフ、チェルネンコらの歴代指導者が、そうであった。このような伝統はロシア政治に何らかのプラスをもたらすかもしれない一方、ネガティブな影響をおよぼすことも必定である。たとえば「安定」の美名のもとに、実は「停滞《ザストイ》」という弊害を招来させる。そのような欠陥を率直に指摘した一文を引用しよう。心身ともに脆弱し切った晩年のブレジネフ共産党書記長の怠惰な執務ぶりを、彼の部下のひとりが――もとより同書記長死去後に――嘆き、からかい、批判した文章である。

「当時のブレジネフの仕事ぶりを知っていた私は、彼の名前で、あとは決裁を下すばかりにした短い文章を用意して行った。逢って、言葉を交わしたのは、ほんの五、六分くらいだったろうか。金、土、日と別荘で過ごすのが慣例のブレジネフは、木曜にはすべての仕事をなるべく早く済ませようと、ことを急《せ》いていた。

ところが、自分で決裁を下すことができない。『口述して下さい。その通り書くから』と言う。そこで、私は口述した。……私の言葉通りにブレジネフは書き、署名し、その文章を私に渡す。

この例は、典型的だ。晩年のブレジネフは、自分が何をし、何に署名し、何を喋っているのか、ほとんど分かっていなかったのだと思う。全権力は取り巻きの手に握られていた[67]」。

郊外の別荘で休養するために、クレムリン、その他の公邸での執務時間が極度に少なくなり、しかも仕事はといえば部下が準備した書類に辛うじて署名するだけの投げやりで無責任な仕事ぶり――。このような晩年のブレジネフの姿が、何とヴィヴィッドに描写され、かつ批判されていることか。このような状態ならびに批判は、ひとえにブレジネフにかぎらず、アンドロポフ、チェルネンコなど高齢、病身のソビエト指導者のほとんど全員に、大なり小なりあてはまったといえよう。しかも、皮肉なことには同様のことがほかならぬ右の文章の執筆者本人にもあてはまることになった。というのも、右はボリス・エリツィンの処女作『告白』からの引用文なのだから。

花道引退シナリオの欠如

では、ロシアの最高政治指導者たちは、そもそもなぜ、自発的に辞職しようとしないのだろうか？　複数の理由が挙げられる。まず、本書中で何度もふれているロシア独特の政治的伝統。すなわち広大な国土を内外の敵から守るために強力な指導者を渇望し、必要とさえした地理的、歴史的な事情。たしかに、そのような風土や伝統は、最高指導者のポストに任期の縛りを付けがたくする。仮に憲法や法律によって政治家の任期が明記されているばあいですら、それを尊重しようとしない雰囲気が醸成される。つまり、本書が全体テーマとして力説して止まない、ロシアでの「制度化」の遅れにほかならない。まず、ロシアの歴代の指導者自身が「制度化」を嫌う。もし「制度化」を推進すれば、各人、各機関の役割や権限が明確に定義されてしまい、最終的裁定者としての彼の出る幕が少なくなり、調停者としての役割すら失ってしまうからである。挙げ句の果てに、彼は任期満了とともに確実に辞職せねばならなくなる。

また、トップの周辺に巣食っている側近たちも、己のボスが所定の任期を満了して退任することを欲しない。いや、かれらは上司が心身ともに指導者としての能力を喪失しているばあいですら、上司をひきつづき御輿にかつごうとする。もし頭領がいさぎよく辞職してしまうばあい、最大の被害をこうむる立場におかれるのは、かれら自身にほかならないからである。かれらは、党書記長や大統領に絶対的忠誠を誓うことによって、これまで栄耀栄華をほしいままにしてきた。が、ボスを失ってしまうと、翌日から路頭に迷うばかりか、代わって台頭してくる新指導者やその部下たちによって報復、処罰される危険にさえおびえて暮さねばならなくなる。

最後に、おそらく最も重要な理由がある。それは、ロシア政治ではナンバー1の座から安全に退職する道が、事実上保障されていないことである。仮に最高政治指導者自身が花道引退の道を選び、引退後は悠々自適の平穏な生活を送ろうと欲するばあいであれ、それは往々にして適わぬ夢なのである。なぜか？

まず、トップの座から降りた者には、ほぼ確実に後継者によって批判され、弾劾される運命が待ち構えている。フルシチョフによるスターリン批判は、その典型的な例である。仮にプーチンがいさぎよくみずから勇退の道を選ぶばあい、一体何が発生するだろうか。プーチノクラシー、プーチノミックス、そしてプーチン個人すら、彼の後継者たちによって批判の俎上に載せられる——。こう予想して、ほぼ間違いなかろう。いや、たんに批判されるだけならば、まだマシといわねばならぬ。在職中の汚職、その他の容疑で刑事訴追されるケースすら覚悟せねばならないだろう。

たしかに、大統領の身分を離れても、元大統領としてのプーチン、リュドミーラ前夫人、二人の娘たちには、ガードマンがつけられるにちがいない。だが、その数は現役時代に比べて著しく少なくなり、質的にも見劣りするものになろう。したがって極端なことをいえば、プーチンは残りの人生を暗殺や家族の誘拐の危険に脅えつつ、過ごさねばならなくなりそうである。プーチンに恨みを抱く人間は、チェチェン武装勢力、プーチン政権によって企業を乗っとりつぶされた元オリガルヒらをはじめとして、枚挙にいとまがないほどの数にのぼる。しかも、ロシア国内のみならず、世界のいたるところに存在する。[68] 長年のあいだクレムリンの代弁者役をつとめていたパブロフスキイは、プーチンが常日頃口癖のようにのべていた次のような言葉を、二〇一一年に解雇されたあとになって暴露した。「われわれが少しでも脇に動くのを見てとるやいなや、敵はわれわれを直ちに滅亡させようとするに違いない。すなわち、われわれを壁の前に立たせて処刑する。だから、もちろん、われわれが壁を前にして立つようなことは、厳に禁物なのである[69]」。

プーチンの安全保障

おそらく右のことを念頭においているからであろう、イラリオーノフは断言した。プーチンが直面している最も切実な問題は、彼自身の「個人的な安全保障[70]」問題である、と。イラリオーノフは、「ペテルブルク人脈」の箇所で紹介したように、一時プーチン大統領の経済顧問をつとめていた人物である。そのようなイラリオーノフは、すでに二〇一一年春の時点でのべていた。「プーチンは、目下、一体何を克ちとろうとしているのだろうか。(すでに)十一年間にもわたって権力の座をほしいままにしてきた彼にとっていまや最も切実な問題は、個人的な安全保障の問題にほかならない。(中略)プーチンには自身を守ることができる法制度が完備していないからである[71]」(傍点は引用者)。ひきつづいて、イラリオーノフは自身の結論を付け加えた。「これは、プーチン個人のドラマであると同時に、ロシアの悲劇でもある[72]」。

ロシア内外のロシア専門家たちのなかには、右のイラリオーノフと変わらぬ見方をおこなう者が少なくない。プーチンが一一年九月二十四日に再び大統領ポストに復帰するという意図を明らかにしたとき、一部の専門家たちはイラリオーノフ同様の見解を明らかにした。つまり、自分（および家族）の安全保障を確保しようと欲するならば、己にとりもはや花道引退の道は残されていず、クレムリンに復帰する以外の術はない。プーチンは、おそらくこう判断したにちがいない、と。こうみなしたクレムリン・ウオッチャーたちの発言例を、二、三引こう。

たとえば、アレクセイ・ベネディクトフ（独立系のラジオ局、『モスクワのこだま』編集局長）は、語った。「（九月二十四日の）プーチンの決断は、政治的な要因よりも、むしろ心理的な考慮にもとづいてなされた様子である。プーチンはおそらく余生をエンジョイするために引退を欲したにちがいない。それにもかかわらず、彼はそうすることができなかった。（引退したばあい）はたして今後、彼自身ならびに己に近しい者たちの安全保障をはたして確保できるのか。このことについて、彼は確信しえなかったからだろう」[73]（傍点は引用者）。

このようにして、ロシアのウオッチャーたちのなかには、すでに二〇一一年九月段階でプーチンが今後、半永久的にクレムリンにとどまるだろう、と予想する者すら出現した。たとえば元ロシア下院議員のマルク・フェイギンが、その一人だった。[74] 彼は、九月二十六日、自身のブログ中に次のように書き込んだ。「プーチンと彼の取り巻きたちにとっては、まさしく個人的な安全保障の問題が最大の関心事なのであり、これ（大統領に復帰すること）こそが、個人的な安全保障を確保できる唯一の道なのだ！」（傍点は引用者）。まず、フェイギンは他の専門家同様の見方をこう記したあと、予言した。「プーチンは、今後できるかぎり長期間にわたって権力の座にとどまろうとするだろう。（というのも）彼には、それ以外の道が残されていないからである」。

政治評論家のアンドレイ・ピオントコフスキイも、一二年春にほぼ同様の見方を披露した。「プーチンは、なぜ、半永久的な支配を欲するのか。それは、彼の権力欲がかならずしも（人並み以上に）強いからなのではない。何時の日か、己の行為の責任が問われるときが来る。このことにたいする恐怖感が、彼にそうさせているのだ[75]」。

〝城〟には出口がない

鋭利な評論家たちのなかには、さらに次のような指摘すらおこなう者がいる。すなわち、プーチンは一種の深刻なジレンマに遭遇している、あるいは罠に陥ってしまっているとすら評してよい。というのも、プーチンがたとえどのように己のマッチョぶりを誇ろうとも、もとより彼は不死身な存在なのではない。時の経過とともに、身体的、知的能力を必然的に低下させてゆく。それにもかかわらず、彼は自分の後を継ぐ予定のナンバー2など決してつくろうとも、育てようともしない。じっさい、例えば現首相のメドベージェフがそのようなナンバー2であると考える者は、おそらく皆無だろう。となると、プーチンに不可測の事態が発生するばあい、ロシアは一体どうなるのか？　壮絶な類いの権力闘争の幕が切って落とされ、少なくともそれが決着するまでのあいだ混乱、もしくは政治の空白状態が招来される——そのような惧れすらなきにしもあらずといえよう。

もしロシアが右に類した事態に見舞われるばあい、その責任はプーチンその人に帰せられねばならない。というのも、彼こそはその種の混乱を導く「プーチノクラシー」を創り、それを維持しようとした張本人にほかならないからである。たとえばシェフツォーワ女史は、すでに二〇一一年時点でこの種のジレンマについて警告を発するとともに、その責任の所在についても明らかにしていた。「プーチンには、出口というものが閉ざされている。彼はクレムリンから出てゆくことはできない。彼がもしそうすれば、過去十一年間権力の座にいたときに彼は何をおこなったのか、その責任を問われることになりかねないからである。だからといって他方、彼はロシア社会を今後長くコントロールすることもできない。一言でいえば、彼は罠に陥ってしまっている」[76]（傍点は引用者）。『エコノミスト』誌のルーカスの次の見方も、シェフツォーワと基本的に変わらないといってよいだろう。「プーチンはクレムリンの主人であると同時に、その中に閉じ込められた囚人なのだ[77]」。

ブルガリアの政治学者、クラステフも、一一年九月にほぼ同様の考えにもとづいて不気味な予想をおこなった。「プーチンは（かつて）エリツィン同様に引退し、ダーチャ（別荘）に引き籠るかのように語っていた。だが、プーチンにとってこの世にはおよそダーチャと名づけられるものなど、事実上存在しないのだ。彼は、結局クレムリンの壁のなかで死を迎える羽目になるだろう[78]」。

プーチンは、クレムリン（城塞）という出口のない閉ざされた空間のなかで生涯を終える運命下におかれている。そして、それは彼自身がつくり出した「プーチノクラシー」の当然の帰結である――。シェフツォーワやクラステフ以上にこのことを強調するのは、ウラジーミル・パストゥホフ（ロシア人、現在英オックスフォード大学滞在中）である。彼が二〇一四年二月に『ノーバヤ・ガゼータ』紙上で発表した詩的な比喩に富む次の一文は、われわれをしてカフカの『城』とクレムリンとの間に横たわる類似性を思い出させる。すなわち、本書冒頭の「はじめに　体制」で紹介した、クルイシタノフスカヤ、その他によってなされた両者間の類似性である。ともあれ、パストゥホフはのべる[79]。「彼（プーチン）は、新しい虚像の政治空間を創り出そうとした。

（中略）プーチンはロシアを城に変える。城内では偽りの鏡が光の様相を創り出し、（本当の）窓もドアも備えつけられていないことが隠されている」。パストゥホフはまずこうのべたあとで、恐ろしい結論を記す。「難儀なことには、これらすべての人工的に創り出された（虚偽の）世界は遅かれ早かれ暴露されて、厳しい真実が立ち現れる。すなわち、この架空の宮殿には出口がない（нет выхода）ということである。――戦略的にも、戦術的にもそうなのである」（いずれも傍点は引用者）。

私が「プーチノクラシー」と名づける統治システムは、何度も繰り返すように、プーチンという特定個人を抜きにしては機能しない仕組みに造りあげられている。だとすると、それは遅かれ早かれ消滅、あるいは少なくとも大修正を余儀なくされる運命を免れえない。少なくとも論理的にはそうである。[80] たとえいかに「強い支配者」であろうとも、プーチンは「超自然的な存在[81]」なのではない。すなわち、物理的に不死身な人間ではないからである。二〇一二年の夏から秋にかけて発生したプーチンの健康不安問題は、一五年の今日まるでまったく起こらなかったかのように忘れ去られようとしている。だが、このエピソードをはたしてそのような一過性の問題として簡単に済ませてよいのだろうか。それは、プーチンが生身の人間であるかぎり、実は遅かれ早かれかならず再燃せざるをえない深刻な問題ではないのか。一二年夏に発生したプーチンの一時的な健康不安は、「プーチノクラシー」の終りの始まりを告げる警告――。このようにすら受けとめて、何時訪れるかもしれないその現実の到来に前もって準備しておくことが肝要である。これは、ロシア国民ばかりでなく、われわれ全員にあたえられた教訓かつ課題のように思われる。

第13章
転　換

ウクライナ首都の「マガダン広場」
（常盤伸・東京新聞モスクワ特派員、撮影）

ビクトル・ヤヌコビッチ前大統領のウクラ
イナからの逃亡を揶揄する戯画（プレート）

経済がすべての基礎である。

——プーチン(1)

人はパンのみにて生きるにあらず。

——聖書、ウラジーミル・ドゥジンツェフの小説名(2)

愛国心は、悪党の隠れ家である。

——サミュエル・ジョンソン(3)(十八世紀の英国の詩人)

経済重視主義者

プーチンは、「ホモ・エコノミクス」（経済重視人間）なのか？　これは、むずかしい問いである。おおむねそうではあるが、常にそうだとはいえない。経済的利害の観点からみて、ロシアにとり明らかに得にならない言動をしばしば採るからである。

日本人にとって最も分かりやすい例は、北方領土問題にたいするプーチンの政策だろう。日本は、経済、科学、技術大国である。そのような国へはちっぽけな北方四島など返還したほうが、ロシアにはるかに多くの利益をもたらすだろう。これらの島々は、もともとスターリンが第二次大戦終結時のどさくさ紛れに火事場泥棒よろしく日本から武力で強引に奪った土地に過ぎない。ロシアがそれらを保持しつづける限り、日ロ関係を「血が生き生きと通うダイナミックな関係」（ゴルバチョフ）(4)に変えることはむずかしい。

北方四島はたとえば面積でいうと、ロシア極東地域のわずか一二〇〇分の一の広さでしかない。北海の孤島である北方四島それ自体はいうまでもなく、ロシア極東は目下経済的な不振にあえぎ、事実上中国の植民地へと化しつつある。ロシアが自力でそのような趨勢を阻止しえないのならば、もはや「他力本願」方式しか残されていない。北方四島を対日返還する代わりに、日本からヒト、モノ、カネ、科学技術を活発に導入してロシア極東の活性化を図る。これは、とりわけロシア極東地方に住むロシア人にとって実に見返りの多い賢明な策ではないか。純粋な経済合理主義の観点に立つならば、誰しもこのように考えるだろう。ところが、プーチンは異なる。ソ連／ロシアの歴代指導者たち同様にけっしてそう考えたり、ましてやそのような判断を実行に移したりはしない。この一例は、プーチンが算盤勘定よりも、国家としてのプライド（誇り）、威信、見栄を一層重視する政治家であることをしめしている。

だが、このような例外的（?）なケースを除くと、大概のばあいにはプーチンは「経済」的要因を重視する指導者のようである。というのも、ひとつには次のような理屈がなりたつからである。「プーチノクラシー」は、その目標として何よりも「強いロシア」の構築を掲げ、これはプーチンにとり一貫して変わらないゴールにほかならない。ところが「強いロシア」の構築は、ロシア国内に豊かな物質的基盤を造り出して初めて達成される。プーチン自身、この理屈をよく理解している。まだ大統領代行だった二〇〇〇年二月に発表した『ロシア有権者あての公開書簡』のなかでも、プーチンは喝破した。「そもそも弱さや貧しさが支配している国は大国にはなりえない」(5)。

プーチンは、経済的下部構造が物事の基礎であると説いた、マルクス主義の信奉者である。こういってさえ、大きくは間違っていないだろう。プーチン自身の発言が、このことを裏づける。たとえば、大統領になったあとの〇六年五月、ロシアのマスメディア幹部たちとの会合で「(今回の閣下による)大統領教書演説で最も重要な部分は何でしょうか」とたずねられたとき、プーチンは、さきにも一度引用したように単純明解に答えた。「経済だ。経済がすべての基礎である。今日の世界で国家の力は、まず何よりも経済力で決まってくる。そのあとになって、社会状況、社会政策、防衛政策の諸問題が出てくる。これらすべてのものは経済から派生する。(中略)はじめにカール・マルクスありき。そのあとにフロイト、その他がつづく」(6)。翌六月におこなった別の演説で、プーチン大統領は軍事的安全保障と経済成長をさらに一層ストレートに結びつけてのべた。「軍事的安全保障の水準は、経済と技術的発展の成長のテンポに直接依存している」(7)。

石油ブームの追い風

プーチンは初めて大統領に就任する直前の一九九九年十二月、『世紀の境目にあるロシア』と題する一文を発表した。これは、事実上プーチンのマニフェスト（選挙公約）とみなしてさえよい重要論文である。そのなかで、プーチンはつぎのような経済目標を掲げていた。今後「国内総生産（GDP）を年間八％ずつ増大させてゆく。十五年後には、ポルトガルもしくはスペインの国民一人あたりのGDPレベルに追いつく」(8)。それから十三年後の二〇一三年、国際通貨基金（IMF）によれば、ロシアのGDPは世界で第八位にまで伸び、ポルトガル（四八位）、スペイン（一三位）を抜いた。だが、国民一人あたりのGDPではまだ第五二位にとどまった。つまり、ポルトガル（三九位）、スペイン（二九位）に追いつくというプーチンの目標は、未だ達成されていない。とはいえ、GDP自体の成長にかんするかぎりプーチン大統領はまずまずの成果をあげたといえるだろう。

だが、ロシアのGDPの伸長は、その主要理由を調べてみると、その主要騎手であるプーチンが必ずしも適切な経済政策の手綱をとったがゆえの成果ではなかった。主として、国際原油価格が驚異的なスピードで高騰するという僥倖に便乗してもたらされたものだった。「真のヒーローは石油であり」(9)（ファリード・ザカリア『ニューズウィーク』国際版編集長）、プーチンは偶々《たまたま》そのような状況に巡り合わせたときにクレムリンの主《あるじ》の座にいた幸運な為政者に過ぎなかった(10)。

ロシアは、エネルギー資源大国である。石油、天然ガス、金、ダイヤモンド、鉄鉱石などの埋蔵量で、世界第一位。たとえば原油は世界の埋蔵量の一三％、天然ガスは同じく三四％、エネルギー資源全体で世界の埋蔵量の一二％を占める。[11] ロシアの輸出全体のなかでエネルギー資源が占める割合は約六五％にものぼり、ロシア連邦政府歳入の約五〇％にも当たる。プーチンがラッキーだったのは、丁度彼が大統領候補になった一九九九年から、二〇〇八年までの約十年間に、原油の国際価格が右肩上りに急上昇しつづけたことだった。イラク、イランをはじめとする中東地域の政治的不安定や動乱、中国、インド、その他の諸国の目覚ましい経済成長等々の諸事情にもとづいていた。その理由はともかくとして、一九九九年に一バレルあたり一七・三七ドルでしかなかった油価は、二〇〇八年七月十一日には一四七・二七ドルの最高値をつけた。原油の国際価格が一バレルあたり一ドル上昇するごとに、ロシアの国庫に入る収益は約二〇億ドルも増加する。[12] そのために、ロシアは、まるで濡れ手で粟をつかむように莫大な「レント」（余剰利益）を手にした。

右にのべた油価高騰は、プーチンがロシアに創り出した「レント・シェアリング・システム」に何よりの追い風をもたらしてくれた。彼を囲むオリガルヒ、側近、FOPたちはオイル・ダラー収入で一夜にして俄《にわ》か成金になり、笑いが止まらない境遇をエンジョイすることになった。しかも、レントの少なくとも一部はロシア国民一般にも均霑《きんてん》されることになった。そのために、プーチンは一躍、救世主《ヒーロー》になった。というのも、彼はゴルバチョフ、エリツインという二代続きの「困った（?）」改革者たちによって投げ込まれた「一九九〇年代の泥沼」[13] からロシアを救い出した人物。つまり、ロシア社会に規律と安定、そしてある程度までの物質的繁栄をもたらした指導者になったからである。

プーチン式社会契約

プーチノクラシー下では、次のような一種の社会契約が成立しているといって差し支えないだろう。すなわち、為政者としてのプーチンは、支持者や国民一般に一定の物質的収入を保証する。だがその代わりに、被治者が政治的な要求をおこなうことは、厳に御法度。つまり、民主主義的な諸権利や原則（三権分立、地方自治、報道・言論の自由など）が制限されていても、一切不満を表明してはならぬ――。指導者-国民間のこのような「黙約」[14]を、シェフツォーワ女史は〝ファウスト的取引〟[15]と名づける。〝ファウスト的取引〟とは、ゲーテの名作『ファウスト』の主人公、謹厳実直なファウスト博士が青春をとり戻す代わりに、悪魔に自分の魂を売り渡すことに同意した契約を指している。プーチンは、この種の「プーチン式社会契約」[16]を、さきにふれたようにオリガルヒに対しても適用することを明言した。

これら「プーチン式社会契約」の内容を一言で要約すると、〈君たちの経済的所得は増大するが、政治的自由は減少する〉というもの。そしてこのような主旨の契約は、一九九九年から二〇〇八年までの約十年間のロシア社会でおおむね受け入れられ、通用していたとみて差し支えなかっただろう。その間にロシア国民の富と生活水準は、かつてロシア史のどの時期にもなかったスピードで上昇した。国民一人あたりの収入は、プーチンが権力の座についた二〇〇〇年には一、七七一ドルだったが、二〇一四年現在では一四、〇〇〇ドルと八倍近くにも増えた。この驚異的な伸長のゆえに、大概のロシア人は、為政者側が民主的な諸権利を制限し、官僚たちが汚職を横行させるなどの「国家資本主義」が招来する諸弊害にも、目を閉じ、それらを寛恕していた。

ところが二〇〇八年から一一年にかけて、事態は変わりはじめた。まず、〇八年夏、世界同時経済危機がロシアにも上陸し、他のどの国をも上回る最悪の被害をロシアにもたらした。GDP成長率を一例にとると、ロシアのGDPは二期八年（二〇〇〇〜〇八）のプーチン政権時代に毎年平均して七％台の伸びを記録していたが、経済危機に見舞われた〇八年には五・二%へと下落し、〇九年には何とマイナス七・八%になった。これは、BRICSの呼び名で一括されることの多い「新興五カ国」(ブラジル、ロシア、インド、中国、南アフリカ)、そして「主要二〇カ国・地域」(G20)のなかですら、最低の数字だった。

尤も、その後世界経済はリーマン・ショックから次第に回復し、国際的な原油価格も一四年六月までは一バレルあたり約一〇〇ドルの高止まり傾向すらしめすにいたった。しかし、ロシアのGDP成長率は、もはや二度と二〇〇〇年代のそれへと復帰することはなかった。すなわち、GDPの伸びは次のように低迷している。二〇一〇年—四・五%、一一年—四・三%、一二年—三・四%、一三年—一・三%。——これらの数字が証明している重要な事実がある。それは、ロシア経済の推移がもはやエネルギー資源の国際価格のみによって左右されないという当たり前のことである。

では、二〇〇八~九年にロシアが経験した経済危機、そして二〇一四年後半以来今日までロシアが直面している経済的停滞は、資源価格の下落以外の一体いかなる事由によってもたらされたのか。複数の要因——互いに関連している——が指摘される[17]。そのうちのひとつは、ロシア経済一般の脆弱性。ロシア経済が対外的競争力をもたず、外部からの低金利の投資によって支えられていること。ふたつめは、プーチン政権が採っている不適切な経済政策。つまり、同政権を形成しているプーチン、側近、FOPたちは、エネルギー資源を国家が独占的に管理することから得られる「レント・システム」に依拠している。そのために、かれらはロシア経済の構造改革に一向に熱心となろうとしないばかりか、ともすれば改革を可能なかぎり先延ばしにしようとする誘惑に駆られがちである。結果として、資源以外の産業分野、とくに製造加工業の育成が遅れ、イノベーション(技術革新)への取り組みが不十分な程度に止まることになる。

中産階級の誕生

プーチンは、二〇〇八年から一二年までメドベージェフとともに「タンデム（双頭政権）」体制を敷いた。だが一二年五月になると、プーチンはクレムリンに復帰し、再び名実ともにナンバー1としてロシア政治を担当し、いわゆる「プーチン2.0」を開始することになった。「プーチン2.0」では、ロシア――したがって彼自身――を取り巻く内外情勢が、二〇〇〇〜〇八年の「プーチン1.0」とはもはや同一でないどころか、すっかり様変わりさえしている。このことに、プーチンは、気づいたに違いない。もし気づかなかったとするならば、彼は時代や環境の変化によほど鈍感な政治家というレッテルすら貼られることを覚悟せねばならないであろう。では、その間にロシアや世界で一体何が大きく様変わりしたのか？

それらの諸変化のなかで最重要なものを唯ひとつだけ選ぶとするならば、それは、右にのべたような「プーチン式社会契約」が少なくともこれまでの形では通用しがたくなったことといえるだろう。これはある意味では、プーチンにとり思いがけない結果だった。というのも、ロシア国民に安定や一定限度の物質的余裕をあたえたのは、プーチン政権にほかならなかったからである。たしかに、原油の国際価格の高騰によってエネルギー大国ロシアの収入が増大し、その恩恵を主として享受したのは、プーチンおよび彼の周辺に囲集する「FOP」に他ならなかった。だが、その少なくとも一部は、直接・間接的にロシア国民一般の手中にもしたたり落ち、かれらをうるおすことにも貢献した。そのために、皮肉な結果が招来されたのである。国民――少なくともその一部――は、物質的要求を充足できるようになると、次はほとんど当然のように政治的参加の拡大を要求するようになるからである。このような状況変化を説明する最適かつ便利な文章として、クセニア・サプチャクの言葉を再度、引用しよう。「プーチンが造り出した一人の人間が垂直的な支配をおこなおうとするシステムは、たしかに一時的には効果を発揮したかもしれない。安定やソーセージを得るためには自由を犠牲にすることも止むをえない。ロシア国民はこう考えたからだった。だが、今やロシアには新しい世代が誕生し、自分の欲求や期待を臆することなく表明するようになった」。

はたしてこのような政治的要求を掲げるか否かに関係なく、「動乱期」にロシアを襲った物質的困窮をもはやよく憶えていない新しい世代が出現した。つまり、一九九〇～二〇〇〇年代に生をうけ、「プーチン・チルドレン」[18]と呼ばれる人々である。そして、そのような新世代、その他の一部から、ロシア史上初めて「中産階級」と名づけても差し支えないような経済・社会階層が誕生してきたのである。中産階級（もしくは中間層――以下同じ）とは、一体誰を指すのか？　一応ここでは、ロシアの経済発展省にしたがって、大まかに「一〇〇〇ドル以上の平均月収、自動車、住宅、貯金を持つ人々」[19]と定義しておこう。同省によれば、このような中産階級に属する人々は全ロシア人口の「二〇～二五％」を占める。[20]但し、首都モスクワでは約「四〇％」[21]と見積るシンクタンクも存在する。

もしロシアで中産階級が形成されはじめると、一体どのようなことが起こるのだろうか？　米国の政治社会学者、セイモア・リプセットの大胆な結論にしたがうと、中産階層に属する人々は政治的民主化の要求に見覚めるという。[22]このことをロシアに当てはめると、かれらは「プーチン式社会契約」論に疑問を抱くようになる。経済的余裕をもつようになったロシアの中産階級は、プーチン政権が保障する「規律」「秩序」「安定」を当然視する一方で、かれらがこれまで犠牲にしてきた自由や民主主義的権利の実現を要求して当たり前と考えるようになる。[23]いいかえれば、かれらは「プーチノクラシー」の修正を欲する。プーチノクラシーは、「強い国家」「権力の垂直支配」「主権民主主義」などの標語を掲げて、プーチン、側近、「FOP」らが拠って立つ「レント・システム」を正当化し、同体制を永続させることを欲する。

都市部に住み、高学歴で、インターネットを利用し、海外事情にも通じるようになったロシアの中産階級——。かれらは、具体的には次のような一連の諸事件に憤慨し、プーチン政権に向かってその訂正方を公然と要求するようになった。たとえば、二〇一一年九月二十四日、プーチン首相は、メドベージェフ大統領（ともに当時）とのあいだで「公職ポストのスワップ（交換）」をおこなうと発表した。このように重要なことを、議会や有権者であるロシア国民に前もって一切相談することなく、同首相は一方的かつ突如として公表したのだった。また、同年十二月の下院選挙では、数々の不正投票がおこなわれた。その選挙手続きや実施方法についての倫理的な不満や法律的な不審を、ロシア国民の少なくとも一部、とりわけモスクワ、ペテルブルクなどの都市部に住む中産階級に属する人々は、政治的な要求へとシフトさせた。かれらはまず民主主義的な改革、次いでその主要な障害物《ブレーキ》となっているプーチンその人の辞職すらも要求した。

クレムリン復帰後

ロシアに形成されつつある中産階級は、まだ全人口の「二〇〜二五％」を占めるに過ぎない。しかも、ロシア社会でかれらの占める比率が、今後かならず右肩上がりに増大してゆくと保障されているわけでもない。ひとつには、いわゆる「中所得国の罠《わな》（middle-income trap）」[24]という現象が発生しがちだからである。つまり、ロシアは中所得国になりつつはあるものの、「目に見えない天井」[25]にぶつかるなどして、もう一段階成長して高所得国になることが、なかなか適わない。そのこととも関係して、新中産階層はかならずしもその後順風満帆で高所得者グループへと成長をとげてゆく訳ではない。

いや、さらに重要なことがある。それは、中産階級に属する人々のすべてが、反プーチン主義者、ましてや民主改革派になるとはかぎらないことである。というのも、人間にとり或る程度の財産を持つことは「失うべき何ものかを持つ」ことを意味するからである。しかも、かれらは「まだ貧しさのすぐ隣りにいるので、貧困の厳しさを間近に見ており、再び貧しくなることを極度に怖れる」[26]。あれやこれやの理由から、かれらは現状維持《ステータス・クオ》主義者になり、政治的な保守化をとげる。また、物質的繁栄にのみ関心を抱き、政治的には無関心者にとどまる。むしろ、これが中産階層にみられるふつうの現象なのかもしれない[27]。二〇一一年十二月から春にかけてモスクワで反プーチンの集会やデモに参加した者の数は、最も多いときで一〇万人くらいだったという。モスクワの人口が一〇〇〇万人を超えていることから考えると、一〇〇人に一人の数である。これをもって、はたして多いとみるか少ないとみるか。判断が分れるところだろう。

右のような諸事由も手伝って、翌年三月の大統領選挙では、プーチン候補が第一次投票で当選をはたした。プーチンの得票率は約六四%だった。尤も、モスクワ市では四七%と過半数にも到達しなかったが。大統領選での己の当選が決まった一二年三月四日、クレムリン近くのマネージ広場での支持者集会の席上で勝利宣言をおこなったとき、プーチンの両眼から涙が頬をつたわった。演技であるとの見方も、当然なされた。だが、冷酷無情なチェキスト、プーチンですら、流石に感無量だったのかもしれない。なにしろ「プーチンなきロシア！」のシュプレヒコールを叫ぶ反プーチンの集会やデモが続いた後での勝利だったのだから。

それはさておき、クレムリン復帰後のプーチンに話を戻そう。つまり、彼は一体どのようにして「プーチン2.0」の統治に臨もうとしているのか？ これが、問題である。「プーチン2.0」が、「プーチン1.0」とまったく同じであってよいはずはない。二期八年、それにプラスして「タンデム」政権期の四年間、計十二年間に起こった内外状況の変化に対応しなければ、プーチンは時代錯誤の政治家に堕するだろう。

だが、まず一般論として指摘せねばならぬことがある。それは、どのような人間であれ心理的なバランス（均衡）感覚を維持したいという本能的な欲求があること。これは、一概に非難しえない衝動である。というのも、人間は、このような心理的なメカニズムなしに到底自己同一《アイデンティティ》性を持続させえないだろうからである。つまり、一方において己がそれまで保持してきた基本的な価値観や信条体系、他方において自分を取り巻く社会に新しく生起している状況――。これら二つのあいだにギャップが生じたばあい、大抵の人間は可能なかぎり既存の価値観や信条体系を大幅に修正することなしに、新しい状況に適合したいと願う。むずかしい言葉を用いるならば、「認識上の不一致」(cognitive dissonance)を避けて、これまでの言動と現在のそれとのあいだに首尾一貫性を持たせようとする心理的メカニズムを作動させるのが、普通である。[28]

加えて、プーチンのばあいには、次のような事情も働くだろう。クレムリンへ復帰したプーチンをして、現在ロシア社会に発生中の諸変化を正確に認識し、対処することを妨げる実際的な要因である。それは、彼の回りに蝟集している側近や「FOP」たちの利害、態度、動向にほかならない。何度も繰り返しているように、シロビキを中心とするかれらの経済的、政治的基盤は、「レント・シェアリング・システム」である。同システムの総支配人であるプーチンは、同システムを危殆に瀕する惧れがあるような改革など、およそ最初からおこないえない立場に身をおいている。万一プーチンがあえて同システムの変更を試みるならば、それはプーチンにとり虎の尾を踏むに似た危険な行為にすらなりかねない。シロビキやFOPは猛然と反抗を企てて、極端なばあい、かれらはプーチンを「レント・システム」の管理者の座から引きずり降ろし、彼の代役を立てることすら辞さないだろう。

このような理由から、ロシア内外のクレムリン・ウオッチャーたちは結論する。プーチンが造り、今なおそれに依存しているシステム自体を、プーチン自身がラジカルに変えうるはずはない、と。たとえば、マーシャ・リップマン（カーネギー・モスクワセンター研究員）は説く。「プーチンは自由化政策を採りえない。そのような政策は、彼の側近や部下にとり到底受け容れないことだからである」[29]。エドワード・ルーカス（英『エコノミスト』誌の元モスクワ支局長）が次のようにのべるとき、彼もまたリップマン女史に近い考え方をしているといえるだろう。「プーチンは彼自身が造り出したシステムの虜《とりこ》になっており、そのシステムの変更は不可能なのである」[30]。

大衆迎合主義

もとより、プーチンおよび彼の側近たちによるロシアの現状についての認識はけっして正確でもなければ、適切なものでもない。それは、システム、さらにいうならば己自身のサバイバル欲という衝動によって歪められているからである。だからといって、しかしながら、次のようにみなすのは間違っていよう。かれらが何らの危機意識も抱かずに、唯たんに腕をこまねいて無為無策のまま事態を眺めている、と。いや、むしろ正反対だろう。かれらは猛然と自衛本能に目覚め、己のサバイバルを目指して、かれらなりの対抗措置を講じようとしている。少なくともプーチン個人にかんしては、明らかにそうだといえる。

プーチンには、自身の体験に由来するトラウマ（心的外傷）が存在する。本書で繰り返しのべているように、それはベルリンの壁の崩壊、ソ連邦の解体によって彼が受けた衝撃である。仮にそのような原体験の有無や影響の度合を別にしても、二〇一一年末から一二年春にかけて首都モスクワ、その他ロシアの各地に反政府の集会やデモが発生したとき、プーチンは、おそらく心中深く決意したにちがいない。これらの反政府運動がさらに拡大したり、手のつけられない状況へと発展したりする。挙げ句の果てには、グルジア、ウクライナなどで起こったような「カラー革命」、もしくは当時、中東・北アフリカ諸国で発生しつつあった「アラブの春」に似た民衆反乱をロシアで誘発させてしまう。このような事態だけは、何としてでも阻止せねばならぬ、と。じっさい、プーチン大統領は、たとえば二〇一四年十一月二十日の安全保障会議宛ての演説で強調した。「われわれは、いわゆる〝カラー革命〟の一連の波が一体どのように悲劇的な諸結果をもたらしたかを、目の当たりにしている。(中略)これは、われわれにとり教訓であり警告である。これに似たようなことがロシアで決して起こらないようにするために、必要なこと全てをおこなう。このことを、われわれに義務づけている」[31]。では、そのために何をなすべきか?

プーチンがまずおこなったのは、己の支持基盤を強化することだった。プーチンの支持層は、主として次のような人々から成っている。所得をロシア政府に依存する軍人、警官、公務員、学生、年金生活者たち。年齢でいうと、ソビエト期の教育が未だ尾を引いている中・高年層。地域でいうと、モスクワなどの大都市でなく、地方に在住している人々。情報源でいうと、主としてテレビ報道に頼っている者たち。これらの人々の価値観では、民主主義的な諸権利に比べて安定、秩序、規律のほうがはるかに重要である。かれらの七五％は、「本来的に受動的で、家父長国家の存在を願っている」[32]。プーチンは己の主要支持層であるこれらの人々に向かって、タンデム政権末期にかれらの物質的待遇を改善すると約束した。そのような大盤振る舞い政策の採用によって、二〇一二年三月の大統領選におけるみずからの当選を確実にしようともくろんだのである。

ほとんど投票用紙を買収せんばかりの〝アメ〟提供作戦だった。

このようなバラマキ政策の対象となったのは、まず軍人だった。チェキストのプーチンは、軍人とのあいだに数多くの共通点を持つ。ともに「シロビキ」であり、「強いロシアの構築」「領土の統一性の護持」「愛国心の高揚」といった信条体系や思想にかんして、軍人はチェキストとほぼ同様の考え方をおこなう。そのこととも関連して、軍部はプーチンにとって大きな実利的利益をもたらしてくれる社会集団にほかならない。じっさい、プーチンの人気は、軍部で図抜けて高い。現在ロシア連邦軍は約一〇〇万人から構成されているが、軍産複合体、その他の関連諸団体に勤めている者、その家族まで含めると、広義の軍関係者は約五五〇万人にものぼる。(33) プーチンがけっして粗末に扱いえない大票田なのである。軍人ばかりでない。プーチンは同様に、警官、公務員、医師、教師、大学生、年金生活者らにたいする給与、奨学金、年金なども大幅に増額することを約束した。

プーチン首相が大統領に返り咲くためにおこなった右のようなバラマキの金額を総計すると、約一六一〇億ドルにものぼる。(34) もとより、プーチン個人がこれらの財源をひねり出す打ち出の小槌をもっているはずはない。したがって、これら全ての増加分は、結局、ロシアの国庫から支出されることになる。右の公約を大統領任期の六年間で実行するばあい、ロシア政府の支出は毎年GDPの約一一・五%分（プーチン首相）(35) にも相当する。これは、同政府がすでに教育、文化、保健の分野に支出しているGDP一・八%に上乗せされることになる。つまり、ロシア政府にとって「堪えがたい額」（エコノミストのウラジーミル・ティホミーロフ）(36) にのぼる。米国の研究レポートによれば、これは石油価格が一バレル当たり一五〇～一六〇ドルに値上りしてはじめてロシア政府が支出しうる額であるという。(37) プーチンが大統領選で己の勝利を確実にするために採った

「大衆迎合主義《ポピュリズム》」[38]にもとづく大盤振る舞いのツケは、結局回り回ってロシア国民にとりひじょうに高いものにつくことになる。

経済的正当化を断念

今後のロシア経済は、かつてオイル・ブームの追い風が吹いた一九九九～二〇〇八年の十年間にそうであったような急成長をもはや望むべくもない。「右肩上りの繁栄がつづくとの神話は終りを告げたのだ」[39]（グスタフソン・ジョージタウン大学教授）。いや、それどころか、今後のロシアは、減速、停滞、衰退の時期すら迎える。これが、欧米エコノミストばかりでなく、ロシアの経済専門家たちがほぼ一致してのべる将来予測といわねばならない。ヒト、モノ、カネのいずれの点からみても、そうなのである。ごく簡単に説明する。

まず、〝ヒト〟。ロシア系住民の人口は、日本を含む西欧先進諸国と同様に、少子化傾向、その他の理由で伸び悩んでいる。加えて、現ロシアは、とりわけ若い人材や優秀な「ブライト&ブライテスト」が争って海外移住を希望するという特殊な事情によって悩まされている。代って、ロシアに入ってくる中央アジアや北コーカサスからの労働移民は、かならずしも重宝かつ有難い人的援軍とはかぎらない。かれらは、たとえば己の民族的伝統、宗教、慣習をそのままロシア国内へ持ち込みがちで、じっさいロシア系住民とのあいだで数々のトラブルや衝突を惹き起こしている。

次に、〝モノ〟。プーチン下のロシア経済は、基本的に「国家資本主義」の考え方や手法で運営されている。そのために、市場原理にもとづく競争原理が作動しにくく、科学技術上のイノベーションが生まれにくい。基本的に資源依存型のモノカルチャー経済にとどまっている。住宅、道路、橋梁、港湾、空港などのインフラストラクチャー（社会基盤構造）が老朽化し、それらの整備がいちじるしく立ち遅れている。かつて「馬鹿（дураки）と道路（дороги）――これが、ロシアの二大問題[40]」。文豪ゴーゴリが語呂合わせの駄洒落でのべたという言葉が、二十一世紀の今日においてもまだ当てはまる。

〝カネ〟は、当然不足している。プーチン政権が事実上国家による「統制経済政策」を実施していることも手伝って、現ロシアでは史上例がない規模で贈収賄が蔓延、横行している。すでにふれたように、国際的なNGO「トランスペアレンシー・インターナショナル（国際透明度）」機関によると、世界一七五カ国のうち、汚職の少ない順位から数えてロシアは一三六位という情けない状態である[41]。内外の企業家は、許認可権の申請のたびごとに膨大な賄賂を用いねばならない。そのことに厭気がさして、ロシア人までもがロシア国内でカネを使ったり、投資したり、貯えたりしようとする気持にならない。結果として、ロシアへの直接投資は減少する一方で、逆に海外への資本流出が増大する。

このように決して明るくないロシア経済にさらに追い討ちをかける要因がある。それは、ロシアの国庫収入の五〇％も占めるエネルギー資源の将来が不確定かつ不安なことである。その主要事由は、次のとおり。まず、肝心要の西シベリアでの油田が枯渇しはじめている。他方、代替することが期待される東シベリア、ロシア極東、北極海は、技術的に採掘困難なうえに、米欧諸国の金融制裁なども作用して開発が思うように進展していない。加えて、世界の各国は、在来型の資源である原油や天然ガスに代わる非在来型の資源や代替エネルギーの探索や工夫に躍起になっている。なかでも、シェール石油・ガスが市場に出回るようになれば、その開発・掘削技術で遅れをとるロシアは最大の打撃をこうむるだろう。加えて、二〇一四年七月以来、空前の原油安、ロシア通貨ルーブルの急落がロシアを襲っている。また、二〇一四年春以来のウクライナ危機一般、とくにクリミア編入にたいして米欧諸国がとっている一連の経済制裁措置は次第に効果を発揮して、唯でさえ苦境にあえぐロシア経済をボディー・ブロウのように圧迫している。ロシアのGDP成長率は、一四年には良くて〇・三%、最悪のばあいはマイナスへと落ち込むだろう。一五年はマイナス三・〇%、一六年もマイナス一・〇%との悲観的な予想がなされている。

こうなると、プーチン政権はプーチンの支持層であるシロビキ、公務員、年金生活者たちにたいして約束した財政上の大盤振る舞いの公約をはたすことなど論外になろう。つまり一言でいうと、「プーチン2.0」は、「プーチン1.0」とは「状況」が異なってきた。風向きが変わると、それに応じて外套の種類も変えなければならない。このような諸事由から、「プーチン2.0」は、新しい政権の「正統性の根拠 (Legitimätsgrunde)」を考案する必要に迫られることになった。そして、そのような正当化事由としてプーチン大統領が新しく選んだのがまさに「保守主義」(консерватизм) という新イデオロギーなのである。

保守主義と聞くと、ロシアがかつて掲げた共産主義もしくは社会主義と真っ向から対立する概念であるかのように響く。つまり、ブルジョア的もしくは反動的といった否定的な修飾語をかぶせがちな政治的保守主義。このようなニュアンスが、否めない。だが、プーチン (あるいは彼のイデオローグないしゴーストライター) が説く保守主義は、もちろん、それらとは意味もニュアンスも異にする。主としてロシアの歴史的伝統や民族性にみられる特殊性を尊重し、堅持しようとする意味での保守主義だからである。そのような保守主義は、実はプーチンが大統領に返り咲く以前の段階からすでに十分存在していた。少なくとも萌芽の形では生まれていた。注意深いクレムリン・ウオッチャーならば、プーチニズムのこの主題は序奏のうちから鳴り響いていたことに気づくはずである。まず、このことを証明する一、二の例を紹介したい。

萌芽は存在した

何度も引用する一九九九年末発表の論文『世紀の境目にあるロシア』のなかで、プーチンはすでに明確に宣言していた。たしかに、今後のロシアは一般的にいうと民主主義や市場経済を実現することになろう。だからといって、しかしながら、けっして誤解してはならない。ロシアは、米欧型の諸制度をそっくりそのまま猿まねするつもりは毛頭なく、あくまでもロシア土着の歴史、文化、民族性を考慮に入れたロシア型の自民主主義や市場経済を追求するのだ、と。少々長い引用になるがプーチニズムの発想が明瞭にあらわれている重要な箇所なので、同論文からその部分を全訳してみよう。

「一九九〇年代の経験が何よりも雄弁に実証しているように、わが祖国が無駄な代償を支払うことなく、真の刷新（обновлени/ renewal）をとげたいと欲するのならば、心すべきことがある。それは、外国の教科書からそっくりそのまま借用してきた抽象的なモデルやスキームをロシアの土壌に移植することによっては、ロシアの刷新というものがけっして達成されないことである。他国の経験を機械的にコピーすることは、ロシアの成功を保障しない」[42]。プーチン論文はつづける。「ロシアを含むどのような国であれ、刷新のためには自分の道（свой путь）を模索せねばならない。いままでのところ、このことに、われわれはあまり成功していない。ようやくここ一、二年になって、われわれは自分の途（своя дорога）すなわち自分の転換モデル（своя модель）らしきものを模索しはじめたばかりである」[43]（傍点は引用者）。同論文は結論としてのべる。「市場経済や民主主義の普遍的な諸原則とロシアの現実を有機的に結びつける。このことによってはじめて、われわれは前途に立派な未来を想定できるだろう。（中略）ロシアは、けっしてアメリカやイギリスの二番煎じにはならない」[44]。

次に紹介すべきは、「主権民主主義」論である。この概念の骨子は、右に紹介済みの『世紀の境目にあるロシア』論文の考え方と、軌を一にしている。同コンセプトは、プーチン政権の「イデオローグ」とみなされるスルコフ大統領府副長官（当時）が提唱し、それにたいしてプーチン自身が一〇〇％賛同する旨のお墨付きをあたえたものである。同概念は、「民主主義」のうえに「主権」という修飾語を冠している点が、まさにポイント、俗な言葉でいえば味噌になっている。つまり、プーチン政権が追及する民主主義はたんなる民主主義ではなく、ロシア土着の歴史、文化、民族性にフィットした独自の民主主義である。したがってそれは、かならずしも欧米流の民主主義とまったく同一の民主主義でないかもしれない。だが、そのようなロシア版民主主義をみて、もしロシアが民主主義を後退させているかのように米欧諸国が批判するのならば、ロシアはそれをロシアへの内政干渉とみなして断固、抗議する。

ともあれ、右のような経緯を経て、プーチンは二〇一三年十二月十二日の大統領年次教書で「プーチン2.0」を正統化する根拠として、いわゆる「保守主義」概念を正式採用する旨宣言したのだった。プーチンは、説明する。同コンセプトは、「クレムリンの意識的かつ長期的な探求を経て遂に到達された結果である」[45]。つまり、それはけっして突然思いつかれた即興的なアイディアでなく、彼が長年暖め、大事に育ててきた考えである、と。右に紹介した『世紀の境目にあるロシア』や「主権民主主義」論は、その準備段階における素描に過ぎず、それが遂に二〇一二年に一枚の絵として完成させられたのである。それは、同時に次のことをも意味していた。すなわち、メドベージェフが大統領時代に唱道した欧米をモデルとする「近代主義」概念が、プーチン提案の「保守主義」の新コンセプトによって今や明確に放棄ないし否定された事実だった。

プーチン・ドクトリン

そもそもプーチン大統領が現時点のロシアで「保守主義」概念を提起した動機や理由は、一体何だったのか？　また、同大統領が提唱する「保守主義」とは、具体的にはどのような内容のものなのか？　この二つの問題を、ロシア内外の識者のコメントを参考にしつつ考えてみよう。

プーチン大統領による二〇一二年の「保守主義」宣言は、次の点に最大の意義が求められる。つまり、それは、「プーチノクラシー」が依拠する立場を正統化し、合理化しようとするイデオロギーの提示にほかならない。そして、このようなことは、十三年間におよぶプーチン政権の歴史において初めてのことだった。たしかに、プーチン体制はこれまで「強い国家」「権力の垂直支配」「主権民主主義」といった様々な概念を提唱してきた。だがそれらは、いってみればプーチニズムの目標や方法などをしめす個別的な用語に過ぎなかった。ましてや、〈物質的な生活を保障する代償として、政治的発言を慎むべし〉との「プーチン式社会契約」論は、「プーチノクラシー」の統治条件の提示に過ぎなかった。しかも、それは暗黙の契約であり、けっして明示的なそれではなかった。

つまり、これまでのプーチンは「プーチン主義」の目標、方法、条件等について断片的、黙示的に言及することはあっても、けっしてそれらを総合的にまとめる「内外政策の哲学」（ルキヤーノフ）[46]を正面切って提示しようとは、ついぞ試みなかった。プーチン政権のいわば偶然ともいえるその成立経緯を思い起こすならば、このことはとうぜん至極だったろう。というのも、プーチンは、前任大統領、エリツィンによって突如として後継者に指名された人物だったからである。そのようなプーチンに統一的な哲学の提出を求めることなど、およそないものねだりにも似た無理な要求だったろう。じっさい、彼にはそのようなものを思いつったり形成する余裕も、時間もなかった。その代わりに、日々ロシア、もしくは新大統領としてのプーチン自身を直撃する内外の難問や課題に実務的に対応してゆくのが、精一杯――。これこそが、ことの真相だったにちがいない。

ところが、二〇一二年にクレムリンへと復帰したプーチンには、もはや右のような言い逃れは通用しない。彼は、二〇〇〇年五月の就任から数えると、何と十四年間の長きにおよんで大統領もしくは首相の地位を占めている人物だからである。名義上も、実質上もロシア政治の第一人者であり、最高指導者としての実務経験を積んでいる。序でながら、ブッシュ、ブレア、サルコジ、ベルルスコーニといった世界の政治家たちが次々に引退していった今日、プーチンは「世界で最も大きな影響力をもつ人間」とすらみなされる。

そのようなことよりも、はるかに重要なことがあろう。それは、彼が「プーチン2.0」で直面している課題や内外情勢が、さきに示唆したように、「プーチン1.0」のそれから大きく様変わりしていること。しかも、プーチンから見てひじょうに厳しい方向や状況へと動いてきていることだろう。具体的にいうと、ロシア国民はもはや「プーチン式社会契約」だけには満足しなくなっているのだ。それが証拠に、少なくとも現ロシアの大都市などでは反政府諸勢力が組織する集会やデモが決して珍しい風景ではなくなり、あまつさえかれらは「プーチンなきロシア！」「プーチンよ去れ！」とすら叫びはじめた。プーチンの支持率は、「プーチン1.0」の七〇％台から「プーチン2.0」の初めには六〇％台へと、明らかに下落する傾向をしめしはじめた――。以上のような状況こそが、二〇一三年末にプーチンをして新しいイデオロギーもしくはドクトリンを考案、宣言せねばならないと決心させるにいたった主要事由だったのだろう。

プーチンが「保守主義」宣言に踏み切った真の動機は、私が本章の冒頭から幾度となく強調しているように次の点にあると推察される。つまり、ロシア国民を政権に繋ぎとめるためには、そろそろエネルギー資源「レント」から得られる物質的利益の均霑だけではけっして不十分とはいえない状況になってきた。しかも、ロシア経済一般の停滞にかんがみて、ひきつづきそれを保障することが次第にむずかしくなってきた。こういった「状況」変化に直面して、プーチン体制の維持・存続に正統性をあたえるためには、是非とも新しい原理が見出されるか、発明されねばならない。そのような必要性にもとづく探索努力の結果、おそらくロシアの伝統、民族、文化などの特殊性を尊重しようと説くプーチン版「保守主義」が最適の「正統性の根拠」として提唱されるようになったのだろう。

もし右のような私の推測が当たっているとするならば、やや理論的な用語を用いて以下のようにもいえるかもしれない。クレムリンは、従来の「発展型モデル」を放棄して、「緊急対応型モデル」のシナリオへと転換した。[47] さらに直截にいうならば、プーチンが説く「保守主義」とは、プーチンの持論を総合したものであると同時に、プーチノクラシーを何とかして継続させ、サバイバルさせようという功利主義的な狙いのために考案された新しいイデオロギーにほかならない、と。

保守主義の特徴

プーチンの新イデオロギー、「保守主義」とは、では、一体どのような類いの思想なのか？　その内容にみられる具体的な特色は、何か？　次に、この問題を検討する必要があろう。私によれば、以下の五つがその主要な特徴である。

ロシア独自の価値の尊重。これが、第一の特徴である。ロシアには他国にはない伝統的な価値とみなされるものが存在し、それらは是非とも尊重されねばならない。このように説く考え方である。二〇一三年十二月十二日の年次教書演説で、プーチン大統領自身、明言した。「伝統的な価値の擁護――。これが、われわれが目指す立場である。これは、何千年にもわたって文明、そして各民族の精神的、道徳的基盤を形成してきた伝統的な価値観である。つまり、伝統的な家族や信仰を含む真に人間的な生活、たんに物質的ばかりでなく精神的な生活、人道主義と世界の多様性を認める価値観にほかならない(48)」。

ロシアの伝統的価値を擁護するこのような思想的立場を、「保守主義」と名づけたい。プーチンはこう説いた。「もちろん、これは保守的な立場である。だが、ベルジャーエフの言葉を借りると、保守主義の思想は必ずしも前進や向上を防げることにあるのではない。混沌の闇へ向かったり、原始的状態へ回帰したりしようとする後退や堕落を、防止することにある(49)」。このときプーチン大統領がベルジャーエフの名前に言及したことは、少なからず驚きであった。ベルジャーエフは、十九世紀ロシアの思想家で、たしかに政治的保守主義を唱えたことで知られる人物ではある。だが同時に、共産主義が政治的進歩主義を標榜しつつ人間の自由を抑圧する側面をもつことを、誰よりも仮借なく糾弾したことで知られる思想家だったからである。

ちなみに、ここでもしプーチン流「保守主義」に影響を及ぼした人物を指摘するならば、それは、ベルジャーエフより、むしろイワン・イリインのほうがより適切だろう。イリインは、ベルジャーエフ同様に十九世紀末から二十世紀にかけて活躍したロシアの思想家であるが、次のような主張を明確に打ち出したことで知られているからである。すなわち、ロシアは、それがおかれた特殊な状況ゆえに、いたずらに西欧型発展モデルを模倣すべきではなく、ロシア独自の道を歩んで当然である。しかも、西欧諸国はロシアの事情にまったく無知なのであるから、そのようなロシアの試みに一切干渉すべきではない[50]、と。じっさい、プーチンは、二〇一四年十二月の大統領教書演説中で明言した。「国際的な自主ならびに独立の立場を提唱したイワン・イリインの偉大な思想は、現代のわれわれわれに最良のガイドラインを与える[51]」。

それはともかくとして、プーチンがロシアの「伝統的価値」重視の立場を主張するばあい、「伝統的価値」とは一体何を指すのか。プーチンは、答えていない[52]。だとすると、特定の政治家が決めるもの＝《イコール》「伝統的価値」とみなされかねない危険が生じる。また、別の問いも生じる。それは、ロシアの歴史と過去のすべてを肯定的に評価すべしということになるのだろうか。たとえば、ソビエト統治下の七十年を、一体どのように評価することになるのか。たしかにプーチンは、ソ連邦の崩壊を「二十世紀における地政学上の大惨事」であるとみなし、遺憾の意を表明した。しかしだからといって、プーチン提唱の「保守主義」がソ連時代の一切合財を全面的に肯定している訳ではなかろう。おそらく是々非々主義が、その答えなのだろう。プーチンによるスターリン評価が、その好例になるのではないか。つまり、プーチンはスターリンやスターリン主義を一〇〇％肯定しているわけでもなければ、逆に一〇〇％否定しているわけでもなかろう。

物質的価値よりも精神的な価値をより一層重視する。これをもって、プーチン提唱の「保守主義」の第二の特色とみなしえよう。これは、本章の前半部分で説明したロシアにおける次の事情を反映している。つまり、過去十四年間でロシア人の多くは、最低水準の衣食住生活をほぼクリアした。したがって、かれらは今や物質的欲求の充足以上の何か（etwas）、簡単にいえば生き甲斐のようなものを模索するようになりつつあること。いや、為政者側からみて同時に重要なのは、次の事情である。すなわち、資源依存型のロシア経済の先き行きにどうやら、いやハッキリと蔭《かげ》りが現れてきたこと。そのために、〈人はパンのみに生きるにあらず〉。この種の精神生活の重要性を強調することが、プーチン政権にとり実に都合のよい「正統性根拠」の変更になること。そして、じっさいこれは実に先見の明がある政策転換になった。というのも、二〇一四年後半にロシアを襲った原油安、ルーブル安は、同年三月以来米欧諸国がロシアにたいして科している経済制裁と相俟って「三重苦」になり、ロシア国民の物質生活の困窮化を招来したからだった。

物事をラジカルでなく、漸進的に変えることの重要性を説く。これが、プーチン流「保守主義」の第三の特徴だといえよう。保守主義は、たとえば自由主義や社会主義などの主張にくらべると、イデオロギー性がやや希薄な思想である。生き方や人生観に近い感じすら抱く。それはともかくとして、保守主義は、物事を急進的、革命的に変えることのメリットに、懐疑的である。壮大なビジョンやグランド・デザインにもとづいて全面的な変革を一挙に実現するよりも、これまで社会を形成してきた慣習、伝統、諸制度を尊重しながら、物事を徐々に改良してゆくことのほうを善しとする。プーチンは、ゴルバチョフ、エリツィンという二人の前任者が急進的な改革を上から強行して、ロシア社会を大混乱に落し入れた弊害を目の当たりにした。そのこともあって、彼は秩序を保ちつつ、漸進的な手法で物事を進めてゆくことを好むように思われる。ちなみにこの文脈でも、すでに引用済みのパブロフスキイの次のコメントを思い起こすことは無駄ではないだろう。「プーチンは、革命を嫌悪する。彼は、本質的に反革命主義者なのである」[53]。

反欧米モデル

二十一世紀のポスト・モダニズム批判。これをもって、プーチン流「保守主義」の第四の特徴とみなしても差し支えないかもしれない。プーチンは、どうやら次のように考えている様子だからである。現代世界では、物質主義、拝金主義が横行する一方、たとえば敬虔な宗教信仰にもとづく伝統的な家族主義が崩壊の危機に瀕している。行き過ぎたフェミニズム、「LGBT（レスビアン、ゲイ、バイセクシャル、トランスジェンダー）」などの諸性向や現象が横行し、グロバーリズムの美名の下に無国籍文化が蔓延している。[54] このような状況下においては純粋無垢のロシア式精神文化を堅持すべしと説くことは、けっしてアナクロニズムではない。むしろ、健全な保守本流の姿勢なのである、と。

プーチンの「保守主義」の第五の特色は、ロシアが米欧諸国と異なる独自の文明を築いてきたことを肯定的に評価する点にある。裏返していうと、己を世界文明の主流モデルとみなしがちな米欧諸国の驕《おご》った傾向に強く反発する。より直截には、反米主義が「プーチノクラシー」の中核にある。このようにいってよいかもしれない。プーチンは、冷戦終了後の国際世界で唯一の超大国であるアメリカを、アンビバレント（愛憎両感情が同時存在する）な目で眺め、状況次第で対米協調もしくは対米反発というまったく異なる態度で対処してきた。だが、ことが米国が代表する近代化モデルや米国が押しつけがちな一極ないしは単独支配（ユニラテラリズム）傾向にかんするかぎりは、一貫して反発する姿勢をしめす。ちなみに、この点でプーチンは、メドベージェフと一味も二味も異なる。メドベージェフは、タンデム政権期に「近代化」路線を唱え、米国モデルを善しとみなし、それに追随する姿勢すら隠そうとしなかった指導者だからである。じっさい、米欧先進諸国に追いつこうとして米国のシリコン・バレーを見学したり、モスクワ郊外に「ロシア版シリコン・バレー」のITセンターを創設したりした。

——以上のような諸特徴をもつプーチン唱導の「保守主義」にかんしては、ロシア国内でも賛否両論がある。一方で、これはロシアばかりでなく、世界の心ある人々の共感を呼び起こす新思考の出現にほかならない――こう絶賛し、歓迎する声があがった。たとえば、クレムリンに立場が近いことを隠さないシンクタンク、「戦略コミュニケーション・センター」は、その典型といえよう。プーチン大統領が二〇一三年末の教書演説で「保守主義」宣言をおこなった直後に同センターが発表したレポートは、何と「プーチンは世界の保守主義者の新リーダー」[55]というタイトルすら冠していた。さらに、次のようなことを主張する評論家すら現れる始末だった。かつてマルクス＝エンゲルスが「世界の労働者、団結せよ！」[56]と叫んだように、今やロシアのプーチン大統領は「世界の保守主義者、団結せよ！」と呼びかけている、と。だとすると、プーチンの「保守主義」は「コミンテルンの現代版」[57]の創設を目指しているとすら解釈できるのだろうか。

他方、次のように説く批判的な見方も現れた。たとえば、イノゼムツェフはのべる。本来の保守主義は、何よりも人間の個性を重視する個人主義、したがってリベラリズム（自由主義）を、その根幹においているはずではないか。たとえば、マーガレット・サッチャーやロナルド・レーガンの保守主義が、そうだった。ところが、プーチン現大統領は保守主義を唱える一方で、ロシア国民個人個人の自由や権利を一向に尊重しようとしない。むしろ、抑圧しようとする傾向すらしめしている。その意味でイノゼムツェフによれば、プーチン主導の保守主義は到底「真の保守主義」であるとはみなしがたい代物である。イノゼムツェフの結論は、実に手厳しい。「それは、逆行、より精確にいうならば反動の同義語とさえ評さねばならない」[58]。

ナショナリズムにアピール

右のような諸特徴をもつプーチン流「保守主義」は、それが本来の狙いだったか否かを別にして、ロシア国民のナショナリズム（民族主義）にアピールし、愛国心を高揚させる機能を持つ。プーチン自身は、このことをいささかも隠すことなく公言している。たとえば二〇一二年九月、プーチン大統領はクラスノダール開催の「青少年の愛国教育問題にかんする国民代表たちとの会合」で、今後のロシアの未来建設の土台となるのがまさしく愛国心にほかならないことを、次のように強調した。「われわれは、自身の将来を強固な基礎のうえに建設せねばならない。そのような基礎となるのは、愛国心（патриотизм）にほかならない[59]」。では、愛国心とは一体何か？　プーチンは明瞭に答える。「それは、己の歴史や伝統、わが国民の精神的価値、わが国の数千年におよぶ文化、ロシア領土で数百の民族グループならびに言語の共存といった独自の経験を尊敬しようとする心である[60]」。

また、一三年九月開催のヴァルダイ会議での演説においても、プーチンは宣言した。「ロシアの主権、独立、領土の一体性は、無条件に守らなければならない。これらは、誰一人侵犯してはならない『レッドライン』なのである。われわれのあいだに存在する様々な差異にもかかわらず、アイデンティティ、（ロシア）民族の未来についての話し合いは、その討議に参加する者すべてが愛国主義をもつことなしにはおこないえない。もちろん、私はここで言葉の最も純粋な意味での愛国主義という意味で語っている[61]」。

ロシア国民のナショナリズム、すなわち愛国心を鼓舞するためには、具体的な外敵を設定することがベストかつ最も手っ取り早い方法である。このようにして選ばれた外敵が、アメリカ合衆国にほかならなかった。なぜ、アメリカなのか？　プーチンは説明する。祖国ロシアの平和と安寧を脅かすものは、何か。現代の「ハイブリッド戦争状態」において用いられる手段は、かならずしも相手側にたいして赤裸々な形で直接なされる軍事力の行使ばかりとは限らない。自己流の民主主義をあたかも普遍的なモデルであるかのように主張して他国の内政に干渉を試みる行為も、その有力な手立てである、と。このような理屈にもとづいて、プーチンは例えば米国の「ユニラテラリズム（単独主義）」傾向を、批判の俎上にあげる。すでに二〇〇七年二月ミュンヘンで、プーチンはのべた。「アメリカは、あらゆる分野で己の国境を踏み超えている。すなわち、経済、政治、人文の分野でほかの国々にたいして自己流のやり方を押しつけようとしている。はたして誰がこのようなことを望むだろうか[62]」。

クレムリンへ復帰したあとの二〇一三年九月、プーチンは『ニューヨーク・タイムズ』紙上に、次のような趣旨の米国批判論文（英文）を寄稿した。米国は己を他の国々とは異なるユニークもしくは〝例外的な存在〟とみなし、「世界の警察官」としての役割をはたすとの大義名分を掲げ、じっさい他国の内政に干渉することにいささかも躊躇しない。「米国にとっては、諸国の内政への軍事干渉がごく普通のことになっている。（中略）オバマ大統領が、アメリカの政策は他国のそれと異なるとのべ〝アメリカのエクセプショナリズム（例外主義）〟を主張することにたいして、私は異議を唱える。その動機が何であれ、己を例外的な存在であるかのように見せかけるのはひじょうに危険である[63]」。

ここで多くの賢明な読者は、ほとんど当然のごとく気づくであろう。ほかならぬプーチンが二重基準を用いている事実に。というのも、「ロシア文明のユニークな特殊性」（レオン・アロン）[64]が尊重されるべし――。本章で繰り返し紹介しているプーチン流保守主義の真髄は、突きつめていえば「ロシアの例外主義」（同）[65]の主張であると要約されるからである。みずからは〝ロシア例外性〟の尊重を要求するプーチンが、他方では〝アメリカ例外主義〟を非難する。これは、明らかに自家撞着であろう。

それはさておき、では、プーチンは、米国の単独主義や例外主義を、なぜ攻撃するのか？　こうたずねられるならば、その根底には、具体的な危惧や恐怖感があるからだと答えねばならないだろう。端的にいうならば、米国から直接、間接的な支援を得て、ロシア国内で「カラー革命」もどきの人民反乱が起こることにたいする懸念である。というのも、プーチンはほとんど次のように信じ込んでいる模様だからである。たとえば、グルジアやウクライナでの「カラー革命」、そしてアフリカ北部や中東諸国で勃発した「アラブの春」は、けっして地元の反政府分子の力だけでは発生しえなかった。それは、外部勢力、とりわけ米国の物質的、軍事的支援によって初めて可能になった。二〇一二年十二月以来ロシアで頻発するようになった街頭集会やデモなどの反政府運動についても、同様のことがいえる、と。じじつ、プーチン首相（当時）は公言した。プーチン政権にたいする抗議運動は、ヒラリー・クリントン米国務長官（当時）やＣＩＡ（米中央情報局）によって使嗾《しそう》された一部分子の動きにほかならない。したがって、そのような反プーチン運動の根を絶つには、それにたいする外部、とりわけ米国の支援を遮断することがベストかつ最も適切な対応策になる、と。

ＮＧＯはスパイ

二〇一二年五月にクレムリンへ復帰するや否や、プーチン大統領は直ちに反政府運動を取り締まる法制度の整備に乗り出した。(66) ここでは、それらすべてについて紹介する紙面上の余裕はない。が、現文脈との関連で、次の立法化についてだけは是非ともふれておく必要があろう。(67) つまり、ロシアのＮＧＯ（非政府組織）やＮＰＯ（非営利組織）――以後、たんにＮＧＯと総称――が、今後諸外国――主として米国――から経済的支援を受けることを、事実上禁止しようとする法案の制定ならびに実施である。

プーチン大統領はロシア議会に向かって、ロシア国内のＮＧＯに以下のことを義務づける法案を至急、審議し、可決するように促した。①外国の政府や個人から経済的、その他の支援を得て「政治活動」にたずさわるばあい、ロシア司法省に登録する。②ＮＧＯは、己が「外国のエージェント」であることを、ウェブサイトや出版物上で明記する。③資金活動報告を、司法省あてに年二回提出する（その他の組織は、年一回でよいのだが）。④これらの義務に違反したＮＧＯは、最高一〇〇万ルーブル（当時の交換レートで約三万一〇〇〇ドル、約二四三万円）の罰金、または三年までの投獄が科せられる。[68]

右のような条項を内容とするＮＧＯ関連法案は、改めてのべるまでもなくロシア憲法の精神に違反している。なぜならば、同憲法は「社会団体は、法律の下では平等である」（第一三条）と明規しているからである。同法案の文言では、とりわけ次の二つの用語をめぐる曖昧な「定義」[69]が、問題になった。法律文書で概念定義を曖昧にすることは、「法的明確性の原則」にたいする違反行為にほかならない。[70]法の執行者に選択的、つまり恣意的でさえある裁量権限をあたえることになりかねないからである。[71]

その第一例は、「外国のエージェント（代理人）」[72]。この言葉には、外国によって雇われ、自国の利益よりも外国のそれを重視する類いの人間といった否定的なニュアンス、もしくは「誹謗」[73]の意味がこめられている。じっさいソ連時代、とくにスターリン期に多くの政治犯は、「外国のエージェント」との汚名を着せられて、粛清されるという悲劇を経験した。モスクワで通訳業を営んでいるエッセイストのミッシェル・ベルディも、いう。「ダブル・エージェント」という言葉が二重スパイは意味するのと同様に、ロシア語の「エージェント」はほとんどスパイの同義語として用いられている、[74]と。このように重大な疑問が提出されたにもかかわらず、プーチン大統領自身は、「外国のエージェント」という用語の使用に固執し、この件にかんしてはいささかも譲歩する姿勢をしめさなかった。[75]みずからの主張を正当化しようとして、大統領はロシアの諺すら引用した。〈笛吹きに金を払う者が、曲を注文する権利をもつ〉[76]と。

第二は、「政治活動」。これも、「漠然とした」「法的に定義されていない」用語以外の何物でもない。[77] 一体何をもって政治活動とみなすのか。人間がおこなうほとんどすべての行為は、「政治活動」であるとすらいえなくないだろう。[78] これまた、当局による恣意的な解釈を許す危険性をもつ言葉と評さざるをえない。

ともあれ、ロシア議会は、右のような内容や疑問を包蔵するNGO関連法案を二〇一二年七月はじめから審議しはじめ、何ともう夏期休暇の直前には同法案をスピード成立させた。結果として、ロシア国内で長年活動してきたすべてのNGOのロシア支部が、今後NGO法の適用を受けることになった。たとえば、ヘルシンキ人権グループ、選挙監視団体「ゴーロス（声）」、腐敗・汚職を監視する「国際透明度（TI）」機関——などの国際組織が、そうだった。じっさい、「米国際開発庁（USAID）」は、二〇一二年十月一日をもってロシア国内での活動停止を命じられる第一号の名誉（？）に輝いた。USAIDは、ソ連解体後の一九九二年以降、ロシアの社会・経済発展を後押しする目的で、ロシアの政府機関やNGOなどへ資金援助をおこなってきた組織である。民主化や人権状況改善のほか、エイズ、結核などの疾病対策や環境保護に係わる諸団体も支援してきた。過去二十年間の援助総額は二六億ドル以上にものぼった。[79] ロシア外務省はUSAIDの活動停止の理由を、「その活動がロシアの内政干渉に当たるから」とだけ説明した。

支持率が急上昇

「プーチノクラシー」の正統化事由を、かつての物的生活の保障から「保守主義」のイデオロギー、具体的にはナショナリズムや愛国主義、さらに端的にいうと反米主義へのアピールへと転換させる。「プーチン2.0」の開始とともに明らかになったこの意図と作業は、これまでのところ大成功の結果をもたらしていると評しえよう。その理由のひとつとして、オバマ米大統領が一般的にいって外交下手で、彼の「オウンゴール」によってプーチン政権が助けられている側面を指摘してよいかもしれない。米大統領は、「世界の警察官」役に倦み疲れたアメリカ国民や米議会の気分も反映して、もはや世界のトラブル（紛争）スポット（地点）にたいして積極的に介入することに気乗り薄になっている。このような傾向を察知したロシアのプーチン政権は、次々と外交上の得点を重ねた。

プーチン大統領は、たとえばシリア危機を回避する妥協案を提示し、その枠組みにたんに己の友好国シリアばかりでなく、米欧諸国からの賛同すら克ち取ることに成功した。シリアのアサド政権が保有する化学兵器を一年以内に完全廃棄させる代わりに、対シリアの武力行使を米国などに思いとどまらせるという提案である。これは、巧妙な手品だった。アサド政権の化学兵器使用にたいする米仏などの懲罰攻撃の是非論から、同政権による化学兵器廃絶状況の監視へと、世界の関心の対象を見事にすり替えてみせたからである。それはともかく、米欧諸国とシリアとのあいだの仲介作業によって、プーチン大統領はロシアが依然として国際舞台での重要なプレイヤーであるとのイメージの回復行為に見事に成功した。米誌『タイム』（二〇一三年九月十六日号）は、同大統領をカバー・ストーリーに採りあげた。(80) プーチン支持の青年組織「ナーシ（われら）」にいたっては、プーチン大統領こそが二〇一三年度のノーベル平和賞の最適候補者にノミネートされるべきだなどと、大はしゃぎする始末だった。

プーチンは、冬季五輪を自国のソチで主宰することにも成功した。オリンピック開催は、改めていうまでもなく愛国心を高揚させるための絶好の場にほかならない。誰にも増してそのような効用を熟知していればこそ、一般的にいってプーチンは五輪をはじめ国際的なビック・イベントをなりふり構わず自国に誘致しよ

う と懸命になるのだろう。二〇一二年のアジア太平洋経済協力会議（ＡＰＥＣ）、一四年のソチ五輪、一八年開催予定のサッカー・ワールドカップ（Ｗ杯）……などなど。したがって、プーチン大統領はこれらの巨大イベントに巨費を注ぎこむことにいささかも躊躇しない。たとえばソチ五輪開催のために大統領は何と五一〇億ドルも投じた。ロンドン夏季五輪の一九〇億ドルすらはるかに上回る、五輪史上での最高額を記録した。また、五輪妨害工作を阻止するために、ソチ市内に警察、治安、軍の各部隊計四万人を動員し、張りつけた。それは、何とソチの人口（三五万人）の十人に一人の割合である。結果として、同五輪は何らの事故も発生させることなく無事に閉幕した。が、まるで「ポチョムキン村の現代版」を見るかのようであるとの噂しきりだった。エカテリーナ女帝の寵臣、グリゴーリイ・ポチョムキンが、女帝が行幸する通りの表装部分のみを美しく飾り立てたという故事にもとづく。その言い伝えにも似て、プーチン政権はロシアでＡＰＥＣ、冬季五輪などを主催することによって、同政権の内政上の失敗や改革の遅れからロシア国民の目を逸らすことも狙っている。

クリミアを取り戻す

そして改めていうまでもなく、ロシア人のナショナリズムを高揚させ、プーチン人気の急上昇に役立った極めつけは、クリミアのロシアへの併合だった。二〇一三年末からのウクライナはまるで「オレンジ革命」の第二波が到来したかのような危機に直面した。そのどさくさ紛れに、ウクライナ南部のクリミア自治共和国で親ロシア派勢力がロシア編入の是非を問う住民投票を強引に実行した。同共和国では、人口（約二〇〇万人）のうちロシア系住民が約六〇％を占めている。加えて、非ロシア系住民は投票をボイコットするか、親ロ勢力によって妨害されるかして、投票場へ赴くことが適わなかった。結果として、投票者の圧倒的多数（九五％以上）がロシアへの編入に賛成した。もとより、二〇一四年三月十六日におこなわれたクリミア住民投票は憲法違反だった。ウクライナ憲法（第七三条）は、国境の変更がウクライナ全体の国民投票によって初めて可能と規定しているからである。しかも、住民投票それ自体が軍事的な威圧下で実施されたからである。黒海艦隊の兵士ばかりでなく、半島内へ送り込まれた「自衛団」と称する覆面のロシア特殊部隊の兵士たちが――軍服の色から「緑の人（зелёный человек）」と綽名された――徘徊し、住民に無言の圧力を加えた。また、ロシア系住民が複数の投票所をバスで掛け持ちして走り回ったり、一人で何枚もの投票用紙を使用したりするなどの不正行為すら、公然とおこなった様子だった。

全世界を驚かせたのは、プーチン大統領がこの住民投票にたいしてとった電光石火の動きだった。というのも、同大統領は、右の住民投票の二日後に早やクリミアの親ロ派勢力の指導者たちをモスクワに呼び寄せ、クリミアのロシア連邦への正式併合を宣言したからである。大統領は、同じ席上で上下両院の議員たちに向かい己の英断を正当化して、次のようにのべた。[81]

まず、ロシア国家には、たとえどこに住んでいようとロシア系住民、そしてロシア語を話す人々を、保護すべき義務があること。「ウクライナには何百万人というロシア人やロシア語を話す人が現在住んでおり、将来もそのような状態がつづくだろう。そして、ロシアはかれらの利害を常に守る」。次いでクリミア半島が紛れもなくロシア固有の領土にほかならないことを力説した。いわく、「クリミアは、ロシアの固有領土であり（Крым–это исконно русская земля）」、「ロシア人の心の中で、意識の中で、常にロシアの分かちがたい一部であり今日もそれ以外ではありえない」。プーチン大統領は、演説をしめくくるにあたりロシア国民の愛国心を称えることを決して忘れなかった。「私の外交政策上の立場は、わが国民の意思、われわれの団結の強さに基礎をおいている。すべての者のこのような愛国精神の発露にたいして、私は心からの感謝の意を表明したい」。

果せるかな、プーチンによるクリミア併合の即断は、ロシア国民のナショナリズムに見事アピールし、大喝采を浴びた。右に引用したプーチン演説の主旨を一語で要約した「クリミアはわれわれのもの（Крым–наш、一言にして крымнаш）」は、若者たちが着用するTシャツの胸にプリントされる、流行語のナンバーワンになった。[82] その後のプーチンはまるで英雄もしくは救世主扱い――。こう評して、少しも過言でなかろう。というのもクリミアは、ニキータ・フルシチョフ第一書記やエリツィン初代ロシア大統領の「愚行」によって一時はロシアの手から完全に失われてしまったかのように思われた。だが、このたび「一発の弾丸も打つことなくほとんど奇跡のようにロシアへと戻ってきた」[83]からである。シリア問題でオバマ大統領の鼻をあかしてくれたおらがプーチンは、またしてもクリーン・ヒットを放ってくれた。ロシア国民間で、このようにしてプーチンの支持率は何と八六％にまで跳ね上った。

小魚を得て、大魚を失う？

しかしながら、ウクライナ情勢は未だ流動的で、ロシア、とりわけプーチン大統領の独り勝ちとの判定をくだすのはやや時期尚早である。最終的判断は、歴史がおこなうだろう。というのも、ロシアはクリミアを事実上入手した一方で、実に多くのものを失った、あるいは長期的に失うことになるかもしれないからである。そして、その責任の大半はプーチン大統領に帰せられる。

第一に、それは同時にウクライナ国民の愛国心も覚醒させる愚を招いてしまった。ウクライナ国民は、プーチン政権によるクリミア併合やウクライナ「東部」への介入を目の当たりにして初めて悟った。ウクライナの主権や国民としての団結・連帯がいかに重要であるかということを。その結果、たとえば二〇一四年五月二十五日のウクライナ大統領選挙では、候補者乱立状況にもかかわらず、決選投票を経ずに第一回目の投票でポロシェンコ候補を当選させた。ポロシェンコ新大統領は親米欧、反ロシアの旗印を明確にし、ウクライナのEUばかりでなく、NATOへの加盟すら希望している人物である。このようなウクライナ国民の動きを、『ニューズウィーク』(二〇一四・七・二五)は次のようにさえ表現した。「今や尻尾を斬られたネズミは西の方角へ向かって逃亡を企てて、己の安全保障をはかろうとしている」[84]、と。

プーチン大統領による一連のウクライナ政策は、第二に、大統領みずからの「ユーラシア経済連合」構想に冷水を差したばかりか、それを頓挫させることになった。同構想は、かつてソ連邦構成共和国だった現「独立国家共同体」(CIS)の有志諸国を再び束ねて、「ミニ・ソ連」の組織をつくることを目指す。プーチン大統領はこのスキームを自身の公約に掲げ、長年にわたってその実現に努力してきた。一言でいうと、彼の「ペット・プロジェクト」にほかならない。そのような「ユーラシア連合」構想は、とうぜんウクライナの参加を大いに当てにしていた。ウクライナは、CIS諸国のなかでロシアに次ぐ人口約四五〇〇万を擁する中欧の大国。日本の一・六倍の面積をもち、ロシアとヨーロッパの狭間という地理的要衝を占める。そのようなウクライナの加盟なしには、「ユーラシア連合」プロジェクトはたんに見映えが悪いばかりではない。類似の組織、たとえばEUや「上海経済協力機構(SCO)」などと、とうてい同一レベルで競い合える存在になりえないだろう。

このようにして、譬えていうとロシアはたしかに小魚（クリミア）を得たかもしれないが、代わりに大魚（ウクライナ）をとり逃す愚を犯したのではないか。ブルガリアの政治学者、イワン・クラステフは、端的に記す。「クリミアを併合することによって、プーチンはウクライナを喪った」[85]。ロバート・サービス教授（オックスフォード大、ロシア史専攻）も、同様に次のようにのべる。「プーチン氏は、面積でいうとウクライナのわずか四・五％でしかないクリミアをロシア領へと併合することによって、ウクライナ全体のユーラシア連合参加という己の念願の夢を一挙に台無しにしてしまった。プーチン外交の惨事と評さねばならないだろう」[86]（傍点は引用者）。

尤も実際に起こり、プーチンがおこなったのは、順序が真逆である。こう説くのは、マクフォール・スタンフォード大学教授である。同教授によると、ウクライナ諸勢力が「マイダン革命」を惹起《じゃっき》させ、ビクトル・ヤヌコビッチ大統領をしてロシアへ逃亡させることになった。この段階でウクライナ（大魚）は、ロシアの手からすでにこぼれ落ちていた。その後、クリミアを何とか確保したのは、ロシア、とくにプーチンにとって未だしも不幸中の幸いだった[87]。つまりマクフォール教授によれば、ロシアはたしかに大魚（ウクライナ）を逃したかもしれないが、小魚（クリミア）を得たことで何とか面子《めんつ》を保ちえた。いや、そればかりではない。むしろ小魚の捕獲のほうを意図的に喧伝して、大魚の喪失から目を逸らさせようと必死になっている。このような見方をするのは、サクワ教授である。いわく、「敵方の行動を利用することによって、自分自身の課題を推進する。これは、プーチンの典型的な手法である。そのことによって、トップのエリート集団間における己の支持や立場を強化し、ロシア人大衆を（愛国心）の旗印のもとに集結させようと試みるのだ」[88]。

「ロシア異質論」の復活

プーチンの独り勝ちとの判断をくだせない、三つ目の理由がある。プーチン政権によるウクライナへの介入は、ロシアの国際的イメージをいちじるしく悪化させる結果を導いたからである。ロシアは、武力の脅し、もしくは行使によって国連加盟の独立主権国家から領土を簒奪して平然としている国。これでは、冷戦終結やソ連邦解体後のロシアが、欧米流の民主主義や市場経済体制の国へとスムーズに移行するだろうと楽観視したこと自体が、大きな間違いだった。やはりロシアは、欧米諸国とは一味も二味異なる国とみなさざるをえない――。このように説くいわゆる「ロシア異質論」が、またぞろ勢いを増すことになった。「ロシア異質論」とは、欧米世界からみて、ロシアは所詮「われわれとは異なっており[89]」、われわれとは「かけ離れている[90]」との見方。プーチン大統領のウクライナに対する二〇一四年三月の言動をみて、ドイツのメルケル宰相がのべた言葉は、文字通り、この「ロシア異質論」を再認識した有名な言葉になった。いわく、「プーチンは、（われわれとは）別の世界に住んでいる[91]」。つまり、異邦人であるとの認識である。

尤も、右のように説く「ロシア異質論」は、二〇一三〜四年のウクライナ危機勃発前の時期からすでに唱えられていた。どんなに遅く見積っても、二〇〇八年夏にロシアが南オセチアやアブハジアを事実上ロシアの保護領化したときに、「ロシア異質論」は話題に上った[92]。はたして発生時期が厳密にいって一体何時だったのか。その問題を別にして、このような「ロシア異質論」の考えにもとづくならば、ウクライナ危機が米ロ対立の原因になったと説くよりも、それはすでに存在していた米ロ間の対立がウクライナ危機という症状の形をとって激しく噴出した――。むしろこう捉えるべきことになろう[93]。ルキヤーノフものべる。「G8（主要八カ国）は形のうえではクリミアゆえに停止されたが、本質的なことをいえばロシアはすでに長いあいだ異質な分子とみなされていた」[94]（傍点は引用者）。

卵が先か、鶏が先か。これにも似た因果論争を横におくことにして、二〇一四年という年には次のような事実が発生した。まず、米欧諸国は、ウクライナ危機を契機として、ロシアをG8から事実上追放した。G7（先進七カ国）は、たんにそれだけにとどまらず、さらにロシアに対して数々の制裁措置を加えた。ロシアのほうも負けじとばかり、対抗報復行動で応じた。このようにして、現在、G7とロシアのあいだでは何時、終息するとも知れぬ制裁合戦が繰り広げられている。米国とロシアは、今や「新しい冷戦」に突入した。たしかに、こうまでいうのは大袈裟であり、おそらく適切でもないだろう。だが、少なくとも「戦争ではないものの、熱い平和[95]」段階を迎えている。このようにいって差し支えないかもしれない。

ジェフリー・マンコフは、以上をうまく要約する一文を記しているので引用しよう。マンコフはイェール大学で博士号を取得したロシア外交の専門家で、現在国際戦略研究センター（CSIS）のロシア・ユーラシア・プログラムの副所長をつとめている人物。『フォーリン・アフェアーズ』誌に発表した論文（二〇一四年五—六月号）の最末尾の次の文章が、それである。「ロシアはクリミアを得たかもしれない。しかし長期的にはロシアはずっと多くのものを失う危険がある。すなわち、かつて緊密だったウクライナとの関係、国際的な評判、そして旧ソ連構成諸国を再度元に戻して結束させようとする己の構想を挫折させてしまう危険である[96]」。

クリミア併合後に一躍八六％台にまで跳ね上ったプーチン大統領の人気は、一体、何時頃まで維持されるのだろうか？　これは、おそらくわれわれが今後最も注目すべきポイントになる。というのも、ロシア国民は、一時的なユーフォリア（陶酔感）をやがて醒ますようになるのではないか。このように疑われるからである。かれらは、華々しい冬季五輪の主催やクリミアのロシア併合を目の当たりにして、たしかに喝采を叫んだ。だがしばらくすると、これらのすべてが結局ロシア国民一人一人にたいして多額の経済的な持ち出しを強いる一時的な線香花火のようなものだったことを悟り、プーチン政権にたいして不満の念を募らせるようになるのではなかろうか。

そうこうするうちに、G7による対ロ経済制裁がボディー・ブローのように効力を発揮し、ロシアの経済不振にさらに拍車をかけるにちがいない。たとえば、すでにルーブルの為替レートは下落し、米欧諸国からロシアへの直接投資も減少している。逆に、ロシアから諸外国への資本逃避は急増している。じじつ、二〇一四年前半期の資本流出額はすでに前年同期の三三七億ドルの二倍以上に当たる七四六億ドルにも達し、年末までには一三〇〇億ドルにもなるだろう（アントン・シルアノフ財務相）との不吉な予測すら、おこなわれている。[97] 加えて、ロシア経済の命綱ともいうべき原油価格が急落している。すなわち、一四年六月のピーク時に一バレル当たり一一五ドルだった石油価格は、本書執筆時点の十二月現在、何と半額の六〇ドル台にまで下落している。[98] これらは、産業構造改革に未だ成功していないロシア経済を痛撃し、ロシアの一四年のGDP成長率はおそらくマイナス成長を記録することになろう。プーチン政権がEU諸国に科しているヨーロッパからの農産物の輸入制限という報復制裁も、両刃の剣である。すなわち、ロシア国内の農産物の値上りを招き、インフレーションをさらに加速させる結果を導いている。このような状況がつづくならば、忍耐強いことで定評のあるロシア国民ですらはたして何時までも〈人はパンのみにて生きるにあらず〉とうそぶき、平然としていられるだろうか。

プーチンは真の愛国者にあらず

右との関連で、最後に重要なことを記さねばならない。プーチンはもっぱら己の政治的サバイバル（生き残り）を図る狙いにもとづいて、ロシア国民間に反米ナショナリズム感情を煽っている。このように説く、一部クレムリン・ウオッチャー――本書の筆者を含む――のシニカルな見方が、おそらく次第に説得力を増し、浸透してゆく。こう予想されることである。

まず一般論として、政治指導者が被治者に向かって愛国心の高揚を説くからといって、その本人たる為政者自身が愛国者であるとは限らない。こうのべるのは、アンドルー・ナゴルスキイ（東西研究所の副所長兼公共政策部長）である。たしかに、プーチン自身は公式自伝『第一人者から』で、己を愛国主義者以外の何者でもないと豪語する。自分は善かれ悪しかれ「愛国主義教育を受けたソビエト人の成功例」[99]であり、ソ連崩壊後には自分の愛国主義の対象がソ連邦ではなく、たんにロシア連邦へ変わったに過ぎない、と。だが、ナゴルスキイは手厳しい。彼の考えによれば、プーチンは愛国者を気取っているものの、実は「偽の愛国主義者」[100]にほかならない。というのも、「プーチンはもっぱら己の政治的サバイバルという直近の課題を達成せんがために」[101]、ロシア国民に向かって愛国主義を鼓吹しているに過ぎないからである。ナゴルスキイは、次のようにさえ断ずる。そのような言動によってプーチンは、実は「ロシアを弱体化させ、ロシア市民の将来に実害をおよぼしている」[102]。したがって、彼を真の愛国者とみなすわけにはゆかない、と。

カーチャ・ソルダークも、『フォーブス』（二〇一四・四・二六）誌上でプーチンを名指して、ナゴルスキイに似た批判を加えている。「巧妙な独裁者である彼（＝プーチン）は、自分自身の権力を強化するためにロシアのナショナリズムを利用している」[103]、と。さらに『ウォール・ストリート・ジャーナル』社説（二〇一四・四・二八）にいたっては、同様の見方をしめしたうえで、さらに次のように不吉な予想すら敢えて記す。「クレムリンは民主的な正統性を欠くうえに、その経済は主として化石燃料の輸出に依存している。したがって、権力を維持しつづけるためには、ますますもって悪性のナショナリズムや外国の征服といった手立てに頼らざるをえなくなる。（こうしてクリミア併合のような）膨脹主義が、体制のサバイバルにとり中核的な重要性を占めるようになる」[104]。

プーチンを「偽の愛国主義者」であるかのように決めつけるナゴルスキイらの断罪は、たしかに厳し過ぎる見方かもしれない。だが他方、次の指摘だけは少なくとも傾聴に値する点といわざるをえないのではなかろうか。つまり繰り返すと、プーチンが国民に向かい愛国主義の教義を説くからといって、そのようなプーチン本人がかならずしも愛国主義者とは限らないことである。さらに、プーチンがそもそも愛国主義をそのようにまで鼓舞しようとする理由は、一体何か。われわれは一歩踏み込んで、その政治的動機を改めて考えてみる必要があろう。その点において、右に紹介したナゴルスキイらの問題提起は実に有益と評さざるをえない。つまりプーチンの言動は、究極的にはプーチノクラシー、さらに端的にいうならばプーチン自身のサバイバル——これを目指したものにほかならない。かれらは、このことを示唆しているのである。

おわりに

62 歳の誕生日を迎えたプーチン

人間の観念化あるいは概念化、これは未熟な小説家が、止むを得ずいつもおこなっていることだ。

——小林秀雄[1]

プーチンはけっして一元的な独裁者ではない。彼の言動、統治法は黒もしくは白の一色で描きうるような単純な代物ではない。

——ウラジーミル・パストゥホフ[2]

「プーチンとは一体誰であるか？」このことを理解したいと欲する者は、その答えをすでに理解しており、彼を理解したいと欲しない者は永遠に理解しないだろう。

——ドミートリイ・ペスコフ[3]

対ロ制裁法が裏書き

私は、本書で次のような仮説を提示した。「プーチノクラシー（プーチン統治）」は、フォーマル、インフォーマルな二つの部分からなる混合体である。しかも、前者の「制度」的な側面よりも、後者の「人間」的な側面のほうがはるかに大きな役割を演じる。端的にいいかえれば、プーチンという人間が「プーチノクラシー」の最重要決定要因である。したがって、「プーチノクラシー」解明のためには、プーチンのパーソナリティーの研究、すなわち「プーチノロジー（プーチン学）」が必要不可欠である、と。

二〇一四年は、右のような私の問題意識やアプローチの正しさをことさら裏づけてくれる画期的な年になった。というのも、「ウクライナ危機」という大事件が勃発したからである。つまり、プーチン大統領は、ウクライナのクリミア半島をロシア領へと併合した。その後、マレーシア航空機撃墜事件も、発生した。結果として、ロシアと米欧諸国との対立は、「すわ、新しい冷戦か」と騒がれるまでに緊張を高めた。本書執筆中の現在、事態は依然流動的で、ウクライナの行方を占うことは極度にむずかしいうえに、それは本書が意図している対象範囲をはるかに超える。プーチン外交を論ずる別の一冊が、必要になろう。とはいえ、このウクライナ危機によって明らかに裏書きされたことがある。

第一は、ロシア政治において人間が演じる役割の大きさである。とくに最高政治指導者、プーチンのそれである。そもそもプーチン大統領の決定がなければ、たとえばクリミア併合は起こらなかったのではなかろうか。今後のウクライナ危機の推移も、ひとえにプーチンのパーソナリティー、政治信条、戦術如何に懸っている。こう断言してさえ、けっして過言ではなかろう。このことは、「プーチンとは一体誰？」という本書のテーマ設定が、適正だったことを実証する。

第二に、G7の対ロ政策担当者たちが、「プーチノクラシー」を現実に動かしているのは「法」や「制度」でなく、むしろ生身の「人間」である事実を理解するばかりか、そのことを現実に採った政策でしめしてみせたことである。つまり、プーチン政権がウクライナにたいしてクリミア併合を含む国際法無視の行動をしめしたとき、G7はそれにたいする抗議の意志を表明するために一連の対ロ制裁措置を発動させた。この折、G7が対ロ制裁の対象として選んだのは、ロシアの国家や組織ではなかった。むしろ、それらを実際に動かしている特定個人なのであった。より具体的にいうと、G7はプーチン大統領のまわりに蝟集する主要な側近たちを制裁の主要な標的に据えて、かれらの在米欧諸国における資産を凍結し、渡航も禁止した。もとより、プーチン大統領、メドベージェフ首相、ラブロフ外相の三人を、制裁対象にするわけにはゆかない。それは、いわば最後の手段《ウルチマ・ラチオ》である。もしそうすれば、それは首脳会談、外相会談の機会を封じてしまい、事実上「新しい冷戦」状態へ突入することを覚悟せねばならない。その代わりに、G7は、かれら三人につづくプーチン最直近の部下たちを対ロ制裁の対象として剔抉《てっけつ》した。

プーチンの廷臣ないし徒党については、本書ですでに「プーチン・チーム」「プーチン閥」「プーチン人脈」などの名称のもとに言及した。その具体的な人脈についても、次の各章で紹介した。たとえば、柔道関連の人脈にかんしては「第2章　柔道」、KGBの同僚にかんしては「第3章　KGB」、海外派遣先ドレスデンで同じ釜の飯を食ってつちかった者たちについては「第4章　東独」、ペテルブルク市役所時代に知り合った先輩、同僚、部下については「第5章　市役所」や「第9章　人脈」の各章でふれた。

G7諸国がウクライナ絡みで対ロ制裁のターゲットにしたのは、まさにこのような「プーチン・チーム」

の主要メンバーたちだった。念のために、一部具体的な名前をあげると、たとえば次のような人々（括弧内は現ポスト）である。セルゲイ・イワノフ（大統領府長官）。ヴォロジン（同第一副長官）。セルゲイ・ナルイシキン（下院議長）。コザク（副首相、クリミア担当）。ドミートリイ・ロゴジン（副首相）。ビクトル・イワノフ（麻薬流通監督庁長官）。エフゲーニイ・ムロフ（連邦警護庁長官）。ヤクーニン（ロシア鉄道総裁）。チェメゾフ（「ロステフノロギー」社長）。セーチン（「ロスネフチ」社長）……等々。

政治的ポストには就かない。その代わりに、プーチン大統領とのコネを最大限に利用して、ロシアの新オリガルヒの座をほしいままにすると同時に、プーチン大統領の事実上の「金庫番」役をつとめている者たち。かれらもまた、G7による対ロも制裁の対象になった。プーチンのかつての柔道仲間で現在『フォーブス』誌の億万長者リストにも顔を出すようになったローテンベルク兄弟、ティムチェンコが、その好例である。オバマ政権はこのように特定個人に的を絞って制裁を科す一方で、制裁第一号の組織としては「銀行〝ロシア〟」を選んだ。同銀行はペテルブルクで設立され、現ロシアで第十七番目[4]のランクを占める一地方銀行に過ぎない。ところが、同行は、プーチンが属している別荘協同組合「オーゼロ」のメンバーたちが創設した金融組織で、まさに次のようにみなしてよい組織だからである。「プーチン大統領を含むロシア連邦の上級幹部用の個人銀行にほかならない[5]」、と。

歴史でなく伝記を目指す

ともあれ、私は本書で「はじめに」や「序章」でしめしたような仮説もしくはアプローチにもとづいて、プーチン大統領（一時は首相）にかんする個人情報を懸命に収集しようと試みた。たとえば、次の点についての情報である。プーチンの出自や素性。学歴や職歴。家族や友人。衣・食・住。財政状態。仕事のやり方や習慣。レジャーの過ごし方。趣味や嗜好。日常の会話や演説中でプーチンが用いるジョークや譬え話……等々。一見したところ瑣末に思われる資料やエピソードを可能なかぎり多く集め、これらの断片的なピースを組み合わせる。その作業によって、もとよりプーチンという複雑な「パーソナリティー」のモザイクが完成するわけではない。とはいえ、そうすることによってロシアの最高政治指導者、プーチンは「一体何者か」、そして「何を欲しているのか」の謎を解くための貴重なヒントが、ひょっとして得られるかもしれない。私は、こう期待した。

そして、これは正しい――少なくともひとつの――アプローチだった、と今でも思う。というのは、故鶴見祐輔氏の区別を借用するならば、私はプーチン期の「歴史」でなく、プーチンの「伝記」を書くことを志しているからである。氏は、『プルターク英雄伝』の翻訳・解説にあたり、歴史と伝記を次のように区別した。やや荒っぽいが、ビジュアルで実にわかりやすい説明法といえよう。氏によれば、歴史は、大戦争や英雄の鴻業《こうぎょう》や偉勲を叙述する。それに比して、伝記は「人間個人の心や魂の特徴」を適切に現すように思われる「日常茶飯事ともいうべき片言隻語や、一挙一動や、諧謔や、食膳の好悪や、小さな癖などを、注意深く記述する」[6] ことに主力を注ぐ。このような鶴見氏の区別に従うと、私が本書で採ったのは歴史の手法ではなく、むしろ伝記作者のアプローチだったといえるだろう。というのも、プーチンがなしつつある仕事や事業そのものの分析や評価などは、最初から歴史家、政治学者、経済学者らの手にゆだねているからである。

それにしても、私が取り組んだのは「決して終ることのない《ネバー・エンディング》」作業であった。言うは易しく行うに難い課題である。以上のような狙いは、プーチンの私生活にかんする秘密主義の壁によって遮られた。たとえば、私がプーチン大統領にたいして直接数十時間におよぶインタビューをおこないえたと仮定してみよう。そのばあいですら、私は決して真実を知りうることにはならなかっただろう。政治家である同大統領がそもそも自分に不利なことを明かすはずはなく、彼が語る言葉や記憶が事実と合致しているかはまったく保証のかぎりでないからである。また、当事者、利害関係者、とりわけ政治家は、それぞれ違ったことを真実だと主張し、『藪の中』(芥川龍之介)現象が発生すること必至であるに違いない。

本書で私が取り組んだ作業には、したがって、最初から重大な制約が存在した。もともとはなはだ不十分な細片だけを手にして、しかもジグソーパズルを解こうとすることに似たドン・キホーテ型の無謀ともいえる試みだからである。「たった一本の骨片から、すでに絶滅した動物の形態ばかりか、さらに習性にいたるまでを再現せねばならないという生物学者のそれであった」(サマセット・モーム)[7]。私にあたえられた選択肢は、それゆえに、次の二つのいずれかにならざるをえなかった。ひとつは、短絡的な結びつきとの批判を覚悟しつつ、収集した事実から敢えて思い切って抽象化した命題を引き出す。もうひとつは、そのような誘惑に抗して大胆な結論を提出すること自体を、断念してしまう。私は時としては前者、時としては後者の道を選んだ。賢明な読者は、このことに気づかれたにちがいない。そしてその選択にたいし、おそらく賛否両論の感想を抱かれるだろう。

私にはもうひとつ、むずかしい事情が加わった。すなわち、分析対象がプーチンという生身の存在であるばかりか、ロシアの現大統領であること。人間の評価は俗に〈棺を蓋《おお》いて定まる〉という。現職政治家を対象とする私の研究は、すでに死滅した恐竜やマンモスを相手にする生物学者のそれに比べ、はたしてどちらがより一層困難か。これは、一概に答ええない問いではあろう。だが、前者が後者に比べはるかにリスキーな作業であることは間違いない。私の苦労は、日本の譬えでいうと動く標的（扇）を射ねばならなかった那須与一のそれにも似かよっていた。

とりわけ私が残念に思うことがある。「序章　方法」で提起した問題については充分な解答をあたええないで、本書をひとまず閉じることである。つまり、プーチンの「パーソナリティー」や「信条体系」とそれらを取り巻く「状況」とのあいだの相克にかんしてである。この点では、読者から羊頭狗肉の書物になっているとの批判が加えられることを覚悟せねばならない。だがもし読者が、政治指導者の「パーソナリティー」、「信条」、「状況」間のメカニズムにかんして単純明解な結論の提示を期待したとしたら、おそらくそれはないものねだりといわねばならないだろう。それはけっして一義的な解答を与えるような簡単な問題ではなく、またその作業に成功した研究者はおそらく未だ唯の一人もいないといってすら過言でないからである。おそらく最終的にも答えのないこの難問にたいして、われわれは地道なケース・スタディを重ねる以外の途はない。

シェークスピアも、リア王をして語らしめている。「何もないところからは何も生まれない（Nothing will come of nothing）」[8]、と。

(87) Jason M. Breslow, "The Putin Factor: Russia, America and the Geopolitics of Ukraine," in *JRL*, 2014-#122 (2014.5.31), #28.

(88) Richard Sakwa, "Plunging oil prices have rocked Russia, but Putin may yet surprise us," *Guardian*, 2015.1.9.

(89) Wright Miller, *Russians as People* (New York: E. P. Dulton, 1961), pp. 9-10.

(90) Arkady Moshers, "Reaffirming the Benefits of Russia's European Choice," *RGA*, Vol. 3, No. 3 (July-September, 2005), pp. 86-97.

(91) Lynnley Browning, "What Really Keeps Vladimir Putin Up at Night," in *JRL*, 2014-#60 (2014.3.18), #26から再引用。

(92) 木村『メドベージェフ vs プーチン』93、106頁。

(93) Mark Galeotti, "Russia Wants 'Hot Peace,' Not War," in *JRL*, 2014-#196 (2014.9.6), #25.

(94) Федор Лукьянов, "Мир без правил: Сделать 'двадцатку' политической," *РГ*, 2014.11.12.

(95) Ibid.

(96) Jeffrey Mankoff, "Russia's Latest Land Grab: How Putin Won Crimea and Lost Ukraine," *FA* (May/June 2014), p. 68.

(97) "Russia's Capital Flight may hit $130 Billion, Finance Minister says," *MT*, 2014.11.18.

(98) 木村汎「ロシアを脅かす原油安の『悪夢』」『産経新聞』2014.12.1。

(99) От первого липа, p. 39; *First Person*, p. 42;『プーチン、自らを語る』58頁。

(100) Andrew Nagorski, "Putin's Patriotism is Phony, His Desperation is Real," in *JRL*, 2014-#75 (2014.4.4), #42.

(101) Ibid.

(102) Ibid.

(103) Katya Soldak, "Vladimir Putin and his Bodyguard of Lies," in *JRL* (2014.4.27), #33.

(104) "The Russian Problem: Putin's Kremlin is not a status quo power with a few historical grievances," *WSJ*, 2014.4.28.

おわりに

(1) 小林秀雄「『罪と罰』について」『日本文学全集（42巻）小林秀雄集』筑摩書房、1977年、102頁。

(2) Пастухов, "Зигзаг наудачу."

(3) Arutunyan, *The Putin Mystique*, p. 278から再引用。

(4) White House Office of the Press Secretary, "Background Briefing on Ukraine by Senior Administration Officials," Whitehouse. gov, March 20, 2014. <http://www.whitehouse.gov/the-press-office/2014/03/20/background-briefing-ukraine-senior-administration-officials>（アクセス 2014.10.13).

(5) Ibid; Andrew Yorke, "U.S.Sanctions List Sets Dangerous Precedent," *MT*, 2014.4.1.

(6) プルターク『プルターク英雄伝』鶴見祐輔訳、潮出版社、2012年、19、186頁。

(7) Somerset Maugham, *The Moon and Sixpence* (London: Heineman, 1919), p. 200; サマセット・モーム『月と六ペンス』中野好夫訳、新潮文庫、1998年、288頁。

(8) シェークスピア『リア王』第一幕、第一場から。

(61) ロシア連邦大統領ホームページ2013.9.19. <http://kremlin.ru/transcripts/19243>（アクセス 2013.9.25）.
(62) ロシア連邦大統領ホームページ 2007.2.10. <http://www.kremlin.ru/text/appears/2007/02/118109.shtml>（アクセス 2007.2.14）.
(63) Vladimir V. Putin, "A Plea for Caution from Russia," *NYT*, 2013.9.11.
(64) Leon Aron, "Why Putin Says Russia is Exceptional," *WSJ*, 2014.5.31.
(65) Ibid.
(66) 木村汎「プーチン2.0」『海外事情』第60巻、第10号、2012年10月号、2-34頁。
(67) Alexandre Odynova, "NGO Bill Questioned," *MT*, 2012.7.9.
(68) Yulia Ponomareva, "Silencing the opposition?" *MN*, 2012.7.12.
(69) Odynova, "NGO Bill Questioned."
(70) Yury Dzhibladze, "Russian government declares 'cold war' on civil society," o*penDemocracy*, 2012.8.21.
(71) Ibid.
(72) Виктор Хамраев, Максим Иванов, Сергей Горяшко, "НКО поставили президентские рамки," *Коммерсантъ*, No. 120 (4905), 2012.7.4.
(73) Odynova, "NGO Bill Questioned."
(74) Michele A. Berdy, "Spies Like Us," *MT*, 2012.7.12; Michael Bohm," Looking for Foreign Agents in all the Wrong Places," *MT*, 2012.7.12.
(75) ロシア連邦大統領ホームページ 2012.7.10. <http://news.kremlin.ru/transcripts/15913>（アクセス 2012.7.28）.
(76) Charles Clover, "Foreign-backed Russian NGOs targeted," *FT*, 2012.7.12. プーチン大統領による類似の発言として、次も参照。ロシア連邦大統領ホームページ 2012.7.31. <http://kremlin.ru/transcripts/16106>（アクセス 2012.8.3）.
(77) Odynova, "NGO Bill Questioned."
(78) Victor Davidoff, "Andropov Would Be Proud of Putin," *MT*, 2012.7.9.
(79)『読売新聞』2012.10.6。Jonathan Earle, "USAID Gone, Kremlin Tightens Control over Nonprofits," *MT*, 2012.10.2.
(80) Simon Shuster, "The World according to Putin," *Time*, 2013.9.16, pp. 18-23.
(81) ロシア連邦大統領のホームページ　2014.3.18. <http://kremlin.ru/transcripts/20603>（アクセス 2014.3.21）.
(82) Katrin Scheib, "#КризисНаш Hashtag Shows Russians' Dark Humor in Face of Economic Crisis," *MT*, 2014.12.17; Michele A. Berdy, "'C' is for Crimea; 'G' is for Googlik," *MT*, 2014.12.18; アレクセイ・ミヘエフ「2014年の新語・流行語」、<http://jp.rbth.com/blogs/2014/12/30/2014_51621.html>.
(83) Dmitri Trenin, "Will MH17 Air Crash Damage Russia's Putin?" <http://carbegue.ru/2014/07/22/will-mh17-air-crash-damage-russia-s-putin/html>（アクセス 2014.8.5）.
(84) *Newsweek*, 2014.7.25, p. 15.
(85) Stephen Holmes, Ivan Krastev, "Putin will regret interfering in the Donbass," *MT*, 2014.11.27.
(86) Robert Service, "Putin's czarist Folly," *NYT*, 2014.4.7.

Trenin, eds., *The Russian Military: Power and Policy* (Cambridge MA: The MIT Press, 2004), p. 86.

(34) Howard Amos, "Putin's Election Promises Could Cost $161 Bln," *MT*, 2012.2.28; Daniel Treisman, "Opposition Needs to Appeal to the 'Real Russia'," *MT*, 2012.5.5.

(35) ロシア連邦首相ホームページ2012.2.13. <http://premier.gov.ru/events/news/18071/> (アクセズ20127.9).

(36) Tai Adelaja, "Paying for Promises: Can a Future President Vladimir Putin Resist the Urge to Spend His Way into Popularity?" *RP*, 2012.2.20.

(37) Gustafson, *Wheel of Fortune*, pp. 492, 612.

(38) Adelaja, "Paying for Promises."

(39) Gustafson, *Wheel of Fortune*, p. 499.

(40) Дмитрий Докучаев, Дмитрий Крылов, "Дороги, которые нас обирают," *HB*, No. 8, 2010.3.8.

(41) <http://www.transparency.org/cpi2014/results> (アクセス 2014.12.20).

(42) Владимир В. Путин, "Россия на рубеже тысячелетий," 1999.12.29.

(43) Ibid.

(44) Ibid.

(45) Татьяна Становая, "Олимпийское послание," *Политком.ру*, 2013.12.12. <http://www.politcom.ru/16902.html>

(46) Tamava Zamyatina,"Putin for the first time ever conceptualizes Russia's adherence to conservatism,"in *JRL*, 2013-#224 (2013.12.12), #4から再引用。

(47) Jadviga Rogoza, "Conservative Counter-revolution: Evidence of Russia's Strength or Weakness?" *RAD*, No. 154 (2014.7.28), p. 4.

(48) ロシア連邦大統領ホームページ2013.12.12. <http://news.kremlin.ru/news/19825/print> (アクセス 2013.12.22).

(49) Ibid.

(50) Paul Robinson, "Putin's Philosopher," in *JRL*, 2015-#8 (2015.1.13), #24.

(51) ロシア連邦大統領ホームページ 2014.12.4. <http://kremlin.ru/transcripts/47173> (アクセス 2014.12.8).

(52) Gleb Kuznetsov, "Russia is Using the Past to Explain the Present," *MT*, 2014.12.11.

(53) Shaun Walker, "Ukraine and Crimea: What is Putin thinking," *Guardian*, 2014.3.23から再引用。

(54) Sakwa, *Putin Redux*, pp. 47, 75, 170.

(55) Brian Whitmore, "Vladimir Ilyich Putin, Conservative Icon," *RFE/RL*, 2013.12.19.

(56) マルクス=エンゲルス『共産党宣言』大内兵衛・向坂逸郎訳、岩波文庫、1994年、87頁。

(57) Whitmore, "Vladimir Ilyich Putin".

(58) Владислав Иноземцев, "Консервация Российской Федерации: Она не имеет ничего общего с настоящим консерватизмом," *МК*, 2014.7.7.

(59) ロシア連邦大統領ホームページ2012.9.12. <http://kremlin.ru/transcripts/16470> (アクセス 2014.4.27).

(60) Ibid.

Markets,"*RGA*, No. 1, January-March 2006.

(12) "The Mystery of Oil Prices,"*MT*, 2011.4.18.

(13) Юрий Коргунюк, "Ошибка Президента," *Газета.ru*, 2008.5.8.

(14) Людмила Алексеева, "В России закончился сезон вождей," *МК*, No. 25851, 2012.1.25.

(15) Shevtsova, *Putin's Russia*, p. 399.

(16) Сергей Асриянц и Андрей Липский, "13 февраля – Александр Аузан," *Нов.Газ.*, 2011.5.18.

(17) Vladimir Milov, "The Russian Economy in Limbo," in Maria Lipman and Nikolay Petrov, eds., *Russia in 2020: Scenarios for the Future* (Washington, DC: Carnegie Endowment for International Peace, 2011), p. 198.

(18) Gregory L. White, "Wrapped Up in Russia's 'Mink' Revolution: The priviledged children of Putin's rule are shedding their apolitical ways," *WSJ*, 2011.12.17; Bill Keller, "Putin's Children," *NYT*, 2011.12.25.

(19) "Middle Class May Not Extend 30% of Russian Population By 2020," in *JRL*, 2011-#162 (2011.9.8), #2.

(20) Ibid.

(21) Mikhail Dmitriyev, "Political System: Everything Will Start After the Elections," in *JRL*, 2011-#127 (2011.7.18), #10.

(22) Seymour Lipset, "Some Social Requisites of Democracy: Economic Development and Political Legitimacy," *American Political Science Review*, Vol. 53, No. 1 (March 1959), pp. 69-105.

(23) Станислав Белковский, "Владимир Путин: итоги суперсезона," *МК*, No. 25999, 2012.7.27.

(24) "The Middle-Income Trap," *Economist Online*, 2012.3.27; ヴィラユース・カンチューチャット「『中所得国の罠』をめぐる議論――現状分析と将来予測」『国際問題』日本国際問題研究所、No. 633, 2014年7-8月号、5頁。Sakwa, *Putin Redux*, p. 191.

(25) Sakwa, *Putin Redux*, p. 67.

(26) アレクシス・ド・トクヴィル『アメリカのデモクラシー　第二巻(下)』松本礼二訳、岩波文庫、2008年、158-59頁。

(27) "State Work and Government Loyalty dominate Middle Class, Scientists Say," *MT*, 2014.6.2.

(28) Robert Jervis, *Perception and Misperceptions in international Politics* (Princeton, NJ: Princeton University Press, 1976), pp. 117-202; Konstantin Sanin, "The Kremlin's Cognitive Dissonance," *MT*, 2012.5.15.

(29) Charles Clover and Catherine Belton, "Kremlin's hard Man take a body blow," *FT*, 2011.12.6から再引用。

(30) Brian Whitmore, "Twelve More Years: Is Putin's Return A Recipe For Stagnation?" *RFE/RL*, 2011.9.24から再引用。

(31) ロシア連邦大統領ホームページ 2014.11.20. <http://kremlin.ru/transcripts/47045> (アクセス 2014.11.26).

(32) Dmitry Trenin, "The Kremlin Two-Step," *MN*, 2010.1.11.

(33) Alexandr Golts, "The Social and Political Condition of the Military," in E. Miller and Dmitri

ス・エリツィン『告白』小笠原豊樹訳、草思社、1990年、72-73頁。
(68) 名越『独裁者プーチン』46-47頁。
(69) David Hearst and Tom Parfitt, "Will Putinism See the End of Putin?" *The Guardian,* 2012.1.24. <www.guardian.co.uk/world/2012/feb/27/vladimir-putin-profile-putinism>
(70) Андрей Илларионов, "Драма Путина," *HB*, No. 17, 2011.5.23.
(71) Ibid.
(72) Ibid.
(73) "Russian radio editor views planned Putin-Medvedev job swap," in *JRL*, 2011-#179 (2011.10.5), #6.
(74) Victor Davidoff, "Medvedev in Electoral Pickle," *MT*, 2011.9.26から再引用。
(75) Andrei Piontkovsky, "From Protest to Nausea," *MT*, 2012.2.2.
(76) Steve Rosenberg, "Why Vladimir Putin needs a golden cockerel," in *JRL*, 2012-#85 (2012.5.10), #21から再引用。
(77) Findlay and Docherty, "Putin's Way."
(78) Chrystia Freeland, "Failure Seen in Putin's Latest Move," *NYT*, 2011.9.29から再引用。
(79) Владимир Пастухов, "Зигзаг наудачу," *Нов. Газ.*, 2014.2.5.
(80) Nikolas K. Gvosdev, "No Putinism without Putin," *National Interest*, 2011.9.26.
(81) Mark Adomanis, "Russia's Ruble Crisis: Everything has a Price," in *JRL*, 2014-#263 (2014.12.23), #12.

第13章　転　換

(1) ロシア連邦大統領ホームページ2006.5.13. <http://www.kremlin.ru/text/appears/2006/05/105647.shtml> (アクセス 2006.7.24).
(2) Владимир Дудинцев, *Не хлебом единым*, 1957.
(3) Antony Jay, ed., *The Oxford Dictionary of Political Quotations* (Oxford: Oxford University Press, 1996), p. 198.
(4) *Правда*, 1989.5.17.
(5) ロシア連邦大統領ホームページ2000.2.25. <http://www.kremlin.ru/text/appears/2000/02/122149.shtml> (アクセス 2007.6.25).
(6) ロシア連邦大統領ホームページ2006.5.13. <http://www.kremlin.ru/text/appears/2006/05/105647.shtml> (アクセス 2006.7.24).
(7) ロシア連邦大統領ホームページ2006.6.20. <http://www.kremlin.ru/text/appears/2006/06/107461.shtml> (アクセス 2010.7.2).
(8) В. В. Путин, "Россия на рубеже тысячелетий." <http://www.pravitelstvo.gov.ru/government/minister/article-vvpl.html><http://www.pravitelstvo.gov.ru/government/minister/article-vvpl.html> (アクセス 2000.1.5).
(9) Fareed Zakaria,"How Oil Is Propping Up Putin," *Time*, 2012.2.20, p. 15.
(10) Сергей Караганов, "России везет," *РГ*, No. 5425 (49), 2011.3.10. <http://www.rg.ru/2011/03/06/vezet-site.html>
(11) Alexander Arbatov, Maria Belova & Vladimir Feygin,"Russian Hydrocarbons and World

(43) 栗原『スラブのことわざ』109-10頁。

(44) Natalya Krainova, “Putin’s Latest PR Stunt Comes Under Fire,” *MT*, 2013.7.29.

(45) Ibid; Yulia Latynina, “Putin’s Magic Pike,” *MT*, 2013.7.31; “As Putin Fisher, Russia’s Total Catch Increases,” *MT*, 2013.7.30; Anna Arutunyan, “Putin, gone fishing,” *MN*, 2013.7.29; “Putin’s pike catch just shows the man is lucky – nature reserve head,” in *JRL*, 2013-#139 (2013.8.1), #8; Fred Weir, “Russian blogosphere finds something fishy about Putin’s pike,” *CSM*, 2013.8.2.

(46) Krainova, “Putin’s Latest PR Stunt Comes Under Fire.”

(47) ロシア連邦大統領ホームページ。2013.9.4. <http://kremlin.ru/transcripts/19143> (アクセス 2014.6.1).

(48) Roxburgh, *The Strongman*, p. 306.

(49) Mikhail A. Alexseev, “Socioeconomic and Security Implications of Chinese Migration in the Russian Far East,” *Post-Soviet Geography and Economics*, Vol. 42, No. 2 (2001).

(50) Robert W. Ortung and Christopher Walker, “Putin and Russia’s Cripped Media,” *RAD*, No. 123 (2013.2.13), p. 4.

(51) Mary Dejevsly, “Seria crisis: After diplomatic triumph in Geneva, an upbeat Putin allows Russian opposition a rare public hearing,” *Independent* (*UK*), 2013.9.13.

(52) Charles Clover, “Strain shows for muscle Man Putin,” *FT*, 2012.11.1.

(53) “Lukashenko Says Putin Injured Spine in Judo Bout,” *MT*, 2012.11.28.

(54) Nikolaus von Twickel, “Putin’s Crane Flight Hurt his Back, Report says,” *MT*, 2012.11.1.

(55) “Putin’s Hang-Glider Helper Set for Senator Role,” *MT*, 2013.8.7.

(56) “Soaring Putin Leads a Flock of Cranes,” *MT*, 2012.9.7; Alexander Winning, “Putin’s Cranes Rescued after Failing to Head South for Winter,” *MT*, 2012.10.10.

(57) Andrew Roth, “The Guns of August: Putin’s Exreme PR Stunts give Insight into a Political System where Russians have no one else to Look to,” *RP*, 2011.8.18から再引用。

(58) “Putin booing – ‘end of an era’ or line for the toilets?” *RIA Novosti*, 2011.11.21. <http://en.rian.ru/analysis/20111121/168896809.html> (アクセス 2011.12.8).

(59) Andrew Wilson, *Ukraine Crisis: What it Means for the West* (New Haven, CT: Yale University Press, 2014), pp. 28から再引用。

(60) Ivan Nechepurenko, “Ex Finance Minister Kudrin Offers Gloomy Prediction for Russia,” *MT*, 2014.12.22.

(61) Бабаева, “Пирамида одиночества.”

(62) Starobin, “The Accidental Autocrat,” p. 88.

(63) Ельцин, *Президентский марафон*, p. 53; 綱屋・桃井訳、93-94頁。

(64) Georgy Bovt, “Putin Uses Judo to Keep the Opposition Down,” *MT*, 2012.5.12.

(65) Clifford Gaddy and Fiona Hill, “Putin’s Next Move in Russia: Observations from the 8th Annual Valdai International Discussion Club,” 2011.12.14. <http://valdaiclub.com/politics/36021.html> (アクセス 2011.12.14).

(66) ロシア連邦大統領ホームページ2014.11.24. <http://kremlin.ru/news/47054> (アクセス 2014.11.25).

(67) Борис Ельцин, *Исповедь на заданную тему* (Красноярск: Кн. изд-во, 1990), p. 53; ボリ

"Vladimir Putin's trademark begins to decline," in *JRL*, 2008-#19（2008.1.28）, #20; "Russia's Medvedev short of time, enjoys football, classic rock," *RIA Novosti*, 2009.12.24.

（19）Anatoly Medvedev, "In China, Medvedev Seals Deals and Praises Weightlifting," *MT*, 2013.10.23.

（20）Hutchins, *Putin*, p. 3; Хатчинс, *Путин*, p. 13.

（21）"Singing PM: 'fats' Putin over the top of 'Bluberry Hill' with piano solo," *Reuters*, 2010.12.11. <http://www.youtube.com/watch?v=IV4IjHz2yIo>（アクセス 2010.12.13）.

（22）ロシア連邦首相ホームページ2008.10.7. <http://archieve.premier.gov.ru/visits/ru/6070/events/2047/print/>（アクセス 2014.4.7）.

（23）Felshtinsky and Pribylovsky, *The Corporation*, p. 248; Felshtinsky and Pribylovsky, *The Age of Assassins*, p. 292.

（24）Goscilo, ed., *Putin as Celebrity and Cultural Icon*, p. 129.

（25）Timothy Heritage and Maxim Shemetov, "High slakes for Putin as his Olympic dream near," in *JRL*, 2013-#180（2013.10.9）, #20.

（26）ロシア連邦大統領ホームページ 2014.1.19. <http://news.kremlin.ru/transcript/20080/print>（アクセス 2014.1.26）.

（27）Felshtinsky and Pribylovsky, *The Corporation*, p. 185.

（28）"Victims of Helicopter Crash were preparing Fishing trip for Putin, Report Says," *MT*, 2014.6.2.

（29）Young, "One-on-One with Vladimir Putin."

（30）Олег Пересин, "Лейб-медик," *Общество и наука*, No. 31（895）, 2013.8.5; "Putin Younger than his Age, Swims to Deal with Stress—Kremlin Doctor," *MT*, 2013.8.5.

（31）Антон Желнов, "Когда пишут « Хорошо », может быть наоборот. Политологи гадают, что означает статья о здоровье Путина," *Клиники чайка*, 2013.8.5.

（32）Elena Chinyaeva, "Popularity Matters: Russian 'Macho'Prime Minister and 'Tech' President Image Contest," *EDM*, Vol. 7, Issue 192, 2010.10.25; Липский, "Крутые ребята на крутых байках."

（33）Николай Бердяев, *Росская идея*: *Основные проблемы русской мысли XIX века*（Paris: YMCA-Press, 1971）, p. 6; ニコライ・ベルジャエフ『ロシヤ思想』田口貞夫訳、創文社、1958年、4頁。

（34）『産経新聞』2012.3.21。

（35）『モスクワ共同』2012.3.3。

（36）袴田茂樹「『ハーレー乗りプーチン』の自由論」『安保研報告』安全保障問題研究会、2010.8.26号、7-10頁。

（37）同上、9頁。

（38）同上。

（39）同上、7頁。

（40）Nikolaus von Twinkel, "Putin's Scuba Expedition was Staged, Aide says," *MT*, 2011.10.6.

（41）Gessen, *The Man without a Face*（paperback edition）, p. 303; 松宮訳、372-73頁。

（42）同上。

(101) Александр Коржаков, *Борис Ельцин: от рассвета до заката* (Москва: Издательство « Интербук », 1997), p. 170.

(102) Шевцова, *Режим Бориса Ельцина*, p. 168; Shevtsova, *Yeltsin's Russia*, p. 108.

(103) Vaksberg, *Toxic Politics*, p. 184; 松宮訳 p. 274.

(104) "Promotion for Bodyguard Shows Putin's 'Fear of Protests'," *MT*, 2013.10.11.

(105) Зенькович, *Путинская Энциклопедия*, p. 176.

(106) "Putin may soon get personal guard–press," in *JRL*, 2013-#150 (2013.8.16), #2. 2014年11月には、内務相に任命されるとの噂も囁かれた。Brian Whitmore, "Putin Forever," in *JRL*, 2014-#230 (2014.11.5), #48.

(107) Donald N. Jensen, "Putin's Praetorian Guard," *Institute of Modern Russia,* 2013.10.10.

第12章　マッチョ

(1) "Obama Jokes about Putin at Correspondent's Dinner," *MT*, 2014.5.4.

(2) Алина Гарбузняк, "Запад должен увидеть правильную картинку", *MH*, 2011.11.25から再引用。

(3) Oleg Shchedrov, "Kremlin favorite campaign as Putin's alter ego," in *JRL*, 2008-#20 (2008.1.29), #8.

(4) Yulia Latynina, "A Misguided Merger," *MT*, 2006.4.12.

(5) "Putin's Bodyguards to Get Skiing Lessons," *MT*, 2012.9.13.

(6) "Putin says no limits to active lifestyle," in *JRL*, 2011-#76 (2011.4.28), #28.

(7) Judah, "Behind the Scenes in Putin's Court."

(8) Gayne C. Young, "One-on-One with Vladimir Putin," *Outdoor Life*, 2011.5.21.

(9) ロシア連邦首相ホームページ2008.10.7. <http://archieve.premier.gov.ru/visits/ru/6070/events/2047/print/> (アクセス 2014.4.7).

(10) 市ヶ谷の自衛隊駐屯地へ突入後、自刃した三島由紀夫の解剖所見によると、三島の身長は163センチと記されている(『毎日新聞』1970年12月13日)。丸谷才一氏は記す。「でも、わたしがどこかの劇場ですれ違つたときの印象でいえば、161センチくらゐだつたな。あれじや権力意志が高まつて、自衛隊に突入したくなるよ」(丸谷才一『人形のBWH』文春文庫、2012年、227頁)。

(11) Александр Гамов, "Дмитрий Песков: « Россия никогда не будет вмешиваться во внутренные дела Украиы »,"*КП*, 2014.1.22.

(12) Shevtsova, *Russia: Lost in Transition*, p. 38.

(13) Андрей Липский, "Крутые ребята на крутых байках," *Нов. Газ.*, 2011.2.4.

(14) Goscilo, ed., *Putin as Celebrity and Cultural Icon*, p. 45.

(15) David Marples, "Putin-Medvedev alliance may just work to Russia's advantage," *The Edmonton Journal* (Canada), 2007.12.24.

(16) Shchedrov, "Kremlin favorite campaigns as Putin's alter ego."

(17) "Making fun of Medvedev favorite Russian pastime." <http://www.thesop.org/index.php?id=10818> (アクセス 2008.4.22).

(18) Francesca Meneu, "Art of Yoga Coming to Kremlin," *MT*, 2008.4.15; Dimitry Sudakov,

(69) *The Daily Telegraph*, 2008.4.17; *National Post*, 2008.4.18;『読売新聞』、『朝日新聞』、『北海道新聞』、2008.4.20。Гореславская, *Неизвестный Путин*, p. 76.

(70) Victor Davidoff, "Bachelar-in-Chief", *MT*, 2013.6.9.

(71) Гореславская, *Неизвестный Путин*, p. 76.

(72) Ibid.

(73) Mark Ames, "The Scary Story behind the Putin Sex Scandal," in *JRL*, 2008-#79 (2008.4.18).

(74) "Tycoon Lebedev Starts Community Service Work in Village," *MT*, 2013.11.27.

(75) "Reporter Who Irked Putin Beaten," *MT*, 2011.3.24.

(76) Anna Malpas, "In the Spotlight," *MT*, 2009.5.29.

(77) Davidoff, "Bachelar-in-Chief."

(78) "Putin's new kid with Russian gymnast," *New York Post*, 2013.1.18. <http://www.yuga.ru/news/2854761>

(79) Юнашев, "Пресс-секретарь главы государства."

(80) *Voice of Russia*（日本語版）、2013.6.7。Ezekiel Pfeifer," The Putins Announce They're Getting Divorced," 2013.6.7; Анастасия Агамалова, "Владимир и Людмила Путины объявили о разводе," *Ведомости*, 2013.6.6.

(81) <http://news/ounge.net/archievos/114963>（アクセス 2014.2.8）.

(82) "Putin officially divorces his wife Lyudmila: Kremlin," in *JRL*, 2014-#14 (2014.4.3), #1.

(83) Anna Dolgov, "Putin's ex-wife scrubbed from Kremlin biography", *MT*, 2014.4.2.

(84) Гореславская, *Неизвестный Путин*, p. 161.

(85) Ibid.

(86) Зенькович, *Путинская Энциклопедия*, pp. 369, 375.

(87) *От первого лиnа*, p. 145; *First Person*, p. 154;『プーチン、自らを語る』194頁。

(88)『産経新聞』2005.10.19、『週刊文春』2014.5.8−15日号、43頁、6-19日号、150頁。

(89) Зенькович, *Путинская Энциклопедия*, pp. 369, 375.

(90) Belton and Buckley, "On the offensive."

(91) Baker and Glasser, *Kremlin Rising*, p. 51.

(92) Гореславская, *Неизвестный Путин*, p. 175から再引用。

(93) "Putin's danghter has no plans to marry South Korean-spokesman," in *JRL*, 2010-#204 (2010.10.29), #23.

(94) ロシア連邦首相ホームページ 2010.2.3. <http://www.premier.gov.ru/events/News/14024/print/>（アクセス 2011.2.6）.

(95) "Blog 'Putin's Daughter' Offers Glimpse of Secretive Family," *MT*, 2012.4.2.

(96) "Spokesman Denies Putin Wanted to Visit Daughter in Dutch Village," *MT*, 2013.4.9.

(97) Ibid.

(98) 時事プレス、2014.7.24; "Dutch Mayor wants Vladimir Putin's daughter Maria deported," *Guardian*, 2014.7.23.

(99) "Kremlin Family Secrets: Putin's wife and daughters have been deleted from history," *Newsweek*, 2014.9.28, p. 24.

(100) Ельцин, *Записки президента*, p. 9; 中澤訳、上巻、6頁。

(38) ロシア連邦大統領ホームページ2005.4.25. <http://www.kremlin.ru/text/appears/2005/04/87049.shtml>（アクセス 2005.4.26）.

(39) ロシア連邦大統領ホームページ2000.2.9. <http://www.kremlin.ru/text/appears/2000/02/135717.shtml>（アクセス 2009.7.26）; 2005.5.5. <http://archieve.kremlin.ru/text/appears/2005/05/87570.shtml>（アクセス 2014.6.3）.

(40) 原　文　は、"If I wasn't hard, I wouldn't be alive. If I couldn't ever be gentle, I wouldn't deserve to be alive," in Raymond Chandler, *Playback*（New York: Random House, 1959）, p. 153; レイモンド・チャンドラー『プレイバック』清水俊二訳、ハヤカワ・ミステリ文庫、1977年、232頁。

(41) Anna Nemtsova, "Vladimir Putin's wife, Lyudmila, has all but vanished," in *JRL*, 2013-#8（2013.1.14）, #24; Гореславская, *Неизвестный Путин*, p. 77.

(42) 同上。

(43) Alexei Anishchuk and Timothy Heritage, "China's new leader welcomes Russia's Putin as a friend," in *JRL*, 2013-#53（2013.3.22）, #30.

(44) Блоцкий, *Владимир Путин*（книга вторая）, p. 62から再引用。

(45) Richard Pipes, *Russia under the Old Regime*（London: Penguin Books）, p. 17.

(46) Feifer, *Russians*, pp. 142-43.

(47) Jennifer Monaghan, "Putin: Hillary Clinton is a Weak Woman," *MT*, 2014.6.5.

(48) ロシア連邦大統領ホームページ2014.6.4. <http://kremlin.ru/transcripts/45832>（アクセス 2014.6.12）.

(49) "Hillary Clinton Lashes Back at Putin, Calls Him Sexist," *MT*, 2014.6.10.

(50) *От первого лица*, p. 140; *The First Person*, p. 149;『プーチン、自らを語る』187頁。

(51) Блоцкий, *Владимир Путин*（книга вторая）, p. 241.

(52) Ibid.

(53) Ibid.

(54) Ibid., pp. 241-42.

(55) Alexander Mannheim and Daisy Sindelar, "A Spy in the House of Putin," *RFE/RL*, 2011.11.7.

(56) Блоцкий, *Владимир Путин*（книга вторая）, pp. 271-72.

(57) Hutchins, *Putin*, p. 133; Хатчинс, *Путин*, p. 180.

(58) Goldfarb, *Death of a Dissident*, p. 182; 加賀山訳、250頁。

(59) 同上。

(60) Трегубова, *Байка кремлевского диггера*, pp. 160-67.

(61) Ibid., p. 161.

(62) Ibid., p. 162.

(63) Ibid.

(64) Ibid., p. 165.

(65) Felshtinsky and Pribylovsky, *The Corporahon*, p. 397.

(66) Jeffrey Taylor, "Russia is Finished," *The Atlantic*, 2001.5.1.

(67) Goldfarb, *Death of a Dissident*, p. 184; 加賀山訳、253頁。

(68) Nemtsova, "Vledimir Putin's wife Lyudmila has all but vanished" から再引用。

фотожабах на президента," *Известия*, 2013.9.25.

(3) Feifer, *Russians*, p. 146から再引用。

(4) Starobin, "The Accidental Autocrat," p. 84.

(5) Liz Kreutz, "Hillary Clinton Psycho-analyzes Vladinir Putin," in *JRL*, 2014-#80 (2014.4.10), #9.

(6) 宮城音弥『性格』岩波新書、1964年、43頁。

(7) Таланов, *Психологичический портрет Владимира Путина*, p. 7.

(8) Блоцкий, *Владимир Путин* (книга первая), p. 163から再引用。

(9) Ibid.

(10) *От первого лица*, p. 50; *First Person*, p. 55;『プーチン、自らを語る』75頁。

(11) 同上。

(12) *От первого лица*, pp. 49-50; *First Person*, p. 55;『プーチン、自らを語る』74頁。

(13) Remnick, "Letter from Moscow," p. 82.

(14) *От первого лица*, p. 55; *First Person*, p. 60;『プーチン、自らを語る』81頁。

(15) Горeславская, *Неизвестный Путин*, p. 61; Платонов, *Путин*, p. 153.

(16) *От первого липа*, p. 54; *First Person*, p. 59;『プーチン、自らを語る』81頁。

(17) Gessen, *The Man without a Face*, p. 58; 松宮訳、75頁。

(18) *От первого липа*, p. 55; *First Person*, p. 60;『プーチン、自らを語る』81-82頁。

(19) Gessen, *The Man without a Face*, p. 58; 松宮訳、75頁。

(20) Блоцкий, *Владимир Путин* (книга вторая), p. 57; Гореславская, *Неизвестный Путин*, p. 62.

(21) Гореславская, *Неизвестный Путин*, p. 62.

(22) Ibid.

(23) *От первого липа*, p. 53; *First Person*, p. 58;『プーチン、自らを語る』79-80頁。

(24) Remnick, "Letter from Moscow," p. 84.

(25) *От первого липа*, p. 63; *First Person*, p. 70;『プーチン、自らを語る』92頁。

(26) *От первого липа*, p. 57; *First Person*, p. 70;『プーチン、自らを語る』84頁。

(27) Марина Волкова, "Людмила Путина: Родители и дети друзьями быть не могут," *РГ*, 2005.6.1.

(28) Ibid.

(29) Ibid.

(30) Leites, *The Operational Code of the Politburo*, p. 20.

(31) *От первого лица*, p. 140; *First Person*, p. 147;『プーチン、自らを語る』187頁。

(32) *От первого липа*, pp. 91-92; *First Person*, p. 100;『プーチン、自らを語る』128頁。

(33) 右に同じ。

(34) Truscott, *Putin's Progress*, pp. 73-74.

(35) Peter Truscott, *Kursk: Russia's Lost Pride* (London: Simon & Schuster, 2002), pp. 43, 64, 105.

(36) Ibid.

(37) ロシア連邦大統領ホームページ2000.9.8. <http://archive.kremlin.ru/text/appears/2000/09/28866.shtml> (アクセス 2012.4.8).

(83) Ibid., pp. 69-71.
(84) Sakwa, *The Crisis of Russian Democracy*, p. 135.
(85) Ibid.
(86) Hollingswarth and Lansley, *Londongrad*, p. 123.
(87) Ibid.
(88) Ibid., p. 137.
(89) Ibid., p. 124.
(90) Midgley and Hutchins, *Abramovich,* p. 218.
(91) Ibid., p. 353.
(92) Hollingsworth and Lansley, *Londongrad*, p. 129.
(93) Ekaterina Dobrynina, "Who wants to be a millionaire?" in *JRL*, 2012-#76 (2012.4.25), #28.
(94) Smith, "Inside the hidden world of Roman's empire."
(95) Hollingsworth and Lansley, *Londongrad*, pp. 26-27から再引用。
(96) Ibid., pp. 182-83.
(97) Midgley and Hutchins, *Abramovich,* p. 227.
(98) Ibid., p. 223.
(99) Ibid., p. 181.
(100) Hollingsworth and Lansley, *Londongrad*, p. 160.
(101) Midgley and Hutchins, *Abramovich,* p 181.
(102) "Daughters of fortune," *Business New Europe* (2013.8.1), in *JRL*, 2013-#153 (2013.8.21), #14.
(103) Irina Filatova, "Sobyanin Daughter's Apartment Triggers Controversy," *MT*, 2013.8.1.
(104) Ibid.
(105) Mark Galeotti, "Sochi brings railway magnate Yakunin to center stage," in *JRL*, 2014-#29 (2014.2.11), #35.
(106) "Sanctions-Hit Yakunin to Lead Russian Railways for 3 More Years," *MT*, 2014.6.17.
(107) Alexander Bratersky, "Bloggers Claim Photos Show Yakunin Mansion," *MT,* 2013.7.4.
(108) "Son of Russian Railways Chief Goes Into Health Care Business," *MT,* 2014.2.3.
(109) Andrew Higgins, Guy Chazan and Alan Cullison, "Secretive Associate of Putin Emerges as Czar of Russia Oil Trading," *WSJ*, 2008.6.11.
(110) Ibid.
(111) "Navalny Says 'Patriot' Yakunin's Children Live in Foreign Luxury Homes," *MT*, 2013.10.8.
(112)『東京新聞』2015.1.1。
(113) Peter Hobson, "Russian Railways Chief Threatens to Quit over Demands to Publish Salary," *MT*, 2015.1.5.

第11章　家　族

(1) *От первого лица*, p. 63; *First Person*, p. 70;『プーチン、自らを語る』92頁。
(2) Александр Юнашев, "Пресс-секретарь главы государства – о выдвижении Владимира Путина на нобелевскую премию, конфликте в Сирии, отношениях с оппозицией и

(51) Ibid.
(52) Feifer, *Russians*, p. 156から再引用。
(53) Ronald Olphant, "New Putin, Limo Unveiled," *MT*, 2012.10.30.
(54) "Putin 'Unhappy' with New Limousine," *MT*, 2012.12.20.
(55) "Russia MP suitches to Helicopter for daily commute," in *JRL*, 2013-#58 (2013.3.29), #7.
(56) "Medvedev Swaps Car for Helicopter," *MT*, 2013.3.29; Irina Fitatova, "Russian Government Officials to Commute by Helicopter in 2013," *MT*, 2012.12.28.
(57) "Some 200 mln roubles spent to build helicopter pad in Kremlin," in *JRL*, 2013-#89 (2013.5.17), #1.
(58) Natalya Krainova, "Putin Gets Helicopter Landing Pad at Kremlin," *MT*, 2013.5.17.
(59)『北海道新聞』2008.12.17。
(60)『神戸新聞』2014.3.1。
(61) Милов et al, *Путин*: *Коррупция*, p. 31.
(62) Roman Shleinov, "Revelatory Letter to the President was authored by a partner of Premier Vladimir Putin's friends from St. Petersburg," in *JRL*, 2010-#237 (2010.12.29), #17.
(63) Belton, "A Realm Fit for a Tsar."
(64) Ben Judah, *Fragile Empire*, p. 120.
(65) Gillion Findlay and Neil Docherty, "Putin's Way," in *JRL*, 2015-#9 (2015.1.14), #30.
(66) "Russian tycoon buys 'Putin's palace' near Black Sea," *RIA Novosti*, 2011.3.3.
(67) "Сергей Колесников: Почему я рассказал про Дворец Путина," *Сноб.ru,* 2011.6.23. <http://www.snob.ru/selected/entry/37367> (アクセス 2014.10.09)
(68) David Ignatius, "Sergey Kolesnikov's tale of palatial corruption, Russian style," *WP*, 2010.12.23.
(69) Ibid.
(70) Ibid.
(71) "Russia tycoon buys 'Putin's palace' near Black Sea," *RIA Novosti*, 2011.3.3.
(72) Tom Balmforth, "Palatial Denial: Russia's Version of Wikileaks was hit by Sustained Hacker Attacks after Publishing alleged Photos of Putin's secret holiday retreat," *RP*, 2011.2.8.
(73) Ibid.
(74) Ibid.
(75) Ibid.
(76) Evgeniya Chaykovskaya, "The so-called 'Putin Palace' is sold," *MN*, 2011.3.3.
(77) Милов, *Путин*: *Коррупция*, p. 33.
(78) Roland Oliphant, "Friendly Oligarch Buys 'Putin' Palace'," *MT*, 2011.3.4.
(79) *Ведомости*, 2012.10.19.
(80) クレデット・スイス銀行の『世界の富レポート』の2013年版による。Gillion Findlay and Neil Docherty, "Putin's Way," in *JRL*, 2015-#9 (2015.1.14), #30.
(81) Dominic Midgley and Chris Hutchins, *Abramovich: The billionaire from nowhere* (London: Harper Collins Publishers, 2004), p. 70.
(82) Hollingsworth and Lansley, *Londongrad*, p. 52.

Ультра культура, 2006), pp. 73-81.

(23) Harding, "Putin, the Kremlin power struggle and the $40bn fortune."

(24) ロシア連邦大統領ホームページ 2008.2.14. <http://www.kremlin.ru/text/appears/2008/02/160108.shtml>(アクセス 2008.02.16).

(25) Peter Baker, "Sanctions Revive Search for Secret Putin Fortune," *NYT*, 2014.4.27.

(26) Harding, *Mafia State*, p. 22.

(27) Harold Nicolson, *Diplomacy* (London: Oxford University Press, 1963), p. 52; ハロルド・ニコルソン『外交』斉藤眞・深谷満雄訳、東京大学出版会、1968年、45頁。

(28) 山内聡彦「新しいエリート、シロビキの登場」木村・袴田・山内共著『現代ロシアを見る眼』132頁。

(29) Виктор Черкесов, "Нельзя допустить, чтобы воины превратились в торговцев," *Коммерсантъ*, 2007.10.9.

(30) Ibid.

(31) Inozemtsev, "Neo-Feudalism Explained."

(32) Judah, *Fragile Empire*, p. 132から再引用。

(33) Andrei Soldatov and Irina Borogan, *The New Nobility: The Restoration of Russia's Security State and the Enduring Legacy of the KGB* (New York: Public Affairs, 2010), p. 241.

(34) Ibid.

(35) Nina Arutunyan, "New Putin Pamphlet," *MN*, 2012. 8.27.

(36) Борис Немцов, Леонид Мартынюк, *Жизнь раба на галерах* (дворцы, яхты, автомобили, самолеты и другие аксессуары) 〈Москва: 2012〉. http://www.nemtsov.ru/?id=718577; http://newtimes.ru/articles/detail/56527 (アクセス 2013.12.20).

(37) ロシア連邦大統領ホームページ 2008.2.14. <http://archive.kremlin.ru/text/appears/2008/02/16108.shtml/>(アクセス, 2008.2.16).

(38) Ben Judah, "Behind the Scenes in Putin's Court: The Private Habits of a Latter-Day Dictator," in *JRL*, 2014-#161 (2014.7.24), #34.

(39) *CSM*, 2012.10.18.

(40) Ibid.

(41) Starobin, "The Accidental Autocrat," p. 82.

(42)『読売新聞(夕刊)』2014.9.11。

(43) Hutchins, *Putin*, p. 296; Хатчинс, *Путин*, p. 382.

(44) "Putin Prefers Fish," *MT*, 2004.4.16; "President Putin Indicates his Culinary Preferences," in *JRL*, No. 8168, 2004.4.15.

(45) Judah, "Behind the Scenes in Putin's Court."

(46) "Zil Limo Sent Back for Improvements," *Izvestiia*, 2012.12.19.

(47) Ibid.

(48) Aleksei Mazur, "The Siberian Archipelago," *openDemocracy*, 2014.1.18.

(49) Nabi Abdullaev, "Putin's Teflon Image Takes Hit," *MT*, 2008.12.23.

(50) "Putin Boasts of New Niva off-roader," in *JRL*, 2009-#92 (2009.5.18), #14; "Putin shows his new ear to journalists," *RIA Novosti*, 2009.5.22.

(78) Clifford Gaddy, “Pudrin Lives!” *Valdai* Blogs <http://Valdaiclub.com/>, 2011.9.29.
(79) Максим Товкайло et al, “Путин предложил несогласным уходить в эксперты как Кудрин,” *Ведомости*, 2013.11.15.
(80) “Enthusiastic Kudrin Returns to Kremlin’s Policymaking Table,” *MT*, 2013.11.22.
(81) ロシア連邦大統領ホームページ2013.4.25. <http://kremlin.ru/news/17976>（アクセス 2013.4.28）.
(82) Sakwa, *Putin Redux*, p. 230.

第10章　贅　沢

(1) Harding, “Putin, the Kremlin power struggle and the $40 bn fortune.”
(2) Aleksei Mazur, “The Siberian Archipelago,” *openDemocracy*, 2014.1.18.
(3) David Smith, “Inside the hidden world of Roman’s empire,” *Guardian/ Observer*, 2006.12.24 から再引用。
(4) 木村『メドベージェフ vs プーチン』245-84頁。
(5) *Transparency International*, “Corruption perception Index 2014 results.” <http://www.transparency.org/cpi2014/results>（アクセス 2014.12.20）.
(6) ロシアは「雪があるナイジェリア（Nigeria with snow）」は、ロシアからの亡命者でグーグルの共同創設者、セルゲイ・ブリンがはじめて使った言葉といわれる。Simon Shuster, “The Imperialist Vladimir Putin,” *Time*, 2014.12.10.
(7) Борис Немцов и Владимир Милов, *Путин: Итоги: 10 лет*（Москва: « Солидарность », 2010）: Милов et al, *Путин: Коррупция*（Москва: Партия Народной Свободы, 2011）, Милов et al, *Путин*: Коррупция 2（Москва: Партия Народной Свободы, 2013）<www.nemtsov.ru/>; Немцов и Мартынюк, *Зимняя олимпиада в субтропикак*（Москва: 2013）.
(8) “Putin Earned $120.000 in 2011,” *MT*, 2012.4.12; “Putin’s Watch Collection Dwarfs his Declared Income,” *MT*, 2012.6.8.
(9) Немцов и Милов, *Путин: Итоги: 10 лет*, p. 10.
(10) Treisman, *The Return*, p. 117.
(11) Милов et al, *Путин: Коррупция*, p. 34.
(12) Yulia Latynina, “A Quick Way to Become a Superpower,” *MT*, 2011.11.23.
(13) Милов et al, *Путин: Коррупция*, p. 34.
(14) Ibid.
(15) Ibid.
(16) Alla Eshchenko and Faith Karimi（CNN）, “Russian President: I did not steal Super Bowling,” 2013.6.17.
(17) Ibid.
(18) Ibid.
(19) Ibid.
(20) Anders Aslund, “Putin represents what is wrong with Russia,” *MT*, 2010.9.29.
(21) Harding, *Mafia State*, pp. 22-23.
(22) Станислав Белковский и Владимир Голышев, *Бизнес Владимира Путина*（Екатеринбург:

FT, 2011.11.30.

(53) Peter Hobson, "Sanctioned Bank Russiya Becomes First Major Russian Bank to Expand in Russia," *MT*, 2014.4.15.

(54)『読売新聞』2014.3.22。

(55) "Russia's Shifting Political Landscape, Part 2: Breakdown of the Kremlin Clans," *Stratfor*, 2012.2.2.

(56) Daniel Treisman, *The Return: Russia's Journey from Gorbachev to Medvedev* (New York: Free Press 2011), p. 132; Hutchins, *Putin*, p. 62; Хатчинс, *Путин*, p. 87.

(57) *От первого лица*, pp. 181-82; *The First Person*, pp. 200-02;『プーチン、自らを語る』246-48頁。

(58) Oleg Sukhov, "From Olympics to Crimea, Putin Loyalist Kozak Entrusted with Kremlin Mega-Projects," *MT*, 2014.3.28.

(59) Remnick, "Letter from Moscow," p. 89.

(60) Мазо, *Петерские против Московских, или кто есть кто в окружение В. В. Путина*, pp. 107-09.

(61) Алексей Семенов, *Сурков и его пропаганда*: Феномен главного идеолога Кремля (Москва: Книжный мир, 2014), pp. 8-9.

(62) Евгений Гонтмахер, "Переход на личности: Идеология vs. Политика," *Ведомости*, No. 42 (2312), 2009. 3.11.

(63) *Суверенная демократия*: от идей к доктрине (Москва: Издательство « Европа », 2007); Владислав Сурков, *Тексты* 97-07 (Москва: Издательство « Европа », 2008); pp. 9-27, 109-73; Семенов, *Сурков и его пропаганда*, pp. 79-92; Зоя Светова, "Политтехнолог всея Руси: Владислав Сурков - человек с тысячью лиц," *НВ*, No. 8. 2011.3.7.

(64) Vladimir Frolov, "Medvedev's Motor to Drive Modernization," *MT*, 2009.11.23.

(65) Михаил Ростовский, "Сурков и матрешки," *МК*, 2013.9.23.

(66) "Surkov Makes Kremlin Comeback," *MT*, 2013.9.23.

(67) "Russia's Shifting Political Landscape, Part 2: Breakdown of the Kremlin Clans," *Stratfor*, 2012.2.2.

(68) Андрей Колесников, "Владислав Сурков: Я был рядом с великим человеком," *Русский пионер*, 2013.7.27. <http://www.ruspioner.ru/honest/m/single/3718> (アクセス 2014.6.3).

(69) Константии Новиков, "Диалог с Кавказом: Владислав Сурков ответил на вопросы чеченских журналистов," *РГ*, 2011.7.11.

(70) Vladimir Ryzhkov, "Same Old Kremlin, Same Old Surkov," *MT*, 2013.10.8.

(71) "Putin Targets Dagestan Insurgents as Olympics Loom," *MT*, 2012.11.1.

(72) Ibid.

(73) Wilson, *Ukraine Crisis*, pp. 19, 22, 108.

(74) Oleg Sukhov, "Surkov Return May Signal Softer Kremlin Line," *MT*, 2013.9.24.

(75) 木村『プーチンのエネルギー戦略』1-12頁。

(76) Gustafson, *Wheel of Fortune*, p. 235.

(77) Ibid., p. 554.

(20) Gessen, *The Man without a Face*, p. 143; 松宮訳、178頁。

(21) Hutchins, *Putin*, p. 172; Хатчинс, *Путин*, pp. 232-33.

(22) Felshtinsky and Pribylovsky, *The Corporation*, pp. 461-62.

(23) Платонов, *Путин*, p. 195.

(24) Arkady Vaksberg, *Toxic Politics: The Secret History of The Kremlin's Poison Laboratory - From the Special Cabinet to the Death of Litvinenko* (New York; Praeger, 2011); アルカディ・ワクスベルク『毒殺——暗殺国家ロシアの真実』松宮克昌訳、柏書房、2014年、267-68頁。

(25) Vaksberg, *Toxic Politics*, p. 180; 松宮訳、268頁。

(26) Gessen, The Man without a Face, p. 144; 松宮訳、179頁。

(27) Vaksberg, *Toxic Politics*, p. 179; 松宮訳、266頁。

(28) Felshtinsky and Pribylovsky, *The Corporation*, pp. 463-64.

(29) Vaksberg, *Toxic Politics*, p. 181; 松宮訳、269頁。

(30) Vaksberg, *Toxic Politics*, p. 181; 松宮訳、270頁。

(31) Vaksberg, *Toxic Politics*, p. 181; 松宮訳、269-70頁。

(32) Vaksberg, *Toxic Politics*, p. 181; 松宮訳、270頁。

(33) Vaksberg, *Toxic Politics*, p. 182; 松宮訳、271頁。

(34) Vaksberg, *Toxic Politics*, pp. 182, 183; 松宮訳、270、272頁。

(35) Vaksberg, *Toxic Politics*, p. 183; 松宮訳、272-73頁。

(36) Vaksberg, *Toxic Politics*, p. 183; 松宮訳、273頁。

(37) 同上。

(38) Andrew Meier, "Ksenia Sobchak, the Stiletto in Putin's Side," *NYT*, 2012.7.4; Hollingsworth and Lansley, *Londongrad*, p. 189.

(39) Orth, "Russia's Dark Master."

(40) Meier, "Ksenia Sobchak, the Stiletto in Putin's Side."

(41) Владимир Рудаков, "Изгнание из рая," *Профиль*, 2012.6.4から再引用。

(42) Julia Ioffe, "The Loneliness of Vladimir," *New Republic* (2014.2.17), p. 22.

(43) Ibid; "Russian TV Presenter Claims Strip Searched at Miami Airport," in *JRL*, 2014-#8 (2014.1.10), #45.

(44) Vaksberg, *Toxic Politls*, p. 179; 松宮訳、266頁。

(45) Politkovska, *A Russian Diary*, p. 90; 鍛原訳、156頁。

(46) "Harsh 'anti-rally bill' passed, Rights Council seeks Putin veto," in *JRL*, 2012-#102 (2012.6.6), #4から再引用。

(47) Андрей Угланов, "Скелет в чужом шкафу и « бомбы » под кроватью," *Аргументы Недель*, 2012.11.1.

(48) Масюк, "Людмила Нарусова."

(49)「プーチン『個人蓄財疑惑』の窮地」『選択』2012年1月号、30頁。Макроусова, *Друзья Путина*, pp. 93-102.

(50) Макроусова, *Друзья Путина*, pp. 101, 213-4, 222-24.

(51) Ledeneva, *Can Russia Modernize?,* p. 75.

(52)「プーチン『個人蓄財疑惑』の窮地」、30頁。Catherine Belton, "A Realm Fit for a Tsar,"

(69) Трегубова, *Байка кремлевского диггера*, p. 167.
(70) Андрей Колесников, *Меня Путин бидел!* (издание второе, исправленное и дополненное) (Москва: Издательство « Эксмо », 2005).
(71) Андрей Колесников, *Я Путина обидел!* (издание второе, исправленное и дополненное) (Москва: Издательство « Эксмо », 2005).
(72) Roxburgh, *The Strongman*, p. 34.
(73) Woodward, *Bush at War*, p. 119, 伏見訳、158-59頁。
(74) Talbott, *The Russian Hand*, p. 405から最引用。
(75) Roxburgh, *The Strongman*, p. 34.
(76) Усольцев, *Сослуживец*, p. 277.
(77) Ibid., p. 240.

第9章　人　脈

(1) 八島編著『ロシア語　名言・名句・ことわざ辞典』257頁。吉岡正敞編著『ロシア語ことわざ集』駿河台出版社、1986年、128頁。
(2) Goldman, *Petrostate*, p. 192; 鈴木訳、306頁。
(3) Donald N. Jensen, "How Russia is Ruled," in Peter Rutland, ed., *Business and State* (Denver, CO: Westirew Press, 2001).
(4) Anders Åslund, *Russia's Capitalist Revolution: Why Market Reform Succeeded and Democracy Failed* (Washington, DC: Peterson Institute for International Economics, 2007), p. 228.
(5) Андрей Колесников, "Дмитрий Освободитель," *Нов.Газ.*, No. 24, 2011.3.9.
(6) Gulnaz Sharafutdinova, *Political Consequences of Crony Capitalism inside Russia* (Notre Dame, ID: University of Notre Dame Press, 2010).
(7) Felshtinsky and Pribylovsky, *The Corporation*, p. 220.
(8) Michael McFaul, Nikolai Petrov, and Andrei Ryabov, *Between Dictatorship and Democracy: Russian Post-Communist Political Reform* (Washington, DC: Carnegie Endowment for International Peace, 2004), p. 231.
(9) Jack, *Inside Putin's Russia*, pp. 317-18.
(10) "Moscow State University Ranked Best in Russia," *MT*, 2014.6.5.
(11) *От первого лица*, p. 71; *First Person*, p. 79;『プーチン、自らを語る』103頁。
(12) Hill & Gaddy, *Mr. Putin*, p. 208.
(13) Hill & Gaddy, *Mr. Putin*, p. 267.
(14) Goldfarb, *Death of a Dissident*, p135; 加賀山訳、191頁。
(15) Felshtinsky and Pribylovsky, *The Corporation*, p. 231.
(16) Ельцин, *Президентский марафон*, p. 254; 網屋・桃井訳、365-66頁。
(17) Елена Масюк, "Людмила Нарусова: « Это мое политическое завещание »," *Нов. Газ.*, 2012.11.8.
(18) Dawisha, *Putin's Kleptocracy*, p. 121から再引用。
(19) Зенькович, *Путинская Энциклопедия*, pp. 517-18; Felshtinsky and Pribylovsky, *The Corporation*, pp. 232-33.

(38) Daniel Kallder, "Boris Berezovsky: Game Over," *RIA Novosti*, 2013.3.27.

(39) "Boris Berezovsky Dies at 67," *MT*, 2013.3.23; Александр Минкин, "Кто обидит – дня не проживёт?" *МК*, 2013.3.24.

(40) Yevgeny Kiselyov, "The Berezovsky Who I Knew," *MT*, 2013.3.25.

(41) "Berezovsky's letter was delivered to Putin, won't be published—Chief of Kremlin staff Sergei Ivonov," in *JRL*, 2013-#60 (2013.4.2), #31.

(42) "Berezovsky Died by Hanging, British Police Say," *MT*, 2013.3.26.

(43) Orth, "Russia's Dark Master."

(44) Ibid.

(45) Ibid.

(46) Charles Clover, "Putin's return put future in doubt," *FT*, 2011.10.4.

(47) 2011年9月24日付「タス通信」。

(48) Роза Цветкова, "Судьба президента," *Нез. Газ.*, 2011.10.4.

(49) "Russian Leaders' Speeches At Party Congress Left Pm's Spokesman 'Dumbstruck'," in *JRL*, 2011-#179 (2011.10.5), #11.

(50) イーゴリ・シレツキー「ロシア政界 保証された安定」、*The Voice of Russia*, 2011.9.27から再引用。

(51) Pavel Felgenhauer, "Life-Long Rule For a Self-Appointed Tsar," *EDM*, Vol. 8, Issue 179, 2011.9.29から再引用。

(52) Hill & Gaddy, *Mr. Putin*, p. 205から再引用。

(53) Jack, *Inside Putin's Russia*, p. 83.

(54) Ibid.

(55) *От первого липа*, p. 41; *The First Person*, p. 44;『プーチン、自らを語る』60-61頁。

(56) 同上。

(57) 同上。

(58) 同上。

(59) 同上。

(60) Roxburgh, *The Strongman*, p. 16.

(61) Roxburgh, *The Strongman*, p. 34.

(62) Виктор Таланов, *Психологический портрет Владимира Путина* (Санкт-Петербург: Б&К, 2000), p. 23.

(63) Блоцкий, *Владимир Путин* (книга вторая), p. 154.

(64) Orth, "Russia's Dark Master."

(65) Трегубова, *Байка кремлевского диггера*, p. 160.

(66) Ibid., p. 166.

(67) Ibid., pp. 166-67.

(68) たとえば、次を参照。Carl R. Rogers, *Client-Centered Theraphy: Its Current Practice, Implications, and Theory* (Boston: Houghton Mifflin Company, 1951), pp. 28, 54, 348, 437, 454; カール・R・ロージァズ『ロージァズ全集 6(人間関係論)』高瀬稔訳、岩崎学術出版社、1967年、6、51-52、94、96-97頁。

(2) *Коммерсантъ*, 200.3.17から再引用。
(3) アリストテレス『弁論術』戸塚七郎訳、岩波文庫、2011年、32頁。
(4) Goldfarb, *Death of a Dissident*, p. 150; 加賀山訳、216頁。
(5) Goldfarb, *Death of a Dissident*, p. 156; 加賀山訳、216-17頁。
(6) Goldfarb, *Death of a Dissident*, p. 156; 加賀山訳、217頁。
(7) 同上。
(8) Goldfarb, *Death of a Dissident*, p. 202; 加賀山訳、274頁。
(9) Felshtinsky and Privylovsky, *The Coporation*, p. 53.
(10) Gessen, *The Man without a Face*, p. 18; 松宮訳、26頁。
(11) 同上。
(12) Baker and Glasser, *Kremlin Rising*, p. 52.
(13) Ibid.
(14) Ibid.
(15) Goldfarb, *Death of a Dissident*, p. 163; 加賀山訳、226頁。
(16) Питч, *Пикантная дружба*, p. 263.
(17) Gessen, *The Man without a Face*, p. 19; 松宮訳、27頁。
(18) Ibid.; Baker and *Glasser, Kremlin Rising*, p. 58.
(19) Gessen, *The Man without a Face*, p. 20; 松宮訳、28頁。
(20) Hutchins, *Putin*, pp. 151-52; Хатчинс, *Путин*, p. 205.
(21) Jack, *Inside Putin's Russia*, p. 177.
(22) Peter Truscott, *Kursk: Russia's Lost Pride* (London: Simon & Schuster, 2002), pp. 64-65: Goldfarb, *Death of a Dissident,* p. 209; 加賀山訳、283頁。
(23) Goldfarb, *Death of a Dissident,* p. 210; 加賀山訳、284頁。Hoffman, *The Oligarchs*, p. 487.
(24) Dawisha, *Putin's Kleptocracy*, p. 280.
(25) "От редакции: Проигравший в собственной игре," *Ведомости*, 2013.3.25.
(26) ラスウェル『権力と人間』永井訳、21-22頁、他。
(27) Luke Harding, "Putin, the Kremlin power struggle and the $40 bn fortune," *Guardian*, 2007.12.21から再引用。
(28) Goldfarb, *Death of a Dissident,* p. 210; 加賀山訳、285頁。Hoffman, *The Oligarchs*, p. 489.
(29) Hoffman, *The Oligarchs*, p. 493.
(30) Goldfarb, *Death of a Dissident*, p. 202; 加賀山訳、274頁。
(31) Colton, *Yeltsin*, p. 430.
(32) Ibid.
(33) Mark Hollingsworth & Stewart Lansley, *Londongrad: From Russia with Cash: The Inside Story of the Oligarchs* (London: Fourth Estate, 2010), p. 282.
(34) Alexander Bratersky and Natalya Krainova, "Berezovsky, Putin and an Absence of Respect," *MT*, 2013.3.24.
(35) Ibid. から再引用。
(36)『世界文学全集 (第21巻、ゴーゴリ集)』筑摩書房、1970年、101頁。
(37) Owen Matthews, "Yeltsin Freed Russia, but Berezovsky Made It for Sale", *MT*, 2013.3.25.

(19) Soros, "Who Lost Russia?", p. 15.

(20) ユリアン・セミョーノフ『春の十七の瞬間《とき》』伏見威蕃訳、角川文庫、1991年。

(21) Orth, "Russia's Dark Master."

(22) Павел Хлебников, *Крестный отец Кремля Борис Березовский или История разграбления России* (Москва: Издательство « Детектив-Пресс », 2002), p. 213.

(23) Gessen, *The Man without a Face*, p. 41; 松宮訳、55頁。

(24) Daniel Treisman, *The Return: Russia's Journey from Gorbachev to Medvedev* (New York: Free Press, 2011), p. 115.

(25) Felshtinsky and Pribylovsky, *The Corporation*, p. ix.

(26) Ibid.

(27) Ibid.

(28) Ibid.

(29) Ibid.

(30) Ibid.

(31) Ibid.

(32) Goldfarb, *Death of a Dissident*, p. 30; 加賀山訳、50頁。

(33) Davud E. Hoffman, *The Oligarchs: Wealth and Power in the New Russia* (New York: Perseus Group, 2002), pp. 135-37, 143; 中澤『オリガルヒ』240頁。

(34) Hoffman, *The Oligarchs*, pp. 259-66.

(35) Martin Sixmith, *Putin's Oil:, The Yukos Affair and the Struggle for Russia* (New York: Continuum, 2010), p. 57から再引用。

(36) Hoffman, *The Oligarchs*, p. 360.

(37) Ibid.

(38) George Soros, "Who Lost Russia?" *The New York Review of Books*, Vol. XL Vol. II, No. 6, 2000.4.13, p. 14.

(39) Борис Ельцин, *Записки президента* (Москва: « Огонёк », 1994); ボリス・エリツィン『エリツィンの手記――崩壊・対決の舞台裏(上・下巻)』中澤孝之訳、同朋舎出版、1994年。

(40) Paul Klebnikov, *Godfather of the Kremlin: Boris Berezovsky and the Looting of Russia* (New York: Harcourt, Inc., 2000), p. 118; Павел Хлебников, *Крестный отец Кремля Борис Березовский или История разграбления России*, p. 118.

(41) Hoffman, *The Oligarchs*, p281; Хлебников, *Крестный отец Кремля Борис Березовский*, p. 118; Klebnikov, *Godfather of the Kremlin*, pp. 118-19; Freeland, *Sale of the Century*, pp. 130-38; 角田訳、199-202頁。

(42) Хлебников, *Крестный отец Кремля Борис Березовский или История разграбления России*, p. 200; Klebnikov, *Godfather of the Kremlin*, p. 201. タチヤーナにシボレー・ブラザーを贈ったのは、アブラモビッチだとの説もある。Платонов, *Путин*, p. 116.

(43) Talbott, *The Russian Hand*, p. 207.

第8章　人誑し

(1) *От первого лица*, p. 41; *First Person*, p. 44;『プーチン、自らを語る』60頁。

2013), p. 163.

(56) "European energy security: A bear at the throat," *Economist*, 2007.4.14-20.

(57) 木村汎「プーチンのウクライナ戦略——バランス・シート」『海外事情』第62巻、12号、2014年12月号、23-26頁参照。

(58) Chris Weafer, "Life in Russia with $80 oil," *Business New Europe*, 2004.10.17.

(59) Thomas Friedman, "A pump war?," *NYT*, 2014.10.15; Pepe Escobar,"The Saudi oil war against Russia, Iran and the US," in *JRL*, 2014-#215 (2014.10.15), #27.

(60) Pavel Koshkin, "As the price of oil drops, so do hopes for Russia's economic future," *Russia Direct*, 2014.10.13.

(61) Alexei Lussan, "Record fall in oil prices threatens Russian budget," in *JRL*, 2014-#209 (2014.10.7), #43.

(62) Weafer, "Life in Russia with $80 oil."

(63) Любовь Люлько, "Выстрелит ли нефтяное оружие США," *Правда*.ру, 2014.4.2.

第7章　上　昇

(1) Gessen, *The Man without a Face*, p. 140; 松宮訳、174頁。

(2) Hill & Gaddy, *Mr. Putin*, p. 187.

(3) Francesca Mereu, "Friend Putin: The Invention of the Democratic Dictatorship," *Valdai Discussion Paper <http://valdaiclub.com/>,* 2011.8.3.

(4) Gustafson, *Wheel of Fortune*, p. 235.

(5) Ibid.

(6) Jack, *Inside Putin's Russia*, p. 79; Truscott, *Putin's Progress*, pp. 80-81.

(7) Gessen, *The Man without a Face*, p. 140; 松宮訳、174頁。

(8) ロシア連邦大統領ホームページ 2005.4.25. <http://www.kremlin.ru/text/appears/2005/04/87049.shtml> (アクセス 2005.4.26)

(9) Юрий Коргуюк, "Ошибка Президента," *Газета.ru*, 2008.5.8.

(10) Лилия Ф. Шевцова, *Режим Бориса Ельцина* (Москва РОССПЭН, 1999), p. 281; Lilia Shevtsova, *Yeltsin's Russia: Myth and Reality* (Washington, DC: Carnegie Endowment for International Peace, 1999), p. 189.

(11) Shevtsova, *Yeltsin's Russia*, p. 267.

(12) Timothy J. Colton, *Yeltsin: A Life* (New York: Basic Books, 2008), p. 430.

(13) Ельцин, *Президентский марафон*, p. 254; 納屋・桃井訳、338頁。

(14) Hutchins, *Putin*, p. 150; Хатчинс, *Путин*, p. 202.

(15) Mereu, "Friend Putin."

(16) Anna Arutunyan, *The Putin Mystique: Inside Russia's Power Cult* (UK: Skyscraper, 2014), p. 171.

(17) Платонов, *Путин*, p. 126.

(18) Chrystia Greeland, *Sale of the Century: The Inside Story of the Second Russian Revolution* (New York: Little, Brown and Company, 2000), p. 318; クライスティア・フリーランド『世紀の売却——第二のロシア革命の内幕』角田安正訳、新評論、2005年、486頁。

(32) “10% of History Dissertations ‘Plagiarized’,” *MT*, 2013.9.5.

(33) RIA-Novosti, 2005.11.25.

(34) Balzer, “The Putin Thesis and Russian Energy Policy,” p. 211.

(35) Ibid.

(36) Ibid., p. 215.

(37) 木村『現代ロシア国家論』67-68頁。

(38) ホドルコフスキイ「帝国」の発展については、たとえば次を参照。ヤコブ・パッペ／溝端佐登史『ロシアのビッグビジネス』溝端・小西豊・横川和穂訳、京都・文理閣、2003年。

(39) Jack. *Inside Putin's Russia*, p. 213.

(40) ユーコス事件（2003-04年）の時系列にしたがったまとめとしては、次が便利である。本村真澄『石油大国ロシアの復活』千葉・アジア経済研究所、2005年、126-30頁。また、本格的な研究としては、次を参照。Sakwa, *The Quality of Freedom*; Sakwa, *Putin and the Oligarch: The Khodorkovsky-Yukos Affair* (London: L. B. Tauris, 2014).

(41) Sakwa, *The Quality of Freedom*, p. 157.

(42) “Russian energy: After Sakhalin: What does Shell’s capitulation to Gazprom mean for the Russian energy industry?” *Economist*, 2006.12.16-22.

(43) Ibid.

(44) Ibid.

(45) ロシア連邦大統領ホームページ 2006.12.21. <http://archive.kremlin.ru/appears/2006/12/21/2100_type63376type63381type82634_115803.shtml>（アクセス 2014.6.17）.

(46) Gaddy, “The Russian Economy in the Year 2006,” pp. 2-4.

(47) Sakwa, *Putin Redux*, pp. 56-57.

(48) Леонид Радзиховский, “Полет мысли,” *Ежедневный журнал*, 2009.12.16. <http://ej.ru/?a=note&id=9713>

(49) Юрия Латынина, “« Белый рыцарь » печального образа,” *Нов.Газ.*, No. 61, 2007.8.13.

(50) Gaddy, “The Russian Economy in the Year 2006,” p. 40.

(51) Энергетическая стратегия России на период до 2020 года утверждена распоряжением Правительства Российской Федерации от 28 августа 2003 г. No. 1234-р <http://mte.gov.ru/files/103/1354.strategy.pdf> 同戦略の解説については、たとえば次を参照。古川純也「ロシア2020年エネルギー戦略の概略」『石油／天然ガスレビュー』2003年11月号、23-41頁。中村裕司「ロシアのエネルギー産業の現状とエネルギー開発・輸出政策」『最近のロシア情勢とわが国の対ロシア外交のあり方に関する調査研究』産業研究所、2004年2月、81-84頁。

(52) ロシア連邦大統領ホームページ 2005.12.22. <http://archive.kremlin.ru/text/appears/2005/12/99294.shtml>（アクセス 2014.6.17）.

(53) “Russian financial minister warns against oil ‘euphoria’,” in *JRL*, 2006-#274, #31.

(54) ロシア連邦大統領ホームページ 2007.2.6. <http://archive.kremlin.ru/appears/2007/02/06/2108_type63376type63381_117934.shtml>（アクセス 2014.6.17）.

(55) Loren Graham, *Lonely Ideas: Can Russia Compete?* (Cambridge, MA: The MIT Press,

(5) Clifford G. Gaddy and Igor Danchenko, “The Mystery of Vladimir Putin’s Dissertation” (2006.3.30). <http://www.brookings.edu/events/2006/03/30putin-dissertation>

(6) Владимир Владимирович Путин, « Стратегическое планирование воспроизводства минерально-сырьевой базы региона в условиях формирования рыночных отношений (Санкт-Петербург и Ленинградская область) », Санкт-Петербург, 1997, 218pp.

(7) В. В. Путин, *Минерально-сырьевые ресурсы в стратегии развития российской экономики*. <http://mnepu.ru/library/rvm2000/2000_2.pdf?PHPSESSID=4e0dc88494a090e6dbcc878332357ace>

(8) David Sands, “Researchers peg Putin as a plagiarist over thesis,” *Washington Times*, 2006.3.25; “U.S.A. researchers report plagiarism in Putin’s dissertation,” *Wikinews*, 2006.3.29. <http://en.wikinews.org/wiki/U.S.A._researchers_report_plagiarism_in_Putin’s_dissertation>

(9) William R. King and David I. Cleland, *Strategic Planning and Policy* (New York: Van Nostrand Co., 1978).

(10) Кинг, У. Р., Клиланд, Д. Ж., *Стратегическое планирование и хозяйственная политика* (Москва: Прогресс, 1982).

(11) Julie A. Corwin, “Russia: U.S. Academics Charge Putin With Plagiarizing Thesis,” *RFE/RL*, 2006.3.27から再引用。(http://www.rferl.org/featuresarticle/2006/03/0c2fcd1d-b6d2-4922-80fe-791cd0d0f943.html)

(12) Ibid から再引用。

(13) Gaddy & Danchenko, “The Mystery of Vladimir Putin’s Dessartation.”

(14) Шишкин, Бутрин, Шевчук, “Президент в кандидаты,” pp. 18-24.

(15) Шишкин, Бутрин, Шевчук, “Президент в кандидаты,” p. 21.

(16) Шишкин, Бутрин, Шевчук, “Президент в кандидаты,” p. 24.

(17) Шишкин, Бутрин, Шевчук, “Президент в кандидаты,” p. 23.

(18) Ibid.

(19) Ibid.

(20) Harley Balzer, “The Putin Thesis and Russian Energy Policy,” *Post-Soviet Affairs,* Vol. 21, No. 3 (July-Sept. 2005), pp. 214-15.

(21) Ibid., p. 215.

(22) Шишкин, Бутрин, Шевчук, “Президент в кандидаты,” p. 24.

(23) Ibid.

(24) Шишкин, Бутрин, Шевчук, “Президент в кандидаты,” p. 24.

(25) Ibid.

(26) Ibid.

(27) Зенькович, *Путинская энциклопедия*, p. 275.

(28) Ibid.

(29) Шишкин, Бутрин, Шевчук, “Президент в кандидаты,” p. 19; Blazer, “The Putin Thesis and Russian Energy Policy,” p. 214.

(30) Шишкин, Бутрин, Шевчук, “Президент в кандидаты,” p. 19.

(31) 2006年5月25日付の木村宛てのメール。

nybooks.com/articles/archieves/2012/apr/26/vladimirs.tale/>（アクセス 2014.12.6）.

（58）Hill & Gaddy, *Mr. Putin*, p. 175.

（59）Ibid., p. 173から再引用。

（60）Ibid., p. 176から再引用。

（61）Ibid., p. 176から再引用。

（62）Hill & Gaddy, *Mr. Putin*, p. 175.

（63）ロシア連邦大統領ホームページ2003.6.20. <http://archive.kremlin.ru/text/appears/2003/06/47449.shtml>（アクセス 2013.10.24）.

（64）ロシア連邦大統領ホームページ2006.5.13. <http://www/kremlin.ru/text/appears/2006/105647.shtml>（アクセス 2006.7.24）.

（65）Samuel Charap, “The Petersburg Experience: Putin’s Political Career and Russian Foreign Policy,” *PPC*, Vol. 51, No. 1（January-February, 2004）, p. 58.

（66）*От первого лица*, p. 91; *First Person*, p. 100;『プーチン、自らを語る』127頁。

（67）Ibid.

（68）Charap, “The Petersburg Experience,” p. 61.

（69）Hill & Gaddy, *Mr. Putin*, p. 269.

（70）Ibid.

（71）Sakwa, *Putin Redux*, p. 9.

（72）Martin Gilman, *No Precedent, No Plan: Inside Russia’s 1998 Default*（Cambridge, MA: The MIT Press, 2002）, pp. 256-58.

（73）ロシア連邦首相ホームページ 2012.4.11. <http://premier.gov.ru/events/news/18671/print/>（アクセス 2012.4.22）.

（74）Ibid.

（75）Ibid.

（76）Vladimir Mao, “For Russia, Microeconomic Lessons from the Past,” in *JRL*, 2011-#110（2011.6.22）, #29.

（77）Jack, *Inside Putin’s Russia*, pp. 69-70.

（78）Hill & Gaddy, *Mr. Putin*, p. 178.

（79）*От первого липа*, p. 104; *First Person*, p. 113;『プーチン、自らを語る』145頁。

（80）Felshtinsky and Pribylovsky, *The Corporation*, p. 61参照。

（81）Блоцкий, *Владимир Путин*（книга вторая）, p. 358.

（82）Ibid., p. 361.

（83）Ibid., p. 362.

第6章　盗　作

（1）Максим Шишкин, Дмитрий Бутрин, Махаил Шевчук, “Президент в кандидаты,” *KB*, No. 13（667）2006.4.3, p. 24.

（2）2006年5月25日付の木村宛てのメール。

（3）Шишкин, Бутрин, Шевчук, “Президент в кандидаты,” p. 23.

（4）*От первого лица*, p. 78; *First Person*, p. 87;『プーチン、自らを語る』112頁。

(29) Truscott, *Putin's Progress*, p. 69.

(30) Anastasiya Byrka, "The Aussie Who Taught Putin Body Language," *MT*, 2013.11.26.

(31) Allan Pease, *Body Language: How to Read Other's Thoughts by their Gestures* (Avalon Beack, Australia, 1981), p. 6.

(32) Ibid.

(33) Byrka, "The Aussie Who Taught Putin Body Language."

(34) Ibid.

(35) Ibid.

(36) Ibid; William Taubman, *Khrushchev: The Man and His Era* (New York: W. W. Norton & Com.; 2003), p. 476.

(37) Ibid.

(38) Ibid.

(39) Ibid.

(40) Bob Woodward, *Bush at War* (New York: Simon & Schuster, 2002), p. 119; ボブ・ウッドワード『ブッシュの戦争』伏見威蕃訳、日本経済新聞社、2003年、158-59頁。Strobe Talbott, *The Russian Hand: A Memoir of Presidential Diplomacy* (New York: Random House, 2002), p. 405 も参照。

(41) 東郷『北方領土交渉秘録』301頁。

(42) 山本「ペテルブルク要人群像」、21頁。

(43) 同上。

(44) Byrka, "The Aussie Who Taught Putin Body Language."

(45) Ibid.

(46) 名越健郎『独裁者プーチン』文春新書、2012年、66-67頁。*От первого лица*, pp. 89-91; *First Person*, pp. 98-99;『プーチン、自らを語る』125-26頁。Richard Sakwa, *Putin: Russia's Choice* (London: Routledge, 2008), p. 11; Gessen, *The Man without a Face*, pp. 101-29.

(47) 木村汎『ボリス・エリツィン——ロシア政治家の軌跡』丸善ライブラリー、1997年、83-102頁参照。

(48) Lilia Shevtsova, "Russia's Post-Communist Policies; Revolution or Continuity?" in Gail W. Lapidus, ed., *The New Russia: Troubled Transformation* (Boulder, CO: Westview Press, 1995), p. 28.

(49) Yegor Gaidar, *Collapse of an Empire: Lessons for Modern Russia* (Washington, D.C: Brockings Institution Press, 2007), p. 145.

(50) Ibid., p. 187.

(51) Ibid.

(52) Gessen, *The Man without a Face*, p. 121; 松宮訳、151頁。Jack, *Inside Putin's Russia*, p. 73.

(53) Gessen, *The Man without a Face*, p. 123; 松宮訳、154頁。

(54) Jack, *Inside Putin's Russia*, p. 74.

(55) *От первого лица*, p. 90; *First Person*, p. 99;『プーチン、自らを語る』26頁。

(56) Gessen, *The Man without a Face*, p. 101; 松宮訳、127頁。

(57) Anne Applebaum, "Vladimir's Tale," *New York Review of Books*, 2012.4.26. <http://www.

ようにさえいう。「プーチンは革命を憎む。彼は生まれつき反革命主義なのである」。Shaun Walker, “Ukraine and Crimea: what is Putin thinking?” *The Guardian*, 2014.3.23から再引用。

(67) ロシア大統領ホームページ、2014.11.20. <http://kremlin.ru/transcripts/47045>（アクセス2014.11.26）.

第5章　市役所

(1) Блоцкий, *Владимир Путин*（книга вторая）, p. 361.

(2) Hill and Gaddy, *Mr. Putin*, p. 173から再引用。

(3) Ibid., p. 176から再引用。

(4) 小町文雄『サンクト・ペテルブルク——よみがえった幻想都市』中公新書、2006年、ix-x、14、21-22頁。

(5) Hill & Gaddy, *Mr. Putin*, p. 165.

(6) Daniil Kotsyubinski, “Petersburg, the city with a split personality,” *openDemocracy*, 2013.11.25.

(7) Блоцкий, *Владимир Путин*（книга вторая）, p. 283.

(8) *От первого лица*, p. 79; *First Person*, p. 88;『プーチン、自らを語る』113頁。

(9) Gessen, *The Man without a Face,* p. 96; 松宮訳、121頁。

(10) Ibid.

(11) Hill and Gaddy, *Mr. Putin*, p. 162.

(12) Блоцкий, *Владимир Путин*（книга вторая）, p. 301から再引用。

(13) Gessen, *The Man without a Face*, p. 97; 松宮訳、122頁。

(14) Hutchins, *Putin*, p. 68; Хатчинс, *Путин*, p. 95.

(15) Jack, *Inside Putin's Russia*, p. 69.

(16) Gessen, *The Man without a Face*, pp. 97-98; 松宮訳、122-23頁。

(17) Gessen, *The Man without a Face*, p. 122; 松宮訳、122頁。

(18) Gessen, *The Man without a Face*, p. 98; 松宮訳、123頁。

(19) Hill & Gaddy, *Mr. Putin*, p. 161.

(20) Alexavder Rahr, *Putin nach Putin: Das kapitalistische Rußland am Beginn einer neuen Weltordung*（Wien: Universitas, 2009）, pp. 75-79.

(21) *От первого лица*, p. 82; *First Person*, p. 91;『プーチン、自らを語る』116頁。

(22) Baker and Glasser, *Kremlin Risings*, p. 47.

(23) Ibid から再引用。

(24) Гореславская, Неизвестный Путин, p. 125; Мухин, *Кто есть Мистер Путин и кто с ним пришел?* p. 36; Виктор Степаков, *Ленинградцы в борьбе за кремль*（Москва: « Яуза », 2004）, pp. 244, 245, 246.

(25) 山本重信「ペテルブルク要人群像」『霞関会会報』2000年11月号、20頁。

(26) Thane Gustafson, *Wheel of Fortune: The Battle for Oil and Power in Russia*（Cambridge, MA: The Belknap Press of Harvard University Press, 2012）, p. 556.

(27) *От первого лица* p. 81; *First Person*, p. 20;『プーチン、自らを語る』116頁。

(28) Hill & Gaddy, *Mr. Putin*, p. 162.

(36) Ibid.
(37) Ibid.
(38) Ibid., p. 77.
(39) Ibid.
(40) Jack, *Inside Putin's Russia*, p. 64.
(41) Pap, *Владимир Путин*, pp. 53, 63.
(42) Remnick, "Letter from Moscow," p. 83.
(43) Рой Медведев, *Владимир Путин*: четыре года в Кремле（Москва: время, 2004）, p. 252.
(44) 尤も、プーチンは、なぜか『第一人者から』で、彼が東独勤務中に一度も西独へ行かなかったとのべている。*От первого лица*, p. 62; *First Person*, p. 69;『プーチン、自らを語る』92頁。だが、サクワ教授は、「プーチンがしばしば、例えばボンを訪れた」と書いている。Sakwa, *Putin*, p. 9.
(45) Truscott, *Putin's Progress,* p. 64.
(46) *От первого лина*, p. 68; *First Person*, p. 75;『プーチン、自らを語る』98-99頁。
(47) *От первого лина*, p. 68; *First Person*, p. 75;『プーチン、自らを語る』99頁。
(48) Hill and Gaddy, *Mr. Putin*, p. 332.
(49) Richard Sakwa, *Russian Politics and Society*（third edition）（London: Routledge, 2002）, p. 333.
(50) Leon Aron, *Roads to the Temple: Truth, Memory, Ideas, and Ideals in the Makings of Russian Revolution, 1987-1991*（New Haven, Yale University Press, 2012）, p. 49.
(51) Ibid.
(52) Ibid., p. 40.
(53) Hill and Gaddy, *Mr. Putin*, p. 129.
(54) Ibid.
(55) Breslauer, *Gorbachev and Yeltsin as Leader*, p. ix.
(56) *От первого лина*, pp. 69-72; *First Person*, pp. 76-79;『プーチン、自らを語る』100-04頁。
(57) Hill and Gaddy, *Mr. Putin*, pp. 122-23.
(58) *От первого лина*, p. 78; *First Person*, p. 72;『プーチン、自らを語る』103頁。
(59) *От первого лина*, p. 73; *First Person*, p. 80;『プーチン、自らを語る』104頁。
(60) Hill & Gaddy, *Mr. Putin*, p. 123.
(61) ロシア連邦大統領ホームページ 2005.4.25. <http://www.kremlin.ru/text/appears/2005/04/87049.shtml>（アクセス 2005.4.26）.
(62) Shaun Walker, "Inside Putinworld, where few risk speaking truth to power Kremlinology is back in vogue, the inner circle contracts and ruthless competition is encouraged among underlings,"in *JRL*, 2014-#191（2014.8.30）, #36.
(63) Бабаева, "Пирамида одиночества."
(64) Dale R. Herspring, "Putin Prepared to Stand up to Bush," in *JRL*, 2006-#181（2006.8.11）, #18.
(65) Sakwa, *The Crisis of Russia Democracy*, p. 361.
(66) Ibid. かつてプーチン政権のスポークスマンだったグレプ・パブロフスキイは、次の

（2）Hill and Gaddy, *Mr. Putin*, p. 116.

（3）George Breslauer, *Gorbachev and Yeltsin as Leader*, p. ix.

（4）Александр Рар, *Владимир Путин: « немец » в кремле*（Москва: « Олма-пресс », 2001）pp. 53, 63.

（5）『ロシア政策動向』ラジオプレス社、第32巻、第12号、No. 705、（2013.6.15）、3頁。

（6）Remnick, "Letter from Moscow," p. 83.

（7）Ben Judah, *Fragile Empire: How Russia Fell in and out of Love with Vladimir Putin*（New Haven, CT: Yale University Press, 2013）, p. 225.

（8）Hill and Gaddy, *Mr. Putin*, pp. 116, 118.

（9）*От первого липа*, pp. 63; *First Person*, p. 70;『プーチン、自らを語る』93頁。

（10）Ирен Питч, *Пикантная дружба*: Моя подруга Людмира Путина, ее семья и другие товарищи（Москва: Захаров, 2002）, p. 242.

（11）Усольцев, *Сослуживец*, p. 106.

（12）Tom Parfitt, "Putin's enemies call for investigation into links with Stasi agent," *The Telegraph*（UK）, 2005.2.27.

（13）Guy Chazan and David Crawford, "In From the Cold: A Friendship forged in Spying Pays Dividends in Russia Today," *WSJ*, 2005.2.23.

（14）Ibid.

（15）Питч, *Пикантная дружба*, p. 171.

（16）Felshtinsky and Pribylovsky, *The Corporation*, pp. 41, 75.

（17）Dawisha, *Putin's Kleptocracy*, p. 53から再引用。

（18）Ibid.; Питч, *Пикантная дружба*, p. 201.

（19）*От первого липа*, p. 65; *First Person*, p. 72;『プーチン、自らを語る』95頁。

（20）Усольцев, *Сослуживец*, p. 252.

（21）Ibid., p. 215.

（22）Ibid., p. 217.

（23）Ibid., pp. 219-21.

（24）Ibid., p. 225.

（25）Ibid., p. 146.

（26）Ibid., p. 217.

（27）Ibid., p. 216.

（28）Ibid.

（29）*От первого лица*, pp. 91-92; *First Person*, p. 100;『プーチン、自らを語る』128頁。

（30）Усольцев, *Сослуживец*, p. 216.

（31）Ibid.

（32）Ibid., p. 65.

（33）ロシア連邦首相ホームページ　2011.7.14. <http://archive.premier.gov.ru/events/news/15884/>（アクセス 2013.12.9）

（34）Ibid.

（35）Усольцев, *Сослуживец*, p. 276.

(76) Hill & Gaddy, *Mr. Putin*, p. 355; Михаил Ростовский, “Второй после Путина: Игорь Сечин как секретный вице-президент,” *MK*, 2013.2.19.
(77) “The World’s Most Powerful People,” *Forbes*, 2009.11.30, p. 82.
(78) Ibid., p. 84.
(79) Vladimir Milov, “Igor Sechin: Putin’s man of force,” *Time*, 2013.4.29-5.6, p. 32.
(80) Karen Dawisha, *Putin's Kleptocracy: Who Owns Russia?* (New York: Simon & Schuster, 2014), p. 331.
(81) “Forbes put Rosneft’s Sechin on top of Russia’s Highest-paid top managers list,” in *JRL*, 2013-#210, (2013.11.21), #31.
(82) “Sechin’s $50M Makes him Top Earner at State Companies,” *MT*, 2013.11.22.
(83) “Sechin Sues Forbes for ‘Highest-Paid Executive’ Rating,” *MT*, 2014.5.27; Sarah Crowther, “Forbes Lists Russia’s Top 5 Highest – Paid Executives,” *MT*, 2014.11.20.
(84) Peter Hobson, Sam Skove, “Rosneft asks for $49 billion from State Walfare Fund to Survive Sanctions,” *MT*, 2014.10.22.
(85) *От первого лица*, p. 181; *First Person*, pp. 200-201;『プーチン、自らを語る』246頁。
(86) 同上。
(87)「尖閣問題——パトルシェフ書記、どちらの側にも肩入れしない」『The Voice of Russia』2012.10.25。
(88) Miroslav Mares, Martin Lays, “Oil and natural gas in Russia’s eastern energy strategy: Dream or reality?” *Energy Policy* (2012), p. 438.
(89) Alena V. Ledeneva, *How Russia Really Works*, pp. 91-114; Gulnaz Sharafutdinova, *Political Consequenxes of Crony Capitalism inside Russia* (Notre Dame, IN, University of Notre Dame Press, 2010), p. 29.
(90) Goldman, *Petrostate*, p. 197; 鈴木訳、311-12頁。
(91) 同上。
(92) “Putin’s Cousin Head Bank’s Board of Directors,” *MT*, 2012.4.17.
(93) Allison Quinn, “Son of Putin’s Chief of Staff Drowns in United Arab Emirates,” *MT*, 2014.11.5.
(94) Henry Meyer and Il’ya Arkhipov, “Fathers, Sons, and Russian Power Games, *Bloomberg Newsweek*, 2011.5.19.
(95) Vladislav Inozemtsev, “Neo-Feudalism Explained,” *American Interest*, Vol. 6. No. 4 (March-April 2011).
(96) Ibid.
(97) Ibid.
(98) Lilia Shevtsova, “The Temporary Return of Putin Co.” *FA*, 2011.10.3. <http://www.foreignaffairs.com/print/68236>
(99) Sergei Aleksashenko, “Crony Capitalism Gone Wild,” *MT*, 2013.12.25.

第4章　東　独

(1) チャールズ・カミング『ケンブリッジ・シックス』熊谷千寿訳、早川文庫、2013年、381頁。

(49) Ibid.
(50) От первого лица, p. 175; *First Person*, p. 194;『プーチン、自らを語る』239頁。
(51) James Sherr, *Hard Diplomacy and Soft Coercion: Russia's Influence Abroad* (London: Chatham House, 2013), p. 55.
(52) 木村汎『プーチンのエネルギー戦略』北星堂、2008年、1-12頁。
(53) Hill & Gaddy, *Mr. Putin*, p. 85から再引用。
(54) ロシア連邦大統領ホームページ 2000.9.8. <http://archive.kremlin.ru/text/appears/2000/09/28866.shtml>(アクセス 2012.4.8).
(55) Kramer, "Former Russian Spies are Now Prominent in Business."
(56) Ivan Krastev, "Paradoxes of the New Authoritarianism," *Journal of Democracy*, Vol. 22, No. 2 (April 2001), pp. 8, 11-12.
(57) Alfred B. Evans, Jr., "Putin's Legacy and Russia's Identity," *Europe-Asia Studies*, Vol. 60, No. 6 (August 2008), pp. 900-901, 908.
(58) *The Sunday Times* (UK), 2003.4.6.
(59) Ibid.
(60) Peter Baker and Susan Glasser, *Kremlin Rising: Vladimir Putin's Russia and the End of Revolution* (New York: A Lisa Drew Book Scribner, 2005), p. 25から再引用。
(61) Michael R. Gordon, "Putin will use ex-KGB men to Battle Graft," *NYT*, 2000.3.24.
(62) "Soviet Leader Yuri Andropov's Legacy Lingers on," *MT*, 2014.6.16.
(63) Baker and Glasser, *Kremlin Rising*, p. 257から引用; Jack, *Inside Putin's Russia*, p. 14; Truscott, *Putin's Progress*, p. 89; Sakwa, *Putin:* p. 37; Anne Applebaum, "Secret Agent Man: Vladimir Putin and the future of the KGB," *The Weekly Standard*, 2000.4.10. <http://www.anneapplebaum.com/politics/2000/04_10_weekst_kgb.html>
(64) David Remnick, "Letter from Moscow: Post-Imperial Blues: Billionaire oligarchs, Chechen suicide bombers, generals nostalgic for empire – and the reign of Vladimir Putin," *New Yorker*, 2003, 10.13 p. 82; Truscott, *Putin's Progress*, p. 66; Kalugin, *Spymaster*, p. 292.
(65) *От первого лица*, p. 85; *First Person*, p. 94;『プーチン、自らを語る』120頁。
(66) Fred Weir, "KGB influence still felt in Russia," *CSM*, 2003.12.30から再引用。
(67) Olga Kryshtanovskaya and Stephen White, "*Putin's Militocrucy*," *Post-Soviet Affairs*, Vol. 19 (October-December 2003), pp. 293-94.
(68) Ibid.
(69) Крыштановская, *Анатомия российской элиты*, p. 270.
(70) 山内聡彦「新しいエリート、シロビキの登場」木村汎・袴田茂樹・山内聡彦『現代ロシアを見る眼――「プーチンの十年」の衝撃』NHK 出版、2010年、124頁。
(71) Brian D. Taylor, "Russia's Power Ministries: Coercion and Commerce" (Syracuse, NY: Institute for National Security and Counterterrorism, Syracuse University, 2007), p. 20.
(72) 中澤孝之『現代ロシア政治を動かす50人』東洋書店、2005年、13頁。
(73) Зенькович, *Путинская Энциклопедия*, p. 416.
(74) Gustafson, *Wheel of Fortune*, pp. 247-49.
(75) От первого лица, p. 97; *First Person*, p. 105;『第一人者から』134頁。

2009), p. 444.

(22) Блоцкий, *Владимир Путин*: дорога к власти (книга вторая), pp. 333-34.

(23) Ibid., p. 117.

(24) Gessen, *The Man without a Face*, pp. 95-96; 松宮訳、120-21頁。

(25) Владимир Григорьев, Инесса Славутинская, “Путин наверх,” *Профиль*, No. 12 (134), 1999.4.5 から再引用。

(26) Goldfarb, *Death of a Dissident*, p. 157; 加賀山訳、218頁。

(27) Gessen, *The Man without a Face*, pp. 70, 93; 松宮訳、90、117頁。

(28) シュテュルマー『プーチンと甦るロシア』池田訳、42頁。

(29) Andrew E. Kramer, “Former Russian Spies and Now Prominent in Russian,” *NYT*, 2007.12.18.

(30) Edward Lucas, *The New Cold War: Putin's Russia and the Threat to the West* (New York: Palgrave MacMillan, 2008), pp. 21-22; Andrei Soldatov and Irina Borogan, *The New Nobility: The Restoration of Russia's Security State and the Enduring Legacy of the KGB* (New York: Public Affairs, 2010), p. 27.

(31) エレーヌ・ブラン『KGB帝国――ロシア・プーチン政権の闇』森山隆訳、創元社、2006年、163頁。

(32) 同上。

(33) Goldfarb, *Death of a Dissident,* p. 202; 加賀山訳、273頁。

(34) 同上。

(35) Hutchins, *Putin*, p. 138; Хатчинс, *Путин*, p. 184.

(36) Goldfarb, *Death of a Dissident,* p. 136; 加賀山訳、192頁。

(37) Goldfarb, *Death of a Dissident*, p. 136; 加賀山訳、193頁。

(38) *От первого лина*, p. 73; *The First Person*, p. 81;『プーチン、自らを語る』104頁。

(39) ロシア連邦大統領ホームページ 2000.12.14. <http://archive.kremlin.ru/text/appears/2000/12/28434.Shtml> (アクセス 2013.3.12).

(40) ロシア連邦大統領ホームページ 2001.12.24. <http://archive.kremlin.ru/text/appears/2001/12/28759.Shtml> (アクセス 2013.4.2).

(41) *От первого лица*, p. 75; *First Person*, p. 85;『プーチン、自らを語る』109頁。

(42) Orth, “Russia's Dark Master” から再引用。

(43) Усольцев, *Сослуживец*, p. 264.

(44) Shevtsova, *Putin's Russia*, p. 81.

(45) ロシア連邦大統領ホームページ2005.4.25. <http://www.kremlin.ru/text/appears/2005/04/87049.shtml>

(46) Bobo Lo, *Vladimir Putin and the Evolution of Russian Foreign Policy* (Oxford: Blackwell, 2003), p. 13.

(47) Alex Mintz & Karl DeRouen, Jr., *Understanding Foreign Policy Decision Making* (Cambridge, UK: Cambridge University Press, 2010), pp. 11-17.

(48) Alexander Pumpyansky, “On KGBism and Pragmatism: What did he take with him form the intelligence service?”, *New Times* (April 2002), p. 10.

History, Theory, Practice（Berkeley, CA: North Atlantic Books, 2004）; 山下・小林編『プーチンと柔道の心』。

(85)『北海道新聞』2014.1.28。

(86) Thomas L. Friedman, "Playing Hockey with Putin," *NYT*, 2014.4.8.

(87)『朝日新聞（夕刊）』2006.5.16。

(88)『読売新聞』2008.10.8。

(89)『読売新聞』2014.4.27。

第3章　KGB

(1) ミヒャエル・シュテュルマー『プーチンと甦るロシア』池田嘉郎訳、白水社、2009年、42頁。

(2) ジェイソン・マシューズ『レッド・スパロー（下巻）』山中朝晶訳、早川書店、2013年、351頁。

(3) Baker and Glasser, *Kremlin Rising*, p. 381.

(4) *От первого лица*, p. 24; *First Person*, p. 22;『プーチン、自らを語る』37頁。

(5) Richard Sakwa, *Putin: Russia's Choice*（second edition）（London: Routledge, 2008）, p. 7; Jack, *Inside Putin's Russia*, pp. 51, 55; Truscott, *Putin's Progress*, p. 38.

(6) Jack, *Inside Putin's Russia*, p. 48.

(7) *От первого лица*, p. 9; *First Person*, p. 6;『プーチン、自らを語る』16頁。

(8) Gessen, *The Man without a Face*, p. 54; 松宮克昌訳、70頁。

(9) 袴田茂樹『プーチンのロシア 法独裁への道』NTT 出版、2000年、56頁。

(10) Рой Медведев, *Владимир Путин*（Москва: Молодая Гвардия, 2007）, p. 18; Гореславская, *Неизвестный Путин*, p. 35.

(11) Gessen, *The Man without a Face*, p. 55; 松宮訳、71頁。

(12) ロシア語原文は、"Принцип наиболее благоприятствующей нации в международном плане."; Мухин, *Кто есть Мистер Путин и кто с ним пришел?*, p. 27; Николай Зенькович, *Путинская Энциклопедия*: семья, команда, оппоненты, преемники（Москва: Олма-пресс, 2006）, p. 5.

(13) *От первого лица*, pp. 37-38, 61; *First Person*, pp. 40-41, 67;『プーチン、自らを語る』56-57、89頁。

(14) Jack, *Inside Putin's Russia*, pp. 58-59; コンスタンチン・プレオブラジェンスキー「プーチンと KGB――隠された謎」『世界週報』名越健郎訳、時事通信社、2002.8.20-27号、47頁。

(15) Gessen, *The Man without a Face,*p. 55; 松宮訳、71頁。

(16) 同上。

(17) Гореславская, *Неизвестный Путин*, p. 18.

(18) Ibid; Hutchins, *Putin*, p. 26; Хатчинс, *Путин*, p. 41.

(19) Jack, *Inside Putin's Russia*, pp. 58-59.

(20) *От первого лица*, p. 85; *First Person*, p94;『プーチン、自らを語る』120頁。

(21) *От первого лица*, p. 85; *First Person*, p. 93;『プーチン、自らを語る』119頁。1990年代に KGB のレニングラード支部長をつとめていたカルーギンも、プーチンが「KGB から例外的に（unusually）早期退職をした」と記している。Oleg Kalugin, *Spymaster: My Thirty-two Years in Intelligence and Espionage against the West*（New York: Basic Books,

(57) Владимир Усольцев, *Сослуживец* (Москва: Эксмо, 2004), p. 122.

(58) 木村『メドベージェフ vs プーチン』25頁。

(59) Сергей Платонов, *Путин*–приемный сын Ельцина (Москва: Центрполиграф, 2014), p. 131.

(60) Dmitri Trenin, *Russia's Breakout from the Post-Cold War System: The Drivers of Putin's Course* (Moscow: Carnegie Moscow Center, 2014), p. 11.

(61) Мокроусова, *Друзья Путина*, p. 20.

(62) Ibid., p. 29.

(63) Ibid., p. 22.

(64) Hutchins, *Putin*, p. 249; Хатчинс, *Путин*, p. 327.

(65) Howard Amos, "Putin Allies Climb up Forbes List," *MT*, 2013.3.4.

(66) Борис Немцов, Леонид Мартынюк, *Независимый экспертный доклад*: зимняя олимпиада в субтропиках, p. 8; Steven Lee Myers, "Putin's Olympic Fever Dream," *NYT* Magazine, 2014.1.26.

(67) "Rotenberg Creates Developer," *MT*, 2014.2.11.

(68) "Billionaire Businessman Says Putin Sent 'From God'," *MT*, 2012.11.14.

(69) "Tycoon Arkadiy Rotemberg Interviewed on Business Interests, Relations with Putin," in *JRL*, 2012-#142 (2012.8.6), #34.

(70) Anders Aslund, "Russia Can't Grow and Steal at the Same Time," *MT*, 2013.11.27.

(71) "Кузнец своего 'Газпрома'", *Огонёк*, No. 12 (5121), 2010.3.29.

(72) "Timchenko Moves Headquarters to Moscow," *MT*, 2012.7.20.

(73) Catherine Belton and Neil Buckley, "On the offensive: How Gunvor rose to the top of Russian oil trading," *FT*, 2008.5.14.

(74) Julia Ioffe, "Vladimir Putin might fall. We should consider what happens next," *New Republic*, 2014.8.6.

(75) "Gunvor's Evolution a Work in Progress," *MT*, 2012.9.8.

(76) "Grease my palm," *Economist*, 2008.11.27; "Gennady Timchenko and Gunvor," *Economist*, 2009.7.30.

(77) Luke Harding, "Putin, the Kremlin power struggle and the $40 bn forture," *Guardian*, 2007.12.21; "Oil Trader Gunvor Looking to Divest from Russia," *MT*, 2014.10.27.

(78) "Putin Talks Timchenko and Books," *MT*, 2011.9.29.

(79) Олег Савицкий, "Суверенная демократия без суверена," *Особая буква*, 2013.8.26.

(80) Ibid.

(81) Anders Aslund, *Russia's Capitalist Revolution: Why Market Reform Succeeded and Democratic Failed* (Washington, DC: Peterson Institute for International Economics, 2007), p. 243.

(82) Anna Dolgov, "Sanctioned Timchenko Sells Stake in Gunvor," *MT*, 2014.3.24.

(83) "Timchenko Named Head of Russia-China Business Council," *MT*, 2014.4.29.

(84) Владимир Путин, Василий Шестаков, Алексей Левицкий, *Учимся Дзюдо с Владимиром Путиным* (Москва: Олма, 2012); Vladimir Putin, Vasily Shestakov & Alexey Levitsky, *Judo:*

(27) Нелли Гореславская, *Неизвестный Путин: Тайны личной жизни* (Москва: Алгоритм, 2012), p. 36.
(28) *От первого липа*, p. 22; *First Person*, p. 21;『プーチン、自らを語る』35頁。
(29) Блоцкий, *Владимир Путин* (книга первая), p. 60.
(30) Ibid.
(31) Maureen Orth, "Russia's Dark Master," *Vanity Fair* (October 2000) から再引用。
(32) Ibid.
(33) Ibid.
(34) Блоцкий, *Владимир Путин* (книга первая), pp. 106-09.
(35) Ibid., pp. 60-61.
(36) Nathan Leites, *The Operational Code of The Politburo* (Westport, CT: Greenwood Press, 1972), p. 79.
(37) Travin, "Putin."
(38) Блоцкий, *Владимир Путин* (книга первая), p. 61.
(39) Hill and Gaddy, *Mr. Putin*, p. 92.
(40) ロシア連邦大統領ホームページ 2004.9.4. <http://www.president.kremlin.ru/text/appears/2004/09/76320.shtml> (アクセス 2004.9.13).
(41) Peter Baker and Susan Glasser, *Kremlin Rising: Vladimir Putin's Russia and the End of Revolution* (New York: Scribner, 2005), p. 162.
(42) Юлия Латынина, "Я не народ," *Газета.ru*, 2011.12.12.
(43) Ibid.
(44) Nancy Folbre, "President Putin's Patriarchal Games", *NYT*, 2013.12.23.
(45) Stefan Wagstyl, Kathrin Hille, Peter Spiegel, "Merkel accuses Russia of adopting 'law of the jungle' in Ukraine," *FT*, 2014.3.13.
(46) Delphine d'Amora, "Critic of Russian Economic Policy Ejected from Influential Journal," *MT*, 2014.10.8.
(47) Sergei Aleksashenko, "Fighting Putin with Judo, not Chess," *MT*, 2014.5.12.
(48) Michael Crowley & Simon Shuster, "Premier, President, Czar," *Time*, 2014.5.19, p. 31.
(49) Fyodor Lukyanov, "Global Aikido: Russia's Asymmetrical Response to the Ukraine Crisis," *National Interest*, 2014.10.6.
(50) Leon Aron, "Putin's tactical pause: Russia's president weights three options in Ukraine," in *JRL*, 2014-#153 (2014.7.11), #17.
(51) Mark Adomanis, "The Year in Review," in *JRL*, 2015-#3 (2015.1.6), #5.
(52) ロシア連邦首相ホームページ2012.3.2. <http://premier.gov.ru/events/news/18323/> (アクセス 2012.3.4).
(53) 袴田茂樹「日露首脳会談をどう評価すべきか」『百花斉放』日本国際フォーラム、2013年5月。
(54)『毎日新聞』2012.4.30。
(55)「手動統治」にかんしては、木村『メドベージェフ vs プーチン』17-20、134-35頁参照。
(56)『東京新聞（社説）』2013.9.7。

第2章　柔　道

(1) Domitri Travin, “Putin: mentality of a street fighter,” *open Democracy New Analysis*（http://www.opendemocracy.net）2008.9.15.

(2) ロシア連邦大統領ホームページ 2004.9.4. <http://www.president.kremlin.ru/text/appears/2004/09/76320.shtml>（アクセス 2004.9.13）.

(3) Олег Блоцкий, *Владимир Путин*（книга первая）, p. 61.

(4) 木村汎『遠い隣国——ロシアと日本』京都・世界思想社、2002年、522頁。

(5) 同上、523頁。

(6) 同上、531頁。

(7) 袴田茂樹「プーチン大統領の『ヒキワケ』論を解剖する」桜美林大学北東アジア総合研究所・日ロ関係研究会編『東京とモスクワ——改善のチャンスは近いのか』相模原市・桜美林大学北東アジア研究所、2013年、127-200頁。

(8)『読売新聞』2000.5.8。小渕首相が公邸から電話をかけたとき（2000.1.28）、かたわらに同席していた東郷和彦・外務省欧州局長（当時）が、本書筆者の私に直接披露してくれた。東郷和彦『北方領土交渉秘録——失われた五度の機会』新潮社、2007年、294頁も参照。

(9) Truscott, *Putin's Progress*, pp. 29-30.

(10) Ibid., p. 30; Jack, *Inside Putin's Russia*, p. 52.

(11) Вера Гуревич, *Воспоминания о будущем президенте*（Москва: “Международные отношения”, 2001）, p. 10.

(12) *От первого лица*, p. 19; *First Person*, p. 18;『プーチン、自らを語る』31頁。

(13) Блоцкий, *Владимир Путин*（книга первая）, pp. 106-09.

(14) Travin, “Putin.”

(15) プーチン大統領の身長は、「国家機密」とされるが、2000年9月の来日時に講道館が六段の免状と柔道着をプレゼントしようとして、サイズを問い合わせたところ、ロシア外交ルートを通じて「168センチ・メートル」との回答があったという。『週刊文春』2005.11.10、43頁。

(16) *От первого лица*, p. 20; *First Person*, p. 18;『プーチン、自らを語る』33頁。

(17) *От первого лица*, p. 20; *First Person*, p. 19;『プーチン、自らを語る』32頁。

(18) Jack, *Inside Putin's Russia,* p. 53.

(19) ウラジーミル・プーチン／ワシリー・シェスタコフ／アレクセイ・レヴィツキー『プーチンと柔道の心』山下泰裕・小林和男編、イーゴリ・アレクサンドロフ訳、朝日新聞出版、2009年、55-56頁。

(20) 同上、59頁。

(21) 宮城音祢『性格』岩波新書、1960年、116頁。

(22) Theodore Roosevelt, *An Autobiography*（The Works of Theodore Roosevelt, Vol. XXII）（New York: Charles Scribner's Sons, 1913）, p. 17.

(23) Draper Lewis, *The Life of Theodore Roosevelt*（Allahabad; United Publishers, 1919）, p. 34.

(24) Roosevelt, *An Autobiography,* p. 35.

(25) Ibid., p. 36.

(26) Starobin, “The Accidental Autocrat,” p. 86.

(70) Jackson Diehl, “Holding Medvedev to his Works,” *WP*, 2008.3.25.

(71) Charles Clover, “Medvedev tiptoes out of Putin’s shadow,” *FT*, 2008.8.1; Lena Smimova, “Leadership 101: Learning to Talk like Putin,” *MT*, 2012.9.7.

(72) McDermott, *Political Psychology in International Relations*, pp. 207, 220.

(73) *От первого лица*, p. 108; *First Person*, p. 113;『プーチン、自らを語る』146頁。

(74) Felshtinsky and Pribylovski, *The Corporation*, p. 300.

(75) Светлана Бабаева, “Пирамида одиночества: Путин взвалил на себя ношу, которую тяжело нести одному,” *MH*, No. 21, 2006.9.6.

(76) Felshtinsky and Pribylovski, *The Corporation*, p. 301.

(77) Елена Трегубова, *Байки кремлевского диггера*（Москва: Издательство « Ад Маргинем », 2003）, p. 147から再引用。

(78) プーチン自身がこのように語ったことについては、疑問を呈する見方もある。”Review of Okolonolia,” *NATO Research Review*（Rome: Research Division, NATO Defense College）, October 2009, p. 10.

(79) Максим Кашулинский, Владимир Федорин, “Чиновники, бизнесмены,” *Forbes*, 2010.10.20, p. 3.

(80) 注（3）に同じ。

(81) Andrew Jack, *Inside Putin's Russia*（London: Granta Books, 2004）, p. 319から再引用。

(82) Hill and Gaddy, *Mr. Putin*, p. 243.

(83) Anna Politokovskaya, *Putin's Russia: Life in a Failing Democracy*（New York: Henry Holt and Company, 2004）, p. 236; アンナ・ポリトコフスカヤ『プーチニズム』鍛原多惠子訳、NHK 出版、2005年、374頁。

(84) Politokovskaya, *A Russian Diary*, p. 92; 鍛原訳、158頁。

(85) Felshtinsky and Pribylovsky, *The Corporation*, p. 194.

(86) Gessen, *The Man without a Face*, p. 250; 松宮訳、307頁。

(87) Peter Truscott, *Putin's Progress: A Biography of Russia's enigmatic President, Vladimir Putin*（London: Simon & Schuster, 2004）, pp. 128-29.

(88) Gessen, *The Man without a Face*, p. 250; 松宮訳、307頁。

(89) Jack, *Inside Putin's Russia*, p. 215から再引用。

(90) 中澤孝之『オリガルヒ（政商）——ロシアを牛耳る163人』東洋書店、2002年、259頁。プーチン政権のスポークスマンである下院議員、セルゲイ・マルコフも、「反抗オリガルヒ」と名づける。“Oligarchs may merge with bureaucrats to win over in Russia-pundit” in *JRL*, 2005.9.21, No. 9250, #19: Richard Sakwa, *The Quality of Freedom: Khodorkovsky, Putin, and the Yukos Affairs*（Oxford: Oxford University Press, 2009）, pp. 78-96も参照。

(91) Goldfarb with Litvinenko, *Death of a Dissident*, p. 138; 加賀山訳、195頁。

(92) Angus Roxburgh, *The Strongman: Vladimir Putin and the Struggle for Russia*（London: I. B. Tauris, 2012）, p. 174.

(93) Ibid.

(94) Ibid.

(48) Gessen, *The Man without a Face*, p. 206; 松宮訳、256頁。

(49) 同上。

(50) "Putin's 'rape joke' played down," *BBC News*, 2006.10.20.

(51) Ibid.

(52) "Vladimir Putin threatened to hang Georgia leader 'by the balls'," *The Telegraph*, 2008.11.3; Chris Hutchins, *Putin* (UK: Matador, 2012), p. 311; Крис Хатчинс, *Путин* (Москва: Олма, 2012), p. 403.

(53) ロシア連邦首相ホームページ 2011.11.11. <http://premier.gov.ru/events/news/17076/print/> (アクセス 2011.11.13); *Коммерсантъ*, 2011. 11. 14.

(54) Hill and Gaddy, *Mr. Putin*, pp. 138-39.

(55) ロシア連邦大統領ホームページ 2014.4.17 <http://kremlin.ru/news/20796> (アクセス 2014.4.21).

(56) Goscilo, ed., *Putin as Celebrity and Cultural Icon*, p. 89.

(57) Ibid., p. 92.

(58) たとえば、当ヴァルダイ会議に出席していたロシア語に堪能なフィオナ・ヒル博士（ブルッキング研究所上級研究員）ですら、ロシア語のこの語呂合わせに気づかなかったが、隣席のニコライ・ズロービン（ロシアから米国へ移住し、現在ワシントンDCで防衛情報センター付き分析官）らによって、その意味を直ちに知るところとなった。Hill and Gaddy, *Mr. Putin*, pp. 138-39, 328.

(59) Alexey Mikheev, "White ribbons and tandemocracy: Russia's new political vocabulary: Anti-Kremlin protest movements add new trends to Russia's colloquialisms," in *JRL*, 2011-#11 (2014.1.17), #2; アレクセイ・ミヘーエフ「当世ロシア政治用語事情」、<http://jp.rbth.com/blogs/2014/01/13/46717.html>

(60) ロシア連邦首相ホームページ 2012.12.15. <http://premier.gov.ru/events/news/17409/print/> (アクセス 2011.12.16).

(61) Daniel Treisman, "Can Putin Keep His Grip on Power?" *CH*, October 2013, p. 251.

(62) Victor Davidoff, "Not Impressed by Putin's Condoms and Promises," *MT*, 2011.12.19.

(63) Ibid.

(64) Ibid.

(65) ロシア連邦大統領ホームページ2012.9.6 <http://news.Kremlin.ru/transcripts/16393/print> (アクセス 2012.9.9).

(66) このやりとりは、今日では削除されているようで、原露文は入手困難である。したがって私は次の文献から再引用した。<http://rt.com/news/Putin-birthday-documentary-life-864/> in Anna Autunyan, *The Putin Mystique: Inside Russia's power cult* (UK: Skyscraper, 2014), pp. 12-13.

(67) Bruth Mazlish, *In Search of Nixon: A Psychohistorical Inquiry* (New York: Basic Books, Inc., 1972), pp. 101, 124; ブルース・マズリッシュ『ニクソンの精神分析——人格と政治の錯綜』岩島久夫訳、サイマル出版会、1973年、162、193頁。

(68) Ibid., p. 101; 岩島訳、162-63頁。

(69) Mazlish, *op. cit.*, p. 101; 岩島訳、162頁。

Assassins, p. 117.

(27) Felshtinsky and Pribylovsky, *The Corporation*, p. 35; Felshtinsky and Pribylovsky, *The Age of Assassins*, pp. 118-19.

(28) Felshtinsky and Pribylovsky, *The Corporation*, p. 35; Felshtinsky and Pribylovsky, *The Age of Assassins*, p. 117.

(29) Felshtinsky and Vladimir Pribylovsky, *The Corporation*, pp. 32-34; Felshtinsky and Pribylovsky, *The Age of Assassins*, pp. 120-21.

(30) Gessen, *The Man without a face*, pp. 45-46; 松宮訳、59-60頁。

(31) Felshtinsky and Pribylovsky, *The Corporation*, p. 31; Felshtinsky and Pribylovsky, *The Age of Assassins*, pp. 119.

(32) I Felshtinsky and Pribylovsky, *The Corporation*, p. 30.

(33) Вера Д. Гуревич, *Владимир Путин*: Родители, Друзья, Учителя (Издательство Юридического института, Санкт-Петербург, 2004), p. 15.

(34) Ibid., p. 16.

(35) Блоцкий, *Владимир Путин* (книга первая), p. 87; Гуревич, *Владимир Путин* p. 15; 木村汎「一点集中主義——プーチンの軌跡を訪ねて」『日文研』No. 38 (2007年)、55頁。

(36) *От первого лица*, p. 13; *First Person*, p. 10;『プーチン、自らを語る』21頁。

(37) ロシアの諺では〈羊が狼を食べることもある (И то бывает, что овца волка съедает)〉という。前掲の注 (1) 参照。

(38) Alex Goldfarb with Marina Litvinenko, *Death of a Dissident: The Poisoning of Alexander Litvinenko and the Return of the KGB* (New York: Free Press, 2007), p. 179; アレックス・ゴールド、ファーブ&マリーナ・リトビネンコ『リトビネンコ暗殺』加賀山卓朗訳、早川書房、2007年、245頁。

(39) *Так говорил Путин*: о себе, о народе, о вселенной (Москва: Эксимо, 2011), p. 118.

(40) ロシア連邦大統領ホームページ 2006.2.7. <http://www.kremlin.ru/text/appears/2006/02/101126.shtml> (アクセス 2006.2.10).

(41) "Chechen Leader Says 'Rat' Rebel Chief if Likely Dead," *MT*, 2013.12.19.

(42) ロシア連邦首相ホームページ2010.3.30. <http://www.premier.gov.ru/events/news/9976/> (アクセス 2010.4.6).

(43) ロシア連邦首相ホームページ2011.7.15. <http://premier.gov.ru/visits/ru/15901/events/15900/> (アクセス 2011.7.20).

(44) Feifer, *Russians*, p. 268から再引用。

(45) タチアーナ・ポポーヴァ『モスクワ劇場占拠事件——世界を恐怖で揺るがした4日間』鈴木玲子・山内聡子訳、小学館、2003年。アンナ・ポリトコフスカヤ『プーチニズム——報道されないロシアの現実』鍛原多恵子訳、日本放送出版協会、2005年、9頁。

(46) Борис Ельцин, *Президентский марафон* (Москва: Издательство АСТ 2000), p. 388; ボリス・エリツィン『ボリス・エリツィン——最後の証言』納屋俊哉・桃井健司訳、NCコミュニケーションズ、2004年、509頁。

(47) Starobin, "The Accidental Autocrat," p. 87; Gessen, *The Man without a Face*, p. 208; 松宮訳、256頁。

(3)『世界の名著　21巻　マキアヴェリ』中央公論社、1993年、83頁。

(4) Dmitri Trenin and Bobo Lo, *The Landscape of Russia Foreign Policy Decision-Making* (Moscow: Carnegie Moscow Center, 2008), p. 10.

(5) Ibid.

(6) Алексей А. Мухин, *Кто есть Мистер Путин и кто с ним пришел*? Досье на Президента России и его спецслужбы (Москва: Издательство « Гном и Д », 2001), pp. 4-7.

(7) Michael Jones, *Leningrad: State of Siege* (New York: Basic Books, 2008); マイケル・ジョーンズ『レニングラード封鎖——飢餓と非情の都市1941-44』松本幸重訳、白水社、2013年。

(8) ジョーンズの本が刊行されるまでレニングラード封鎖にかんし最も信頼できる著作は、ハリソン・ソールスベリーの『九〇〇日間——レニングラードの包囲』であった。その書のなかでソールスベリーは、当時、カニバリズムが発生していたとの噂をたんに記すだけに止めていた。Harrison E. Salisbury, *The 900 days: The Siege of Leningrad* (New York: Avon Books, 1969), pp. 545-47.

(9) Jones, *Leningrad*, p. 293; 松本訳、410頁。

(10) Matthew Bodner, "Putin Commemorate Siege of Leningrad Victims," *MT*, 2014.1.28.

(11) Jones, *Leningrad*, p. 296; 松本訳、406-07頁。

(12) Fiona Hill and Clifford G. Gaddy, *Mr. Putin: Operative in the Kremlin* (Washington, DC: Brookings Institution Press, 2013), p. 79.

(13) England, "Early Putin biography gives insight into dark mood of distrust in president's inner circle."

(14) Starobin "The Accidental Autocrat," pp. 84, 86.

(15) Ibid., p. 86.

(16) Ibid.

(17) Олег Блоцкий, *Владимир Путин* (книга первая)*:* история жизни (Москва Международные отношения, 2001), pp. 22, 87.

(18) *От первого лица*, p. 9; *First Person*, p. 6;『プーチン、自らを語る』16頁。

(19) Anna Politkovskaya, *A Russian Diary* (London: Vintage Books, 2008), p. 61; アンナ・ポリトコフスカヤ『ロシアン・ダイアリー——暗殺された女性記者の取材手帳』鍛原多恵子訳、NHK 出版、2007年、109頁。

(20) Yuri Felshtinsky and Uladimir Pribylovsky, *The Age of Assassins: The Rise and Rise of Vladimir Putin* (London: Gibson Square, 2008), p. 117.

(21) Блоцкий, *Владимир Путин* (книга первая), p. 25; "Putin Christend in Secret from his father," *MT*, 2013.7.24.

(22) *От первого лица*, p. 15; *First Person*, p. 10;『プーチン、自らを語る』23頁。

(23) Блоцкий, *Владимир Путин* (книга первая), p. 25.

(24) Gessen, *The Man without a Face*, p. 46; 松宮訳、59-60頁。

(25) Yuri Felshtinsky and Vladimir Pribylovsky, *The Corporation: Russia and the KGB in the Age of President Putin* (New York: Encounter Books, 2008), pp. 30-31, 34-35, 37-38, 39; Felshtinsky and Pribylovsky, *The Age of Assassins*, pp. 117-21.

(26) Felshtinsky and Pribylovsky, *The Corporation*, p. 31; Felshtinsky and Pribylovsky, *The Age of*

(38) “Lewin’s field theory,”in Calvin S. Hall & Gardner Lindzey, eds., *Theories of Personality* (second edition) (New York: John Wiley & Sons, Inc., 1977), pp. 209-57.

(39) Paul Starobin, “The Accidental Autocrat,” *The Atlantic Monthly,* Vol. 295, No. 2 (March 2005), p. 84.

(40) Нелли Гореславская, *Неизвестный Путин*: Тайны *личной жизни* (Москва: Алгоритм, 2012), p. 177から再引用。

(41) Вера Гуревич, *Владимир Путин*: Родители, Друзья, Учителя (Санкт-Петербург: Издательство Юридического института, 2004), p. 117.

(42) Рой Медведев, *Загадка Путина* (Москва: Издательство « Права человека », 2000), pp. 53-54; ロイ・メドベージェフ『プーチンの謎』海野幸男訳、現代思潮新社、2008年、78頁。

(43) *От первого лица*, p. 53; *First Person*, p. 58;『プーチン、自らを語る』79頁。

(44) *От первого лица*, p. 57; First Person, p. 62;『プーチン、自らを語る』84頁。

(45) Медведев, *Загадка Путина*, p. 60; 海野訳、88頁。

(46) Ibid.

(47) Will England, “Early Putin biography gives insight into dark mood of distrust in president’s inner circle,” *WP*, 2013.5.24.

(48) Gessen, *The Man without a Face*; 松宮訳『そいつを黙らせろ』。

(49) “Железный Путин,” *Коммерсантъ*, 2000.3.10.

(50) Новая метла чисто метёт. 八島編著『ロシア語名言・名句・ことわざ辞典』200頁。Ariel Cohen, “From Yeltsin to Putin: Milestones on an Unfinished Journey,” *Policy Review*, April & May 2000, p. 41.

(51) Archie Brown and Lilia Shevtsova, eds., *Gorbachev, Yeltsin, and Putin: Political Leadership in Russia's Transition* (Washington, DC: Carnegie Endowment for International Peace, 2001), pp. 99-100.

(52) Shevtsova, *Putin's Russia*, p. 221.

(53) Shevtsova, *Putin's Russia*, p. 175; Pap, *Владимир Путин*, p. 280.

(54) Helena Goscilo, *Putin as Celebrity and Cultural Icon* (London: Routledge, 2013), p. 20から再引用。

(55) Ibid., p. 31から再引用。

(56) Ibid.

(57) Юрий Чернега, “Социологи ждут легкой победы,” *Коммерсантъ*, 2000.3.17から再引用。

(58) Goscilo, *Putin as Celebrity and Cultural Icon,* p. 40から再引用。

(59) Andrew Wilson, *Virtual Politics: Faking Democracy in the Post-Soviet World* (New Haven, CT: Yale University Press, 2005), p. 101.

(60) Ibid.

第1章　住　宅

(1) 八島編著『ロシア語名言・名句・ことわざ辞典』111頁。

(2) ロシア連邦首相ホームページ　2011.12.15. <http://premier.gov.ru/events/news/17409/> (アクセス 2011.12.16)

(11) Ibid.
(12) Хамраев et al., "Валдайский клуб убедили в безальтернативности Владимира Путина".
(13) Peter Rutland, "How much longer can Putin's system last?" *MT*, 2014.10.27.
(14) Alexander Morozov, "Russia will stick with Putin till the Bitter End," *MT*, 2015.1.14.
(15) Lilia Shevtsova, "Putin's Choice," in *JRL*, 2013-#227 (2013.12.17), #4.
(16) Rose McDermott, *Political Psychology in International Relations* (Ann Arbor, MI: The University of Michigan Press, 2004), p. 205.
(17) Fred I. Greenstein, *Personality and Politics* (New York: W. W. Norton & Company, Inc., 1975), p. 2; F・I・グリーンスタイン『政治的人間の心理と行動』曽良中清司・牧田義輝訳、勁草書房、1979年、2頁。
(18) Ibid; 曽良中・牧田訳、3頁。
(19) Gordon W. Allport, *Personality: A Psychological Interpretataion* (London: Constable & Company, Ltd, 1949), p. 25.
(20) Greenstein, *Personality and Politics*, p. 3; 曽良中・牧田訳、3頁。
(21) Erich Fromm, *Man for Himself: An Inquiry into the Psychology of Ethics* (New York: Holt, Rinehart and Winston, 1947), p. 50; エーリッヒ・フロム『人間における自由』谷口隆之助・早坂泰次郎訳、東京創元社、1972年、71頁。
(22) K. J. Holsti, *International Politics: A Framework for Analysis* (third edition) (Englewood Cliffs, NJ: Prentice-Hall, 1977), p. 370.
(23) 土山實男「信条体系」『政治学辞典』弘文堂、2004年、529頁。
(24) Greenstein, *Personality and Politics*, pp. 124-25; 曽良中・牧田訳、174-75頁。
(25) 同上。
(26) Greenstein, *Personality and Politics*, pp. 125-27; 曽良中・牧田訳、175-76頁。
(27) H・D・ラスウェル『権力と人間』永井陽之助訳、東京創元社、1954年、126-27頁。
(28) Greenstein, *Personality and Poitics.*, p. 68; 曽良中・牧田訳、95頁。
(29) McDermott, *Political Psychology in International Relations*, p. 215.
(30) Greenstein, *Personality and Politics*, p. 34; 曽良中・牧田訳、47頁。
(31) Erich Fromm, *Escape from freedom* (New York: Avon Books, 1941), p. 27; エーリッヒ・フロム『自由からの逃走』日高六郎訳、東京創元社、1961年、19-20頁。
(32) Greenstein, *Personality and Politics*, p. 46; 曽良中・牧田訳、61頁。
(33) Greenstein, *Personality and Politics*, p. 48; 曽良中・牧田訳、63頁。その秀れた解説として、土山實男「政策決定の心理学的アプローチ」白鳥令編『政策決定の理論』東海大学出版会、1990年、97頁参照。
(34) Sidney Hook, *The Hero in History: A Study in Limitation and Possibility* (New Brunswick: Transaction Publishers, 1943), pp. 128-46; Greenstein, *Personality and Politics*, p. 44; 曽良中・牧田訳、59頁。土山、「政策決定の心理学的アプローチ」、97頁。
(35) Hook, *The Hero in History*, pp. 98-99, 128.
(36) George W. Breslauer, *Gorbachev and Yeltsin as Leaders* (Cambridge, UK: Cambridge University Press, 2002), p. ix.
(37) Greenstein, *Personality and Politics.*, p. 7; 曽良中・牧田訳、7頁。

DC: Carnegie Endowment for International Peace, 2007), p. 44.

(46) Ledeneva, *Can Russia Modernize?*, p. 53.

(47) Соловьев и Злобин, *Путин-Медведев*, p. 53.

(48) Ledeneva, *Can Russia Modernize?,*p. 52.

(49) Puzo, *The Godfather*, p. 41; 一ノ瀬訳、〔上〕、64頁。

(50) "Testimony of Andrei Illarionov, Senior Fellow of the Cato Institute, Washington, DC, and the President of the Institute of Economic Aralysis, Moscow, before the House Committee on Foreign Affairs at the hearing" From Competition to Collaboration: Strengthening the U.S-Russian Relationship", February 25, 2009. <http://www.antiwar.com/justin/Testimony-Illarionov.html> (アクセス 2014.10.5)

(51) Ledeneva, *Can Russia Modernize?*, p. 215. から再引用。

(52) Ledeneva, *Can Russia Modernize?*, p. 279.

(53) Ledeneva, *Can Russia Modernize?*, pp. 118, 135.

(54) Ledeneva, *Can Russia Modernize?*, p. 130.

(55) Ibid., p. 131.

(56) Shevtsova, *Putin's Russia*, p. 16.

(57) Андрей Колесников, "Градусник Путина," *Нов.Газ.*, 2013.11.7.

(58) Минченко консалтинг, *Доклад*: Большое правительство Владимира Путина и "Политбюро 2.0", p. 3. <http://www.minchenko.ru/analitika/analitika_27.html> (アクセス 2015.1.13).

(59) Gleb Pavlovsky, "Putin's Views Become Increasingly Less Compatible with the State," *Valdai Club*, 2012.12.27. <http://valdaiclub.com/politics/53240.html>

(60) Shevtsova, *Putin's Russia*, p. 16.

序 章 方 法

(1) 丸山眞男『政治の世界、他十篇』岩波文庫、2014年、43、271頁。

(2) Alexander Rahr, "Tasks for Tsar Vladimir," 2013.1.18.<http://valdaiclub.com/politics/53820/print-edition/> (アクセス 2013.1.19)

(3) Виктор Хамраев et al., "Валдайский клуб убедили в безальтернативности Владимира Путина," *Коммерсантъ*, 2014.10.23.

(4) Walter Lippmann, *Preface to Politics* (New York: Michell Kennerley, 1913), p. 30.

(5) Robert Tucker, *The Soviet Political Mind* (New York: Praeger, 1963), pp. 147, 226.

(6) Shevtsova, *Putin's Russia*, p. 324.

(7) Fiona Hill, "Questions on the March 4 Russian Presidential Election,"in *JRL*, 2012- #39 (2012.2.3), #17.

(8) George W. Breslauer, *Golrbachev and Yeltsin as Leaders* (Cambridge, UK: Cambridge University Press, 2002), p. 176.

(9) Игорь Бунин, "Универсальная демократия или « ручное управление »?", *Политком.ру*, 2008.7.11.

(10) Rahr, "Tasks for Tsar Vladimir".

Soviet Politics and Business（Ithaca, NY: Cornell University Press, 2006）, p. 16; 八島雅彦編著『ロシア語名言・名句・ことわざ辞典』東洋書店、2011年、185頁。

（25）Oleg Kalugin, *Spymaster: My Thirty-Two Years in Intelligence and Espionage against the West*（New York: Basic Books, 2009）, p. 442.

（26）Alena V. Ledeneva, *Russia's Economy of Favours: Blat, Networking and Informal Exchange*（Cambridge, UK: Cambridge University Press, 1998）, p. 33.

（27）Geoffrey Hosking, "Patronage and the Russian State," *The Slavonic and East European Review*, Vol. 78, No. 2（April 2000）, p. 318.

（28）Ledeneva, *Russia's Economy of Favours*, p. 33.

（29）Hosking, "Patronage and the Russian State," p. 318.

（30）Ibid., p. 319.

（31）木村汎『メドベージェフ vs プーチン――ロシアの近代化は可能か』藤原書店、2012年、270頁。

（32）Puzo, *The Godfather,* p. 551; 一ノ瀬訳、〔下〕、361頁。

（33）Ledeneva, *Can Russia Modernise?*, pp. 215, 221.

（34）Евгения Альбац, "Привычка к обожанию у Путина возникла раньше, —Глеб Павловский," *HB*, No. 11（239）, 2012.3.26.

（35）Ledeneva, *Can Russia Modernize?*, p. 33. 但し厳密にいうと、「チーム（teams）」と「派閥（clans）」とはニュアンスや意味が若干異なる。Michael Urban, *Culture of Power in Post-Communist Russia: An Analysis of Elite Political Discourse*（Cambridge, UK: Cambridge University Press, 2010）, pp. 52-53.

（36）Василий А. Зорин, "Роль личностного фактора в становлении президентства в России, Украине и Белоруссии: политико-психологический анализ личностей В. В. Путина, Л. Л. Кучмы и А. Г. Лукашенко"（Москва, 2003）, p. 83.

（37）Ibid.

（38）Ibid., p85.

（39）Николай и Марина Сванидзе, *Медведев*（Санкт-Петербург: Издательство "Амфора", 2008）, p. 21.

（40）*От первого лица*, p. 182; *First Person*, p. 202;『プーチン、自らを語る』247頁。

（41）Борис Мазо, *Питерские против Московских, или кто есть кто в окружении В. В. Путина*,（Москва: « Алгоритм », 2003）, pp. 5, 446; Ledeneva, *Can Russia Modernize?,* p. 73.

（42）Ирина Мокроусова, *Друзья Путина*: новая бизнес-элита России（Москва: Эксмо, 2011）. Marshall I. Goldman, *Petrostate: Putin, Power, and the New Russia*（Oxford: Oxford University Press, 2008）, pp. 96, 139, 192, 200; マーシャル・I・ゴールドマン『石油国家ロシア――知られざる資源強国の歴史と今後』鈴木博信訳、日本経済新聞出版社、2010年、154、220、304、316頁。

（43）Ledeneva, *Can Russia Modernize?,*p. 53.

（44）Владимир Соловьев, Николай Злобин, *Путин-Медведев*: Что Дальше?（Москва: Эксмо, 2010）, pp. 40-43.

（45）Lilia Shevtsova, *Russia—Lost in Transition: The Yeltsin and Putin Legacies*（Washington,

ジに滞在中。Владимир Пастухов, “Зигзаг наудачу,” *Нов. Газ.*, 2014.2.5.

(4) Manfred Kets De Vries and Stanislav Shekshnia,“Vladimir Putin, CEO of Russia, Inc.: The Legacy and the Future,” *Organizational Dynamics*, Vol. 37, No. 3, 2008, pp. 236-53.

(5) Clifford G. Gaddy and Barry W. Ickes, “Resource Rents and the Russia Economy,” *E GE*, Vol. 45, No. 8, November2005; Clifford G. Gaddy, “The Russian Economy in the Year 2006,” *Post-Soviet Affairs*, Vol. 23, No. 1（January-March 2007）.

(6) Gaddy, “The Russian Economy in the Year 2006,” p. 40.

(7) Richard Sakwa, *Putin Redux: Power and Contradiction in Contemporary Russia*（London: Routledge, 2014）, pp. 4, 11, 21-22, 30.

(8) Lilia Shevtsova, “Putin’s Legacy: How the Russian Elite is Coming with Russia’s Challenges,” *Carnegie Moscow Center Briefing*, Vol. 8, Issue 4（June 2006）, p. 1.

(9) Vlad Grinkevich, “Deconstructing Putinomics,” 2012.2.1. <http://en.rian.ru/analysis/20120201/171063368.html>

(10) Richard Sakwa, *The Crisis of Russian Democracy: The Dual State, Factionalism and the Medvedev Succession*（Cambridge, UK: Cambridge University Press, 2011）, p. 1.

(11) Richard Sakwa, “Can Putinism solve its contradictions?” *openDemocracy*, 2013.12.27.

(12) Gregory Feifer, *Russians: The People behind the Power*（New York: Twelve, 2014）, p. 171.

(13) Alena V. Ledeneva, *Can Russia Modernize?, Systema, Power Networks and Informal Governance*（Cambridge, UK: Cambridge University Press, 2013）, pp. 240, 252.

(14) Ольга Крыштановская, *Анатомия российской элиты*（Москва: Захаров, 2004）, p. 88.

(15) Ibid.

(16) カフカ『城』池内紀訳、白水社ブックス、2006年、458頁。

(17) カフカ『城』（前田敬作訳、新潮文庫、1971年）における前田氏の「あとがき」、513-514、518頁。Andrei Loshak, “Kafka’s Castle is collapsing,” *openDemocracy*, 2010.3.19.

(18) Franz Kafka, *Das Schloss*（Frankfurt am Main: Fischer Taschenbuch Verlag, 2002）, pp. 19, 34, 77, 80; 前田訳、3、38、84、87頁。

(19) Ledeneva, *Can Russia Modernize?*, p. 30.

(20) Mario Puzo, *The Godfather*（London: Arrow Books, 2009）p. 487; マリオ・プーヅォ『ゴッドファーザー』一ノ瀬直二訳、早川文庫、2005年、〔下〕、261頁。

(21) Владимир. В. Путин, *От первого лица. Разговоры с Владимиром Путиным*（Москва: ВАГРИУС, 2000）, p. 24; Vladimir Putin, *First Person: An Astonishingly Frank Self-Portrait* by Russian’s President Vladimir Putin, with Nataliya Govorkyan, Natalya Timokova, and Andrei Kolesnikov, translated by Catherine A. Fitzpatrick（New York: Public affairs, 2000）, p. 22; ウラジーミル・プーチン（ナタリア・ヴォルクヤン、ナタリア・チマコフ、アンドレイ・コレスニコフ）『プーチン、自らを語る』高橋則明訳、扶桑社、2000年、37頁。

(22) Masha Gessen, *The Man without a Face: The Unlikely Rise of Vladimir Putin*（New York: Riverhead Books, 2012）, pp. 59-60; マーシャ・ゲッセン『そいつを黙らせろ――プーチンの極秘指令』松宮克昌訳、柏書房、2013年、77頁。

(23) “Двор и подворья,” *Газета.ru*, 2008.5.12.

(24) Alena V. Ledeneva, *How Russia Really Works: The Informal Practices That Shaped Post-*

注

凡例：出版物の略称は以下の通りである。

（英文）

CH	Current History
CSM	Christian Science Monitor
EDM	Eurasia Daily Monitor <http://www.jamestown,org/>
EGE	Eurasian Geography and Economics
FA	Foreign Affairs
FT	Financial Times
JRL	Johnson's Russia List
MN	Moscow News
MT	Moscow Times
NY	New Yorker
NYT	New York Times
PPC	Problems of Post-Communism
RAD	Russian Analytical Digest
RGA	Russia in Global Affairs
RFE/RL	Radio Free Europe/ Radio Liberty
RP	Russia Profile（RussiaProfile.org）
RT	Russia Today
WSJ	Wall Street Journal
WP	Washington Post

（露文）

АиФ	Аргументы и факты
ВН	Время новостей
ЕЖ	Ежедневный журнал
КВ	Коммерсанть власть
КП	Комсомольская правда
МК	Московский комсомолец
МН	Московские новости
Нез. Газ.	Независимая газета
Нов.Газ.	Новая газета
НВ	Новое время
НИ	Новые известия
ПДВ	Проблемы Дальнего Востока
РГ	Российская газета

まえがき

(1) Mick Krever and Tom Cohen, "Ukrainian President: Peace depends on Putin's mood," in *JRL*, 2014-143（2014. 6. 27）, #16.

(2) *Time*, 2014. 3. 6.

(3) Lilia Shevtsova, *Putin's Russia*（revised and expanded edition）（Washington, D.C.: Carnegie Endowment for International Peace, 2005）, p. 175.

はじめに　体　制

(1) レフ・トルストイ『戦争と平和（1）』米川正夫訳、岩波文庫、1984年、479-80頁。Л. Н. Толстой, *Война и мир*（Москва: « Художественная литература », 1983）, p. 351.

(2) カスパロフは、ロシア出身の元世界チェス・チャンピオン。 Luke Harding, *Mafia State: How one reportor became an enemy of the brutal new Russia*（London: Guardian Books, 2011）, pp. 21, 29から再引用。

(3) パストゥホフは、ロシア人。現在、英オックスフォード大セント・アントニー・カレッ

プーチン関連年譜（一九五二―二〇一五）

年	年齢	月日	事項
一九五二	0	10月7日	レニングラード（現サンクト・ペテルブルク）で、機械工のウラジーミル・プーチンと雑役婦のマリア・プーチナとのあいだに生まれる
一九七五	23	9月	レニングラード国立大学法学部を卒業し、KGB（ソ連国家保安委員会）での勤務はじめる
一九八三	31	7月28日	リュドミーラと結婚
一九八四	32	9月	翌年7月まで、モスクワのKGB付属のアンドロポフ赤旗諜報研究所で訓練を受ける
一九八五	33	3月	ゴルバチョフ政権発足
		4月	長女マリア誕生
		8月	東独ドレスデンのソ連領事館に派遣され、九〇年1月まで駐在
一九八六	34	8月	次女エカテリーナ誕生
一九八七	35	1月	ゴルバチョフ、ペレストロイカ、グラスノスチなどの民主化を開始
一九八九	37	11月9日	ベルリンの壁、崩壊
		12月	ドレスデンで民衆蜂起に直面
一九九〇	38	1月	ドレスデンから帰国し、レニングラード国立大学副学長補佐に就任
		5月	サプチャク（レニングラード市議会議長）、プーチンに顧問就任を依頼
一九九一	39	6月	サプチャク、サンクト・ペテルブルク市長に就任
		8月	ペテルブルク市役所・対外関係委員会議長として働く
		8月19日	「8月クーデター」発生、KGBに辞表を提出
		12月25日	ソ連邦崩壊、ゴルバチョフ大統領辞任

年	年齢	月日	事項
九一〜九二冬	39〜40		ペテルブルクで食糧スキャンダルが発生
一九九二	40		ペテルブルク市役所副市長
一九九四	42	3月	ペテルブルク市役所第一副市長
一九九六	44	6月	サプチャクの市長落選に伴い、市役所を退職
		7月3日	エリツィン、第二次投票で大統領に再選
		8月	モスクワに移り、ロシア大統領府総務局次長として勤務
一九九七	45	3月26日	大統領府副長官兼管理局長
		6月	サンクト・ペテルブルク鉱山大学へ準博士号（経済学）申請論文を提出
一九九八	46	5月25日	大統領府第一副長官
		7月25日	連邦保安庁長官
一九九九	47	3月29日	安全保障会議書記も兼任
		8月9日	エリツィン大統領によって後継者に指名されて、首相代行に就任
		8月16日	首相就任
		8〜9月	モスクワなど各地で高層アパートの爆破事件が相次ぐ
		12月29日	「世紀の境目にあるロシア」論文を発表
		31日	エリツィン大統領辞任、大統領代行に就任
二〇〇〇	48	1月1日	エリツィンの身柄保護の訓令を出す
		2月19日	サプチャク元市長、心臓発作で死去
		3月26日	ロシア大統領に当選
		5月7日	ロシア連邦第二代大統領に就任
		13日	連邦管区大統領全権代表（七名）を任命

		7月21〜23日	九州・沖縄サミット出席
		7月28日	オリガルヒ（寡占新興財閥）と会談し、政治への不介入を要求
		8月12日	原子力潜水艦「クルスク」号沈没
		9月3〜5日	日本を初公式訪問し、「日ソ共同宣言」の有効性を認める
二〇〇一	49	1月	ブッシュ政権発足
		6月16日	プーチン、ブッシュ初首脳会談（リュブリャーナ）
		9月	「九・一一」事件発生を機に、反テロ闘争で米国との協力を表明
		12月	第一回目の「大統領のロシア国民とのTV対話」に出演
二〇〇二	50	5月	米ロ首脳、戦略核削減条約に調印（モスクワ）
		10月23日	チェチェン武装勢力、モスクワの劇場を占拠
二〇〇三	51	3月20日	米英による対イラク武力行使に、反対表明
		11月	グルジアで「バラ革命」
		11月25日	「ユーコス」社長のホドルコフスキイ逮捕
二〇〇四	52	3月14日	大統領に再選
		9月	北オセチア共和国、ベスランで学校占拠事件発生、それを機に中央集権体制の強化に乗り出す
		12月	翌年にかけて、ウクライナで「オレンジ革命」
二〇〇五	53	4月	キルギスで「チューリップ革命」
		9月	「大統領の国民とのTV対話」で「北方四島がロシア連邦の主権下にあることは、第二次世界大戦の結果として確定されており、この点について議論するつもりはない」と発言
二〇〇六	54	1月	ウクライナへの天然ガス供給を停止
		7月	ロシア、初の議長国としてG8サミット主催（サンクト・ペテルブルク）

年	年齢	月日	事項
二〇〇六	54	10月	アンナ・ポリトコフスカヤ記者、暗殺される
		11月	アレクサンドル・リトビネンコ（元連邦保安局職員）、ロンドンで毒殺される
二〇〇七	55	2月	ミュンヘンで、米国の一極支配を批判する強硬演説
		7月	国際オリンピック委員会（ＩＯＣ）総会で熱弁をふるい、二〇一四年冬季五輪をロシア（ソチ）へ招致することに成功
		12月10日	メドベージェフを次期大統領に推薦
二〇〇八	56	1月	米週刊誌『タイム』の「今年の人」に選ばれる
		2月	世界経済危機の兆候にもかかわらず「ロシアは静かな湾である」と発言
		5月7〜8日	二期八年の大統領任期を終えて大統領を辞任し、首相に就任（「タンデム（双頭）政権」の開始）
		8月7〜16日	北京開催の五輪参加中にグルジアの南オセチア攻撃を知り、急遽ロシアへ帰国し、対グルジア「五日間戦争」を指揮
		12月	メドベージェフ大統領、ロシア憲法を改正して、大統領任期を六年へと延長
二〇〇九	57	6月	ピカリョボで労使公開集会に参加し、解決を促すパフォーマンスをおこなう
		9月	ヴァルダイ会議で二〇一二年の大統領選について訊かれ、「二〇一二年近くになったら、メドベージェフと話し合って決める」と発言
二〇一〇	58	8月	ロシア各地で山火事発生
二〇一一	59	4月	首相として下院宛てに長時間の年次報告をおこない、ブレジネフ時代を想起させる
		5月	「統一ロシア」会合で「全ロシア国民戦線」の立ち上げを発表
		9月24日	メドベージェフとの公職ポスト交換を発表
		10月4日	『イズベスチヤ』紙上で「ユーラシア連合」構想を発表
		12月4日	下院選挙
		12月5日	下院選の不正に抗議する反対政府集会・デモ、はじまる

二〇一二	60	3月4日	大統領選で勝利
		4月	「統一ロシア」党首ポストから辞任
		5月	極東発展省を新設
		5月7日	通算三期目のロシア大統領に就任
		6〜7月	反対派を抑圧する一連の法改正を次々に実施
		8月	「マリア様、プーチンを追い出して」と歌った三人のロシア女性バンド「プッシー・ライオット」に、懲役二年の判決
		8月22日	ロシア、世界貿易機関（WTO）に正式加盟
		10月	「アジア太平洋経済協力会議（APEC）」をウラジオストクで主催
二〇一三	61	6月6日	リュドミーラ夫人との離婚発表
		9月11日	『ニューヨーク・タイムズ』紙で米国の「例外主義」を批判
		12月12日	年次教書演説で「保守主義」宣言
二〇一四	62	2月7〜23日	ソチで冬季五輪を主催
		3月18日	ウクライナ南部のクリミア自治共和国のロシア連邦への併合を発表
		7月17日	ウクライナ東部で起きたマレーシア航空旅客機墜落事件について、「ウクライナ東・南部で戦闘が再燃しなければ、事件は起きなかった」と、ウクライナ政府を批判
		10月7日	六十二歳の誕生日をシベリアで過ごす
		12月	ガスパイプライン「南ストリーム」計画を中止し、代ってトルコとのガス協力を提案
		12月4日	年次教書演説で米欧諸国は「クリミア併合がなくても別の口実を考案したに違いない」と非難
		12月19日	内外記者会見で、「経済的困難から脱するために二年間は必要」と言及
二〇一五	62	2月12日	ウクライナ東部をめぐる停戦に合意

謝辞

以上のようにはなはだ不完全なものになったとはいえ、私は次の方々の御協力がなければ本書をけっして執筆・刊行しえなかった。まず、執筆に当たり貴重な資料を教示したり、じっさい提供したりしてくださった方々。とくに、袴田茂樹（青山学院大学名誉教授、現新潟県立大学教授）、名越健郎（元時事通信社モスクワ支局長、現拓殖大学教授）、常盤伸（『東京新聞』現モスクワ支局長）、ヤコフ・ジンベルク（国士舘大学教授）、土山實男（青山学院大学教授）の諸氏。そして、私の手書きの汚い原稿を入力してくれた人々。すなわち、大学同窓の榊原幸一（国立長寿医療研究センター・コーディネーター）氏、主婦の武岡幸子さんと木村洋子、それらすべてを総合し入力作業を繰り返した木村典子。

出版事情厳しき折にもかかわらず、本書の刊行を快く引き受けてくださった藤原書店の英断には、心から感激した。同社の社長藤原良雄氏は常日頃、「出版の価値があると判断したものは、採算を度外視してでも刊行する」と、われわれ研究者にとって誠に心強い態度を表明しておられる。今回も、私はその有難いお言葉に全面的に甘えることになった。編集出版の実務一切を担当してくださった倉田直樹氏には、筆舌に尽くせないくらいお世話になった。

以上の方々、そして紙幅の関係でいちいちお名前を記さないものの、本書の執筆・出版にあたり数々の御教示やお心遣いを賜った人々にたいして、こころから深謝の気持を表したい。これらの方々のご厚意なしに、本書が陽の目を見ることはなかった。

二〇一五年三月

木村　汎

マ

ヤ

ラ

ナ

ハ

タ

サ

カ

事項索引

本文（まえがき、はじめに、序章、第1～13章、おわりに）に登場する主要な事項を対象とした。

0-9, A-Z

ア

ワ

マ

ヤ

ラ

タ

ナ

ハ

サ

カ

人名索引

本文（まえがき、はじめに、序章、第1～13章、おわりに）に登場する主要な登場人物を対象とした（ただし、頻出するウラジーミル・プーチン本人は除く）。

ア

著者紹介

木村 汎（きむら・ひろし）

1936年生まれ。京都大学法学部卒。米コロンビア大学 Ph.D. 取得。北海道大学スラブ研究センター教授、国際日本文化研究センター教授を経て、現在、北海道大学および国際日本文化研究センター名誉教授、拓殖大学客員教授。専攻はソ連／ロシア研究。主な著書として、『ソ連とロシア人』（蒼洋社）、『ソ連式交渉術』（講談社）、『総決算　ゴルバチョフ外交』（弘文堂）、『ボリス・エリツィン』（丸善ライブラリー）、『プーチン主義とは何か』（角川 one テーマ 21）、『遠い隣国』（世界思想社）、『新版　日露国境交渉史』（角川選書）、『プーチンのエネルギー戦略』（北星堂）、『現代ロシア国家論――プーチン型外交』（中央公論叢書）『メドベージェフ vs プーチン――ロシアの近代化は可能か』（藤原書店）など、編著書多数。

プーチン　人間的考察《にんげんてきこうさつ》

2015年4月30日　初版第1刷発行©

著　者　木　村　　汎

発行者　藤　原　良　雄

発行所　株式会社　藤　原　書　店

〒162-0041　東京都新宿区早稲田鶴巻町 523

電　話　03（5272）0301

ＦＡＸ　03（5272）0450

振　替　00160 - 4 - 17013

info@fujiwara-shoten.co.jp

印刷・製本　中央精版印刷

落丁本・乱丁本はお取替えいたします

定価はカバーに表示してあります

Printed in Japan

ISBN978-4-86578-023-9

「レーニン神話」を解体

レーニンとは何だったか

H・カレール＝ダンコース
石崎晴己・東松秀雄訳

ソ連崩壊を世界に先駆け十余年前に予言した著者が、ソ連邦崩壊後に新しく発見された新資料を駆使し、〈レーニン〉という最後の神話を暴く。「革命」幻想に翻弄された二十世紀を問い直す野心的労作。

四六上製　六八八頁　**口絵四頁**　**五七〇〇円**
（二〇〇六年六月刊）◇978-4-89434-519-5

LÉNINE　Hélène CARRÈRE D'ENCAUSSE

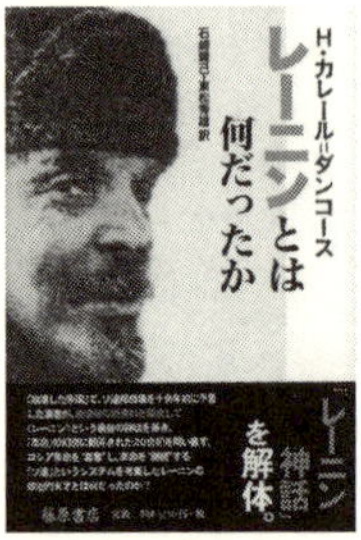

斯界の泰斗によるゴルバチョフ論の決定版

ゴルバチョフ・ファクター

A・ブラウン　木村汎＝解説
小泉直美・角田安正訳

ソ連崩壊時のエリツィンの派手なパフォーマンスの陰で忘却されたゴルバチョフの「意味」を説き起こし、英国学術界の権威ある賞をダブル受賞した、ロシア研究の泰斗によるゴルバチョフ論の決定版。プーチン以後の現代ロシア理解に必須の書。

A５上製　七六八頁　**口絵八頁**　**六八〇〇円**
（二〇〇八年三月刊）◇978-4-89434-616-1

THE GORBACHEV FACTOR　Archie BROWN

ロシア研究の権威による最新作！

メドベージェフvsプーチン

（ロシアの近代化は可能か）

木村　汎

ロシア研究の第一人者による最新のロシア論。メドベージェフが大統領時代に提唱した「近代化」路線を踏襲せざるをえないプーチン。メドベージェフとプーチンを切り離し、ロシアの今後の変貌を大胆に見通す労作。

A５上製　五二〇頁　**六五〇〇円**
（二〇一二年一二月刊）◇978-4-89434-891-2

誰も書かなかったロシアのジャポニズム

ジャポニズムのロシア

（知られざる日露文化関係史）

V・モロジャコフ
村野克明訳

なぜ十九世紀ロシア文学は日本人に好まれるのか？　ロシアで脈々と生きる仏教や、浮世絵、俳句・短歌など、文化と精神性におけるロシアと日本の知られざる「近さ」に、気鋭のロシア人日本学者が初めて光を当てる。

四六上製　二五六頁　**カラー口絵八頁**　**二八〇〇円**
（二〇一一年六月刊）◇978-4-89434-809-7